DINOSAURIER & PRÄHISTORISCHE TIERE

EINE ILLUSTRIERTE ENZYKLOPÄDIE

DINOSAURIER & PRÄHISTORISCHE TIERE

EINE ILLUSTRIERTE ENZYKLOPÄDIE

Herausgeber: Douglas Palmer

Barry Cox, R.J.G. Savage,
Brian Gardiner, Colin Harrison, Douglas Palmer

KÖNEMANN

Originalausgabe: © 1988 Marshall Editions Ltd.
© 1999 Marshall Editions Developments Ltd.
The Orangery
161 New Bond Street
London W1Y 9PA

Originaltitel: The Marshall Illustrated Encyclopedia
of Dinosaurs and Prehistoric Animals

© 2000 für die deutsche Ausgabe: Könemann Verlagsgesellschaft mbH
Bonner Str. 126, D–50968 Köln

Übersetzung aus dem Englischen: Dr. Marcus Würmli
Ergänzende Übersetzungen: Brigitte Rüßmann, Wolfgang Beuchelt
Satz: Birgit Beyer
Redaktion dieser Ausgabe: Ralph Henry Fischer

Projektkoordination: Ulrich Ritter
Herstellung: Ursula Schümer

Druck und Bindung: Brepols Graphic Industries
Printed in Belgium

ISBN 3-8290-6113-7

10 9 8 7 6 5 4 3 2 1

Alle Rechte vorbehalten.

Alle Rechte an der deutschen Übersetzung von Dr. Marcus Würmli
beim Mosaik Verlag in der Verlagsgruppe Bertelsmann GmbH

INHALT

6 **Vorworte**

8 **Einführung**

18 **Fische: die ersten Wirbeltiere**
22 Kieferlose Fische
26 Knorpelfische
30 Stachelhaie und Panzerfische
34 Primitive Strahlenflosser
38 Jüngere Strahlenflosser
42 Fleischflosser

46 **Amphibien: Pioniere an Land**
50 Labyrinthodontia
54 Lepospondyli

58 **Reptilien: Eroberer des Festlands**
62 Frühe Reptilien
66 Schildkröten
70 Halbaquatische Reptilien
74 Meeres-Reptilien
82 Frühe Diapsiden
86 Schlangen und Echsen

88 **Herrscherreptilien**
92 Frühe Archosaurier
98 Krokodile
102 Fliegende Reptilien
106 Fleischfresser

122 Frühe Pflanzenfresser
126 Langhalsige Pflanzenfresser
134 Fabrosauriden, Heterodontosauriden und Pachycephalosauriden
138 Hypsilophodontiden
142 Iguanodontiden
146 Entenschnabel-Dinosaurier
154 Gepanzerte Dinosaurier
162 Horn-Dinosaurier

170 **Vögel: Herrscher der Lüfte**
174 Frühe und flugunfähige Vögel
178 Wasser- und Landvögel

182 **Säugerähnliche Reptilien**
186 Pelycosaurier und Therapsiden
190 Therapsiden

194 **Säugetiere: die Vielseitigen**
198 Primitive Säuger
202 Beuteltiere
206 Glyptodonten, Faultiere, Gürteltiere und Ameisenbären
210 Insektenfresser und Creodonten
214 Marder und Bären
218 Hunde und Hyänen
222 Katzen und Ichneumons

226 Robben, Seelöwen und Seekühe
230 Wale, Delphine und Tümmler
234 Frühe Huftierverwandte
238 Frühe Elefanten und Mastodons
242 Mastodons, Mammuts und moderne Elefanten
246 Südamerikanische Huftiere
254 Pferde
258 Tapire und Brontotheriiden
262 Nashörner
266 Schweine und Flußpferde
270 Oreodontiden und frühe Hornträger
274 Kamele
278 Giraffen, Hirsche und Rinder
282 Nager, Hasen und Kaninchen
286 Halbaffen und Affen
290 Menschenaffen
294 Menschen

298 **Glossar**

300 **Klassifikation der Wirbeltiere**

304 **Literatur**

305 **Europäische Museen**

306 **Register**

VORWORTE

Dieses Buch skizziert die Naturgeschichte längst vergangener Erdzeitalter und stellt jene Lebewesen vor, die damals existierten. Daß sie hier überhaupt präsentiert werden können, ist der akribischen Forschungsarbeit eines exzellenten Teams von Paläontologen, Fachautoren und Künstlern zu verdanken.

Die Auswahl der vorgestellten Tiere folgte der Überzeugung, daß eine seriöse Naturgeschichte sich nicht nur auf die Dinosaurier und ihre reptilen Verwandten beschränken sollte, sondern selbstverständlich auch Vertreter aller anderen wichtigen Wirbeltiere (Vertebraten) zu berücksichtigen hat. So kam ein umfangreicher Katalog vorzeitlichen Lebens zustande, der von den Kieferlosen Fischen über die säugerähnlichen Amphibien, die fliegenden Reptilien, die ersten Vögel und Fledermäuse bis hin zu den Säugetieren und den frühen Exemplaren der Gattung *homo* reicht.

Die Rekonstruktionen kombinieren das Wissen der Paläontologen mit dem Können der Illustratoren. Die dabei entstandenen Kreaturen mögen bizarr wirken, sind aber keineswegs Produkte der Phantasie. Die Künstler haben sich vielmehr bei ihrer Arbeit streng an die Erkenntnisse der Wissenschaft gehalten. Durch die Auswertung fossiler Funde, das Studium der tierischen Anatomie und die genaue Beobachtung von Aussehen und Verhalten moderner Lebewesen konnten sie die fossilen Knochengerüste der vorzeitlichen Tiere gleichsam mit Fleisch und Haut überziehen und so in jedem einzelnen Fall eine realistische Rekonstruktion ihres Aussehens und ihrer Haltung erstellen.

Das Leben auf der Erde nahm vor etwa eineinhalb Milliarden Jahren seinen Anfang. Der Mensch mag unter dieser Perspektive zwar als später »Neuzugang« gelten, hat es aber in der kurzen Zeit seit seinem Erscheinen geschafft, das Angesicht unseres Planeten gründlich zu verändern. Wir sind verantwortlich für das Aussterben und die ernsthafte Gefährdung zahlreicher Spezies. Während Sie also beim Durchblättern dieses Bandes über die Wunder prähistorischen Lebens staunen, sollten Sie sich vor Augen führen, daß womöglich viele Tiere, mit denen wir unsere Welt heute teilen, schon sehr bald ebenfalls nur noch als Zeichnungen in einem Buch und als stumme Knochen und ausgestopfte Schaustücke in Museen existieren werden. Wenn wir der Schönheit und Vielfalt vergangenen Lebens Tribut zollen, sollte also zugleich unsere Verantwortung für unsere eigene lebendige Umwelt wachsen.

Barry Cox

Unser aus fossilen Funden gewonnenes Wissen weist zahlreiche Lücken auf. Laufend werden neue Fossilien entdeckt, die zu immer neuen Einsichten in die Lebensbedingungen vergangener Erdzeitalter verhelfen. Dieses Buch wurde seit seinem ersten Erscheinen gründlich überarbeitet, um sowohl einen möglichst exakten Überblick über die ausgestorbenen Wirbeltiere zu bieten, die unsere Erde mehr als 500 Millionen Jahre lang bevölkerten, als auch den sich stetig wandelnden wissenschaftlichen Erkenntnissen Rechnung zu tragen.

Die Klassifizierung fossiler Organismen ist immer problematisch, da die entsprechenden Schemata beständig den neu gewonnenen Daten angepaßt werden müssen. So hat zum Beispiel die Entwicklung der molekularen Klassifizierung auf Basis von DNS-Analysen zu einer Neubewertung der herkömmlichen Einstufung geführt, die auf der Knochenmorphologie beruhte.

Die Landkarte der Vergangenheit weist immer noch große weiße Flächen auf, und trotz 200 Jahren intensiver wissenschaftlicher Forschungsarbeit ist unser naturgeschichtliches Wissen noch immer weitgehend unvollständig. Insofern bietet die Paläontologie, die Wissenschaft von den Fossilien, noch ein enormes Potential für zukünftige Entdeckungen. Wir fangen gerade erst an, die richtigen Fragen zu stellen.

Die insgesamt rund 500 000 bekannten fossilen Spezies geben uns über nicht mehr als schätzungsweise 0,1 Prozent des prähistorischen Artenreichtums Auskunft. Wir wissen allerdings auch, daß der größte Teil dieser ungeheuren Vielfalt von Lebewesen für immer verloren ist, da viele Organismen nicht versteinert sind. Denn nur ganz besondere Bedingungen erlauben eine Versteinerung von Knochen, Schalen und Resten von Muskelgewebe, Haut und Federn. Neuere Erkenntnisse über den Vorgang des Fossilierens gestatten heute den Paläontologen aber, gezielt nach solchen Fundstellen zu suchen.

In den letzten 15 Jahren wurden Entdeckungen gemacht, die unser Verständnis vom Leben in der Vorzeit revolutioniert haben. So vermutet man heute, daß die Entstehung der Wirbeltiere (Vertebraten) bis in das Erdzeitalter des Kambrium vor 530 Millionen Jahren zurückgeht, was neue Fragen zur Verwandtschaft zwischen Dinosauriern und Vögeln aufwirft. In jüngster Zeit haben die in China gemachten außergewöhnlichen Funde von flugunfähigen, gefiederten Dinosauriern selbst gestandene Paläontologen verblüfft, die sonst nur zu gut wissen, daß sie bei ihrer Arbeit immer mit Überraschungen rechnen müssen.

Douglas Palmer

Einführung

Das Verständnis prähistorischen Lebens hat sich durch die Fossilienfunde der letzten Jahrzehnte stark verändert. Die Grundinformationen, auf die sich die Rekonstruktion ausgestorbener Tiere stützt, beruhen allerdings oftmals lediglich auf einer Sammlung versteinerter, zerbrochener und verstreut umherliegender Knochen.

Diese mageren Rohdaten werden von Paläontologen, Modellbauern und wissenschaftlichen Illustratoren in mühsamer Kleinarbeit zu neuem Leben erweckt. Dieses Buch wertet fossile Funde aus und beweist anhand modernster Rekonstruktionsmethoden, daß sie in lebensnahe Abbildungen umgesetzt werden können.

Aber die Erforschung der prähistorischen Vergangenheit steckt immer noch in den Kinderschuhen, und jeder weitere Fund kann einen neuen Aspekt der »dunklen Vergangenheit« erhellen.

Wissenschaft und Fossilien

Das gezielte Studium fossiler Funde (die Paläontologie) und die Untersuchung der Umgebung, in der sie gefunden werden (die Geologie), nahmen im 19. Jahrhundert ihren Anfang.

Der Vorgang der Fossilierung konserviert nur harte Strukturen wie Knochen und Zähne; darum wurden viele Lebewesen nicht erhalten, deren Knochen schlicht zu klein und zerbrechlich waren. So sind zum Beispiel Fossilien von Säugetieren recht selten und bestehen oftmals nur aus den Zähnen. Aber selbst aus ihnen können Paläontologen auf die Spezies und ihre Ernährungsgewohnheiten schließen; für eine Rekonstruktion der Tiere indes benötigen sie weitaus umfangreichere Skelettreste.

Solche Funde werden hin und wieder gemacht, sie verdanken sich meist einer plötzlichen Verschüttung, die den Kadaver vor Aasfressern und Zerfall schützte. Ereignisse wie die gigantischen unterseeischen Schlammlawinen, die die Fauna des Kambrium im kanadischen Burgess-Schiefer unter sich begruben, oder die Sandstürme in den halbtrockenen Wüsten der Mongolei, die zur Kreidezeit Dinosaurier samt ihrer Nester, Eier und Jungen ebenso wie zahlreiche winzige Säugetiere verschütteten, oder der »Kühlschrank« der Eiszeit, der Mammuts und Menschen über Tausende von Jahren konservierte, versorgen die Paläontologen mit außergewöhnlich gut erhaltenen Fossilien und anderen aussagekräftigen Funden.

Die Paläontologie hat erst einen sehr kleinen Prozentsatz der Lebensformen entdeckt, die die Erde einst bewohnten. Heute existieren schätzungsweise zehn Millionen Spezies. Auf der Erde gibt es aber schon seit mindestens 500 Millionen Jahren »höheres« Leben, und die Existenzdauer einer Spezies beträgt schätzungsweise 10 Millionen Jahre. Die fossilen Belege der letzten 500 Millionen Jahre müßten also die Überreste von 500 Millionen Spezies umfassen. Leider belegen die bisherigen Funde gerade einmal 500 000 Spezies – ein Anteil von nur 0,1 Prozent.

Rekonstruktion aus Funden

Die von dem schottischen Chirurgen John Hunter und dem französischen Naturforscher Georges Cuvier begründete Wissenschaft von der vergleichenden Anatomie erlaubte es den Wissenschaftlern, die oft bruchstückhaften, unvollständigen und sogar vermischten versteinerten Knochen ausgestorbener Lebewesen wieder zu anatomisch stimmigen Tieren zusammenzusetzen. Denn

Die Fossilisation eines Fischsauriers

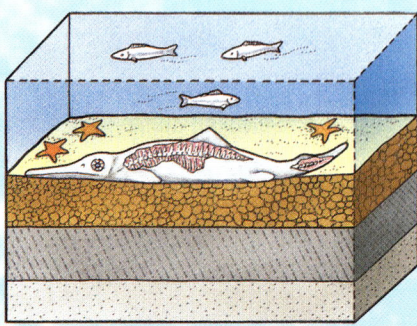 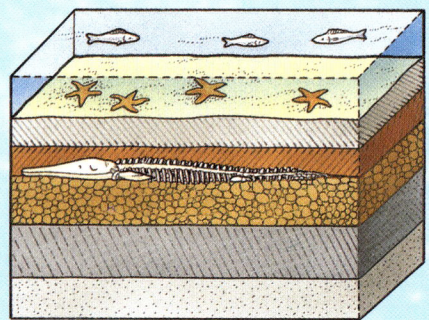 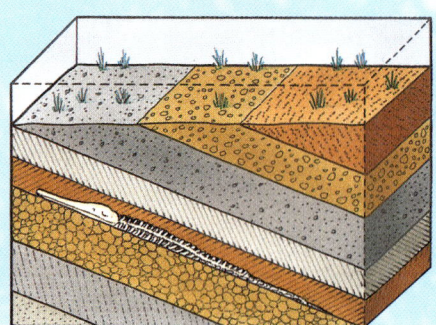

Ein Tier bleibt am ehesten dann fossil erhalten, wenn es in weiche Sedimente gebettet wird wie dieser Fischsaurier, der in feinem Sand auf dem Meeresboden ruht. Das Fleisch zerfällt, die harten Teile wie Zähne, Schädel und Skelett bleiben jedoch erhalten.

Sedimentschichten lagern sich über den Knochenresten ab. Minerale aus dem Meerwasser dringen in das Skelett ein und lagern sich in den Knochen ab, wobei sie alle Zwischenräume ausfüllen. Nach und nach ersetzen sie das Knochenmaterial.

Das fossilierte Skelett wird zusammengedrückt und verformt, weil sich weitere Sedimente ablagern und sich der Untergrund bewegt. Im dargestellten Fall fand eine Auffaltung und Hebung statt, so daß die Gesteine nun zum Festland gehören.

alle Wirbeltiere besitzen ein gemeinsames Skelettmuster, das sie von ihren gemeinsamen Vorfahren geerbt haben. Cuvier erstellte einige höchst aufschlußreiche Rekonstruktionen ausgestorbener Säugetiere, vom südamerikanischen Riesenfaultier der Eiszeit (*Megatherium*, 1796) bis hin zu solchen von Säugetieren des Tertiär aus dem Pariser Becken.

Die Interpretation fossiler Funde

Heute gilt als gesichert, daß sich das Leben auf der Erde über 3,8 Milliarden Jahre hinweg von den Mikroben bis zu den Säugetieren evolutionär entwickelte. Aber die Evolutionstheorie ist nur wenig mehr als 100 Jahre alt.

Erste Interpretationen

Die ersten großen versteinerten Knochenfunde wurden mythischen Wesen zugeschrieben. Die Bibel lieferte eine weitere Erklärung solcher Überreste: die Sintflut. Dieses Modell war selbst unter renommierten Geologen sehr populär. Als man die Knochen großer Tiere wie Elefanten weit außerhalb des Lebensraums der jeweiligen Spezies entdeckte, galt es darum zunächst als durchaus naheliegend, daß sie von der Sintflut an ihren Fundort gespült worden waren. Diese Annahme war aber nicht mit den geologischen Erkenntnissen vereinbar. Berechnungen auf Basis biblischer Zeitangaben hatten das Alter der Erde noch auf etwa 6000 Jahre geschätzt, aber das wachsende Wissen von der Langsamkeit geologischer Prozesse zwang dazu, den Zeitpunkt der Entstehung der Erde immer wieder um Millionen von Jahre zurückzudatieren.

Die Geologen entdeckten, daß sich im Verlauf der Erdgeschichte fortwährend neue Sedimentschichten ablagerten, die organische Überreste bargen. Man erkannte auch, daß sich die Arten der versteinerten Kreaturen mit den wechselnden Gesteinsschichten veränderten. Anfang des 19. Jahrhunderts schließlich wurden sehr dicke Gesteinsschichten voller fossiler Überreste entdeckt, die selbst durch eine noch so katastrophale Flut nicht mehr zu erklären waren.

Zur gleichen Zeit hatten die Geisteswissenschaften gezeigt, daß die Bibel keineswegs eine verläßliche Aufzählung sachlicher Fakten war, sondern eine Sammlung historischer und allegorischer Überlieferungen, die dringend der Interpretation bedurften. Damit konnten die meisten christlichen Naturforscher durchaus leben und dennoch die Welt weiterhin als das »wundersame Werk eines wohlwollenden und großzügigen Gottes« betrachten. Aber auch diese Position wurde alsbald erschüttert.

Ein Problem stellten jene fossilen Überreste dar, die keiner bekannten Lebensform zugeordnet werden konnten. 1786 wurde in einem Kalksteinbruch bei Maastricht ein gigantischer Schädel mit furchteinflößenden Zähnen gefunden. Die Wissenschaftler konnten sich nicht einigen, welcher Tierart er zuzuordnen sei. Er ließ auf eine Kreuzung zwischen einem Krokodil und einem zahnbewehrten Wal schließen und wurde folglich als ein krokodilähnliches Tier rekonstruiert. Zwar war kein lebendes Tier dieser Art bekannt, aber es schien damals durchaus möglich, daß es noch irgendwo auf der Welt existierte. 1795 wurde die »Bestie« von Napoleons Armee nach Paris gebracht, wo sie schließlich als Mosasaurier, eine riesige Meeresechse, eingeordnet wurde.

Die Naturforscher mußten sich also mit dem Gedanken anfreunden, daß einige Lebewesen offenbar ausgestorben waren. Dann kamen noch weitaus schwierigere Probleme auf sie zu. Es mehrten sich die Hinweise darauf, daß die einzelnen Spezies und auch Gruppen von Tieren und Pflanzen in verschiedenen Erdzeitaltern existiert hatten, so daß sich die Frage stellte, wie fest die Formen der einzelnen Arten tatsächlich fixiert waren. Wenn schon durch gezielte Züchtung neue Varianten des Lebens entstehen konnten, war es dann nicht auch möglich, daß eine Spezies auf natürliche Weise mit der Zeit zu einer anderen »transmutierte«?

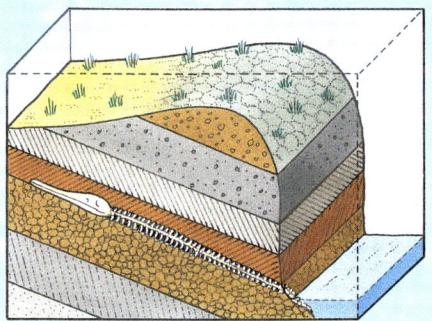

Die Erosion sorgt dafür, daß einige Gesteinsschichten freigelegt werden. Auf der rechten Seite entstand der Steilhang eines Flusses. Der Schwanz des Fischsauriers gelangt an die Oberfläche und Knochen fallen ins Flußbett.

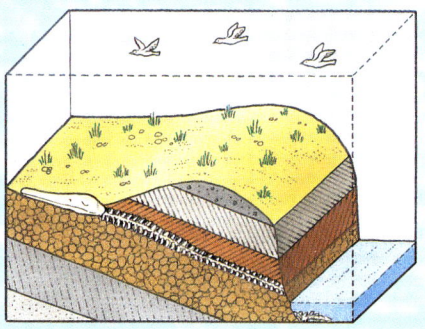

Mit fortschreitender Erosion erscheint auch der Schädel des Sauriers an der Oberfläche. Ein Paläontologe, der das Fossil in diesem Zustand entdeckt, beginnt natürlich sofort die Suche nach dem restlichen Skelett.

Darwins Revolution

Die Veröffentlichung der Evolutionstheorie von Charles Darwin und Alfred Wallace 1858 (deutsch: Die Entstehung der Arten durch natürliche Zuchtwahl) hatte in der westlichen Welt weitreichende Auswirkungen, die noch heute spürbar sind. Diese lange strittige Theorie lieferte endlich eine Möglichkeit, die Rolle des Aussterbens bei der Entwicklung des Lebens auf der Erde zu verstehen. Sie nährte auch die Erwartung, auf bestimmte evolutionäre »Bindeglieder« (engl.: links) oder Übergangsformen zwischen verschiedenen Gruppen von Organismen stoßen zu können. Darwin war sich allerdings bewußt, daß die damaligen fossilen Belege zu dürftig waren, um tatsächlich auf einen Fund solcher Zwischenformen hoffen zu können. Aber die stetig wachsende Zahl der Funde und fossilen Belege verdichtete sich bald zu einem Bild, das seine Theorie eindrucksvoll untermauerte.

Die Entdeckung eines ganz bestimmten Fossils im Jahr 1860 war der Durchbruch. In Bayern entdeckte man in Kalkgestein aus dem Jura eine einzelne Feder. Sechs Monate später förderten weitere Ausgrabungen ein Vogelskelett samt Abdrucken von asymmetrischen Flugfedern um die Flügelknochen herum zutage.

Thomas Henry Huxley stellte fest, daß dieser *Archaeopteryx* (griech. »alter Flügel«) genannte Fund eine Kombination aus reptilen und Vogelcharakteristika aufwies. Er war damit erstmalig und eindeutig ein fossiler Nachweis für eine Übergangsform, die eine große Tiergruppe (die Vögel) mit einer ihr vorausgehenden (die reptilen Dinosaurier) verband. Dies wurde untermauert durch den Fund eines kleinen zweibeinigen Dinosauriers *(Compsognathus)* in derselben Gesteinsablagerung, der dem *Archaeopteryx* sehr ähnlich war.

Noch deutlicher wurde die Beziehung zwischen Dinosauriern und Vögeln, als man 1997/98 in China zwei kleine und zweibeinige, dreizehige Dinosaurier namens *Protarchaeopteryx* und *Caudipteryx* entdeckte, deren Körper offensichtlich von Federn bedeckt gewesen waren. Diese Tiere konnten allerdings nicht fliegen; sie waren keine Vögel, sondern noch Dinosaurier.
1996 war ein anderes chinesisches Exemplar vergleichbaren Alters namens *Sinosauropteryx* entdeckt worden, das sowohl *Compsognathus*, als auch *Archaeopteryx* ähnelte und einen Kamm kleiner, federartiger Strukturen an Hals, Rücken und Flanken trug. Mit jedem Fund wird deutlicher, daß eine Entwicklung von den fleischfressenden Dinosauriern über die Coelurosaurier (einschließlich der gefiederten) hin zu den echten Vögeln stattgefunden hat.

Ein weiteres, in mancherlei Hinsicht noch besseres Beispiel für fossile Belege des Evolutionsprozesses ist die Entdeckung einer großen Anzahl von Pferdeknochen in Griechenland durch eine französische Expedition in den 1850er Jahren. Als Albert Gaudry später die versteinerten Überreste beschrieb, war er in der Lage, einen provisorischen Familienstammbaum zu zeichnen, der die Evolution der Pferde anhand einer Verbindung zwischen den griechischen Funden und früheren Entdeckungen in Frankreich belegte.

Unterteilung der Zeit

Gegen Mitte des 19. Jahrhunderts war das Wissen von der Erdgeschichte so weit gediehen, daß man eine formale und chronologische Einteilung vornehmen konnte. Es ließen sich nun Abfolgen bestimmter Gesteinsarten mit jeweils charakteristischen Fossilien erkennen. So rechnete man kohletragende Schichten mit Versteinerungen von Baumfarnen und Bärlapp der erdgeschichtlichen Phase des Karbon (lat.: Kohle) zu.

Entsprechend ordnete man die jüngeren und weitverbreiteten Kreidegesteine Europas mit ihren fossilen Ammoniten und anderen Schalen der Kreidezeit zu. Beide – die karbonischen und die kretazischen Gesteinsschichten (lat. »creta«: Kreide) – wurden in das Erdmittelalter eingeordnet. Darunter folgten eine Übergangsperiode, dann die Urgesteine, darüber befanden sich das Diluvium (Pleistozän) und jüngere Sedimentschichten.

Über mehrere Jahrzehnte hinweg wurde diese recht grobe Übersicht durch weitere Unterteilungen in sechzehn Perioden verfeinert.

Für jede dieser Perioden fanden sich charakteristische Versteinerungen, sogenannte Leitfossilien, und der Anfang der Naturgeschichte wurde in einer erdgeschichtlichen Phase ohne jede Form von Leben vermutet, die man Azoikum (griech.: unbelebt) nannte. Da man jedoch noch über keine zuverlässige Möglichkeit zur Datierung von Gesteinen verfügte, konnten bis zum Ende des 19. Jahrhunderts keine verläßlichen Aussagen über die Dauer dieser Perioden getroffen werden.

Diese 16 Perioden wurden schließlich in drei Zeitalter eingeteilt, wobei die alten Bezeichnungen den folgenden weichen mußten: Paläozoikum (griech.: altes Leben), Mesozoikum (mittleres Leben) und Känozoikum (junges Leben).

Das Paläozoikum

Die Meere des frühen Paläozoikum wurden von wirbellosen Tieren wie den Trilobiten und Eurypteriden sowie von entfernt pflanzenartigen, koloniebildenden Graptolithen bewohnt. Sie wirken heute allesamt recht fremdartig auf uns, aber es gab auch Schnecken, Muscheln, Seeigel, Seesterne und krabbenartige Arthropoden.

Daneben beherbergten diese Meere auch frühe Wirbeltiere: bizarre kieferlose Fische, deren einzige überlebende Vertreter heute die Lampreten und Schleimaale sind. Im oberen Paläozoikum kündigte sich eine der wichtigsten Entwicklungen in der Erdgeschichte an: die Eroberung das Landes. Die ersten Landpflanzen entwickelten und diversifizierten sich, so daß gegen Ende des Zeitalters ausgedehnte Wälder aus Baumfarnen und Bärlapp mit einer reichhaltigen Fauna aus viergliedrigen Wirbeltieren, ersten Tetrapoden und landbewohnenden Wirbellosen existierten.

Zu den frühen Tetrapoden zählten die Vorfahren der Amphibien, Reptilien und säugerähnlichen Reptilien. Die wirbellosen Tiere, von denen sie sich ernährten, wurden von Gliederfüßern wie den frühen Tausendfüßern, Kakerlaken, Skorpionen und den Libellen (den ersten fliegenden Lebewesen) dominiert.

Das Mesozoikum

Im Mesozoikum finden sich sowohl Spuren älteren Lebens, als auch die Ursprünge heutiger Lebensformen. Palmfarne bildeten die Nahrungsgrundlage für die landbewohnenden Dinosaurier und ihre reptilen Verwandten, von denen einige sogar ins Meer zurückkehrten. Die meeresbewohnenden Reptilien wie die Ichtyo- und Plesiosaurier ernährten sich größtenteils von wirbellosen Ammoniten und Belemniten. Die Luft wurde von fliegenden Reptilien beherrscht. Allerdings blieben diese Pterosaurier nicht lange allein; sie sollten

DIE ERDE VERÄNDERT IHR AUSSEHEN

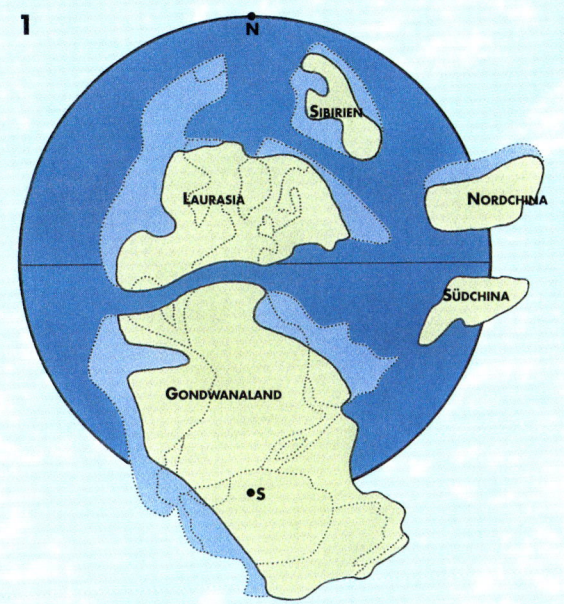

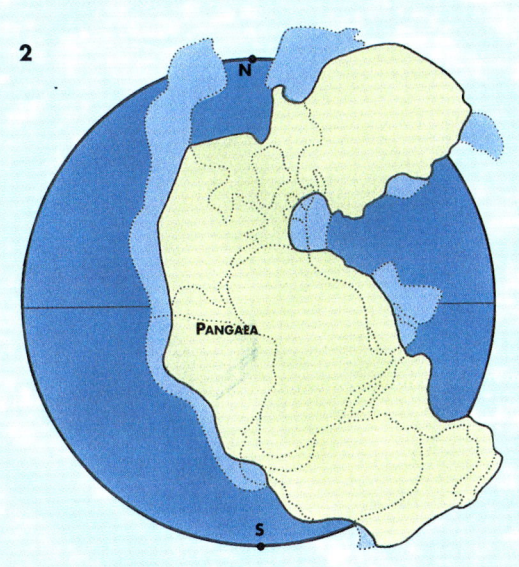

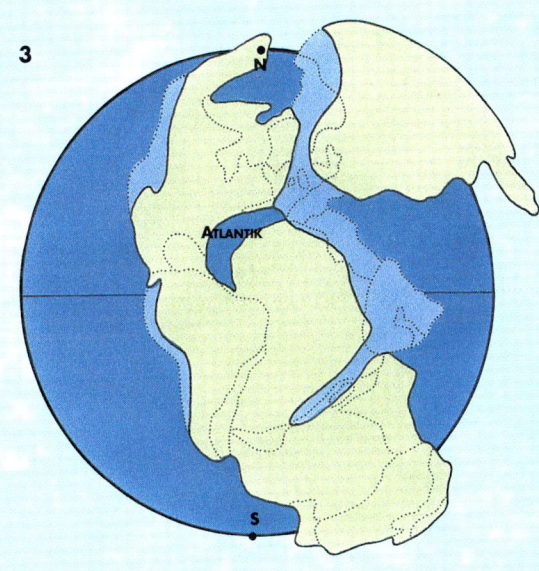

Die Darstellungen zeigen, wie die Erde im Lauf der Jahrmillionen ihr Aussehen veränderte. Gebiete auf der jeweiligen Kehrseite des Globus wurden graphisch vorgeklappt. Gestrichelte Linien zeigen den heutigen Küstenverlauf, Flachmeere sind durch einen hellen, Tiefseen durch einen dunklen Blauton gekennzeichnet.

1 Vom Oberkarbon bis zum Unterperm gab es zwei große Kontinente, Laurasia im Norden und Gondwanaland im Süden. Drei weitere Landmassen waren die Vorläufer des heutigen Asien. Frühe Amphibien und Reptilien gab es nur in Laurasia.

2 Im Oberperm bildeten alle Kontinente eine einzige riesige Landmasse, Pangaea. In dieser Zeit drangen frühe Amphibien und Reptilien nach Gondwanaland ein und breiteten sich in Asien aus.

3 Pangaea begann bald zu zerbrechen. Längs der Ostküste Afrikas entstand ein Meeresarm. Der Nordatlantik öffnete sich, als Nordamerika sich von Europa abtrennte.

4 In der Unterkreide trennten sich Nord- und Südamerika. Ein Meeresarm schied auch Europa von Asien. Indien löste sich von Gondwanaland und begann seine lange Reise gen Norden.

5 In der Oberkreide gab es auf der Nordhalbkugel zwei Landmassen: Asiamerica (Asien/westliches Nordamerika) sowie Euramerica (Europa/östliches Nordamerika). Die beiden Kontinente beherbergten unterschiedliche Pflanzen sowie verschiedene Dinosaurier- und Säugerfaunen.

6 Im Eozän hatten die Kontinente etwa ihre heutige Form angenommen. Indiens Reise nach Norden war fast beendet, und Australien sowie Antarctica hatten sich von der Spitze Südamerikas gelöst.

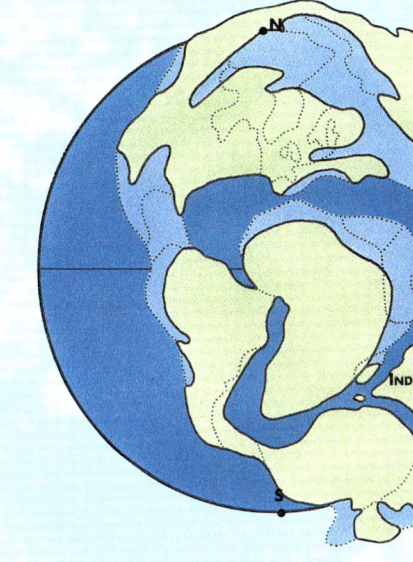

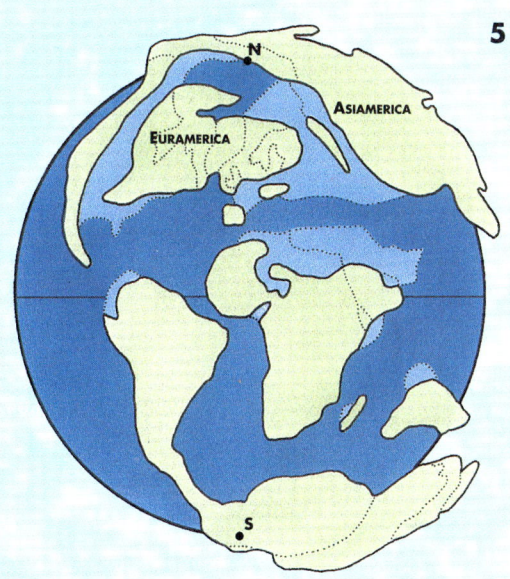

schon bald Konkurrenz durch eine andere Gruppe fliegender Dinosaurier bekommen, die sich zu unseren heutigen Vögeln entwickelten. Zwei weitere Neuerungen des Mesozoikums waren die Ausformung kleiner, warmblütiger, spitzmausähnlicher, felltragender Wesen – der Säugetiere – und das Auftreten erster Samenpflanzen (Angiospermae).

Das Känozoikum

Das Känozoikum, die letzten 65 Millionen Jahre der Erdgeschichte, birgt die meisten uns bekannten Fossilien. Es faßt das Tertiär (drittes Zeitalter) und das Quartär (das vierte Zeitalter) zusammen. Eine Landschaft des frühen Känozoikum wird vermutlich viele uns unbekannte Säugetierspezies beherbergt haben. Belegt sind auch Pflanzen (samentragende Kräuter und Bäume sowie erstmals auch ausgedehnte Grasflächen), Amphibien, Reptilien und Vögel, die das kreta-tertiäre Aussterbeereignis (s. u.) überlebt hatten.

Der jüngste Abschnitt des Känozoikums, auch als Diluvium oder Pleistozän bezeichnet, besaß eine Fauna aus riesigen Pflanzenfressern und räuberischen Fleischfressern. Ihre vielfach gut erhaltenen Überreste ähneln einigen heute lebenden Tieren, so daß sie ursprünglich als Opfer der Sintflut angesehen wurden. Später wurde deutlich, daß sich Tiere wie Wollmammut und Nashorn lediglich an kalte Umgebungsbedingungen hatten anpassen und so die Eiszeit überleben können.

Aussterbeereignisse

Wir wissen heute von zwei großen Aussterbeereignissen: Das erste fand am Ende des Paläozoikums, das zweite im ausklingenden Mesozoikum statt.

Das permo-triassische Ereignis

Das Aussterbeereignis am Übergang vom Paläozoikum zum Mesozoikum ist nach dem heutigen Wissensstand eines der umfassendsten in der Erdgeschichte gewesen. Vermutlich wurden dabei bis zu 95 Prozent aller Spezies und mindestens 57 Prozent der maritimen Organismen ausgelöscht. Am härtesten traf es Schalentiere wie die Brachiopoden (Armfüßer), Bryozoen (Moostierchen) und Crinoiden (Seelilien). Daß trotzdem unzählige Organismen überlebten und sich weiter diversifizierten, bezeugt die unbändige Kraft des Lebens.

Man geht davon aus, daß Veränderungen der Umweltbedingungen zu diesem ersten Massensterben geführt haben – für die hin und wieder diskutierte Theorie, daß der Einschlag eines großen Himmelskörpers die Ursache gewesen sei, gibt es bis heute keinerlei Belege. Das Aussterben scheint sich über einen Zeitraum von etwa zehn Millionen Jahren hingezogen zu haben. Zahlreiche Hinweise lassen auf eine globale Abkühlung schließen, die von einer Vergletscherung und einem deutlichen Absinken des Meeresspiegels begleitet wurde. Die weiten, flachen Meere, die die Kontinente umgaben, zogen sich zurück, was die Lebensräume einer Vielzahl von Organismen so gravierend veränderte, daß es insbesondere denjenigen, die am Meeresboden und auf Riffen lebten, nicht gelang, sich anzupassen.

Das K/T-Ereignis

Die sogenannte K/T-Grenze (kreta-tertiäre Grenze) bildet den Übergang vom Mesozoikum zum Känozoikum. Von dem zweiten großen Aussterbeereignis, das diese Grenze markiert, waren »nur« etwa 15 Prozent aller Familien maritimer Tiere betroffen. Und auch für dieses Geschehen wird häufig der Einschlag eines Himmelskörpers als Erklärung herangezogen, eine Katastrophe, die zudem für das rätselhafte zeitgleiche Aussterben der Dinosaurier verantwortlich gemacht wird.

Tatsächlich fasziniert das Verschwinden der Dinosaurier Wissenschaft und Publikum seit vielen Jahren; es gibt an die 200 Theorien, die beanspruchen, das ungeklärte Phänomen zu erklären.

Wir wissen zwar, daß die Dinosaurier vor ca. 65 Millionen Jahren ausstarben, haben aber nicht genügend Überreste zur Verfügung, um den Zeitpunkt genau zu bestimmen. Da die Dinosaurier Landbewohner waren, finden sich ihre Spuren hauptsächlich in Sedimenten des Festlands. In den unterseeischen Gesteinsschichten fast überall auf der Welt trifft man allerdings auf Spuren des Aussterbeereignisses in Form einer dünnen Lehmschicht, die ungewöhnlich hohe Mengen an seltenen Metallen enthält. Diese Metalle gelten als Beleg für den Einschlag eines sehr großen Meteoriten oder Asteroiden, zumal man bei Chicxulub auf der mexikanischen Halbinsel Yucatan tief unter jüngerem Sediment einen Einschlagkrater von 100 km Durchmesser entdeckte. Wissenschaftler nehmen an, daß sich infolge der Einschlagsexplosion riesige Brände auf den amerikanischen Kontinenten ausbreiteten, deren Ruß- und Staubwolken den Himmel verdunkelten und weltweit zu einem Absinken der Temperaturen führten. Mehrere Stunden nach dem Einschlag verwüsteten Springfluten die Küsten des karibischen Raums und ertränkten bis weit ins Landesinnere hinein alles, was die ursprüngliche Druckwelle und die Feuerstürme überlebt hatte. Nach nur einer Woche waren die verletzlichsten Spezies wie die großen Sauropoden und die fleischfressenden Dinosaurier mit ihren relativ kleinen Populationen ausgelöscht. Die unmittelbaren zerstörerischen Auswirkungen hielten mindestens ein Jahr an, bevor der Regen den Staub aus der Atmosphäre gewaschen hatte. Man geht allerdings davon aus, daß die Folgewirkungen über die Nahrungskette und das Ökosystem noch für mindestens 300 000 Jahre spürbar waren. Gegen Ende dieser Zeit waren nicht nur alle noch existierenden Dinosaurier ausgestorben, sondern auch die Temperaturen infolge des in der Atmosphäre haftenden Staubs weltweit so weit abgesunken, daß sich sämtliche Ökosysteme in erheblichem Umfang veränderten.

Offen bleibt bei diesem Modell die Frage, warum das Aussterben so selektiv verlaufen ist. Denn anders als die Dinosaurier und die letzten fliegenden Reptilien wurden deren reptile Verwandte wie Krokodile und Echsen von dem Ereignis ebensowenig betroffen wie die Vögel, Säugetiere und Pflanzen.

An dem großen Einschlag besteht kein Zweifel, aber auch andere Großereignisse wie die nachgewiesenen Lavaeruptionen in der vorderindischen Dekhan-Region, die die atmosphärischen Bedingungen veränderten und ein rapides weltweites Absinken der Meeresspiegel verursachten, können das globale Ökosystem entscheidend beeinträchtigt haben. Es bleibt also vorerst ungeklärt, ob sich die Dinosaurier bereits an der Schwelle zum Aussterben befunden haben, als sie von dieser oder jener Katastrophe heimgesucht wurden.

Das Eiszeit-»Ereignis«

Als sich die Dauerfrostregionen vom Nordpol aus über Asien, Europa und Nordamerika immer weiter nach Süden ausdehnten, bildeten sich in den Bergen riesige Gletscher, und Meereseis breitete sich in den Atlantik aus. Die großen Säugetiere wurden nach Süden gedrängt, viele von ihnen paßten sich jedoch der Kälte an und überlebten in den windgepeitschten Tundren und Grassteppen Asiens und Nordamerikas. Aus fossilen Funden, Knochenüberresten und Höhlenzeichnungen wissen wir heute, daß Wollmammuts, Nashörner, Bären, Wölfe, Vielfraße, Hirsche, Pferde, Großkatzen und andere Säugetiere diese kalten Regionen bewohnten. Sie teilten sich diese Lebensräume bereits mit den Menschen. Für das Aussterben vieler von ihnen waren schließlich die rapiden Klima- und Vegetationsveränderungen am Ende der Eiszeit verantwortlich. Allerdings sorgte in der nördlichen Hemisphäre auch der Druck durch die menschliche Bejagung dafür, daß die Populationszahlen unter jene Grenze sanken, die für das Überleben einer Art notwendig ist.

Klassifizierungssysteme

Seit der schwedische Naturforscher Carl von Linné (Carl Linnaeus) 1735 seine »Systema naturae« veröffentlichte, verwenden Wissenschaftler sein Modell der Ordnung von Pflanzen und Tieren. Von Linné glaubte, daß die Spezies eigenständige Einheiten bildeten, die über die Generationen konstant blieben und keine nennenswerten Fähigkeiten zur Transmutation besaßen. Sein hierarchisches System wies vier Ebenen auf: zuunterst die Spezies, dann Gattung, Ordnung und Klasse. Er führte auch die Bezeichnung der Spezies nach lateinischen Namen, die Nomenklatur, ein. Der erste Name nennt dabei die Gattung, der zweite die Spezies. Er ordnete auch als erster die Gattung Homo der Ordnung der Primaten zu, zu denen ferner die Menschenaffen, Affen und Lemuren zählen, die wiederum zur Klasse der Säugetiere gehören. Als er für diese Einstufung heftig kritisiert wurde, forderte er seine Kritiker auf, körperliche Merkmale zu benennen, die den Menschen zweifelsfrei von den Primaten unterschieden. Sie konnten es nicht.

Der deutsche Biologe Ernst Haeckel entwickelte dann die Phylogenie, ein neues und umfassendes Klassifizierungssystem, das alle Klassen von Organismen, die von einem gemeinsamen Vorfahren abstammen, zu Gruppen zusammenfaßte. Damit fügte er in Linnés System die Dimension der Zeit und somit das Konzept der Evolution ein. Haeckel stellte, neben anderen, die zeitliche Abfolge prähistorischer Veränderungen in Form eines ausgedehnten Familienstammbaums dar; der Mensch bildet darin selbstbewußt den obersten Ast, die »Krone der Schöpfung« – heutige Wissenschaftler sind bisweilen nicht geneigt, alle Evolution als Fortschritt zu sehen oder gar den Menschen als Spitze eines solchen Fortschritts zu betrachten.

Kladistische Analyse

Eine neuere Entwicklung der Klassifizierung ist die sogenannte kladistische Analyse morphologischer Informationen von lebenden und fossilen Organismen. Bei dieser Methode verliert die Bedeutung der zeitlichen Dimension des evolutionären Prozesses wieder an Gewicht.

Bei der kladistischen Analyse wird die Nähe der Verwandtschaft zwischen den Spezies und ihrem jüngsten gemeinsamen Vorfahren in Form eines verzweigten Diagramms, eines sogenannten Kladogramms, dargestellt. Das Diagramm entsteht aus einer Bewertung von Charakteristika, die zwei Spezies miteinander, aber nicht mit anderen teilen (sogenannte gleichartige, abgeleitete Merkmale oder Synapomorphien). Eine Abfolge von Gabelungspunkten (Verzweigungen) zeigt die relative Ordnung, in der Synapomorphien auftreten. Diese Merkmale werden von primitiven Charakteristika unterschieden, die außerhalb der jeweiligen Gruppe verbreitet sein können. Die Auswahl der für die Analyse nützlichsten Synapomorphien kann höchst strittig verlaufen und zur Entwicklung einer Reihe alternativer Kladogramme führen, die dann kritisch bewertet werden müssen. Diese Auswahl wird durch Vergleiche mit

DIE SYSTEMATISCHE GLIEDERUNG DES TIERREICHS

Die Tiere werden in Gruppen abnehmender Mannigfaltigkeit eingeteilt. Die kleinste Einheit ist die Art. Nah verwandte ähnliche Arten werden in einer Gattung zusammengefaßt. Mehrere Gattungen bilden eine Familie usw. Die größte Gruppe – das komplette Tierreich – umfaßt sämtliche Tiere aller Arten, auch Trilobiten und andere Wirbellose. Das Diagramm zeigt die Klassifikation der größten Mammutart: Mammuthus imperator.

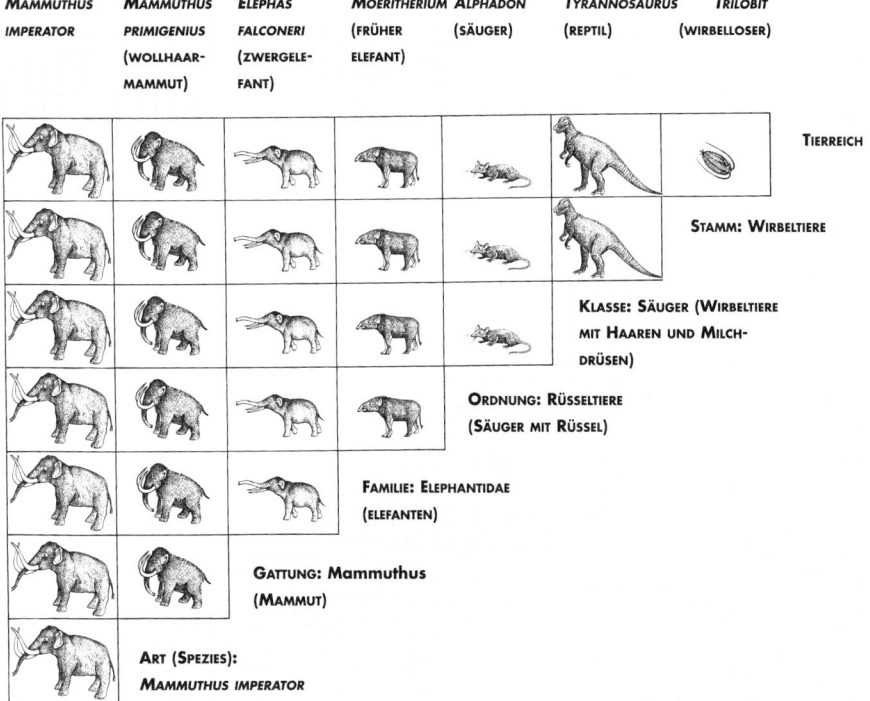

»Kontrollgruppen« vorgenommen, wobei die Kontrollgruppe so eng verwandt sein muß, daß sinnvolle Vergleiche überhaupt möglich sind.

In diesem Buch findet die kladistische Analyse bei der Beschreibung individueller Gruppen Anwendung, während die Darstellung der Klassifizierungen und der Wechselbeziehungen zwischen den Arten auf Basis von phylogenetischen Diagrammen erfolgt.

Genetische Belege

Erst zur Jahrhundertwende begann man den genetischen »Mechanismus« zu verstehen, der der Veränderung der Arten über Generationen hinweg zugrunde liegt. Eine Spezies wird durch die Fähigkeit der Individuen bestimmt, sich zu paaren und überlebensfähigen Nachwuchs zu produzieren. Es mußte also eine Kontrollinstanz existieren, die die Fortpflanzungszellen Informationen so kombinieren und austauschen läßt, daß das Erbe der Elternmerkmale im Nachwuchs fortlebt.

Experimente des britischen Biologen William Bateson (1861–1926) und des niederländischen Botanikers Hugo de Vries (1848–1935) zeigten das wiederholte Auftreten bestimmter dominanter Merkmale in aufeinanderfolgenden Generationen. Außerdem blieb das Verhältnis der dominanten zu den rezessiven Merkmalen gleich, was bedeutete, daß bei Fortpflanzung und Vererbung ein grundsätzlicher Regulierungsmechanismus am Werke sein mußte. Dieser Mechanismus wurde schließlich 1953 von dem Amerikaner James Watson (*1928) und dem Engländer Francis Crick (*1916) entdeckt, die die Pionierarbeit anderer Wissenschaftler nutzten. Die detaillierte genetische Kodierung jeder einzelnen Körperzelle bestimmt über die Einzigartigkeit jedes individuellen Organismus, und die Ähnlichkeit der genetischen Codes bestimmt über die Fähigkeit zur Fortpflanzung. Der Code ist in den Chromosomen jeder Körperzelle enthalten und wird während der Zellteilung durch Verdoppelung der Doppelhelixstruktur der Nukleinsäure (DNS) repliziert.

Die Analyse und Deutung der einzelnen Sequenzen genetischer Informationen hat zu einer neuen Methode geführt, die evolutionären Verwandtschaften zwischen lebenden Organismen zu bestimmen. Darüber hinaus wurde die Vorstellung von einer »molekularen Uhr« entwickelt. Auf Grund bekannter Mutationsraten, gesicherter evolutionärer Verzweigungspunkte und genetischer Differenzen zwischen Arten konnten die Wissenschaftler nun den ungefähren Zeitpunkt berechnen, an dem Spezies divergierten.

Solche Analysen haben von Linnés Annahme der verwandtschaftlichen Nähe zwischen Mensch und Schimpanse bestätigt. In den 1960er und 1970er Jahren konnten Molekularbiologen beweisen, daß die Gene des Schimpansen denen des Menschen weit mehr gleichen als man angenommen hatte. Bis dahin hatte man die fossilen Belege so gedeutet, daß die evolutionäre Trennung zwischen den höheren Menschenaffen und den Menschen vor ungefähr 15 Millionen Jahren stattgefunden hatte. Wäre dies der Fall gewesen, hätten die genetischen Unterschiede zwischen den beiden Gruppen aber größer sein müssen als sie waren. So konnte man den Zeitpunkt der Trennung der evolutionären Entwicklung der Primaten auf etwa 5 Millionen Jahre zurückdatieren. Neue Fossilienfunde scheinen diese Annahme zu untermauern.

Das Problem der genetischen Analyse besteht darin, daß es nicht möglich ist, DNS aus sehr alten Fossilien zu gewinnen. Die meisten Zellproteine zerfallen sehr schnell nach dem Tod des Organismus, sofern das Gewebe nicht auf irgendeine ungewöhnliche Art und Weise konserviert wurde, so wie im Fall der Wollmammuts, die im Dauerfrostboden der Eiszeit eingefroren wurden. Ihre DNS konnte entnommen und analysiert werden, aber die Kadaver sind schließlich auch nur einige zehntausend Jahre alt.

Die genetische Analyse der verwandtschaftlichen Beziehungen lebender Organismen hat die Methoden der Klassifizierung der Tiere revolutioniert und zu einer umfassenden Neubewertung der fossilen Belege geführt. Fossilien können zwar keine detaillierten Informationen über Verwandtschaftsbeziehungen liefern, sind aber dennoch unser einziger echter Beweis für die Verteilung des Lebens über die Zeiten hinweg. Ein großes Problem dieser Informationsquelle besteht freilich darin, daß sie bisher nur einen winzigen Ausschnitt des prähistorischen Lebens abdeckt. So sagt uns der älteste bekannte fossile

KONVERGENTE EVOLUTION

DER FISCHSAURIER MIXOSAURUS

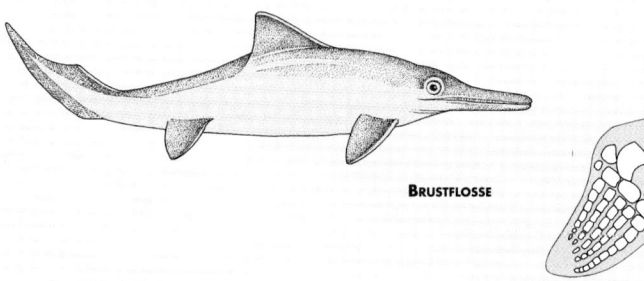

BRUSTFLOSSE

EIN HEUTIGER DELPHIN

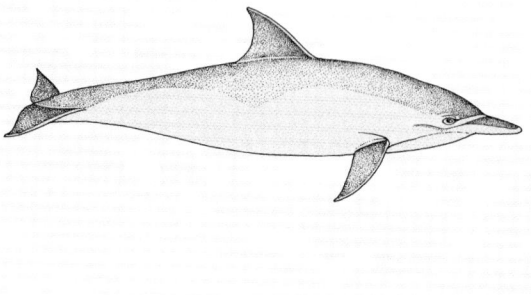

DER HAI HYBODUS

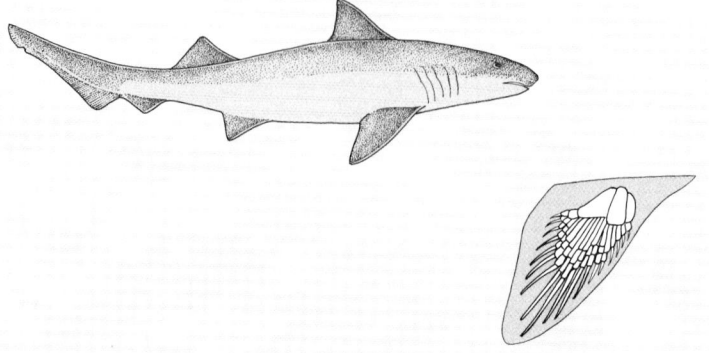

Eine konvergente Evolution findet dann statt, wenn sich unterschiedliche Tiergruppen, die nur entfernt miteinander verwandt sind, unabhängig voneinander an dieselbe Umgebung anpassen. Die Abbildung zeigt die konvergente Evolution der Vordergliedmaßen dreier verschiedener Wirbeltiergruppen: der Fische, der Reptilien und der Säuger.

Vertreter einer bestimmten Gruppe nicht notwendigerweise etwas darüber, wann diese Gruppe tatsächlich entstanden ist, sondern nur, wann ein Exemplar erstmalig versteinert wurde. Trotzdem sind die Fossilien außerordentlich wichtig, da sie uns nicht nur Informationen über einzelne ausgestorbene Wesen der Vorzeit liefern, sondern über ganze Gruppen wie etwa die Dinosaurier.

Ein Abriß der Wirbeltierevolution

Fossilienfunde haben unser Verständnis von der Geschichte des Lebens verändert. Der Ursprung des Lebens wurde auf mindestens 3,6 Milliarden Jahre zurückdatiert und unsere Sicht der ersten drei Milliarden Jahre des Lebens erweitert. Für die Entwicklung mehrzelliger Organismen wird heute ein Zeitpunkt vor mindestens einer Milliarde Jahren angenommen, und schon vor 600 Millionen Jahren wurden die Meere von weichschaligen Organismen (sogenannten *Ediacara*) belebt. Im Kambrium, also vor ungefähr 550 Millionen Jahren, hatten sich bereits deutlich identifizierbare Gruppen wirbelloser Tiere wie Mollusken, Ringelwürmer und Gliederfüßer entwickelt.

Erste Wirbeltiere

Das erste bekannte fossile Tier, das Anfänge von Wirbeltiermerkmalen zeigt, heißt *Pikaia* und stammt aus der Mitte des Kambrium vor ungefähr 535

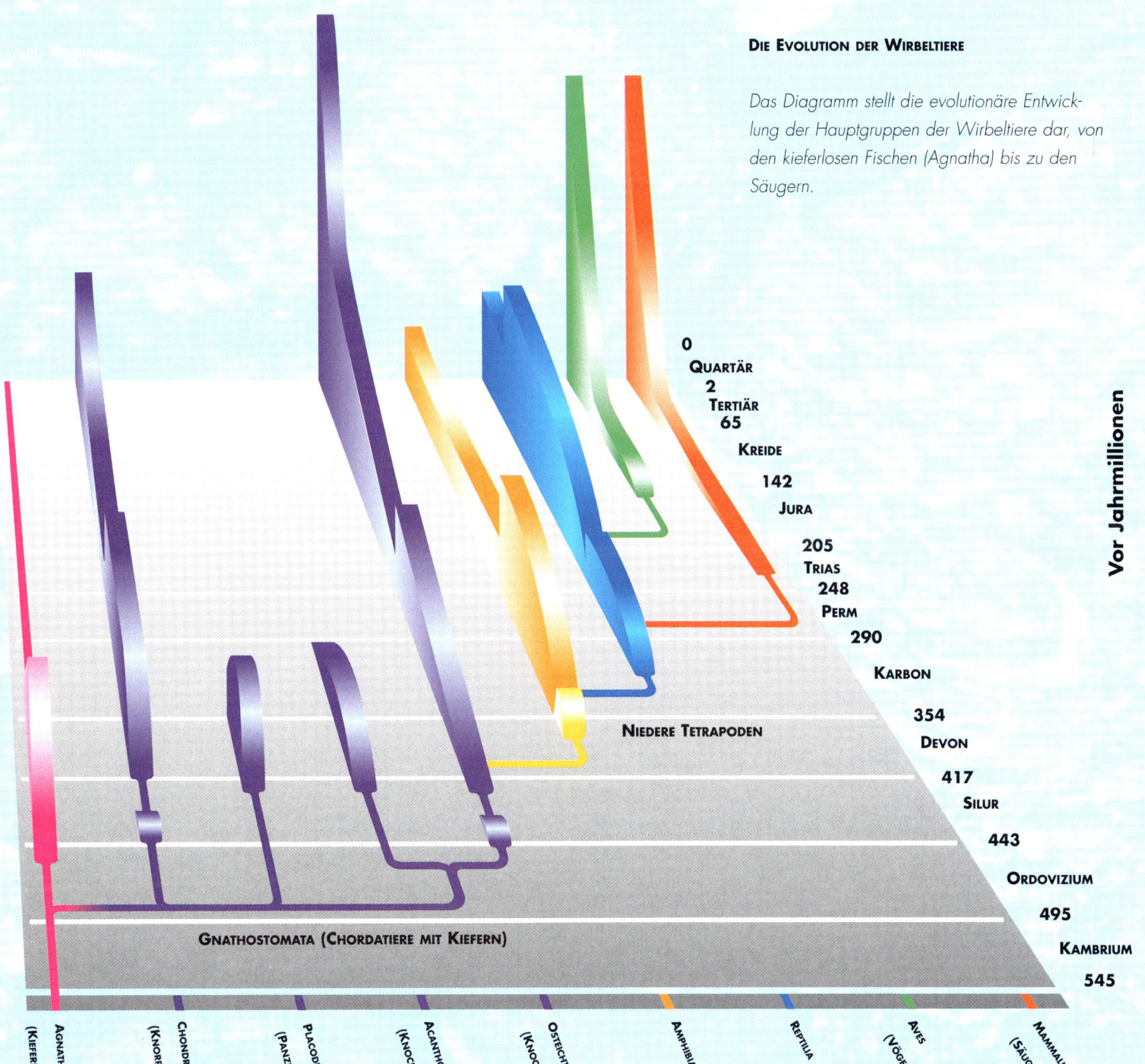

DIE EVOLUTION DER WIRBELTIERE

Das Diagramm stellt die evolutionäre Entwicklung der Hauptgruppen der Wirbeltiere dar, von den kieferlosen Fischen (Agnatha) bis zu den Säugern.

Millionen Jahren. Man nimmt an, daß *Pikaia* dem Lanzettfisch *(Branchiostoma)* ähnelte. Der Körper dieser kleinen, aalähnlichen Kreatur wurde durch eine feste, aber flexible Darmsaite, die Notochorda, versteift und verlängert. Man geht davon aus, daß sich alle Wirbeltiere aus diesen unspektakulären Anfängen entwickelt haben: Die Notochorda verknöcherte zu einem Rückgrat, an das ein Skelett aus Schulter- und Hüftgürtel aufgehängt werden konnte. Schließlich entwickelten sich aus diesen Gürteln paarige Gliedmaßen, die die Bewegungsfähigkeit verbesserten. Die Entwicklung eines Achsenskeletts führte zu einer Konzentration der Sinnesorgane am vorderen Körperende.

Interessanterweise zeigen die fossilen Funde noch eine andere Gruppe von Chordatieren, die ausgestorbenen Conodontentiere (siehe *Promissum*, S. 23), die knochenartiges Material in ihren Körper integrieren konnten. Das minerale Gewebe findet sich in ihren winzigen Zahnreihen, die so angeordnet waren, daß sie sehr effektiv zum Beutefang eingesetzt werden konnten.

Darüber hinaus fand man unter den Fossilien auch eine große Vielzahl von bizarr wirkenden fischartigen Tieren, die weder über Zähne noch Kiefer verfügten. Diese kieferlosen Fische *(Agnatha)* mit ihren in die Haut integrierten knochigen Schuppen und Platten ernährten sich dadurch, daß sie Wasser ansaugten und organische Stoffe und Mikroorganismen herausfilterten. Ihnen gesellten sich, wie stratigraphische Untersuchungen zeigen, bald auch Fische mit Kiefern und Zähnen zu.

Vorbereitung auf das Leben an Land

Zu einem der wichtigsten Ereignisse in der Geschichte des Lebens wurde, daß sich Tiere für ein Leben an Land entwickelten. Meerwasser ist ein relativ schützendes und dichtes Medium mit recht konstanten Temperaturen. Es ermöglicht, darin zu schwimmen, Sauerstoff zu entnehmen, Vibrationen zu fühlen und hindurchzusehen. Luft dagegen ist ein leichtes, trockenes Gas, das wenig schützt, schnell die Temperatur wechselt, dem Körper Feuchtigkeit entzieht und schädliche Sonnenstrahlen nicht abhält. Für den Wechsel aus dem Wasser aufs trockene Land waren darum umfangreiche Modifikationen notwendig, die vor dem großen Schritt abgeschlossen sein mußten.

Die frühesten Tetrapoden – die ersten viergliedrigen Wirbeltiere – waren weder Amphibien im modernen Sinne noch echte Landbewohner. Es scheint eher so, daß die Differenzierung zwischen Amphibien und Reptilien, wie wir sie heute kennen, damals noch nicht eindeutig vollzogen war. Die paarigen Glieder der frühen Tetrapoden hatten sich wahrscheinlich aus fischartigen Flossen entwickelt, die zuvor der Fortbewegung in flachem Wasser dienten. Die ersten Tetrapoden besaßen Glieder mit Fingern und Zehen, hatten sich aber auch noch Kiemen und kräftige »Fischschwänze« bewahrt. Damit haben sie ihre Nachfahren wahrscheinlich mit dem Notwendigen für das Leben an Land ausgestattet.

Selbst im frühen Karbon war die evolutionäre Situation noch verwirrend. Vor kurzem wurde ein 334 Millionen Jahre alter Tetrapode mit Namen *Eucritta* beschrieben. Das Fossil von der Größe eines Salamanders weist sowohl amphibische, als auch reptile Merkmale auf.

Amphibien und Reptilien

Im Oberkarbon hatten sich aus den ursprünglichen Tetrapoden echte Amphibien und Reptilien entwickelt. Viele der früh ausgestorbenen Amphibien ähnelten allerdings eher reptilen Krokodilen als modernen Amphibien. Zu dieser Gruppe zählten auch große, räuberische Formen, die hervorragend an das Leben auf dem Land angepaßt waren, abgesehen davon, daß sie zur Brutpflege ins Wasser zurückkehren mußten. Sie teilten sich die sumpfige Umwelt des Karbon mit den ersten Reptilien, von denen viele vermutlich im Wasser lebten und sich von Fischen ernährten. Da letztere aber beschalte befruchtete Eier legen konnten, waren sie schon bald in der Lage, das Wasser zu verlassen und sich fortan von Insekten anstatt von Fischen zu ernähren.

Die Diversifizierung der terrestrischen Tetrapoden machte im Perm einen Schritt nach vorne, als sich die ersten sogenannten säugerähnlichen Reptilien entwickelten. Sie zeigen die erste Differenzierung der Zähne für unterschiedliche Funktionen wie Fangen, Halten, Töten und Zerkleinern von Beute als Form der Vorverdauung. Darüber hinaus finden sich erste Anzeichen für Mechanismen zur Kontrolle der Körpertemperatur.

Säugetiere

Eine einfache Definition beschreibt Säugetiere als warmblütige, behaarte Vertebraten, die in der Lage sind, lebend zu gebären, und Milchdrüsen besitzen. Solche Charakteristika lassen sich aber nur aus Weichteilen herauslesen, und diese werden nur in den allerseltensten Fällen bei der Versteinerung konserviert. Dagegen sind die Zähne die am häufigsten erhaltenen Skelettbestandteile und erlauben, die Fossilien echter Säugetiere von denen säugerähnlicher Reptilien zu unterscheiden, die vor etwa 225 Millionen Jahren erstmals auftraten.

Zwar koexistierten die Säuger über das gesamte Mesozoikum hinweg mit den Dinosauriern und anderen Herrscherreptilien, aber ihre fossilen Überreste sind trotz dieser langen Zeit (über 150 Millionen Jahre) sehr dünn gesät. Erst im Tertiär gelang es den Säugern, sich zu diversifizieren und neue ökologische Nischen zu besetzen, die durch die schnelle Entwicklung der Blütenpflanzen und Gräser entstanden. Innerhalb nur weniger zehn Millionen Jahre hatten sich mehrere tausend Säugetierspezies entwickelt.

Dinosaurier: Genese einer Legende

Im späten Perm (Zechstein), vor etwa 230 Millionen Jahren, entwickelte sich eine Gruppe schuppenhäutiger, eierlegender Reptilien, die für die nächsten 155 Millionen Jahre die Herrschaft über die Erde übernehmen sollten. Diese »Dinosaurier« bewohnten das Festland von Alaska bis in die Antarktis. Keine andere Gruppe großer Tiere war über einen so langen Zeitraum derartig erfolgreich. Heutzutage existieren noch über 6500 Spezies von Reptilien, von denen die meisten den Echsen zuzurechnen sind. Im Vergleich dazu gibt es nur 4000 Säugetierspezies, von denen nahezu die Hälfte Nagetiere sind. Die Herrschaft der Säugetiere währt gerade einmal seit 65 Millionen Jahren.

Der Begriff »Dinosaurier« ist für uns fast zu einem Synonym für die Urzeit geworden. Während diese Riesen im 19. Jahrhundert kaum mehr als eine Erfindung der neuen Wissenschaft der Paläontologie waren, gab es damals durchaus fossile Belege für die Existenz von Wirbeltieren in der »grauen Vorzeit«.

Frühe Funde

Zwischen 1811 und 1830 entdeckten Mary Anning und ihre Familie in den 200 Millionen Jahre alten Felsformationen von Lyme Regis im englischen Dorset vollständige, abgeflachte Skelette von vier Meter langen Wesen mit zahnbewehrten, delphinähnlichen Schnäbeln und überwiegend reptilen Merkmalen. Diese Ichtyosaurier (Fischechsen) und Plesiosaurier (Beinahe-Echsen), wie Wissenschaftler sie nannten, lebten offensichtlich in den Meeren der Vorzeit, denn sie wurden neben den Schalen typischer Meeresbewohner wie Seemuscheln, Seesternen und Cephalopoden (Kopffüßern) gefunden. Diese Saurier beflügelten die Phantasie der Zeitgenossen, denn sie waren die ersten ausgestorbenen großen Tiere, die in gezeichneten Rekonstruktionen ihrer Umgebung dargestellt wurden.

1825 wurden nahe Cuckfield in der Grafschaft Sussex im Süden Englands einige verwirrende versteinerte Knochen gefunden. Der Fund umfaßte seltsame, blattförmige Zähne mit sägeblattartigen Kanten und einen Knochenhaufen, zu dem auch ein einzelner konischer, hornförmiger Knochen von 15 cm Länge gehörte. Das Tier wurde von Gideon Mantell, dem ersten, der die Fossilien beschrieb, rekonstruiert und *Iguanodon* genannt. Er plazierte den konischen Knochen wie bei einem Nashorn auf die Spitze der Schnauze. Als weitere Fossilien entdeckt wurden, kam es zu einem fachlichen Streit zwischen dem Amateur Mantell (einem Arzt, dem Fossilien wichtiger waren als seine Patienten) und einem gewissen Professor Richard Owen.

Die »Erfindung« der Dinosaurier

Im Jahr 1842 erkannte der britische Wissenschaftler Richard Owen, daß die Fossilien *Iguanodon* und *Megalosaurus* von ausgestorbenen Tieren stammten; er prägte den Namen *Dinosauria*, (»schreckliche Echsen«), um sie von den lebenden Echsen zu unterscheiden. Der spätromantischen Aufbruchsstimmung seiner Zeit entgegenkommend, schuf er für seine Erfindung ein Image, das bis in unsere Tage weiterlebt.

Owen mochte sich nicht damit anfreunden, daß seine Saurier nicht mehr als Mantells »niedere, kriechende« und schlangenartige Tiere gewesen seien; er verwandelte sie in etwas wesentlich Imposanteres. Davon überzeugt, daß sie bis zu sechsmal größer als ein Elefant gewesen sein mußten, organisierte er eine Ausstellung im Crystal Palace im Londoner Stadtteil Sydenham, die die Besucher zu Tausenden anlockte.

Dinosaurierjagd in den USA

Im Jahr 1802 fand ein aufmerksamer Junge namens Pliny Moody beim Pflügen auf der Farm seiner Familie in Massachusetts einige versteinerte Fußabdrücke. Ein Naturforscher aus der Gegend, Edward Hitchcock, beschrieb sie 1836. Da die Spuren von großen, dreizehigen Tieren stammten, folgerte Hitchcock, daß sie von riesigen Vögeln hinterlassen worden sein mußten. In Wahrheit handelte es sich um Dinosaurierspuren und den ersten Hinweis darauf, daß nicht alle Dinosaurier Vierbeiner gewesen waren, wie man bis dahin angenommen hatte.

1858 dann fand Joseph Leidy ein teilweise erhaltenes Skelett in New Jersey, das er in einer zweibeinigen, känguruähnlichen Haltung zusammensetzte, und 1878 stellte sich heraus, daß auch *Iguanodon* eines dieser dreizehigen, zweibeinigen Monster war, als nämlich belgische Bergleute die fast vollständigen Skelette von etwa 40 Exemplaren zutage förderten.

Die Jagd verlagerte sich in den amerikanischen Westen und erhitzte sich in den 1870er Jahren, als zwei Schullehrer, Arthur Lakes und O. W. Lucas, unabhängig voneinander Dinosaurierfossilien in Colorado entdeckten und ihre Funde an Experten an der Ostküste schickten. Die beiden Amateure lösten damit eine erbitterte persönliche Fehde zwischen Professor Othniel Charles Marsh von der Yale Universität und Edward Drinker Cope von der Universität von New Jersey aus. Als positives Resultat aus den folgenden »Dinosaurierkriegen« mit konkurrierenden Ausstellungen ist immerhin die Entdeckung und Beschreibung von etwa 130 neuen Spezies zu verzeichnen..

Riesendinosaurier

In den 1880er Jahren stellte Marsh den ersten rekonstruierten Sauropoden vor, den er *Brontosaurus* (»Donnerechse«) nannte. Es handelte sich um einen riesigen, pflanzenfressenden Dinosaurier mit einzelnen Gliederknochen von über einem Meter Länge und gewaltigen Wirbelkörpern – die bei weitem größten Tiere, die je das Festland bevölkert hatten. Das unvergeßliche Bild des gigantischen Sauropoden von über 20 Metern Körperlänge auf elefantenartigen Säulenbeinen erregte die staunende Öffentlichkeit und gab der Suche nach ihren Überresten auf der ganzen Welt weiteren Antrieb.

Eine der wichtigsten Entdeckungen wurde 1907 der Fund eines 22 Meter langen, zwölf Meter hohen und nahezu 50 Tonnen schweren *Brachiosaurus* in Ostafrika, der überraschend lange Vorderbeine und einen enormen, giraffenähnlichen Hals besaß.

1908 erkannte man dann, daß die Dinosaurier nicht nur groß, sondern auch überaus gefährlich gewesen sein mußten. In den Kreidezeitfelsen des nördlichen Montana entdeckte eine Expedition des New Yorker Amerikanischen Museums für Naturgeschichte ein nahezu vollständig erhaltenes Skelett einer bis dahin unbekannten Dinosaurierart. Von allen Sauriern verkörpert diese riesige, zweibeinige, fleischfressende Bestie, der *Tyrannosaurus rex*, bis heute am ehesten das schaurige Bild urzeitlicher Monstrosität. Mit seinen sechs Metern Höhe, zwölf Metern Länge, einem Gewicht von nahezu sieben Tonnen und einem Maul voller 20 cm langer, messerscharfer Zähne war der *Tyrannosaurus rex* etwas ganz Besonderes. Kein lebender landbewohnender Fleischfresser reicht auch nur an ihn heran.

Trotz 140 Jahren Forschung seit ihrer »Erfindung« weist unser Wissen über die Dinosaurier, ihre entfernten reptilen Verwandten und all die anderen ausgestorbenen Wirbeltiere, die die Welt über 500 Millionen Jahre lang bevölkerten, immer noch riesige Lücken auf. Die letzten Jahrzehnte haben insofern eine Wende der Dinosaurierforschung mit sich gebracht, als man sich nun verstärkt fragt, wie sie als lebende Tiere »funktioniert« haben mögen. Wie haben sie wirklich ausgesehen? Wie schnell konnten sie laufen? Wie rasch sind sie gewachsen? Wie haben sie kommuniziert? Wie haben sie sich um ihre Jungen gekümmert? Und schließlich: Warum, wenn sie denn so erfolgreich waren, sind sie und viele ihrer Verwandten ausgestorben?

Dieses Buch beantwortet einige dieser Fragen auf Grundlage unseres heutigen Wissens. Aber die Paläontologie, das Studium des Lebens vergangener Zeiten, steht noch an ihrem Anfang. Viele fesselnde Geheimnisse liegen nach wie vor in Felsen begraben und warten darauf, entdeckt zu werden.

Fische: die ersten Wirbeltiere

Fische sind die ältesten bekannten Wirbeltiere *(Vertebrata)*, und die ältesten von ihnen wiederum sind die kieferlosen Fische wie die zu den *Agnatha* zählenden Schleimaale und Lampretten.

Die *Agnatha* besitzen schon einige grundlegende Charakteristika der Vertebraten. Dazu zählt vor allem ein vom Kopf zum Schwanz verlaufender, steifer Knorpelstab mit paarigen Muskelgruppen auf beiden Seiten. Durch Kontraktion dieser Muskeln kommt eine wellenförmige Fortbewegung des Körpers zustande. Eine dorsale Nervenbahn oberhalb des Rückgrats ist am vorderen Ende verdickt und steht mit den Sinnesorganen in Verbindung. Dieses »Gehirn« wird durch einen Schädelknochen geschützt.

Rückgrat und Hirnschale sind aber nicht notwendig knöchern. Darum zählen auch Knorpelfische wie die *Agnatha* und die Haie zu den Wirbeltieren. Knorpel ist freilich einfacher strukturiert als Knochen und fossiliert in der Regel auch nicht.

Die *Agnatha* waren in der Vergangenheit weit verbreitet. Mehrere Gruppen besiedelten lange die Urmeere, ehe sie gegen Ende des Devon ausstarben. Diese ausgestorbenen Arten unterschieden sich äußerlich sehr von den noch lebenden rezenten Formen, die in der Regel hochspezialisiert sind. Viele fossile Arten besaßen vor allem im Kopfbereich schützende Knochenplatten und -schuppen.

Conodonten

Vieles spricht dafür, daß die ersten Wirbeltiere die Conodonten waren. Diese Meeresbewohner ließen sich geraume Zeit nicht paläontologisch einordnen. Ihre fossilen Überreste bestehen hauptsächlich in winzigen mineralisierten Zähnen. Man wußte lange nicht viel mehr über sie, als daß sie in den Urmeeren zahlreich vertreten waren. Funde in Schottland haben aber gezeigt, daß die fossilen Zähne im Maul winziger, aalartiger

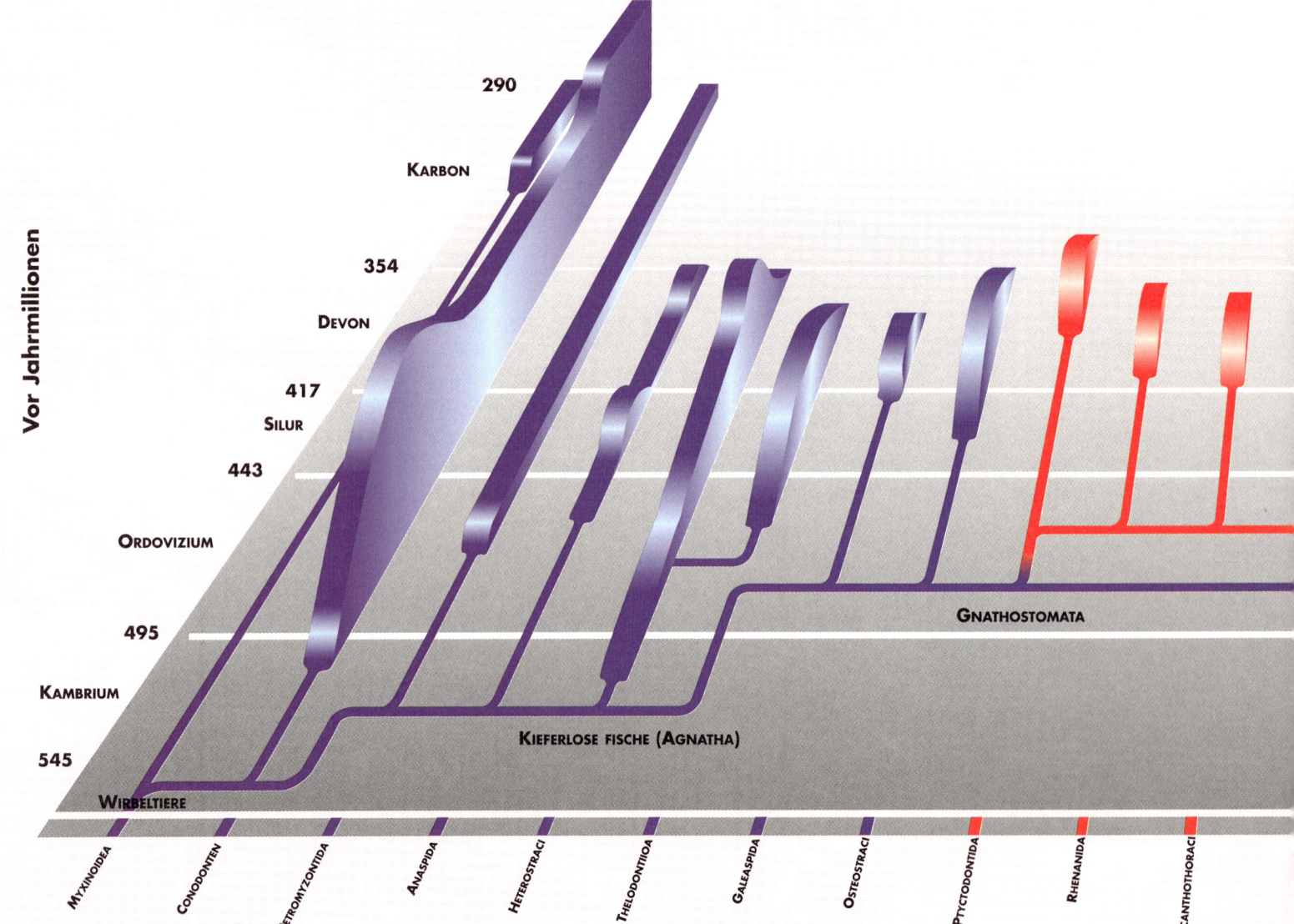

kieferloser Tiere saßen. Die Zähne besitzen bestimmte Strukturen, die sie in Zusammenhang bringt mit den Zähnen von Wirbeltieren. Und wie bei Wirbeltieren waren die Augen der Conodonten mit Muskeln ausgestattet und wurde die Körperbewegung durch paarige Muskelgruppen – Myotome – kontrolliert. Diese Muskeln bogen einen axialen Knorpelstab in die für Fische typischen wellenförmigen Schwimmbewegungen. Noch ist umstritten, in welcher Beziehung die Conodonten zu den *Agnatha* standen und aus welcher Tiergruppe sie sich ihrerseits entwickelten.

Vorgänger der Wirbelsäule

Vorläufer des Rückgrats war die sogenannte Notochorda, ein axialer Knorpelstab, der sich heute noch bei einer kleinen Gruppe von Meeresbewohnern findet: den *Cephalochordata*. Diese zählen mit den Wirbeltieren zum Stamm der *Chordata*. Da die mineralienfreie Notochorda in der Regel nicht fossiliert, fehlte lange ein fossiler Beleg für die *Cephalochordata*. Dann wurde im kambrischen Burgess-Schiefer von British Columbia (Kanada) ein Tier namens *Pikaia* gefunden (S. 22), von dem man annimmt, daß es sich dabei um ein fossiles *Cephalochordatum* handelt. Wenn die Auswertung des Funds korrekt ist, liegt also der Ursprung der Wirbeltiere wesentlich früher als bislang angenommen.

Kiefer revolutionieren das Leben

Durch die Entwicklung der Kiefer waren die Fische für ihre Ernährung nicht mehr ausschließlich auf mikroskopisch kleine Organismen angewiesen. Die Gnathostomen (Fische mit Kiefern) konnten nun aktiv auf Beutefang gehen. Sie wurden dadurch größer und spezialisierten sich in bezug auf Habitat und Ernährung. Das führte zu einer explosiven Diversifikation der Fische im Devon, also vor ungefähr 400 Millionen Jahren. Die Knorpelfische (Haie, Rochen und Chimären) behielten das Knorpelskelett ihrer Vorfahren bei, daneben entwickelten sich aber zwei wichtige Typen von Knochenfischen: die Strahlenflosser (*Actinopterygii*) und die Fleischflosser (*Sarcopterygii*).

Neunaugen und Schleimfische sind die einzigen Überlebenden der Kieferlosen Fische, der ersten Fischgruppe überhaupt. Aus einem ihrer Vertreter, wahrscheinlich einem Angehörigen der Osteostraci, entstanden sämtliche Fische mit Kiefern. Zu den Knorpelfischen zählen die auch heute noch dominierenden Räuber der Meere, die Haie. Die Knochenfische entwickelten sich in zwei Linien. Zu den Strahlenflossern gehören die eigentlichen Knochenfische (Teleostei), während die Fleischflosser oder Sarcopterygii die Vorfahren der ersten Landwirbeltiere waren.

PLACODERMI — **CHONDRICHTHYES** — **OSTEICHTHYES** — **SARCOPTERYGII** — **TETRAPODA**

PETALICHTHYIDA · PHYLLOLEPIDA · ANTIARCHI · ARTHRODIRA · ELASMOBRANCHII · ACANTHODII · ACTINOPTERYGII · DIPNOI · ACTINISTIA · RHIPIDISTIA · TETRAPODA

Die erfolgreichsten Wirbeltiere

Die Strahlenflosser entwickelten sich zur umfangreichsten Fischgruppe, den eigentlichen Knochenfischen (*Teleostei*, S. 38–41). Mit 21 000 gegenwärtig existierenden Arten sind sie zudem die erfolgreichste Wirbeltiergruppe überhaupt (zum Vergleich: Es gibt ca. 4000 Säugerarten, 8600 Vogelarten, 4000 Reptilien- und 2500 Amphibienarten).

In ihrer Vielfalt an äußeren Formen und Lebensweisen übertreffen die eigentlichen Knochenfische alle übrigen Süßwasser- und Meeresbewohner, Wirbellose wie Wirbeltiere gleichermaßen. Es gibt schnelle Räuber wie den Barrakuda und den Marlin und träge Bodenbewohner wie den Himmelsgucker und die Plattfische. Man findet typische Fischformen wie bei der Makrele und dem Barsch, aber auch ungewöhnliche Gestaltungen wie das Seepferdchen, den Mondfisch und den Anglerfisch. Die einen leben an der Oberfläche des Meeres – die Fliegenden Fische –, andere, etwa die Tiefsee-Anglerfische, besiedeln die tiefsten Tiefen.

Die modernen Knochenfische stehen auf der obersten Sprosse einer stammesgeschichtlichen Leiter, die von einer Gruppe der Strahlenflosser zur anderen stetig aufwärts führt (S. 18–19). Die Entwicklung begann im Obersilur mit dem Auftreten der Paläonisciden. Sie wiesen dicke Schuppen, unbewegliche Flossen und asymmetrische Schwanzflossen auf. Aus ihnen gingen die Neopterygier mit biegsamen Flossen und fast symmetrischen Schwänzen hervor, die ihrerseits wiederum von den Teleostiern mit dünneren Schuppen, symmetrischen Schwanzflossen sowie beweglichen Kiefern und Flossen abgelöst wurden.

Heringsähnliche Knochenfische waren die ersten dieser Gruppe. Ihnen folgten zwei größere Entwicklungsschübe. Der erste fand in der Mittelkreide statt, als sich Lachse und Forellen entwickelten. Der zweite Schub ließ in der Oberkreide und im Alttertiär die fortgeschrittenen barschartigen Formen entstehen, zu denen heute an die 40 Prozent der Knochenfische gehören.

Am Ende des Mesozoikums, vor ungefähr 65 Millionen Jahren, entwickelten sich die Knochenfische zur dominierenden Tiergruppe in den Gewässern der Erde. Parallel dazu verlief der Siegeszug der Säuger auf dem Land. Flora und Fauna befanden sich damals in einem gewaltigen Umbruch: Fischfressende Reptilien wie die Plesiosaurier, die Fischsaurier und die Mosasaurier waren ausgestorben. Die Dinosaurier verschwanden, und auch die Flugsaurier starben aus. Viele Typen planktischer Meeresorganismen vergingen, ohne Spuren zu hinterlassen.

Dieses Massensterben wirkte auf die Knochenfische und die Säuger wie ein Signal: Sie erfuhren eine letzte, explosionsartige Evolutionsphase und entwickelten sich zu jenen Lebewesen, die bis auf den heutigen Tag zu Wasser und zu Lande dominieren.

Die Vorfahren der Landtiere

Die Entwicklung der Strahlenflosser führte allerdings evolutionsgeschichtlich in eine Sackgasse. Dagegen schwammen ihre Verwandten, die vergleichsweise bescheidenen Fleischflosser, gleichsam weiter im Hauptstrom der Evolution mit.

Ein Fleischflosser nämlich wurde zum Vorfahren der ersten Landwirbeltiere, der Amphibien. Der Übergang erfolgte verhältnismäßig schnell: Die ersten Fleischflosser traten im Unterdevon auf, ungefähr 20 Millionen Jahre später hatten die Amphibien bereits ihren Fuß auf das trockene Land gesetzt.

Der besagte Vorfahre kann ein Fisch aus der Gruppe der *Osteolepiformes* oder aber ein Lungenfisch (*Dipnoi*) gewesen sein. Die Wissenschaft ist sich darüber nicht einig, daher die dreiarmige Gliederung des Stammbaums auf den Seiten 18–19.

Grundzüge der Evolution der Fische

Generell läßt sich von den Fischen sagen, daß sich die jeweils höhere Entwicklungsstufe durch bessere Fähigkeiten beim Aufspüren, Ergreifen und Verschlingen der Beute sowie beim Fliehen und Verbergen vor Feinden auszeichnete. Die frühesten Fische, die Ostrakodermen, wurden von einem schweren Knochenpanzer geschützt. Er erforderte für die Bewegung einen hohen Energieaufwand, weshalb sich viele Arten vorrangig auf

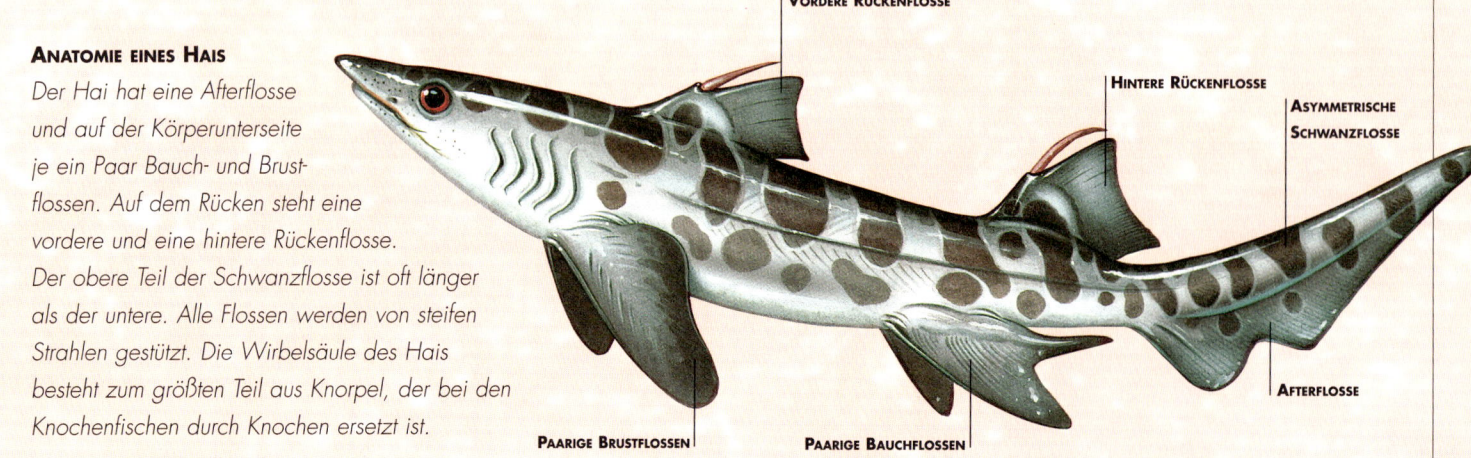

ANATOMIE EINES HAIS

Der Hai hat eine Afterflosse und auf der Körperunterseite je ein Paar Bauch- und Brustflossen. Auf dem Rücken steht eine vordere und eine hintere Rückenflosse. Der obere Teil der Schwanzflosse ist oft länger als der untere. Alle Flossen werden von steifen Strahlen gestützt. Die Wirbelsäule des Hais besteht zum größten Teil aus Knorpel, der bei den Knochenfischen durch Knochen ersetzt ist.

VORDERE RÜCKENFLOSSE · HINTERE RÜCKENFLOSSE · ASYMMETRISCHE SCHWANZFLOSSE · AFTERFLOSSE · PAARIGE BAUCHFLOSSEN · PAARIGE BRUSTFLOSSEN

Die Entwicklung der Schwimmblase und der Lunge

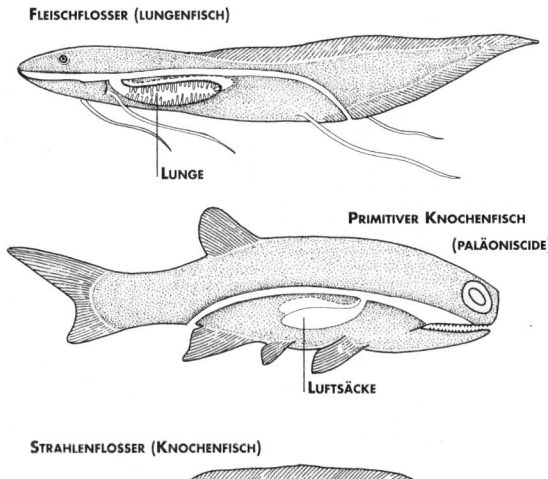

Die Paläonisciden hatten dicke schwere Schuppen und paarige Luftsäcke. Im Lauf der Evolution spalteten sich die Knochenfische in zwei Linien auf. Der Lungenfisch entwickelte – unter Beibehaltung der Kiemen – Lungen zur Luftatmung und konnte so größere Sauerstoffmengen aufnehmen. Die Knochenfische, die Mehrzahl unserer heutigen Fische, entwickelten eine Schwimmblase zur Regelung der Schwimmtiefe. Bei den am weitesten entwickelten Formen besteht keine Verbindung mehr zum Rachenraum: Die Schwimmblase nimmt eigenständig Gase auf und gibt sie wieder ab.

dem Meeresboden aufhielten und dort auch ihre Nahrung suchten.

Andere Ostrakodermen entwickelten rudimentäre »Flossen« in Form unterschiedlicher Dornen, Lappen und Fortsätze, die als Schwimmhilfen dienten. War der untere Teil der Schwanzflosse stärker entwickelt, so bedeutete dies, daß die Fische sich vom Plankton der oberen Wasserschichten ernährten. Bei den Knochenfischen ging der Trend zu zunehmend kleineren, dünneren, stärker gerundeten und damit eher stromlinienförmigen Schuppen sowie zu einer symmetrischen Schwanzflosse, die das Geradeausschwimmen ermöglichte. Paarige Flossen traten an der vorderen Körperhälfte (Brustflossen) und an der hinteren Körperhälfte (Bauchflossen) auf. Sie führten nicht nur zu einer Lagestabilisierung, sondern funktionierten auch als Ruder.

Zur gleichen Zeit entwickelten die Knochenfische auch effizientere Methoden zur Kontrolle ihrer Position im Wasser. Schon die frühesten verfügten über paarige Luftsäcke im Körperinneren. Durch Abgabe oder Aufnahme von Gas konnten sie unterschiedliche Wassertiefen aufsuchen. Bei den Strahlenflossern entwickelten sich die paarigen Säcke zu einer einzigen Schwimmblase. Bei den meisten Knochenfischen blieb eine Verbindung zur Mundhöhle bestehen, doch gibt es auch fortgeschrittenere Typen, bei denen die Schwimmblase unabhängig ihre Aufgabe als Lagestabilisator erfüllt, indem sie selbst Gas abgibt bzw. aufnimmt.

Bei den Lungenfischen entwickelten sich die Schwimmblasen zu luftatmenden Lungen, deren größere Oberfläche die Sauerstoffaufnahme erhöht. Die heutigen Lungenfische haben Kiemen, können aber auch Luft einatmen. Die afrikanische Art kann sogar längere Zeit außerhalb des Wassers existieren, indem sie sich, geschützt durch eine Schleimkapsel, in Schlick oder Schlamm vergräbt.

Nahrungsaufnahme und Atmung laufen bei den Strahlenflossern parallel. Ihre Kiefer wurden im Laufe der Zeit immer beweglicher. Gleichzeitig dehnten sich die Kiemenkammern hinter den Kiefern so aus, daß eine größere Wassermenge hindurchfließen konnte. Mit gesteigerter Sauerstoffaufnahme wuchs auch der Aktionsradius des Tieres. Die röhrenförmigen Kiefer erlaubten im Zusammenspiel mit den dehnbaren Kiemenkammern das Ansaugen der Beute, die zuvor immer erst an einer geeigneten Stelle in die Enge getrieben werden mußte.

Die Entwicklung des Kiefers

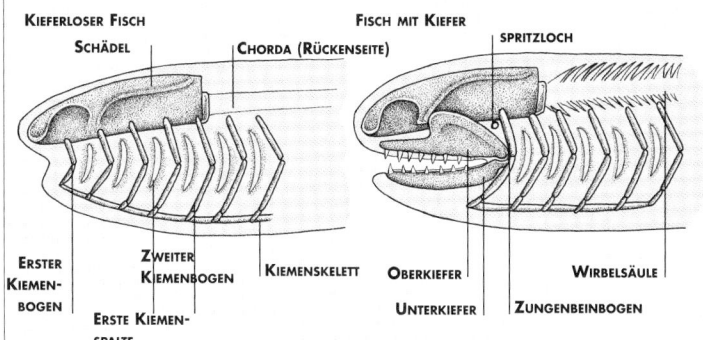

Die ersten Fische hatten weder Kiefer noch Zähne. Ihre Kiemen, hinter dem Maul gelegen, wurden von einer Reihe knorpeliger Kiemenbögen gestützt. Dazwischen befanden sich die Kiemenspalten. Die Kiefer entwickelten sich vermutlich aus dem ersten Kieferbogenpaar, das in der Mitte verwuchs und den Unter- wie den Oberkiefer bildete. Die Zähne entstanden aus der Haut, die das Maul auskleidete. Der zweite Kieferbogen (Zungenbeinbogen) wanderte zur Stützung der Kiefer nach vorne. Aus der ersten Kiemenspalte wurde das Spritzloch.

KIEFERLOSE FISCHE

STAMM CHORDATA

Die große Gruppe der Wirbeltiere (*Vertebrata*) wird zu den *Chordata* gerechnet. Das augenfälligste gemeinsame Merkmal ist eine die gesamte Körperlänge durchlaufende Darmsaite, die *Chorda dorsalis* oder *Notochorda*. Bei Vertebraten ist sie zum Rückgrat verknöchert.

UNTERSTAMM CEPHALOCHORDATA (ACRANIATA)

Aus evolutionärer Sicht sind die *Cephalochordata* (oder *Acraniata*) die wichtigste Gruppe der wirbellosen Chordatiere. Zu ihnen zählt auch der bemerkenswerte rezente Lanzettfisch *Branchiostoma*. Dieser 5 cm große Meeresbewohner bohrt sich mit seinem beidseits abgeflachten Körper mit dem Schwanz voran in den Meeresboden. An seinem vorderen Körperende sitzt ein perforierter Pharynx, durch den er Sauerstoff und Nahrung aus dem Meerwasser filtert. Die fossile Überlieferung dieser Gruppe ist ausgesprochen dürftig.

NAME: *Pikaia*
ZEIT: Mittleres Kambrium
VERBREITUNG: Kanada
LÄNGE: 5 cm

Fossilien wie *Pikaia* sind im 535 Millionen Jahre alten Burgess-Schiefer so gut erhalten, daß sie sogar Spuren von Weichteilen wie die für die *Cephalochordata* typische Notochorda und die V-förmigen Muskelgruppen zeigen. Die Notochorda war biegsam und ermöglichte eine Fortbewegung durch wellenförmige Kontraktionen der beidseits liegenden Muskelgruppen. *Pikaia* ist das älteste gefundene Chordatier und damit unser ursprünglicher Vorfahr.

UNTERSTAMM VERTEBRATA (CRANIATA)

Vertebraten sind das Hauptthema dieses Buchs. Ihre wichtigsten Merkmale entsprechen denen der *Chordata*. Hinzu kommt aber die »Cephalisation« (Schädelbildung), bei der die Sinnesorgane und ihre Nervenverbindungen am vorderen Körperende konzentriert sind. Sie liefert die Grundlage für das »Gehirn« (Cranium) und ist Teil der sich entwickelnden Schädelregion.

KLASSE AGNATHA

Die ersten Wirbeltiere waren die *Agnatha* oder »Kieferlosen Fische«. Ihre Reste wurden in Gesteinen des Oberkambrium gefunden und sind über 510 Millionen Jahre alt. Die *Agnatha* hatten weder Kiefer noch paarige Flossen, mit denen sie ihre Lage im Wasser hätten stabilisieren können, und wurden selten über 30 cm lang. Sie ernährten sich entweder von mikroskopisch kleinen Nahrungspartikeln im Bodenschlamm oder von Plankton in oberflächennahen Wasserschichten.

Die Kieferlosen Fische hatten keine inneren Knochen, nur ein Skelett aus Knorpel, einem verwesenden Material. Wir wissen von ihrer Existenz nur darum, weil ein knöcherner Schild ihren Kopf überzog und kleinere Knochenplatten den Körper bedeckten. Fossilisiert blieben sie erhalten. Die Kieferlosen Fische werden auch unter der Bezeichnung *Ostracodermi*, »Schalenhäuter«, zusammengefaßt. Ungefähr 130 Millionen Jahre lang, vom Unteren Ordovizium bis zum Oberdevon, beherrschten diese Tiere das Meer und das Süßwasser der Nordhalbkugel. Es bildeten sich zwei Entwicklungslinien heraus (S. 18–19), die *Pteraspidomorpha* und die *Cephalaspidomorpha*.

Nur zwei Typen Kieferloser Fische haben bis auf den heutigen Tag überlebt, aber keiner hat einen Knochenpanzer wie seine Vorfahren, und beide sind hochspezialisiert: die wurmähnlichen, aasfressenden Schleimfische und die aalähnlichen, parasitischen Neunaugen.

UNTERKLASSE CONODONTA

Die zoologische Zuordnung der *Conodonta* blieb für mehr als 150 Jahre ein Rätsel, das erst 1993 durch den Fund fossilierter Weichteile gelöst werden konnte. Vor diesem Zeitpunkt waren die *Conodonta* nicht mehr als eine Gruppe winziger zahnartiger Strukturen, die hauptsächlich in paläozoischem Gestein vom Oberkambrium bis zum Ende der Trias zu finden waren. Die Zähne bestehen aus Kalziumphosphat und wurden in bilateral symmetrischen Formationen unterschiedlicher Form gefunden, die unzweifelhaft der Nahrungsaufnahme dienten.

Der bemerkenswerte Fund des Conodontentiers im schottischen Karbongestein zeigte, daß dieser Freßapparat eindeutig unterhalb eines Paars gut entwickelter Augen saß. Die bei den *Cephalochordata* zu beobachtende fortgeschrittene Schädelbildung deutet auf einen höheren Organisationsgrad hin, der vielleicht dem der noch lebenden *Agnatha*, den Schleimaalen, nahekommt. Die Mineralisierung der Zähne hat zu ihrer Einordnung unter die *Vertebrata* geführt, obwohl einige Experten dem widersprechen.

NAME: *Promissum*
ZEIT: Oberes Ordovizium
VERBREITUNG: Südafrika
GRÖSSE: 40 cm

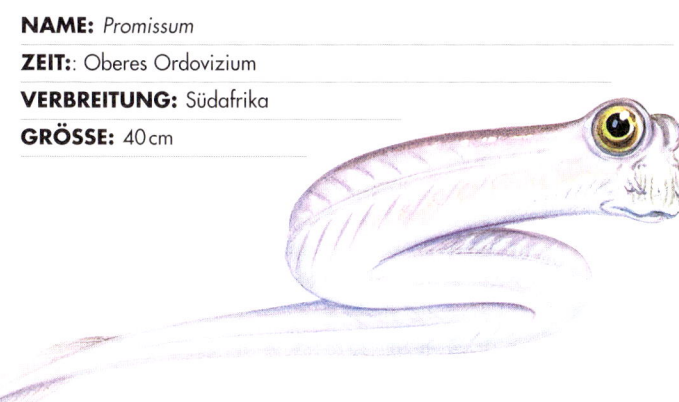

Promissum war ein recht großer Conodont aus dem späten Ordovizium. 1994 wurden in Südafrika Exemplare gefunden, bei denen der Freßapparat mit Resten von Notochorda und Muskeln erhalten waren.

ORDNUNG HETEROSTRACI

Die *Heterostraci* waren die ersten Fische und damit auch die ersten Wirbeltiere. Die ältesten unzweifelhaften Reste stammen aus dem Unteren Ordovizium und sind ungefähr 500 Millionen Jahre alt. Die Gruppe war die am weitesten verbreitete und vielfältigste aller Kieferlosen und erreichte ihre Blüte im Obersilur und im Unterdevon, einer Zeit, in der eine Vielzahl neuer Meereslebewesen entstand, von schlammfressenden Bodenbewohnern bis hin zu frei schwimmenden Planktonfressern. Später drangen sie auch ins Süßwasser vor. Alle hatten den charakteristischen Kopfschild, der während des gesamten Lebens weiterwuchs.

NAME: *Arandaspis*
ZEIT: Unteres Ordovizium
VERBREITUNG: Australien (Northern Territory)
LÄNGE: Wahrscheinlich 15 cm

Im Jahr 1959 entdeckte man die fossilen Reste von vier unterschiedlichen Fischtypen südlich von Alice Springs in Zentralaustralien. Sie waren in Sandstein eingebettet, der vor ungefähr 500 Millionen Jahren in einem Flachmeer abgelagert worden war. Erst in den späten sechziger Jahren erkannte man, daß es sich um Fossilien der frühesten Wirbeltierformen handelte. Die besterhaltenen Funde erhielten den Namen Arandaspis – zur Erinnerung an die Aranda, den dort ansässigen Stamm der Aborigines. Der zweite Wortbestandteil bezieht sich auf das griechische Wort für Schild (aspís).

Arandaspis hatte einen stromlinienförmigen Körper ohne stabilisierende Flossen. Die hintere Körperhälfte war von schrägen Reihen aus Knochenplatten bedeckt und trug zugespitzte Höcker, die der Haut ein rauhes, schmirgelpapierähnliches Aussehen verliehen.

Die vordere Körperhälfte wurde von zwei großen Schilden aus dünnem Knochen geschützt, einer stark gerundeten Platte an der Unterseite und einer flacheren an der Oberseite. Für die Augen, die Nasenlöcher und die beidseitige Kiemenspalte waren Öffnungen vorhanden. Tiefe Furchen im Schild zeigen die Lage des Seitenlinienorgans an, mit dem der Fisch Erschütterungen wahrnahm. Der kieferlose Mund war unterständig, was den Schluß nahelegt, daß sich das Tier am Boden der Gewässer ernährte. Wie bei anderen *Heterostraci* lagen im Mund wohl kleine, bewegliche Platten mit Leisten aus Zahnbein, die möglicherweise ein flexibles Lippenpaar bildeten, das Nahrungspartikel vom Bodenschlamm aufsaugen konnte.

NAME: *Pteraspis*
ZEIT: Unterdevon
VERBREITUNG: Europa (Großbritannien und Belgien)
LÄNGE: 20 cm

Pteraspis ist der typische Vertreter der Pteraspididen, einer Familie, die im Obersilur und im Unterdevon sehr individuen- und artenreich vertreten war. Obwohl *Pteraspis* keine paarigen Flossen besaß, war er, wie einige hydrodynamische Eigenschaften seines Körpers verraten, ein guter Schwimmer. Für die Lagestabilität sorgten knöcherne Auswüchse an der Hinterseite des Kopfschildes. Ein langer Dorn diente als Rückenflosse, während zwei steife Kiele die Aufgabe von Brustflossen übernahmen.

Auch der lange, biegsame Schwanz zeigte Stromlinienform. Seine untere Hälfte war verlängert und sorgte beim Schwimmen für Auftrieb. Zusätzlichen Auftrieb bewirkte die Schnauze, die zu einem Rostrum verlängert war. Darunter öffnete sich der Mund.

Nach Ansicht der Paläontologen haben sich *Pteraspis* und seine Verwandten in mittleren Wasserschichten oder unweit der Wasseroberfläche vorwiegend von planktischen, garnelenartigen Krebstieren ernährt.

KIEFERLOSE FISCHE

NAME: *Doryaspis*
ZEIT: Unterdevon
VERBREITUNG: Spitzbergen
LÄNGE: 15 cm

Dieser Pteraspidide (auch *Lyktaspis* genannt) hatte im Vergleich zu seinen Verwandten ein stark ausgebildetes, über seine gesamte Länge mit knöchernen Dornen besetztes Rostrum (ähnlich wie der heutige Sägefisch), der Mund öffnete sich oberhalb davon. Das Rostrum muß eine hydrodynamische Funktion erfüllt haben, diente aber vielleicht auch dazu, den Bodenschlamm aufzuwühlen und dort versteckte Krebstiere aufzuspüren. Allerdings deutet die Körperform von *Doryaspis* darauf hin, daß er ein aktiver Schwimmer war, der sich wahrscheinlich von Plankton ernährte.

Doryaspis besaß ungewöhnlich lange seitliche Kiele, die dem Ende des Kopfschildes entsprangen und deren Vorderkanten ebenfalls mit Dornen besetzt waren. Zusammen mit dem Rostrum und dem vergrößerten unteren Schwanzlappen unterstützten sie wohl den Auftrieb während des Schwimmens.

NAME: *Drepanaspis*
ZEIT: Unterdevon
VERBREITUNG: Europa (Deutschland)
LÄNGE: 30 cm

Manche *Heterostraci*, darunter *Drepanaspis*, waren gut an das Leben auf dem Meeresboden angepaßt und suchten sich ihre Nahrung im Bodenschlamm. Die vordere Körperhälfte war breit und abgeplattet, die Augen standen zu beiden Seiten des oberständigen Mundes weit auseinander.

ORDNUNG THELODONTIDA

Die *Thelodontida* waren kleine, mit den *Heterostraci* verwandte, kieferlose Fische ohne Kopfschilde. Nur winzige fossilierte Knochenschuppen, die ihren Körper bedeckten, zeugen von ihrer Existenz während des Obersilur und des Unterdevon.

NAME: *Thelodus*
ZEIT: Obersilur
VERBREITUNG: Weltweit
LÄNGE: 18 cm

Der Mund dieses kleinen Fisches befand sich auf der Unterseite des Kopfes, was den Schluß auf eine gründelnde Ernährungsweise nahelegt. Dabei konnte das Tier offensichtlich gut schwimmen. Der untere Teil des Schwanzes war verlängert; Flossen sorgten für die Lagestabilisierung – eine Rücken- und eine Afterflosse sowie vorne zwei Brustflossen.

ORDNUNG OSTEOSTRACI

Die *Osteostraci* (auch *Cephalaspida* – »Kopfschilde« – genannt) traten im Obersilur auf, ungefähr 80 Millionen Jahre nach den ersten *Heterostraci*. Sie entwickelten sich im Meer und drangen später auch ins Süßwasser vor.

Die *Osteostraci* waren abgeplattete Bodenbewohner, die mit ihrem runden, unterständigen Mund Nahrungspartikel vom Boden aufsogen. Der Kopfschild bestand aus einer einzigen Knochenplatte, die beim ausgewachsenen Tier im Gegensatz zu den knöchernen Kopfplatten der *Heterostraci* nicht mehr weiterwuchs. Offensichtlich waren die *Osteostraci* auch gute Schwimmer; viele hatten eine Rückenflosse, paarige Brustflossen und eine kräftige Schwanzflosse.

Die Anatomie der *Osteostraci* ist gut bekannt, weil eine dünne Knochenschicht das Knorpelskelett überzog. Das fossile Skelett erlaubt daher Rückschlüsse auf den Feinbau des Gehirns, der Kiemen, des Mauls, ja sogar einzelner Nerven und Blutgefäße.

Eine Neuentwicklung waren Sinnesfelder zu beiden Seiten und an der Oberseite des Kopfes. Sie waren gut mit Nerven versorgt und dienten wahrscheinlich zur Wahrnehmung von Schwingungen im Wasser; möglicherweise handelte es sich aber auch um elektrische Organe.

NAME: *Tremataspis*
ZEIT: Obersilur
VERBREITUNG: Europa (Estland)
LÄNGE: 10 cm

Dieser frühe *Osteostracus* hatte den abgeflachten Körper und das unterständige Maul eines Bodenbewohners. Die Augen und die einzige Nasenöffnung befanden sich nahe der Mittellinie auf der Oberseite des Kopfes. Das Tier sog mit Hilfe seiner Kiemenmuskulatur winzige Nahrungspartikel vom Meeresboden.

Der knöcherne Kopfschild aus einem einzigen Knochenstück erstreckte sich über die vordere Körperhälfte. Vermutlich hatten die *Osteostraci* eine nichtgepanzerte Larve, und der Kopfschild entwickelte sich erst beim erwachsenen Tier.

NAME: *Dartmuthia*
ZEIT: Obersilur
VERBREITUNG: Europa (Estland)
LÄNGE: 10 cm

Der breite Kopfschild ist der einzige bekannte Körperteil von *Dartmuthia*. Das Tier besaß einen runden Saugmund an der Unterseite des Kopfes, ähnlich wie der in der gleichen Epoche lebende *Tremataspis* (s. o.). Mitten auf dem Rücken stand eine kleine Rückenflosse. Die Sinnesorgane für die Wahrnehmung von Erschütterungsreizen auf dem Kopf und hinter den Augen waren gut entwickelt.

NAME: *Hemicyclaspis*
ZEIT: Unterdevon
VERBREITUNG: Europa (England)
LÄNGE: 13 cm

Dieser Fisch war ein besserer Schwimmer als seine bodenabhängigen Verwandten *Tremataspis* und *Dartmuthia*. Eine Rückenflosse sorgte für die Lagestabilisierung, ein Paar brustflossenähnlicher, mit Schuppen bedeckter Lappen für Auftrieb.

Die Kanten des Kopfschildes waren zu Kielen ausgezogen und durchschnitten das Wasser. Der vergrößerte obere Teil der Schwanzflosse bewirkte, daß die vordere Körperhälfte beim Schwimmen abwärts gerichtet war, was die Nahrungsaufnahme vom Meeresboden erleichterte.

NAME: *Boreaspis*
ZEIT: Unterdevon
VERBREITUNG: Spitzbergen
LÄNGE: 13 cm

Aus den Sandsteinen, die während des Unterdevons in den Lagunen von Spitzbergen abgelagert wurden, sind mindestens vierzehn *Boreaspis*-Arten bekannt. Sie unterscheiden sich in der Breite der dreieckigen Kopfschilde und in der Länge der knöchernen Dornen in der Wangenregion. Die Schnauze war bei allen Arten zu einem spitzen Rostrum ausgezogen, mit dem die Tiere vermutlich im Bodenschlamm nach Beute wühlten.

ORDNUNG ANASPIDA

Den *Anaspida* des Obersilur fehlte der kräftige Kopfschild der Kieferlosen Fische. Dafür besaßen sie dünne Schuppen, schlanke, biegsame Körper und Flossen zur Lagestabilisierung. Als aktive Schwimmer waren sie in den europäischen und nordamerikanischen Meeren, aber auch in Binnengewässern weit verbreitet. Am Ende des Devon starben sie aus.

NAME: *Jamoytius*
ZEIT: Obersilur
VERBREITUNG: Europa (Schottland)
LÄNGE: 27 cm

Der englische Paläontologe J. A. Moy-Thomas war der Namensgeber dieses schlanken Meeresbewohners mit paarigem seitlichen Flossensaum und kleiner Afterflosse.

Jamoytius lebte mit seinem runden, saugnapfähnlichen Mund wahrscheinlich parasitisch wie sein heutiger Verwandter, das Neunauge, das sich an anderen Fischen festheftet, um dort Blut und Fleischfasern abzusaugen.

NAME: *Pharyngolepis*
ZEIT: Obersilur
VERBREITUNG: Europa (Norwegen)
LÄNGE: 10 cm

Ohne Flossen zur Lagestabilisierung war *Pharyngolepis* vermutlich kein guter Schwimmer. Auf dem Rücken und zu beiden Seiten des Kopfes stand eine Reihe knöcherner Dornen. Nur die Afterflosse war gut entwickelt, so daß sich der Fisch zur Nahrungsaufnahme wahrscheinlich mit dem Kopf voran durch die Bodensedimente wühlte.

KNORPELFISCHE

KLASSE CHONDRICHTHYES

Haie und ihre Verwandten, die Rochen und Chimären oder Seeratten, gehörten zu den ersten Wirbeltieren, die Kiefer und Zähne entwickelten (S. 21). Sie haben aber auch noch ein anderes Merkmal gemeinsam: Ihre Skelette bestehen aus Knorpel, worauf die deutsche Bezeichnung »Knorpelfische« zurückgeht. Das Skelett ist verkalkt, das heißt durch prismatische Kalziumkarbonat-Einlagerungen in den äußeren Knorpelschichten verstärkt. Die Einlagerungen sind nach einem bestimmten mosaikartigen Muster angeordnet, das nur bei Knorpelfischen auftritt. Schließlich liegt über dem Knorpel eine dünne Knochenschicht.

Daneben gibt es noch eine Reihe anderer Merkmale: Knorpelfische haben paarig ausgebildete Flossen, die von Knorpelstrahlen gespannt werden. Bei den Männchen sind die Bauchflossen zu penisähnlichen Begattungsorganen umgewandelt, die bei der Paarung der Übertragung des Samens dienen. Die Haut ist durch winzige zahnartige Schuppen aufgerauht wie Schmirgelpapier. Ebenso wie die Zähne werden die Schuppen lebenslang durch neue ergänzt.

Von einem gemeinsamen Vorfahren im Unterdevon, also vor ungefähr 400 Millionen Jahren (S. 18–19), ausgehend, entwickelten sich die beiden Hauptgruppen der Knorpelfische. Beide haben bis auf den heutigen Tag überlebt und unterscheiden sich durch ihre Zähne und ihre Ernährungsweise voneinander.

UNTERKLASSE ELASMOBRANCHII

Die *Elasmobranchii* oder Plattenkiemer umfassen die Haie und die Rochen. Die Haie haben sich in den vergangenen 400 Millionen Jahren kaum verändert. Schon im Karbon entwickelten sie sich zu großer Vielfalt, um nach einer Periode des Niedergangs im Jura einen zweiten Evolutionsschub zu erleben. Danach bildeten sich jene Gruppen heraus, die großenteils auch heute noch existieren. Sie verdrängten andere Lebewesen mit ähnlicher Lebensweise, darunter Reptilien wie die Fischsaurier und die Plesiosaurier.

Die Rochen, zu denen auch der Sägefisch gehört, entstanden im Unterjura, ungefähr 200 Millionen Jahre nach den Haien. Man kann sie als »abgeplattete« Haie betrachten, die sich dem Leben am Boden überaus erfolgreich angepaßt haben.

NAME: *Cladoselache*
ZEIT: Oberdevon
VERBREITUNG: Nordamerika (Ohio)
LÄNGE: bis 1,8 m

Cladoselache blieb bemerkenswert gut in den Tonschiefern (»Cleveland shales«) von Ohio (USA) erhalten. Nicht nur die Umrisse des Körpers, sondern Spuren der Haut und sogar der Nieren sind im Fossil zu erkennen.

Cladoselache hatte einen stromlinienförmigen Körper mit zwei gleich großen Rückenflossen, ferner je ein Paar große Brustflossen und kleinere Bauchflossen, eine große, halbmondförmige, symmetrische Schwanzflosse und je einen waagrechten Kiel zu beiden Seiten. Der Kopf war gedrungen, die Augen erschienen groß, und hinter den Kiefern öffneten sich fünf bis sieben große Kiemenspalten.

Oberflächlich gesehen erinnert die Beschreibung dieses Hais, der vor 400 Millionen Jahren im offenen Meer lebte, auffallend an moderne Haie, zum Beispiel an den berüchtigten Weißen Hai. Die Hauptunterschiede sind in der Tat nicht allzu groß: Ein moderner Hai hat eine zugespitztere Schnauze, eine höhere vordere Rückenflosse, eine Schwanzflosse mit deutlich länger ausgezogenem Oberteil sowie eine zusätzliche Flosse, die Afterflosse.

Wie viele frühe Haie besaß auch *Cladoselache* einen Dorn vor jeder Rückenflosse. Dieser bestand aus Zahnbein (Dentin) und war vermutlich von einer Haut überzogen; bei späteren Formen trug er einen Schmelzüberzug. Ein weiteres ungewöhnliches Merkmal von *Cladoselache* ist das Fehlen von Schuppen auf dem Körper. Die einzigen Schuppen lagen um die Augen und an den Flossenrändern.

Cladoselache war nicht nur ein ausdauernder Schwimmer, sondern gewiß auch ein schrecklicher Räuber. Das Maul war voller scharfer Zähne, die neben einer zentralen Spitze mehrere seitliche Zacken aufwiesen. In den Meeren des Oberdevon wimmelte es von Beutetieren: Es gab Tintenfische, Krebstiere, kleine Kieferlose Fische und frühe Knochenfische.

NAME: *Stethacanthus*
ZEIT: Oberdevon bis Oberkarbon
VERBREITUNG: Europa (Schottland) und Nordamerika (Illinois, Iowa, Montana und Ohio)
LÄNGE: 70 cm

Das wichtigste Merkmal dieses frühen Hais war die merkwürdige Anpassung der vorderen Rückenflosse. Sie zeigte eine Amboß- oder T-Form und trug auf der Oberfläche kleine Zähnchen. Auch die Oberseite des Kopfes war von solchen Zähnchen übersät. Über die Bedeutung dieser Strukturen gehen die Ansichten auseinander: Einige Experten vermuten, sie hätten, indem sie den Eindruck eines riesigen Kiefers vermittelten, als wirkungsvolle Abschreckung gedient. Andere vertreten die Theorie, die gezähnelten Oberflächen hätten bei der Balz eine Rolle gespielt.

NAME: *Cobelodus*
ZEIT: Mittel- bis Oberkarbon
VERBREITUNG: Nordamerika (Illinois und Iowa)
LÄNGE: bis 2 m

Dieser merkwürdig aussehende Hai hatte eine zwiebelartige Schnauze, ein buckliges Profil und eine weit hinten ansitzende Rückenflosse oberhalb der Bauchflossen. Er hatte auch bemerkenswert große Augen, was vielleicht darauf hindeutet, daß er in der Dunkelheit der Tiefsee nach Krebsen und Tintenfischen jagte.

Einer der knorpeligen Strahlen der Brustflossen war zu einer 30 cm langen Geißel ausgezogen. Solche Fortsätze waren beweglich, da sie auf ganzer Länge Gelenke besaßen.

NAME: *Xenacanthus*
ZEIT: Oberdevon bis Mittelperm
VERBREITUNG: Weltweit
LÄNGE: 75 cm

Eine bestimmte Gruppe von Haien drang schon zu einem entwicklungsgeschichtlich sehr frühen Zeitpunkt ins Süßwasser vor und verbreitete sich über alle Seen und Flüsse der Welt. Die Xenacanthiden waren hochspezialisierte und sehr erfolgreiche Fische, denn sie existierten vom Unterdevon bis zum Ende der Trias.

Xenacanthus, ein langes, stromlinienförmiges Tier, war ein typischer Vertreter dieser Familie. Dem Hinterrand des Schädels entsprang ein dicker Dorn; die Rückenflosse bildete einen langen Saum, der bis zur Schwanzspitze und zur Afterflosse reichte. Eine vergleichbare Anordnung kann man heute noch beim Australischen Lungenfisch und beim Aal beobachten. Paarige Brust- und Bauchflossen sorgten für die Lagestabilisierung.

Das Gebiß der Süßwasserhaie war ungewöhnlich: Jeder Zahn war V-förmig und hatte zwei hervortretende Spitzen. Die wichtigsten Beutetiere waren wahrscheinlich garnelenähnliche Krebstiere und Knochenfische mit dicken Schuppen, zum Beispiel die Paläonisciden (S. 34).

NAME: *Tristychius*
ZEIT: Unterkarbon
VERBREITUNG: Europa (Schottland)
LÄNGE: 60 cm

Oberflächlich betrachtet sieht *Tristychius* wie ein heutiger Hundshai aus. Er gehört zur Gruppe der Hybodonten, die vom Karbon bis zum Ende der Kreidezeit (und damit fast 300 Millionen Jahre lang) die Meere beherrschten.

Tristychius hatte je einen großen Dorn vor den beiden Rückenflossen. Die Brust- und Beckenflossen wiesen eine schmalere Basis auf und waren damit weit beweglichere Schwimmhilfen als die steifen Flossen früherer Haiformen. Der obere Teil des Schwanzes hatte sich bereits zu dem kräftigen asymmetrischen Antriebsorgan entwickelt, das auch die Haie der Gegenwart auszeichnet.

KNORPELFISCHE

NAME: *Hybodus*
ZEIT: Unterperm bis Unterkreide
VERBREITUNG: Weltweit
LÄNGE: 2 m

Hybodus war einer der häufigsten, am weitesten verbreiteten und langlebigsten fossilen Haie. Er ähnelte sehr dem heutigen Blauhai, wurde aber nur halb so lang und hatte eine stumpfere Schnauze.

Hybodus wies im Maul zwei unterschiedliche Zahnformen auf, was auf eine vielfältige Ernährung hindeutet. Spitze Zähne am Mundrand packten und zerrissen Beutetiere, während niederkronige Zähne im Mundinnern Knochen und die harten Skeletteile bodenbewohnender Schnecken, Seeigel, Krustentiere und Muscheln zermalmten.

Hybodus und seine Verwandten verfügten über ein besonders vorteilhaftes anatomisches Merkmal: Teile der Bauchflossen des Männchens hatten sich in ein penisähnliches Begattungsorgan verwandelt, das in den Körper des Weibchens eingeführt wurde. Es kam also zu einer inneren Besamung, die der bei den meisten Knochenfischen verbreiteten äußeren Besamung, bei der die Partner ihre Geschlechtsprodukte ins Meer abgeben, überlegen ist.

Ihre Skelette erfuhren mehrere Verbesserungen. In die knorpelige Wirbelsäule lagerten sich Kalziumsalze ein und machten sie widerstandsfähiger gegen die durch die Bewegungen des Schwanzes hervorgerufenen Belastungen. Die Knochen des Oberkiefers waren über ein Gelenk mit dem Schädel verbunden. Dadurch konnten die Kiefer weit geöffnet werden – sogar über den Schädelumriß hinaus. Die Tiere waren also imstande, große Bissen zu verschlucken. Schließlich vergrößerten sich das Gehirn und die entsprechenden Sinneszentren, vor allem das dem Geruchssinn zugeordnete.

Scapanorhynchus war ein früher, untypischer Neoselachier. Er hatte eine stark verlängerte Schnauze, und seine Zähne waren zum Beißen und/oder Reißen von Beutefischen geeignet.

NAME: *Spathobathis*
ZEIT: Oberjura
VERBREITUNG: Europa (Frankreich und Deutschland)
LÄNGE: 50 cm

Spathobathis ist der erste bekannte Rochen. Er erinnert auffallend an den modernen Banjofisch der Gewässer vor der nordamerikanischen Atlantikküste.

Der Körperbau war im wesentlichen der eines Hais, nur war er abgeplattet und damit an das Leben am Meeresboden hervorragend angepaßt. Die Augen und Spritzlöcher (für die Wasseraufnahme) standen oben am Kopf, der Mund und die Kiemenspalten auf der Unterseite. Die Brustflossen bildeten

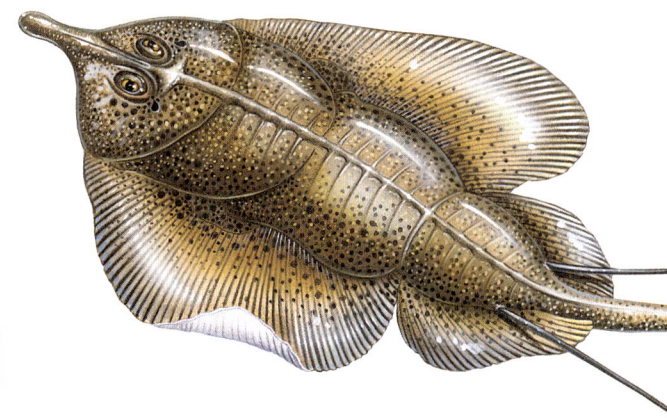

NAME: *Scapanorhynchus*
ZEIT: Unter- bis Mittelkreide
VERBREITUNG: Weltweit
LÄNGE: 50 cm

Ein Evolutionsschub bei den Elasmobranchiern im Oberjura führte zur Entwicklung der modernen Haie und Rochen, den Neoselachiern oder »Neuen Haien«.

breite Flügel zum Schwimmen. Auch die Zähne waren breit und abgeplattet; sie dienten vornehmlich zum Aufbrechen von Muscheln. Mit seiner verlängerten Schnauze wühlte das Tier im Meeresboden nach Beute.

NAME: *Sclerorhynchus*
ZEIT: Oberkreide
VERBREITUNG: Afrika (Marokko), Asien (Libanon) und Nordamerika (Texas)
LÄNGE: 1 m

Der rochenartige *Sclerorhynchus* erinnert stark an den heutigen Sägefisch. Mit seinen zu Flügeln umgebauten Brustflossen schwamm er knapp über dem Meeresboden. Mit der langen, gezähnten Schnauze wühlte er im Boden auf der Suche nach verborgenen Krebsen, Muscheln und Plattfischen.

UNTERKLASSE HOLOCEPHALI

Die zweite größere Gruppe der Knorpelfische sind die *Holocephali* oder Chimären (zu deutsch auch Seeratten, Seedrachen, Rattenfische oder Spöken). Sie traten im Unterkarbon auf und unterschieden sich kaum noch von modernen Formen. Die Männchen verfügten über penisähnliche Begattungsorgane. Heute gibt es noch 25 Arten, die das tiefe Wasser der Ozeane bevorzugen und sich am Meeresboden ernähren.

NAME: *Deltoptychius*
ZEIT: Unter- bis Oberkarbon
VERBREITUNG: Europa (Irland und Schottland)
LÄNGE: 45 cm

Diese frühe Chimäre wies praktisch alle Merkmale ihrer späteren modernen Nachkommen auf. Sie schlängelte mit dem lang geschwänzten Körper hin und her und glitt auf den ausgebreiteten Brustflossen. Mit ihren großen Augen konnte sie auch in größeren Tiefen noch sehen. Die breiten Zahnplatten ermöglichen dem Fisch das Aufbrechen von Muscheln.

NAME: *Ischyodus*
ZEIT: Mitteljura bis Paläozän
VERBREITUNG: Europa (England, Frankreich und Deutschland) und Neuseeland
LÄNGE: 1,5 m

Der vor mehr als 150 Millionen Jahren lebende *Ischyodus* sah in Größe und Gestalt genauso aus wie *Chimaera monstrosa*, die Seeratte, die heute in den Tiefschichten des Atlantiks und des Mittelmeers lebt. *Ischyodus* hatte die gleichen großen Augen, die zugespitzten Lippen, die große Rückenflosse, die fächerartigen Brustflossen und den fadenartigen Schwanz wie sein moderner Verwandter. Selbst der Dorn vorne an der Rückenflosse war sehr ähnlich. Bei *Chimaera* steht er mit einer Giftdrüse in Verbindung und dient der äußerst wirkungsvollen Verteidigung.

STACHELHAIE UND PANZERFISCHE

KLASSE ACANTHODII

Die *Acanthodii* oder Stachelhaie sind die ältesten Wirbeltiere mit Kiefern. Man nimmt an, daß sich die Kiefer ursprünglich aus den ersten Kiemenbögen eines Kieferlosen Fisches entwickelt haben und aus gelenkig miteinander verbundenen Knorpelstücken bestanden (S. 21).

Der deutsche Name »Stachelhaie« führt eigentlich in die Irre, denn er meint keine Verwandtschaftsbeziehung. Die Fische hatten lediglich ein haiähnliches Aussehen – einen stromlinienförmigen Körper, paarige Flossen und eine in der oberen Hälfte stark verlängerte Schwanzflosse. Knöcherne Stacheln spannten alle Flossen mit Ausnahme der Schwanzflosse aus – daher »Stachelhaie«.

Aber die Stachelhaie entstanden viel früher als die eigentlichen Haie. Sie entwickelten sich im beginnenden Silur, ungefähr 50 Millionen Jahre vor dem Auftreten der Haie, und drangen später ins Süßwasser vor. Im Devon lebten sie in Flüssen und Seen, im Karbon bewohnten sie die Kohlesümpfe. Zu jener Zeit entwickelten sich aber auch die ersten Knochenfische; ihre Konkurrenz erwies sich letztlich als zu stark für die Stachelhaie, so daß diese im Perm ausstarben.

Viele Paläontologen vertreten die Auffassung, die Stachelhaie stünden den Vorfahren der Knochenfische nahe. Denn obwohl ihr Innenskelett aus Knorpel bestand, entwickelten diese Fische in der Haut knochenähnliches Material und bildeten dicht überlappende Schuppen, die auf dem Kopf sowie in der vorderen Körperhälfte zum Teil stark vergrößert waren. Bei anderen Arten kam es zur Bildung eines knöchernen Deckels über den Kiemenöffnungen (dem Kiemendeckel bei den späteren Knochenfischen).

NAME: *Climatius*
ZEIT: Obersilur bis Unterdevon
VERBREITUNG: Europa (Großbritannien) und Nordamerika (Kanada)
LÄNGE: 7,5 cm

Die Bezeichnung »Stachelhai« scheint bei diesem Fisch besonders angemessen: Der winzige Körper trug neben den Flossen zahlreiche dornartige Gebilde. Auf dem Rücken standen zwei Rückenflossen, die beide mit einem knöchernen, oberflächlich in der Haut eingebetteten Stachel versehen waren. Der Fisch besaß außerdem eine große Afterflosse und zwei Brustflossen, alle drei jeweils mit einem Stachel.

Auf der Körperunterseite trug *Climatius* weitere Stacheln. Nach den Flossen und dem kräftigen, haiähnlichen Schwanz zu schließen, war er ein aktiver Schwimmer.

Wie bei einer Reihe anderer Stachelhaie war der Oberkiefer zahnlos. Dafür standen im Unterkiefer von *Climatius* ganze Quirle von kleinen Zähnen, die dauernd nachwuchsen – auch dies eine Eigenschaft, die er mit den Haien teilte. Die großen Augen deuten darauf hin, daß er seine Beutetiere hauptsächlich mit dem Gesichtssinn auffand. Wahrscheinlich ernährte er sich von Krebstieren und kleinen Fischen in mittleren Wassertiefen und an der Oberfläche.

NAME: *Acanthodes*
ZEIT: Unterkarbon bis Unterperm
VERBREITUNG: Australien (Victoria), Europa (Tschechien, Slowakei, England, Deutschland, Schottland und Spanien) und Nordamerika (Illinois, Kansas, Pennsylvania und West Virginia)
LÄNGE: 30 cm

Acanthodes gehörte zu jener Gruppe von Stachelhaien, die sich zuletzt entwickelte. Er besaß keine Zähne, dafür hatten die Kiemen lange, knöcherne, harkenartige Fortsätze. *Acanthodes* und seine Verwandten ernährten sich daher wahrscheinlich filtrierend: Mit ihren Kiemenreusen siebten sie winzige planktische Tiere aus dem Wasser.

Wie alle späteren Stachelhaie war *Acanthodes* größer als seine Vorfahren. Einige Arten erreichten sogar eine Länge von 2 m. Die Zahl der Stacheln war reduziert. Die paarigen Brustflossen und die große Afterflosse waren zwar noch mit Knochenstacheln versehen, doch darüber hinaus verfügte der Fisch nur noch über

Stacheln in der weit zurückgesetzten Rückenflosse und den saumartigen, paarigen Bauchflossen. Im Gegensatz zu seinem wehrhaften Verwandten *Climatius* mit fünfzehn Stacheln trug *Acanthodes* also nur noch sechs.

KLASSE PLACODERMI

Die *Placodermi* oder Panzerfische sind eine merkwürdig zusammengewürfelte Gruppe schwergepanzerter Fische mit Kiefern. Mehrere große, lückenlos aufeinanderpassende Platten bildeten einen Kopfschild; eine weitere Reihe von Platten hüllte den Vorderrumpf ein. Der restliche Körper war normalerweise nackt und trug keine Schuppen.

Die Panzerfische stellen einen spezialisierten Nebenzweig jener entwicklungsgeschichtlichen Hauptlinie dar, die zu den Knochenfischen (S. 34–45) führte. Die Gruppe war verhältnismäßig kurzlebig: Sie trat im Unterdevon auf und war im Unterkarbon schon ausgestorben.

Viele Panzerfische verbrachten ihr Leben auf dem Meeresboden – Indizien dafür sind die abgeplattete Körperform und die schwere Panzerung. Andere waren weniger stark gepanzert und entwickelten sich zu Hochseeschwimmern. Die Kiefer aller Panzerfische trugen anstelle einzelner Zähne breite Zahnplatten zur Zerkleinerung hartschaliger Beutetiere.

Im folgenden werden Vertreter der vier Hauptgruppen der Panzerfische *(Rhenanida, Ptyctodontida, Arthrodira, Antiarchi)* beschrieben.

NAME: *Gemuendina*
ZEIT: Unterdevon
VERBREITUNG: Europa (Deutschland)
LÄNGE: 30 cm

Der rundliche, abgeplattete Körper dieses frühen bodenlebenden Panzerfisches (Ordnung *Rhenanida*) war den heutigen Rochen auffallend ähnlich. Die Brustflossen zu beiden Seiten des Körpers waren zu Flügeln ausgezogen, die Augen und Nasenlöcher standen oben am Kopf.

Die gleichen Merkmale wiederholen sich ungefähr 260 Millionen Jahre später bei den Rochen, einer gänzlich anderen, nicht näher mit *Gemuendina* verwandten Fischgruppe, die seit dem Jura den Meeresboden bevölkert. Es handelt sich hier um ein hervorragendes Beispiel für die Evolution: Auch nicht näher miteinander verwandte Lebewesen zeigen in der Anpassung an ein und dieselbe Umwelt und Lebensweise ganz ähnliche oder gleiche körperliche Strukturen (S. 14).

Gemuendina war nicht so schwer gepanzert wie ihre Verwandten. Ein Mosaik aus kleinen Knochenplatten, das ihren Körper überzog, trug auch einige scharfe Zähnchen zur Verteidigung. Auf der Oberseite und der Unterseite des Kopfes standen ein paar größere Platten. *Gemuendina* fehlten freilich die Zahnplatten ihrer späteren Verwandten. Statt dessen trugen die Kiefer sternförmige Höcker, die als Zähne dienten. Das Tier konnte seine Kiefer hervorstrecken, um Seeigel und Muscheln vom Boden aufzunehmen und zu zermalmen.

NAME: *Ctenurella*
ZEIT: Oberdevon
VERBREITUNG: Australien (Westen)
LÄNGE: 13 cm

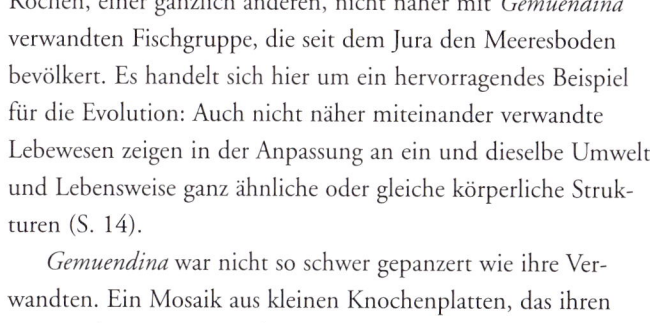

Ctenurella war ein kleiner, nackter Panzerfisch (Ordnung *Ptyctodontida*). Die einzige Panzerung befand sich auf dem Kopf und in einer Spange dahinter. Der Fisch hatte zwei Rückenflossen, eine hohe vorn und eine niedrige, saumartige hinten. Breite, paarige Brust- und Bauchflossen dienten der Lagestabilisierung; der Schwanz war fadenförmig ausgezogen.

In seinen Kiefern hatte der kleine Panzerfisch Zahnplatten. Der Oberkiefer war mit dem Schädel fest verwachsen. Das Tier ernährte sich von Muscheln und Seeigeln. Seine Stromlinienform und die paarigen Flossen lassen den Schluß zu, daß es auch gut schwamm.

Auch dieser Fall liefert ein Beispiel für konvergente Evolution: *Ctenurella* und ihre Verwandten entwickelten eine Körperform, die sich bei einer späteren Gruppe der Knorpelfische, den Chimären oder Seeratten (S. 29), wiederholte. Diese Placodermen besaßen sogar penisähnliche Begattungsorgane wie die Männchen der Knorpelfische.

STACHELHAIE UND PANZERFISCHE

NAME: *Groenlandaspis*
ZEIT: Oberdevon
VERBREITUNG: Antarktis (South Victoria Land), Australien (New South Wales), Europa (England, Irland und Türkei) und Grönland
LÄNGE: 7,5 cm

Der winzige Panzerfisch *Groenlandaspis* gehörte zur artenreichsten und vielfältigsten Gruppe der *Placodermi*, den Fischen mit »gelenkigem Hals« *(Arthrodira)*, zu denen 60 Prozent aller bekannten Panzerfische zählen.

Groenlandaspis war ein abgeflachter Bodenbewohner, der zwischen seinen Zahnplatten Weichtiere und Krebse zermalmte. Wenn der Fisch flach auf dem Meeresboden lag, konnte er den Unterkiefer nicht nach unten klappen. Wie die Mehrzahl seiner Verwandten entwickelte er daher ein Gelenksystem, das ihm ermöglichte, die Kiefer aufzureißen und große Beutetiere zu verschlingen. Der Kopfschild war mit dem Rumpfschild über ein Paar hochansitzender, beidseitiger Scharniergelenke verbunden, so daß die Tiere den Kopf aufwärts und den Unterkiefer abwärts bewegen konnten.

NAME: *Coccosteus*
ZEIT: Mittel- bis Oberdevon
VERBREITUNG: Europa (Schottland und Rußland) und Nordamerika (Ohio)
LÄNGE: 40 cm

Coccosteus war ein schneller Schwimmer und lebte räuberisch oder aasfressend auf dem Meeresboden. Daß das Tier gut schwimmen konnte, erkennt man am stromlinienförmigen, schuppenlosen Körper, den paarigen Flossen, dem kräftig entwickelten Oberteil der Schwanzflosse und der stabilisierenden Rückenflosse.

Aus Besonderheiten der Panzerung kann man schließen, daß *Coccosteus* ein aggressiver Jäger war: Neben äußeren Gelenken wie schon bei *Groenlandaspis* verfügte er nämlich über ein weiteres inneres Gelenk zwischen den Halswirbeln und dem Hinterrand des Schädels. Der Fisch konnte so seinen Kopf noch weiter hochdrehen. Auch waren seine Kiefer länger, wodurch ihm das Verschlingen größerer Beutetiere möglich wurde. Ein weiterer Vorteil: Bei der Auf- und Abbewegung des Kopfes wurde Wasser durch die Kiemenbögen getrieben, die sich weiteten, sobald sich das Maul öffnete. *Coccosteus* ergänzte seinen Speisezettel wahrscheinlich durch Schlamm, den er verschluckte. Er verdaute das darin enthaltene organische Material und gab den Rest als Kot wieder ab.

NAME: Dunkleosteus
ZEIT: Oberdevon
VERBREITUNG: Afrika (Marokko), Europa (Belgien und Polen) und Nordamerika (Kalifornien, Ohio, Pennsylvania und Tennessee)
LÄNGE: 3,5 m

Einige *Arthrodira* erreichten enorme Ausmaße und standen damit in Konkurrenz zu Haien wie *Cladoselache* (S. 26). *Dunkleosteus* war mit seinem über 65 cm langen Schädel der Riese der Gruppe. Einige seiner Verwandten, etwa *Dinichthys* und *Titanichthys*, kamen ihm mit 2,1 m bzw. 3,4 m Körperlänge fast gleich.

Der knöcherne Rumpfpanzer endete bei *Dunkleosteus* kurz vor den Brustflossen, deren Freiraum zur Lagesteuerung und Richtungsänderung somit unbeeinträchtigt blieb. Mit schlängelnden Bewegungen durchschwamm das glatte, schuppenlose Tier die Meere auf der Suche nach Beute. Dank des Gelenks zwischen Kopf und Rumpfpanzer konnte es kräftig zubeißen. Die spitzen Reißzähne vorne im Maul hielten das Beutetier fest und zerteilten es, während die weiter hinten gelegenen, scharfkantigen Zahnplatten das Fleisch zerkauten.

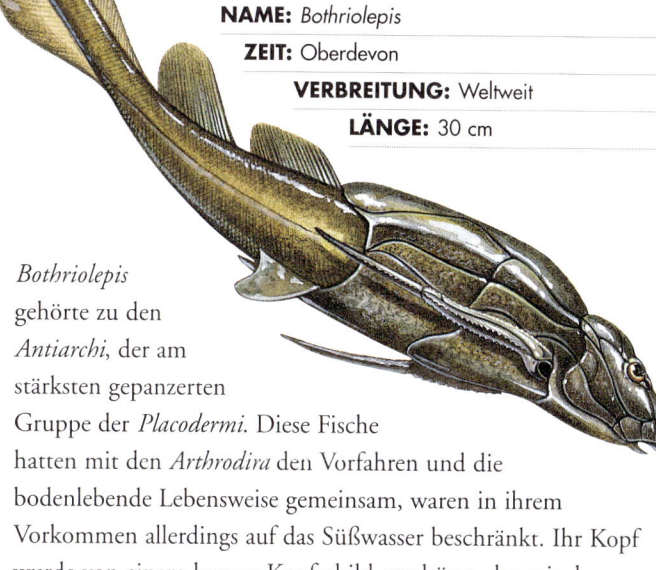

NAME: Bothriolepis
ZEIT: Oberdevon
VERBREITUNG: Weltweit
LÄNGE: 30 cm

Bothriolepis gehörte zu den *Antiarchi*, der am stärksten gepanzerten Gruppe der *Placodermi*. Diese Fische hatten mit den *Arthrodira* den Vorfahren und die bodenlebende Lebensweise gemeinsam, waren in ihrem Vorkommen allerdings auf das Süßwasser beschränkt. Ihr Kopf wurde von einem kurzen Kopfschild geschützt, der mit dem langen Rumpfschild gelenkig verbunden war.

Die Brustflossen von *Bothriolepis* und dessen Verwandten waren auf ein Paar gepanzerter Stacheln reduziert und spielten beim Schwimmen vermutlich keine Rolle mehr. Über ein kompliziertes Gelenk waren sie mit der Vorderkante des Rumpfschildes verbunden. In der Mitte besaßen die Stacheln ebenfalls ein Gelenk; vielleicht staksten die Tiere damit auf dem Gewässerboden umher. Der nach oben gerichtete Schwanz bewirkte, daß der Kopf des Tiers nach unten gerichtet blieb, wenn es auf dem Boden nach Nahrungsteilchen suchte.

NAME: Palaeospondylus
ZEIT: Mitteldevon
VERBREITUNG: Europa (Schottland)
LÄNGE: 6 cm

Seit seiner Entdeckung im Jahr 1890 bereitet dieser kleine Fisch den Paläontologen Kopfzerbrechen. An einer Fundstätte in Schottland wurden Hunderte von Exemplaren entdeckt. Alle bestanden aus einer langen »Wirbelsäule«, an deren einem Ende zahlreiche Stacheln vermutlich eine Schwanzflosse ausspannten. Am anderen Ende des Körpers befand sich ein merkwürdig geformter Schädel. Das Tier hatte weder richtige Kiefer noch paarige Flossen.

Viele Jahre hindurch hielt man *Palaeospondylus* für einen Kieferlosen Fisch, einen nackten Panzerfisch, eine Chimäre oder gar für einen Lungenfisch. Einige Forscher vertraten die Ansicht, es handle sich um eine Kaulquappe. Ein weiteres ungelöstes Rätsel: Bis heute konnte niemand feststellen, ob das Skelett aus verkalktem Knorpel oder aus Knochen bestand.

PRIMITIVE STRAHLENFLOSSER

KLASSE OSTEICHTHYES

Die Geschichte der *Osteichthyes* oder Knochenfische ist bezüglich des Individuen- und Artenreichtums die Erfolgsstory der Wirbeltierevolution. Über 20 000 Arten leben heute in den Meeren, Flüssen und Seen der Erde.

Zu den Knochenfischen gehört mehr als die Hälfte aller lebenden Wirbeltierarten – auch dies ein Beispiel für ihre enorme Durchsetzungsfähigkeit. Hinzu kommt, daß die Nachfahren einiger Frühformen das Land eroberten – als Amphibien, Reptilien und Säuger.

Alle frühen wie modernen Knochenfische haben ein vollständig verknöchertes Innenskelett. Der Ersatz des Knorpelskeletts durch Knochen war ein Evolutionssprung, dem die Bildung einer dünnen Knochenschicht über dem Knorpel – etwa bei den Kieferlosen und den Knorpelfischen – vorausgegangen war.

Vor etwa 400 Millionen Jahren bildeten sich zwei größere Gruppen (Unterklassen) der Knochenfische heraus. Sie unterschieden sich vor allem im Skelett der Flossen. Die Strahlenflosser *(Actinopterygii)* machen die große Mehrheit der heutigen eigentlichen Knochenfische oder *Teleostei* (S. 38–41) aus. Aus den Fleischflossern oder *Sarcopterygii* (S. 42–45) gingen die Vorfahren der Landwirbeltiere hervor.

UNTERKLASSE ACTINOPTERYGII

Die Strahlenflosser oder *Actinopterygii* waren die ersten Knochenfische. Vor ungefähr 400 Millionen Jahren entwickelte sich eine große Vielfalt von zunächst meeres-, später auch süßwasserbewohnenden Arten. Heute noch lebende Nachkommen sind die modernen Teleostier und diverse Vertreter seltener Gruppen, zum Beispiel Störe, Löffelstöre, Schlammfische, Knochenhechte und Flösselhechte.

Das charakteristische Merkmal aller fossilen und rezenten Strahlenflosser ist das Flossenskelett: Parallele knöcherne Strahlen stützen und versteifen jede Flosse. Bei den frühen Strahlenflossern waren die Flossen recht starr. Erst im Laufe der Zeit gewannen sie an Flexibilität und bildeten sich zu den beweglichen Flossen der heutigen Knochenfische um.

Mit dieser Entwicklung ging noch eine Reihe anderer Verbesserungen einher: Aus den paarigen Luftsäcken früherer Formen entwickelte sich die Schwimmblase; damit konnte der Fisch ohne Energieaufwand seine Wassertiefe kontrollieren (S. 21). Die schweren Körperschuppen machten einer leichteren, flexibleren Schuppenbedeckung Platz, und der Schwanz schließlich wurde symmetrisch und konnte einen gleichmäßigen Vortrieb erzeugen.

Man unterscheidet mehrere Dutzend Ordnungen von Knochenfischen, von denen hier fünf die Evolution der ganzen Gruppe illustrieren sollen (S. 18–19).

Die Paläonisciden als die ersten Strahlenflosser lebten vor über 400 Millionen Jahren in den Meeren des Obersilur. Typische Merkmale waren dicke Knochenschuppen, die gelenkig miteinander verbunden waren, eine einzige, weit nach hinten verschobene Rückenflosse und ein asymmetrischer, haiähnlicher Schwanz.

NAME: *Cheirolepis*
ZEIT: Mittel- bis Oberdevon
VERBREITUNG: Europa (Schottland) und Nordamerika
LÄNGE: bis 55 cm

Cheirolepis war ein schneller Süßwasserräuber und einer der größten Vertreter der ersten Paläonisciden.

Der Körper war von einem Panzer aus kleinen, rechteckigen Schuppen umgeben, die zu diagonalen Reihen angeordnet und von einer besonderen Schmelzschicht überzogen waren, dem Ganoin; daher der andere Name der Paläonisciden: Ganoiden. Eine Reihe großer Schuppen versteifte die Oberkante der oberen Schwanzhälfte und verbesserte die Schwimmeigenschaften; ein einzigartiger Schuppentyp, der alle frühen Strahlenflosser charakterisierte.

Die Schwanzform ließ den Fisch beim Schwimmen abwärts driften. Um diese Bewegung auszugleichen, erzeugten die paarigen Brust- und Bauchflossen einen Auftrieb des Vorderkörpers. Für die nötige Lagestabilität sorgten die große Rücken- und die Afterflosse. *Cheirolepis* besaß große Augen und war bei der Jagd wahrscheinlich auf den Gesichtssinn angewiesen. Auf den Kiefern standen spitze Zähne. Der Fisch konnte das Maul so weit aufreißen, daß es ihm gelang, Beutetiere zu verschlingen, die nur ein Drittel kleiner waren als er selbst.

NAME: *Moythomasia*
ZEIT: Mittel- bis Oberdevon
VERBREITUNG: Australien (Westaustralien) und Europa (Deutschland)
LÄNGE: 9 cm

Im Oberen Paläozoikum wurden die Paläonisciden zur individuen- und artenreichsten Gruppe der Süßwasserfische. *Moythomasia* entwickelte einen neuen Schuppentyp, der nur bei frühen Strahlenflossern vorkommt. Ein Zapfen an der Oberkante jeder Schuppe rastete in eine Vertiefung an der Unterkante der darunter-liegenden Schuppe ein. Alle Schuppen waren gelenkig miteinander verbunden und bildeten einen überaus flexiblen Schutzpanzer.

NAME: *Canobius*
ZEIT: Unterkarbon
VERBREITUNG: Europa (Schottland)
LÄNGE: 7 cm

Am Schädel dieses winzigen Fischchens läßt sich eine neue Entwicklung ablesen: Die Verbindung zwischen Kiefer und Schädelknochen hatte sich verändert und erlaubte nun, das Maul weiter zu öffnen; gleichzeitig wurde der Kiemenraum hinter den Kiefern stark ausgedehnt.

Diese neue Entwicklung beeinflußte auch die Atmung: Wenn der Fisch das Maul weit öffnete, zog eine größere Wassermenge an den Kiemen vorbei, was zu einer verstärkten Sauerstoffaufnahme führte, die ihrerseits eine erhebliche Erhöhung der Aktivität ermöglichte. Zudem konnte sich der Fisch sehr rationell eine besonders reiche Nahrungsquelle erschließen: Wenn *Canobius* das Maul öffnete, nahm er mit dem Wasser auch winzige planktische Lebewesen auf, die an den winzigen Zähnchen seiner Kiefer und Kiemen hängenblieben.

NAME: *Platysomus*
ZEIT: Unterkarbon bis Oberperm
VERBREITUNG: Weltweit
LÄNGE: 18 cm

Der Paläoniscide *Platysomus*, der im Meer wie in Süßwasser lebte, erinnert durch seine scheibenartige Gestalt an den heutigen Diskusfisch des Amazonasgebiets.

Am hinteren Ende seines hochrückigen Körpers stand je eine saumartige Rücken- und Afterflosse. Die Brust- und Bauchflossen waren winzig. *Platysomus* war gewiß ein langsamer Schwimmer, der dank seines tief gegabelten und symmetrischen Schwanzes einen recht geraden Kurs beibehalten konnte. Der Hauptantrieb kam aber nach wie vor von der oberen Schwanzhälfte, die von reihig angeordneten, kräftigen, ineinandergreifenden Schuppen versteift wurde.

Auch *Platysomus* konnte den Mund weit öffnen und ernährte sich wahrscheinlich von Plankton.

PRIMITIVE STRAHLENFLOSSER

NAME: *Palaeoniscum*
ZEIT: Oberperm
VERBREITUNG: Europa (England und Deutschland), Grönland und Nordamerika (USA)
LÄNGE: bis 30 cm

Mit seinem torpedoförmigen Körper, der hohen Rückenflosse und dem kräftigen, tief eingeschnittenen Schwanz war *Palaeoniscum* an hohe Schwimmgeschwindigkeiten angepaßt. Er war vermutlich ein aggressiver Räuber, der auf andere süßwasserbewohnende Knochenfische Jagd machte. Im Kiefer standen zahlreiche scharfe Zähne, die immer wieder nachwuchsen.

Wie alle frühen Strahlenflosser besaß *Palaeoniscum* ein Paar Luftsäcke, die mit dem Verdauungskanal in Verbindung standen und als hydrostatisches Organ aufgeblasen werden konnten (S. 21).

NAME: *Saurichthys*
ZEIT: Unter- bis Mitteltrias
VERBREITUNG: Weltweit
LÄNGE: bis 1 m

Der lange, schmale Körper dieses Süßwasser-Paläonisciden erinnert an den heutigen Hecht. Auch bei ihm waren Rücken- und Afterflosse weit nach hinten versetzt und befanden sich in der Nähe des symmetrischen Schwanzes.

Saurichthys hatte wahrscheinlich auch eine ähnliche Lebensweise wie ein Hecht. Er lauerte zwischen Wasserpflanzen oder lag ruhig auf dem Gewässerboden. Vorbeischwimmende Fische packte er blitzschnell mit seinen bezahnten Kiefern, die zu einem langen Schnabel gezogen waren, der mindestens ein Drittel der Körperlänge ausmachte. Die symmetrische Anordnung der Flossen und die stark reduzierten knöchernen Schuppen lassen vermuten, daß *Saurichthys* sehr gut schwamm.

NAME: *Perleidus*
ZEIT: Unter- bis Mitteltrias
VERBREITUNG: Weltweit
LÄNGE: 15 cm

Perleidus und seine Verwandten entwickelten sich aus den Paläonisciden und existierten in einem Zeitraum von ungefähr 35 Millionen Jahren während der Trias. Sie gelten samt und sonders als Süßwasserräuber mit scharfen Kiefern. Die senkrechte Aufhängung des Oberkiefers am Schädel sorgte dafür, daß die Tiere ihr Maul weit aufreißen konnten.

Ein auffallendes Merkmal dieser Gruppe war die durch eine Reduktion der knöchernen Strahlen bewirkte Flexibilität der Rücken- und Afterflosse. Eine basale Verdickung blieb bestehen und hielt die Verbindung zum Innenskelett aufrecht.

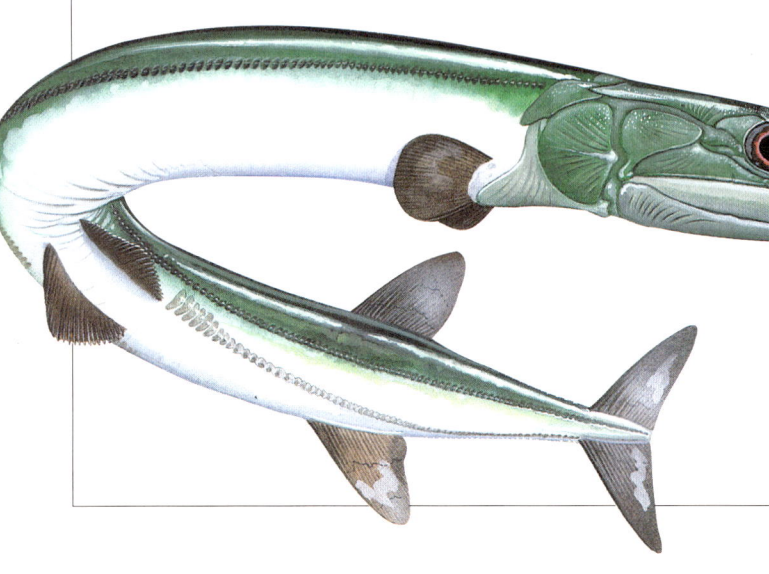

NAME: *Lepidotes*
ZEIT: Obertrias bis Unterkreide
VERBREITUNG: Weltweit
LÄNGE: 30 cm

Gegen Ende des Paläozoikum entwickelten sich aus den meeresbewohnenden Paläonisciden zahlreiche neue Strahlenflosser. Man faßt sie unter der Bezeichnung *Neopterygii* zusammen. Sie haben einiges mit den heutigen Knochenfischen gemeinsam.

Lepidotes (ein Mitglied der *Semionotiformes*) entwickelte eine besondere Kieferaufhängung, die eine Änderung der Ernährungsweise erlaubte: Die oberen Kieferknochen verkürzten sich und gaben die Verbindung zu den Wangenknochen auf, mit denen sie zuvor verschmolzen gewesen waren. Die neugewonnene Beweglichkeit gestattete, das Maul röhrenförmig vorzustrecken. Dadurch konnte der Fisch seine Beutetiere aus einiger Entfernung einsaugen und mußte sie nicht erst in die Enge treiben wie seine Vorgänger.

NAME: *Dapedium*
ZEIT: Obertrias bis Unterjura
VERBREITUNG: Asien (Indien) und Europa (England)
LÄNGE: 35 cm

Den hochrückigen, runden Körper von *Dapedium* stabilisierten eine lange, weit zurückliegende Rücken- und die Afterflosse. Der Körper war von dicken Schuppen mit mächtiger Schmelzschicht geschützt.

Zähne auf Kiefer und Gaumen ermöglichten das Zermalmen der Beute. Wahrscheinlich ernährte sich das Tier auf seinen Wanderungen durch die Korallenriffe überwiegend von Weichtieren.

NAME: *Pycnodus*
ZEIT: Mittelkreide bis Mittleres Eozän
VERBREITUNG: Asien (Indien) und Europa (Belgien, England und Italien)
LÄNGE: 12 cm

Pycnodus entwickelte den gleichen hochrückigen Körper und die gleichen Mahlzähne wie *Dapedium* – wohl eine konvergente Anpassung an denselben Lebensraum ruhiger Riffgebiete. Auch die Nahrung ähnelte sich: Weichtiere, Korallen und Seeigel.

NAME: *Aspidorhynchus*
ZEIT: Mitteljura bis Oberkreide
VERBREITUNG: Antarktis und Europa (England, Frankreich und Deutschland)
LÄNGE: 60 cm

Oberflächlich betrachtet sah *Aspidorhynchus* wie der heutige nordamerikanische Knochenhecht aus. Zwar besteht zwischen den beiden keine nähere stammesgeschichtliche Verwandtschaft, doch muß *Aspidorhynchus* ebenfalls ein gieriger Räuber gewesen sein. Der langgestreckte, mit dicken Schuppen besetzte Körper verrät eine hervorragende Anpassung an schnelle Schwimmgeschwindigkeiten. Für den Vortrieb sorgte die symmetrische Schwanzflosse, während Rücken- und Afterflosse die Lage stabilisierten. Mit den paarigen Brust- und Bauchflossen hielt der Fisch den Kurs. Die Kiefer trugen scharfe, zugespitzte Zähne, und der Oberkiefer war schnabelartig verlängert.

Aspidorhynchus und andere *Semionotiformes* waren mit den Teleostiern (S. 38-41) nahe verwandt. Überlebt hat nur einer ihrer Vertreter: der nordamerikanische Kahlhecht.

JÜNGERE STRAHLENFLOSSER

ORDNUNG TELEOSTEI

Am Ende des Mesozoikums, vor ungefähr 65 Millionen Jahren, waren die *Teleostei* die in Meeren, Seen und Flüssen dominierende Gruppe der Knochenfische.

Entwickelt hatten sie sich in den 150 Millionen Jahren davor. Sie traten erstmals in den Meeren der Obertrias auf, also vor ungefähr 220 Millionen Jahren. Anfänglich handelte es sich um kleine, heringsähnliche Fische mit symmetrischen Schwänzen und beweglichen Kiefern, die den fortgeschritteneren *Neopterygii* wie *Aspidorhynchus* (S. 37) nicht unähnlich waren. In der Mittelkreide erfolgte eine geradezu explosive Evolutionsphase der Teleostier, die unter anderem Fische wie die Lachse und die Forellen hervorbrachte. Es kam zu einer raschen Aufspaltung, bis dann in der Oberkreide bzw. im Alttertiär ein zweiter Evolutionsschub stattfand, in dessen Folge die barschartigen Fische (S. 41) entstanden.

So besaß *Hypsocormus* beispielsweise den schweren, durchaus »altmodischen« Körperpanzer seiner Paläonisciden-Vorfahren, der durch dicke, schmelzüberzogene, rechteckige Schuppen gekennzeichnet war.

Der Schwanz war halbmondförmig, doch war die Zahl der knöchernen Strahlen in der Schwanzflosse erheblich höher als bei heutigen Teleostiern.

Auch die Verteilung der Flossen am Körper war eine andere: Neben der langen Afterflosse gab es nur eine Rückenflosse. Die besonders langen Brustflossen standen weit unten auf beiden Körperseiten (anstatt hinter den Kiemen wie bei höherentwikkelten Knochenfischen).

NAME: *Hypsocormus*
ZEIT: Mittel- bis Oberjura
VERBREITUNG: Europa (England und Deutschland)
LÄNGE: bis 1 m

Die Trennlinie zwischen den höherentwickelten *Neopterygii* und den primitiven *Teleostei* ist unscharf. *Hypsocormus* schwamm schnell und jagte Fische. Da er sowohl ursprüngliche wie höherentwickelte Merkmale aufweist, läßt sich seine Zuordnung zu beiden Gruppen rechtfertigen.

NAME: *Pholidophorus*
ZEIT: Mitteltrias bis Oberjura
VERBREITUNG: Afrika (Kenia und Tansania), Europa (England, Deutschland, Italien und Rußland) und Südamerika (Argentinien)
LÄNGE: 40 cm

Pholidophorus ist einer der frühesten Meeresfische, dessen Zugehörigkeit zu den Teleostiern außer Frage steht. Oberflächlich betrachtet ähnelte er mit seiner symmetrischen Schwanzflosse, den paarigen Brust- und Bauchflossen und der Afterflosse in Schwanznähe einem Hering. *Pholidophorus* besaß große Augen und bewegliche Kiefer mit

FISCHE

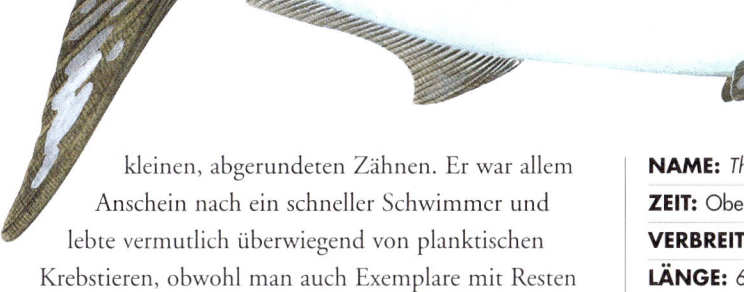

kleinen, abgerundeten Zähnen. Er war allem Anschein nach ein schneller Schwimmer und lebte vermutlich überwiegend von planktischen Krebstieren, obwohl man auch Exemplare mit Resten anderer Knochenfische im Magen gefunden hat.

Trotz ihres »modernen« Aussehens waren *Pholidophorus* und die verwandten Formen primitive Knochenfische. Zwei Merkmale deuten darauf hin: Der Körper war von den dicken, mit Schmelz überzogenen Schuppen der früheren »Ganoidfische« (Paläonisciden) überzogen. Die Wirbelsäule war nur teilweise verknöchert. *Pholidophorus* und die Seinen fanden Nachfolger in den Leptolepiden, den ersten Knochenfischen, deren Wirbelsäule ganz aus Knochen bestand.

NAME: *Leptolepis*
ZEIT: Mitteltrias bis Unterkreide
VERBREITUNG: Afrika (Tansania), Australien (New South Wales), Europa (Österreich, England, Frankreich und Deutschland) und Nordamerika (Nevada)
LÄNGE: 30 cm

Leptolepis und seine Verwandten waren heringsähnliche Fische wie die Pholidophoriden, lebten aber im Unterschied zu ihnen im Verband, der ihnen bei der Planktonaufnahme im oberflächennahen Wasser einen gewissen Schutz bot. Auf die gesellige Lebensweise deuten zahlreiche Fossilfunde hin, bei denen Hunderte von Exemplaren in ein und demselben Gesteinsstück erhalten blieben.

Die Leptolepiden waren höherentwickelt als die Pholidophoriden. Zum einen bestanden ihre Skelette bereits vollständig aus Knochen, zum anderen trugen sie dünne, rundliche Schuppen ohne jeglichen Schmelzüberzug. Beide Entwicklungen erleichterten das Schwimmen. Die Wirbelsäule bildete einen starken, flexiblen Stab, der seitwärts gerichteten Bewegungen beim Schwimmen gut widerstand. Die leichten, dünnen Schuppen begünstigten die Stromlinienform des Körpers.

NAME: *Thrissops*
ZEIT: Oberjura bis Oberkreide
VERBREITUNG: Europa (England, Frankreich und Deutschland)
LÄNGE: 60 cm

Thrissops war ein stromlinienförmiger Räuber, der vor ungefähr 140 Millionen Jahren in den warmen Flachmeeren des Oberen Mesozoikums seine Beute suchte. Sein Schwanz war tief eingeschnitten und symmetrisch. Die winzigen Bauchflossen spielten wahrscheinlich bei der Lagestabilisierung des Körpers nur eine untergeordnete Rolle. Vielleicht als Ausgleich dafür war die Afterflosse verhältnismäßig lang.

Thrissops war klein im Vergleich zu einigen seiner Verwandten, etwa *Xiphactinus* (früherer Name: *Portheus*), der immerhin eine Länge von 4 m erreichte und es somit in den Meeren der Kreidezeit mit jedem Hai aufnehmen konnte. Im Magen eines großen Exemplars fand man einen 1,8 m langen, unversehrten Knochenfisch.

Die einzigen noch lebenden Nachfahren von *Thrissops* und seinen Verwandten sind wahrscheinlich die Knochenzüngler (Ordnung *Osteoglossomorpha*), deren Zahnplatten ganz in der kräftigen Zunge eingebettet liegen. Die Zunge bewegt sich gegen Zähne im Gaumen und hält auf diese Weise Beutetiere fest.

Der rezente riesengroße Arapaima *(Arapaima gigas)*, der in Flüssen Südamerikas lebt, ist der größte Süßwasserfisch. Er erreicht eine Länge von 4 m und ein Gewicht von über 200 kg.

JÜNGERE STRAHLENFLOSSER

NAME: *Protobrama*
ZEIT: Unterkreide
VERBREITUNG: Asien (Libanon)
LÄNGE: 15 cm

Dieser kleine Verwandte von *Thrissops* hatte keine Bauchflossen, aber auf der hinteren Hälfte des Körpers je eine lang ausgezogene Rücken- und Afterflosse. Der Schwanz war tief gespalten. Die Brustflossen standen recht hoch an den Körperseiten, was die Manövrierfähigkeit des Fisches verbesserte. Vermutlich war *Protobrama* ein Riffbewohner, der zwischen den Korallenstöcken nach Beute suchte.

NAME: *Enchodus*
ZEIT: Oberkreide bis Paläozän
VERBREITUNG: Weltweit
LÄNGE: 18 cm

Am Ende der Kreidezeit und während des Untertertiärs entstanden in einem Evolutionsschub die höherentwickelten Knochenfische. Lachs und Forelle sind moderne Überlebende dieser Phase; aus ihren Vorfahren gingen sämtliche rezenten Teleostier hervor.

Enchodus war einer dieser frühen lachsähnlichen Knochenfische. Der breite Kopf, die großen Augen und der leichte, stromlinienförmige Körper deuten auf eine räuberische Lebensweise in der Hochsee hin. Die Schuppen waren auf ein Band auf beiden Körperseiten reduziert. Die Bauchflossen standen weit hinten, direkt unter den großen, stabilisierenden Rückenflossen, und die relativ hoch ansitzenden Brustflossen an den Körperseiten verbesserten die Manövrierfähigkeit. Besonders auffällig waren die stark verlängerten, leicht nach innen gebogenen Zähne. *Enchodus* ernährte sich wahrscheinlich von planktonfressenden Fischen der Wasseroberfläche.

NAME: *Hypsidoris*
ZEIT: Eozän
VERBREITUNG: Nordamerika (Wyoming)
LÄNGE: 20 cm

Früh im Tertiär spalteten sich die *Ostariophysi* von der Hauptentwicklungslinie der Teleostier ab und spezialisierten sich auf das Leben im Süßwasser. Einige Gruppen kehrten allerdings später ins Meer zurück. Heute gibt es über 6000 Arten, darunter Karpfen, Goldfisch, Schmerle, Piranha und Wels.

Hypsidoris sah einem heutigen Wels täuschend ähnlich. Er bewohnte vor ungefähr 50 Millionen Jahren die subtropischen Flüsse und Seen des westlichen Nordamerika. Im Sedimentgestein von Wyoming sind viele Stücke hervorragend erhalten.

Der Aufbau der Wirbelsäule von *Hypsidoris* deutet darauf hin, daß der Fisch bereits über den Gehörsinn (vor allem für hochfrequente Töne) verfügte, der für alle heute noch lebenden *Ostariophysi* typisch ist. Die Ausbildung dieser Fähigkeit wurde durch eine einzigartige Spezialisierung der vorderen Wirbel möglich. Von diesen Wirbeln gliederte sich eine Kette kleiner, beweglicher Knochen ab, die die von der Schwimmblase aufgenommenen Schwingungen zum Innenohr übertragen. Dabei funktioniert die Schwimmblase wie ein Unterwassermikrophon. Das Gehirn schließlich interpretiert die eintreffenden Signale. Diesen Schallübertragungsapparat bezeichnet man als »Weber'sche Knöchelchen«. Sie haben eine ähnliche Funktion wie Steigbügel, Hammer und Amboß im menschlichen Mittelohr (S. 184). Daß sich bei diesen Fischen ein Gehörsinn entwickelte, hatte seinen Grund vielleicht darin, daß sie oft in trüben, sedimentbeladenen Flüssen lebten.

Wie seine modernen Verwandten trug *Hypsidoris* an der Vorderseite jeder Brustflosse einen kräftigen, dornartigen Strahl, der bei der Verteidigung eine Rolle spielte und bei Bedarf aufgerichtet werden konnte.

Hatte *Hypsidoris* ein mögliches Beutetier ausgemacht, so überprüfte er dessen Genießbarkeit mit den langen Barteln, die sein Maul umgaben und Berührungsreize sowie chemische Stoffe im Wasser wahrzunehmen imstande waren.

NAME: *Sphenocephalus*
ZEIT: Oberkreide
VERBREITUNG: Europa (England und Italien)
LÄNGE: 20 cm

Zwei höhere Gruppen der Teleostier entwickelten sich aus jener ursprünglichen Gruppe, die auch Lachs und Forelle umfaßte. Es handelt sich dabei um Fische vom Kabeljautyp *(Paracanthopterygii)* und um die barschartigen, hartstrahligen Fische mit stacheliger Rückenflosse *(Acanthopterygii)*.

Sphenocephalus scheint eine Mittelstellung zwischen den beiden Gruppen einzunehmen. Er ähnelt verblüffend dem rezenten nordamerikanischen Forellenbarsch, der primitive forellenartige und höherentwickelte Züge in sich vereinigt.

Außer dem verhältnismäßig großen Kopf verfügte *Sphenocephalus* noch über ein weiteres typisches Kennzeichen: Die Bauchflossen standen unter den ziemlich hoch ansitzenden Brustflossen. Eine derartige Flossenanordnung erhöht die Manövrierfähigkeit enorm. Bei der modernen Gruppe um den Kabeljau stehen die Bauchflossen sogar vor den Brustflossen.

NAME: *Berycopsis*
ZEIT: Oberkreide
VERBREITUNG: Europa (England)
LÄNGE: 35 cm

Berycopsis war einer der ersten hartstrahligen Fische *(Acanthopterygii)*. Heute weist diese Gruppe eine Stammesgeschichte auf, die 70 Millionen Jahre zurückreicht und die erfolgreichste und vielfältigste der Knochenfische darstellt. Die *Acanthopterygii* machen 40 Prozent aller rezenten Fische aus, vom Barrakuda und Schwertfisch bis zum Barsch und Seepferdchen.

Berycopsis wies alle typischen Merkmale der Gruppe auf: Der erste Flossenstrahl von Rücken- und Afterflosse war dornartig verbreitet. Die Brustflossen waren zur besseren Steuerung des Körpers beim Schwimmen recht weit oben an den Körperseiten befestigt. Die Bauchflossen hatten sich nach vorne verlagert. Der Körper war von dünnen, rundlichen Schuppen mit kleinen, kammähnlichen Zähnen überzogen. Die Schwimmblase stand nicht mit dem Verdauungskanal in Verbindung, sondern konnte selber Gase erzeugen und absorbieren, um den Fisch in der gewünschten Wassertiefe zu halten.

NAME: *Eobothus*
ZEIT: Mittleres Eozän
VERBREITUNG: Asien (China) und Europa (England und Frankreich)
LÄNGE: 10 cm

Als evolutive Spätentwickler besetzten Plattfische wie *Eobothus* eine der wenigen übriggebliebenen Nischen innerhalb der *Acanthopterygii*. Sie spezialisierten sich auf das Leben am Gewässerboden. Im Unterschied zu den Rochen, die sich dorsiventral abflachen, legten sich die Plattfische auf eine Körperseite. Den deutlichsten Beweis für diese seitliche Abflachung liefern uns die Augen: Das Auge auf der »Unterseite« des Körpers muß während der Individualentwicklung auf die »Oberseite« wandern.

Wie bei allen Plattfischen bildeten die Rücken- und die Afterflosse einen Flossensaum, der den Körper fast vollständig umgab. Die Fische versetzten diesen Saum in eine wellenartige Bewegung und glitten damit auf dem Meeresboden dahin. Heutige Verwandte von *Eobothus* sind Flunder, Seezunge und Heilbutt.

FLEISCHFLOSSER

Unterklasse Sarcopterygii

Im frühen Devon, vor ungefähr 390 Millionen Jahren, erschienen die ersten Fleischflosser *(Sarcopterygii)* im Meer. Heute leben nur noch sieben Arten: ein Quastenflosser und sechs Lungenfischarten. Ungefähr 10 Millionen Jahre vor dem Auftreten der Fleischflosser hatten sich die ersten Strahlenflosser *(Actinopterygii)* entwickelt; die heute noch lebenden 21 000 Arten bestätigen deren stammesgeschichtlichen Erfolg.

Beide Fischtypen gehören zu den Knochenfischen *(Osteichthyes)*; sie haben ein knöchernes Innenskelett und ein Außenskelett aus Knochenschuppen. Sie unterscheiden sich aber grundlegend in ihren Flossen: Die Flossen der Strahlenflosser werden von zahlreichen steifen, parallelen Knochenstrahlen ausgespannt. Im Innern der Flossen gibt es keine Muskeln; sie werden vielmehr von Muskeln im Körperinnern bewegt.

Im Gegensatz dazu bestehen die paarigen Brust- und Bauchflossen der *Sarcopterygii* aus langen, fleischigen und muskulösen Lappen (daher der Name »Fleischflosser«). Jeder Lappen hat ein Stützskelett aus einzelnen Knochen, die gelenkig miteinander verbunden sind. Der erste Knochen ist an einem kräftigen Schulter- bzw. Beckengürtel befestigt. Außerdem gibt es für die meisten Knochen in den Flossen ein direktes Äquivalent im Skelett der landbewohnenden Vierfüßer (S. 49). An der Spitze trägt jede Fleischflosse knöcherne Strahlen, die durch Muskeln bewegt werden können.

Dem Aufbau der muskulösen Fleischflossen kommt große Bedeutung zu, denn aus einem Mitglied dieser Gruppe (die Paläontologen diskutieren noch darüber, aus welchem) entwickelte sich das erste Amphibium.

Bei den Fleischflossern unterscheidet man zwei Haupttypen, beide mit rezenten, wenn auch äußerst seltenen Vertretern. Zunächst gibt es die ausgestorbenen *Rhipidistia (Porolepiformes* und *Osteolepiformes*, S. 42–44) sowie die verwandten *Actinistia*, von denen heute noch ein meeresbewohnender Nachkomme existiert. Beide Gruppen faßt man unter der Bezeichnung *Crossopterygii* (Quastenflosser) zusammen. Die zweite größere Gruppe der Fleischflosser sind die Lungenfische oder *Dipnoi*.

ORDNUNG ONYCHODONTIDA

Die *Onychodontida* waren eine Gruppe der *Rhipidistia* aus dem Devon. Sie gehörten zu den Fleischflossern und stellten wahrscheinlich deren ursprünglichste Gruppe dar, besaßen aber noch nicht die charakteristischen muskulösen Flossen.

NAME: *Strunius*
ZEIT: Oberdevon
VERBREITUNG: Europa (Deutschland)
LÄNGE: 10 cm

Strunius hatte einen kurzen, seitlich zusammengedrückten Körper, der von großen, runden Knochenschuppen bedeckt war. Er besaß den charakteristischen gelenkigen Schädel, den die *Rhipidistia* und die *Actinistia* (nicht jedoch die Lungenfische) aufweisen. Durch diese Anpassung konnten die Tiere fester zubeißen. Die Hauptbeutetiere waren Paläonisciden, die mit dicken, knöchernen Schuppen bedeckt waren (S. 34).

Ein Gelenk im Schädeldach unterteilte den Schädel in einen vorderen und einen hinteren Teil. Beide Partien waren wahrscheinlich durch einen kräftigen Muskel miteinander verbunden. Wenn er sich zusammenzog, senkte sich die vordere Hälfte des Schädels nach unten, und die Zähne gruben sich in das Fleisch des Beutetiers.

Die Flossen waren bei *Strunius* ähnlich angeordnet wie bei den übrigen *Rhipidistia* und sämtlichen Fleischflossern.

Fische

ORDNUNG POROLEPIFORMES

Die *Porolepiformes* gehörten wie die *Onychodontida* zu den *Rhipidistia*. Sie lebten nur während des Devon. Im Unterschied zu ihren Zeitgenossen hatten die *Porolepiformes* aber bereits die für die *Sarcopterygii* typischen, fleischig-muskulösen Flossen entwickelt. Der Schädel war gelenkig wie bei *Strunius*.

NAME: Gyroptychius
ZEIT: Mitteldevon
VERBREITUNG: Europa (Schottland)
LÄNGE: 30 cm

Der langgestreckte *Gyroptychius* war ein schneller Räuber in den Flüssen des Devon. Er hatte kleine Augen und einen scharfen Geruchssinn. Wie bei anderen *Porolepiformes* waren die Kiefer kurz, er konnte aber um so kräftiger zubeißen.

Gyroptychius besaß fleischig-muskulöse Flossen, von denen alle mit Ausnahme der Brustflossen am Körperende lagen. Damit vergrößerte sich die Antriebskraft des pfeilförmigen Hinterleibs.

NAME: Holoptychius
ZEIT: Oberdevon
VERBREITUNG: Weltweit
LÄNGE: 50 cm

Der stromlinienförmige *Holoptychius* war etwas hochrückiger gebaut. Dünne, runde Schuppen bedeckten seinen Körper. Er war ein gefräßiger Räuber, der sich von anderen Knochenfischen ernährte. Wie seine Verwandten unter den *Rhipidistia* besaß er am Gaumenrand lange, spitze Zähne. In beiden Kiefern standen zusätzlich kleinere, zugespitzte Zähne. Beutetiere packte er mit den Zähnen und verschluckte sie dann am Stück.

Holoptychius hatte einen asymmetrischen Schwanz. Der kräftige obere Schwanzteil sorgte für eine abwärts gerichtete Bewegung. Zum Ausgleich waren die muskulösen Brustflossen besonders lang und setzten hoch an den Flanken an. Mit diesen Flossen war der Fisch imstande, die Schwimmrichtung zu bestimmen und seine Lage zu stabilisieren.

ORDNUNG OSTEOLEPIFORMES

Die *Osteolepiformes* lebten von allen *Rhipidistia* am längsten. Sie traten im Unterdevon auf und starben erst im Unterperm aus; ihre Lebensspanne betrug also 130 Millionen Jahre. Viele Paläontologen vertreten die Ansicht, die *Osteolepiformes* seien die Vorfahren der Amphibien (S. 47).

NAME: Osteolepis
ZEIT: Mitteldevon
VERBREITUNG: Antarktis, Asien (Indien und Iran) und Europa (Litauen und Schottland)
LÄNGE: 20 cm

Dieser ursprüngliche Vertreter der *Osteolepiformes* trug einen Panzer aus dicken, viereckigen Schuppen, die im Süßwasser wohl eine ziemliche Gewichtsbelastung darstellten. Eine dünne Schicht aus leichtem Knochengewebe (Cosmin) bedeckte die Schuppen und Knochen des Kopfes. Diese Cosminschicht war lebenswichtig für *Osteolepis* und andere frühe Fleischflosser. Sie war nämlich mit winzigen Kanälen durchzogen, die mit Sinneszellen in der Haut in Verbindung standen und an der Oberfläche in winzige Poren mündeten.

Auf diese Weise war die gesamte Körperoberfläche mit Sinneszellen ausgestattet. So nahmen sie wahrscheinlich Schwingungen des Wassers und möglicherweise auch chemische Stoffe wahr.

FLEISCHFLOSSER

NAME: *Eusthenopteron*
ZEIT: Oberdevon
VERBREITUNG: Europa (Schottland und Rußland) und Nordamerika (Kanada)
LÄNGE: bis 1,2 m

NAME: *Macropoma*
ZEIT: Oberkreide
VERBREITUNG: Europa (Tschechien/Slowakei und England)
LÄNGE: 55 cm

Für die meisten Paläontologen gilt dieser große osteolepiforme Rhipidistier als direkter Vorfahre der Amphibien. Die pyramidenartige Anordnung der Knochen in seinen paarigen Flossen zeigt eine auffallende Ähnlichkeit mit dem Gliedmaßenskelett der landbewohnenden Vierfüßer (S. 49). Auch der Bau der Wirbelsäule, die Anordnung der Schädelknochen und der gefältelte Wandbau der Zähne zeigen augenfällige Ähnlichkeiten mit den entsprechenden Merkmalen der ersten Amphibien (S. 52).

Der langgestreckte *Eusthenopteron* hatte als schneller Räuber einen kräftigen Schwanz. Der mittlere Lappen stand auf der Achse der Wirbelsäule. Die Brustflossen befanden sich weit vorne und waren gelenkig am Schultergürtel befestigt; dieser wiederum war über ein Gelenk mit dem hinteren Teil des Schädels verbunden. Die Bauchflossen standen weit hinten, ebenso die beiden Rückenflossen und die Afterflosse.

ORDNUNG ACTINISTIA

Die *Actinistia* oder *Coelacanthini* haben eine lange Stammesgeschichte – eine weitaus längere als ursprünglich vermutet. Sie entstanden bereits im Mitteldevon. Die letzten bekannten Fossilien wurden in Gesteinen der Oberkreide gefunden und sind damit ungefähr 70 Millionen Jahre alt.

Doch dann wurde im Jahr 1938 in den tiefen Gewässern des Grabens, der Madagaskar von Südafrika trennt, ein lebender Quastenflosser gefangen! Das »lebende Fossil« erhielt den wissenschaftlichen Namen *Latimeria chalumnae*. Er ist der einzige Überlebende einer Gruppe, die sich vor über 380 Millionen Jahren entwickelt hatte.

Macropoma war zwar nur ungefähr ein Sechstel so lang wie ihre noch heute existierende Verwandte *Latimeria*, doch zeigen die beiden Fische, die zeitlich fast 70 Millionen Jahre auseinanderliegen, in allen anderen Belangen eine bemerkenswerte Ähnlichkeit.

Macropoma hatte einen gedrungenen, hochrückigen Körper und einen verbreiterten, dreilappigen Schwanz – ein Merkmal der Quastenflosser. Die einzigen Zähne im Mund standen vorne. Das Gelenk zwischen dem Vorder- und dem Hinterschädel (wie bei den *Rhipidistia*) sorgte dafür, daß der Fisch die Kiefer weit öffnen und kräftig zubeißen konnte. Die hoch ansitzenden Brustflossen verbesserten die Manövrierfähigkeit, die Bauchflossen befanden sich ungefähr in der Körpermitte. Die erste Rückenflosse wurde von langen Knochenstrahlen gespannt und erinnerte an ein Segel. Die übrigen Flossen waren fleischig und muskulös.

Der rezente Quastenflosser *Latimeria* ist einer der wenigen Knochenfische, die lebende Junge zur Welt bringen. Inwieweit dies auch für seine früheren Verwandten zutraf, weiß man noch nicht.

ORDNUNG DIPNOI

Die *Dipnoi* oder Lungenfische entstanden im Unterdevon. Bis auf den heutigen Tag überlebten drei Gattungen dieser hochspezialisierten Süßwasserfische: der Australische Lungenfisch *(Neoceratodus)*, der Afrikanische Lungenfisch *(Protopterus)* und der Südamerikanische Lungenfisch *(Lepidosiren)*. Die afrikanischen und südamerikanischen Arten leben in tropischen Dürregebieten. Wenn der Wasserstand sinkt, kann der Fisch die normale Atmung über die Kiemen aufgeben und Luft von der Wasseroberfläche atmen, und zwar über die äußeren Nasenlöcher, die sich zu beiden Seiten des Mundes befinden. Die Luft gelangt direkt in die inneren Nasenöffnungen am Munddach sowie in die beiden Lungen, die mit der Rachengegend verbunden sind (die australische Art hat nur eine Lunge). Wie ihre modernen Verwandten konnten auch fossile Lungenfische während der Trockenzeit außerhalb des Wassers »übersommern«. Sie gruben sich in den schlammigen Gewässerboden ein und hielten durch schmale Luftschächte die Verbindung zur Oberfläche aufrecht.

NAME: *Dipnorhynchus*
ZEIT: Unter- bis Mitteldevon
VERBREITUNG: Australien (Westaustralien) und Europa (Deutschland)
LÄNGE: 90 cm

Selbst die frühesten Lungenfische unterschieden sich beträchtlich von den übrigen Fleischflossern. *Dipnorhynchus* etwa verfügte nicht über jenes Gelenk, das den Schädel der *Actinistia* und *Rhipidistia* in zwei Hälften teilte. Der seine war eine solide, knöcherne Box wie bei den ersten Landwirbeltieren, den Amphibien. Auch besaß er in der Wangengegend keine Zähne mehr, stattdessen auf dem Unterkiefer und dem Gaumen zahnähnliche Reibflächen. Der Gaumen war mit dem Schädel wie bei den Landwirbeltieren verschmolzen.

NAME: *Dipterus*
ZEIT: Mittel- bis Oberdevon
VERBREITUNG: Europa (Deutschland und Schottland)
LÄNGE: 35 cm

Bei dieser Gattung waren die Zähne durch ein Paar breiter, flächenartiger Zahnplatten auf dem Gaumen und im Unterkiefer ersetzt. Diese Bezahnung blieb die nächsten 380 Millionen Jahre nahezu unverändert.

Dagegen änderte sich die Anordnung der Flossen. Die beiden Rückenflossen von *Dipterus* verschmolzen bei den modernen Arten mit der Schwanz- und der Afterflosse.

NAME: *Griphognathus*
ZEIT: Oberdevon
VERBREITUNG: Australien (Westaustralien) und Europa (Deutschland)
LÄNGE: 60 cm

Am Ende des Devon hatten sich mehrere spezialisierte Lungenfischtypen entwickelt. *Griphognathus* hatte eine verlängerte Schnauze. Schmelzüberzogene Zähnchen standen dicht gedrängt auf Gaumen und Unterkiefer. Wie bei allen seinen Verwandten war der Körper von großen, runden, sich überlappenden Schuppen bedeckt und der Schwanz asymmetrisch.

AMPHIBIEN: PIONIERE AN LAND

Die heutigen Molche, Salamander, Frösche und Kröten sind die Abkömmlinge jener Amphibien, die vor 370 Millionen Jahren zum erstenmal das Land betraten. Diesen Pionieren war jedoch kein uneingeschränkter Erfolg beschieden, da sie zur Fortpflanzung immer noch ins Wasser zurückkehren mußten. Erst ihre Nachkommen, die Reptilien, eroberten das Land voll und ganz.

Das griechische Wort amphíbios bedeutet »doppellebig«. Amphibien können sich in zwei Lebensräumen aufhalten – im Wasser, das ihre Fischvorfahren immer noch bewohnen, und auf dem Festland, das ihre Nachkommen, die Reptilien, von ihnen übernahmen.

Die geschlüpfte Amphibienlarve ist an das Leben im Wasser angepaßt, sie hat Kiemen und einen Schwanz zum Schwimmen. Dann folgt eine Veränderung (Metamorphose): Die Larve verliert die für das Leben im Wasser nötigen Organe und ersetzt sie durch Lungen und vier kräftige Gliedmaßen. Damit paßt sie sich dem Landleben an.

Es spricht einiges dafür, daß auch die Amphibien des Paläozoikums eine ähnliche Metamorphose durchmachten. Man hat neben kleinen Exemplaren mit Kiemenresten zahlreiche Zwischenformen bis hin zum ausgewachsenen Tier ohne Kiemenreste gefunden.

In anderen Fällen, etwa bei *Seymouria*, zeigen sich im Schädel junger Exemplare immer noch Spuren jener Kanäle, in denen sich die seitenlinienähnlichen Sinnesorgane ihrer Fischvorfahren befanden.

Einige rezente Amphibien wie der nordamerikanische Gefleckte Furchenmolch sind dagegen wieder vollständig ins Wasser zurückgekehrt. Die erwachsenen Tiere behalten die Kiemen, die früher nur die Larven besaßen.

Probleme mit der Atmung an Land

Eines der auffälligsten Merkmale der heute noch lebenden Amphibien ist ihre feuchte, schleimige Haut. Doch gerade in diesem Merkmal unterscheiden sie sich von ihren paläozoischen Vorfahren.

Die modernen Amphibien atmen zwar durch Lungen, doch ein beträchtlicher Teil des Gasaustausches geschieht direkt über die Haut.

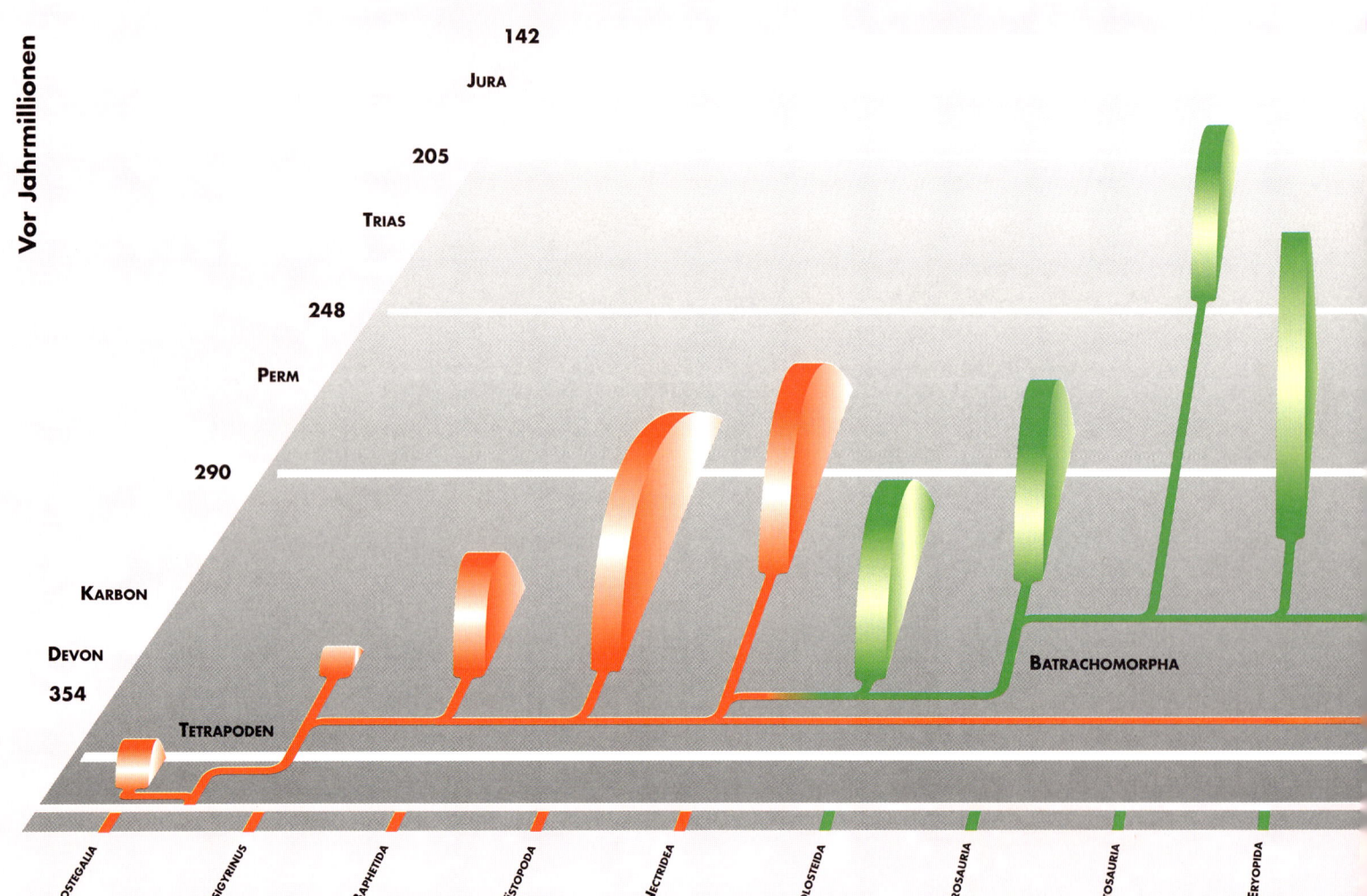

Damit sind sowohl der Größenentwicklung als auch der Lebensweise enge Grenzen gesetzt.

Viele paläozoische Amphibien hatten einen gepanzerten Körper und wuchsen zu beträchtlicher Größe heran. Beides läßt vermuten, daß die frühen Amphibien im Gegensatz zu den heutigen keine Hautatmung kannten. Sie besaßen vielmehr eine undurchlässige, ledrige oder schuppige Haut, um dem Wasserverlust vorzubeugen. Der Nachteil einer solchen Körperbedeckung war, daß sich die Tiere vermutlich nur langsam und schwerfällig fortbewegen konnten.

Das Rätsel der Abstammung

Die Paläontologen sind sich darüber einig, daß sich die Amphibien aus einer der drei Fleischflossergruppen (S. 18–19) entwickelten: den Lungenfischen oder *Dipnoi*, den *Actinistia* oder *Coelacanthini*, zu denen der Quastenflosser zählt, und schließlich den ausgestorbenen *Rhipidistia* mit den Ordnungen *Porolepiformes* und *Osteolepiformes*.

Es liegt nahe, daß sich aus den paarigen, muskulös-fleischigen, mit einem Knochenskelett versehenen Flossen dieser Fische die Gliedmaßen der frühen Amphibien (S. 49) entwickelten. Auch besaßen diese Fische wohl Lungen wie adulte Amphibien und rezente Lungenfische. Eine ähnliche Struktur – wenngleich unpaarig – weist auch *Coelacanthus*, der letzte noch lebende Vertreter der Quastenflosser, auf. Es ist daher anzunehmen, daß auch die ausgestorbenen Rhipidistien über Lungen verfügten. Zudem sind bei den Lungenfischen wie bei *Rhipidistia* Öffnungen im Munddach zu finden, die den inneren Nasenöffnungen der Amphibien ähnlich sehen.

Die meisten Paläontologen vertreten heute die Ansicht, daß sich die Amphibien aus den Rhipidistien entwickelten. Sie stützen sich dabei auf die bemerkenswerte Ähnlichkeit in der Anordnung der Schädelknochen und in den Skeletten der Flossen bzw. Gliedmaßen. Es gibt jedoch auch Forscher, die die direkten Vorfahren der Amphibien in den Lungenfischen sehen, weil die Entwicklung der Lungen, der inneren Nasenöffnungen und der Gliedmaßen bei den rezenten Lungenfischen eine Reihe auffallender Parallelen zu den heutigen Amphibien aufweist.

Eine Gelegenheit zur Evolution

Wer immer nun tatsächlich die direkten Vorfahren der Amphibien gewesen sein mögen: Die Frage, die sich in jedem Fall stellt, lautet: Warum verließen sie das Wasser und wagten sich auf das Festland, das erheblich größere Temperaturspannen aufweist und die im Meer

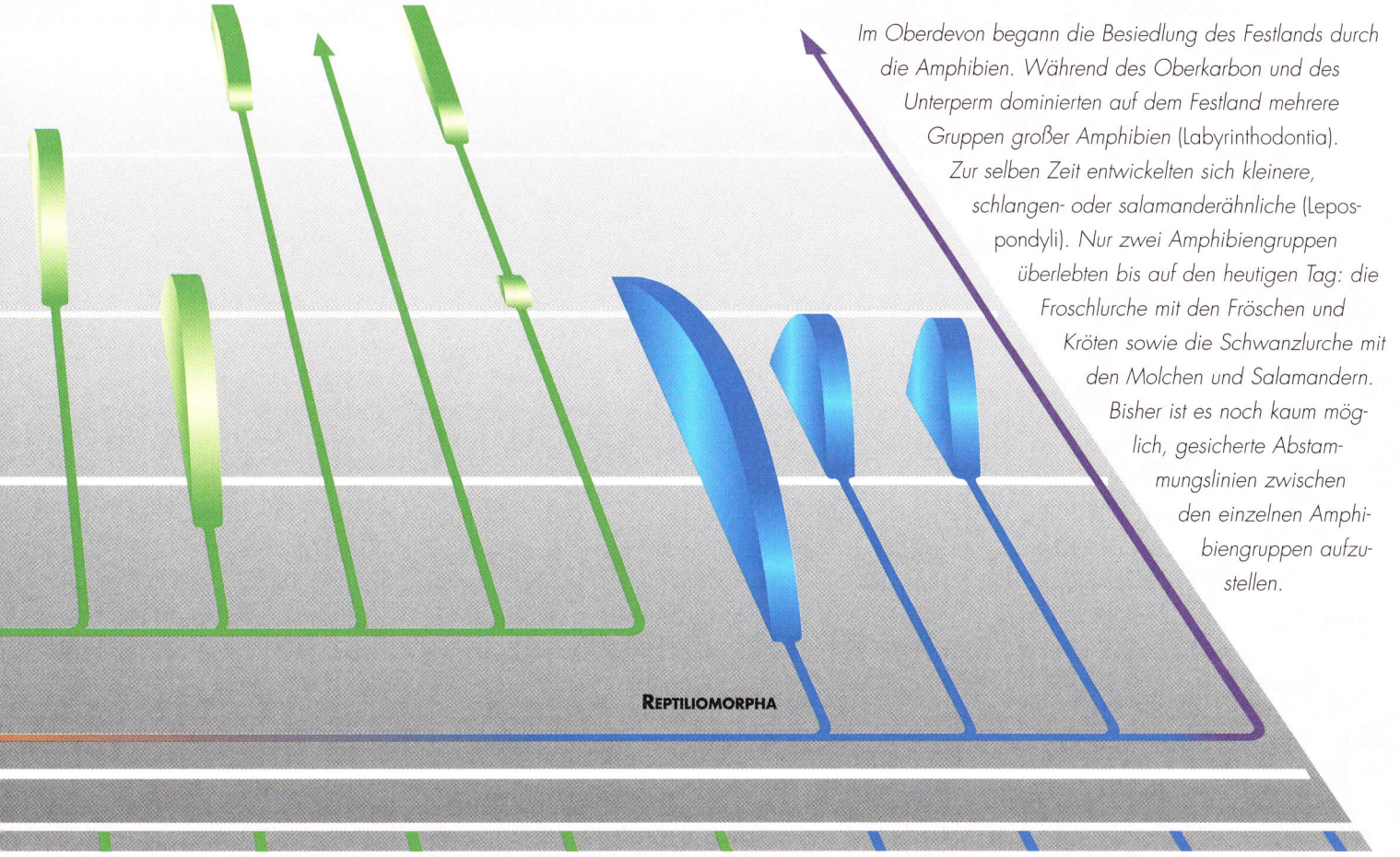

Im Oberdevon begann die Besiedlung des Festlands durch die Amphibien. Während des Oberkarbon und des Unterperm dominierten auf dem Festland mehrere Gruppen großer Amphibien (Labyrinthodontia). Zur selben Zeit entwickelten sich kleinere, schlangen- oder salamanderähnliche (Lepospondyli). Nur zwei Amphibiengruppen überlebten bis auf den heutigen Tag: die Froschlurche mit den Fröschen und Kröten sowie die Schwanzlurche mit den Molchen und Salamandern. Bisher ist es noch kaum möglich, gesicherte Abstammungslinien zwischen den einzelnen Amphibiengruppen aufzustellen.

Die frühesten Tetrapoden

Acanthostega (oben und S. 50) und Ichthyostega sind die wichtigsten frühen Tetrapoden, die wir bislang kennen. Das Amphibium Ichthyostega hatte vier kräftige Beine, die an einem massiven Becken- und Schultergürtel befestigt waren. Wie seine Fischvorfahren verfügte es noch über eine Schwanzflosse und hatte Überreste von Knochenschuppen in der Haut. Im Unterschied zu den Fischen hatte Ichthyostega aber einen kurzen Hals herausgebildet. Als Stütze für den Körper setzten an der Wirbelsäule lange, breite Rippen an, die sich gegenseitig überlappten. Sie bildeten einen breiten, tonnenförmigen Brustkorb, der die lebenswichtigen Organe schützte. Bis zu den jüngsten Funden nahm man an, daß in Tieren wie Acanthostega das Fünf-Finger-Modell der Tetrapoden (Vierfüßer) seinen Ursprung hatte. Aber Acanthostega hatte jeweils acht Finger und Zehen, Ichthyostega mindestens sieben Zehen und eine unbekannte Anzahl Finger. Wir wissen heute, daß sich das Fünf-Finger-Modell erst im Karbon durchsetzte.

unbekannte Gefahr der Austrocknung barg? Früher ging man davon aus, diese stammesgeschichtliche Veränderung habe in einem Lebensraum stattgefunden, der periodisch austrocknete. Ein Fisch, der sein versiegendes Gewässer verlassen und auf der Suche nach einem anderen geeigneten Biotop über Land wandern kann, hat hier bessere Überlebenschancen.

Das früheste bekannte Landwirbeltier war das Amphibium Ichthyostega. Es hatte vier kräftige Beine, die an einem massiven Becken- und Schultergürtel befestigt waren. Wie seine Fischvorfahren verfügte Ichthyostega noch über eine Schwanzflosse und trug Überreste von Knochenschuppen in der Haut. Anders als die Fische hatte es einen kurzen Hals ausgebildet. Die Wirbelsäule und die Rippen waren stark verdickt und stützten den Körper.

Auch die Nachstellungen durch räuberische Meeresbewohner könnten einzelne Fische dazu veranlaßt haben, an Land zu gehen. Fleischflosser konnten mit Hilfe ihrer muskulösen Flossen auf Sandbänke oder an den Strand flüchten und dort dank ihrer Lungen überleben, bis die Gefahr vorüber war. Und an Land fand sich mit den vielen Insekten, Würmern, Schnecken und anderen Wirbellosen im Schlamm und in der feuchten Ufervegetation ein üppiges Nahrungsangebot. Hier lag vermutlich eine entscheidende Voraussetzung für die anatomischen Veränderungen, die zur Entstehung der ersten Amphibien führten.

Man unterteilt die paläozoischen Amphibien, die seit über 200 Millionen Jahren ausgestorben sind, in zwei Hauptgruppen. Die größeren Formen sind unter der Bezeichnung *Labyrinthodontia* (unterteilt in *Temnospondyli* und *Anthracosauria*) bekannt, während man die kleineren als *Lepospondyli* bezeichnet. Auf den folgenden Seiten kann nur eine Auswahl aus den 34 Familien der *Temnospondyli*, den 16 Familien der *Anthracosauria* und den 20 Familien der *Lepospondyli* vorgestellt werden.

Da man über die Evolution der Amphibien im Karbon nur wenig weiß, sind sich die Paläontologen über die genauen Verwandtschaftsverhältnisse noch nicht im klaren – eine Wissenslücke, die sich im Stammbaum der Amphibien (S. 46–47) widerspiegelt. Im Vergleich zu anderen Stammbäumen zeigt er nur wenige Abstammungslinien, die als gesichert gelten können.

Die Radiation der Amphibien

Die ältesten Amphibien, beispielsweise *Ichthyostega*, wurden in grönländischen Gesteinen des Oberdevon gefunden. Zu jener Zeit – vor ca. 370 Millionen Jahren – war Grönland ein Teil des euramerikanischen Kontinents, der nahe dem Äquator lag und Gebiete vom westlichen Nordamerika bis zum heutigen Osteuropa umschloß (S. 11).

Es fällt auf, daß die Fundstätten der frühen Amphibien und Reptilien bis zur Mitte des Perm (ungefähr 100 Millionen Jahre später) fast ausschließlich auf dem ehemaligen euramerikanischen Kontinent liegen – ein Indiz dafür, daß sich die Entwicklung dieser Tiere zunächst auf dieses Gebiet beschränkte. Erst als sich Asien und der Südkontinent (Gondwanaland) im Mittelperm mit Laurasia zu Pangaea verbunden hatten, konnten sich die Amphibien und Reptilien über die gesamte Erde ausbreiten.

Im darauffolgenden Unterkarbon wuchs die Artenzahl der paläozoischen Amphibien enorm. Man kennt aus jener Zeit 20 Gattungen aus 14 Familien, darunter die beiden Gruppen der *Labyrinthodontia* und die fußlose Lepospondylen-Gruppe der *Aistopoda*. Fast alle diese Amphibien lebten am oder im Wasser.

Im Oberkarbon bedeckten tropische Sümpfe einen Großteil von Laurasia. Dort gediehen 15 bis 40 Meter hohe Nadelhölzer und bis 7,5 Meter hohe Baumfarne. Samenfarne und andere kleine Pflanzen waren ebenfalls häufig.

In der dicken Streuschicht dieser Wälder lebte eine Vielzahl von Insekten, Spinnen, Tausend- und Hundertfüßern. Ein gigantisches libellenähnliches Insekt, *Meganeura*, mit einer Flügelspannweite bis 76 cm, flatterte zwischen den Bäumen umher.

Aus dem Oberkarbon kennt man insgesamt 70 Amphibiengattungen in 34 Familien; alle paläozoischen Ordnungen sind vertreten. Ihre Blütezeit erreichten die frühen Amphibien jedoch im darauffolgenden Perm: Fast 100 Gattungen aus 40 Familien sind bekannt. Dennoch kam es in den ungefähr 40 Millionen Jahren des Perm zu einer bemerkenswerten Veränderung.

Die Amphibien des Unterperm sind am besten von den texanischen Red Beds bekannt. Sie wurden in einem Gebiet abgelagert, das einst eine Schwemmebene oder ein Delta gewesen sein muß, vergleichbar mit der Mündung des heutigen Mississippi. Die Amphibien teilten sich diesen Lebensraum mit den Pelycosauriern, einer frühen Form der Säugerähnlichen Reptilien.

Zu jener Zeit lebten ungefähr 60 Prozent der *Labyrinthodontia* auf dem Festland, weitere 15 Prozent waren semiterrestrisch, und nur 25 Prozent kamen ausschließlich im Wasser vor.

Damit war aber auch bereits der Höhepunkt der Landnahme erreicht. Die südafrikanischen Karroo Beds aus dem Oberperm zeigen eine Amphibienfauna, bei der sich terrestrische und aquatische Formen der *Labyrinthodontia* wieder die Waage halten. Die meisten landbewohnenden Formen haben einen gepanzerten Körper. Ein Grund für den Umschwung liegt vermutlich im Aufstieg der *Terapsida*, der späteren Säugerähnlichen Reptilien. Sie vertrieben die Amphibien aus jenen Nischen auf dem Festland, die sie gerade erst erobert hatten.

Der Niedergang der alten Amphibien

In der Trias verschwanden die alten Amphibien endgültig vom Festland. Obwohl über 80 Gattungen bekannt sind, gehören sie doch nur zu 15 Familien, die ihrerseits alle den *Temnospondyli* zuzurechnen sind. Fast ohne Ausnahme handelte es sich um Wasserbewohner.

Die Zeit der *Labyrinthodontia* ging ihrem Ende entgegen. Aus dem Jura sind nur noch zwei Gattungen bekannt, eine aus Australien, die andere aus China. In dieser Zeit hatten sich schon die Vorfahren der heutigen Amphibien mit ihrer feuchten Haut entwickelt. Der erste Frosch *(Triadobatrachus)* ist aus der Untertrias von Madagaskar bekannt. Die Knochen des ersten Schwanzlurchs (heutige Molche und Salamander) fand man in jurassischen Gesteinen. Die dritte Ordnung der modernen Amphibien, die Blindwühlen, sind fossil nahezu unbekannt.

Von der Fleischflosse zur Vordergliedmasse

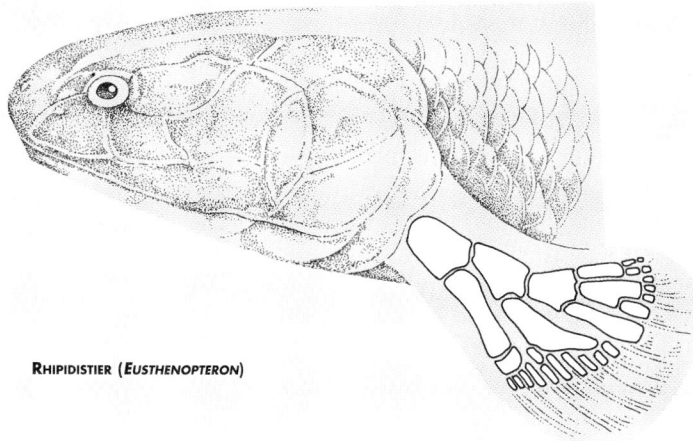

Rhipidistier (*Eusthenopteron*)

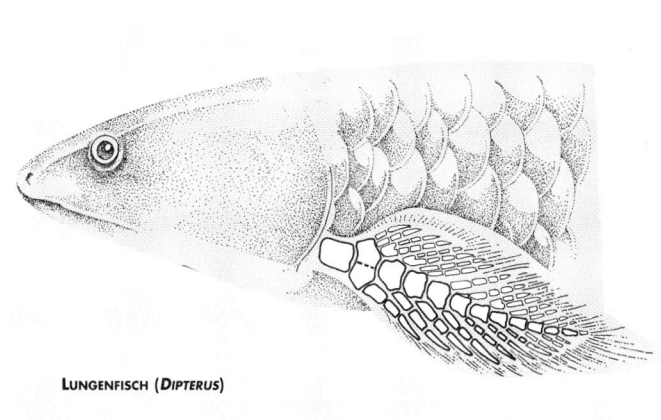

Lungenfisch (*Dipterus*)

Die Vorfahren der landbewohnenden Wirbeltiere sind unter den Fleischflossern zu suchen. Vielleicht waren es Rhipidistier aus der Verwandtschaft von **Eusthenopteron***. Auch die Lungenfische kommen als Vorfahren in Frage. Die Abbildung zeigt das Skelett der Brustflossen beider Fischtypen im Vergleich mit der Vordergliedmaße eines typischen landbewohnenden Wirbeltiers.*

LABYRINTHODONTIA

Die Labyrinthodontia waren die ersten Amphibien – und damit die ersten Wirbeltiere –, die das trockene Festland besiedelten. Sie existierten über 160 Millionen Jahre lang, vom Oberdevon bis zum Unterjura. Zu ihrer Blütezeit (während des Unterperm) waren ungefähr 60 Prozent von ihnen voll an das Landleben angepaßte Insektenfresser. Danach begann jedoch ihr Niedergang, und am Ende der Trias waren alle ausgestorben.

Der Name *Labyrinthodontia* ist auf die Struktur ihrer konischen Zähne zurückzuführen. Im Schnitt zeigen sie eine komplizierte Faltung der Schmelzschicht, die auffallend an die Zähne der *Rhipidistia* erinnert.

Man unterscheidet zwei Ordnungen der *Labyrinthodontia*: die *Temnospondyli* und die *Anthracosauria*. Die Ichthyostegalia, die ersten Amphibien überhaupt, halten einige Paläontologen für frühe Vertreter der *Temnospondyli*.

Die einzige Gattung in dieser Familie ist Acanthostega. Zwei gut entwickelte Gliedmaßenpaare belegen den Tetrapodenstatus, während andere Charakteristika darauf schließen lassen, daß das Tier noch grundsätzlich aquatisch lebte.

NAME: *Acanthostega*
ZEIT: Oberdevon
VERBREITUNG: Grönland
LÄNGE: 60 cm

In den 1980er Jahren entdeckte Fossilien von *Acanthostega* warfen ein neues Licht auf die frühen Tetrapoden. Sie besaßen schwache Hand- und Fußgelenke, und die hinteren Extremitäten waren rückwärts gerichtet, so daß sie besser zum Schwimmen als zum Gehen taugten. *Acanthostega* besaß acht Finger anstelle der fünf, die bei Vertebraten lange als obligatorische Anzahl der Strahlen angesehen wurden, und bewahrte sich einige Fischcharakteristika wie zum Beispiel den abgeflachten Schwanz und ein Seitenlinienorgan. Er besaß keine ausgeprägten Rippen, aber integrale Kiemen sowie mit spitzen Zähnen bestückte Kiefer.

ORDNUNG ICHTHYOSTEGALIA

Die *Ichthyostegalia* sind die ältesten Amphibien und die ersten Labyrinthodontier. Die einzigen Fundstätten liegen in Ostgrönland, in Gesteinen aus dem Oberdevon.

NAME: *Ichthyostega*
ZEIT: Oberdevon
VERBREITUNG: Grönland
LÄNGE: 1 m

Ichthyostega ist das früheste bekannte Amphibium. Es handelte sich um ein großes, zum Teil noch an das Leben im Wasser gebundenes Tier. Der Körper war langgestreckt, und der schwere Schädel bestand aus festen Knochen. Die vier kräftigen Gliedmaßen trugen je sieben Zehen. Eine lange Schwanzflosse und Knochenschuppen über Bauch und Schwanz erinnerten noch an die Fisch-Vorfahren.

Ein Lebewesen wie dieses konnte sich natürlich noch nicht allzu weit vom Wasser entfernen. An Land bewegte es sich ungelenk vorwärts und vollführte dabei mit dem Körper weit ausladende Bewegungen. Sein Element war nach wie vor das Wasser, wo es erfolgreich Fische jagte.

Ichthyostega unterschied sich von einem Fisch auch dadurch, daß sein Oberkiefer mit dem Schädeldach fest verwachsen war. Es bestand keine Verbindung mehr zwischen Kopf und Schultergürtel, und ein kurzer Hals hatte sich herausgebildet. Für das Leben auf dem Land war es vorteilhaft, wenn das Tier seinen Kopf auf der Suche nach Räubern und Beutetieren drehen konnte, um seine breiten konischen Zähne wirkungsvoll einzusetzen.

Als Stütze für den Körper setzten an der Wirbelsäule lange, breite Rippen an, die sich gegenseitig überlappten. Sie bildeten einen breiten, tonnenförmigen Brustkorb, der die lebenswichtigen Organe, das Herz, die Lungen und die Verdauungsorgane stützte und schützte. *Ichthyostega* und seine Verwandten atmeten wahrscheinlich, indem sie durch Bewegungen des Mundbodens Luft in ihre Lungen pumpten.

Eine frühe Tetrapodenfamilie wies schlüssellochförmige Augenhöhlen mit einer ungewöhnlichen Öffnung am vorderen Ende auf, die wohl eine spezielle Drüse beherbergte.

NAME: *Eucritta*
ZEIT: Unterkarbon
VERBREITUNG: Europa (Schottland)
LÄNGE: 25 cm

Dieses erst jüngst (1998) beschriebene Fossil aus 334 Millionen Jahre altem Gestein zeigt Merkmale, die man normalerweise mit Tetrapoden in Verbindung bringt. Der Schädel ist amphibienartig, der Gaumen reptilienartig und die Augenöffnung baphetenartig. Offenbar war die Trennung zwischen Amphibien und Reptilien zur Zeit der frühen Tetrapoden noch nicht vollzogen.

ORDNUNG UNSICHER

In Europa und Nordamerika wurden die Reste von ungefähr fünf Amphibiengattungen aus dem Karbon gefunden. Man kann sie zwar in Familien einteilen, doch passen sie in keine der bekannten Ordnungen.

NAME: *Crassigyrinus*
ZEIT: Unterkarbon
VERBREITUNG: Europa (Schottland)
LÄNGE: 2 m

Crassigyrinus hatte einen fischähnlichen Körper mit einem langausgezogenen Schwanz und kleinen, flossenähnlichen Gliedmaßen. Der Kopf war ungefähr 30 cm lang. Aus dem zurückliegenden Gelenk läßt sich schließen, daß die zähnestarrenden Kiefer weit geöffnet werden konnten. Die Augen waren besonders groß und standen nahe beieinander, so daß das Tier wohl in dunklen, schlammigen Gewässern kohlezeitlicher Sümpfe jagte.

NAME: *Greererpeton*
ZEIT: Unterkarbon
VERBREITUNG: Nordamerika (West Virginia)
LÄNGE: 1,5 m

Greererpeton ist ein Vertreter der *Colosteidae* und gehört somit zu den frühesten landbewohnenden *Temnospondyli*. Anscheinend kehrten sie bald wieder zum Leben im Wasser zurück. Ihre Körperform war ideal für eine schlängelnde, aalartige Fortbewegungsweise. Der flache Kopf war 18 cm lang und saß auf einem kurzen Hals. Die lange Wirbelsäule bestand aus zirka 40 Wirbeln, also annähernd doppelt so vielen wie üblich, und ging in einen langen Schwanz mit Flossensaum über. Die Beine waren kurz und hatten je fünf abstehende Zehen, die während des Schwimmens Steuerfunktionen übernahmen.

Offene Kanäle an den Schädelseiten von *Greererpeton* verrieten die Abstammung von den Fischen. Sie standen mit dem Seitenliniensystem in Verbindung, mit dem die Tiere Schwingungen im Wasser wahrnehmen konnten.

ORDNUNG TEMNOSPONDYLI

Die *Temnospondyli* entwickelten sich gegen Ende des Unterkarbon (Obermississippian) vor ungefähr 330 Millionen Jahren. In den folgenden 120 Millionen Jahren entstanden daraus sehr unterschiedliche und zum Teil sehr große landbewohnende Formen. Mit dem Aufstieg der landbewohnenden Säugerähnlichen Reptilien im Unterperm wurden die *Temnospondyli* schließlich wieder in die Feuchtbiotope zurückgedrängt, aus denen sie ursprünglich hervorgegangen waren. Sie starben im Unterjura aus, als sich die Vorfahren der heutigen Frösche und Kröten bereits entwickelt hatten (S. 56). Im folgenden sind Vertreter der wichtigsten Familien beschrieben.

LABYRINTHODONTIA

NAME: *Eryops*
ZEIT: Oberkarbon bis Unterperm
VERBREITUNG: Nordamerika (New Mexico, Oklahoma und Texas)
LÄNGE: 2 m

Das große, halb zu Wasser und halb zu Lande lebende Tier war ein Vertreter der erfolgreichen Familie *Eryopidae* (Oberkarbon bis Oberperm). Auf dem Rücken trug *Eryops* Knochenplatten, die den schwergliedrigen Körper an Land stützten.

Da die Stellung des Kiefergelenks darauf hindeutet, daß *Eryops* sein Maul ohne Hebung des schweren Kopfes an Land nicht öffnen konnte, ernährte er sich wahrscheinlich im Wasser.

NAME: *Cacops*
ZEIT: Unterperm
VERBREITUNG: Nordamerika (Texas)
LÄNGE: 40 cm

Cacops war ein Vertreter der *Dissorophidae*, einer Temnospondylen-Familie, die etwas später als die *Eryopidae* auf den Plan trat und auch später, nämlich erst in der Untertrias, ausstarb. Ihre Blütezeit kam im Unterperm, als in Laurasia das warm-feuchte Klima des Karbon den trockeneren Verhältnissen während des Perm wich. *Cacops*, seine Verwandten und einige Eryopiden paßten sich schnell an das trockene Klima an.

Cacops war mit Knochenplatten und parallel zum Rückgrat verlaufenden, aufrechten Panzerknochen geschützt. Hinter jedem Auge befand sich eine Ohröffnung, die beim lebenden Tier von einem Trommelfell überzogen war. Damit konnte es Geräusche wahrnehmen.

NAME: *Platyhystrix*
ZEIT: Unterperm
VERBREITUNG: Nordamerika
LÄNGE: 1 m

Platyhystrix war stärker gepanzert als sein naher Verwandter *Cacops*. Platten auf dem Rücken schützten das Tier gegen Räuber. Fleischfressende Pelycosaurier wie *Dimetrodon* (S. 187) lebten im selben Gebiet und machten wahrscheinlich Jagd auf *Platyhystrix* und seine landbewohnenden Verwandten.

Platyhystrix trug auf dem Rücken ein spektakuläres Segel. Es bestand aus langen Dornen, die den Wirbeln entsprangen. Möglicherweise war die gesamte Struktur von einer stark durchbluteten Haut überzogen. Die gleichzeitig lebenden Saurier *Dimetrodon* und *Edaphosaurus* hatten ebenfalls solche Rückensegel. Man nimmt an, daß sie diesen wechselwarmen Reptilien bei der Regulierung der Körpertemperatur halfen. Vielleicht diente das Segel bei *Platyhystrix* demselben Zweck.

NAME: Peltobatrachus
ZEIT: Oberperm
VERBREITUNG: Afrika (Tansania)
LÄNGE: 70 cm

Peltobatrachus war ein langsames, ganz auf dem Land lebendes Lurchtier. Der Körper war von einem Panzer umschlossen, der an die Panzer der heutigen Gürteltiere erinnerte. Er diente als Schutz gegen die fleischfressenden Therapsiden aus der Gruppe der Säugerähnlichen Reptilien (S. 189).

Die Knochenplatten lagen wie Bänder über dem Körper, besonders über dem Schulter- und Beckengürtel. Zähne wurden von diesem Amphibium keine gefunden, doch wahrscheinlich fraß es – ähnlich wie die heutigen Gürteltiere – Würmer, Schnecken und Insekten.

NAME: *Paracyclotosaurus*
ZEIT: Obertrias
VERBREITUNG: Australien (Queensland)
LÄNGE: 2,3 m

In der Trias dominierten auf dem Festland zwei Gruppen Säugerähnlicher Reptilien, die *Dicynodontila* und die *Cynodontia*. Dadurch wurden *Paracyclotosaurus* und andere Amphibien aus der Gruppe der Capitosaurier zur Rückkehr ins Wasser gezwungen. Typisch bei diesem triassischen Wasserbewohner war die Tendenz zur Abflachung des Körpers.

Der Kopf des massigen *Paracyclotosaurus* war fast 60 cm lang. Weil er so flach war, befand sich das Kiefergelenk fast auf derselben Höhe wie der Hals. Das Tier konnte daher durch Hebung des Kopfes sein Maul weit aufreißen.

NAME: *Gerrothorax*
ZEIT: Obertrias
VERBREITUNG: Europa (Schweden)
LÄNGE: 1 m

Das große Tier verbrachte vermutlich einen Großteil seiner Zeit damit, gut getarnt auf dem Sand oder Kies des Gewässerbodens zu liegen, während es mit seinen nach oben gerichteten Augen Ausschau nach Beutetieren hielt. Vielleicht lockte es seine Opfer sogar mit einem von der Strömung bewegten Fleischlappen im offenen Maul an. War ein Beutetier nahe genug gekommen, so mußte *Gerrothorax* nur noch zuschnappen.

Es konnte permanent im Wasser leben, weil es auch im ausgewachsenen Zustand noch die drei Kiemenpaare beibehielt, die es schon als Larve besessen hatte. Auch dies ist ein Beweis dafür, daß die Amphibien schon damals ein aquatisches Larvenstadium mit Kiematmung durchmachten, bevor sie sich in vierbeinige lungenatmende Tiere verwandelten.

ORDNUNG ANTHRACOSAURIA

Die *Anthracosauria* (auch *Batrachosauria* genannt) gehören zu den *Labyrinthodontia*. Sie entstanden während des Karbon und überlebten bis ins Mittelperm. Zwar waren sie nicht so zahlreich und vielgestaltig wie die *Temnospondyli* (s. o.), doch befanden sich unter ihnen die Vorfahren der Reptilien.

NAME: *Eogyrinus*
ZEIT: Oberkarbon
VERBREITUNG: Europa (England)
LÄNGE: 4,6 m

Eogyrinus war ein langgestreckter Wasserräuber, der wahrscheinlich ähnlich wie ein Alligator in den Deltas, Sümpfen und Kohlewäldern des Karbon lebte. Mit schnellen Schwanzschlägen stellte er seiner Fischbeute nach. Für die Lagestabilisierung sorgte die lange Rückenflosse.

NAME: *Seymouria*
ZEIT: Unterperm
VERBREITUNG: Nordamerika (Texas)
LÄNGE: 60 cm

Sehr gut erhaltene fossile Stücke dieses Tieres zeigen, daß es sich um ein hervorragend angepaßtes Landwirbeltier mit Reptilienmerkmalen handelte, zu denen das Gelenk zwischen Kopf und Hals sowie die Struktur des Becken- und Schultergürtels gehörten. Darum hielt man *Seymouria* tatsächlich für ein frühes Reptil, bis man fossile Jungtiere mit Abdrücken von Seitenlinienkanälen fand.

LEPOSPONDYLI

Die *Lepospondyli*, überwiegend kleinere, insektenfressende Amphibien, lebten zur gleichen Zeit wie die mächtigen *Labyrinthodontia*. Beiden Gruppen gemeinsam ist der Bau ihrer Wirbel. Die *Lepospondyli* entwickelten sich im Karbon, überlebten bis zum Ende des Perm und bildeten in diesen ungefähr 100 Millionen Jahren eine Vielzahl kleinerer Arten aus, die generell unseren heutigen Salamandern und Schlangen ähnelten. Man unterscheidet drei größere Ordnungen: die *Aistopoda*, die *Nectridea* und die *Microsauria*.

ORDNUNG AISTOPODA

Die *Aistopoda* waren als früheste Gruppe der *Lepospondyli* merkwürdigerweise auch die am meisten spezialisierte unter allen Amphibien. Sie traten im Unterkarbon (Mississippian) ungefähr 20 Millionen Jahre nach den ersten Amphibien, das heißt den *Ichthyostegalia*, auf. Man nimmt an, daß die *Aistopoda* ursprünglich vierfüßige Vorfahren besaßen, jedoch schon früh in ihrer Entwicklung ihre Beine verloren und zu schlangenähnlichen, grabenden Tieren wurden.

Ihre spezialisierte Lebensweise bot offensichtlich einige Vorteile, denn die *Aistopoda* überlebten immerhin fast 80 Millionen Jahre, bis ins Mittelperm hinein.

NAME: *Ophiderpeton*
ZEIT: Oberkarbon
VERBREITUNG: Europa (Tschechien/Slowakei) und Nordamerika (Ohio)
LÄNGE: 70 cm

Dieses schlangenähnliche Tier besaß ungefähr 230 Wirbel. Im Skelett sind keine Spuren von Gliedmaßen oder den entsprechenden Gürteln zu erkennen. Die Augen waren ziemlich groß und lagen vorne am Schädel, der ungefähr 15 cm lang war. Der Schädelbau erinnert an den eines primitiven Labyrinthodontiers.

Die grabende Lebensweise, die *Ophiderpeton* geführt haben dürfte, war im Oberkarbon sicher recht erfolgreich, da sich damals große Mengen verrottenden organischen Materials auf dem Boden der Wälder und Sümpfe – den heutigen Kohlelagern – ansammelten. Alle möglichen Insekten, Würmer, Tausendfüßer, Schnecken und andere Wirbellose lebten in dieser Streuschicht und boten den *Aistopoda* reiche Nahrung.

NAME: *Phlegethontia*
ZEIT: Oberkarbon bis Unterperm
VERBREITUNG: Europa (Tschechien/Slowakei) und Nordamerika (Ohio)
LÄNGE: 1 m

Obwohl *Phlegethontia* denselben schlangenähnlichen Körper wie *Ophiderpeton* aufwies und wahrscheinlich ebenfalls im Boden wühlte, zeigt der Aufbau des Schädels deutliche Unterschiede: Große Öffnungen, die durch relativ schmale Knochen voneinander getrennt waren, führten zu einer sehr leichten, an die Anatomie heutiger Schlangen erinnernden Struktur.

ORDNUNG NECTRIDEA

Die *Nectridea* waren vierfüßige, molchähnliche Amphibien mit langen, seitlich abgeplatteten Schwimmschwänzen. Sie entwickelten sich im Oberkarbon und überlebten bis zum Oberperm; ihr Lebensraum war das Wasser.

Der Schädel der *Nectridea* ähnelte stark dem der *Labyrinthodontia*. Die jeweils fünfzehigen Gliedmaßen waren gut entwickelt. Später bildete sich eine Tendenz zur Verkürzung der Gliedmaßen heraus, und eine Zehe ging verloren. Einige spätere *Nectridea* entwickelten zudem eine verlängerte Schnauze.

NAME: *Keraterpeton*
ZEIT: Oberkarbon
VERBREITUNG: Europa (Tschechien/Slowakei) und Nordamerika (Ohio)
LÄNGE: 30 cm

Der Schwanz von *Keraterpeton* war doppelt so lang wie Kopf und Rumpf zusammen. Er war seitlich abgeplattet und sorgte in den trüben Gewässern der kohlezeitlichen Sümpfe für den Antrieb. Die fünfzehigen Hinterbeine waren länger als die

vierzehigen Vorderbeine. Im kurzen Schädel standen die Augen weit vorne.

Trotz seines schlanken Körpers hatte *Keraterpeton* nicht mehr Rumpfwirbel als üblich (im Durchschnitt 15–26), ganz im Gegensatz zum Anthracosaurier *Eogyrinus*, der bis zu den Hüften bereits 40 Wirbel besaß (S. 53).

NAME: *Diplocaulus*
ZEIT: Unter- bis Oberperm
VERBREITUNG: Nordamerika (Texas)
LÄNGE: 1 m

Diplocaulus hatte einen flachen, dreieckigen, bumerangförmigen Kopf. Zwei beidseitig verlängerte Knochen am rückwärtigen Ende des Schädels bildeten die Hinterkanten dieses Dreiecks.

Der Körper war kurz, die Gliedmaßen einschließlich des Schwanzes nur schwach entwickelt. Manche Paläontologen meinen daher, das Tier habe sich mit Auf- und Abbewegungen seines flachen Körpers schwimmend fortbewegt.

Diplocaulus lebte wahrscheinlich auf dem Gewässergrund. Die »Flügel« zu beiden Kopfseiten dienten vermutlich als Tragflügel und ermöglichten dem Tier, knapp über dem Gewässerboden gegen den Strom zu schwimmen. Vielleicht war *Diplocaulus* damit aber auch zu sperrig, um verschlungen zu werden, und schreckte mit seinem Anblick Räuber wie den gedrungenen, halb zu Wasser, halb zu Lande lebenden Labyrinthodontier *Eryops* ab (S. 52).

ORDNUNG MICROSAURIA

Die Microsaurier oder »kleinen Echsen« waren die vielfältigste Gruppe der *Lepospondyli*: Die terrestrischen Formen lebten wie Echsen, die Wasserbewohner behielten zeitlebens ihre larvalen Kiemen bei. Alle Microsaurier hatten kleine Beine und kurze Schwänze.

Die Gruppe entwickelte sich im Oberkarbon und lebte bis ins Unterperm hinein. Möglicherweise handelt es sich um die Vorfahren unserer Molche und Salamander.

NAME: *Microbrachis*
ZEIT: Oberkarbon
VERBREITUNG: Europa (Tschechien/Slowakei)
LÄNGE: 15 cm

Der kleine Microsaurier hatte den typisch verlängerten Körper eines Wasserbewohners mit mehr als 40 Wirbeln. Die winzigen Beine spielten beim Schwimmen keine Rolle. *Microbrachis* schlängelte sich durch das Wasser. Wahrscheinlich ernährte er sich von kleinen Krebstieren im Süßwasserplankton.

Microbrachis war ein Peter Pan unter den *Lepospondyli*, denn er behielt die drei larvalen Kiemenpaare zeitlebens bei – eine Erscheinung, die als Neotenie oder Pädomorphose bezeichnet wird und auch bei einigen modernen Schwanzlurchen wie dem europäischen Grottenolm und dem nordamerikanischen Gefleckten Furchenmolch beobachtet werden kann. Der mexikanische Axolotl behält auch den Kaulquappenschwanz bei.

NAME: *Pantylus*
ZEIT: Unterperm
VERBREITUNG: Nordamerika (Texas)
LÄNGE: 25 cm

Ein großer Kopf an einem kleinen schuppigen Körper kennzeichnete diesen Microsaurier, der, an das Landleben angepaßt, wahrscheinlich wie eine moderne Echse lebte. Er ernährte sich von Insekten und anderen Wirbellosen, die er mit seinen zahlreichen, breiten und stumpfen Zähnen zermalmte.

LEPOSPONDYLI

ORDNUNG ANURA

Frösche und Kröten sind die am meisten spezialisierten Wirbeltiere: Mit ihrer extrem kurzen Wirbelsäule und den kräftigen Sprungbeinen nehmen sie eine Sonderstellung im Tierreich ein. Bevor sie ihre endgültige Gestalt erreichen, müssen sie eine tiefgreifende Metamorphose durchmachen: Aus der pflanzenfressenden, langschwänzigen Kaulquappe ohne Gliedmaßen wird ein schwanzloses, insektenfressendes Tier mit Sprungbeinen.

Die modernen Frösche und Kröten gingen wohl aus den landbewohnenden *Temnospondyli* hervor.

NAME: *Vieraella*
ZEIT: Unterjura
VERBREITUNG: Südamerika (Argentinien)
LÄNGE: 3 cm

Nach *Triadobatrachus* klafft eine frustrierende Fossillücke von ungefähr 30 Millionen Jahren. Die ersten echten Frösche tauchen dann erst im Unterjura auf. *Vieraella* ist der älteste echte Frosch. Seine Anatomie war die eines modernen Frosches, vor allem aufgrund des charakteristischen Beckengürtels, der in der Form an eine dreizinkige Gabel erinnert.

NAME: *Triadobatrachus*
ZEIT: Untertrias
VERBREITUNG: Madagaskar
LÄNGE: 10 cm

Das kleine froschähnliche Tier lebte vor ungefähr 240 Millionen Jahren. Der Bau seines Beckengürtels deutet darauf hin, daß es durch rückwärts gerichtete Stöße seiner Beine schwamm. Im Laufe vieler Jahrmillionen entwickelte sich daraus wohl die springende Fortbewegungsweise der heutigen Frösche. Der Schädel von *Triadobatrachus* erinnert auffallend an den eines modernen Frosches. Da die knöchernen Teile des Ohrs entwickelt waren und sich zu beiden Seiten des Kopfes ein breites Trommelfell befand, konnte das Tier vermutlich an Land gut hören.

Triadobatrachus verfügte über 14 Rückenwirbel (verglichen mit 24 Wirbeln bei den primitiven Amphibien). Sein Körper war jedoch lang im Vergleich zu einem modernen Frosch, der nur noch über fünf bis neun Rückenwirbel verfügt. Der Schwanz war mit sechs Wirbeln ebenfalls kurz; bei den modernen Froschlurchen kommt er nur noch im Larvenstadium vor.

NAME: *Palaeobatrachus*
ZEIT: Eozän bis Miozän
VERBREITUNG: Europa (Belgien/Frankreich) und Nordamerika (Montana/Wyoming)
LÄNGE: 10 cm

Palaeobatrachus wurde in großer Zahl in Süßwassersedimenten des europäischen Alttertiärs gefunden. Selbst Kaulquappen blieben fossil erhalten. Das Tier, das wahrscheinlich wie der heutige afrikanische Krallenfrosch aussah, schwamm mit seinen Ruderfüßen so schnell wie ein Fisch.

ORDNUNG URODELA

Die Ordnung der Schwanzlurche oder *Urodela* umfaßt die Salamander und die Molche. Sie trat erstmalig im Oberjura auf. Ihre modernen Nachkommen sind die am wenigsten spezialisierten unter den heutigen Amphibien. Die Schwanzlurche machen keine komplizierte Metamorphose durch, da Larven und erwachsene Tiere eine ähnliche Lebensweise führen.

Rätselhaft bleibt, unter welchen Tieren die Vorfahren der *Urodela* zu suchen sind. Vielleicht hatten sie einen gemeinsamen Ahnen mit den Schwanzlurchen, der unter den *Temnospondyli* zu suchen wäre. Es kann aber auch sein, daß sie aus den Microsauriern (S. 55) hervorgingen. Fossile Zwischenformen wurden bisher nicht gefunden.

NAME: *Karaurus*
ZEIT: Oberjura
VERBREITUNG: Asien (Kasachstan)
LÄNGE: 20 cm

Die Salamander scheinen sich in den vergangenen 150 Millionen Jahren kaum verändert zu haben. Der Körperbau der ältesten Form, *Karaurus*, entspricht praktisch dem seiner noch heute lebenden Verwandten. Wahrscheinlich hatte das Tier auch dieselbe Lebensweise.

ORDNUNG UNSICHER

Verschiedene fossile Tiere weisen sowohl Amphibien- als auch Reptilienmerkmale auf und sind daher kaum eindeutig der einen oder anderen Gruppe zuzuordnen. Die meisten Paläontologen vermuten heute, es habe sich um spezialisierte, landbewohnende Amphibien gehandelt.

NAME: *Diadectes*
ZEIT: Unterperm
VERBREITUNG: Nordamerika (Texas)
LÄNGE: 3 m

Das Tier gehörte zu den gewichtigsten Lebewesen im Unterperm. Sein Skelett ähnelte dem eines Reptils, doch schließen bestimmte Schädelmerkmale eine Zugehörigkeit zu dieser Gruppe aus.

Diadectes besaß einen Schädel mit einem sekundären knöchernen Gaumen (der sich auch bei höheren Reptilien findet, S. 185). Allerdings war dieser Gaumen nur partiell entwickelt. Im kurzen, kräftigen Kiefer standen Mahlzähne. Es ist denkbar, daß *Diadectes* Muscheln fraß, wenngleich der massive Körper eher einen Pflanzenfresser vermuten läßt. Vielleicht also war er das erste pflanzenfressende Lurchtier. Zeitlich lebte er in derselben Epoche wie das erste pflanzenfressende Reptil, *Edaphosaurus* (S. 188).

Reptilien: Eroberer des Festlands

Die Evolution der Wirbeltiere ist dadurch charakterisiert, daß jede neue Tiergruppe über bestimmte Fähigkeiten oder Merkmale verfügte, die ihr entweder eine bessere Anpassung an den gegebenen Lebensraum oder die Besiedlung neuer Lebensräume ermöglichten.

Ein Ei revolutioniert das Leben

Wirbeltiere unter einer bestimmten Minimalgröße haben an Land keine Überlebenschance: Die zartgliedrigen Extremitäten könnten das Körpergewicht nicht tragen, und das Tier würde den Wasserverlust nicht ausgleichen können und austrocknen. Die Amphibien lösten dieses Problem, indem sie ihr Wachstum in zwei Phasen aufteilten: Das Ei entwickelt sich zunächst zu einer wasserbewohnenden Larve, und erst das adulte Tier – auch den Bedingungen an Land gewachsen – verläßt das Wasser.

Den Reptilien dagegen ermöglichte die Entwicklung eines beschalten Eis, den Lebensraum ihrer Amphibien-Vorfahren, das Wasser, zu verlassen. Sie paßten sich ganz an das terrestrische Leben an, nicht länger auf ein wasserbewohnendes Larvenstadium angewiesen, das für die Amphibien bis heute lebensnotwendig ist.

Das Reptilienei ist dem Ei eines Vogels ähnlich. Die Schale ist allerdings im Normalfall ledrig und nicht hart; außerdem enthält das Ei weniger wasserhaltiges Eiweiß. Die Schale hat zwei Hauptfunktionen: Sie schützt den Embryo sowohl vor dem Austrocknen als auch vor Räubern. Geborgen in seinem Ei, kann das Reptil heranwachsen, bis es imstande ist, auf dem Festland zu überleben. Erst wenn es diese Entwicklungsstufe erreicht hat, schlüpft es. Für das unabhängige Überleben des Embryos sorgen während der Reifezeit ein Speicherstoff, der Dotter, und verschiedene Membranen: das Amnion, die Allantois und das Chorion.

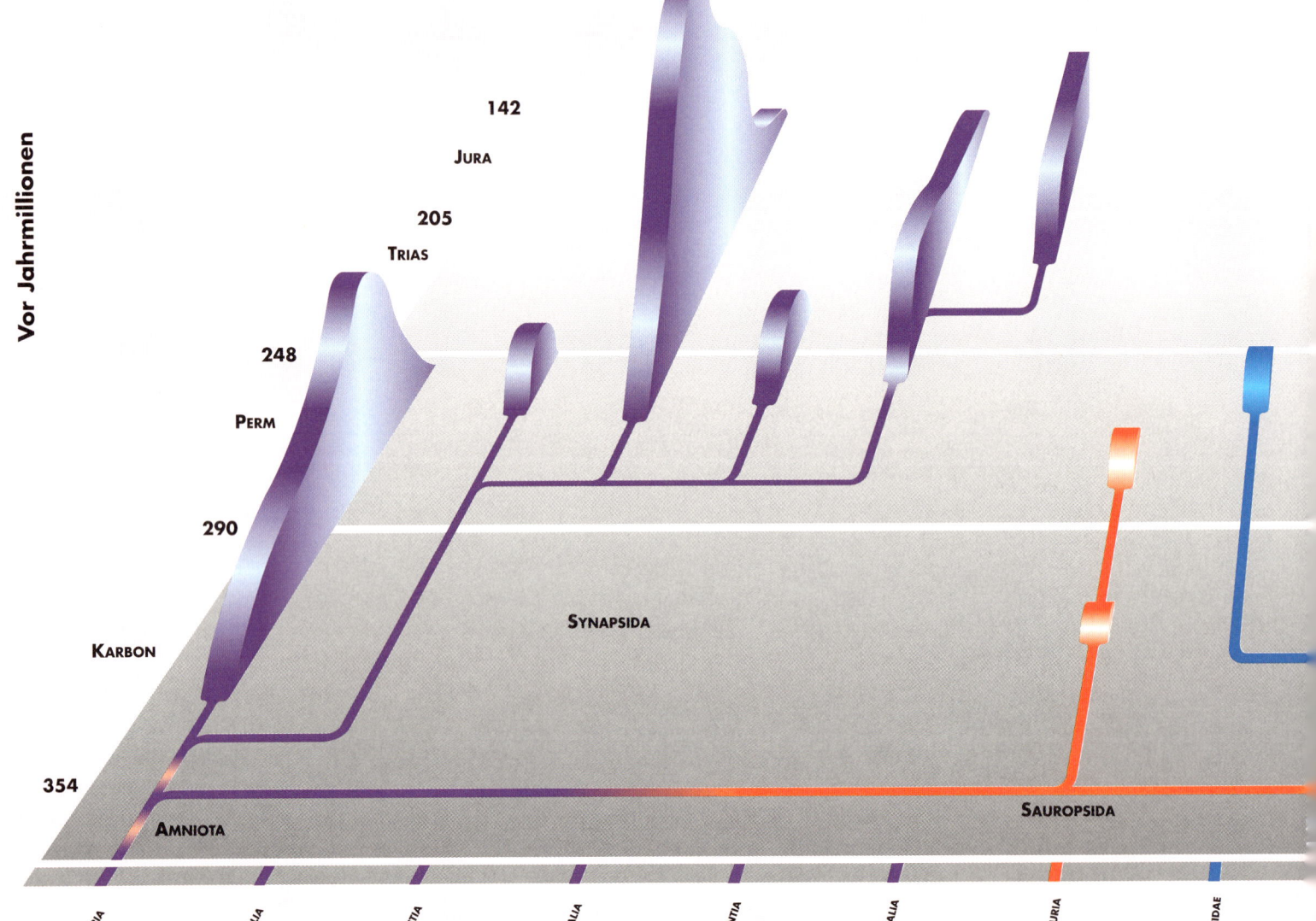

Die Anordnung der Membranen ist bei den Eiern aller heute existierenden Reptilien gleich. Die Biologen gehen davon aus, daß unter ihren Vorfahren nur eine einzige Gruppe diesen spezifischen, kompliziert aufgebauten Eityp mit dem Amnion besaß und daß auch alle späteren Wirbeltiere aus dieser Gruppe hervorgingen.

Die Anpassung der Reptilien an das Leben auf dem Festland

Der Schutz des Embryos vor dem Austrocknen war ein wichtiger Fortschritt auf dem Weg zur Eroberung des Festlands, reichte allein allerdings noch nicht aus. Zwei weitere Neuerungen waren notwendig: Zunächst mußten die Reptilien auch nach dem Schlüpfen gegen das Austrocknen gefeit sein. Sie entwickelten zu diesem Zweck eine Hornschicht, die ihre Schuppen oder den Hautpanzer überzog und dadurch den Wasserverlust extrem reduzierte.

Zur Steigerung ihrer körperlichen Aktivität mußten die Reptilien zudem eine effizientere Atemtechnik als ihre amphibischen Vorfahren entwickeln. Die Amphibien pumpen durch Schluckbewegungen Luft in die Lunge. Die Reptilien erreichen dasselbe Ziel durch das Zusammenziehen und Dehnen des Brustkorbs; die Aufnahmekapazität ist bei ihnen daher nur durch das Volumen der Lunge, nicht aber mehr durch das des Mauls begrenzt.

Trotz aller Anpassung sind Reptilien und Amphibien bis heute in einem Punkt eingeschränkt: Sie sind wechselwarm, das heißt, ihre Körpertemperatur hängt von der Temperatur der Umgebung ab. Bei Kälte sinkt die Körpertemperatur, die Tiere werden inaktiv.

Warmblütige Tiere wie Vögel und Säuger halten dagegen ihre Körpertemperatur unabhängig von der Umgebungstemperatur auf konstant hohem Niveau und können daher über längere Zeiträume hinweg aktiv bleiben. Die notwendige Energie gewinnen sie aus der Nahrung. Bis heute ist in Fachkreisen umstritten, ob die Dinosaurier warmblütig oder wechselwarm waren.

Wie Amphibien und Fische bewegen sich die Reptilien durch seitlich schlängelnde Körperbewegungen (*siehe* S. 61). Der obere Teil der Gliedmaßen tritt seitlich aus dem Körper heraus, so daß die Schrittlänge vom Abstand der Knie- bzw. Ellbogengelenke abhängt. Die Füße sind seitlich etwas angewinkelt, um den bei dieser Art der Fortbewe-

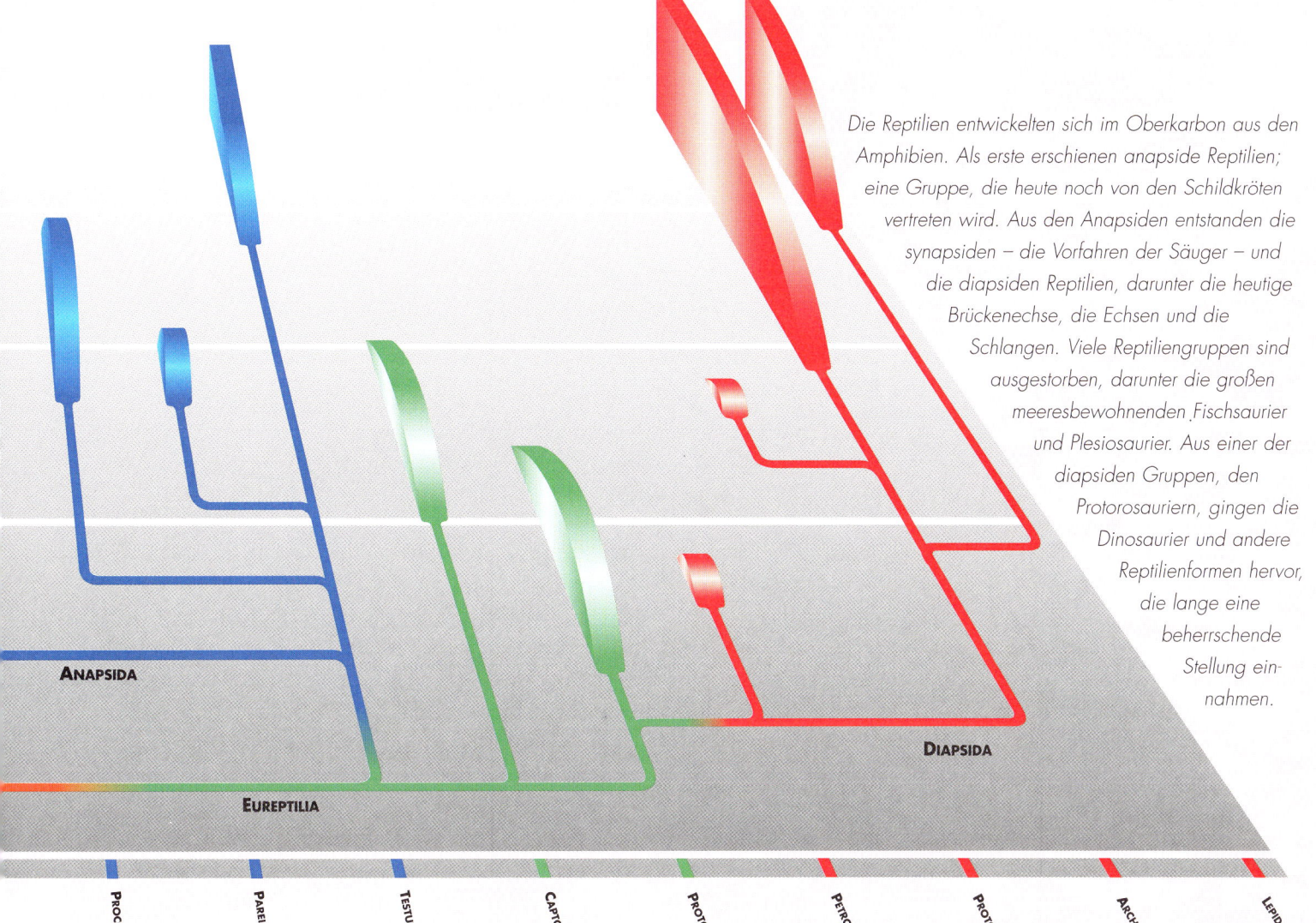

Die Reptilien entwickelten sich im Oberkarbon aus den Amphibien. Als erste erschienen anapside Reptilien; eine Gruppe, die heute noch von den Schildkröten vertreten wird. Aus den Anapsiden entstanden die synapsiden – die Vorfahren der Säuger – und die diapsiden Reptilien, darunter die heutige Brückenechse, die Echsen und die Schlangen. Viele Reptiliengruppen sind ausgestorben, darunter die großen meeresbewohnenden Fischsaurier und Plesiosaurier. Aus einer der diapsiden Gruppen, den Protorosauriern, gingen die Dinosaurier und andere Reptilienformen hervor, die lange eine beherrschende Stellung einnahmen.

gung seitwärts gerichteten Kräften Widerstand leisten zu können. Um dabei das Körpergewicht gleichmäßig zu verteilen, müssen die Zehen unterschiedlich lang sein. Dank all dieser Anpassungen struktureller wie physiologischer Art konnten die Reptilien das gesamte Festland besiedeln, selbst die heißesten Wüstengebiete. In den großen Dinosauriern verkörpert sich ihre Blütezeit. Die Reptilien wuchsen zu Größen heran, die selbst ihre Nachfahren, die Säuger, nie erreichen konnten.

Radiation der Reptilien

Die Abspaltung der Reptilien von den Amphibien geschah vermutlich irgendwann im Oberkarbon. Das früheste Reptil ist *Hylonomus* (S. 62), dessen Reste man in Gesteinen des Oberkarbon von Nova Scotia (Ostkanada) gefunden hat. Sie sind ungefähr 300 Millionen Jahre alt: *Hylonomus* trat also etwa 60 Millionen Jahre, nachdem das erste Lurchtier, *Ichthyostega* (S. 50) das Wasser verlassen hatte, in Erscheinung.

Aus *Hylonomus* entwickelte sich eine Vielzahl unterschiedlicher Reptilientypen. Wie die frühen Amphibien waren offensichtlich auch die frühen Reptilien zunächst auf den alten Kontinent Laurasia beschränkt. Es ist ein Glücksfall für die Paläontologie, daß sich die meisten Entwicklungslinien anhand der

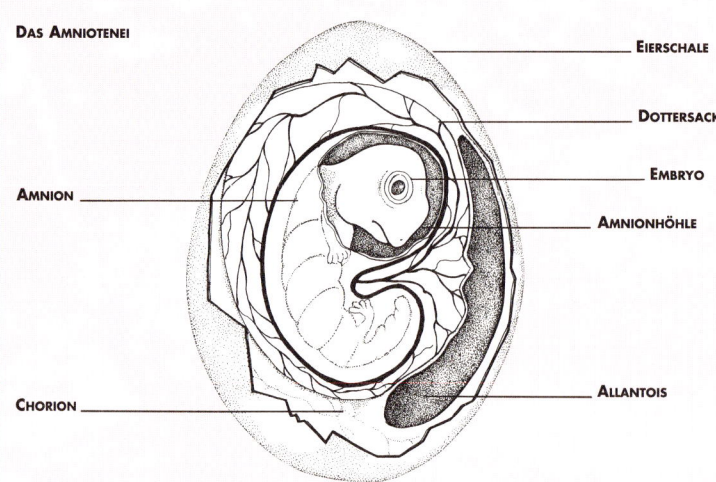

DAS AMNIOTENEI

EIERSCHALE
DOTTERSACK
EMBRYO
AMNION
AMNIONHÖHLE
CHORION
ALLANTOIS

Im Innern des Reptilieneis liegen vier Membranen: Amnion, Chorion, Allantois und Dottersack. Jede erfüllt eine ganz bestimmte Aufgabe und trägt dazu bei, daß sich der Embryo – hier der einer Schildkröte – unabhängig von der Umgebung entwickeln kann. Der Embryo liegt in einem flüssigkeitsgefüllten Raum, der vom Amnion umgeben ist. Mit den Eingeweiden verbundene Blutgefäße schaffen Nährstoffe aus dem Dottersack heran. Abfallprodukte werden von der Allantois gespeichert. Sauerstoff tritt über das Chorion ins Ei ein, das direkt unter der porösen Eischale liegt.

URSPRÜNGE DER REPTILIEN

Reptilien sind eine der erfolgreichsten Wirbeltiergruppen der Erdgeschichte. Ungeachtet des Verschwindens der Dinosaurier und ihrer zahllosen Verwandten während des K/T-Aussterbeereignisses sind die Reptilien mit mehr als 6500 lebenden Spezies noch immer zahlreicher als die Säuger (ca. 4000 lebende Arten). Die meisten heutigen Arten stellen die relativ kleinen Eidechsen – bemerkenswert, insofern auch der außerordentliche Erfolg der ganzen Gruppe einen wenig vielversprechenden Anfang eben in einem kleinen eidechsen-ähnlichen Geschöpf nahm.

Hylonomus (unten) aus dem oberen Karbon von Nova Scotia ist das früheste bekannte Reptil.

unterschiedlichen Schädelöffnungen relativ leicht differenzieren lassen (s. u.). Neben der Schädelstruktur läßt auch der Aufbau der Fußwurzelknochen und der großen Blutgefäße Rückschlüsse auf die Verwandtschaftsverhältnisse zu. Bei einigen Reptilien zeigt der Galcaneus einen Fortsatz, an dem die Sehne des großen Fußstreckmuskels ansetzt (wie beim Menschen die Achillessehne am Fersenbeinhöcker). Man findet diese Struktur bei allen Echsen und Schildkröten sowie bei den Krokodilen, den Dinosauriern und ihren Verwandten.

Bei den heutigen Arten der genannten Gruppen findet sich in Herznähe eine ungewöhnliche Anordnung der größeren Blutgefäße: Sie umschlingen einander spiralig. Auch die Ähnlichkeiten in Schädel-, Fußwurzel- und Blutgefäßstruktur deuten auf eine enge Verwandtschaft der verschiedenen Reptiliengruppen hin.

Schädelbau

Der Schädel der frühesten Reptilien war wie der ihrer amphibischen Vorfahren ein knöchernes Gehäuse, das mit Ausnahme der Augen- und Nasenöffnung geschlossen war. Die Kiefermuskeln setzten an der Unterseite des Schädeldaches an.

Später verringerten viele Reptilienarten ihr Schädelgewicht, indem sie gewisse Knochenteile durch elastische, sehnenähnliche Membranen ersetzten, die nach dem Tod verwesten und im fossilen Schädel Schläfenöffnungen zurückließen. Sie bildeten zusätzliche Ansatzpunkte für Kiefermuskeln und verstärkten somit die Beißkraft der Reptilien.

Das Vorhandensein oder Fehlen von Schläfenöffnungen spielt bei der Gliederung der Reptilien in größere Gruppen oder Unterklassen eine entscheidende Rolle.

Die frühesten (wie *Hylonomus* und die Mesosaurier) hatten keine Schläfenöffnungen; wir bezeichnen ihre Schädel daher als anapsid. Auch die Schildkröten zählen aufgrund fehlender Schläfenöffnungen zu den Anapsida, obwohl nicht genau bekannt ist, aus welcher Reptiliengruppe sie sich entwickelten.

Die Thecodontier und ihre Nachkommen, die Dinosaurier, die Flugsaurier und die Krokodile, die zu ihrer Blütezeit die Erde beherrschten, haben diapside Schädel mit je zwei Öffnungen hinter den Augen. Das gilt auch für die primitiven Echsen *(Speneodontia)*, deren einzige überlebende Art die Brückenechse ist. Bei späteren Echsen wurde der Schädel noch leichter und beweglicher, da auf beiden Kopfseiten der Knochenstab unter dem unteren Schläfenfenster verschwand. Die Schlangen gingen noch einen Schritt weiter und verloren auch den Knochenstab zwischen der oberen und der unteren Öffnung.

Bei anderen Gruppen fällt die Abgrenzung schwer. Die ausgestorbenen Nothosaurier und Plesiosaurier beispielsweise haben einen euryapsiden Schädelbau, der dem der meisten Echsen ähnelt. Wahrscheinlich haben sich diese Gruppen aus diapsiden Vorfahren entwickelt.

Zwei weitere Gruppen meeresbewohnender Reptilien, die Fischsaurier und die Placodontier, weisen ebenfalls euryapside Schädel auf, haben ansonsten jedoch sowohl untereinander als auch mit den Plesiosauriern wenig gemein. Vielleicht haben auch sie sich aus Diapsiden entwickelt, doch lassen sich die Entwicklungslinien nicht genau rekonstruieren. Ähnliche Ungewißheit herrscht im Hinblick auf die diapsiden, pflanzenfressenden und ebenfalls ausgestorbenen Rhynchosaurier.

WIE SICH EIN REPTIL FORTBEWEGT

Die Beine eines typischen Reptils, zum Beispiel einer Echse, stehen waagrecht vom Körper ab. Bei jedem Schritt führt der Körper seitwärts schlängelnde Bewegungen aus. In der Abbildung sind die Wirbelsäule sowie der Becken- und Schultergürtel besonders betont, um diese Bewegung zu veranschaulichen.

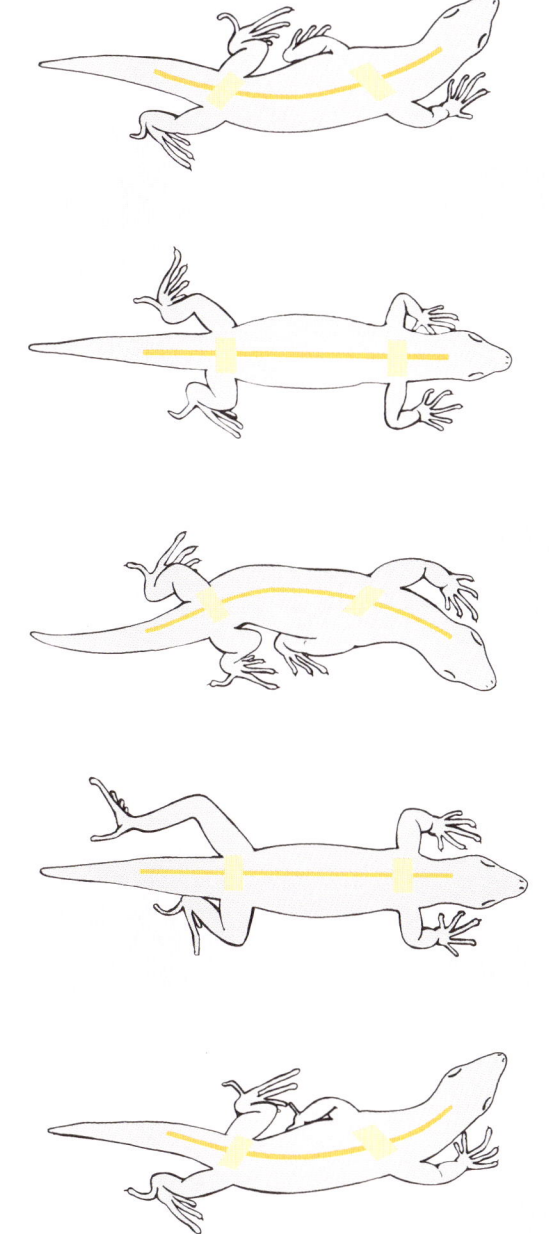

FRÜHE REPTILIEN

REPTILIOMORPHA

Reptiliomorpha sind solche Vertebraten, die eine unvollständige Anzahl reptiler Merkmale aufweisen. Sie sind noch keine echten Reptilien und können als Übergangsform von den frühen Tetrapoden zu den echten Reptilien angesehen werden.

NAME: Westlothiana
ZEIT: Unterkarbon
VERBREITUNG: Europa (Schottland)
LÄNGE: 30 cm

Als *Westlothiana* 1984 entdeckt wurde, erhielt es den Spitznamen »Lizzie the lizard«. Es wurde in den Schlagzeilen als ältestes bekanntes Reptil gefeiert, das beschalte Eier legen konnte und also anders als Amphibien bei der Brutpflege unabhängig vom Wasser war. »Lizzie« ist ungefähr 26 Millionen Jahre älter als das vormals »älteste« Reptil Hylonomus aus Joggins in Nova Scotia. Ausführliche Untersuchungen des Schädels und des postcranialen Skeletts von Westlothiana zeigen eine Mischung reptiler Charakteristika mit primitiven Tetrapodenmerkmalen, so daß es jetzt als reptiliomorph angesehen wird.

UNTERKLASSE ANAPSIDA

Die frühen primitiven Reptilien, die *Anapsida*, haben alle ein Merkmal gemeinsam: Der Schädel war ein schweres, solides Knochengehäuse, in dem nur Öffnungen für die Augen und die Nasenlöcher vorhanden waren (S. 61). Die Kiefermuskeln waren auf dieses knöcherne Gehäuse beschränkt. Ihre Größe blieb daher begrenzt und hatte zur Folge, daß das Tier seinen Mund nicht sehr weit öffnen und auch nicht sehr kräftig zubeißen konnte.

Spätere, höherentwickelte Reptilien hatten sogenannte Schläfenfenster im Schädel, wodurch die Effizienz der Kiefer erhöht wurde.

Die einzige überlebende Ordnung der anapsiden Reptilien stellen die Schildkröten dar (S. 66–69). Die beiden anderen Ordnungen, die *Captorhinida* und die Mesosaurier, starben vor über 250 Millionen Jahren aus.

ORDNUNG CAPTORHINIDA

Zu den *Captorhinida*, die bisweilen auch *Cotylosauria* genannt werden, gehören die ersten und primitivsten Reptilien. Sie entwickelten sich im Oberkarbon – vor ungefähr 300 Millionen Jahren – aus den Amphibien, starben aber 90 Millionen Jahre später, am Ende der Trias, vollständig aus. Zwei größere Entwicklungslinien lassen sich auf sie zurückführen: Die eine führte zu den Säugern, die andere zu den Dinosauriern und ihren Verwandten.

FAMILIE PROTOROTHYRIDAE

Die ältesten bekannten Reptilien sind Angehörige dieser Familie. Sie traten erstmals im Oberkarbon auf und lebten bis ins Mittelperm – eine Spanne von 50 Millionen Jahren. Aus den Protorothyriden entwickelten sich zahlreiche spezialisierte Gruppen, auch Dinosaurier, Krokodile und Flugsaurier.

NAME: Hylonomus
ZEIT: Oberkarbon
VERBREITUNG: Nordamerika (Nova Scotia)
LÄNGE: 20 cm

Hylonomus ist das erste, voll an das Leben auf dem Festland angepaßte Wirbeltier – ein Meilenstein der Evolution.

Das kleine Lebewesen fraß wahrscheinlich Insekten und andere Wirbellose, die es mit seinen konischen Zähnen zerquetschte. Einige Zähne in der Vorderreihe waren länger als die anderen – ein Merkmal, das normalerweise bei höheren Reptilien auftritt.

Hylonomus blieb in den Kohleschichten von Nova Scotia erhalten, und zwar in den Hohlräumen, die verrotteter Bärlapp hinterließ. Er kam zwar hinein, nicht aber, vollgefressen, wieder heraus – ein Glücksfall für die Forscher.

Familie Captorhinidae

Diese erfolgreiche Gruppe primitiver Reptilien war das ganze Perm hindurch verbreitet und existierte somit mindestens 40 Millionen Jahre lang. Die Fundorte sind in Afrika, Asien, Indien und Nordamerika.

So primitiv die Captorhiniden noch waren – gegenüber den Protorothyriden (s. o.) wiesen sie bereits einige Fortschritte auf: Die Schädel waren viel stärker, und die zahlreichen Zahnreihen versetzten die Tiere in die Lage, mit zähen Pflanzen und hartschaliger Beute fertig zu werden.

NAME: *Labidosaurus*
ZEIT: Unterperm
VERBREITUNG: Nordamerika (Texas)
LÄNGE: 75 cm

Dieses primitive, plumpe Reptil hatte einen breiten Kopf und einen kurzen Schwanz. Die Körperform läßt auf eine rein terrestrische Lebensweise schließen.

Labidosaurus besaß mehrere Zahnreihen, die gleichzeitig ihren Dienst versahen. Verglichen mit den Protorothyriden, die nur über eine einzige Reihe kleiner, konischer Zähne verfügten, war dies zweifellos ein Fortschritt. Mit seinen Zähnen konnte *Labidosaurus* Insektenpanzer und Schneckengehäuse aufbrechen und widerstandsfähiges Pflanzenmaterial zerreiben.

Familie Procolophonidae

Die Familie war vom Oberperm bis zum Ende der Trias auf der ganzen Welt verbreitet. Frühe Formen, klein und leicht, waren wahrscheinlich recht agil und zerdrückten ihre Beutetiere – vorwiegend Insekten und Wirbellose – mit kleinen, stiftartigen Zähnen.

Spätere Vertreter waren größer und hatten ein anderes Gebiß. Ihre breiten Backenzähne deuten darauf hin, daß sie Pflanzen fraßen. Den Schädelseiten entsprangen merkwürdige knöcherne Fortsätze, die den langsamen Tieren wahrscheinlich zur Verteidigung dienten.

NAME: *Hypsognathus*
ZEIT: Obertrias
VERBREITUNG: Nordamerika (New Jersey)
LÄNGE: 33 cm

Dieser späte Vertreter der Familie war allem Anschein nach ein Pflanzenfresser. Der Körper war breit und flach und das Tier daher wohl nicht sehr schnell. Mit den breiten Backenzähnen zermalmte es vermutlich zähe pflanzliche Nahrung. Die Stacheln um den Kopf dienten wahrscheinlich der Verteidigung gegenüber Räubern, zum Beispiel den zeitgleichen Podokesauriden aus der Gruppe der Dinosaurier (S. 106).

Familie Pareiasauridae

Die *Pareiasauridae* waren die größten frühen, primitiven Reptilien. Sie erreichten eine Körperlänge von 3 m und waren massiv gebaute Pflanzenfresser mit schweren Gliedmaßen, die bei späteren Formen so angesetzt waren, daß die Tiere eher aufrecht gingen als krochen. Sie erschienen im Mittelperm in Afrika. Gegen Ende der Periode waren sie auch in Europa und Asien weit verbreitet, starben dann jedoch aus.

NAME: *Pareiasaurus*
ZEIT: Mittelperm
VERBREITUNG: Süd- und Ostafrika sowie Osteuropa
LÄNGE: 2,5 m

Den Rücken dieses massigen Tiers schützten in die Haut eingebettete Knochenplatten. Die Gliedmaßen waren dick und stark und in typischer Reptilienart am Rumpf befestigt. Die Wirbelsäule war außerordentlich verstärkt. Auch der Schädel war kräftig und wies dornen- und warzenartige Fortsätze auf. Die Zähne waren klein und blattähnlich geformt.

FRÜHE REPTILIEN

NAME: *Scutosaurus*
ZEIT: Oberperm
VERBREITUNG: Europa (Rußland)
LÄNGE: 2,5 m

Die typischen Merkmale der Pareiasauriden – der massige Körper, die Kopffortsätze und der Knochenpanzer – waren bei *Scutosaurus* extrem ausgebildet. Auch ging das Tier »aufrechter« als seine übrigen Verwandten. Um das schwere Gewicht besser tragen zu können, setzten die kräftigen Beine weiter unten am Körper an – eine Entwicklung, die ihren Höhepunkt schließlich bei den Dinosauriern (S. 88–169) erreichte.

Die Existenz großer Pflanzenfresser wie *Pareiasaurus* und *Scutosaurus* in Osteuropa während des Perm läßt vermuten, daß das Klima dort damals warm und stabil war. Schwere und träge Reptilien dieser Art hätten bei einem Kälteeinbruch kaum abwandern und vermutlich auch keinen harten Winter überstehen können.

NAME: *Elginia*
ZEIT: Oberperm
VERBREITUNG: Europa (Schottland)
LÄNGE: 60 cm

Elginia war einer der letzten Pareiasauriden und auch einer der kleinsten. Auf dem Kopf trug das Tier die familientypischen Dornen in ungewöhnlicher Größe und Vielfalt. Wahrscheinlich dienten sie weniger der Verteidigung als dem Imponieren. Möglicherweise schüttelte das kleine Reptil seinen Kopf, um männliche Rivalen zu bedrohen oder die Aufmerksamkeit eines Weibchens auf sich zu ziehen.

Familie Millerettidae

Die *Millerettidae* waren eine Familie der Anapsiden mit einem Schläfenfensterpaar hinter den Augen, was zunächst wie ein Widerspruch klingt, da die Anapsiden außer den Augen- und Nasenhöhlen eigentlich keine Schädelöffnungen zeigten. Im Fall der *Millerettidae* sprechen jedoch andere Schädelmerkmale dafür, daß die Gruppe zu den Anapsiden gehört. Sehr wahrscheinlich stellt sie einen spezialisierten Seitenzweig dar und entwickelte die Schläfenfenster unabhängig von der allgemeinen Entwicklung der Reptilien.

Alle Millerettiden waren kleine Insektenfresser, die vom Mittel- bis zum Oberperm in Südafrika lebten. Außerhalb dieses Verbreitungsgebiets fand man sie bisher nicht.

NAME: *Milleretta*
ZEIT: Oberperm
VERBREITUNG: Südafrika
LÄNGE: 60 cm

NAME: *Mesosaurus*
ZEIT: Unterperm
VERBREITUNG: Südafrika und Südamerika (Brasilien)
LÄNGE: bis 1 m

Mesosaurus war das erste Reptil, das zum aquatischen Leben zurückkehrte. Es war dem neuen Milieu in vielfacher Hinsicht angepaßt: Der lange Schwanz war seitlich abgeplattet und trug wahrscheinlich ober- wie unterseits auf ganzer Länge einen Flossensaum. Die Hinterbeine waren lang, die Zehen ebenso und wahrscheinlich durch Schwimmhäute miteinander verbunden. Die Vorderbeine waren kürzer, verfügten aber wahrscheinlich auch über Schwimmhäute. Das Tier bewegte sich mit Hilfe des Schwanzes und der Hinterbeine vorwärts, während die Vorderbeine die Richtung und die Körperlage bestimmten.

Mesosaurus war aufgrund seiner flexiblen Wirbelsäule sehr beweglich. Die stark verdickten Rippen stellten eine Form der Anpassung an das Leben im Wasser dar, wie sie auch bei den heutigen Seekühen zu beobachten ist.

Die Nasenlöcher standen hoch oben an der Schnauze. Das Tier brauchte seinen Kopf nur geringfügig aus dem Wasser zu heben, um sehen und atmen zu können. Die langen Kiefer trugen eine eindrucksvolle Reihe langer, sehr schlanker Zähne, jeder in einer eigenen Zahntasche – ein Merkmal fleischfressender Lebewesen. Die Zähne dienten wahrscheinlich als eine Art Reuse, mit der *Mesosaurus* kleine, garnelenartige Tiere aus dem Wasser filtern konnte.

Die stammesgeschichtliche Bedeutung von *Mesosaurus* liegt vor allem in seiner geographischen Verbreitung. Seine Fossilien wurden sowohl in Südafrika als auch im östlichen Südamerika gefunden und dienen daher als Beweis für die Kontinentalverschiebung (S. 11).

Dieses kleine, eidechsenartige Tier war so gewandt, daß es Insekten jagen konnte. Aufgrund seiner Schädelöffnungen stellten einige Paläontologen die inzwischen widerlegte These auf, in der Gattung *Milleretta* oder einer nah verwandten seien die Vorfahren der höher entwickelten *Diapsida* zu suchen. Letztere weisen auf beiden Schädelseiten vier paarige Öffnungen auf (S. 61). Die *Diapsida* umfassen fast alle modernen Reptilien sowie die ausgestorbenen Dinosaurier und Flugsaurier.

Das früheste bekannte diapside Reptil – der zur Ordnung der Araeosceliden gehörende *Petrolacosaurus* (S. 82) – stammt allerdings aus dem Oberkarbon – und ist damit um über 40 Millionen Jahre älter als die Millerettiden.

ORDNUNG MESOSAURIA

Die *Mesosauria* waren die erste Reptiliengruppe, die ins Wasser zurückkehrte, nachdem ihre Vorfahren das Festland erobert hatten. Sie trat zu Beginn des Perm auf und starb verhältnismäßig kurze Zeit danach aus. Ihre Fossilien wurden ausschließlich auf der Südhalbkugel gefunden.

FAMILIE MESOSAURIDAE

Es gibt bislang nur eine Familie der *Mesosauria*. Ihre Angehörigen waren vollständig an das Leben im Wasser angepaßt. Sie schwammen mit Hilfe eines langen, breiten Schwanzes und langer Hinterbeine; die Vorderbeine dienten der Steuerung. Die Mesosauriden seihten vermutlich mit ihren feinen, zugespitzten, auf langen Kiefern aufgereihten Zähnen Planktonorganismen aus dem Wasser.

SCHILDKRÖTEN

ORDNUNG CHELONIA

Die Schildkröten unterscheiden sich von allen anderen Reptilien dadurch, daß ihr Körper mit Ausnahme des Kopfes, des Schwanzes und der Beine von einem Panzer bedeckt ist. Viele Arten können Kopf und Beine in den Panzer zurückziehen und sind damit rundum geschützt.

Schon die frühesten Schildkröten aus der Obertrias hatten einen Panzer. In der Tat haben sich unsere Schildkröten seit 200 Millionen Jahren kaum verändert.

Wie andere Anapsiden (S. 62–69) haben Schildkröten einen soliden Schädel ohne Schläfenfenster, nur mit Öffnungen für die Augen und Nasenlöcher. Es liegt daher nahe, sie in die Unterklasse der *Anapsida* zu stellen, doch vertreten einige Paläontologen die Ansicht, ihre Anatomie sei so spezialisiert und ihre Lebensweise so unterschiedlich, daß man sie in eine eigene Unterklasse *(Testudinata)* stellen sollte.

Die 230 heute noch lebenden Schildkrötenarten gliedern sich in zwei Unterordnungen. Man unterscheidet sie durch die Art und Weise, wie die Tiere ihren Kopf in die Schale zurückziehen: Entweder beugen sie ihn seitwärts *(Pleurodira)*, oder sie ziehen ihn gerade zurück *(Cryptodira)*. Die Angehörigen einer dritten Unterordnung *(Proganochelydia)* sind heute alle ausgestorben. Zu ihnen gehörten ursprünglich die Vorfahren der rezenten Schildkröten.

UNTERORDNUNG PROGANOCHELYDIA

Die *Proganochelydia* waren landbewohnende, gepanzerte Reptilien, deren Entwicklung vor ungefähr 215 Millionen Jahren, also in der Obertrias, begann und sehr wahrscheinlich der Ausgangspunkt für die Evolution der heutigen Schildkröten war. Die Vorfahren der *Proganochelydia* sind unbekannt. Die meisten Paläontologen meinen allerdings, man müsse sie unter den frühen Anapsiden suchen, möglicherweise unter den Captorhiniden (S. 63–64).

FAMILIE PROGANOCHELYDAE

Die meisten frühen Schildkröten gehören zu dieser Familie und gehen zeitlich auf die Obertrias zurück. Die besterhaltenen Skelette wurden in Deutschland gefunden; andere stammen aus Südostasien, Nordamerika und Südafrika. Viele charakteristische Merkmale moderner Schildkröten waren schon in diesem frühen Stadium vorhanden.

NAME: *Proganochelys*
ZEIT: Obertrias
VERBREITUNG: Europa (Deutschland)
LÄNGE: 1 m

Die »Urschildkröte« *Proganochelys* zeigte bereits die typische Form und wichtige Merkmale späterer Arten und sah einer heutigen Landschildkröte bemerkenswert ähnlich. Allerdings konnte sie Kopf, Schwanz und Beine noch nicht unter den Panzer zurückziehen.

Der Körper war kurz und breit. Die Rückenwirbelsäule bestand aus nur zehn Wirbeln (auch dieses Merkmal finden wir bei den modernen Schildkröten). Der kurze Hals bestand aus nur acht Wirbeln. Kopf und Hals trugen auf der Außenseite Knochendornen.

Proganochelys hatte einen breiten, gewölbten Rückenpanzer (Carapax) und einen flachen Bauchpanzer (Plastron). Insgesamt bestand der Panzer aus ungefähr 60 verschiedenen Knochenplatten, die fest mit den Wirbeln und Rippen verwachsen waren. Ihre Anordnung entsprach im wesentlichen der bei den heutigen Schildkröten, nur säumte *Proganochelys'* Panzerrand noch eine zusätzliche Reihe von Schilden. Sie standen etwas vor und boten den Beinen einen gewissen Schutz. Beim lebenden Tier

waren die Knochenplatten vollständig mit weichen Hornplatten aus Schildpatt bedeckt – jenem Material, aus dem Kämme und Brillengestelle hergestellt werden. Die Hornsubstanz bleibt fossil jedoch nicht erhalten; lediglich Spuren auf den Knochen verraten ihre ehemalige Anwesenheit. Die einzigen Zähne im Maul von *Proganochelys* standen auf dem Gaumen, denn das Tier besaß den typischen zahnlosen Hornschnabel der modernen Schildkröten und ernährte sich wie diese aller Wahrscheinlichkeit nach von niedriger Vegetation.

UNTERORDNUNG PLEURODIRA

Einige Arten aus dieser Gruppe wasserbewohnender Schildkröten überlebten bis auf den heutigen Tag. Man bezeichnet sie als »Halswender«, weil sie ihren Hals seitlich in den Panzer einlegen, eine Bewegung, die ihnen durch Gelenke in der Halswirbelsäule ermöglicht wird.

Die *Pleurodira* gehen auf den Jura zurück und waren einst in den Flüssen und Seen der Welt weit verbreitet. Heute umfaßt die Unterordnung nur mehr 49 Arten in zwei Familien, den *Pelomedusidae* (s. u.) und den *Chelidae*, deren Verbreitung sich auf die Süßwassergebiete der Südkontinente beschränkt.

FAMILIE PELOMEDUSIDAE

Diese Familie war die artenreichste während der Oberkreide und des Alttertiär. Heute leben noch 19 Arten in Flüssen und Seen des tropischen Afrika, Madagaskars und Südamerikas.

NAME: *Stupendemys*
ZEIT: Unteres Pliozän
VERBREITUNG: Südamerika (Venezuela)
LÄNGE: 2 m

Diese Schildkröte, die vor ungefähr drei Millionen Jahren ausstarb, war die größte Süßwasserschildkröte aller Zeiten. Keine moderne Verwandte erreicht auch nur annähernd ihre Maße. Die längste heutige Art aus dieser Gruppe ist die Arrau-Schildkröte (*Podocnemis expansa*) des Orinoco- und Amazonasgebiets, die jedoch nur 75 cm lang wird.

Der schwere Panzer von *Stupendemys* war enorm breit und über 1,8 m lang. Mit seinem Gewicht vermochte das Tier vermutlich lange Zeit unter Wasser zu bleiben, um dort die großen Mengen an Wasserpflanzen zu verzehren, die es für die Aufrechterhaltung seiner Körperfunktionen brauchte.

UNTERORDNUNG CRYPTODIRA

Die *Cryptodira* waren die erfolgreichste Schildkrötengruppe; die Mehrzahl der heute noch existierenden Arten gehört zu ihnen. Viele können ihren Kopf in den Panzer zurückziehen, indem die Wirbelsäule eine S-förmige Biegung durchführt. Man nennt die Tiere auch »Halsberger«. Die *Cryptodira* entwickelten sich zeitgleich mit den *Pleurodira* im Jura. Gegen Ende dieser Periode bevölkerte eine enorme Artenvielfalt die Flüsse, Seen und Meere der Welt, während die *Pleurodira* weitgehend verdrängt waren.

FAMILIE MEIOLANIIDAE

Diese Familie trat in der Oberkreide auf und starb erst im Pleistozän aus, vor weniger als zwei Millionen Jahren. Obwohl nicht in der Lage, die Köpfe in den Panzer einzuziehen, schützten ihre Mitglieder sich auf andere Weise.

NAME: *Meiolania*
ZEIT: Pleistozän
VERBREITUNG: Australien (Queensland) und Ozeanien (Neukaledonien/Lord-Howe-Insel)
LÄNGE: 2,5 m

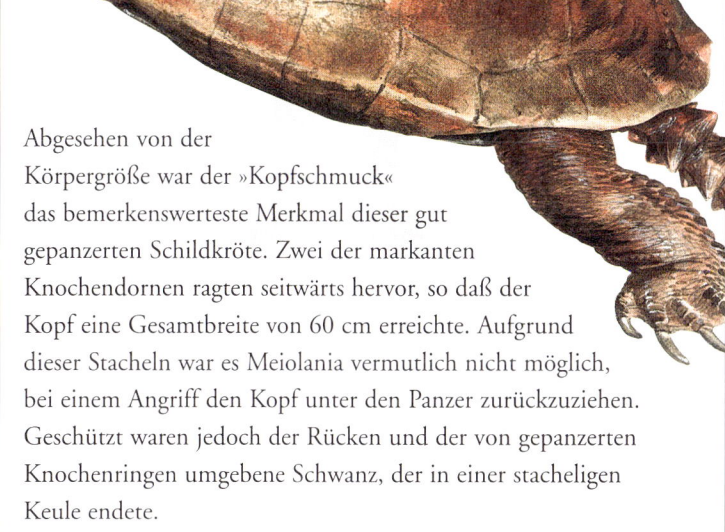

Abgesehen von der Körpergröße war der »Kopfschmuck« das bemerkenswerteste Merkmal dieser gut gepanzerten Schildkröte. Zwei der markanten Knochendornen ragten seitwärts hervor, so daß der Kopf eine Gesamtbreite von 60 cm erreichte. Aufgrund dieser Stacheln war es Meiolania vermutlich nicht möglich, bei einem Angriff den Kopf unter den Panzer zurückzuziehen. Geschützt waren jedoch der Rücken und der von gepanzerten Knochenringen umgebene Schwanz, der in einer stacheligen Keule endete.

SCHILDKRÖTEN

Familie Testudinidae

Auch die heutigen Landschildkröten gehören zu dieser Familie, die sich als die erfolgreichste der *Cryptodira* erwies. Sie trat erstmals während des Eozän, vor ungefähr 50 Millionen Jahren, auf und blieb seither praktisch unverändert.

Alle Landschildkröten haben einen hochgewölbten Rückenpanzer, unter dem der lange Darm für die Verdauung der Pflanzennahrung Platz findet. Der Panzer bietet einen vollständigen Schutz, weil das Tier auch seinen Kopf und die Füße darin verbergen kann.

NAME: *Testudo atlas*
ZEIT: Pleistozän
VERBREITUNG: Asien (Indien)
LÄNGE: bis 2,5 m

Die ausgestorbene *Testudo atlas* war die größte Landschildkröte aller Zeiten. Gelegentlich wird sie auch unter dem Gattungsnamen *Colossochelys* («kolossaler Panzer») geführt. Sie wog ungefähr vier Tonnen. »Elefantenbeine« trugen den massiven, schwer gepanzerten Körper. Sohlenpolster an den Füßen sorgten dafür, daß das Gewicht gleichmäßig über die fünf, mit dicken Nägeln versehenen Zehen verteilt wurde.

Testudo atlas ernährte sich wahrscheinlich wie die meisten modernen Verwandten ausschließlich von Pflanzen (einige Schildkröten verzehren auch Schnecken, Würmer, Aas und Kot). Das gewaltige Tier konnte seine Futterpflanzen abweiden, ohne Feinde fürchten zu müssen. Wenn ein Räuber wie der Säbelzahntiger sich doch einmal näherte, so brauchte *Testudo atlas* bloß die Beine und den Kopf unter den Panzer zurückzuziehen und war damit unangreifbar. Es war sogar unmöglich, das Tier auf den Rücken zu werfen.

Das moderne Gegenstück zu dieser ausgestorbenen Art ist die Galapagos-Riesenschildkröte *(Geochelone elephantopus)*. Die Art wird aber nur 1,2 m lang und erreicht lediglich ein Gewicht von 225 kg.

Familie Protostegidae

Zu den Protostegiden gehörten einige der spektakulärsten Meeresschildkröten aller Zeiten. Die Familie lebte bis in die Oberkreide und starb dann aus.

Zu jener Zeit hatten die Protostegiden die beiden Hauptmerkmale entwickelt, die alle Meeresschildkröten von ihren Verwandten auf dem Land und im Süßwasser unterscheiden. Da es im Meer weniger Räuber gab, erübrigte sich eine starke Rückenpanzerung. Die Tiere wurde erheblich leichter, wodurch sie mehr Bewegungsspielraum gewannen. Die Finger und Zehen der Vorder- und Hintergliedmaßen verlängerten sich und wurden zu breiten Schwimmflossen umgewandelt.

Heute gibt es nur noch sieben Arten von Meeresschildkröten, die sich auf zwei Familien verteilen. Sie sind ausnahmslos in ihrem Bestand bedroht, weil der Mensch ihre Lebensräume verändert oder zerstört, insbesondere die Strände, an denen die Tiere ihre Eier ablegen. Die bekanntesten Arten sind die Suppenschildkröte *(Chelonia mydas)* und die Karettschildkröte *(Erermochelys imbricata)*. Beide kommen in warmen Meeren vor. Keine Meeresschildkröte kann (und konnte) Kopf und Beine in den Panzer zurückziehen.

NAME: *Archelon*
ZEIT: Oberkreide
VERBREITUNG: Nordamerika (Kansas und South Dakota)
LÄNGE: 3,7 m

Diese riesenhafte Schildkröte aus den kreidezeitlichen Meeren besaß nicht den schweren, vielteiligen Panzer ihrer Verwandten auf dem Festland und im Süßwasser. Statt dessen war der Panzer von *Archelon* auf eine Reihe von Querverstrebungen reduziert, die den knöchernen Rippen entsprangen und höchstwahrscheinlich nicht von den üblichen Hornplatten, sondern von einer dicken, ledrigen Haut überzogen waren, wie sie in ähnlicher Form bei der heutigen Lederschildkröte anzutreffen ist.

Die Gliedmaßen von *Archelon* waren zu breiten Paddeln umgebaut, mit deren Hilfe die Tiere schnell vorwärtskamen – vergleichbar den Pinguinen mit ihren umgebauten Flügeln. Die Vordergliedmaßen von *Archelon* waren stark entwickelt und sorgten wohl für den Hauptantrieb. *Archelon* ernährte sich wahrscheinlich wie die heutige Lederschildkröte *(Dermochelys coriacea)* überwiegend von Quallen, denen die Tiere mit ihren schwachen, zahnlosen Kiefern gut beikamen.

Familie Trionychidae

Diese Familie von Weichschildkröten erschien im Oberjura zusammen mit den Meersschildkröten. Es handelte sich um eine frühe Gruppe spezialisierter *Cryptodira*, deren relativer Erfolg sich daran messen läßt, daß heute noch 30 Arten in den Binnengewässern Nordamerikas, Afrikas und Asiens existieren.

Die Panzer der Trionychiden sind flach und rund und haben den Hornüberzug verloren, der bei anderen Schildkröten die darunterliegenden Knochenplatten schützt. Statt dessen wird die Schale von einer ledrigen Haut überzogen.

NAME: *Palaeotrionyx*
ZEIT: Paläozän
VERBREITUNG: Westliches Nordamerika
LÄNGE: 45 cm

Die ausgestorbene Süßwasser-Schildkröte *Palaeotrionyx* war eine spezialisierte Art der *Cryptodira*. Im Gegensatz zu den meisten Verwandten hatte sie einen langen, beweglichen Hals und dreizehige Gliedmaßen.

Palaeotrionyx ähnelte in Aussehen und Lebensweise wahrscheinlich ihren heute noch lebenden Nachfahren aus der in Nordamerika und Afrika verbreiteten Gattung *Trionyx* (Lippen-Weichschildkröte). Wie diese fraß sie wahrscheinlich nahezu alles, angefangen von Wasserpflanzen bis zu Insekten, Weichtieren, Krebstieren und sogar kleinen Fischen.

HALBAQUATISCHE REPTILIEN

Im Mesozoikum kehrten manche Reptiliengruppen ins Meer zurück und paßten sich der neuen Lebensweise an. Am erfolgreichsten waren die Ichthyosaurier oder Fischsaurier sowie die langhalsigen Plesiosaurier; sie beherrschten die Meere der Welt über einen Zeitraum von mehr als 100 Millionen Jahren.

Die verwandtschaftlichen Beziehungen, die diese meeresbewohnenden Reptilien mit anderen Reptiliengruppen verbanden, sind bis heute nicht geklärt. Allerdings zeigen sie ein gemeinsames Merkmal, das erlaubt, sie in einer Gruppe zusammenzufassen: Sie haben im Schädel hinter den Augen und unter der Stirn zwei Paar Schläfenfenster.

Es gibt vier unterschiedliche Typen von Meeresreptilien, die sich unterschiedlich stark an das Leben im Meer angepaßt haben. Am wenigsten spezialisiert sind die Placodontier aus der Trias (s. u.). Die Nothosaurier, ebenfalls aus der Trias, waren stärker an das Leben im Wasser angepaßt, und ihre Verwandten, die Plesiosaurier, beherrschten im Jura und in der Kreide die Hochsee (S. 74–77). Zur selben Zeit lebten auch die Fischsaurier, die wir als die höchstspezialisierte Gruppe der meeresbewohnenden Reptilien bezeichnen können (S. 78–81).

ORDNUNG PLACODONTIA

Die *Placodontia* waren die am wenigsten spezialisierten Schwimmer unter den meeresbewohnenden Reptilien. Sie traten in der Trias auf und starben noch in derselben Periode aus. Es entwickelten sich zahlreiche Arten, von denen sich jedoch keine an das Leben auf der Hochsee anpaßte. Sie zogen die seichten Küstengewässer des Tethys-Meeres vor, das sich damals zwischen der nördlichen Laurasia und dem südlichen Gondwanaland erstreckte (S. 11). Viele Placodontier trugen auf Rücken und Bauch schildkrötenartige Panzer.

FAMILIE PLACODONTIDAE

Die Vertreter dieser Reptiliengruppe waren ebenso auf dem Land wie im Wasser zu Hause. Sie hielten sich mit Vorliebe in den Uferzonen flacher Küstengewässer auf und ernährten sich von Muscheln, die sie mit ihren breiten Zähnen zermalmten.

NAME: *Placodus*
ZEIT: Unter- bis Mitteltrias
VERBREITUNG: Europa (Deutschland, Alpen)
LÄNGE: 2 m

Der Schädel von *Placodus* beweist, daß sich das Tier in seiner Ernährungsweise spezialisiert hatte: Die Zähne waren an eine Muscheldiät angepaßt. Mit einer Reihe stumpfer Zähne vorne am Kiefer rupfte *Placodus* Muscheln und Armfüßer von den Felsen. Die rückwärtigen, auch auf dem Gaumen befindlichen Zähne, waren breit und flach; mit ihnen zermalmte *Placodus*, der auch als »Pflasterzahnsaurier« bezeichnet wird, die hartschaligen Beutetiere.

Für die Bewegung dieser eindrucksvollen Zahnbatterie sorgten kräftige Kiefermuskeln, die durch die Schläfenfenster zu beiden Seiten des Schädels zogen und damit größere Beißkraft entwickelten. Einige moderne Haie wie der Stierkopfhai *(Heterodontus)* ernähren sich ebenfalls von hartschaligen Tieren – wie Weichtieren, Krebstieren und Seeigeln – und zeigen ganz ähnliche Zahnformen. Die Ähnlichkeit ist so frappierend, daß die Paläontologen die fossilen Zähne von *Placodus* zunächst für die eines Hais hielten.

Placodus war an das Leben im Wasser noch wenig angepaßt. Der Körper war gedrungen, der Hals kurz, und die Gliedmaßen erinnerten an die Extremitäten der frühen landbewohnenden Reptilien. Wie bei allen Placodontiern war die Körperunterseite durch Bauchrippen gut geschützt. Eine Reihe von Knochenhöckern stand auf der Rückenlinie und schützte die darunterliegende Wirbelsäule. Bei späteren Placodontiern war die Panzerung des Körpers erheblich stärker ausgebildet.

FAMILIE CYAMODONTIDAE

Die *Cyamodontidae* entwickelten auf dem Rücken einen schildkrötenartigen Panzer. Sie erschienen in der Mitteltrias und verschwanden gegen Ende jener Periode.

Besser als *Placodus* waren diese gepanzerten Placodontier an das Leben im Wasser angepaßt. Sie sahen aus wie heutige Schildkröten und verhielten sich auch ähnlich wie diese, obwohl sie nicht näher mit ihnen verwandt waren – erneut ein Beispiel für konvergente Evolution.

NAME: *Placochelys*
ZEIT: Mittel- bis Obertrias
VERBREITUNG: Europa (Deutschland)
LÄNGE: 90 cm

Das verhältnismäßig kleine Reptil war gut an das Leben im Wasser angepaßt. Der schildkrötenartige Körper war breit und flach; die den Rücken bedeckenden Knochenplatten bildeten einen richtigen Panzer. Der Schwanz war kurz, die Gliedmaßen waren zu langen Schwimmpaddeln umgebaut.

Der Kopf indessen verriet den spezialisierten Schaltierfresser: Die hervortretenden Frontzähne von *Placodus* fehlten. An ihre Stelle war ein zahnloser Hornschnabel getreten, der jedoch nach wie vor stark genug war, um Schaltiere von den Felsen zu rupfen. Wie *Placodus* besaß das Tier starke Kiefermuskeln und Mahlzähne zum Zerkleinern der Muscheln und Armfüßer.

FAMILIE HENODONTIDAE

Diese gepanzerten Placodontier entwickelten sich in der Obertrias. Die Ähnlichkeit mit Schildkröten, die bei den Cyamodontiden begonnen hatte, erreichte hier ihre stärkste Ausprägung. Die *Henodontidae* schützten Rücken und Bauch mit einem großen, knöchernen Panzer. Sie ersetzten die Zähne weitgehend durch einen Hornschnabel, wie man ihn in ähnlicher Form bei den heutigen Schildkröten beobachten kann.

NAME: *Henodus*
ZEIT: Obertrias
VERBREITUNG: Europa (Deutschland)
LÄNGE: 1 m

Der Körper von *Henodus* war ebenso breit wie lang und äußerlich geformt wie der einer heutigen Schildkröte. Rücken und Bauch waren von einem unregelmäßigen Mosaik vieleckiger Knochenplatten bedeckt. Sie bildeten einen Panzer, der das Tier vor Angriffen anderer meeresbewohnender Reptilien wie der Fischsaurier schützte.

Der Panzer von *Henodus* setzte sich aus erheblich mehr einzelnen Platten zusammen als der der heutigen Schildkröten, war aber ebenfalls vollständig bedeckt mit Hornplatten.

Der Kopf von *Henodus* zeigt eine merkwürdige viereckige Grundform. Auf den Kiefern standen nur mehr vier Zähne.

Dafür verfügte *Henodus* wie die modernen Schildkröten über einen Hornkiefer, mit dem er Schaltiere von der Unterlage abriß und zermalmte.

HALBAQUATISCHE REPTILIEN

ORDNUNG UNSICHER

Die Claudiosaurier waren meeresbewohnende Reptilien, die sich im Oberperm entwickelten. Vielleicht stellen sie eine Übergangsgruppe zwischen den landbewohnenden *Eosuchia* und den höherentwickelten Nothosauriern und Plesiosauriern dar.

Bis heute wurde nur eine Gattung gefunden, ein halb auf dem Land und halb im Wasser lebendes, echsenartiges Tier, das den Namen *Claudiosaurus* erhielt. Es bildet eine eigene Familie, die *Claudiosauridae*.

NAME: *Claudiosaurus*
ZEIT: Oberperm
VERBREITUNG: Madagaskar
LÄNGE: 60 cm

Claudiosaurus war ein echsenähnliches Tier mit langem Hals. Seine Lebensweise dürfte vergleichbar gewesen sein mit der der heutigen Meerechse auf den Galapagos-Inseln. *Claudiosaurus* verbrachte wahrscheinlich viel Zeit auf besonnten Küstenfelsen, um seinen Körper für die Nahrungssuche aufzuwärmen. Er ernährte sich vermutlich unter Wasser, wo er mit dem kleinen, beweglichen Kopf zwischen Tang nach eßbaren Tieren und Pflanzen stöberte.

Das Skelett von *Claudiosaurus* enthielt ziemlich viel Knorpel. Das deutet darauf hin, daß sich das Tier im Wasser auf den Auftrieb verließ. Das Brustbein war weder gut entwickelt noch verknöchert wie bei echten landbewohnenden Tieren, bei denen es in Anpassung an die Fortbewegungsart die Rippen verbindet.

ORDNUNG NOTHOSAURIA

Wie die Placodontier entwickelten sich die Nothosaurier in der Trias und starben am Ende dieser Periode aus. Einige Paläontologen vertreten die Ansicht, es handele sich bei ihnen um eine Zwischenstufe zwischen den landbewohnenden Reptilien und den wasserbewohnenden Plesiosauriern. Bestimmte Merkmale im Gaumen und im Schultergürtel beweisen jedoch, daß die Nothosaurier keine direkten Vorfahren der Plesiosaurier waren, sondern eher einen Seitenzweig darstellten, der auf die gleichen Vorfahren zurückgeht.

FAMILIE NOTHOSAURIDAE

Die Nothosaurier umfassen mehrere Familien. Die bestbekannten sind die *Nothosauridae*. Ihre Reste wurden in unter- bis obertriassischen Meeressedimenten gefunden.

NAME: *Nothosaurus*
ZEIT: Unter- bis Obertrias
VERBREITUNG: Asien (China, Israel, Rußland), Europa (Deutschland, Niederlande, Schweiz) und Nordafrika
LÄNGE: 3 m

Dieser Nothosaurier lebte wahrscheinlich ähnlich wie die heutigen Robben. Er fischte im Meer und erholte sich an Land. Die Füße hatten fünf lange Zehen, die durch Schwimmhäute verbunden waren. Körper, Hals und Schwanz waren lang und biegsam. Die Wirbelfortsätze des Schwanzes deuten darauf hin, daß wahrscheinlich ein Flossensaum als Schwimmhilfe diente. Die Kiefer von *Nothosaurus* waren eine wirksame Fischfalle.

NAME: *Lariosaurus*
ZEIT: Mitteltrias
VERBREITUNG: Europa (Spanien)
LÄNGE: 60 cm

Lariosaurus gehörte zu den kleineren Nothosauriern und war durch einen kurzen Hals und kurze Zehen gekennzeichnet, die die Ausbildung größerer Schwimmhäute verhinderten.

Lariosaurus hielt sich wohl überwiegend im Küstenbereich auf, auf der Suche nach kleinen Fischen und Krebstieren im küstennahen Flachwasser.

FAMILIE PISTOSAURIDAE

Das einzige Mitglied dieser Familie verrät enge Beziehungen zu den Nothosauriern und den Plesiosauriern. Der überwiegende Teil des Pistosaurus-Skeletts entspricht einem typischen Nothosaurier, doch zeigt der Schädel zahlreiche Merkmale der Plesiosaurier.

NAME: *Pistosaurus*
ZEIT: Mitteltrias
VERBREITUNG: Europa (Frankreich und Deutschland)
LÄNGE: 3 m

NAME: *Ceresiosaurus*
ZEIT: Mitteltrias
VERBREITUNG: Europa
LÄNGE: 4 m

Das meeresbewohnende Reptil stellt ein Übergangsstadium zwischen den Nothosauriern und den Plesiosauriern dar, denn es wies Merkmale beider Gruppen auf. Der Schädel erinnerte an die Plesiosaurier, doch war der Gaumen noch ausgebildet wie bei den Nothosauriern. Der Körper entsprach generell eher dem eines Nothosauriers; die steife Wirbelsäule hingegen paßte besser zu einem Plesiosaurier, welcher sich vorwiegend mit Hilfe der paddelähnlichen Gliedmaßen vorwärtsbewegte. Dies stand wieder im Gegensatz zur Schwimmtechnik der Nothosaurier und anderer früher meeresbewohnender Reptilien, die vor allem durch schlängelnde Bewegungen des Körpers und des Schwanzes vorwärtsgetrieben wurden.

Pistosaurus war mit seinen scharfen, zugespitzten Zähnen wahrscheinlich ein effizienter Fischfresser – ein Merkmal, das ihn mit Nothosauriern und Plesiosauriern verband.

Die Füße von *Ceresiosaurus*, weit länger als die der meisten anderen Nothosaurier, waren zu paddelähnlichen Flossen umgebildet und wiesen mehr Glieder pro Zehe auf als üblich. Die Flossen dienten als Antriebsorgane beim Schwimmen und waren Vorläufer der ruderähnlichen Gliedmaßen, wie sie nur von den fortgeschrittenen schwimmenden Plesiosauriern des Jura (S. 74–77) bekannt sind.

Ceresiosaurus schwamm durch schlängelnde Bewegungen seines langen, biegsamen Körpers. Die Knochen der Vorderbeine waren kräftiger gebaut als die der Hinterbeine, ein Hinweis darauf, daß die Vorderflossen beim Schwimmen und Steuern eine größere Rolle spielten.

MEERES-REPTILIEN

ORDNUNG PLESIOSAURIA

Die bedeutendsten meeresbewohnenden Reptilien des Mesozoikums waren zweifellos die Plesiosaurier. Einige Arten erreichten eine Länge von 14 Metern. Die Gliedmaßen waren zu langen, paddelförmigen Flossen umgebaut, die ein effizientes Schwimmen ermöglichten. Die Finger und Zehen bestanden nicht aus fünf oder weniger, sondern aus bis zu zehn Knochen. Der Körper war gedrungen, der Schwanz kurz.

Früher glaubte man, die Plesiosaurier hätten ihre paddelförmigen Gliedmaßen wie Ruder verwendet und ihre schweren Körper durch Vor- und Rückwärtsbewegungen dieser »Paddel« durchs Wasser bewegt. Einer jüngeren Theorie zufolge schlugen sie sie aber wie Vogelflügel auf und ab, in einem langsamen, gleichmäßigen Rhythmus, der sie durch die Fluten »fliegen« ließ. Mit ihren abgerundeten Vorder- und den sich stark verjüngenden Hinterkanten – einer Form, die mit Pinguinflügeln oder den Gliedmaßen der Meeresschildkröten vergleichbar ist – waren diese Flossen wie Tragflächen gebaut.

Die Spezialisierung der Gliedmaßen bei den Plesiosauriern machte auch Änderungen im Schultergürtel erforderlich, dessen Struktur innerhalb dieser Gruppe mariner Reptilien einmalig ist. Schulterblatt und Hüftknochen bildeten je eine massive, breite Platte. Die mächtigen Muskeln der Extremitäten hatten ihre Ansatzstellen auf diesen Knochenplatten. Eine dichtgedrängte Reihe von Bauchrippen verband die Knochen des Schulter- und des Beckengürtels auf der Unterseite. Dadurch bildete der Körper eine ziemlich steife, feste Struktur, die den Paddeln beim Schwimmen Halt bot.

Ähnlich wie die knöchernen Bauchplatten der Meeresschildkröten, so hatten auch die Bauchrippen der Plesiosaurier eine besondere Funktion: Sie schützten die Körperunterseite der Weibchen, die zur Eiablage mühselig an Land kriechen mußten und sich dabei mit ihren Schwimmpaddeln voranschoben.

Es gibt keine Beweise dafür, daß die Plesiosaurier lebende Junge gebaren wie die Fischsaurier (S. 78–81). Wahrscheinlich hoben sie wie die heutigen Meeresschildkröten Gruben im Sand aus und legten ihre Eier hinein. Die Plesiosaurier verhielten sich wegen ihrer langen Hälse an Land gewiß noch ungeschickter als die Schildkröten und waren daher bei der Eiablage sehr verwundbar – ähnlich wie ihre Jungen auf dem langen Weg vom Ort des Schlüpfens zum Meer.

Die Vorfahren der Plesiosaurier sind uns nicht bekannt. Die Paläontologen gehen normalerweise davon aus, daß sie sich direkt aus einem der wohlbekannten Nothosaurier entwickelten. Als wahrscheinlichster Kandidat gilt heute der mitteltriassische *Pistosaurus* (S. 73). Sein Skelett vermittelt zwischen den beiden Gruppen: Er hatte den Körper eines Nothosauriers und den Schädel eines Plesiosauriers.

Man unterscheidet bei den Plesiosauriern zwei größere Gruppen (Überfamilien), deren Vertreter sich hinsichtlich der Länge ihrer Hälse und in ihren Ernährungsgewohnheiten unterscheiden. Die *Plesiosauria* hatten einen langen Hals und einen kurzen Kopf und ernährten sich von kleineren Beutetieren. Die *Pliosauria* hatten dagegen kurze Hälse und breite Köpfe und konnten größere Beutetiere verschlucken. Damit machten sich die beiden Gruppen wahrscheinlich keine Konkurrenz, obwohl sie viele Jahrmillionen lang sowohl nebeneinander als auch in Gemeinschaft mit den Fischsauriern (S. 78–81) lebten. Beide existierten bis zum Ende der Kreidezeit.

ÜBERFAMILIE PLESIOSAUROIDEA

Die frühen Angehörigen dieser Gruppe bildeten den Ausgangspunkt für die Entwicklung aller übrigen Plesiosaurier. Die Gruppe trat zum erstenmal im Unterjura auf und erfreute sich während der gesamten Periode einer Blütezeit. Eine Familie, die *Elasmosauridae* (s. u.), hielten sich bis zum Ende der Kreidezeit und waren damit die letzten Überlebenden dieser Gruppe.

Eine allgemeine Tendenz bei den verschiedenen Plesiosaurierfamilien war die Herausbildung immer längerer Hälse und Gliedmaßen. Sie erreichte bei einigen späteren Formen extreme Ausmaße: Bei manchen Arten waren die Hälse so lang wie Körper und Schwanz zusammengenommen. Auch ihre Schwimmpaddel hatten riesige Dimensionen. Die Vordergliedmaßen waren stets etwas größer als die Hintergliedmaßen.

Die *Plesiosauroidea* ernährten sich von mittelgroßen Fischen und Tintenfischen. Sie konnten ihre Köpfe hoch über die Wasseroberfläche hinausstrecken, um nach Beutetieren Ausschau zu halten.

FAMILIE PLESIOSAURIDAE

Diese Gruppe besitzt kleine Schädel und mittellange Hälse. Man kennt sie hauptsächlich aus europäischen Fossilienfunden aus dem Unterjura.

NAME: *Plesiosaurus*
ZEIT: Unterjura
VERBREITUNG: Europa (England und Deutschland)
LÄNGE: 2,3 m

Die Plesiosaurier haben sich in den 135 Millionen Jahren ihrer Existenz nur wenig verändert. Der früheste Angehörige dieser Gruppe, Plesiosaurus, verfügte bereits über alle wichtigen Merkmale der Gruppe.

Man kennt mehrere Arten der Gattung *Plesiosaurus*. Der abgebildete *Plesiosaurus macrocephalus* beispielsweise hatte einen breiteren Kopf als die meisten übrigen Arten.

Der Körperbau der Plesiosaurier verrät weniger den schnellen als den gewandten Schwimmer. Bei der Jagd auf Fische mußten die Tiere genaue, gut koordinierte Bewegungen durchführen können. Mit entgegengesetzten Bewegungen der Flossen auf beiden Seiten des Körpers konnten sich die Tiere zum Beispiel fast auf der Stelle um die eigene Achse drehen. Der lange Hals schoß dann wie ein Pfeil durchs Wasser und wurde selbst schnell schwimmenden Beutetieren zum Verhängnis.

FAMILIE CRYPTOCLIDIDAE

Die Kryptokliden entwickelten lange Hälse mit an die 30 Wirbeln. Der Schädel hatte eine lange Schnauze mit leicht rückversetzten Nasenlöchern. Fossilien wurden in Gesteinen vom Oberjura bis zur späten Kreide gefunden.

NAME: *Cryptoclidus*
ZEIT: Oberjura
VERBREITUNG: Europa (England)
LÄNGE: 4 m

Cryptoclidus und weitere Angehörige der Familie behielten den verhältnismäßig kurzen Hals von *Plesiosaurus* bei. Sie entwickelten jedoch zahlreiche scharfe, gekrümmte Zähne, die bei geschlossenem Kiefer einen feinen Seihapparat bildeten. Damit filtrierte die Art allem Anschein nach winzige Fische und Garnelen aus dem Wasser. Wie andere oberjurassische Plesiosaurier besaß auch *Cryptoclidus* in jedem der fünf Finger mehr Knochen als die landbewohnenden Reptilien, wodurch die Bildung langer, flexibler »Paddel« erleichtert wurde.

FAMILIE ELASMOSAURIDAE

Die Elasmosauriden waren eine langlebige Gruppe, die im Unterjura entstand und sich während Oberjura und Kreidezeit stark diversifizierte. Einige der oberkretazischen Formen besaßen extrem lange Hälse mit bis zu 76 Halswirbeln.

NAME: *Muraenosaurus*
ZEIT: Oberjura
VERBREITUNG: Europa (England und Frankreich)
LÄNGE: 6 m

Die erfolgreichste Familie der Plesiosaurier waren die Elasmosauridae, zu denen auch *Muraenosaurus* zählt. Sie entwickelten sich im Mitteljura und lebten bis zum Ende der Kreidezeit. Die Elasmosauriden hatten die längsten Hälse aller Plesiosaurier.

Der Hals von *Muraenosaurus* war so lang wie der Kopf und der Schwanz zusammengenommen und bestand aus 44 Wirbeln. Der Kopf war vergleichsweise klein und umfaßte nur ein Sechzehntel der gesamten Körperlänge.

Der kurze, steife Plesiosaurierrumpf war bei *Muraenosaurus* ziemlich unbeweglich, bildete aber ein gutes Widerlager für die paddelähnlichen Flossen.

MEERES-REPTILIEN

NAME: *Elasmosaurus*
ZEIT: Oberkreide
VERBREITUNG: Asien (Japan) und Nordamerika (Kansas)
LÄNGE: 14 m

»Schlangen, die durch den Körper von Schildkröten hindurchgefädelt wurden« – diese Beschreibung der langhalsigen Plesiosaurier geht auf Dean Conybeare zurück, einen englischen Paläontologen aus dem 19. Jahrhundert, der bei der Erforschung dieser meeresbewohnenden Reptilien Pionierarbeit leistete. Die Beschreibung paßt besonders auf *Elasmosaurus*, den längsten Vertreter der Familie *Elasmosauridae* und der Plesiosaurier überhaupt. Mehr als die Hälfte der Körperlänge bestand aus Hals: acht Meter im Vergleich zur Gesamtlänge von 14 Metern.

Die Länge des Halses wurde durch 71 Wirbel möglich – weit mehr als bei den frühesten Plesiosauriern, die nur 28 besaßen.

Elasmosaurus konnte mit seinem langen Hals beidseitig einen Kreis beschreiben. Beim Schwimmen allerdings mußten solche Bewegungen auf großen Wasserwiderstand treffen, weshalb manche Paläontologen der Ansicht sind, Reptilien mit derart langem Hals seien an der Oberfläche geschwommen und hätten die Hälse aus dem Wasser gestreckt, um im geeigneten Augenblick mit einer peitschenartigen Bewegung auf ihr Beutetier herabzustoßen.

ÜBERFAMILIE PLIOSAUROIDEA

Die Pliosaurier traten zusammen mit ihren Vorfahren, den *Pliosauroidea*, zuerst im Unterjura auf und wurden zu den Tigern der mesozoischen Meere: Sie jagten und überwältigten Haie, große Kalmare, Fischsaurier und selbst ihre Verwandten, die *Pliosauroidea*. Dazu befähigte sie ein breiter Kopf mit sehr starken Zähnen, Kiefern und Kiefermuskeln. Bei einigen Pliosauriern war der Kopf drei Meter lang. Der stromlinienförmige Körper hatte aber einen verkürzten Hals.

NAME: *Macroplata*
ZEIT: Unterjura
VERBREITUNG: Europa (England)
LÄNGE: 4,5 m

Dieser frühe Pliosaurier hatte einen schlanken, krokodilähnlichen Schädel, der, verglichen mit frühen Plesiosauriern, etwas größer war. Der lange Hals wies 29 leicht verkürzte Wirbel auf.

Wie die Plesiosaurier verlängerten auch die Pliosaurier im Laufe der Evolution ihre Gliedmaßen zu Paddeln. Bei ihnen waren allerdings die hinteren Gliedmaßen kräftiger als die vorderen.

NAME: *Peloneustes*
ZEIT: Oberjura
VERBREITUNG: Europa (England und Rußland)
LÄNGE: 3 m

Obwohl kleiner als *Macroplata*, weist dieser oberjurassische Pliosaurier Fortschritte bei der Vergrößerung des Kopfes und der Verkürzung des Halses auf. Er hatte nur noch 20 Halswirbel, so daß der Kopf ungefähr so lang war wie der Hals.

Mit seinem stromlinienförmigen Körper konnte *Peloneustes* auch schnell schwimmende Beutetiere wie Tintenfische und Ammoniten verfolgen. Die Zähne waren an die spezielle Ernährungsweise angepaßt: Sie waren zwar weniger zahlreich und weniger scharf als bei den fischfressenden Plesiosauriern, dafür aber um so besser zum Festhalten weicher Tintenfischkörper geeignet und stark genug, um die harten Schalen der Ammoniten aufbrechen zu können.

NAME: *Kronosaurus*
ZEIT: Unterkreide
VERBREITUNG: Australien (Queensland)
LÄNGE: 12,8 m

Der australische *Kronosaurus* ist der größte bekannte Pliosaurier. Sein flacher Schädel war 2,7 m lang. Damit war er deutlich größer und auch kräftiger als der des größten fleischfressenden Dinosauriers, *Tyrannosaurus* (S. 121).

Während der Trias und des Jura war Australien trockenes Land gewesen. Doch in der Unterkreide überfluteten Flachmeere weite Teile des Kontinents, das Klima war warm und das Meer seicht – ideale Voraussetzungen für die Entstehung reicher Fischgründe, in denen *Kronosaurus* und andere kurzhalsige Pliosaurier, die alle recht gute Schwimmer waren, genügend Nahrung fanden.

NAME: *Liopleurodon*
ZEIT: Oberjura
VERBREITUNG: Europa (England, Frankreich, Deutschland und Rußland)
LÄNGE: 12 m

Dieser große Pliosaurier war typisch für die späteren Vertreter der Familie. Sein stromlinienförmiger Körper mit dem schweren, dicken Hals erinnert äußerlich entfernt an einen Wal. Die Struktur des Schulter- und Beckengürtels verrät uns, daß *Liopleurodon* im Wasser außerordentlich beweglich war und mit Leichtigkeit in allen Tiefen schwimmen konnte.

Die vorderen Flossen wurden wie bei den Plesiosauriern auf und ab bewegt. Mit der Bewegung nach unten wurde das Tier vorwärts getrieben. Die Aufwärtsbewegung erfolgte automatisch und ohne Anstrengung aufgrund der hydrodynamischen Körperform. Der kräftige Rückstoß der Hinterflossen trieb das Tier zusätzlich voran.

MEERES-REPTILIEN

Ordnung Ichthyosauria

Die Fischsaurier oder Ichthyosaurier waren die am stärksten spezialisierten meeresbewohnenden Reptilien. Ihr Name bedeutet wörtlich übersetzt »Fischechsen« und charakterisiert sie gut, denn sie lebten von Fischen und sahen wie Fische aus, obwohl sie als Reptilien natürlich Luft durch Lungen atmeten. Ihre Körperform ähnelte der einer heutigen Makrele oder eines Thunfischs; die ausgeprägte Stromlinienform erlaubte es ihnen, Geschwindigkeiten von 40 km pro Stunde zu erreichen.

Im Unterschied zu den gleichzeitig lebenden Plesiosauriern (S. 74–77) waren die Fischsaurier beim Schwimmen nicht von ihren paddelähnlichen Gliedmaßen abhängig. Sie besaßen vielmehr einen fischähnlichen Schwanz, dessen seitlich schlängelnde Bewegungen für die Hauptantriebskraft sorgten.

Die Fischsaurier waren dem Leben im Meer so sehr angepaßt, daß sie zur Eiablage nicht mehr wie die Meeresschildkröten oder die Plesiosaurier an Land gehen konnten. Sie brachten im Meer lebendige Junge zur Welt (zu den bedeutendsten Fossilfunden gehören weibliche Ichthyosaurier, die gerade ihre Jungen zur Welt bringen).

Als Gruppe besetzten die Fischsaurier die ökologische Nische der heutigen Delphine. Ungefähr 100 Millionen Jahre lang waren sie darin sehr erfolgreich und wiesen eine weite Verbreitung auf. Seit der Untertrias bewohnten sie die Hochsee, im Jura erlebten sie ihre Blütezeit. Danach ging ihre Vielfalt zurück, und in der Mittelkreide starben sie ganz aus. Ihr Niedergang steht möglicherweise im Zusammenhang mit dem vermehrten Auftreten der Haie, die zu jener Zeit ihre heutige Form entwickelten. Im Oberen Mesozoikum waren dann sie die dominierenden Räuber der Meere (S. 26–28).

Der Ursprung der Fischsaurier liegt im Dunkeln. Sicher ist nur, daß sie von landbewohnenden Reptilien und nicht von wasserbewohnenden Formen abstammen.

Familie Shastasauridae

Die Shastasauriden gehören zu den frühesten Fischsauriern. Sie sind hauptsächlich aus nordamerikanischen mitteltriassischen Ablagerungen bekannt. Ältere Typen fand man in der Untertrias Japans und Chinas; sie bewegten sich ähnlich voran wie Aale. Am Ende der Trias jedoch hatten sie die typische Fischform der Ichthyosaurier angenommen und auch den entsprechenden Schwimmstil.

NAME: *Cymbospondylus*
ZEIT: Mitteltrias
VERBREITUNG: Nordamerika (Nevada)
LÄNGE: 10 m

Cymbospondylus gehörte zu den am wenigsten fischähnlichen Ichthyosauriern. Rumpf und Schwanz machten den größten Teil der Körperlänge aus. Weder auf dem Rücken noch am Schwanz waren Flossen ausgebildet wie bei Fischsauriern. Der typische lange Kiefer mit den spitzen Zähnen – das Merkmal eines Fischfressers – war aber bereits vorhanden.

Die Gliedmaßen von *Cymbospondylus* waren kurz und sahen eher aus wie die Flossen eines Fisches als die »Paddel« späterer Fischsaurier. Sie dienten wohl nur zur Steuerung. Für den Hauptantrieb sorgte die seitliche Schlängelbewegung des langen Körpers.

NAME: *Shonisaurus*
ZEIT: Obertrias
VERBREITUNG: Nordamerika (Nevada)
LÄNGE: 15 m

Shonisaurus ist der größte bekannte Fischsaurier; sein fast komplettes Skelett wurde in einem Gestein der Obertrias gefunden. Er verfügte bereits über die charakteristische Fischform: Der Körper gliederte sich in drei ungefähr gleich lange Teile: ein Drittel für Kopf und Hals, ein Drittel für den Rumpf und ein Drittel für den Schwanz.

Die Wirbelsäule von *Shonisaurus* zeigt bereits ein typisches Merkmal späterer Fischsaurier: Sie endet, abwärts gebogen, im unteren Lappen der Schwanzflosse.

Shonisaurus war wahrscheinlich ein unabhängiger, spezialisierter Seitensproß der Hauptentwicklungslinie. Er wies einige Eigentümlichkeiten auf: So waren die Kiefer stark verlängert und trugen nur vorne Zähne. Auch waren die

Gliedmaßen zu ungewöhnlich langen, schmalen Paddeln umgebaut, wie sie für Fischsaurier keineswegs typisch sind.

Familie Mixosauridae

Die Mixosauriden entwickelten eine stabilisierende Flosse auf dem Rücken (entsprechend der Rückenflosse der Fische). Diese Schwimmhilfe war bei allen späteren Fischsauriern vertreten. Die Mixosauriden hatten aber noch nicht den typischen fischähnlichen Schwanz mit zwei gleich großen Lappen, die ihre Nachfahren zu äußerst schnellen Schwimmern machten.

Bei den Mixosauriden war das Endstück der Wirbelsäule noch nicht wie bei den späteren Fischsauriern scharf nach unten gebogen. Die Wirbel zogen statt dessen nach oben und stützten wahrscheinlich eine niedrige Flosse an der Schwanzspitze.

NAME: *Mixosaurus*
ZEIT: Mitteltrias
VERBREITUNG: Asien (China, Timor, Indonesien), Europa (Alpen), Nordamerika (Alaska, kanadische Arktis und Nevada) und Spitzbergen
LÄNGE: 1 m

Mixosaurus nimmt dem Aussehen nach eine Mittelstellung zwischen den frühen primitiven Fischsauriern, etwa *Cymbospondylus* (s. o.) und den späteren, höherentwickelten Formen ein. *Mixosaurus* hatte beispielsweise einen fischähnlichen Körper mit einer Rückenflosse und wahrscheinlich auch bereits eine kleine Flosse am Schwanzende.

Die Gliedmaßen waren zu kurzen Paddeln umgebaut, wobei das vordere Paar länger war als das hintere. Jede Gliedmaße bestand aus fünf Fingern oder Zehen, die jedoch durch zusätzliche Knochen erheblich verlängert wurden (Hyperphalangie). Die langen, schmalen Kiefer waren mit scharfen Zähnen besetzt und bestens geeignet für den Fischfang.

Familie Ichthyosauridae

Die typischen Fischsaurier gehören zu dieser großen Familie, die im Jura und in der Kreide ihre Blütezeit hatte. Eine Reihe bemerkenswert gut erhaltener Stücke verraten den hohen Spezialisierungsgrad dieser Tiere.

Die Ichthyosauriden hatten einen torpedoartigen, stromlinienförmigen Körper mit einer stabilisierenden Rückenflosse. Der starke, fischartige Schwanz wies zwei gleich große Lappen auf. Kugelgelenke zwischen den Schwanzwirbeln erlaubten kraftvolle seitliche Schläge, die die Tiere im Wasser schnell vorantrieben – die gleiche Methode, nach der sich heutige schnellschwimmende Fische vorwärts bewegen.

Fossilierte Ichthyosaurier wurden erstmals zu Beginn des 19. Jahrhunderts von der Familie Anning in Kreideformationen von Lyme Regis an der Südküste Englands entdeckt.

MEERES-REPTILIEN

NAME: *Ichthyosaurus*
ZEIT: Unterjura bis Unterkreide
VERBREITUNG: Europa (England, Deutschland), Grönland und Nordamerika (Alberta)
LÄNGE: bis 2 m

Ichthyosaurus ist dank wundervoll erhaltener Abdrücke in den Posidonienschiefern von Holzmaden (Baden-Württemberg) eines der am besten bekannten Urtiere. Sie stammen aus Ablagerungen von Flachmeeren des Unterjura.

Man fand in Holzmaden Hunderte von vollständigen *Ichthyosaurus*-Skeletten, bei denen die Knochen noch miteinander verbunden waren. Man entdeckte sogar die feinen Knöchelchen von Jungtieren im Mutterleib. In einigen Fällen wurde sogar der Augenblick der Geburt festgehalten, die jeden Zweifel darüber beseitigen, daß diese meeresbewohnenden Reptilien lebendgebärend waren. Wie bei den modernen Walen verließ der Schwanz der Jungtiere zuerst den Mutterleib.

Die Holzmadener Funde geben uns auch Aufschluß darüber, wie die Tiere zu Lebzeiten aussahen. Bei vielen Ichthyosauriern sind durch einen feinen Kohlenstoffilm die Körperumrisse des noch mit Haut und Fleisch versehenen Tiers nachgezeichnet. Deutlich sind die charakteristischen Merkmale zu erkennen: die hohe Rückenflosse, die halbmondförmige Schwanzflosse mit der scharf nach unten abgeknickten Wirbelsäule, die kurzen, tragflügelähnlichen Gliedmaßen mit den überzähligen Finger- und Zehenknochen. Die Nasenlöcher von *Ichthyosaurus* waren weit zurückversetzt und befanden sich in Augennähe, so daß das Tier nur den Kopf aus dem Wasser strecken mußte, um atmen zu können. Die Ohrknochen waren massiv und übertrugen wahrscheinlich Schwingungen vom Wasser auf das Innenohr, was die Ortung der Beutetiere ermöglichte. Allerdings dürfte sich *Ichthyosaurus* bei der Jagd hauptsächlich auf die großen und höchstwahrscheinlich äußerst empfindlichen Augen verlassen haben.

Man hat sogar fossilen Kot (Koprolithen) und Mageninhalt von Ichthyosauriern gefunden. Sie bestätigen, daß die Nahrung hauptsächlich aus Fischen bestand. Die Fischsaurier verschmähten jedoch auch Kopffüßer, wie beispielsweise Belemniten, nicht.

NAME: *Ophthalmosaurus*
ZEIT: Oberjura
VERBREITUNG: Europa (England, Frankreich), Nordamerika (westliche USA, arktisches Kanada) und Südamerika (Argentinien)
LÄNGE: 3,5 m

Ophthalmosaurus war noch stromlinienförmiger als der zur selben Zeit lebende *Ichthyosaurus* (s. o.). Sein Körper war fast wie ein Wassertropfen geformt: vorne massiv und gerundet, nach hinten aber schmal auslaufend, mit einer mächtigen, halbmondförmigen Schwanzflosse. Die Vordergliedmaßen waren viel stärker entwickelt, was darauf hinweist, daß die Steuerung und Stabilisierung des Körpers im Wasser im wesentlichen ihre Aufgabe gewesen ist.

Das auffallendste Merkmal von *Ophthalmosaurus* sind seine großen Augen. Die Augenhöhlen hatten einen Durchmesser von ungefähr 10 cm. Ein Ring von Knochenplatten (Sklerotikalring) umgab den Augapfel und verhinderte, daß dieser bei hohem Wasserdruck eingedrückt wurde. Der Sklerotikalring war im übrigen ein gemeinsames Kennzeichen aller Fischsaurier, doch war er bei *Ophthalmosaurus* besonders stark ausgeprägt.

Die übergroßen Augen deuten darauf hin, daß das Tier vorwiegend nachts auf Beutefang ging. Wahrscheinlich jagte es nahe der Oberfläche Kalmare, die sich ihrerseits von planktonfressenden Fischen ernährten.

Familie Stenopterygiidae

Im Jura entwickelten sich zwei Ichthyosauriertypen, die sich in der Form ihrer Gliedmaßen unterschieden. Die Ichthyosauriden hatten kurze, breite Paddel mit bisweilen bis zu neun Fingern und Zehen. Bei den Stenopterygiiden hingegen trugen die langen, schlanken Gliedmaßen stets fünf Zehen respektive Finger, die ihrerseits allerdings meist mit zusätzlichen Fingergliedern versehen waren.

NAME: *Stenopterygius*
ZEIT: Unter- bis Mitteljura
VERBREITUNG: Europa (England und Deutschland)
LÄNGE: 3 m

NAME: *Eurhinosaurus*
ZEIT: Unterjura
VERBREITUNG: Europa (Deutschland)
LÄNGE: 2 m

Auch von *Stenopterygius* fand man bemerkenswert gut erhaltene Exemplare bei Holzmaden in Württemberg. *Stenopterygius* war im großen und ganzen ähnlich gebaut wie *Ichthyosaurus*, hatte aber einen kleineren Kopf und etwas schmalere Gliedmaßen.

Dieser außergewöhnliche Fischsaurier sah anders aus als die übrigen Mitglieder der Gruppe. Der Oberkiefer war zweimal so lang wie der Unterkiefer und erinnert darin an einen Schwertfisch. An den Seiten dieses Sägeblatts standen Zähne. Die genaue Funktion dieses Fortsatzes ist wie beim Schwert- und Sägefisch noch nicht bekannt. Vielleicht stocherte *Eurhinosaurus* damit im Sand oder Schlamm des Gewässerbodens herum und scheuchte damit Plattfische, Garnelen oder Tintenfische auf. Vielleicht teilte er damit aber auch heftige seitliche Schläge aus, wenn er einen Fischschwarm durchschwamm, und betäubte dabei Fische, um sie anschließend zu fressen.

Familie Leptopterygiidae

Diese Familie vereint die letzten Überlebenden der Fischsaurier, die zu Beginn der Oberkreide ausstarben. Die Leptopterygiiden hatten wie die Stenopterygiiden schmale Gliedmaßen mit fünf Zehen und Fingern sowie zusätzlichen Finger- und Zehenknochen.

NAME: *Temnodontosaurus*
ZEIT: Unterjura
VERBREITUNG: Europa (England und Deutschland)
LÄNGE: 9 m

Dieses große Lebewesen, das bisweilen auch unter dem Gattungsnamen *Leptopterygius* bekannt ist, durchschwamm die warmen Flachmeere des Jura und machte dabei Jagd auf große Tintenfische und Ammoniten.

FRÜHE DIAPSIDEN

UNTERKLASSE DIAPSIDA

Die meisten heutigen Reptilien gehören zu den *Diapsida*, einer Gruppe, die zum erstenmal im Oberkarbon, also vor mehr als 300 Millionen Jahren, auftrat. Man erkennt diese Tiere an den charakteristischen paarigen Schläfenöffnungen hinter den Augen. Die Kiefermuskeln sind mit Sehnen verbunden, die durch diese »Fenster« ziehen. Diese Anordnung ermöglicht es den Tieren, die Kiefer weit aufzusperren und fester zuzubeißen.

Die *Diapsida* sind nicht nur eine alte, sondern auch eine in stammesgeschichtlicher Hinsicht wichtige Gruppe; zu ihnen zählen nämlich die Vorfahren der meisten modernen Reptilien (Echsen, Schlangen und Brückenechsen). Auch gingen aus ihnen die inzwischen ausgestorbenen Dinosaurier sowie die Flugsaurier und Krokodile hervor.

ORDNUNG ARAEOSCELIDA

Die früheste und primitivste Ordnung der *Diapsida* bildeten die kleinen, eidechsenähnlichen Araeosceliden. Sie hatten einen langen Hals und dünne Laufbeine. Es sind nur ungefähr vier Gattungen und zwei Familien bekannt. Ihre Zeit erstreckte sich vom Oberkarbon bis zum Mittelperm und damit über weniger als 40 Millionen Jahre.

NAME: *Petrolacosaurus*
ZEIT: Oberkarbon
VERBREITUNG: Nordamerika (Kansas)
LÄNGE: 40 cm

Dieses früheste diapside Reptil mit zwei Paar Schläfenöffnungen an den Kopfseiten sah wie eine heutige Eidechse aus. Die Beine waren vielleicht etwas länger, auch der Schwanz war länger als Rumpf und Kopf zusammen. *Petrolacosaurus* lebte wahrscheinlich auch wie eine moderne Eidechse. Das Tier machte Jagd auf Insekten und andere kleine Wirbellose. Sein Zuhause waren die trockenen Hochebenen des heutigen Kansas. Sie lagen oberhalb jener Sümpfe, in denen sich ausgehend vom Oberkarbon (Pennsylvanian) die Kohlelager bildeten. *Petrolacosaurus* hatte viele scharfe Zähne, darunter im Oberkiefer zwei Reißzähne. Diese Anordnung erinnert uns an *Hylonomus*, das primitivste bisher bekannte Reptil (S. 62). Die Kiefer von *Petrolacosaurus* waren trotz der Schläfenöffnungen nicht sehr kräftig. Die Schläfenöffnungen dienten wahrscheinlich eher der Gewichtsersparnis und waren noch nicht wie bei späteren Formen Ansatzstellen für die Muskeln.

NAME: *Araeoscelis*
ZEIT: Unterperm
VERBREITUNG: Nordamerika (Texas)
LÄNGE: 60 cm

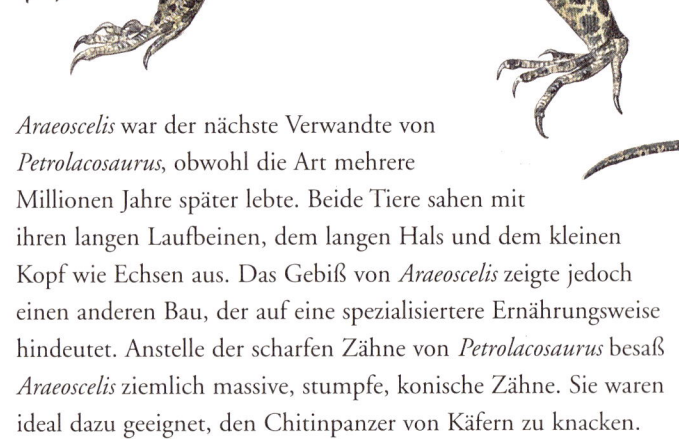

Araeoscelis war der nächste Verwandte von *Petrolacosaurus*, obwohl die Art mehrere Millionen Jahre später lebte. Beide Tiere sahen mit ihren langen Laufbeinen, dem langen Hals und dem kleinen Kopf wie Echsen aus. Das Gebiß von *Araeoscelis* zeigte jedoch einen anderen Bau, der auf eine spezialisiertere Ernährungsweise hindeutet. Anstelle der scharfen Zähne von *Petrolacosaurus* besaß *Araeoscelis* ziemlich massive, stumpfe, konische Zähne. Sie waren ideal dazu geeignet, den Chitinpanzer von Käfern zu knacken.

Parallel zu dieser spezialisierten Ernährungsweise vollzogen sich Veränderungen im Schädelbau. Eines der zwei Paar Schläfenöffnungen war wieder von Knochen überzogen. Es handelte sich wahrscheinlich um eine Anpassung an die härtere Nahrung; der Schädel wurde damit verstärkt, und das Tier konnte kräftiger zubeißen.

Ordnung unsicher

Aus dem Mittelperm sind keine Fossilfunde diapsider Reptilien bekannt, weshalb man über den Verlauf der Stammesgeschichte in jener Zeit nichts weiß. Im Oberperm treten jedoch einige spezialisierte Gruppen auf, deren Beziehungen untereinander noch ungeklärt sind. Die *Coelurosauravidae* (s. u.) bilden eine solche spezialisierte Gruppe. Es sind nur einige wenige Arten aus Madagaskar und Europa bekannt.

Familie Weigeltisauridae

NAME: *Coelurosauravus*
ZEIT: Oberperm
VERBREITUNG: Madagaskar
LÄNGE: 40 cm

Dieses frühe Reptil war erstaunlich gut angepaßt und ähnelte wahrscheinlich dem heutigen südostasiatischen Flugdrachen *(Draco volans)*.

Die Rippen von *Coelurosauravus* waren auf jeder Seite stark verlängert. Hautlappen verbanden die Rippen untereinander und bildeten ein Paar »Flügel« mit einer Spannweite von ungefähr 30 cm. Das Reptil lebte wahrscheinlich wie die heutigen Flugdrachen in Wäldern, glitt von Baum zu Baum und ernährte sich von Insekten. Beim Gleitflug hielt es seine Beine vermutlich weit abgespreizt, um der Luft möglichst viel Widerstand zu bieten.

Der Schädel von *Coelurosauravus* war erheblich leichter als der anderer früher Diapsiden. Die Augenhöhlen waren groß, und am Hinterkopf trug das Tier einen kräftigen knöchernen Kragen, der wahrscheinlich die Aerodynamik verbesserte.

Ordnung Thalattosauria

Die Thalattosaurier waren eine weitere spezialisierte Gruppe früher diapsider Reptilien. Sie lebten in der Trias und verbrachten wahrscheinlich die meiste Zeit im Meer. Nur zur Eiablage kamen sie an Land.

Die wenigen Thalattosaurier, die man aus Europa und dem westlichen Nordamerika kennt, werden in drei Familien gegliedert, von denen die Askeptosauridae am bekanntesten sind.

NAME: *Askeptosaurus*
ZEIT: Mitteltrias
VERBREITUNG: Europa (Schweiz)
LÄNGE: 2 m

Wie bei vielen Tieren, die an das Leben im Wasser angepaßt sind, waren der Hals und der Rumpf von *Askeptosaurus* lang und schlank. Der Schwanz war stark verlängert, fast riemenartig, und machte die Hälfte der Körperlänge aus. Das Tier bewegte sich wahrscheinlich mit seitwärts schlängelnden Bewegungen nach Art der Aale durchs Wasser. Auch die Füße dürften beim Schwimmen eine Rolle gespielt haben, denn sie hatten breite Schwimmhäute.

Askeptosaurus besaß lange Kiefer mit vielen scharfen Zähnen. Wahrscheinlich jagte er Fische. Die Augen waren groß und allem Anschein nach dem Dämmerlicht der Ozeane angepaßt. Ein Sklerotikalring aus Knochenplatten verstärkte den Augapfel und verhinderte, daß er unter dem hohen Wasserdruck Schaden nahm.

FRÜHE DIAPSIDEN

ORDNUNG CHORISTODERA

Eine merkwürdige Gruppe krokodilähnlicher Reptilien spaltete sich in der Unterkreide, vor ungefähr 140 Millionen Jahren, von der Hauptlinie der Diapsiden ab. Die *Choristodera* lebten bis ins Tertiär hinein in den Binnengewässern Nordamerikas, Europas und Westasiens. Vor ungefähr 50 Millionen Jahren, im Eozän, starben sie aus.

NAME: *Champsosaurus*
ZEIT: Oberkreide bis Eozän
VERBREITUNG: Europa (Belgien und Frankreich) und Nordamerika (Alberta, Montana, New Mexico und Wyoming)
LÄNGE: 1,5 m

Mit seinen langen schmalen Kiefern und den kleinen zugespitzten Zähnen könnte man *Champsosaurus* leicht mit dem heutigen Gavial Indiens verwechseln, einem nahen Verwandten des Krokodils. Obwohl es sich bei beiden Reptilien um Diapside handelt, besteht keine nähere Verwandtschaft; die Ähnlichkeit erklärt sich durch konvergente Evolution, das heißt durch Anpassung an denselben Lebensraum, die zu ähnlichen Körperformen und ähnlichem Verhalten führt.

Champsosaurus lebte in den Flüssen und Sümpfen Europas und des westlichen Nordamerika von der Oberkreide bis zum Alttertiär. Wahrscheinlich schwamm das Reptil durch seitliche Schlängelbewegungen des Körpers, wobei es aus hydrodynamischen Gründen die Beine eng an die Körperseiten anlegte. Die heutigen Krokodile und Meerechsen schwimmen auf die gleiche Weise.

Champsosaurus fraß Fische und hatte, der Schädelbreite hinter den Augen nach zu schließen, außerordentlich kräftige Kiefer, da sehr breite Ansatzstellen für Muskeln vorhanden waren.

ORDNUNG EOSUCHIA

Die echsenähnlichen *Eosuchia* gelten als nahe Verwandte der direkten Vorfahren späterer, höherentwickelter diapsider Reptilien, von denen viele als Echsen oder Schlangen (S. 86–87) bis auf den heutigen Tag überlebten.

Die *Eosuchia* traten erstmals im Oberperm auf und starben in der Mitteltrias aus. Man unterscheidet vier Familien. Die Arten blieben in ihrer Verbreitung offensichtlich auf Süd- und Ostafrika sowie Madagaskar beschränkt. Wir stellen zwei typische Vertreter aus der Familie der *Tangasauridae* vor.

NAME: *Thadeosaurus*
ZEIT: Oberperm
VERBREITUNG: Madagaskar
LÄNGE: 60 cm

Der außergewöhnlich lange Schwanz des landbewohnenden *Thadeosaurus* maß ungefähr 40 cm und machte damit zwei Drittel der gesamten Körperlänge aus. Die fünf Zehen und Finger waren stark verlängert, wobei die jeweils längsten Glieder auch jeweils die äußersten waren. Dies hatte zur Folge, daß die meisten Zehen den Boden noch berührten, wenn der Fuß gehoben wurde. Sie konnten sich bei jedem Schritt gesondert abstoßen und sorgten somit für zusätzliche Beschleunigung. Das massive Brustbein bot den Vorderbeinen mehr Widerhalt.

NAME: *Planocephalosaurus*
ZEIT: Obertrias
VERBREITUNG: Europa (England)
LÄNGE: 20 cm

Dieses echsenartige Tier mit seinem breiten Kopf und den langen Beinen gehörte zu den ersten *Sphenodontida*. Das Skelett ist fast identisch mit dem der heutigen Brückenechse. Der Schädel zeigt ein primitives Merkmal: Die Zähne waren mit den Kieferknochen verwachsen und noch nicht in Taschen versenkt wie bei den höheren Echsen. Wahrscheinlich schnappte das Reptil nach Insekten und zermalmte sie zwischen seinen Zähnen. Vermutlich fraß es gelegentlich auch Würmer und Schnecken und hin und wieder sogar einmal eine kleine Echse.

NAME: *Hovasaurus*
ZEIT: Oberperm
VERBREITUNG: Madagaskar
LÄNGE: 50 cm

Das auffallendste Merkmal dieses wasserbewohnenden Reptils war der Schwanz. Er war nicht nur doppelt so lang wie der restliche Körper, sondern auch seitlich abgeplattet. Jeder Schwanzwirbel verlängerte sich nach oben und nach unten. Das Ergebnis war ein breites, steifes Paddel, mit dem *Hovasaurus* im Wasser gut vorankam.

Ein weiteres ungewöhnliches Merkmal waren die Kieselsteine, die in der Bauchhöhle der meisten gefundenen Exemplare entdeckt wurden. Offensichtlich verschluckten die Tiere Kiesel als Ballast. Die Steine ermöglichten es ihnen, schneller zur Fischjagd abzutauchen, und verhinderten, daß der Auftrieb sie zu früh an die Oberfläche hob.

ÜBERORDNUNG LEPIDOSAURIA

Die Entwicklungslinie, die zu den heutigen *Lepidosauria* führt – und damit zu den 6000 Schlangen- und Echsenarten –, nahm ihren Anfang bei einem eosuchiaähnlichen Vorfahren im Oberperm. Die Gruppe der *Sphenodontida* hatte keinen solchen Erfolg.

ORDNUNG SPHENODONTIDA

Die *Sphenodontida* (bisweilen auch *Rhynchocephalia* genannt) sind eine alte Gruppe der *Lepidosauria*. Es handelt sich bei ihnen um einen Seitenzweig jener Entwicklungslinie, die zu den echten Schlangen und Echsen führte.

Die *Sphenodontida* erschienen in der Obertrias vor über 200 Millionen Jahren. Im darauffolgenden Jura entwickelten sich viele Familien. Danach setzte der Niedergang ein.

Die einzige Überlebende der Ordnung *Sphenodontida* ist die Brückenechse oder Tuatera *(Sphenodon punctatus)*, die nur auf Neuseeland vorkommt.

NAME: *Pleurosaurus*
ZEIT: Oberjura bis Unterkreide
VERBREITUNG: Europa (Deutschland)
LÄNGE: 60 cm

Pleurosaurus war der namensgebende Vertreter der wasserbewohnenden *Pleurosauridae*. Diese spezialisierte Gruppe der *Sphenodontida* entwickelte sich erst an Land und kehrte während des Unterjura ins Wasser zurück.

Die spezifische Anpassung an das Leben im Wasser ist die starke Verlängerung des Körpers. Einige Formen hatten bis zu 57 Wirbel und damit doppelt so viele wie typische *Sphenodontida*.

Wahrscheinlich bewegte sich *Pleurosaurus* mit schlängelnden Bewegungen durch das Wasser. Die Beine waren kürzer als bei den landbewohnenden *Sphenodontida* und spielten beim Schwimmen keine Rolle.

SCHLANGEN UND ECHSEN

ORDNUNG SQUAMATA

Zur erfolgreichsten aller Reptiliengruppen gehören in unseren Tagen die Echsen und die Schlangen. Es gibt ungefähr 6000 Arten, die sich über alle Kontinente mit Ausnahme von Antarctica verbreitet haben. Daher befleißigen sie sich der verschiedensten Fortbewegungsarten: Sie gehen, kriechen, gleiten, schwimmen, klettern und graben. Die *Squamata* gehen auf eine alte Entwicklungslinie der diapsiden Reptilien zurück, sehr wahrscheinlich auf die echsenähnlichen *Eosuchia* des Oberperm (S. 84–85) und damit auf die Zeit vor über 250 Millionen Jahren.

Die anderen modernen Reptilien, Schildkröten und Krokodile, entwickelten sich auf andere Weise (S. 66–69, 98–101).

Das Hauptmerkmal, das Echsen und Schlangen von allen anderen diapsiden Reptilien (auch von ihren nächsten Verwandten, den *Sphenodontida*) unterscheidet, ist die große Flexibilität und Beißkraft der Kiefer. Zwei strukturelle Veränderungen waren dafür verantwortlich: Zunächst ging die untere Knochenspange verloren, welche die untere Schläfenöffnung abgrenzte. Damit war mehr Platz geschaffen für größere Muskeln. Dann entwickelte sich im Schädel ein Scharniergelenk, das den Kiefern größere Flexibilität verlieh.

UNTERORDNUNG LACERTILIA

Die Echsen sind eine viel ältere Gruppe als die Schlangen. Die frühesten von ihnen waren kleine Insektenfresser, die während des Oberperm in Südafrika lebten. Wir haben nur wenige Fossilien zur Hand, um ihre Stammesgeschichte während der ersten Hälfte des Mesozoikum verfolgen zu können. Gegen Ende des Jura scheinen sich die Echsen dann in großer Artenvielfalt entwickelt zu haben: Plötzlich traten primitive Angehörige aller größeren modernen Gruppen auf, darunter Geckos, Skinke, Leguane, Blindschleichen und Warane.

Abgesehen von den Veränderungen am Schädel entwickelten die Echsen einen besseren Gehörsinn und bessere Gelenkoberflächen in ihren Gliedmaßen. Dadurch wurden sie zu schnellen, erfolgreichen Jägern, die verhältnismäßig große Beutetiere fangen konnten (darunter auch andere Reptilien).

FAMILIE KUEHNEOSAURIDAE

Zu dieser Familie gehören einige der ältesten Echsen, die wir kennen. Trotz ihres Alters hatten sie schon eine recht spezialisierte Lebensweise: Sie glitten auf flügelähnlichen Membranen durch die Luft.

NAME: *Kuehneosaurus*
ZEIT: Obertrias
VERBREITUNG: Europa (England)
LÄNGE: 65 cm

Dieses langbeinige Tier konnte auf einem Paar häutiger »Flügel« durch die Luft gleiten. Sie erreichten eine Spannweite von mehr als 30 cm.

Stark verlängerte Rippen bildeten den »Rahmen« dieser Gleitflügel. Dieselbe Anordnung fand sich bereits bei einem früheren diapsiden Reptil, dem gleitenden *Coelurosauravus*, und sie findet sich noch heute beim südostasiatischen Flugdrachen *(Draco volans)*. Dieser Baumbewohner kann über 60 m weit gleiten, wobei er auf diese Entfernung nur 2 m Höhe verliert.

FAMILIE ARDEOSAURIDAE

Die Geckos, eine der ältesten noch heute existierenden Reptiliengruppen, traten im Oberjura auf. Die einzige überlebende Familie, die *Geckonidae*, entwickelte sich im Eozän, vor ungefähr 40 Millionen Jahren. Sie umfaßt über 670 Arten, vorwiegend in den subtropischen und tropischen Zonen der Welt.

NAME: *Ardeosaurus*
ZEIT: Oberjura
VERBREITUNG: Europa (Deutschland)
LÄNGE: 20 cm

Dieser frühe Gecko hatte den flachen Kopf und die großen Augen, die typisch für seine modernen Verwandten sind. Wie sie jagte er wahrscheinlich nachts und war flink genug, um Insekten, Spinnen und kleinere Insekten schnappen zu können.

FAMILIE VARANIDAE

Die Warane waren (und sind heute noch) die größten aller Landechsen. Sie erschienen in der Oberkreide, vor mehr als 80 Millionen Jahren, und haben sich seither kaum verändert. Sie waren aktive Jäger, die ihre Beutetiere mit ihrer langen, gespaltenen, als Geruchsorgan dienenden Zunge wahrnahmen. Der berühmteste heutige Vertreter ist der riesenhafte Komodowaran.

NAME: *Megalania*
ZEIT: Pleistozän
VERBREITUNG: Australien (Queensland)
LÄNGE: 8 m

Dieser Waran war viel größer als sein moderner Verwandter, der indonesische Komodowaran *(Varanus komodensis)*, und wog wahrscheinlich viermal soviel.

Megalania jagte vor weniger als 2 Millionen Jahren in den Ebenen Australiens. Er lauerte großen Beuteltieren wie Känguruhs auf. Mit seinen mächtigen Kiefern und den langen, scharfen Zähnen, deren Schneiden gesägt waren, riß er große Fleischstücke aus dem Körper seiner Beute.

FAMILIE MOSASAURIDAE

Die Mosasauriden waren ein erfolgreicher, wenngleich kurzlebiger Seitenzweig der Warane. Sie waren an das Leben im Meer angepaßt und bewohnten in der Oberkreide küstennahe Gewässer. Einige unter ihnen waren leibhaftige Riesen.

NAME: *Platecarpus*
ZEIT: Oberkreide
VERBREITUNG: Europa (Belgien) und Nordamerika (Alabama, Colorado, Kansas und Mississippi)
LÄNGE: 4,3 m

Platecarpus lebte vor ungefähr 75 Millionen Jahren. Sein Schwanz war etwa so lang wie der Körper und seitlich abgeplattet; er trug oberseits wie unterseits auf ganzer Länge einen Flossensaum. Das Tier bewegte sich wahrscheinlich mit seitlich schlängelnden Bewegungen vorwärts. Die kurzen Beine mit den breiten Füßen und Schwimmhäuten dienten dabei als Steuer. *Platecarpus* fraß vermutlich Fische und weichhäutige Tintenfische. Auf den langen, spitz zulaufenden Kiefern standen zahlreiche scharfe, konische Zähne.

NAME: *Plotosaurus*
ZEIT: Oberkreide
VERBREITUNG: Nordamerika (Kansas)
LÄNGE: 10 m

Plotosaurus wurde in denselben nordamerikanischen Kalkablagerungen wie *Platecarpus* gefunden. Er war ein Riese unter den Mosasauriden. Die Wirbelsäule des Rumpfes und des Halses bestand aus ca. 50 Wirbeln; ungefähr dieselbe Zahl finden wir auch im langen Schwanz. Dessen hinterster Teil trug eine verbreiterte Flosse, mit deren Hilfe sich das gewaltige Tier durchs Wasser bewegte.

Die Gliedmaßen waren zu kurzen Paddeln umgebaut, wobei das vordere Paar nicht nur länger war, sondern auch mehr Knochen hatte.

UNTERORDNUNG SERPENTES

Die modernen Schlangen entwickelten sich vor relativ kurzer Zeit, im Miozän, vor 20 Millionen Jahren. Ihre Stammesgeschichte ist allerdings älter. Die älteste bekannte Schlange stammt aus Gesteinen der Oberkreide Südamerikas. Sie zeigt bereits viele Merkmale der heutigen Gruppen, darunter die Verlängerung des Körpers (einige Schlangen hatten oder haben mehr als 450 Wirbel), das Fehlen der Gliedmaßen und die Entwicklung kräftigerer Kiefermuskeln sowie eine noch größere Flexibilität der Kiefergelenke als bei den Echsen.

NAME: *Pachyrhachis*
ZEIT: Unterkreide
VERBREITUNG: Asien (Israel)
LÄNGE: 1 m

Das wasserbewohnende Reptil hatte den langen Körper einer Schlange und den breiten Kopf eines Warans. Gliedmaßen und Schultergürtel waren verschwunden; lediglich vom Beckengürtel waren noch Spuren vorhanden.

HERRSCHERREPTILIEN

Die Dinosaurier und ihre Verwandten, die Krokodile und die Flugsaurier, beherrschen im Mesozoikum Luft, Land und Wasser. Die »Herrschaft« der Reptilien begann vor über 200 Millionen Jahren und ging vor 65 Millionen Jahren zu Ende. In dieser Zeitspanne entwickelten sich die furchterregendsten und größten Tiere, die je auf Erden gelebt haben: sechs Meter hohe fleischfressende, 26 Meter lange pflanzenfressende Dinosaurier und Flugsaurier mit einer Flügelspannweite von 12 bis 20 Metern. Die einzigen Überlebenden aus diesem Kreis von Arten, die wir zusammenfassend als Archosaurier (Herrscherreptilien) bezeichnen, sind die heutigen Krokodile. Ihre Stammesgeschichte reicht 230 Millionen Jahre zurück.

Die Evolution der Archosaurier begann vor 250 Millionen Jahren im Oberperm. Damals entwickelte sich eine neue Linie kleiner diapsider Reptilien, die *Proterosuchia*. Aus ihnen entstand die artenreiche Ordnung der Thecodontier (S. 94–97), deren Blütezeit in der Trias lag. Einige Arten entwickelten ein beachtliches Geschick in der Fähigkeit, sich auf zwei Beinen fortzubewegen. Aus den *Ornithischia*, einer Gruppe solch »zweibeiniger« Thecodontier, gingen die Dinosaurier hervor. Die Krokodile (S. 98–101) entsprangen derselben Entwicklungslinie, vermutlich auch die Flugsaurier (S. 102–105).

Dinosaurier: einst die Herren der Welt

Die ersten Dinosaurierknochen wurden in Südengland gefunden. Sie stammten von dem riesenhaften Fleischfresser *Megalosaurus* (S. 116) sowie von dem nicht minder gewaltigen Pflanzenfresser *Iguanodon* (S. 143). Die wissenschaftlichen Beschreibungen dieser Tiere erschienen bereits 1824 und 1825, doch verging mehr als ein Jahrzehnt, bis die Forscher bemerkten, daß es sich um Vertreter einer bislang völlig unbekannten und gänzlich ausgestorbenen

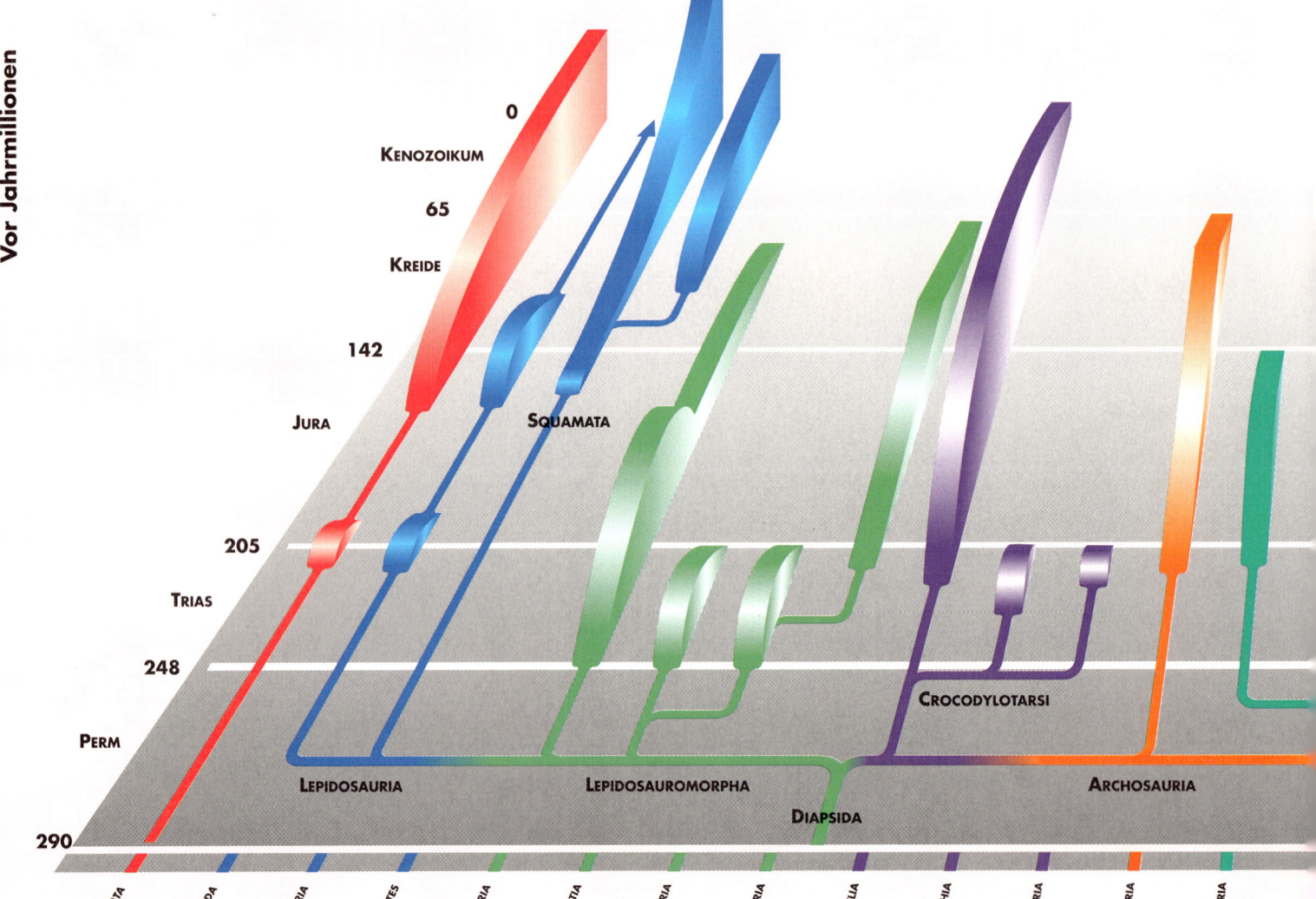

Reptiliengruppe handelte. Es war der englische Anatom und Begründer des British Museum of Natural History, Sir Richard Owen, der zu dieser Einsicht gelangte und 1842 die Bezeichnung »Dinosaurier« prägte. Wörtlich übersetzt bedeutet sie »Schreckechsen«.

Bis zur Jahrhundertwende wurden in Europa und Nordamerika zahlreiche weitere Dinosaurier entdeckt. Man schlug für sie mehrere Klassifikationssysteme vor. Doch erst 1887 bemerkte der englische Anatom Harry Seeley, daß es bei den Funden zwei grundlegend unterschiedliche Ausprägungen des Beckengürtels gab. Das Becken einiger Dinosaurier zeigte den für herkömmliche Reptilien typischen Aufbau, bei anderen jedoch erinnerte es an das Becken moderner Vögel. Die erste Gruppe nannte Seeley *Saurischia* (»Echsenbecken-Dinosaurier«), die zweite *Ornithischia* (»Vogelbecken-Dinosaurier«).

Die Entdeckung der Dinosaurier

In Nordamerika fand man die ersten Spuren von Dinosauriern bereits 1835 in triassischen Gesteinen des Connecticut Valley. Es handelte sich dabei allerdings nicht um Knochenfunde, sondern um Fußspuren, die bewiesen, daß dort vor 220 Millionen Jahren große, zweibeinige Tiere gelebt hatten. Edward Hitchcock, Professor am Amherst College in Massachusetts, beschrieb die Abdrücke 1848. Seiner Ansicht nach handelte es sich um die Spuren riesenhafter Vögel.

Erst 1856 erschien die erste Beschreibung von Dinosaurierknochen aus Nordamerika. Dr. Joseph Leidy von der Academy of Natural Science in Philadelphia berichtete damals über Dinosaurierzähne aus Montana. Zwei Jahre danach beschrieb er das erste Skelett eines nordamerikanischen Dinosauriers, den er *Hadrosaurus* nannte (S. 147).

Im amerikanischen Mittelwesten fand man in Gesteinen des Jura und der Kreide zahlreiche Dinosaurier. Die treibende Kraft hinter diesen Entdeckungen waren zwei begüterte Männer aus den Oststaaten, jeder für sich ein hochqualifizierter Paläontologe und untereinander scharfe Konkurrenten. Othniel Charles Marsh kam von der Yale University, Edward Drinker Cope von der Academy of Natural Science in Philadelphia. Ihr mit großen Geldmitteln geführter Wettstreit um die schönsten Funde führte zu zahlreichen Entdeckungen.

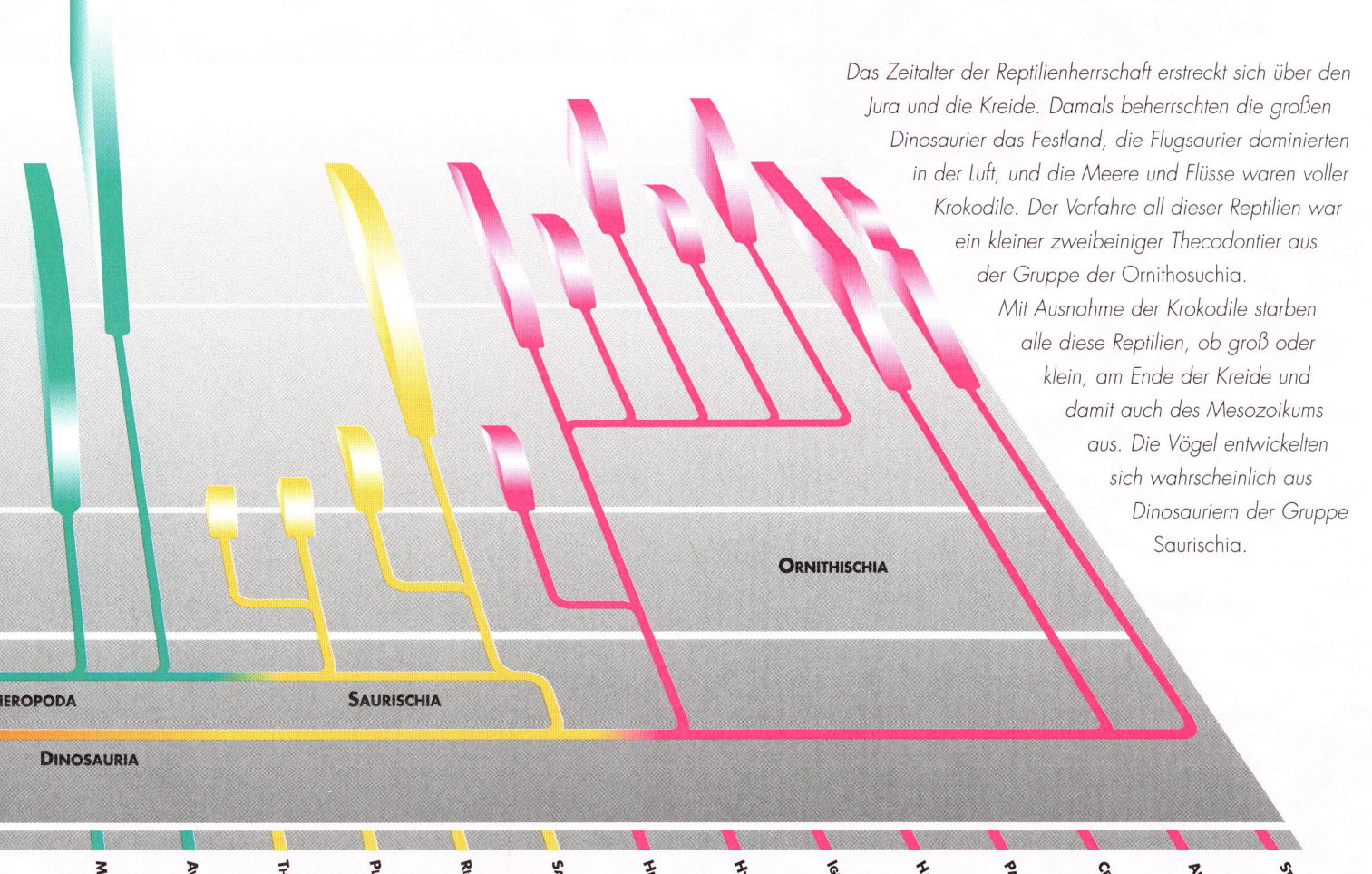

Das Zeitalter der Reptilienherrschaft erstreckt sich über den Jura und die Kreide. Damals beherrschten die großen Dinosaurier das Festland, die Flugsaurier dominierten in der Luft, und die Meere und Flüsse waren voller Krokodile. Der Vorfahre all dieser Reptilien war ein kleiner zweibeiniger Thecodontier aus der Gruppe der Ornithosuchia. Mit Ausnahme der Krokodile starben alle diese Reptilien, ob groß oder klein, am Ende der Kreide und damit auch des Mesozoikums aus. Die Vögel entwickelten sich wahrscheinlich aus Dinosauriern der Gruppe Saurischia.

Die ersten großen Dinosaurierknochen aus dem Oberjura wurden 1877 in Colorado entdeckt. Sowohl Marsh als auch Cope erhielten Proben von diesen Funden: Der »Dinosaurierkrieg« begann. Rivalisierende Teams von Fossiljägern zogen los, um jeweils die größten und besten Dinosaurierskelette zu erwerben. Marsh finanzierte sechsjährige Ausgrabungen in Wyoming, auch Cope entsandte Sammler dorthin, aber auch nach Colorado.

Nach Funden aus diesen oberjurassischen Gesteinen beschrieben beide Forscher viele neue Dinosaurierarten, die inzwischen weltweit bekannt sind, darunter *Allosaurus* (S. 117) und *Apatosaurus* (populärer unter dem Namen *Brontosaurus*).

Als die an Dinosauriern reichste paläontologische Schatzkammer erwiesen sich Gesteine der Oberkreide in Montana und Colorado. Die Entdeckung ausgestorbener Lebewesen wie *Ornithomimus*, *Nodosaurus* und *Triceratops* verdanken wir ebenfalls der Rivalität zwischen Marsh und Cope.

Auch Kanada trug zu den Dinosauriersammlungen der Museen bei. Die Sedimente aus der Oberkreide im Red Deer River Valley (Alberta) lieferten in den Jahren 1910–1917 eine reiche Ausbeute. Zahlreiche Funde lieferte auch die Wüste Gobi in der Äußeren Mongolei. Die ersten Forschungsreisen dorthin organisierte das American Museum of Natural History in den Jahren 1922 bis 1925, ursprünglich in der Absicht, fossile Menschen zu finden.

Der mongolische Dinosaurierfriedhof lieferte dann eine ganze Reihe von Tierskeletten aus der Oberkreide, darunter, samt Nestern und Eiern, *Protoceratops*, den Vorfahren der nordamerikanischen Horndinosaurier. Weitere Funde waren die Saurischier *Oviraptor*, *Velociraptor* und *Saurornithoides*.

Dinosaurier wurden auch in Südamerika, Afrika, Australien und auf Neuseeland gefunden, doch sind die Fundstätten auf der Südhalbkugel längst nicht so reich wie die auf der Nordhalbkugel.

Der vielleicht berühmteste Fundort auf der Südhemisphäre ist Tendaguru im ostafrikanischen Tansania, wo man eine große Menge oberjurassischer Dinosaurier fand. Ein weiterer afrikanischer Fundort, 1987 südlich der Sahara in Niger entdeckt, verspricht ebenfalls reiche Ausbeute. Zu Beginn der Forschungsarbeiten wurden die Knochen von *Camarasaurus* geborgen, eines gigantischen pflanzenfressenden Sauropoden (S. 128).

Weltweite Verbreitung

Heute besteht kein Zweifel mehr, daß die Dinosaurierfauna der Südhalbkugel ebenso vielfältig war wie die nördliche, denn »Echsenbecken«- und »Vogelbecken«-Dinosaurier entwickelten sich in der Trias, als alle Kontinente der Welt zusammen den Superkontinent Pangaea bildeten. Sämtliche Tiere des Festlands, also auch die Dinosaurier, konnten sich damals über die gesamte Welt verbreiten.

Erst in der Oberkreide schälten sich zwei unterschiedliche, isolierte Dinosaurierfaunen heraus. Zu jener Zeit gab es auf der Nordhalbkugel die beiden getrennten Festlandsgebiete Euramerica und Asiamerica. Aus einem unbekannten Grund entwickelten sich besonders in Asiamerica viele neue Dinosaurier, darunter die Hadrosauriden, die Ornithomimiden, die Sauromithoididen, die Tyrannosauriden und die Protoceratopiden. Die

DINOSAURIER-GANG

Als die Dinosaurier den aufrechten Gang auf zwei Beinen entwickelten, mußten sie auch neue Ansatzstellen für die Muskeln der mächtigen Hinterbeine ausbilden. Bei den Saurischia setzten die Muskeln an einem nach vorne und nach hinten gerichteten Fortsatz des Schambeins an. Bei den Ornithischia waren sie entweder an einem Fortsatz des Darmbeins oder, bei späteren Typen, an der Präpubis des Schambeins befestigt.

Echsenbecken-Saurier
MASSOPONDYLUS

Vogelbecken-Saurier
MONTANOCERATOPS

»altmodischeren« Dinosauriertypen dagegen überlebten in der Folgezeit vor allem in Euramerica, wo sie nicht der Konkurrenz ihrer neuen Verwandten ausgesetzt waren.

Bisher wurden ungefähr 300 Dinosauriergattungen beschrieben, von denen ungefähr 55 Prozent zu den *Saurischia* und 45 Prozent zu den *Ornithischia* zählen. Nur sieben Prozent fand man in Gesteinen der Trias (nahezu ausschließlich Saurischier), 28 Prozent stammen aus jurassischen Sedimenten, während die restlichen 65 Prozent der Kreidezeit angehören, drei Viertel davon der Oberkreide.

Gegen Ende der Kreidezeit entwickelten die Blütenpflanzen in einer geradezu explosiven Evolutionsphase viele neue Typen, die sich überall auf der Welt in ökologische Nischen einfügten. Sie stellten eine neue Nahrungsquelle dar, die sehr wohl die Evolution der neuen Dinosauriertypen gefördert haben kann.

Gab es warmblütige Dinosaurier?

Lange ging man davon aus, daß die Dinosaurier wie ihre heutigen Reptilienverwandten und die Amphibien wechselwarm waren. In jüngster Zeit wurde jedoch diskutiert, ob sie nicht doch, wie die Vögel und die Säuger, warmblütig waren.

Wechselwarme Tiere sind in ihrem Wärmehaushalt von der Sonne abhängig. Gleichwarme Tiere hingegen wandeln die aufgenommene Nahrung zu einem großen Teil in Wärme um. Die heutigen warmblütigen Tiere haben eine konstante Körpertemperatur im Bereich zwischen 36 und 41 °C. Ihr Energieverbrauch ist ungefähr zwölfmal so groß wie der eines wechselwarmen Tiers. Ein Dinosaurier wie *Brachiosaurus* hätte selbst dann nicht die nötige Energie produzieren können, wenn er 24 Stunden am Tag ununterbrochen gefressen hätte. Viele Paläontologen glauben darum, die Dinosaurier hätten eine niedrigere Körpertemperatur als die heutigen warmblütigen Tiere gehabt. Da ihnen eine Isolierschicht aus Haaren oder Federn fehlte (die die Körperwärme bei Temperaturstürzen konstant hält), waren sie davon abhängig, daß die Umgebungstemperatur einigermaßen stabil blieb. Sie waren also kaum imstande, sich an größere Klimaveränderungen anzupassen – möglicherweise die Ursache ihres Aussterbens; ihre Rolle übernahmen daraufhin weniger empfindliche und dank ihres Fells besser isolierte Tiere.

Das Massenaussterben der Dinosaurier

Das weltweite Verschwinden der Dinosaurier gegen Ende des Mesozoikums ist das bestdokumentierte Massenaussterben der Vorgeschichte. Im gleichen Zeitraum starben aber auch die Flugsaurier sowie die meeresbewohnenden Fischsaurier aus. Auch einige Gruppen meeresbewohnender Wirbelloser ereilte dieses Schicksal, darunter die Ammoniten, gewisse Muscheln und zahlreiche planktische Lebewesen.

Da die modernen Methoden zur Altersbestimmung von Gesteinen nur eine Genauigkeit von einigen 100 000 Jahren gestatten, läßt sich kaum feststellen, ob das Artensterben auf dem Festland und im Meer tatsächlich gleichzeitig stattfand. Die betroffenen Wirbeltiere starben offenbar nach und nach aus; so verschwanden die Fischsaurier vor dem Ende der Kreidezeit. Auch Plesiosaurier, Flugsaurier und Dinosaurier wurden wahrscheinlich gegen Ende jener Epoche immer seltener. All diese Tatsachen deuten darauf hin, daß damals ein gradueller Wandel in den ökologischen Rahmenbedingungen stattfand. Jedenfalls erscheint diese Annahme wahrscheinlicher als die populäre Vorstellung von einer plötzlichen, welterschütternden Katastrophe, der eine ungeheure Anzahl von Lebewesen zum Opfer fiel.

In der Oberkreide sank der Meeresspiegel verhältnismäßig schnell. Eine Folge davon war, daß die durchschnittliche Lufttemperatur zurückging und das Klima auf der ganzen Welt wechselhafter wurde. Hierin könnte ein Grund für den schrittweisen Niedergang der Flug- und Dinosaurier liegen, besonders wenn man bedenkt, daß die Dinosaurier bei der Regelung ihrer Körpertemperatur zumindest teilweise auf ein ausgeglichenes Klima angewiesen waren.

Im Gegensatz zu den Dinosauriern scheinen allerdings viele mikroskopisch kleine Wirbellose des Meeres gegen Ende der Kreidezeit wie auf einen Schlag ausgestorben zu sein. Sie verschwanden genau zu jener Zeit, in der sich in den Gesteinen eine ungewöhnlich hohe Konzentration ansonsten seltener Metalle zeigte, darunter Iridium, Osmium und Rhodium. Man hat derart angereicherte Schichten in ca. fünfzig unterschiedlichen Gebieten von Nordamerika und Europa bis nach Neuseeland und in den Tiefseesedimenten des Pazifiks gefunden.

Die amerikanischen Geologen Luis und Walter Alvarez wiesen darauf hin, daß die betreffenden seltenen Metalle im Gestein in denselben Mengenverhältnissen auftreten wie in Meteoriten. Sie kamen daher zu dem Schluß, ein enormer Meteorit mit einem Durchmesser von ungefähr 10 km sei am Ende der Kreide, vor 65 Millionen Jahren, auf die Erde gestürzt. Der Aufprall habe ungeheure Trümmer- und Staubmassen in die Luft geschleudert, die dann den Himmel viele Jahre lang verdunkelten und dabei auch das Wachstum der Pflanzen beeinträchtigten. Langfristig sei es dann zu Klimaveränderungen gekommen, die schließlich zum Massenaussterben des marinen Planktons und der landbewohnenden Wirbeltiere geführt hätten, deren Blütezeit ohnehin vorüber gewesen sei.

Beim Einschlag des Meteoriten in ein Kalkgebiet (Kalziumkarbonat wie die Meeressedimente der Kreide) wären große Mengen von Kohlendioxid in die Atmosphäre gelangt; dies wiederum könnte zu einer weltweiten Anhebung der Durchschnittstemperatur geführt haben, so daß die Dinosaurier letztlich zugrunde gingen, weil sie die ungewohnte Hitze nicht ertragen konnten.

FRÜHE ARCHOSAURIER

INFRAKLASSE ARCHOSAUROMORPHA

Kladistische Analysen haben ergeben, daß die Amnioten in drei Gruppen unterteilt werden können: die *Diapsida* und *Anapsida*, die gemeinsam die *Eureptilia* bilden, sowie die *Synapsida*. Im Oberperm, vor etwa 250 Millionen Jahren, teilten sich die diapsiden Reptilien in zwei Gruppen, die in der Folge besondere Bedeutung erlangen sollten. Die *Archosauromorpha* (der Name bedeutet »Herrscherreptilienformen«) bildeten den Ausgangspunkt für Dinosaurier, Krokodile und Vögel, während sich aus den *Lepidosauromorpha* die Schlangen und Echsen entwickelten.

Die *Archosauromorpha* umfassen Rhynchosaurier, *Prolacertiformes* und Archosaurier. Von diesen entwickelten sich die *Prolacertiformes* in der Mitte des Perm, die Archosaurier zu seinem Ende, die Rhynchosaurier während der Trias.

Die meisten *Archosauromorpha* waren gut angepaßte terrestrische Tiere. Ihre langen Beine saßen weiter unter dem Körper als das bei anderen Reptilien der Fall ist, wodurch sie stabiler standen und sich schneller fortbewegten. Mit dieser evolutionären Veränderung ging auch eine Weiterentwicklung der Füße einher, insbesondere die Ausformung der Fußgelenke und der Flexibilität der ersten Zehe bei den Archosauriern, was deren Bewegungsfähigkeit verbesserte.

Zu den *Prolacertiformes* zählen die fleischfressenden Protosaurier (die frühesten bekannten Mitglieder dieser Infraklasse), so *Protosaurus* aus dem Oberperm, und die pflanzenfressenden Rhynchosaurier wie *Hyperodapedon* aus der Obertrias.

Die wichtigste der frühen archosauromorphen Gruppen waren die *Archosauria*. Ihre Entwicklung in der Trias sollte die Geschichte des Lebens an Land für die nächsten 200 Millionen Jahre verändern. Von den *Archosauria* zweigten sich die Dinosaurier, die Krokodile, die fliegenden Pterosaurier und nicht zuletzt die Vögel ab.

NAME: *Hyperodapedon*
ZEIT: Obertrias
VERBREITUNG: Asien (Indien) und Europa (Schottland)
LÄNGE: 1,3 m

Hyperodapedon gehörte zu den Rhynchosauriern, schwer gebauten, tonnenförmigen Pflanzenfressern, die von der Mittel- bis zur Obertrias lebten und vor allem in Südamerika und Afrika die häufigsten Reptilien waren.

Auf beiden Seiten ihres Oberkiefers standen zwei breite Zahnplatten. Jede enthielt mehrere Zahnreihen, und in der Mitte verlief eine Furche. Die beiden Zahnreihen der Unterkiefer paßten bei geschlossenem Gebiß genau in diese Furche, so daß der Beißvorgang besonders effizient war.

Die Rhynchosaurier ernährten sich von Samenfarnen, die in der Trias allerorts häufig waren, gegen Ende der Periode aber ausstarben und von den Nadelhölzern ersetzt wurden. Auch die Rhynchosaurier starben aus, und ihre ökologische Nische als Pflanzenfresser übernahmen die entwicklungsgeschichtlich jüngeren Dinosaurier. Das Zeitalter der Reptilien hatte endgültig begonnen.

ORDNUNG PROLACERTIFORMES

Die *Prolacertiformes* traten gegen Mitte des Perm auf, verbreiteten sich aber erst in der Trias. Sie sahen zunächst wie große Echsen mit langen Hälsen aus, einige von ihnen entwickelten diese Tendenz ins Extreme. Sie teilten sich viele Charakteristika mit den Archosauriern.

NAME: *Protorosaurus*
ZEIT: Oberperm
VERBREITUNG: Europa (Deutschland)
LÄNGE: bis 2 m

Dieses echsenähnliche Tier ist der älteste Vertreter der *Archosauromorpha*. Es lebte gegen Ende des Perm in den europäischen Wüsten. Mit seinen langen, tief unten ansitzenden Beinen konnte es schnellen Beutetieren nachstellen (hauptsächlich Insekten). Der Hals bestand aus sieben großen und stark verlängerten Wirbeln.

NAME: *Tanystropheus*
ZEIT: Mitteltrias
VERBREITUNG: Asien (Israel) und Europa (Deutschland und Schweiz)
LÄNGE: 3 m

Der Hals der Protosaurier erreichte bei *Tanystropheus* seine Extremlänge und war länger als Rumpf und Schwanz zusammen. Dennoch bestand er nur aus zehn Wirbeln – nur drei mehr als bei *Protosaurus* (s. o.). Als man diese Halswirbel fand, hielt man sie zunächst für Knochen von Gliedmaßen.

Tanystropheus war ein derart bizarres Wesen, daß einige Paläontologen glauben, er müsse, um den Kopf überhaupt aufrecht tragen zu können, im Wasser gelebt haben. Es fehlen dafür jedoch alle spezifischen Anpassungen.

ÜBERORDNUNG ARCHOSAURIA

Die Archosaurier stellten die spektakulärste Gruppe der »Herrscherreptilien« dar. Sie dominierten das Mesozoikum über einen Zeitraum von mehr als 180 Millionen Jahren. Die Flugsaurier waren zu jener Zeit die Beherrscher der Lüfte, die Dinosaurier dominierten auf dem Festland, und die Krokodile, die einzigen heute noch lebenden Archosaurier, drangen in die Meere und Binnengewässer vor (S. 98–101).

All diese unterschiedlichen Lebewesen hatten ein gemeinsames Merkmal: den diapsiden Schädel mit zwei Schläfenfenstern hinter dem Auge (S. 61).

Die frühesten Archosaurier erschienen im Oberperm vor 250 Millionen Jahren. Sie diversifizierten sich rasch in zahlreiche Formen während der Trias, starben aber am Ende dieser Periode aus. Ihre Stammesgeschichte war also relativ kurz (weniger als 40 Millionen Jahre), aber aus ihnen entwickelten sich die Vorfahren der Herrscherreptilien. Eine Linie führte zu den Krokodilen, eine andere zu den Dinosauriern und Vögeln.

Die übrigen triassischen Archosaurier, die unter keine dieser Gruppen fallen, wurden früher unter der Ordnung *Thecodontia* zusammengefaßt, heute aber als paraphyletische Gruppe unterschiedlichen Ursprungs angesehen. Zu ihnen zählen frühtriassische Formen wie die *Proterosuchia*, die Fleischfressernischen eroberten, welche im Perm noch von Tieren wie den *Gorgonopsida* besetzt gewesen waren. *Euparkeria*, der kleine südafrikanische Archosaurier aus der Mitte der Trias, wird manchmal zu den *Ornithosuchidae* gezählt, manchmal separat betrachtet, markiert aber den Anfang des ersten wichtigen Entwicklungsschubs der Archosaurier. Die *Rauisuchidae*, *Phytosauridae* und *Stagenolepididae* sind jüngst den *Crocodylomorpha* zugeschlagen worden.

Diese frühen Archosaurier zeigen eine evolutionäre Tendenz zu einer aufrechteren Körperhaltung, wobei die Hinterbeine zunehmend aus ihrer ursprünglichen Position an den hinteren Flanken mehr unter den Körper wandern. Diese Entwicklung wurde schließlich in den *Ornithosuchidae* perfektioniert, die aufrecht auf zwei Beinen laufen konnten.

FRÜHE ARCHOSAURIER

FAMILIE PROTEROSUCHIDAE

Die *Proterosuchidae* waren die ältesten Thecodontier. Sie traten erstmals im Oberperm auf. Einige lebten im Wasser wie Krokodile, andere waren gänzlich an das Leben auf dem Festland angepaßt. In der Trias verbreiteten sie sich über die ganze Erde, starben jedoch am Ende der Periode aus. Alle Thecodontier-Gruppen stammten vermutlich von den *Proterosuchidae* ab.

NAME: *Chasmatosaurus*
ZEIT: Untertrias
VERBREITUNG: Afrika (Südafrika) und Asien (China)
LÄNGE: 2 m

Chasmatosaurus (früher auch *Proterosuchus* genannt) ist der älteste gut bekannte Thecodontier. Er ähnelte einem modernen Krokodil und führte wohl auch ein ähnliches Leben. Die kräftigen Gliedmaßen traten waagrecht aus dem Rumpf aus und bewirkten einen breiten, echsenartigen Gang.

Obwohl *Chasmatosaurus* an Land gehen konnte, verbrachte er seine Zeit wahrscheinlich vorwiegend in Flüssen, wo er mit schlängelnden Bewegungen des Rumpfes und des langen Schwanzes Fischen nachstellte. Jeder der spitzen, rückwärts gekrümmten Zähne saß in einer flachen Zahntasche. Auch der Gaumen trug Zähne, ein primitives Merkmal, das spätere Thecodontier verloren.

NAME: *Erythrosuchus*
ZEIT: Untertrias
VERBREITUNG: Afrika (Südafrika)
LÄNGE: 4,5 m

In der Unter- und Mitteltrias waren *Erythrosuchus* und weitere Angehörige der Familie weltweit die größten Räuber des Festlands. Einige erreichten eine Länge von 5 m. Sie müssen einen tiefgreifenden Selektionsdruck auf die Evolution anderer Festlandsreptilien ausgeübt haben. Ungefähr gleichzeitig traten nämlich mehrere neue Thecodontier-Typen mit gepanzertem Körper auf, wie die Phytosaurier und die Aetosaurier.

Erythrosuchus hatte einen breiten, bis einen Meter langen Kopf. Auf den mächtigen Kiefern standen zahlreiche, scharfe, konische Zähne. Die Gliedmaßen waren weiter unten an der Bauchseite befestigt als bei *Chasmatosaurus* (s. o.), was darauf hindeutet, daß sich das Tier auf dem Festland besser fortbewegen konnte.

Familie Rauisuchidae

Diese krokodilähnlichen Thecodontier waren große räuberische Landbewohner, von denen einige eine Länge von sechs Metern erreichten. Sie entwickelten sich in der Mitteltrias und überlebten bis zum Ende dieser Periode. *Rauisuchidae* sind aus Nord- und Südamerika, Ostafrika und Westeuropa bekannt.

Die Hinterbeine der *Rauisuchidae* saßen noch weiter unten am Körper als bei den *Proterosuchidae*. Außerdem verfügten die Tiere über verbesserte Fußgelenke, so daß sie die Beine beim Gehen besser abbiegen konnten.

NAME: *Ticinosuchus*
ZEIT: Mitteltrias
VERBREITUNG: Europa (Schweiz)
LÄNGE: 3 m

Der Rücken dieses mittelgroßen Rauisuchiers war mit einer doppelten Reihe kleiner Knochenplatten leicht gepanzert. Auch der lange Schwanz trug oben und unten eine Panzerung. Aus dem Bau des Beckengürtels und den Kugelgelenken der Hüfte schließt man, daß die Beine von *Ticinosuchus* senkrecht nach unten zeigten und nicht seitlich abgespreizt waren wie bei den ältesten Thecodontiern.

Auch seine Fußgelenke waren an das Gehen auf dem Festland angepaßt. Ein Fußknochen entwickelte sich zum Fersenbein, an dem eine starke Sehne befestigt war. Damit konnten die Tiere ihre Beine besser biegen.

Bis zur Entwicklung des Fersenbeins hatte der fünfte Mittelfußknochen zusammen mit der fünften Zehe beim Abheben des Fußes vom Boden geholfen. Tiere mit einem Fersenbein konnten nun die Länge der fünften Zehe verringern. Bei einigen ging sie ganz verloren, andere verkürzten sie so sehr, daß sie nicht mehr auf den Boden reichte.

Familie Phytosauridae

Die Phytosaurier waren Räuber, die im Wasser lebten. Sie sind nur aus der Obertrias bekannt. Mit ihrem stark gepanzerten, krokodilähnlichen Körper von bis zu 5 m Länge beherrschten sie die Flüsse der Nordhalbkugel.

Die Phytosaurier stellen den klassischen Fall einer parallelen Evolution mit den echten Krokodilen dar. Beide Reptilientypen gingen aus Thecodontiern hervor, und beide entwickelten unabhängig voneinander aufgrund derselben Lebensweise auch denselben Körperbau.

NAME: *Rutiodon*
ZEIT: Obertrias
VERBREITUNG: Europa (Deutschland, Schweiz) und Nordamerika (Arizona, New Mexico, North Carolina, Texas)
LÄNGE: 3 m

Rutiodon (unten) war mit seiner Panzerung ein typischer Phytosaurier. Die Schnauze war verlängert wie bei einem heutigen Gavial (der die Flüsse Indiens bewohnt), und auf den Kiefern standen zahlreiche scharfe Zähne, die hervorragend für den Fischfang geeignet waren. *Rutiodon* fraß wahrscheinlich auch andere Reptilien, da man Reste von ihnen im Körper einiger Phytosaurier gefunden hat.

Rutiodon und verwandte Arten zeigten eine überraschende Ähnlichkeit mit heutigen Krokodilen, lassen sich jedoch durch die Stellung der Nasenlöcher sofort unterscheiden: Bei den Phytosauriern saßen sie auf einem knöchernen Höcker an der Basis der Schnauze unweit der Augen, während sie bei den Krokodilen an der Schnauzenspitze liegen.

FRÜHE ARCHOSAURIER

FAMILIE STAGENOLEPIDAE

Im Gegensatz zu den übrigen Thecodontiern waren die Aetosaurier Pflanzenfresser mit kleinen, blattförmigen Zähnen und massigem, stark gepanzertem Körper. Sie sahen wie kurzschnäuzige Krokodile aus und bildeten einen Seitenzweig der Hauptentwicklungslinie. Sie sind nur aus der Obertrias Europas sowie aus Nord- und Südamerika bekannt.

NAME: *Stagonolepis*
ZEIT: Obertrias
VERBREITUNG: Europa (Schottland)
LÄNGE: 3 m

FAMILIE ORNITHOSUCHIDAE

Die Paläontologen betrachten die Ornithosuchiden als ideales Zwischenglied zwischen den vierbeinigen Thecodontiern und den zweibeinigen Dinosauriern. In der Familie *Lagosuchidae* vermuten viele den Vorfahren der Dinosaurier.

NAME: *Euparkeria*
ZEIT: Untertrias
VERBREITUNG: Afrika (Südafrika)
LÄNGE: bis 60 cm

Die kräftigen Hinterbeine und der lange Schwanz, deren Entwicklung bereits bei den frühen Thecodontiern zu beobachten war, ermöglichten ihren Nachkommen, den *Ornithosuchia*, eine neue Körperhaltung.

Euparkeria war ein ziemlich frühes Mitglied dieser Gruppe. Das Tier war schlank gebaut und trug auf dem Kamm von Rücken und Schwanz einen leichten Panzer aus Knochenplatten. Die Hinterbeine waren um ungefähr ein Drittel länger als die Vorderbeine. Obwohl *Euparkeria* die meiste Zeit auf allen Vieren ging, konnte es sich bei Gefahr auf die Hinterbeine aufrichten und auf zwei Beinen davonlaufen. Der lange Schwanz sorgte beim Laufen für das Gleichgewicht.

Euparkeria hatte einen breiten Schädel, dessen Gewicht durch mehrere Fenster zwischen den Knochen verringert wurde. Die Zähne waren der räuberischen Lebensweise gut angepaßt: lang und scharf, leicht nach hinten gekrümmt und an den Kanten zusätzlich eingekerbt.

Der mächtige Rumpf von *Stagonolepis* ist typisch für die pflanzenfressenden Aetosaurier. Er bot dem verlängerten Darm Platz, der für die Verdauung von Pflanzennahrung erforderlich ist. Als träges Tier brauchte *Stagonolepis* zudem eine schwere Körperpanzerung, um gegen Angriffe räuberischer Thecodontier aus der eigenen Verwandtschaft einigermaßen geschützt zu sein.

Für seine Gesamtlänge von 3 m hatte *Stagonolepis* einen kleinen Kopf (Länge 25 cm). Die verkürzten Kiefer waren im vorderen Teil zahnlos. Nur weiter hinten standen zapfenartige Zähne, mit denen das Tier zähe Teile von Schachtelhalmen, Farnen und Palmfarnen abreißen konnte.

NAME: *Desmatosuchus*
ZEIT: Obertrias
VERBREITUNG: Nordamerika (Texas)
LÄNGE: 5 m

Dieser große nordamerikanische Aetosaurier besaß einen besonders schweren Panzer. Den Schultern entsprangen bis 45 cm lange Dornen. Den kleinen Kopf, die schweineähnliche Schnauze und die stumpfen Zähne hatte *Desmatosuchus* mit anderen pflanzenfressenden Aetosauriern gemeinsam.

NAME: *Ornithosuchus*
ZEIT: Obertrias
VERBREITUNG: Europa (Schottland)
LÄNGE: 4 m

Die Paläontologen betrachteten *Ornithosuchus* früher als primitiven Dinosaurier. Heute gilt er eher als hochentwickelter Thecodontier. Aus ihm oder einem nahen Verwandten gingen die Dinosaurier der Unterordnung *Theropoda* hervor. *Ornithosuchus* ging sicher wie ein Dinosaurier. Die senkrecht unter dem Körper stehenden Hinterbeine ermöglichten ihm einen aufrechten Gang. Im Normalfall bewegte er sich aber wohl noch auf allen Vieren vorwärts.

Primitive Merkmale von *Ornithosuchus* waren eine Doppelreihe von Knochenplatten auf dem Rücken, ein kurzes, breites Becken, das nur über drei Wirbel an der Wirbelsäule befestigt war, und fünf Zehen an den Hinterbeinen. Der Schädel zeigt jedoch fortgeschrittene Merkmale und ähnelt dem der großen *Theropoda* wie *Tyrannosaurus*.

NAME: *Lagosuchus*
ZEIT: Mitteltrias
VERBREITUNG: Südamerika (Argentinien)
LÄNGE: 30 cm

Die Angehörigen der Familie *Lagosuchidae* sind die dinosaurierähnlichsten unter allen Thecodontiern. *Lagosuchus* selbst gilt

als direkter Vorfahre der Dinosaurier, eine Annahme, die sich hauptsächlich auf den Bau des Beckengürtels, der Fußgelenke und der langen schlanken Hinterbeine stützt. Die Knochen des Unterschenkels sind fast doppelt so lang wie die des Oberschenkels, ein Merkmal von Tieren, die schnell laufen können; es war besonders bei den zweibeinigen Dinosauriern ausgeprägt.

Einige Forscher halten *Lagosuchus* auch für einen Vorfahren der Flugsaurier, die ebenfalls in der Obertrias auf den Plan traten (S. 102–105).

FAMILIE UNSICHER

Die 1970 erstmals beschriebene einzelne Spezies *Longisquama insignis* besitzt einige ungewöhnliche Merkmale, die sie von allen bekannten Familien abhebt. Allerdings zögern die Paläontologen noch, für diese einzige Spezies eine neue Familie zu benennen.

NAME: *Longisquama*
ZEIT: Untertrias
VERBREITUNG: Asien (Turkestan)
LÄNGE: 15 cm

Das eidechsenähnliche Tier war trotz seiner geringen Größe ebenfalls ein Thecodontier, der sich jedoch keiner der bekannten Unterordnungen oder Familien zuordnen läßt. Der Körper war bedeckt von dachziegelartig übereinanderliegenden, gekielten Schuppen. Auf dem Rücken trug es eine auffallende Reihe großer, steifer, im Querschnitt V-förmiger Schuppen, deren genaue Funktion bis heute unbekannt geblieben ist. Vielleicht sollten sie Geschlechtspartner anlocken und/oder Rivalen abschrecken. Es ist aber auch nicht auszuschließen, daß wir es hier mit einem frühen Stadium in der Evolution der Federn zu tun haben.

KROKODILE

ÜBERORDNUNG CROCODYLOMORPHA

Die Krokodile können als die erfolgreichste Gruppe der *Archosauria* angesehen werden, da sie als einzige bis auf den heutigen Tag überlebt haben. Im Vergleich zu ihren urzeitlichen Verwandten, die erstmals in der Mitteltrias vor 230 Millionen Jahren auftraten, haben sie sich nur wenig verändert.

Die Krokodile gingen höchstwahrscheinlich aus einem Ornithosuchier hervor. Zunächst entwickelten sie sich zu kleinen Räubern mit terrestrischer Lebensweise. Sie liefen aufrecht auf ihren langen, schlanken Hinterbeinen, die mit den seitlich abstehenden Gliedmaßen ihrer Nachfahren kaum etwas gemein hatten.

Alle Krokodile haben lange, flache und massive Schädel, die dem Druck der kräftigen, langen Kiefer standhalten müssen. Die Kiefermuskeln erlauben es den Tieren, das Maul weit aufzureißen und damit auch große Beutetiere zu verschlingen. Ein sekundäres Munddach trennt die Mundhöhle von der Nasenhöhle. Das Krokodil kann daher gleichzeitig fressen und atmen, eine besonders für wasserbewohnende Tiere sehr nützliche Eigenschaft.

FAMILIE SPHENOSUCHIDAE

Die *Sphenosuchia* waren die ältesten Krokodile. Sie traten in der Mitteltrias auf. Sie wurden lange Zeit auch systematisch zur Gruppe der *Ornithosuchia* gesellt. Die *Sphenosuchia* waren Landtiere und entsprechend angepaßt.

NAME: *Gracilisuchus*
ZEIT: Mitteltrias
VERBREITUNG: Südamerika (Argentinien)
LÄNGE: 30 cm

Das kleine Tier ähnelt einem Krokodil so wenig, daß man es noch bis in die frühen 1980er Jahre bei den *Ornithosuchia* einreihte, mit denen es den leicht gebauten Körper und einen übermäßig großen Kopf

gemein hatte. *Gracilisuchus* konnte auf den schlanken Hinterbeinen laufen, wobei der lange, schlanke Schwanz das Gleichgewicht hielt. Der Bau des Schädels, der Halswirbel und der Fußgelenke verrät indes eindeutig die Zugehörigkeit zu den Krokodilen.

FAMILIE SALTOPOSUCHIDAE

Auch wenn echte Krokodile erst im Unterjura auftraten, gab es doch schon in der Obertrias einige nahe Verwandte, die heute allesamt unter der Überordnung *Crocodylomorpha* zusammengefaßt werden. Einige dieser nahen Verwandten wie die *Saltoposuchidae* lassen diese Nähe zwar nicht direkt erkennen, sind aber durch wichtige Schlüsselmerkmale eindeutig krokodilisch.

NAME: *Terrestrisuchus*
ZEIT: Obertrias
VERBREITUNG: Europa (Wales)
LÄNGE: 50 cm

Terrestrisuchus war zierlicher gebaut als *Gracilisuchus*. Der Rumpf war kürzer, die schlanken Beine hatten verlängerte Unterschenkelknochen. Der Schwanz war fast doppelt so lang wie Kopf und Rumpf zusammengenommen.

Der leichte Körperbau läßt vermuten, daß *Terrestrisuchus* ein sehr flinkes Tier war, das auf den trockenen, obertriassischen Ebenen Europas Insekten und kleine Echsen jagte. Wahrscheinlich lief *Terrestrisuchus* meistens auf allen Vieren, konnte sich aber im Bedarfsfall aufrichten und »zweibeinig« noch höhere Geschwindigkeiten erzielen.

ORDNUNG CROCODYLIA

Die heutigen Krokodile sind eine kleine Gruppe von nur acht Gattungen, die Krokodile, Alligatoren und Gaviale umfassen – der winzige Rest einer einst weitverzweigten Gruppe. Die marinen Formen waren besonders im Jura erfolgreich, wo sie mit anderen marinen Reptilien konkurrierten. Im Tertiär wurden einige von ihnen vollständig terrestrisch und traten mit den Säugetieren und Riesenvögeln Südamerikas in den Wettstreit um die besten Nischen unter den Fleischfressern.

FAMILIE PROTOSUCHIDAE

Obwohl ihre Schädel denen der Krokodile bereits ähneln, handelte es sich bei den Protosuchiern um langbeinige Landbewohner. Einige Arten entwickelten wohl ein sekundäres fleischiges Munddach, das die Mundhöhle von den Nasengängen trennte, denn im Fossilnachweis findet man keine feste Knochenplatte wie bei den späteren Krokodilen.

NAME: *Protosuchus*
ZEIT: Unterjura
VERBREITUNG: Nordamerika (Arizona)
LÄNGE: 1 m

Protosuchus war ein Landbewohner. Er teilte seinen Lebensraum mit den flinken, zweibeinigen Coelurosauriern und den neuentwickelten Carnosauriern.

Der Schädel von *Protosuchus* war krokodilähnlicher als der der frühen Sphenosuchier. Die kurzen Kiefer waren am Hinterschädel verbreitert, so daß sich den Kiefermuskeln eine vergrößerte Ansatzfläche bot. *Protosuchus* konnte somit sein Maul weit aufreißen und recht fest zupacken. Auch hatte er, wie die modernen Krokodile, im Unterkiefer bereits zwei Eckzähne, die bei geschlossenem Maul in eine Furche zu beiden Seiten des Oberkiefers paßten.

ABTEILUNG MESOEUCROCODYLIA

Die meisten fossilen Krokodile gehören zu dieser Gruppe. Sie entwickelten sich im Unterjura vermutlich aus den Protosuchiern und hielten sich bis weit ins Tertiär. Die letzten Mitglieder der Abteilung starben im Miozän aus.

Es sind ungefähr 70 Gattungen bekannt, die man in 16 Familien unterbringt. Die meisten waren wie ihre Vorläufer ganz an das Land angepaßt oder lebten nur zum Teil im Wasser.

Nur vier Familien kehrten schließlich wieder voll zur aquatischen Lebensweise zurück, am bekanntesten wurden dabei die Teleosauriden und die *Metriorhynchidae*.

NAME: *Teleosaurus*
ZEIT: Unterjura
VERBREITUNG: Europa (Frankreich)
LÄNGE: 3 m

Teleosaurus gehörte einer der vier Mesosuchier-Familien an, die wieder permanent im Wasser lebten. Wahrscheinlich ähnelten sie den Gavialen, die noch heute in den Flüssen Nordindiens vorkommen.

Der Körper dieses meeresbewohnenden Krokodils war lang und schlank, der Rücken kräftig gepanzert wie bei den heutigen Arten. Im Vergleich zu den nächsten Verwandten, die auf dem Land lebten, waren die Kiefer unglaublich lang und schmal und trugen viele scharfe Zähne. Wenn das Tier sein Maul schloß, griffen die Zähne des Unterkiefers und des Oberkiefers genau ineinander und bildeten somit eine tödliche Falle für Fische und Tintenfische.

Die Vorderbeine waren nur halb so lang wie die Hinterbeine. Das Tier legte sie beim Schwimmen wahrscheinlich dem Körper an, um den Wasserwiderstand zu senken. *Teleosaurus* bewegte sich mit schlängelnden Bewegungen des Schwanzes und des Rumpfes fort.

KROKODILE

NAME: Metriorhynchus
ZEIT: Mittel- bis Oberjura
VERBREITUNG: Europa (England, Frankreich) und Südamerika (Chile)
LÄNGE: 3 m

Metriorhynchus und andere Familienmitglieder waren die am stärksten spezialisierten wasserbewohnenden Krokodile. Sie gaben den schweren Rückenpanzer ihrer Verwandten auf, da ein solcher Schutz im Meer nicht mehr notwendig war. Außerdem wurden sie so im Wasser beweglicher. *Metriorhynchus* hatte paddelartig umgebaute Gliedmaßen, wobei die Hinterbeine länger waren als die Vorderbeine. Der Schwanz trug eine fischähnliche Flosse, die von der scharf nach unten geknickten Wirbelsäule verstärkt wurde und der Fortbewegung diente. Genau dieselben Anpassungen entwickelten, unabhängig von den Krokodilen, auch die Fischsaurier (S. 78–81).

Geosaurus war ein weiteres Mitglied der Familie *Metriorhynchidae*. Man fand seine fossilen Reste in Südamerika und Europa in Sedimenten des Oberjura und der Unterkreide. *Geosaurus* war ungefähr so lang wie *Metriorhynchus*, dabei allerdings noch stromlinienförmiger. Bei einem wundervoll erhaltenen Exemplar aus Süddeutschland waren die Umrisse des Körpers mit allen Muskelschichten nachgezeichnet. Die Vorderbeine waren beträchtlich kürzer als die Hinterbeine, die Schwanzflosse besonders groß. Das Ende der Schwanzwirbelsäule war noch stärker nach unten geknickt als bei *Metriorhynchus*.

NAME: Bernissartia
ZEIT: Unterkreide
VERBREITUNG: Europa (Belgien, England)
LÄNGE: 60 cm

Im Vergleich mit seinen Verwandten war dieser Mesosuchier winzig. *Bernissartia* lebte an den Küsten des flachen Wealden Lake, der sich in der Unterkreide von Südostengland bis ins heutige Belgien hinein erstreckte. Aus den beiden Zahntypen in seinem Kiefer kann man schließen, daß das Tier teils auf dem Land und teils im Wasser lebte. Sie eigneten sich zum Aufknacken von Schalentieren oder sogar zum Zerbeißen von Aas.

UNTERORDNUNG EUSUCHIA

Diese Gruppe umfaßt die 21 modernen Krokodilarten, die sieben Alligator- und Kaimanarten sowie den Gavial als einzigen Vertreter einer eigenständigen Familie. Krokodile und Alligatoren in ihrer modernen Form traten erstmals in der Oberkreide auf. Ihre Vorfahren hatten sich aber schon im Oberjura entwickelt. Sie stammten wahrscheinlich von Mesosuchiern ab, die halb auf dem Land und halb im Wasser lebten.

Die *Eusuchia* lebten weit verbreitet in Sümpfen, Flüssen und Seen des oberen Mesozoikums. Sie waren Zeitgenossen der großen Dinosaurier, die sich in Ufernähe vor den Eusuchiern in acht nehmen mußten.

Gepanzerte, massive Köpfe und Kiefer sowie scharfe Zähne – mit diesen Waffen zogen die Krokodile ihre Beute ins Wasser und hielten sie dort mit schraubstockähnlichen Griffen fest, bis sie ertrank. Das sekundäre knöcherne Munddach erlaubte den Krokodilen, das Maul zu öffnen, ohne Wasser in die Lungen zu bekommen.

Ballast im Magen verblieben und das Schwimmen erleichterten. Einige Paläontologen vertreten allerdings die Ansicht, *Deinosuchus* sei insgesamt kleiner gewesen, mit kürzerem Rumpf und langen Beinen, und habe sich vorwiegend auf dem Festland aufgehalten. Genauere Aussagen über die Lebensweise des Tiers werden jedoch erst möglich sein, wenn man weitere Teile seines Skeletts findet.

Das Auftreten riesenhafter Krokodile war nicht auf das Mesozoikum beschränkt. Von *Rhamphosuchus,* einer Gavialart aus Ablagerungen des Pliozäns in Indien, ist nur der Teil eines Kieferknochens vorhanden, doch kann man aus dessen Größe schließen, daß das Tier ungefähr so lang war wie *Deinosuchus.*

NAME: *Deinosuchus*
ZEIT: Oberkreide
VERBREITUNG: Nordamerika (Texas)
LÄNGE: möglicherweise 15 m

Es wurde nur der Schädel dieses ungeheuren Krokodils gefunden. Er war über 2 m lang. Geht man davon aus, daß *Deinosuchus* dieselben Körperproportionen wie andere Krokodile aufwies, so dürfte seine Gesamtlänge knapp unter 15,2 m betragen haben. Der Name *Deinosuchus* bedeutet dementsprechend auch »schreckliches Krokodil«. Bisweilen wird er auch *Phobosuchus* genannt, »Horrorkrokodil«.

Deinosuchus lebte gegen Ende der Kreidezeit in den texanischen Sümpfen. Wahrscheinlich lag er auf der Lauer und wartete auf vorbeiziehende Dinosaurier. Seine Beute packte er wohl in ähnlicher Weise wie das Nilkrokodil, das Säugern und Vögeln an der Tränke auflauert. Auch verschluckte *Deinosuchus* wie die modernen Verwandten vermutlich Steine, die als stabilisierender

NAME: *Pristichampsus*
ZEIT: Eozän
VERBREITUNG: Europa (Deutschland) und Nordamerika (Wyoming)
LÄNGE: 3 m

Im Tertiär lebte eine Reihe schwergepanzerter *Eusuchia* auf dem Festland. Typisch für diese Gruppe war *Pristichampsus*. Er hatte lange Laufbeine, und die Finger und Zehen trugen Hufe anstelle von Krallen. *Pristichampsus* ernährte sich von Säugetieren, die zu jener Zeit überall an die Stelle der Dinosaurier getreten waren.

Er hatte scharfe, klingenartige Zähne mit gekerbten Schneiden, die identisch waren mit denen der größten fleischfressenden Dinosaurier wie *Tyrannosaurus* oder *Albertosaurus.* Als man einzelne Zähne von *Pristichampsus* in tertiären Ablagerungen entdeckte, glaubten die Paläontologen zunächst, sie gehörten zu Dinosauriern, und sahen in ihnen fälschlicherweise einen Beweis dafür, daß diese riesenhaften Tiere bis ins Tertiär überlebt hätten.

FLIEGENDE REPTILIEN

ORDNUNG PTEROSAURIA

Die ersten Wirbeltiere, die sich dem Leben in der Luft anpaßten, waren die Flugsaurier oder Pterosaurier. Ihre »Flügel« bestanden aus Haut, die vom stark verlängerten vierten Finger ausgespannt wurde und auf der Höhe des Oberschenkels am Körper befestigt war.

Die Flugsaurier entwickelten sich in der Obertrias, ungefähr 70 Millionen Jahre vor dem ältesten bekannten Vogel, dem *Archaeopteryx* (S. 174). Sie hatten ihre Blütezeit im Jura und in der Unterkreide. Zu den zahlreichen Formen gehören die größten fliegenden Lebewesen, die jemals existiert haben. Später begann der Niedergang der Gruppe; die letzten Angehörigen starben gegen Ende des Mesozoikums aus. Fossilien von Flugsauriern wurden mit Ausnahme von Antarctica überall auf der Welt gefunden.

Man unterscheidet zwei Unterordnungen. Die ältesten und primitivsten Formen werden unter der Bezeichnung *Rhamphorhynchoidea* zusammengefaßt, während die *Pterodactyloidea* die eigentlichen Flugsaurier umfassen.

UNTERORDNUNG RHAMPHORHYNCHOIDEA

Die ältesten bekannten Flugsaurier waren schon in der Obertrias, vor 190 Millionen Jahren, hervorragende Flieger. Bis zum Ende des Jura waren sie weltweit verbreitet; danach starben sie aus.

NAME: *Eudimorphodon*
ZEIT: Obertrias
VERBREITUNG: Europa (Italien)
GRÖSSE: 75 cm Spannweite

Eudimorphodon ist von Fossilfunden in norditalienischen Meeressedimenten gut bekannt. Es handelte sich um einen typischen Angehörigen der *Rhamphorhynchoidea* mit kurzem Hals und knöchernem Schwanz, der ungefähr die Hälfte der gesamten Körperlänge (70 cm) ausmachte. Der Kopf war groß, aber dank der beiden Schläfenöffnungen leicht.

Der stark verlängerte vierte Finger jeder Hand spannte die Flughaut aus und bestand aus vier überlangen Fingerknochen. Über einen ebenfalls verlängerten Mittelhandknochen war er an der Handwurzel befestigt, während das hintere Ende der Flughaut am Oberschenkel festgewachsen war. Auch zwischen Handwurzel und Halsbasis spannte sich eine Flughaut.

Eudimorphodon war offensichtlich ein aktiver Flieger, der wie ein Vogel mit seinen Flügeln schlagen konnte. Das Brustbein war zu einer breiten, flachen Platte umgebaut, an der die kräftigen Flugmuskeln ansetzen konnten.

Der Schwanz des Tieres, dessen Wirbel durch verknöcherte Sehnen zu einem starren Stab verbunden waren, wirkte als Gegengewicht zur ausgeprägten Kopflastigkeit und konnte auch während des Fluges nicht gekrümmt werden. Wie viele andere *Rhamphorhynchoidea* hatte auch *Eudimorphodon* einen rautenförmigen Lappen am Schwanzende, der während des Fluges vermutlich als Ruder diente.

Eudimorphodon flog wahrscheinlich in niedriger Höhe über dem Meer und fing Fische, die sich zu nahe an die Oberfläche wagten.

NAME: *Dimorphodon*
ZEIT: Unterjura
VERBREITUNG: Europa (England)
GRÖSSE: 1,2 m Spannweite

Dimorphodon hatte den für die *Rhamphorhynchoidea* typischen, unverhältnismäßig großen Kopf, der mit 20 cm Länge ungefähr ein Viertel der gesamten Körperlänge ausmachte. Die Gestalt erinnerte eher an einen Papageitaucher. Einen besonderen anatomischen Grund dafür scheint es nicht zu geben; die Zähne verraten, daß die Kiefer einfach gebaut waren. Vielleicht spielte die Kopfform beim Territorial- oder Balzverhalten eine Rolle, ähnlich wie die Kopfaufsätze der Hornschnäbel oder Tukane.

Lange Zeit wurde in Fachkreisen darüber diskutiert, wie sich die Flugsaurier auf dem Boden fortbewegten. Nach spezifischen Untersuchungen der Beine und des Beckengürtels von *Dimorphodon* kamen einige Forscher zu dem Schluß, das Tier habe wie ein Vogel aufrecht gestanden und ziemlich schnell laufen können.

Funde von anderen Flugsauriertypen im Jahre 1986 deuten jedoch darauf hin, daß *Dimorphodon* vielleicht eine Ausnahme bildete. In der Regel jedoch traten die Oberschenkel seitlich aus dem Körper aus und erlaubten damit nur eine sehr ungeschickte, fledermausartige Fortbewegung auf dem Land. Flugsaurier, so vermutet man daher, krallen sich mit Fingern und Zehen im Astwerk der Bäume und an Felsvorsprüngen fest, um einen Großteil ihrer Zeit in einer hängenden Ruhestellung zu verbringen.

NAME: *Rhamphorhynchus*
ZEIT: Oberjura
VERBREITUNG: Europa (Deutschland) und Afrika (Tansania)
GRÖSSE: 1 m Spannweite

Dieser Flugsaurier ist besonders gut bekannt, weil er in den feinen lithographischen Plattenkalken von Solnhofen in Süddeutschland fossil erhalten blieb. Dort fand man auch die Überreste des »Urvogels« *Archaeopteryx*, die sogar noch Abdrücke der Federn zeigen (S. 174).

In Solnhofen erhielt sich die Feinstruktur der Flügel von *Rhamphorhynchus*. Mikroskopische Untersuchungen zeigen, daß die Flügelhaut von vorne bis hinten mit dünnen Fasern durchzogen war, von denen sie in ähnlicher Weise gespannt wurde wie die Flügel einer heutigen Fledermaus von den strahlenförmigen Fingerknochen.

Rhamphorhynchus hatte lange, schmale Kiefer mit scharfen Zähnen, die wie Widerhaken nach außen gebogen waren. In Kropf und Magen einiger Exemplare wurden Fischreste gefunden. Wahrscheinlich glitt *Rhamphorhynchus* in niedriger Höhe über die Wasseroberfläche und schnappte mit den Kiefern nach Fischen, während der lange Schwanz für die Balance sorgte.

NAME: *Scaphognathus*
ZEIT: Oberjura
VERBREITUNG: Europa (England)
GRÖSSE: 1 m Spannweite

Ein Exemplar dieses typischen Vertreters der *Rhamphorhynchoidea* war so gut erhalten, daß man seine Schädelhöhle untersuchen konnte. Dabei zeigte sich, daß *Scaphognathus* über ein größeres Gehirn verfügte als andere Reptilien von vergleichbaren Ausmaßen. Es kam dem eines modernen Vogels nahe.

In diesem Fall war es den Paläontologen auch möglich, die Größe der für die Verarbeitung von Sinneseindrücken zuständigen Gehirnpartien festzustellen und miteinander zu vergleichen. Sie schlossen daraus, daß *Scaphognathus* (wie wahrscheinlich auch seine Verwandten) hervorragend sah, dabei aber über einen nur schwachen Geruchssinn verfügte. Stark entwickelt war vor allem das Kleinhirn, was auf eine große Bewegungsfähigkeit hindeutet und damit die Theorie stützt, die kleinen Flugsaurier hätten sich wie heutige Vögel durch Flügelschläge in die Luft erheben können.

NAME: *Sordes*
ZEIT: Oberjura
VERBREITUNG: Asien (Kasachstan)
GRÖSSE: 50 cm Spannweite

Lange Zeit wurde in Paläontologenkreisen debattiert, ob die fleischfressenden Dinosaurier und die Flugsaurier warmblütig waren. Denn die aktive, räuberische Lebensweise könnte auf eine hohe Stoffwechselrate und auf eine geregelte Körpertemperatur hindeuten.

Zur Untermauerung ihrer Theorie behaupten einige Forscher, Dinosaurier wie Flugsaurier seien von einer isolierenden Daunen- oder Haarschicht bedeckt gewesen, die ihren Teil zur Regulierung der Körpertemperatur beigetragen habe. Im Fall der Dinosaurier fand man nie einen Beweis für diese Annahme. Ein Fund aus dem Jahr 1971 stützt sie dagegen bezüglich der Flugsaurier. Südöstlich des Ural war ein Exemplar von *Sordes pilosus* entdeckt worden. Die Abdrücke im feinkörnigen Sediment erweckten den Eindruck, als sei der Körper des Tieres von Fell überzogen gewesen. Schwanz und Flügel blieben nackt.

Von einigen Paläontologen werden diese Erkenntnisse allerdings in Zweifel gezogen. Sie weisen darauf hin, daß bei den bisher besterhaltenen Flugsauriern aus den feinkörnigen Plattenkalken Süddeutschlands nie auch nur eine Spur von Fell zu erkennen gewesen ist.

FLIEGENDE REPTILIEN

NAME: *Anurognathus*
ZEIT: Oberjura
VERBREITUNG: Europa (Deutschland)
GRÖSSE: 30 cm Spannweite

Dieser verhältnismäßig kleine Vertreter der *Rhamphorhynchoidea* hatte einen hohen schmalen Kopf mit kurzen Kiefern, in denen kräftige, konische Zähne standen. Sie lassen die Vermutung zu, daß sich das Tier von Insekten ernährte. Der Schwanz war anders als bei den übrigen *Rhamphorhynchoidea* kurz, eine Eigenschaft, die *Anurognathus* in Verbindung mit der geringen Körpergröße zu einem sehr wendigen Flieger gemacht haben dürfte.

UNTERORDNUNG PTERODACTYLOIDEA

Die Angehörigen dieser Gruppe sind uns am besten vertraut. Als die *Rhamphorhynchoidea* im Oberjura ausstarben, hatten sich die *Pterodactyloidea* bereits etabliert. Sie existierten bis weit in die Kreidezeit hinein, wenngleich nur wenige Formen das Ende dieser Periode erlebten.

Die *Pterodactyloidea* hatten denselben allgemeinen Aufbau wie die frühen *Rhamphorhynchoidea*. Allerdings waren der Schwanz kürzer, aber Hals und Kopf länger. Die Gruppe umfaßte neben einigen sehr kleinen Arten auch die größten flugfähigen Wirbeltiere, die je auf Erden lebten.

NAME: *Pterodactylus*
ZEIT: Oberjura
VERBREITUNG: Afrika (Tansania) und Europa (England, Frankreich, Deutschland)
GRÖSSE: bis 75 cm Spannweite

Wie schon der Name verrät, zeigte *Pterodactylus* die typischen Merkmale der *Pterodactyloidea*: den kurzen Schwanz, den langen Hals, während die Mittelhandknochen und die vierten Finger zur Unterstützung der Flügel stark verlängert waren.

Es sind viele *Pterodactylus*-Arten bekannt; sie unterscheiden sich vor allem in der Größe und der Kopfform. Die hier abgebildete Art zeigt die langen, schmalen Kiefer des typischen Fischfresser-Gebisses.

NAME: *Pterodaustro*
ZEIT: Oberjura
VERBREITUNG: Südamerika (Argentinien)
GRÖSSE: 1,2 m Spannweite

Das bemerkenswerteste Merkmal von *Pterodaustro* waren die überaus langen Kiefer, die den größten Teil des kleinen, insgesamt nur 23 cm langen Schädels ausmachten. Der Unterkiefer trug zahlreiche lange, schmale, dicht nebeneinander stehende Zähne, und auch der Oberkiefer war mit kleinen Zähnchen besetzt.

Pterodaustro ernährte sich wahrscheinlich, indem er beim Gleitflug knapp über der Wasseroberfläche den Unterkiefer ins Wasser tauchte. Das siebartige Gebiß filterte dabei planktische Lebewesen aus dem Wasser, eine Ernährungsweise, die an die des Blauwals erinnert.

NAME: *Cearadactylus*
ZEIT: Unterkreide
VERBREITUNG: Südamerika (Brasilien)
GRÖSSE: 4 m Spannweite

Die Kiefer von *Cearadactylus* waren an der Spitze verbreitert (ähnlich wie beim heutigen Gavial) und trugen mehrere große Zähne, die bei geschlossenem Mund ineinandergriffen. So konnten auch schlüpfrige Fische gut festgehalten werden.

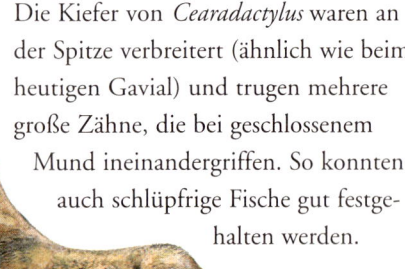

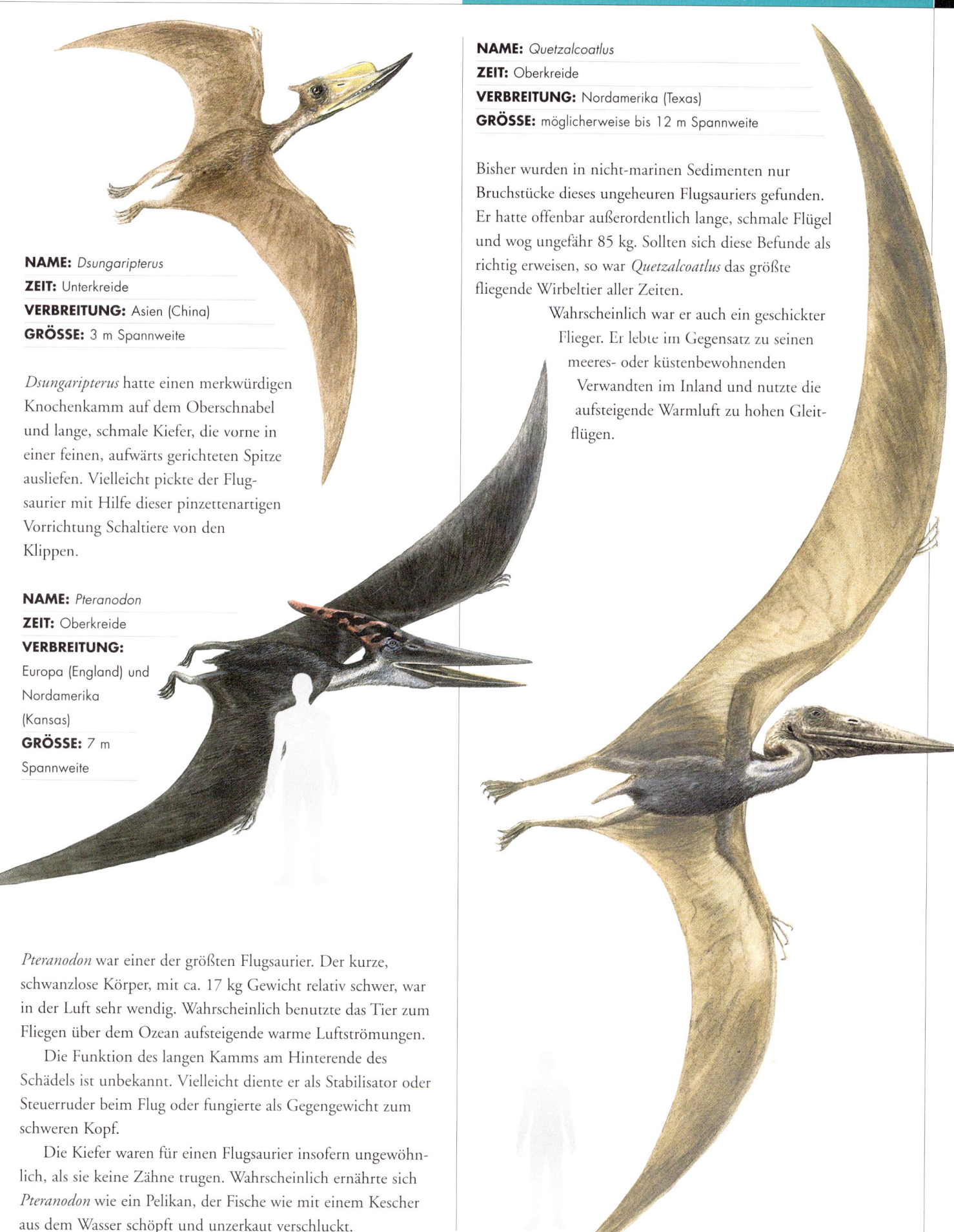

NAME: *Dsungaripterus*
ZEIT: Unterkreide
VERBREITUNG: Asien (China)
GRÖSSE: 3 m Spannweite

Dsungaripterus hatte einen merkwürdigen Knochenkamm auf dem Oberschnabel und lange, schmale Kiefer, die vorne in einer feinen, aufwärts gerichteten Spitze ausliefen. Vielleicht pickte der Flugsaurier mit Hilfe dieser pinzettenartigen Vorrichtung Schaltiere von den Klippen.

NAME: *Pteranodon*
ZEIT: Oberkreide
VERBREITUNG: Europa (England) und Nordamerika (Kansas)
GRÖSSE: 7 m Spannweite

Pteranodon war einer der größten Flugsaurier. Der kurze, schwanzlose Körper, mit ca. 17 kg Gewicht relativ schwer, war in der Luft sehr wendig. Wahrscheinlich benutzte das Tier zum Fliegen über dem Ozean aufsteigende warme Luftströmungen.

Die Funktion des langen Kamms am Hinterende des Schädels ist unbekannt. Vielleicht diente er als Stabilisator oder Steuerruder beim Flug oder fungierte als Gegengewicht zum schweren Kopf.

Die Kiefer waren für einen Flugsaurier insofern ungewöhnlich, als sie keine Zähne trugen. Wahrscheinlich ernährte sich *Pteranodon* wie ein Pelikan, der Fische wie mit einem Kescher aus dem Wasser schöpft und unzerkaut verschluckt.

NAME: *Quetzalcoatlus*
ZEIT: Oberkreide
VERBREITUNG: Nordamerika (Texas)
GRÖSSE: möglicherweise bis 12 m Spannweite

Bisher wurden in nicht-marinen Sedimenten nur Bruchstücke dieses ungeheuren Flugsauriers gefunden. Er hatte offenbar außerordentlich lange, schmale Flügel und wog ungefähr 85 kg. Sollten sich diese Befunde als richtig erweisen, so war *Quetzalcoatlus* das größte fliegende Wirbeltier aller Zeiten.

Wahrscheinlich war er auch ein geschickter Flieger. Er lebte im Gegensatz zu seinen meeres- oder küstenbewohnenden Verwandten im Inland und nutzte die aufsteigende Warmluft zu hohen Gleitflügen.

FLEISCHFRESSER

UNTERORDNUNG THEROPODA

Man kann die große Ordnung der *Saurischia* (»Echsenbecken-Dinosaurier«) aufgrund ihrer Ernährungsweise in zwei Unterordnungen einteilen: Die aufrecht gehenden, fleischfressenden Formen werden zu den *Theropoda*, die Pflanzenfresser, die sich auf allen Vieren fortbewegten, zu den *Sauropodomorpha* gezählt.

INFRAORDNUNG CERATOSAURIA

Die *Theropoda* werden nach ihrer Größe in Infraordnungen geteilt. Die großen, massiv gebauten Räuber heißen Carnosaurier, die mittelgroßen Fleischfresser Deinonychosaurier. Die kleinen, leichtgewichtigen Jäger faßt man als Ceratosaurier zusammen. Der Name bezieht sich auf die dünnwandigen hohlen Knochen, die sich in den meisten Partien ihres sehr fein gebauten Skeletts fanden.

FAMILIE CERATOSAURIDAE

Ein kurzes Horn auf der Schnauze charakterisiert die Mitglieder dieser Familie. Sie lebten im Oberjura in Nordamerika und Ostafrika. Ähnlichkeiten mit den Megalosauriern haben zu Uneinigkeit bei ihrer Klassifizierung geführt, sie werden gelegentlich auch zu den Carnosauriern gezählt.

NAME: *Ceratosaurus*
ZEIT: Oberjura
VERBREITUNG: Nordamerika (Colorado, Wyoming)
LÄNGE: 6 m

Die Funktion des Horns auf der Schnauze ist unbekannt. Es kann zur Verteidigung oder auch zur Werbung gedient haben. *Ceratosaurus* war ein aktives Raubtier. Seine massiven Kiefer waren mit scharfen, gebogenen Zähnen besetzt. Die kurzen Vorderarme endeten in vier klauenbewehrten Fingern. Jeder Fuß besaß drei klauenbewehrte Zehen. Eine Reihe von Knochenplatten bildete einen sägeförmigen Kamm entlang des Rückgrats.

FAMILIE PODOKESAURIDAE

Die Podokesauriden sind die ältesten und primitivsten Vertreter der kleinen fleischfressenden *Theropoda*. Die Familie existierte von der Obertrias bis zum Unterjura.

Die Podokesauriden jagten als schnelle, aktive Räuber möglicherweise im Rudel. Sie liefen auf ihren langen Hinterbeinen; die Vordergliedmaßen waren erheblich kürzer; mit ihnen wurde die Beute zum Mund geführt. In den Kiefern des keilförmigen Kopfs standen scharfe, zugespitzte Zähne.

NAME: *Procompsognathus*
ZEIT: Obertrias
VERBREITUNG: Europa (Deutschland)
LÄNGE: 1,2 m

Dieses gefräßige kleine Tier war einer der ältesten Dinosaurier. Es lebte in den Wüsten, die während der Trias Nordeuropa bedeckten. Wahrscheinlich jagte *Procompsognathus* kleine Echsen und Insekten. Beim Lauf berührten nur drei der vier Zehen den Boden. Die Hände waren fünffingrig, ein primitives Merkmal, denn bei höher entwickelten Dinosauriern bestand die Tendenz, die Zahl der Finger und Zehen zu verringern.

NAME: *Saltopus*
ZEIT: Obertrias
VERBREITUNG: Europa (Schottland)
LÄNGE: 60 cm

Saltopus ist einer der kleinsten und leichtesten Dinosaurier, die bisher entdeckt wurden. Er war noch nicht einmal so groß wie eine Hauskatze.

Auch *Saltopus* hatte noch fünf Finger an den Vordergliedmaßen; der vierte und fünfte Finger waren allerdings klein. Der Beckengürtel dagegen war nicht mehr so primitiv wie bei *Procompsognathus*. Vier (anstatt nur drei) Kreuzbeinwirbel waren mit dem Becken verschmolzen und bildeten eine recht solide Verankerung für die langen Laufbeine.

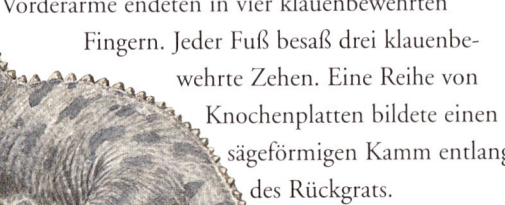

NAME: Coelophysis
ZEIT: Obertrias
VERBREITUNG: Nordamerika (Connecticut, New Mexico)
LÄNGE: 2,4–3 m

Die Gestalt dieses verhältnismäßig großen Ceratosauriers ist uns durch einen Fund, der 1947 bei Ghost Ranch in New Mexico gemacht wurde, überliefert. Es lagen dort mehrere Skelette unterschiedlicher Größe beisammen, darunter ungefähr ein Dutzend vollständige. Neben sehr jungen Individuen, die vielleicht gerade erst ausgeschlüpft waren, fanden sich halbwüchsige und ausgewachsene Tiere von 1–3 m Länge. Die Vermutung liegt nahe, daß die Tiere in Gruppen zusammenlebten und zur selben Zeit umkamen.

Coelophysis muß ein gefährlicher Jäger gewesen sein, da der gesamte Körperbau auf das Erzielen hoher Laufgeschwindigkeiten ausgerichtet war. Das Tier wog maximal 23 kg, die Knochen waren teilweise hohl. Hals, Schwanz und Beine waren lang und schlank, die messerscharfen Schneiden der Zähne gekerbt. Die vogelähnlichen Laufbeine hatten drei Zehen mit scharfen Klauen. Jede Hand trug vier Finger, von denen sich allerdings jeweils nur drei zum Ergreifen der Beute eigneten. Bei zwei adulten Skeletten aus New Mexico fand man in der Leibeshöhle die Knochen kleiner Artgenossen. Anfänglich glaubten die Forscher, daraus schließen zu können, daß *Coelophysis* im Gegensatz zu den meisten anderen Reptilien lebende Junge geboren habe. Es zeigte sich jedoch, daß die Hüftknochen des Tieres zu schmal waren für einen Geburtsvorgang. Des Rätsels Lösung liegt möglicherweise darin, daß *Coelophysis* sich gelegentlich kannibalisch ernährte.

ABTEILUNG MANIRAPTORA

Diese Theropodengruppe teilt sich eine Anzahl von Charakteristika mit den Vögeln, insbesondere die Hand. Manche modernen Klassifikationen schließen darum auch die Vögel in diese Abteilung mit ein.

FAMILIE NICHT BENANNT

NAME: Protarchaeopteryx
ZEIT: Oberjura / Unterkreide
VERBREITUNG: China
LÄNGE: 1 m

Zu den bemerkenswertesten Funden jüngerer Zeit zählen kleine, zweifüßige Theropoden in China, die zwar gefiedert, aber flugunfähig waren. Seiner Skelettstruktur nach war *Protarchaeopteryx* ein typischer coeluroider Dinosaurier, aber in der Form glich er dem frühesten echten Vogel *Archaeopteryx*. Das Skelett besteht aus leichten, vogelartigen Hohlknochen, einem Gabelbein und kürzeren Vorder- als Hinterextremitäten. Die Hand ist verlängert durch scharfe, gekrümmte Klauen. Besonders bemerkenswert ist der gute Erhaltungszustand der kleinen Daunenfedern an Brust, Schwanz und Oberschenkeln. Am Ende von Schwanz und Armen sitzen Büschel großer, symmetrischer Federn.

FAMILIE COELURIDAE

Die Coeluriden erlebten vom Oberjura bis zur Unterkreide weltweit ihre Blütezeit. Sie waren leichte, schnelle, langbeinige Räuber, die ihre Beute mit den bekrallten Vordergliedmaßen ergriffen, deren Fingerzahl auf drei zurückgegangen war.

NAME: Coelurus
ZEIT: Oberjura
VERBREITUNG: Nordamerika (Wyoming)
LÄNGE: 2 m

Wie alle Mitglieder der Familie hatte auch *Coelurus* einen kleinen, flachen Kopf (ungefähr 20 cm lang) und vogelartige Knochen. Der aktive Räuber lebte in den Wäldern und Sümpfen Nordamerikas. Mit seinen drei klauenbewehrten Fingern griff er wahrscheinlich vor allem kleine Echsen, Flugsaurier und Säuger.

FLEISCHFRESSER

Familie Compsognathidae

Diese Familie mit nur einer Gattung lebte zur selben Zeit wie die Coeluriden und war ihnen sehr ähnlich.

NAME: *Compsognathus*
ZEIT: Oberjura
VERBREITUNG: Europa (Deutschland und Frankreich)
LÄNGE: 60 cm

Dieses zierliche Lebewesen, das auf zwei Beinen ging, wog kaum über 3,6 kg und erreichte gerade die Höhe eines Haushuhns.

Compsognathus muß ein wendiger Räuber gewesen sein. Der gesamte Körperbau war auf hohe Laufgeschwindigkeiten ausgerichtet. Die Knochen waren hohl, und der lange Schwanz diente der Wahrung des Gleichgewichts. Die Vordergliedmaßen trugen zwei bekrallte Finger, während an den Hinterfüßen drei Zehen nach vorne und eine winzige vierte Zehe nach hinten gerichtet waren.

Die Anatomie von Compsognathus erinnert an den ersten Vogel *Archaeopteryx*. Die beiden Tiere lebten auch zur selben Zeit, im Oberjura.

NAME: *Sinosauropteryx*
ZEIT: Oberjura / Unterkreide
VERBREITUNG: China
LÄNGE: 1,20 m

1996 in der gleichen Region Chinas entdeckt wie *Protarchaeopteryx* und *Caudipteryx*, war *Sinosauropteryx* der erste gefiederte Dinosaurier. Dieser Theropode besaß einen langen Schwanz und kurze, kräftige Vorderarme mit sehr spezialisierten Händen. Er war ein erfolgreicher Räuber; in fossilierten Mageninhalten fand man unter anderem eine Echse und

ein kleines Säugetier. Erstmalig konnten Eier im Körperinneren eines weiblichen Dinosauriers gefunden werden. Die Verteilung der fossilen Eier deutet auf typisch reptile paarige Eileiter hin, nicht auf einen einzelnen wie beim Vogel.

Sinosauropteryx ist eng mit dem coeluroiden Theropoden *Compsognathus* verwandt, dem er auch äußerlich ähnelt.

Familie Ornithomimidae

Diese »Vogelnachahmer« bildeten einen spezialisierten Seitenzweig der Coelurosaurier. Sie waren ungefähr so groß wie ein Straußenvogel und zeigten dieselben Körperproportionen. In der Mittelkreide waren sie über Nordamerika und Ostasien verbreitet, starben aber allem Anschein nach vor dem Ende jener Periode aus.

Auch ihre Lebensweise ähnelte dem des Straußes: Sie bevorzugten weite, offene Ebenen und lebten gesellig in kleinen Gruppen. Anders als die meisten Dinosaurier waren die Ornithomimiden zahnlos, besaßen aber dafür einen hornigen, vogelähnlichen Schnabel, mit dem sie kleine Tiere und Insekten schnappten. Weitere Kennzeichen waren die außergewöhnlich großen Augen und das umfangreiche Gehirn, zwei Merkmale, die auf erfolgreiche, intelligente Jäger schließen lassen.

NAME: *Elaphrosaurus*
ZEIT: Oberjura
VERBREITUNG: Afrika (Tansania)
LÄNGE: 3,5 m

Bisher wurde nur ein Skelett von *Elaphrosaurus* gefunden, dem aber der Schädel fehlte. Es läßt sich daher nicht feststellen, ob das Tier zahnlos war, also tatsächlich zu den Ornithomimiden zu zählen ist. Die in denselben Sedimenten gefundenen einzelnen Zähne könnten auch von einem anderen Dinosaurier stammen.

Das Skelett von *Elaphrosaurus* scheint ansonsten zwischen den älteren jurassischen Coeluriden und den jüngeren Ornithomimiden aus der Kreidezeit zu vermitteln.

HERRSCHERREPTILIEN | 109

NAME: *Dromiceiomimus*
ZEIT: Oberkreide
VERBREITUNG: Nordamerika (Alberta)
LÄNGE: 3,5 m

Alle Ornithomimiden hatten lange, schlanke Beine, deren Schienbein jeweils ungefähr ein Fünftel länger war als der Oberschenkel, ein untrügliches Zeichen für einen »Sprinter«.

Die Größe der Schädelhöhle und der Augenhöhlen von *Dromiceiomimus* läßt auf ein außergewöhnlich großes Gehirn schließen (proportional größer als beim heutigen Strauß). Die Augen waren proportional sogar größer als bei allen gegenwärtig existierenden landbewohnenden Wirbeltieren. Wahrscheinlich spürte *Dromiceiomimus* erst nach Einbruch der Dämmerung seiner Beute nach, die vorwiegend aus kleinen Säugern und Echsen bestand.

NAME: *Ornithomimus*
ZEIT: Oberkreide
VERBREITUNG: Nordamerika (Colorado, Montana) und Asien (Tibet)
LÄNGE: 3,5 m

Der typische Vertreter der »Vogelnachahmer«, dem die ganze Familie ihren wissenschaftlichen Namen verdankt. Der Schädel war klein und dünnknochig, das Gehirn dagegen relativ groß.

Statt Zähnen besaß *Ornithomimus* schnabelartige Kiefer.

Beim schnellen Lauf diente der überlange Schwanz vermutlich als Gleichgewichtsruder. Die Vordergliedmaßen benutzte *Ornithomimus* nicht zur Fortbewegung; sie dienten nur zum Ergreifen der Beutetiere oder anderer Nahrung.

Wie andere Vertreter der Familie war *Ornithomimus* wahrscheinlich Allesfresser. Möglicherweise raubte er auch die Nester anderer Dinosaurier aus. Das Tier konnte Geschwindigkeiten von bis zu 50 km pro Stunde erreichen.

NAME: *Struthiomimus*
ZEIT: Oberkreide
VERBREITUNG: Nordamerika (Alberta, New Jersey)
LÄNGE: 3,5 m

Noch lange Zeit nach der Entdeckung im Jahr 1914 hielt man *Struthiomimus* und *Ornithomimus* für identisch. Detaillierte Untersuchungen im Jahr 1972 ergaben dann, daß sich die Tiere voneinander unterscheiden: *Struthiomimus* hatte längere Arme und stärkere, gekrümmte Krallen an den Fingern und war zeitlich etwas früher in der Oberkreide anzusiedeln als *Ornithomimus*.

NAME: *Gallimimus*
ZEIT: Oberkreide
VERBREITUNG: Asien (Mongolei)
LÄNGE: 4 m

Gallimimus ist der bisher größte bekannte Vertreter der Ornithomimiden. Er unterschied sich von *Ornithomimus* und *Struthiomimus* in zweierlei Hinsicht: Die lange Schnauze endete in einem breiten, flachen Schnabel, und die Vordergliedmaßen eigneten sich kaum dazu, Beutetiere zu packen. Vielleicht grub das Tier mit den schaufelartigen Händen Dinosauriereier aus dem Boden, die es mit seinem Schnabel leicht öffnen konnte.

Eine Entdeckung im Jahr 1965 in der Wüste Gobi läßt vermuten, daß es in der Oberkreide noch viel größere vogelähnliche Dinosaurier gab. Der Fossilfund bestand aus Schulter- und Armknochen eines gigantischen Lebewesens. Die Arme maßen bis zur Spitze der drei mächtigen, bekrallten Finger 2,5 m. Allein der letzte Fingerknochen war 25 cm lang und trug vermutlich eine noch längere Kralle.

Da man bisher keine weiteren Skeletteile fand, läßt sich nicht genau sagen, ob es sich wirklich um einen Ornithomimiden handelte.

FLEISCHFRESSER

FAMILIE OVIRAPTORIDAE

Diese kleine Familie zahnloser Theropoden lebte während der Oberkreide in Ostasien. Ihr lateinischer Name bedeutet »Eiräuber«. Die Tiere hatten breite Köpfe und kurze, hohe Schnäbel. Sie unterschieden sich daher deutlich von den Ornithomimiden, die lange, schmale Schädel und zugespitzte Schnäbel besaßen.

NAME: Oviraptor
ZEIT: Oberkreide
VERBREITUNG: Asien (Mongolei)
LÄNGE: 1,8 m

Die Schädelform dieses »Eiräubers«, nach dem auch die Familie benannt ist, ist einmalig unter den Dinosauriern und erinnert entfernt an einen Papageienkopf. Mächtige Muskeln verliehen den Kiefern genügend Beißkraft, um auch Knochen knacken zu können. Der Oberkiefer trug einen hornartigen Aufsatz.

Der Körper von Oviraptor entsprach in seinem Aufbau dem der anderen kleinen fleischfressenden Coelurosaurier. Die Hände trugen die drei Finger mit stark gekrümmten, jeweils ungefähr 8 cm langen Krallen. Das Tier ging aufrecht auf langen, schlanken Beinen; die dreizehigen Füße waren bekrallt. Für die nötige Balance sorgte der lange Schwanz.

Höchstwahrscheinlich ernährte Oviraptor sich von Eiern. Das erste Exemplar, das man 1924 entdeckte, wurde bei einem Gelege des Horndinosauriers Protoceratops (S. 164) gefunden. Vielleicht wurde der »Eierdieb« von einem Sandsturm überrascht, während er gerade das Nest ausraubte.

FAMILIE DROMAEOSAURIDAE

Die Angehörigen dieser Familie müssen während der Kreidezeit in Nordamerika und Asien zu den wildesten Räubern gezählt haben. Sie bilden die einzigen Vertreter der Infraordnung Deinonychosauria, der »Echsen mit den schrecklichen Krallen«. Von ihrem Körperbau her gesehen nehmen sie eine Mittelstellung ein: Sie hatten den leichten, auf Geschwindigkeit angelegten Körper der Coelurosaurier und den schweren Kopf der Carnosaurier.

Obwohl die Dromaeosauriden nicht größer waren als viele andere Fleischfresser zu jener Zeit, muß es sich bei ihnen um furchterregende Räuber gehandelt haben. In der großen, sichelförmigen Kralle an der zweiten Zehe besaßen sie eine tödliche Waffe. Hinzu kamen scharfe, zugespitzte Zähne und Greifhände. Die Dromaeosauriden hatten ein großes Gehirn und waren intelligent genug, um in Rudeln zu jagen.

NAME: Deinonychus
ZEIT: Unterkreide
VERBREITUNG: Nordamerika (Montana)
LÄNGE: 3–4 m

Die Entdeckung von Deinonychus im Jahr 1964 in Montana stellte einen der aufregendsten Funde in der Geschichte der Paläontologie dar. Die gut erhaltenen Skelette ließen auf einen schnellen, wendigen, intelligenten Dinosaurier schließen, der vorzüglich an das Leben eines räuberischen Jägers angepaßt war.

Deinonychus hatte den leichtgewichtigen Körper der Coelurosaurier, die vermutlich seine Vorfahren waren. Er war im Mittel 3 m lang, erreichte eine Körperhöhe von 1,8 m und wog um 68 kg. Die mit gekerbten Schneiden versehenen Zähne waren nach hinten gekrümmt, so daß die Tiere große Fleischstücke aus dem Körper ihrer Beute reißen konnten. Die Vordergliedmaßen waren verhältnismäßig lang für einen Theropoden – wenngleich nach wie vor viel kürzer als die Beine – und an einem kräftigen Schultergürtel befestigt. Die drei Greiffinger trugen lange, stark gekrümmte Krallen.

Die Beine waren schlank, mit langen Unterschenkeln, und an den Füßen waren vier Zehen vorhanden. Die erste Zehe war allerdings winzig klein und hatte keine bestimmte Aufgabe mehr. Die dritte und die vierte Zehe trugen das gesamte Körpergewicht.

Der bemerkenswerten Anpassung seiner zweiten Zehe verdankt Deinonychus seinen Namen, der wörtlich übersetzt »schreckenerregende Kralle« bedeutet. Diese Zehe trug eine

| | | **HERRSCHERREPTILIEN** | **111** |

NAME: *Dromaeosaurus*
ZEIT: Oberkreide
VERBREITUNG: Nordamerika (Alberta)
LÄNGE: 1,8 m

große, sichelförmige, 13 cm lange Klaue. Das Tier verwendete sie vermutlich wie einen Dolch: *Deinonychus* stand auf einem Bein und schlug mit dem zweiten auf das Beutetier ein.

Im schnellen Lauf konnte *Deinonychus* die Sichelkralle so weit zurückziehen, daß sie den Boden nicht berührte. Für das Gleichgewicht sorgte der lange, ausgestreckte Schwanz. Er wurde von gebündelten Knochenstäben versteift, die den Wirbeln entsprangen und eine Art zusätzliches Gerüst für den Schwanz bildeten. Auch wenn *Deinonychus* auf einem Bein stehend sein Beutetier angriff, sorgte der verstärkte Schwanz für Gleichgewicht. Das große Gehirn verrät, daß das Tier fein aufeinander abgestimmte, komplexe Bewegungen durchführen mußte.

Einer der Funde in Montana zeigte fünf vollständige Skelette von *Deinonychus* neben dem Körper eines ungefähr 7,3 m langen pflanzenfressenden *Tenontosaurus* (S. 140). Wahrscheinlich besteht zwischen diesen Kadavern jedoch kein direkter Zusammenhang. Sie wurden wahrscheinlich bei einem Hochwasser an die Fundstätte geschwemmt.

Denkbar ist allerdings auch die folgende Szene: Irgendwann vor etwa 140 Millionen Jahren umzingelte eine kleine *Deinonychus*-Gruppe den Pflanzenfresser. Einige Tiere sprangen ihm auf den Rücken, hielten sich mit den Krallen der Vordergliedmaßen fest und hieben mit den Dolchkrallen auf ihr Opfer ein. Dem Pflanzenfresser gelang es vielleicht, den einen oder anderen Angreifer zu töten, indem er ihn mit seinem langen schweren Schwanz erschlug oder mit den Hinterfüßen zertrampelte, doch am Ende unterlag er und verblutete, während die Angreifer auf seinen Tod warteten.

Aus der räuberischen Lebensweise, die so deutlich aus der Anatomie von *Deinonychus* hervorgeht, schließen einige Paläontologen, das Tier müsse warmblütig gewesen sein und habe seine Körpertemperatur regeln können wie die heutigen Vögel und Säuger (S. 91).

Dromaeosaurus, der der Familie den Namen gab, wurde 1914 in Kanada entdeckt. Aber erst nach der Entdeckung von *Deinonychus* erkannte man seine wahre Bedeutung. Bis zu diesem Zeitpunkt betrachtete man ihn entweder als großen Coelurosaurier oder als kleinen Carnosaurier. Der neue Fund ließ erkennen, daß *Dromaeosaurus* aber zu einer Gruppe gehörte, die die Merkmale beider Theropodentypen auf sich vereinigte.

Von *Dromaeosaurus* kennt man nur den Schädel und einige Knochen. Trotzdem können sich die Paläontologen ein Bild von diesem Dinosaurier machen, der relativ intelligent und ziemlich behende war. Die große Kralle gilt als untrüglicher Hinweis auf eine räuberische Lebensweise.

NAME: *Velociraptor*
ZEIT: Oberkreide
VERBREITUNG: Asien (Mongolei, China)
LÄNGE: 1,8 m

1971 fand man in der Mongolei zwei fossile Skelette, von denen eines *Velociraptor* und das andere dem Horndinosaurier *Protoceratops* (S. 164) gehörte. Die beiden Tiere waren ineinander verklammert und offensichtlich nach einem dramatischen Kampf verendet. *Velociraptor* hielt sich mit seinen Händen am Kopfschild von *Protoceratops* fest, während er mit seiner Sichelkralle den Bauch des Beutetieres aufschlitzte. *Protoceratops* war es wahrscheinlich gelungen, mit seinem Hornschnabel den Brustkorb von *Velociraptor* zu durchstoßen.

Der lange, niedrige, flachschnäuzige Kopf und die verhältnismäßig kleine Sichelkralle sind die Hauptmerkmale, die *Velociraptor* von anderen Dromaeosauriden unterscheiden.

FLEISCHFRESSER

NAME: *Saurornitholestes*
ZEIT: Oberkreide
VERBREITUNG: Nordamerika (Alberta)
LÄNGE: 1,8 m

1978 fand man den Schädel, einige Armknochen sowie Zähne dieses Dinosauriers. Unklar ist, ob er zu den Dromaeosauriden oder zu den Saurornithoididen gehört.

Die kärglichen Überreste deuten darauf hin, daß *Saurornitholestes* ein größeres Gehirn hatte als die Dromaeosauriden. Mit den kräftigen Vorderarmen konnte er gut zupacken. Aufgrund der spärlichen Reste ist die Rekonstruktion natürlich äußerst spekulativ.

FAMILIE SAURORNITHOIDIDAE

Auch diese Familie umfaßt schnelle, intelligente und räuberische Coelurosaurier. Sie waren kleiner und leichter, doch trugen auch sie auf jedem Fuß eine Sichelkralle zum Töten ihrer Beute.

Den größten entwicklungsgeschichtlichen Fortschritt zeigt der Schädel der Saurornithoididen: Die Schädelhöhle war umfangreich, im Verhältnis zum Körpergewicht siebenmal so groß wie die der heutigen Krokodile. Im Zusammenhang mit diesem wohlentwickelten Nervensystem verfügten die Tiere über große Augen, die wahrscheinlich ein räumliches Sehen ermöglichten.

Die Saurornithoididen der Oberkreide in Nordamerika, Südeuropa und der Mongolei gehörten dank dieser Vorteile zu den effizientesten Jägern unter den fleischfressenden Dinosauriern.

NAME: *Saurornithoides*
ZEIT: Oberkreide
VERBREITUNG: Asien (Mongolei)
LÄNGE: 2 m

Der vogelähnliche, lange, niedrige und leichtgebaute Schädel beherbergte ein großes Gehirn. Das Tier wird in dieser Hinsicht den meisten anderen Dinosauriern jener Zeit weit überlegen gewesen sein. Die Augen waren im Vergleich zum Kopf ausgesprochen groß. Ihre Lage läßt vermuten, daß diese Dinosaurier imstande waren, räumlich zu sehen, was ihnen besonders bei der Einschätzung von Entfernungen zugute kam.

Große Augen weisen ferner auf eine nachtaktive Lebensweise hin, die *Saurornithoides* vermutlich mit anderen Mitgliedern der Familie teilte. Das Tier jagte in den Wäldern kleine Säuger und Reptilien.

NAME: *Stenonychosaurus*
ZEIT: Oberkreide
VERBREITUNG: Nordamerika (Alberta)
LÄNGE: 2 m

Von allen bisher bekannten Dinosauriern hatte *Stenonychosaurus* das größte Gehirn – es war größer als das eines heutigen Emus. Wissenschaftler vertreten die Ansicht, *Stenonychosaurus* sei ungefähr so intelligent gewesen wie ein Opossum, das zu den modernen Säugern mit relativ geringer Intelligenz zählt. Allerdings wurden nur unvollständige Skelette von *Stenonychosaurus* gefunden.

Im Bau bestehen nur geringe Unterschiede zu *Saurornithoides* (s. o.), weshalb manche Paläontologen die beiden Gattungen für synonym halten. Der Krallen-Finger von *Stenonychosaurus* scheint aber länger und dünner zu sein als der von *Saurornithoides*. Auch der Körperbau insgesamt war wahrscheinlich leichter. Schätzungen sprechen von einem Gewicht zwischen 27 und 45 kg. *Stenonychosaurus* besaß große Augen, die mit einem Durchmesser von 52 mm so groß wie die eines heutigen Straußes waren. Das Tier war ein ausgesprochen behender Läufer und Nachtjäger mit gut entwickelten Sinnesorganen und schnellen Reflexen.

NAME: *Baryonyx*
ZEIT: Unterkreide
VERBREITUNG: Europa (England)
LÄNGE: 6 m

Zwei ungewöhnliche Merkmale unterscheiden diesen Theropoden von allen anderen Dinosauriern: Zunächst hatte er eine riesengroße, gekrümmte, ungefähr 30 cm lange Kralle. Auf sie bezieht sich auch der wissenschaftliche Name *Baryonyx*, der wörtlich übersetzt »schwere Kralle« bedeutet. Die Kralle war am Fundort leider nicht mehr am Skelett befestigt, weshalb man nicht weiß, ob sie zum Vorder- oder zum Hinterfuß gehörte. Nach Ansicht der Paläontologen spricht jedoch einiges dafür, daß die Klaue am Vorderfuß stand, denn die Vordergliedmaßen des Tieres waren ungewöhnlich dick und kräftig für einen Theropoden und daher ohne weiteres dazu befähigt, eine solche Waffe zu tragen.

Das zweite besondere Merkmal von *Baryonyx* war der lange, schmale Schädel, der dem eines Krokodils ähnelte. Die Kiefer trugen eine große Zahl kleiner, zugespitzter Zähne – doppelt soviele wie bei den Theropoden gemeinhin üblich. Der Hals war dagegen weniger flexibel und konnte nicht in charakteristischer S-Form gekrümmt werden. Hinweise auf die Lebensweise dieses mysteriösen Tiers erlauben vielleicht diverse Fischreste, die bei dem Skelett gefunden wurden. Es ist möglich, daß *Baryonyx*, vergleichbar mit den heutigen Grizzlybären, an Flußufern Fische jagte.

FAMILIE BARYONYCHIDAE

Die Familie wurde für eine einzige Art geschaffen, die auf einem einzigen Skelettfund aus dem Jahr 1986 in Südengland beruht. Durch Schädel und Vordergliedmaßen unterschied er sich deutlich von denen aller anderen Dinosaurier.

FLEISCHFRESSER

INFRAORDNUNG CARNOSAURIA

Einige der größten fleischfressenden Tiere, die jemals auf Erden lebten, gehören zu den »Fleischsauriern«, doch kann man darüber streiten, wie erfolgreich die Carnosaurier als Räuber tatsächlich waren. Die größten unter ihnen, etwa *Tyrannosaurus* und *Tarbosaurus*, könnten mindestens teilweise auch Aasfresser gewesen sein. Vielleicht spielten sie in der Dinosaurierwelt eher die Rolle der »Hyänen« als die der »Löwen«. Eine Jagd, die etwas Ausdauer erforderte, war ihnen aufgrund ihrer gewaltigen Masse kaum möglich. Es ist eher wahrscheinlich, daß sie Beutetieren auflauerten und sich, wie der heutige Tiger, auf kurze, schnelle Angriffe beschränkten.

Es gab allerdings auch andere, kleinere Carnosaurier; sie waren leichter gebaut und wendiger als ihre großen Brüder.

FAMILIE MEGALOSAURIDAE

Die ältesten bekannten Carnosaurier gehören dieser Familie der »Großechsen« an. Fossile Reste wurden in Nordamerika, Afrika und Europa gefunden. Die zeitliche Verbreitung erstreckte sich vom Unterjura bis zum Ende der Kreidezeit.

Alle Megalosauriden waren massiv gebaut und schwerknochig. Der große Kopf war hoch und schmal, und auf den Kiefern standen zahlreiche, scharfe Zähne mit gekerbten Schneiden. Die Arme waren kurz und kräftig, die Beine lang und massiv. Der Körper ruhte auf drei Zehen (daneben gab es eine winzige vierte Zehe). Wahrscheinlich konnten die Tiere trotz ihrer Größe verhältnismäßig schnell laufen.

NAME: *Teratosaurus*
ZEIT: Obertrias
VERBREITUNG: Europa (Deutschland)
LÄNGE: 6 m

Aus Skelettfragmenten von *Teratosaurus* rekonstruierten die Paläontologen das Bild eines primitiven Carnosauriers.

Das große Tier lief auf zwei Beinen, hatte einen schweren Kopf und viele scharfe, gekrümmte Zähne. Auch der Körper war massig gebaut, mit kurzem Hals und einem langen, versteiften Schwanz. Die Hinterbeine endeten in drei kräftigen, bekrallten Zehen, mit denen die Tiere auch Fleischstücke aus dem Körper der Opfer reißen konnten. Die kurzen, kräftigen Arme trugen Finger mit gekrümmten Krallen.

Aus den Resten von *Teratosaurus* und aus Fragmenten verwandter südafrikanischer Arten schließen Paläontologen, daß es bereits im Unterjura eine Gruppe großer fleischfressender Theropoden gegeben haben mag, 60 Millionen Jahre vor dem Auftreten der eigentlichen Carnosaurier. *Teratosaurus* könnte damit der älteste bekannte Vertreter der Megalosauriden sein. Andere meinen indes, es könne sich auch um ein frühes Mitglied der *Prosauropoda* oder sogar um einen großen Vertreter der Thecodontier handeln, aus denen die Vorfahren der Dinosaurier entstanden waren.

NAME: *Proceratosaurus*
ZEIT: Mitteljura
VERBREITUNG: Europa (England)
LÄNGE: 5 m

Der frühe Carnosaurier *Proceratosaurus* ist nur von einem einzigen Schädelfund bekannt, der trotz seiner überdurchschnittlichen Länge dieselben allgemeinen Kennzeichen wie die Schädel anderer primitiver Carnosaurier aufweist. Ein Merkmal ist allerdings atypisch: das kleine Horn auf der Schnauze. Es legt die Vermutung nahe, daß dieses Lebewesen der Vorfahre oder ein früher Vertreter der Ceratosauriden war.

Die Rekonstruktion zeigt *Proceratosaurus* als typischen Carnosaurier: breiter Kopf, kurzer Hals, massiver Körper, langer Schwanz, kurze Arme mit Krallen, lange, dreizehige Laufbeine.

NAME: *Dilophosaurus*
ZEIT: Unterjura
VERBREITUNG: Nordamerika (Arizona)
LÄNGE: 6 m

Ein Expeditionsteam der University of California entdeckte 1942 diesen leichtgebauten Carnosaurier. Das mag wie ein Widerspruch klingen, doch vermittelte *Dilophosaurus* von seiner Anatomie her zwischen zwei Gruppen: Der Kopf war breit (ein typisches Carnosauriermerkmal), enthielt aber leichte Knochen; Hals, Schwanz und Arme waren lang und schlank, typische Merkmale der Coelurosaurier.

Der Schädel von *Dilophosaurus* paßte zu keiner Dinosauriergruppe: Ein Paar halbkreisförmiger Knochenkämme erhob sich senkrecht zu beiden Seiten des Schädels. Stellenweise nur scheibendünn, wurden sie von mehreren senkrechten, knöchernen Verstrebungen verstärkt. Am Hinterkopf verjüngten sich die Kämme zu einem Stachel.

Welche Aufgabe die Kopfkämme erfüllten, bleibt bis heute ein Geheimnis. Einige Paläontologen meinen, sie hätten bei der Brautwerbung eine Rolle gespielt und seien auf die männlichen Tiere beschränkt gewesen, eine Theorie, die von der Tatsache gestützt wird, daß nicht alle gefundenen Exemplare Kämme aufweisen. Den ersten gefundenen Skeletten fehlten sie zum Beispiel, so daß die Forscher eine *Megalosaurus*-Art vor sich zu haben glaubten. Man fand auch nie Kämme, die noch direkt am Schädel befestigt waren; sie lagen vielmehr stets irgendwo in der Nähe. Strenggenommen bleibt daher ihre genaue Lokalisierung am Körper der Tiere ein Gegenstand gelehrter Spekulationen.

Die Kiefer von *Dilophosaurus* verraten uns etwas über die Lebensweise der Tiere. Der Unterkiefer enthielt zahlreiche lange, scharfe und dünne Zähne. Die vorderen Zähne des Oberkiefers waren, ähnlich wie bei den heutigen Krokodilen, von den hinteren getrennt. Trotz seines großen Kopfes und der kräftigen Kiefer tötete *Dilophosaurus* seine Opfer wahrscheinlich nicht durch einen Biß. Die dünnen Zähne und die ziemlich fragilen Kämme auf dem Kopf wären bei einem Kampf rasch beschädigt worden. Wahrscheinlich fing er seine Beutetiere mit den bekrallten Händen und Füßen, oder er ernährte sich wie viele seiner Verwandten als Aasfresser von toten Tieren, die kräftigeren Carnosauriern zum Opfer gefallen waren.

NAME: *Eustreptospondylus*
ZEIT: Mitteljura bis Oberkreide
VERBREITUNG: Europa (England)
LÄNGE: 7 m

Ein nahezu vollständiges Skelett dieses frühen Megalosauriden wurde in Südengland ausgegraben und 1964 beschrieben. Obwohl einige Teile des Schädels fehlen, handelt es sich um das bisher besterhaltene Exemplar eines europäischen Carnosauriers.

Eustreptospondylus steht der Gattung *Megalosaurus* so nahe, daß man die Unterschiede erst 1964 erkannte.

FLEISCHFRESSER

NAME: *Megalosaurus*
ZEIT: Unterjura bis Oberjura
VERBREITUNG: Europa (England, Frankreich) und Afrika (Marokko)
LÄNGE: 9 m

FAMILIE ALLOSAURIDAE

Die Allosauriden waren den Megalosauriden ähnlich, dabei aber noch größer. Im Oberjura waren sie die größten Carnosaurier überhaupt und auf allen Kontinenten vertreten. Später erwuchs ihnen in den Tyrannosauriern der Kreidezeit (S. 119–121) eine noch gewaltigere Konkurrenz.

NAME: *Yangchuanosaurus*
ZEIT: Oberjura
VERBREITUNG: Asien (China)
LÄNGE: 10 m

Das Skelett dieses großen Carnosauriers wurde in der ostchinesischen Provinz Szechuan gefunden und 1978 wissenschaftlich beschrieben. Es ist heute im Naturhistorischen Museum von Peking zu sehen.

Es handelte sich um einen typischen Allosauriden mit großem Kopf und mächtigen Kiefern. Die Zähne waren einwärts gebogen und auf den Schneiden gekerbt wie ein Steakmesser. Der Hals war kurz und dick, dabei aber recht beweglich. Der lange Schwanz machte ungefähr die Hälfte der Körperlänge aus; er war seitlich abgeplattet und wurde beim Gehen zur Wahrung des Gleichgewichts ausgestreckt. *Yangchuanosaurus* hatte große, säulenartige Beine. Das gesamte Körpergewicht ruhte auf drei großen, bekrallten Zehen, die kleine vierte Zehe war wie üblich nach hinten gerichtet. An den kurzen Armen saßen drei Finger mit Krallen.

Der Schädel von *Yangchuanosaurus* unterscheidet sich von dem anderer Allosaurier durch die größere Zahl der Zähne im vorderen Teil des Kiefers sowie durch den Knochenhöcker auf der Schnauze.

Megalosaurus ist weder der größte noch der schwerste Dinosaurier. Dennoch kann er eine Reihe von Rekorden für sich in Anspruch nehmen. Der erste Dinosaurierknochen, der nachweislich gefunden wurde, und zwar 1676 in England, gehörte wahrscheinlich zu einem *Megalosaurus*. Er war auch der erste Dinosaurier, der, in den zwanziger Jahren des 19. Jahrhunderts, wissenschaftlich benannt und beschrieben wurde.

Mit einer Gesamtlänge von 9 m, einer Höhe von 3 m und einem geschätzten Lebendgewicht von 900 kg war *Megalosaurus* ein gewaltiges Tier mit dem Körperbau eines typischen Carnosauriers. Ein kurzer, muskulöser Hals trug den schweren Kopf, in dessen mächtigen Kiefern gekrümmte, sägeblattartig gezackte Zähne standen. Die Finger waren kräftig und trugen starke Krallen, mit denen *Megalosaurus* die großen, langhalsigen pflanzenfressenden Dinosaurier jener Zeit (S. 126–133) überwältigen konnte.

Megalosaurus hat in Südengland Spuren hinterlassen: Seine Fußabdrücke finden sich in Kalkgesteinen. Sie verraten, daß das mächtige Tier auf zwei Beinen ging.

Herrscherreptilien

NAME: *Allosaurus*
ZEIT: Oberjura bis Unterkreide
VERBREITUNG: Nordamerika (Colorado, Utah und Wyoming), Afrika (Tansania) und Australien
LÄNGE: bis 12 m

Dieses riesenhafte Tier war der größte Allosaurier und der fürchterlichste Räuber des Oberjura. Er muß 1–2 t gewogen haben und erreichte eine Gesamthöhe von 4,6 m.

Von außen gesehen wirkte Allosaurus wie eine vergrößerte Ausgabe von *Megalosaurus*, unterschied sich von diesem aber auch durch einige andere Merkmale: Über den Augen standen zwei knöcherne Höcker, und auf der Mittellinie der Schnauze verlief ein schmaler, knöcherner Grat.

Eine Öffnung im Seitenschädel, rund um den Schnauzenbereich, wird, so die Vermutung, eine Salzdrüse beherbergt haben. *Allosaurus* hatte im Oberkiefer fünf Paar Zähne, eines mehr als *Megalosaurus*.

Der Schädel war groß, aber aufgrund mehrerer Öffnungen (»Schädelfenster«) nicht sehr schwer. Die Schädelknochen waren untereinander nur lose verbunden, ein Merkmal, dem man auch bei anderen großen Carnosauriern, wie beispielsweise *Ceratosaurus* (S. 106) begegnet. Durchzogen von einem Netz dünner Knochenverstrebungen war der Schädel also insgesamt in einer Art flexibler »Leichtbauweise« konstruiert.

Ob *Allosaurus* ein erfolgreicher Jäger war, ist umstritten. Einige Paläontologen vertreten die Ansicht, er sei zu schwer und zu unbeholfen gewesen, um Beutetieren nachzujagen, und habe sich deswegen vermutlich eher von Aas ernährt. Andere glauben, er sei für seine Größe ziemlich beweglich gewesen und habe in Rudeln die riesigen pflanzenfressenden Dinosaurier jener Tage gejagt, zum Beispiel *Apatosaurus* (*Brontosaurus*) und *Diplodocus*. Tatsächlich hat man im westlichen Nordamerika Knochen von *Apatosaurus* mit Zahnabdrücken gefunden, die von *Allosaurus* stammen könnten. An anderer Stelle fand man in der Nähe von *Apatosaurus*-Fossilien abgebrochene *Allosaurus*-Zähne.

Eine einzige Fundstätte in Utah, die 1927 erschlossen wurde (Cleveland-Lloyd Dinosaur Quarry), enthielt Tausende Dinosaurierknochen, darunter die Überreste von 44 Allosauriern – von ausgewachsenen Tieren bis zu 3 m großen Jungtieren.

FLEISCHFRESSER

Familie Spinosauridae

Bei diesen Dinosauriern handelte es sich um eine spezialisierte Gruppe großer Theropoden, die während der Kreidezeit möglicherweise aus den Megalosauriden hervorgingen. Ihr charakteristisches Merkmal waren die verlängerten Rückenwirbel, die auf der Rückenlinie einen Kamm bildeten. Bei einigen Spinosauriden war dieser Kamm so stark entwickelt, daß man geradezu von einem »Segel« sprechen kann. Vielleicht regelten die Tiere damit ihre Körpertemperatur, ähnlich wie die Pelycosaurier, bei denen entsprechende Bildungen auftraten.

NAME: *Acrocanthosaurus*
ZEIT: Unterkreide
VERBREITUNG: Nordamerika (Oklahoma)
LÄNGE: 13 m

Im Jahr 1950 wurden in Nordamerika mehrere Skelette dieses gewaltigen fleischfressenden Dinosauriers gefunden. Sein Name bedeutet »oben spitze Echse« und bezieht sich auf die Wirbelfortsätze (Länge bis 30 cm), die den deutlich sichtbaren Kamm bildeten.

Im Vergleich mit diversen verwandten Arten, die jedoch in anderen Erdteilen lebten, war der Kamm von *Acrocanthosaurus* jedoch ausgesprochen niedrig. Bei *Altispinax* aus Westeuropa beispielsweise waren die Fortsätze viermal so lang wie die Wirbel selbst, und der afrikanische *Spinosaurus* trug auf dem Rücken sogar ein 1,8 m hohes Segel.

NAME: *Spinosaurus*
ZEIT: Oberkreide
VERBREITUNG: Afrika (Ägypten und Niger)
LÄNGE: 12 m

Der spektakulärste Vertreter der Familie, der namengebende *Spinosaurus,* war nicht nur Carnosaurier, sondern trug auf dem Rücken auch ein üppiges Segel, das höher war als ein Mensch. Breite, keulenförmige, 2 m lange Fortsätze entsprangen den Rückenwirbeln. Sie waren vermutlich von Haut überzogen. Die Bildung erinnert stark an das Rückensegel des Pelycosauriers *Dimetrodon* (S. 187).

Man weiß nicht genau, wozu diese merkwürdige und sehr verletzliche Struktur diente. Womöglich regelten die Tiere damit ihre Körpertemperatur. Wenn der Dinosaurier sein Segel

rechtwinklig der Sonne aussetzte, nahm die Oberfläche rasch Wärme auf, die dann von den Blutgefäßen im ganzen Körper verteilt wurde. Um sich abzukühlen, brauchte das Tier sein Segel nur in ähnlicher Weise dem Wind auszusetzen.

Mit einer solchen Regelung wäre es *Spinosaurus* möglich gewesen, sich am frühen Morgen schnell aufzuwärmen und unverzüglich auf die Jagd zu gehen, während die meisten anderen Reptilien noch kalt und unbeweglich waren und somit eine leichte Beute darstellten.

Einer anderen Theorie zufolge war das Segel lebhaft gefärbt und diente dem Männchen dazu, die Aufmerksamkeit des Weibchens auf sich zu lenken. Vielleicht bedrohten sich damit auch rivalisierende Männchen bei den ritualisierten Kämpfen um die Rangordnung.

Ungefähr zur selben Zeit wie *Spinosaurus* lebte in Westafrika der große pflanzenfressende Dinosaurier *Ouranosaurus*, der auf zwei Beinen ging. Auch er trug auf dem Rücken ein Segel (S. 144–145). Es besteht daher durchaus Grund zu der Annahme, daß ein umweltbedingter oder klimatischer Faktor die Ausbildung solcher Strukturen beeinflußte.

Das Knochensegel erhöhte das Gewicht von *Spinosaurus* beträchtlich. Sein Gesamtgewicht wird auf 6 t geschätzt und erreicht damit fast die Werte von *Tyrannosaurus*, dem größten Carnosaurier (S. 121).

Die Vordergliedmaßen von *Spinosaurus* waren massiver gebaut als bei den anderen großen Theropoden. Möglicherweise lief das Tier auf allen Vieren, eine ungewöhnliche Fortbewegungsart unter den ansonsten »zweibeinigen« Carnosauriern. Auch die Zähne unterschieden sich: Sie waren gerade anstatt gekrümmt.

Familie Tyrannosauridae

Zu dieser Familie der »Tyrannenechsen« gehörten die größten landbewohnenden Fleischfresser, die je auf Erden lebten. Die Familie war klein und umfaßte weniger als ein Dutzend spezialisierte Gattungen, doch prägte sie entscheidend das volkstümliche Bild vom fleischfressenden Dinosaurier.

Fossile Reste von Tyrannosauriden wurden in Asien und im westlichen Nordamerika gefunden. Insgesamt war die Gruppe relativ kurzlebig, denn sie trat erstmalig in der Oberkreide auf und verschwand am Ende jener Periode mit allen übrigen Dinosauriern. Ihre Lebensspanne erstreckte sich damit über weniger als 15 Millionen Jahre, nicht viel mehr als ein »Augenblick« der Stammesgeschichte der Lebewesen.

NAME: *Albertosaurus*
ZEIT: Oberkreide
VERBREITUNG: Nordamerika (Alberta)
LÄNGE: 8 m

Dieser »kleine« Tyrannosaurier zeigt alle typischen Familienmerkmale: Er war massiv gebaut, mit großem Kopf und kurzem Rumpf. Für die Balance sorgte ein langer, starker Schwanz. Säulenartige Beine mit drei gespreizten Zehen trugen das enorme Körpergewicht.

Albertosaurus und die verwandten Arten waren spezialisierte Theropoden. Im Vergleich zur Körpergröße waren die Arme extrem klein. Sie reichten nicht einmal bis zum Maul und trugen nur zwei Finger, die kaum dazu getaugt haben dürften, Beutetiere festzuhalten. Obwohl die Kiefer weit geöffnet werden konnten, waren die Schädelknochen starr miteinander verbunden und bei weitem nicht so beweglich wie die Schädel der Allosaurier (S. 117).

Die Tyrannosaurier hatten auf der Körperunterseite eine zweite Reihe voll entwickelter Rippen. Eine Erklärung für die Extrarippen und die kurzen Arme besagt, daß sich die Tyrannosaurier, wenn sie ruhen wollten, auf den Bauch legten. Die zusätzlichen Rippen schützten dann die Eingeweide, die sonst vom großen Körpergewicht zerdrückt worden wären. Wenn das Tier wieder aufstand, verhinderten die kleinen Arme, daß der massige Rumpf dauernd nach vorne glitt, während die Hinterbeine ihn aufzurichten versuchten.

Einige Forscher vertreten allerdings die Ansicht, die Männchen hätten sich mit den kleinen Armen während der Paarung an den Weibchen festgehalten.

FLEISCHFRESSER

NAME: Alioramus
ZEIT: Oberkreide
VERBREITUNG: Asien (Mongolei)
LÄNGE: 6 m

NAME: Tarbosaurus
ZEIT: Oberkreide
VERBREITUNG: Asien (Mongolei)
LÄNGE: bis 14 m

Dieser riesenhafte Carnosaurier durchstreifte die Länder Zentralasiens und fraß alles, was ihm in die Quere kam, ob tot oder lebendig. Es ist zweifelhaft, ob er bei seiner Körpermasse noch ein guter Jäger war. Vielleicht ernährte er sich von pflanzenfressenden Entenschnabel-Dinosauriern und gepanzerten Dinosauriern, die die gleichen Lebensräume besiedelten, und ergänzte seinen Speisezettel mit den Überbleibseln der Mahlzeiten anderer Carnosaurier. *Tarbosaurus* war so groß, daß er mit Ausnahme seines noch größeren, verwandten Zeitgenossen *Tyrannosaurus* keinen Räuber zu fürchten hatte.

In der Mongolei wurden auch einige vollständige *Tarbosaurus*-Skelette entdeckt. Anatomisch war er mit *Tyrannosaurus* fast identisch, insgesamt jedoch leichter gebaut, auch war der Schädel etwas länger. Den Schwanz streckte das aufrecht gehende Tier fast waagrecht nach hinten, wobei der Drehpunkt in Höhe der Hüften lag.

Bei den Fossilfunden fand sich der Kopf von *Tarbosaurus* oft weit zurückgebogen in der Nähe der Schultern. Zu dieser ungewöhnlichen Position kommt es, wenn nach dem Tod des Tieres die Bänder im Hals austrocknen und schrumpfen, so daß der Kopf automatisch nach hinten fällt.

Eine Gruppe asiatischer Tyrannosaurier, hier vertreten von *Alioramus*, unterschied sich von den »typischen« Vertretern der Familie durch die Schädelform. Im allgemeinen waren die Schädel hoch und kurzschnäuzig, bei *Alioramus* und seinen Verwandten waren sie dagegen niedrig und die Schnauze verhältnismäßig lang. Zwischen den Augen und der Schnauzenspitze standen zudem einige Knochenhöcker oder Knochenzapfen. Vielleicht dienten sie der Unterscheidung der Geschlechter; es ist denkbar, daß sie bei den Männchen deutlicher ausgeprägt waren als bei den Weibchen.

Alioramus und seine Verwandten lebten während der Oberkreide in Asien und im westlichen Nordamerika. Zu jener Zeit waren die Kontinente Asien und Nordamerika miteinander verbunden. Die Beringstraße, die sie heute trennt, war damals trockenes Land. Nordamerika war aber in Nord-Süd-Richtung von einem Flachmeer zweigeteilt – in Asiamerica im Westen und Euramerica im Osten. Viele Tiere, darunter die großen Tyrannosaurier, konnten ohne weiteres zwischen Asien und dem westlichen Nordamerika hin und her wandern, doch nur verhältnismäßig wenigen gelang es, die Barriere zwischen den beiden Teilen Nordamerikas zu überwinden, obwohl auch im Osten Tyrannosaurier gefunden wurden.

NAME:
Daspletosaurus
ZEIT Oberkreide
VERBREITUNG:
Nordamerika
(Alberta)
LÄNGE: 8,5 m

In den kurzen Kiefern dieses massiven Fleischfressers standen noch größere Zähne als bei den übrigen Tyrannosauriern; dafür war ihre Zahl geringer. Die Zähne waren scharf wie ein Dolch, gekrümmt und mit gezackten Schneiden versehen.

Ein mächtiger Kiefer, Krallen an den Beinen und ein Körpergewicht bis zu 3,6 t – das waren die Waffen von *Daspletosaurus*. Er war imstande, die großen pflanzenfressenden Horndinosaurier zu töten, die zu jener Zeit in den Wäldern Nordamerikas lebten.

NAME: *Tyrannosaurus*
ZEIT: Oberkreide
VERBREITUNG: Nordamerika (Alberta, Montana, Saskatchewan, Texas und Wyoming) und Asien (Mongolei)
LÄNGE: bis 15 m

Er war der größte Carnosaurier und nach dem bisherigen Stand der Erkenntnisse der größte landbewohnende Fleischfresser, der je auf unserer Erde lebte.

Im Mittel war *Tyrannosaurus* 12 m lang, bis 6 m hoch und an die 7 t schwer, schwerer also als ein ausgewachsener männlicher Afrikanischer Elefant. Allein der Kopf war über 1,25 m lang. Die Zähne erreichten eine Länge von 15 cm.

Bisher wurde noch kein vollständiges Skelett von *Tyrannosaurus* gefunden, allerdings wurden seit der Entdeckung der ersten Überreste im Jahr 1902 zahllose weitere Knochen und Zähne zutage gefördert. Frühere Rekonstruktionen waren oft ungenau. Erst seit den Funden kompletter Skelette nahverwandter Arten, wie beispielsweise des mongolischen *Tarbosaurus*, wissen wir Zuverlässiges über die Körperhaltung dieser gewaltigen Dinosaurier.

Weitverbreitet ist die Ansicht, *Tyrannosaurus* sei der schrecklichste Räuber der Kreidezeit gewesen. Eingehende Untersuchungen des Beckengürtels und der Beine haben diese Ansicht in Frage gestellt. Einiges deutet darauf hin, daß *Tyrannosaurus* vielleicht ein langsamer Aasfresser war, der sich nur mit relativ kleinen Schritten fortbewegen konnte, um von anderen Räubern getötete Kadaver für sich zu beanspruchen.

Dagegen spricht freilich das ungewöhnlich große Schädelgebiet hinter den Augen, das den mächtigen Kiefermuskeln als Ansatzfläche diente. Und auch andere Merkmale lassen *Tyrannosaurus* als aktiven Räuber erscheinen, so die kräftigen, sägeblattartigen Zähne, der starke bewegliche Hals, die Wahrscheinlichkeit, daß das Tier zum räumlichen Sehen befähigt war, sowie die großen Gehirnpartien, die dem Gesichts- und Geruchssinn zugeordnet waren.

Tyrannosaurus könnte sich also auch von Entenschnabel-Dinosauriern (Hadrosauriern, S. 146–153) ernährt haben, die zur damaligen Zeit die Wälder Nordamerikas durchstreiften. Diese Tiere lebten in Gruppen zusammen; bei Gefahr hoben sie sich auf die Hinterbeine und rannten schnell davon. *Tyrannosaurus* lauerte wohl gut getarnt seiner Beute auf, um sich im

geeigneten Moment auf ein Opfer zu stürzen. Die Wucht des Aufpralls absorbierten die kräftigen Zähne, der gedrungene Schädel und der mächtige Hals.

FRÜHE PFLANZENFRESSER

UNTERORDNUNG SAUROPODOMORPHA

Die Lebensweise der *Sauropodomorpha* unterschied sich grundsätzlich von jener der zur gleichen Zeit existierenden Theropoden. Zwar zählten beide zu den *Saurischia* oder »Echsenbecken-Dinosauriern«, doch handelte es sich bei den Theropoden um zweifüßige Fleischfresser, während die *Sauropodomorpha* auf allen Vieren gingen und sich von Pflanzen ernährten. Da die Sauropodomorphen wahrscheinlich die Hauptbeute der größeren Theropoden darstellten, waren beide Gruppen im Leben und Sterben eng miteinander verbunden.

INFRAORDNUNG PROSAUROPODA

Wie die Theropoden kann man auch die Sauropodomorphen nach ihrer Größe in Gruppen einteilen. Es gab gigantische Formen mit langen Hälsen und Schwänzen, die wir in der Infraordnung *Sauropoda* zusammenfassen; *Apatosaurus* (früher *Brontosaurus*) ist der berühmteste (S. 131). Die friedlichen pflanzenfressenden Riesen lebten im Jura und in der Kreide und starben gegen Ende dieser Periode zusammen mit allen übrigen Dinosauriern aus.

Es gab auch kleinere Sauropodomorphen, die man in der Infraordnung *Prosauropoda* zusammenfaßt. Wie ihr Name verrät, lebten sie »vor den Sauropoden«, das heißt in der Obertrias. Früher hielt man die Prosauropoden für die direkten Vorfahren der Sauropoden, heute gelten sie als ein Seitenzweig der Sauropoden, der im Unterjura ausstarb.

Die Prosauropoden selbst entwickelten sich wahrscheinlich aus Vorfahren vom Theropodentyp. In Südamerika hat man die Reste von zwei möglichen Kandidaten gefunden: *Staurikosaurus* ist der einzige bekannte Dinosaurier aus der Mitteltrias; er erreichte eine Länge von ungefähr 2 m. *Herrerasaurus* aus der Obertrias war 3 m lang. In beiden Fällen handelte es sich um aktive Fleischfresser. Sie gingen auf zwei Beinen und hatten große Köpfe und lange Schwänze.

FAMILIE ANCHISAURIDAE

Diese Familie umfaßt die ältesten Prosauropoden und damit einige der frühesten Dinosaurier überhaupt. Sie waren alle ziemlich klein (weniger als 3 m lang), hatten gestreckte, leicht gebaute Körper, schlanke Gliedmaßen, kleine Köpfe und lange Hälse und Schwänze.

Die Anchisauriden scheinen die ersten Dinosaurier gewesen zu sein, die sich an pflanzliche Kost gewöhnten. Die Ränder der zylindrischen stumpfen Zähne waren feilenähnlich gezackt wie die Zähne diverser heute noch lebender pflanzenfressender Echsen. Die Arme waren nur geringfügig kürzer als die Beine, was vermuten läßt, daß die Tiere einen großen Teil ihrer Zeit auf allen Vieren verbrachten; sie konnten somit auch leichter an Pflanzen herankommen, die auf dem Boden wuchsen. Die kräftig entwickelten Fußwurzelgelenke deuten zudem darauf hin, daß das Tier sich auch auf die Hinterbeine aufrichten und mit seinen »Händen« Blätter und Zweige abreißen konnte.

Einige Paläontologen glauben, unter den Prosauropoden vom Anchisauriden-Typ seien die Vorfahren der *Ornithischia*, der »Vogelbecken-Dinosaurier« (S. 134 bis 169) zu suchen. Gewisse Merkmale von *Anchisaurus* (s. u.) legen dies nahe. Der lange, schlanke Hals, der Aufbau des Schultergürtels und der Vordergliedmaßen sowie Einzelheiten des Beckengürtels und des Fußgelenks ähneln in der Tat den entsprechenden Körperpartien einiger früher Ornithopoden, wie beispielsweise *Heterodontosaurus* (S. 135).

NAME: Anchisaurus
ZEIT: Oberkreide
VERBREITUNG: Nordamerika (Connecticut) und Südafrika
LÄNGE: 2,1 m

Dieser frühe Dinosaurier war vermutlich ein ziemlich typischer Vertreter der kleinen Prosauropoden. Der Kopf war klein, der Hals lang und beweglich, der Rumpf schlank. Die Arme waren etwa um ein Drittel kürzer als die Beine. An jeder Hand standen fünf Finger, wobei die beiden äußeren jedoch ziemlich kurz waren. Der »Daumen« trug eine lange Kralle, mit der die Tiere vielleicht Pflanzen ausgruben und/oder sich verteidigten.

Die runden, stumpfen Zähne deuten darauf hin, daß *Anchisaurus* Pflanzen fraß. Zu jener Zeit wuchsen an feuchteren Stellen zahllose Farne und Schachtelhalme, während Nadelhölzer und Palmfarne eher trockenere, höhergelegene Gebiete bevorzugten. Bis heute brauchen Pflanzenfresser ein umfangreicheres Verdauungssystem als Fleischfresser, denn zähes, faseriges Pflanzenmaterial ist schwerer zu verdauen als Fleisch. Im langgestreckten Körper von *Anchisaurus* mußten darum oberhalb der Hüften ein großer Magen sowie ein langer Darm Platz finden. Ein zweibeiniges Tier hätte bei einer solchen Eingeweidemasse kaum das Gleichgewicht halten können. Manche Forscher meinen daher, *Anchisaurus* und seine Verwandten hätten aus Stabilitätsgründen überwiegend auf allen Vieren stehen müssen.

Reste dieses Tieres wurden an der Ostküste Nordamerikas und in Südafrika gefunden – ein weiterer Beweis für die Kontinentalverschiebungstheorie.

NAME: *Thecodontosaurus*
ZEIT: Obertrias bis Unterjura
VERBREITUNG: Europa (England) und Südafrika
LÄNGE: 2,1 m

Thecodontosaurus war ähnlich gebaut wie *Anchisaurus*, hatte aber einen kürzeren Hals und mehr Zähne. Die Beschreibung und Benennung erfolgte 1843 aufgrund von Fossilien, die in der Nähe von Bristol (Südwestengland) entdeckt worden waren. Die Knochen stammten aus triassischen Sedimenten und lagen in von im Karbon ausgewitterten Schluchten und Höhlen. Im wüstenähnlichen Klima, das während der Obertrias in Europa herrschte, bildeten diese Kalke trockene Hochebenen.

Wahrscheinlich lebte *Thecodontosaurus* in solch trockenen, hochgelegenen Gebieten, möglicherweise direkt in diesen Höhlen oder in ihrer unmittelbaren Nähe. Die Tiere wurden dann nach ihrem Tod von triassischen Sedimenten bedeckt. Es ist aber auch möglich, daß ihre Gebeine während der Regenzeit von Sturzbächen in die Höhlen und Schluchten geschwemmt wurden.

Thecodontosaurus weist zahlreiche Merkmale eines ursprünglichen Sauropodomorphen auf und wird darum bisweilen gemeinsam mit anderen Arten in einer eigenen Thecodontosauriden-Familie untergebracht.

NAME: *Efraasia*
ZEIT: Obertrias
VERBREITUNG: Europa (Deutschland)
LÄNGE: 2,4 m

Efraasia wurde im Jahre 1909 von dem Stuttgarter Paläontologen Eberhard Fraas entdeckt und nach ihm benannt. Das Tier war etwas größer als seine prosauropoden Verwandten, ansonsten aber ähnlich gebaut. Die Vordergliedmaßen waren zum Beispiel nicht spezialisiert. Mit den langen Fingern konnte *Efraasia* kleine Pflanzen oder Blattbündel packen, wobei besonders der bewegliche Daumen sehr hilfreich war. Auch das Handgelenk war wohlentwickelt; *Efraasia* konnte also die Handflächen ohne weiteres auf den Boden legen und sich somit auch auf allen Vieren fortbewegen.

Er wies darüber hinaus auch noch ein primitives Merkmal auf: Nur zwei Kreuzbeinwirbel waren mit dem Beckengürtel verbunden, die Verbindung zwischen Vorder- und Hinterkörper fiel also recht schmal aus. Bei allen übrigen »Echsenbecken-Dinosauriern« waren mindestens drei Wirbel mit dem Becken verbunden.

FRÜHE PFLANZEN-FRESSER

FAMILIE PLATEOSAURIDAE

Diese großen schweren Prosauropoden waren größere Versionen der zeitgenössischen Anchisauriden. In den Körperproportionen erinnern sie an die riesigen Sauropoden, die erst später, im Jura und in der Kreide, auf den Plan traten (S. 131).

NAME: *Massospondylus*
ZEIT: Obertrias
VERBREITUNG: Afrika (Südafrika und Zimbabwe) und Nordamerika (Arizona)
LÄNGE: 4 m

Massospondylus war der häufigste Prosauropode in Südafrika. Seinen Namen erhielt er 1854 von dem englischen Paläontologen Richard Owen nach der Entdeckung einzelner Wirbel, deren auffallende Größe für die Namenswahl bestimmend war: *Massospondylus* bedeutet »massiver Wirbel«.

Das Tier hatte einen winzigen Kopf auf einem besonders langen, beweglichen Hals. Die fünffingrigen Hände waren recht groß und hatten auch eine große Spannweite. Die Tiere konnten damit sowohl Nahrung sammeln als auch auf ihnen gehen. Jeder Daumen trug eine große, gekrümmte Kralle.

In den Magenhöhlen einiger Skelette hat man polierte Steine gefunden. Wahrscheinlich waren sie von *Massospondylus* verschluckt worden, um mit ihrer Hilfe das Pflanzenmaterial besser aufschließen zu können (aus demselben Grund haben auch heute noch viele Vögel Steine in ihren Muskelmägen). Das Tier mußte sie wohl hochwürgen, ausspucken und durch neue Steine mit rauher Oberfläche ersetzen.

NAME: *Plateosaurus*
ZEIT: Obertrias
VERBREITUNG: Europa (England, Frankreich, Deutschland und Schweiz)
LÄNGE: bis 7 m

Plateosaurus ist der bestbekannte Prosauropode. In triassischen Sandsteinen aus verschiedenen Teilen Westeuropas hat man gut erhaltene Skelette gefunden. An einigen Stellen stieß man sogar auf zahlreiche vollständig erhaltene Individuen. Massengräber dieser Art deuten darauf hin, daß die Tiere in Herden zusammenlebten und die triassische Wüstenlandschaft Europas auf der Suche nach neuen Nahrungsgründen gemeinsam durchstreiften.

Es gibt jedoch auch noch eine andere Erklärung für diese Massengräber: Demnach lebten die Tiere einzeln auf den trockenen Hochebenen, wurden aber nach ihrem Tode von den periodischen Regenfluten, wie sie für Wüstengebiete typisch sind, fortgeschwemmt und am Ende der ausgewaschenen Flußbetten an ganz bestimmten Stellen abgelagert.

Plateosaurus war ein großes Tier mit einem langen Schwanz, der ungefähr die Hälfte der Körperlänge ausmachte. Der Kopf war stärker und höher als bei den meisten anderen Prosauropoden. Die zahlreichen blattförmigen Zähne und das niedrige Unterkiefergelenk, das den Muskeln einen größeren Hebelarm verlieh, deuten darauf hin, daß sich die Tiere ausschließlich von Pflanzen ernährten. Die meiste Zeit lief *Plateosaurus* auf allen Vieren, erhob sich aber gelegentlich auf die Hinterbeine, um höher gelegene Pflanzen abzuweiden. Zu seiner Nahrung zählten unter anderem sicher Palmfarnblätter und verschiedene Koniferen, die in jener Zeit besonders vielfältig entwickelt waren.

In anderen Teilen der Welt lebten ähnliche pflanzenfressende Dinosaurier: In Südchina war es der 6 m lange *Lufengosaurus*, in Südamerika die kleinere, 4 m lange *Coloradia* – in jenen Tagen bildeten ja alle Kontinente eine einzige Landmasse.

NAME: *Mussaurus*
ZEIT: Obertrias bis Unterjura
VERBREITUNG: Südamerika (Argentinien)
LÄNGE: vielleicht 3 m

Das Tier, das zu den kleinsten bekannten Dinosauriern zählt, erhielt 1979 den Namen »Mausechse«. Damals fand man in Südargentinien eine Gruppe winziger, aber bereits vollkommen entwickelter, frisch geschlüpfter Tiere in einem Nest. Zwei kleine, nahezu unbeschädigte Eier lagen in der Nähe. Sie waren nur 25 mm lang. Das größte *Mussaurus*-Skelett maß nur 20 cm. Der Kopf war groß, ebenso die Augen, der Hals war kurz. Die Experten nehmen an, daß ein erwachsener *Mussaurus* bis 3 m lang werden konnte und die typischen Körperproportionen eines Prosauropoden aufwies.

NAME: *Riojasaurus*
ZEIT: Obertrias bis Unterjura
VERBREITUNG: Südamerika (Argentinien)
LÄNGE: bis 10 m

Die Knochen der Gliedmaßen sowie des Schulter- und Beckengürtels waren viel massiver als bei den verwandten Plateosauriden (s. o.), ein Hinweis darauf, daß *Riojasaurus* wegen seines enormen Gewichts immer auf vier Beinen gehen mußte.

Das Skelett war entsprechend umgebaut. Die Knochen der Gliedmaßen waren dick und kräftig und standen senkrecht unter dem Körper. Das Becken verschmolz mit drei Kreuzbeinwirbeln, so daß die Beine ein festes Widerlager hatten. Die Wirbel verfügten über zusätzliche Gelenkflächen zur Versteifung der Wirbelsäule.

Riojasaurus wurde nach seinem Fundort in der nordwestlichen argentinischen Provinz La Rioja benannt. Weitere, ähnlich gebaute Prosauropoden lebten ungefähr zur selben Zeit in Südafrika, zum Beispiel *Roccosaurus* und *Thotobolosaurus* (in der Obertrias) sowie *Vulcanodon* (im Unterjura).

FAMILIE MELANOROSAURIDAE

Die Angehörigen dieser Familie waren die größten Prosauropoden. Einige Paläontologen halten sie für frühe Vertreter der riesenhaften pflanzenfressenden Sauropoden. Sie gingen ausschließlich auf vier Beinen – ganz im Gegensatz zu den Anchisauriden, die auch auf zwei Beinen gehen konnten.

LANGHALSIGE PFLANZENFRESSER

INFRAORDNUNG SAUROPODA

In der Zeitspanne, die vor 200 Millionen Jahren begann und vor 65 Millionen Jahren zu Ende ging, waren die riesenhaften langhalsigen vierfüßigen Sauropoden die größten Pflanzenfresser. Sie waren zudem die größten Tiere, die je auf dem Festland gelebt haben. Als Gruppe lebten sie wahrscheinlich 150 Millionen Jahre. Sie traten erstmals in der Obertrias oder im Unterjura auf, erreichten ihre Blütezeit im Oberjura und starben am Ende der Kreidezeit aus. Bereits in den frühen Stadien ihrer Evolution waren die meisten Sauropoden schon über 15 m lang.

Der Grundplan des Körperbaus war bei allen ähnlich: ein kleiner Kopf auf einem extrem langen Hals; ein langer, voluminöser Körper zur Aufnahme des enormen Darmes; dicke säulenartige Beine mit fünf gespreizten Fingern und Zehen sowie ein langer dicker Schwanz, der am Ende spitz zulief.

Zwei besondere Anpassungen des Skeletts waren selbst bei den frühesten Formen deutlich ausgebildet: Zunächst zeigten die Wirbel große Hohlräume; dies verringerte das Gesamtgewicht, erhielt aber die Tragkraft des Skeletts. Im Verlauf der Evolution trat diese Tendenz immer deutlicher hervor. Knochenverstrebungen bildeten sich nur noch längs der Hauptbelastungslinien, vergleichbar mit dem Stahlgerüst eines Krans.

Ein zweites Sondermerkmal war der massive Beckengürtel: Er war fest mit vier (später sogar mit fünf) Kreuzbeinwirbeln verbunden und bildete eine feste Stütze für den schweren Körper.

FAMILIE CETIOSAURIDAE

Die ältesten Sauropoden lebten während des Jura und in der Kreide. Ihr Name bedeutet übersetzt »Walechsen« und bezieht sich auf die Größe der Tiere, nicht etwa auf ihre Lebensweise.

Zwei primitive Merkmale behielten die Cetiosauriden bei: Die Wirbel waren nur teilweise ausgehöhlt, so daß das Körpergewicht noch sehr hoch war, und der Beckengürtel war nur mit vier Kreuzbeinwirbeln verschmolzen.

NAME: *Barapasaurus*
ZEIT: Unterjura
VERBREITUNG: Asien (Indien)
LÄNGE: 15 m

Ein Fund in Zentralasien erwies sich als bisher einziger Sauropodennachweis auf dem indischen Subkontinent und gleichzeitig als ältester Vertreter dieser Sauriergruppe.

Der Körperbau ähnelte dem der übrigen Sauropoden. Nur die Hals- und einige Rückenwirbel hatten Hohlräume und halfen Gewicht sparen. Die spatelförmigen, mit gekerbten Schneiden versehenen Zähne waren ideal für einen Pflanzenfresser.

NAME: *Cetiosaurus*
ZEIT: Mitteljura bis Oberjura
VERBREITUNG: Europa (England) und Afrika (Marokko)
LÄNGE: bis 18,3 m

Knochen dieses riesenhaften Pflanzenfressers wurden 1809 in Oxfordshire, Südengland, gefunden, also 32 Jahre bevor Owen den Begriff »Dinosaurier« prägte. Die Naturforscher glaubten damals, die Knochen gehörten zu einem großen meeresbewohnenden Tier und gaben dem Fossil darum den Namen *Cetiosaurus* – »Walechse«.

Cetiosaurus war massiv gebaut, doch waren Hals und Schwanz kürzer als bei den übrigen Sauropoden. Er wog um die 9 t. Ein Skelett, das Forscher 1979 in Marokko ausgruben, verriet die Größe des Tiers: Allein der Oberschenkelknochen war über 1,8 m lang, und eines der Schulterblätter maß 1,5 m. Schon die

Energie, die notwendig war, um solche Gliedmaßen überhaupt bewegen zu können, erforderte die Aufnahme ungeheurer Nahrungsmengen.

FAMILIE BRACHIOSAURIDAE

Die Angehörigen dieser Familie waren die Giganten unter den Sauropoden. Sie waren über Nordamerika, Europa und Ostafrika verbreitet und lebten vom Mitteljura bis zur Unterkreide. Alle waren ähnlich gebaut: mit kleinen Köpfen auf auffallend langen Hälsen, voluminösen Rümpfen und relativ kurzen Schwänzen. Sie unterschieden sich von allen übrigen Sauropoden dadurch, daß die Vorderbeine länger waren als die Hinterbeine. Die Rückenlinie war damit schräg geneigt, ähnlich wie bei einer modernen Giraffe.

Bis vor kurzem zählte zu den Brachiosauriern der größte bekannte Dinosaurier und damit das größte Landlebewesen aller Zeiten, ein Tier aus der Gattung *Brachiosaurus* (s. u.).

Nordamerikanische Funde aus jüngster Zeit machen jedoch diesen Rekord streitig und zeigen, daß es noch größere Sauropoden gab: In den 1970er Jahren entdeckte man in Colorado die gewaltigen Knochen zweier Sauropoden, die – bisher noch inoffiziell – *Supersaurus* und *Ultrasaurus* heißen, und 1986 grub man in New Mexico sogar noch größere Knochen aus, die den provisorischen Namen *Seismosaurus* erhielten. Die unvollständigen Überreste lassen eine Gesamtlänge von über 30 m vermuten. So war zum Beispiel ein ausgegrabenes Schulterblatt 2,4 m und ein einzelner Wirbel 1,5 m lang.

NAME: *Brachiosaurus*
ZEIT: Oberjura
VERBREITUNG: Nordamerika (Colorado) und Afrika (Tansania und Algerien)
LÄNGE: 23 m

Unter allen Landtieren, von denen ein vollständiges Skelett existiert, ist *Brachiosaurus* das größte und massivste. Zwar wurden jüngst im westlichen Nordamerika größere Sauropodenknochen ausgegraben (s. o.), die nach vorläufigen »Forschungsergebnissen« zu Tieren mit 30 bis 40 m Körperlänge gehörten, doch sind ihre Reste unvollständig und ihre wissenschaftliche Überprüfung noch nicht beendet.

Ein vollständiges Exemplar von *Brachiosaurus* ist im Paläontologischen Museum der Humboldt-Universität in Berlin ausgestellt. Es handelt sich um das größte montierte Skelett der Welt. Die Knochen wurden bereits in den Jahren 1908 bis 1912 in Tansania, Ostafrika, bei einer Expedition der Humboldt-Universität ausgegraben.

Brachiosaurus war im Durchschnitt 23 m lang und 12,5 m hoch. Die Schultern befanden sich in 6,4 m Höhe; allein der Oberarmknochen maß 2,1 m. *Brachiosaurus* wog unvorstellbare 80 t – fast das Dreifache des berühmten *Apatosaurus* (*Brontosaurus*) oder das Zwölffache eines ausgewachsenen afrikanischen Elefantenbullen.

Wie konnte ein derartig großer Körper überhaupt aufrecht gehalten werden? Das Geheimnis lag im Bau der Wirbelsäule: An den Seiten jedes Wirbels befanden sich große Hohlräume, so daß der Knochen am Ende aus dünnen Knochenblättern und Knochenverstrebungen bestand.

LANGHALSIGE PFLANZENFRESSER

Das Skelett war ein Meisterwerk, eine leichtgewichtige Konstruktion aus außergewöhnlich starken und doch biegsamen Wirbeln, die so gelenkig miteinander verbunden waren, daß sie der größten Belastung widerstehen konnten.

Brachiosaurus hatte einen gewölbten Kopf mit einer breiten, flachen Schnauze. Im Vergleich zum Körper waren Schädel und Schädelinhalt winzig. Auf den Kiefern standen zugespitzte, zapfenartige Zähne. Oben am Kopf, über den Augen, saßen wie bei allen anderen Sauropoden zwei große Nasenöffnungen. Ihre Lage verleitete die Paläontologen ursprünglich zu der Ansicht, *Brachiosaurus* und seine Verwandten hätten den größten Teil ihres Lebens im Wasser verbracht, sich von Wasserpflanzen ernährt und die Nasenöffnungen stets über dem Wasserspiegel gehalten, um atmen zu können. Inzwischen weiß man jedoch, daß in der Tiefe, in der das Tier hätte stehen müssen, um ganz von Wasser bedeckt zu sein, das Atmen schwierig, wenn nicht unmöglich geworden wäre.

Fleischige Nasenlöcher müssen nicht unbedingt in der Nähe der entsprechenden Schädelöffnungen liegen. Bei den heutigen Elefanten befinden sie sich zum Beispiel am Ende des Rüssels. Vielleicht also hatten auch die Sauropoden Rüssel. Eine weitere denkbare Funktion der großen Nasenöffnungen könnte die Wärmeregelung gewesen sein. Die Öffnungen waren vielleicht von gut durchbluteter Schleimhaut umgeben, die dafür sorgte, daß das Gehirn des Tieres bei heißem Wetter kühl blieb.

Der Hals von *Brachiosaurus* war außergewöhnlich lang und machte mehr als die Hälfte der Gesamthöhe aus. Die Zahl der Halswirbel war nicht größer als bei den anderen Sauropoden, doch war jeder einzelne dreimal so lang wie ein Rückenwirbel. Ungewöhnlich für die *Sauropoda*, aber familientypisch für die Brachiosauriden war, daß die Vorderbeine die Hinterbeine an Länge übertrafen. Die Rückenlinie von den Schultern bis zum Schwanz verlief somit abschüssig wie bei einer heutigen Giraffe.

FAMILIE CAMARASAURIDAE

Die Angehörigen dieser Familie waren viel kleiner als ihre Verwandten, die Brachiosaurier und die Diplodociden. Die Hälse und Schwänze waren kürzer, die Schädel höher, die Schnauzen flacher. Auch in der Zahnform unterschieden sie sich recht deutlich von den übrigen Sauropoden: Die Zähne waren lang, spatelförmig und nach vorne gerichtet.

Alle diese Merkmale deuten darauf hin, daß die Camarasaurier andere Pflanzen fraßen als die größeren Sauropoden und damit auch nicht als deren Nahrungskonkurrenten auftraten.

NAME: *Camarasaurus*
ZEIT: Oberjura
VERBREITUNG: Nordamerika (Colorado, Oklahoma, Utah und Wyoming)
LÄNGE: bis 18 m

Dieser weitverbreitete Sauropode zog wahrscheinlich in Herden über die feuchten tropischen Ebenen, die während des Jura das westliche Nordamerika bedeckten. Die kräftigen, spatelförmigen Zähne dienten vermutlich zum Zerkleinern faserhaltiger Pflanzen wie Farnen und Schachtelhalmen. Die Tiere erreichten mit ihren Hälsen wohl auch die unteren Zweige von Bäumen und fraßen deren zähe, nadelartige Blätter.

Camarasaurus hatte große äußere Nasenöffnungen oben am Schädel. Sie und das kurze Gesicht dieses Dinosauriers brachten einige

Paläontologen auf den Gedanken, das Tier könne einen Rüssel gehabt haben. Ebenso aber können die großen Nasenöffnungen auch als Kühlvorrichtung für das Gehirn gedient haben.

In den westlichen USA fand man neben Skeletten von erwachsenen Exemplaren auch Jungtiere, die demnach die Herden auf ihren langen Wanderungen begleiteten.

Einen weiteren Hinweis auf die Lebensweise der Tiere geben uns vereinzelte Haufen polierter Kiesel, die sich in denselben Gesteinen fanden wie die Fossilien. Wahrscheinlich handelte es sich um ausgewürgte Steine, die *Camarasaurus* wie viele andere Sauropoden als Verdauungshilfe verschluckte. Sie zerrieben im Magen das zähe Pflanzenmaterial.

NAME: *Euhelopus*
ZEIT: Oberjura oder Unterkreide
VERBREITUNG: Asien (China)
LÄNGE: 15 m

Obwohl *Euhelopus* und *Camarasaurus* an den entgegengesetzten Enden der damaligen Welt lebten, waren sie eng miteinander verwandt und zeigten einen ähnlichen Körperbau.

Es gab jedoch einige Unterschiede. *Euhelopus* hatte einen längeren Hals mit 17–19 Wirbeln; bei Camarasaurus war er kürzer und bestand nur aus 12 Wirbeln. *Euhelopus* hatte auch nicht die »Mopsnase« seines Verwandten. Der Kopf war länger, die Schnauze stärker zugespitzt. Die schweren, spatelförmigen Zähne waren aber mit denen von *Camarasaurus* identisch, und auch die Nasenöffnungen waren gleich groß.

NAME: *Opisthocoelicaudia*
ZEIT: Oberkreide
VERBREITUNG: Asien (Mongolei)
LÄNGE: möglicherweise 12,2 m

Die genaue Größe und das Aussehen dieses Sauropoden kann man nur unvollständig rekonstruieren, da dem einen Skelett, das man in der Wüste Gobi fand, Kopf und Hals fehlten. Der Rest des Körpers ist jedoch gut erhalten und scheint zu einem typischen, obwohl verhältnismäßig kleinen und stromlinienförmigen Camarasaurier zu gehören.

Einzigartig unter allen bekannten Sauropoden ist die Verbindung der einzelnen Schwanzwirbel. Normalerweise sind die Sauropodenwirbel an ihrem vorderen Ende ausgehöhlt (das heißt in Kopfrichtung konkav). Dafür bildet das hintere Ende des vorderen Wirbels einen passenden Fortsatz. Bei den Schwanzwirbeln von *Opisthocoelicaudia* ist das Gegenteil der Fall: Sie sind auf der Hinterseite konkav. Dieses Merkmal drückt sich auch im Gattungsnamen aus, der so viel wie »hinten ausgehöhlte Schwanzwirbel« bedeutet. Die eigentümliche Gelenkung der Schwanzwirbel führte zu einer Kräftigung dieses Organs. Einige Paläontologen vertreten die Meinung, die Tiere hätten ihren Schwanz als Stütze verwendet, wenn sie sich auf die Hinterbeine erhoben, um höheres Geäst abzuweiden. Auch andere Sauropoden wie die Diplodociden und die Titanosauriden (S. 133) scheinen ihren Schwanz zu diesem Zweck eingesetzt zu haben.

LANGHALSIGE PFLANZENFRESSER

Familie Diplodocidae

Die Diplodociden waren Sauropoden mit außergewöhnlich langen Hälsen und noch längeren Schwänzen. Rumpf und Gliedmaßen waren ziemlich schlank, die Köpfe sehr klein. Trotz ihrer enormen Länge waren diese Pflanzenfresser im Vergleich zu den mächtigen Brachiosauriden (S. 127–128) leichtgewichtig. Denn die Wirbel der Diplodociden waren auf ein kompliziert gebautes Gerüst aus knöchernen Verstrebungen reduziert. Damit sparten sie Gewicht bei größtmöglicher Belastbarkeit.

Vom Oberjura bis in die Kreide waren die Diplodociden auf der ganzen Welt verbreitet. Gegen Ende der Kreidezeit hatte jedoch bereits ihr Niedergang eingesetzt, denn es gab offensichtlich nur noch wenige, in ihrem Vorkommen auf Ostasien beschränkte Arten.

NAME: *Diplodocus*
ZEIT: Oberjura
VERBREITUNG: Nordamerika (Colorado, Montana, Utah, Wyoming)
LÄNGE: 26 m

Diplodocus war ein wahrhaft riesenhaftes Tier. Einzelne Exemplare erreichten eine Länge von 30 m, das Mittel lag bei 26 m. Den größten Teil davon machten allerdings der lange Hals (ungefähr 7,3 m) und der überlange Schwanz (ungefähr 14 m) aus. Der hohe, schmale Rumpf war nur ca. 4 m lang, und der winzige Kopf maß gerade 60 cm.

Trotz seiner riesenhaften Ausmaße war *Diplodocus* »nur« etwa 10 t schwer und erreichte damit gerade ein Achtel des Gewichts von *Brachiosaurus* (S. 127) und ein Drittel dessen von *Apatosaurus* (*Brontosaurus*), obwohl letzterer längst nicht so lang wurde wie *Diplodocus*. Der Grund dafür liegt in der leichten Bauweise der Wirbel, die nahezu hohl waren. Die übriggebliebenen Knochenverstrebungen waren jedoch so stark, daß sie das ganze Tier tragen konnten.

Der Name *Diplodocus* bedeutet »doppelter Balken« und bezieht sich auf ein Paar amboßähnlicher Knochen, die der Unterseite jedes Schwanzwirbels entsprangen. Sie schützten vermutlich die zarten Blutgefäße und Gewebe auf der Unterseite des Schwanzes, wenn dieser über den rauhen Untergrund gezogen wurde.

Um die Jahrhundertwende fand eine Expedition, die vom amerikanischen Stahlkönig Carnegie finanziert wurde, ein gut erhaltenes Skelett von *Diplodocus* in Wyoming. Man fertigte mehrere Abgüsse von diesem Skelett an und verteilte sie auf acht Museen in verschiedenen Ländern. Unglücklicherweise war das Original aus Wyoming unvollständig, denn die Knochen der Vorderfüße wurden nie gefunden. Zur Komplettierung der Abgüsse zog man als Modell die Füße von *Camarasaurus* heran, einem Sauropoden, der zur selben Zeit wie *Diplodocus* in Wyoming lebte (S. 128). Dieser Fehler fand seinen Niederschlag sogar auf unserer Abbildung, denn *Diplodocus* hatte an den Vorderbeinen nur eine Zehe mit einer Kralle und nicht drei wie im Bild. Die Hinterbeine von *Diplodocus* waren, wie bei den Sauropoden mit Ausnahme der Brachiosauriden üblich, länger als die Vorderbeine. Die Rückenlinie fiel erst auf Höhe der Hüften ab. Mehrere Wirbel trugen große, senkrechte Fortsätze, die als Ansatzstellen für starke Muskeln dienten, mit deren Hilfe *Diplodocus* Hals und Schwanz bewegte.

Wahrscheinlich erhob sich *Diplodocus* öfter auf seine Hinterbeine und stützte sich dabei mit dem Schwanz ab. Mit seinem

langen Hals kam das Tier damit an die hochsitzenden Zapfen und Zweige der Nadelbäume heran, die verstreut in der jurassischen Landschaft standen. In jenen Gebieten Afrikas, in denen Giraffenherden weiden, kann man noch heute beobachten, daß die Bäume bis zu einer bestimmten Höhe abgefressen sind. Die Grenze liegt heute bei 6 m Höhe, vor 150 Millionen Jahren, im Jura, lag sie bei 15 m!

Von den Räubern konnten es allenfalls *Allosaurus* und seine Verwandten (S. 117) wagen, *Diplodocus* anzugreifen. Die einzigen Waffen, die er gegen die aktiven Fleischfresser einsetzen konnte, waren Schwanz und Vorderbeine sowie die schiere Masse seines Körpers.

Der lange, biegsame und muskulöse Schwanz konnte eine große Fläche um das Tier herum freifegen und war im günstigsten Fall vermutlich dazu imstande, den Angreifer mit einem Schlag außer Gefecht zu setzen. Eine weitere Verteidigungsmöglichkeit bestand für *Diplodocus* wahrscheinlich darin, sich auf die Hinterbeine zu erheben und den Widersacher mit den Vorderbeinen zu zerstampfen.

NAME: *Apatosaurus* (= *Brontosaurus*)
ZEIT: Oberjura
VERBREITUNG: Nordamerika (Colorado, Oklahoma, Utah und Wyoming)
LÄNGE: 21,3 m

Der riesenhafte pflanzenfressende Dinosaurier *Apatosaurus* war früher unter dem Namen *Brontosaurus* bekannt, der soviel wie »Donnerechse« bedeutet und sich vielleicht auf den Lärm bezieht, den der 30 t schwere Koloß auf seinen Streifzügen durch seine nordwestamerikanische Heimat erzeugte. *Brontosaurus* erwies sich aber als Synonym, als doppelte Benennung. Den wissenschaftlichen Regeln zufolge gilt aber immer nur der erste gültig veröffentlichte Name, in diesem Fall *Apatosaurus*.

Bis 1975 war der Schädel von *Apatosaurus* unbekannt, obwohl das übrige Skelett schon vor ungefähr 100 Jahren entdeckt worden war. Im Vergleich zur Gesamtkörperlänge von über 20 m erwies sich der Kopf schließlich mit 55 cm als ausgesprochen winzig.

Apatosaurus war nicht so lang wie *Diplodocus*, aber dennoch nur eine etwas massigere Version dieses Tiers. Beide Formen hatten lange, schlanke Zähne, die nur an der Vorderfront der Kiefer wuchsen. Wenn sie abgenutzt waren, stießen neue Zähne nach.

Beide Tiere waren in der Lage, sich auf die Hinterbeine zu stellen, um hohe und höchste Bäume abzuweiden. Die Anstrengung muß allerdings für *Apatosaurus* viel größer gewesen sein, denn er wog dreimal soviel wie *Diplodocus*.

Apatosaurus konnte sein großes Gewicht vermutlich mit einigem Erfolg gegen Räuber wie *Allosaurus* (S. 117) einsetzen: Der harmlose Pflanzenfresser erhob sich dazu einfach auf die Hinterbeine und versuchte den Feind mit den Vorderbeinen zu zermalmen. Immer funktionierte diese Methode indes nicht, denn man fand viele Knochen von *Apatosaurus* mit Zahnabdrücken, die von *Allosaurus* stammen könnten. Dafür läßt sich allerdings auch eine andere Erklärung finden: Vielleicht hatte sich der Fleisch- und Aasfresser einfach über einen Kadaver von *Apatosaurus* hergemacht.

Apatosaurus hatte einen längeren Schwanz als *Diplodocus*; er bestand aus nicht weniger als 82 gelenkig miteinander verbundenen Wirbeln (bei *Diplodocus* 73). Der Unterseite der Schwanzwirbel entsprangen wie bei *Diplodocus* Fortsätze, die die weicheren Gewebepartien des Schwanzes schützten.

Wie *Diplodocus* hatte auch *Apatosaurus* an jedem Fuß fünf Zehen. Die Vorderbeine trugen eine Kralle am »Daumen«, während die Hinterbeine je drei Krallen aufwiesen. In den Fußgelenken befanden sich, wie heute bei den Elefanten, dicke Knorpelkeile, die die Flexibilität erhöhten und für eine gleichmäßigere Gewichtsverteilung sorgten.

LANGHALSIGE PFLANZENFRESSER

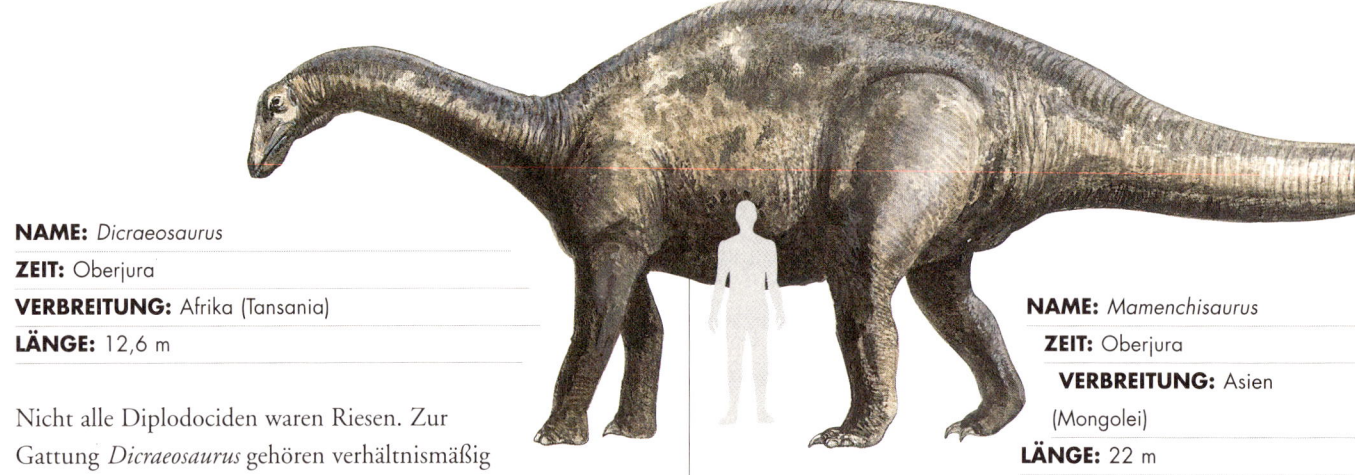

NAME: *Dicraeosaurus*
ZEIT: Oberjura
VERBREITUNG: Afrika (Tansania)
LÄNGE: 12,6 m

NAME: *Mamenchisaurus*
ZEIT: Oberjura
VERBREITUNG: Asien (Mongolei)
LÄNGE: 22 m

Nicht alle Diplodociden waren Riesen. Zur Gattung *Dicraeosaurus* gehören verhältnismäßig kleine Mitglieder der Familie. Auch durch den kürzeren Hals, den größeren Kopf und das Fehlen des geißelartigen Schwanzfortsatzes unterschied sie sich von anderen *Diplodocidae*.

Die großen Dornen, die den Wirbeln entsprangen und als Muskelansatzstellen dienten, waren an der Spitze gegabelt wie ein Y. Dieses Merkmal spiegelt sich auch im Gattungsnamen wider, denn *Dicraeosaurus* bedeutet »Gabelechse«. Die Fortsätze waren nicht wie bei anderen Diplodociden auf den unteren Teil des Rückens und den oberen Teil des Schwanzes beschränkt, sondern fanden sich auf dem gesamten Rücken und sogar am Hals. Vielleicht wurden sie von starken Bändern versteift, die mehrere Wirbel gleichzeitig verbanden.

Die Reste von *Dicraeosaurus* fand man in oberjurassischen Sedimenten des Tendaguruberglands in Tansania, die auch viele andere Dinosaurier preisgaben. Die Pflanzenfresser lebten in den Flußniederungen Ostafrikas friedlich zusammen. Sie ernährten sich von unterschiedlichen Pflanzenarten in unterschiedlichen Wuchshöhen und vermieden somit eine Nahrungskonkurrenz.

Dieses Tier hatte den längsten Hals aller Dinosaurier und damit aller Tiere überhaupt. Er machte fast die Hälfte der gesamten Körperlänge aus und bestand aus 19 Wirbeln, von denen jeder einzelne mehr als doppelt so lang war wie einer der 12 Rückenwirbel. Schlanke Knochenverstrebungen verliehen dem Skelett mehr Widerstandskraft.

Beim Gehen mußte das Tier seinen steifen Hals fast waagrecht vom Körper wegstrecken. Alle Bewegungen fanden nur im Gelenk zwischen Kopf und Hals statt; ansonsten war nur von der Schulter her eine schwingende Bewegung möglich.

Wahrscheinlich verlieh der überlange Hals *Mamenchisaurus* einen ganz bestimmten Vorteil: Stellte sich das Tier nämlich auf die Hinterbeine, so konnte es die frischen Triebe der obersten Zweige abweiden, die für andere als Nahrungsquelle unerreichbar waren.

1986 fand man in oberjurassischen Sedimenten New Mexicos einen mächtigen Sauropoden, dessen wissenschaftliche Untersuchung noch nicht abgeschlossen ist. Der Eigentümer der Fossilien verlieh dem Tier den vorläufigen Namen *Seismosaurus*. Er bedeutet »Erdbebenechse« und bezieht sich auf das mögliche Lebendgewicht des Tiers. Nach ersten Berechnungen soll *Seismosaurus* 40 m lang gewesen sein. Demnach würde er als das größte Landtier zu gelten haben, das je auf der Erde gelebt hat.

FAMILIE TITANOSAURIDAE

Die Titanosauriden bildeten die letzte Familie der Sauropoden; sie überlebten bis zum Ende der Kreidezeit. Die Gruppe war auf der ganzen Welt verbreitet, besonders auf den Südkontinenten, und hielt sich ungefähr 80 Millionen Jahre lang.

Nicht alle Mitglieder dieser Familie waren Riesen, wie der Name vermuten ließe. Die meisten waren im Durchschnitt 12,2 bis 15,2 m lang, also im Vergleich zu einigen Brachiosauriern und Diplodociden geradezu klein.

Bis heute hat man nur bruchstückhafte Reste von Titanosauriden gefunden. Im Bau scheinen die Tiere *Diplodocus* ähnlich, allerdings mit kürzerem Hals und höherem Schädel, der steiler zur Schnauze abfiel. Im Unterschied zu *Diplodocus* und anderen großen Sauropoden hatten die Titanosaurier massive, nicht ausgehöhlte Wirbel. Einige Arten trugen sogar noch einen Knochenpanzer auf dem Rücken.

Die Haut von Dinosauriern blieb in der Regel nicht erhalten, so daß wir über ihre Beschaffenheit wenig oder nichts wissen, abgesehen davon, daß sie höchstwahrscheinlich der unserer bekannten Reptilien ähnelte.

Daß diese einzigartigen gepanzerten Sauropoden auf Südamerika beschränkt blieben, mag ein Hinweis darauf sein, daß sich der Kontinent in der Mittelkreide bereits von der nördlichen Landmasse abgetrennt hatte, die damals Nordamerika und Eurasien umfaßte. Das heutige Mittelamerika lag zu jener Zeit unter Wasser. Die südamerikanische Fauna konnte sich somit isoliert weiterentwickeln.

NAME: *Saltasaurus*
ZEIT: Oberkreide
VERBREITUNG: Südamerika (Argentinien)
LÄNGE: 12 m

Die Reste dieses mittelgroßen Sauropoden entdeckten Paläontologen 1970 unerwartet in der nordwestargentinischen Provinz Salta. Um eine Skelettgruppe herum lagen Tausende von Knochenplatten. Die meisten hatten nur einen Durchmesser von ungefähr 5 mm; andere waren an die 11 cm groß und trugen zum Teil Hornfortsätze.

Wahrscheinlich bedeckten diese Knochenplatten die dicke Haut auf dem Rücken und den Flanken des Tieres und bildeten einen Panzer, der den sonst verteidigungslosen Pflanzenfresser vor den gefräßigen Carnosauriern schützte (S. 114–121).

NAME: *Alamosaurus*
ZEIT: Oberkreide
VERBREITUNG: Nordamerika (Montana, New Mexico, Texas und Utah)
LÄNGE: 21 m

Alamosaurus war einer der letzten Sauropoden vor dem Massenaussterben der Dinosaurier gegen Ende der Kreidezeit, vor 65 Millionen Jahren.

In der Oberkreide änderte sich das Klima in vielen Teilen der Welt. Tiefliegende Gebiete Nordamerikas waren zu einem sumpfigen Dschungel geworden, in dem Dinosaurier aus der Gruppe der Ornithopoden dominierten; sie gingen auf zwei vogelähnlichen Beinen (S. 134–153). Daneben gab es aber nach wie vor einige höhergelegene, trockene Gebiete, in denen die Sauropoden überleben konnten. Nicht von ungefähr geht dieses Kapitel über die großen Saurischia mit *Alamosaurus* zu Ende. Die Gattung wurde, vielleicht rein zufällig, nach Alamo benannt, jener Festung in San Antonio, deren texanische Besatzung 1836 im Kampf gegen die Mexikaner umkam.

FABROSAURIDEN, HETERODONTOSAURIDEN UND PACHYCEPHALOSAURIDEN

UNTERORDNUNG ORNITHOPODA

Die Angehörigen der großen Reptilienordnung der »Vogelbecken-Dinosaurier« *(Ornithischia)* ernährten sich ausschließlich von Pflanzen.

Die Backenzähne der meisten *Ornithischia* waren leicht nach innen versetzt und wurden von fleischigen Wangen umschlossen. Hinweise dafür geben uns die leichten Einbuchtungen in der Wangengegend zu beiden Seiten des Schädels. Die Wangen verhinderten, daß während des ausgiebigen Kauvorgangs Nahrung aus dem Mund fiel, und es kann durchaus sein, daß in ihnen das Erfolgsgeheimnis der kleinen bis mittelgroßen (maximale Länge: 10 m) pflanzenfressenden Dinosaurier von Jura und Kreidezeit lag. Zur gleichen Zeit starben ihre wangenlosen Rivalen, die triassischen Prosauropoda aus der Gruppe der Saurischia, aus.

Die *Ornithischia* kann man in vier Unterordnungen einteilen, von denen sich drei aus vierfüßigen Tieren zusammensetzen, die auf die eine oder andere Weise gepanzert waren. Die Stegosaurier trugen auf dem Rücken große Knochenplatten (S. 154–156). Die Ankylosaurier hatten eine gepanzerte Haut und »Keulen« am Schwanzende (s. S. 157–161), und die Horndinosaurier trugen Hörner auf dem Kopf sowie knöcherne Nackenschilde (S. 162–169). Die vierte Unterordnung besteht aus den *Ornithopoda* oder »Vogelfüßern«. Sie schritten auf zwei Beinen, und womöglich gingen aus ihnen die übrigen *Ornithischia* hervor.

FAMILIE FABROSAURIDAE

Die ältesten *Ornithopoda*, die *Fabrosauridae*, gehen auf den Unterjura zurück. Während ihrer Blütezeit breiteten sie sich über die ganze Welt aus.

Die Tiere waren klein und echsenähnlich und liefen aufrecht auf langen, schlanken Hinterbeinen. Oberflächlich gesehen ähnelten sie den kleinen fleischfressenden Theropoden aus der Gruppe der Coelurosaurier (S. 106–121).

NAME: *Lesothosaurus*
ZEIT: Unterjura
VERBREITUNG: Afrika (Lesotho)
LÄNGE: 1 m

Das kleine, behende Tier war leicht gebaut und lief schnellfüßig über die trockenheißen Ebenen des südlichen Afrikas. Mit seinen langen Beinen, den kurzen Armen, dem biegsamen Hals und dem schlanken Schwanz zeigte es bereits die allgemeinen Merkmale aller späteren Ornithopoden.

Der Schädel von *Lesothosaurus* war klein, kurz und flach und erinnert an den eines heutigen Leguan. Die spitzen Zähne waren wie Pfeilspitzen geformt und hatten gekerbte Schneiden. Beim Kauen paßten die oberen Zähne genau zwischen die unteren und zerhackten auf diese Weise die Nahrung, die im wesentlichen aus zähem Pflanzenmaterial bestand.

Man fand nebeneinander zwei *Lesothosaurus*-Skelette. Ihre Körper waren von abgenutzten abgeworfenen Zähnen umgeben, obwohl die Gebisse beider Tiere vollständig erhalten waren. Einige Paläontologen vermuten, die kleinen Dinosaurier hätten die heißesten und trockensten Monate des Jahres schlafend unter der Erde zugebracht, so wie es auch heute noch von vielen Wüstentieren bekannt ist. Die abgenutzten Zähne wurden vielleicht während des Schlafes abgeworfen und durch neu heranwachsende ersetzt.

NAME: *Scutellosaurus*
ZEIT: Unterjura
VERBREITUNG: Nordamerika (Arizona)
LÄNGE: 1,2 m

Scutellosaurus ist der einzige bisher bekannt gewordene

gepanzerte Fabrosauride. Reihen knöcherner Warzen bedeckten den Rücken und die Seiten und bildeten eine Art Hautpanzerung. Der Schwanz machte fast die Hälfte der gesamten Körperlänge aus. Das Tier streckte ihn vermutlich steif von sich, um das Gleichgewicht zu wahren, wenn es auf zwei Beinen vor einem Angreifer fliehen mußte.

Scutellosaurus ernährte sich wahrscheinlich grasend auf allen Vieren und verließ sich zu seinem Schutz primär auf den Rückenpanzer.

NAME: Echinodon
ZEIT: Oberjura oder Unterkreide
VERBREITUNG: Europa (England)
LÄNGE: 60 cm

Von diesem kleinen Fabrosauriden wurden nur die Kieferknochen gefunden. Sie genügen, um dem Paläontologen zu verraten, daß *Echinodon* einen kürzeren Kopf hatte als *Lesothosaurus* und vorne im Mund ungewöhnliche Zähne trug. Es handelte sich um paarige, lange und scharfe, hundeartige Zähne, wie sie eigentlich für eine andere Ornithopodengruppe, die Heterodontosauriden, typisch waren.

FAMILIE HETERODONTOSAURIDAE

Die Angehörigen dieser Familie sahen äußerlich wie die Fabrosauriden aus, hatten aber völlig andere Zähne. Tatsächlich war das Gebiß einzigartig, nicht nur unter den Dinosauriern, sondern sogar unter den meisten anderen Reptilien.

Die Heterodontosauriden gehörten zu den ersten Dinosauriern, die Wangen entwickelten. Damit konnten sie Nahrung im Mund zurückhalten. Zudem hatten sie in ihren Kiefern drei Zahntypen, von denen jeder eine besondere Aufgabe erfüllte. Der Familienname spiegelt dieses Merkmal wider, denn er bedeutet »Echsen mit vielfältigen Zähnen«.

NAME: Heterodontosaurus
ZEIT: Unterjura
VERBREITUNG: Afrika (Südafrika)
LÄNGE: 90 cm

Der kaninchengroße Schädel von *Heterodontosaurus* wurde 1962 in der südafrikanischen Kap-Provinz gefunden. Seither gelang es auch, ein vollständiges Skelett zu bergen. Im Körperbau war das Tier einem Fabrosauriden ähnlich; es war der eines kleinen, leichtgewichtigen, zweifüßigen Pflanzenfressers.

Heterodontosaurus hatte jedoch höchst bemerkenswerte Zähne. Normalerweise sind Reptilienzähne in Form und Größe gleich. *Heterodontosaurus* hingegen besaß drei Zahntypen und damit ein an das der Säugetiere erinnerndes Gebiß, obwohl er entwicklungsgeschichtlich über keine Verbindung zu jener Linie verfügte, die zu den Säugern führte.

Vorne im Oberkiefer standen einige kleine, zugespitzte Zähne; sie ähnelten den Schneidezähnen der Säuger. An der entsprechenden Stelle des Unterkiefers trug der Knochen keine Zähne, sondern eine Hornleiste. Dieser Knochen, das Prädentale, war für die *Ornithischia* typisch, er fehlt bei allen anderen Wirbeltieren. Im Normalfall stoßen das linke und das rechte Dentale in der Mitte aufeinander und bilden das Kinn.

Hinter den »Schneidezähnen« und dem Unterschnabel besaß *Heterodontosaurus* zwei Paar große Eckzähne. Das untere Paar paßte in eine Tasche im Oberkiefer. Hinter den Eckzähnen standen große, meißelartige Zähne mit schneidenden Kanten.

Jeder Zahntyp verrichtete eine bestimmte Aufgabe. Mit den vorderen Zähnen und dem Schnabel kniff das Tier Blätter ab, und die rückwärtigen Zähne zerschnitten sie wie eine Schere in kleine Stücke.

Unbekannt ist bis heute die Funktion der Eckzähne bei *Heterodontosaurus*, zumal nicht einmal alle Schädel sie aufweisen. Einige Paläontologen vermuten, daß nur die Männchen Eckzähne besaßen und diese bei Revierkämpfen einsetzten. Danach wären die eckzahnlosen Schädel weiblich.

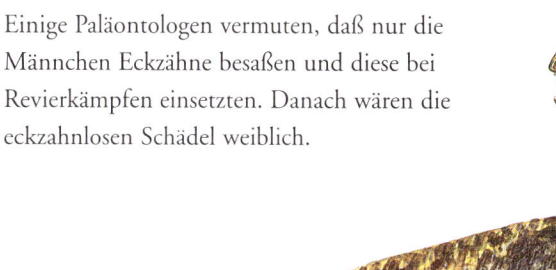

FABROSAURIDEN, HETERODONTOSAURIDEN UND PACHYCEPHALOSAURIDEN

NAME: *Pisanosaurus*
ZEIT: Obertrias
VERBREITUNG: Südamerika (Argentinien)
LÄNGE: 90 cm

Pisanosaurus ist der älteste bisher bekannte Ornithischier. Das Tier lebte in der Obertrias, einige Millionen Jahre vor dem Erscheinen anderer »Vogelbecken-Dinosaurier«.

Trotz der äußerst spärlichen fossilen Belege glaubt man, *Pisanosaurus* mit einiger Sicherheit der Familie der Heterodontosauriden zuordnen zu können. Die Tatsache, daß alle bisher entdeckten Angehörigen der Familie in Südafrika oder Südamerika lebten, gilt als Indiz dafür, daß die beiden Südkontinente in der Obertrias nach wie vor miteinander verbunden waren.

INFRAORDNUNG PACHYCEPHALOSAURIA

Die Schädel der sogenannten »Dickkopfechsen« waren kuppelförmig und verliehen den Tieren ein bizarres Aussehen. Die Schädelkalotten bestanden aus enorm verdickten Knochen. Einige Arten trugen hinten am Kopf und auf den Seiten, bisweilen sogar auf der Schnauze, knöcherne Halskrausen, oder spitze Auswüchse.

Die meisten Paläontologen glauben, die Tiere hätten wie heutige Dickhornschafe gelebt. Wie diese Säugetiere bildeten sie kleine Verbände, in denen die Männchen um die Rangordnung kämpften, indem sie mit gesenkten Köpfen aufeinanderprallten.

In anderer Hinsicht unterschieden sich die Pachycephalosaurier kaum von den übrigen Ornithopoden: Sie waren zweibeinige Pflanzenfresser mit fünffingrigen Händen, dreizehigen Füßen und einem langen, schweren Schwanz. Insgesamt waren sie selten; Funde sind nur aus der Oberkreide in Nordamerika und Zentralasien bekannt, mit einer frühen Ausnahme: ein »Dickkopf« mit der Bezeichnung *Yaverlandia* wurde in Südengland aus der Unterkreide geborgen.

FAMILIE PACHYCEPHALOSAURIDAE

Diese Familie weist die charakteristischen dicken, hochgewölbten Schädel auf, die für diese Infraordnung typisch sind und wahrscheinlich den Rangkämpfen dienten.

NAME: *Stegoceras*
ZEIT: Oberkreide
VERBREITUNG: Nordamerika (Alberta)
LÄNGE: 2 m

Der gesamte Körper dieser »Dickkopfechse« scheint darauf ausgerichtet, den Rammschlägen mit dem Kopf die nötige Wucht zu verleihen. Griff ein Männchen einen Rivalen an, so senkte es wohl den Kopf im rechten Winkel. Hals, Rumpf und Schwanz bildeten eine waagrechte Linie, deren Drehpunkt bei den Hüften lag. Das Schädeldach formte eine dicke Knochenkuppel, die das kleine Gehirn gut schützte. Die Knochenbälkchen des Schädels waren senkrecht zur Oberfläche ausgerichtet, was darauf hindeutet, daß sie großen Erschütterungen widerstehen konnten. Ein ausgewachsener *Stegoceras* wog immerhin an die 55 kg.

Das Tier hatte wie andere Pachycephalosaurier Zähne, die auf das Zerkleinern pflanzlichen Materials spezialisiert waren. Wahrscheinlich lebte es ähnlich wie heutige wilde Schafe und Ziegen.

NAME: *Prenocephale*
ZEIT: Oberkreide
VERBREITUNG: Asien (Mongolei)
LÄNGE: 2,4 m

Prenocephale trug auf dem Kopf eine richtige runde Kuppel, und eine Reihe knöcherner Dornen und Erhebungen umgab den festen Schädel. Die Weibchen hatten wahrscheinlich kleinere und dünnere Schädel als die Männchen, genauso wie die Bighorn-Weibchen in den Rocky Mountains kleinere Hörner haben als ihre Männchen.

Die Augen von *Prenocephale* waren vermutlich wie die anderer Familienmitglieder recht groß, zudem verfügte er über einen guten Geruchssinn. Das Tier lebte in Bergwäldern und ernährte sich von Blättern und Früchten.

NAME: *Pachycephalosaurus*
ZEIT: Oberkreide
VERBREITUNG: Nordamerika (Alberta)
LÄNGE: 4,6 m

Das Tier war ein Riese unter den Pachycephalosauriern, obwohl von ihm nur ein 60 cm langer Schädel bekannt ist. Die enorme Schädelkalotte bestand aus festem Knochen, war ungefähr 25 cm dick und konnte, einem Sturzhelm gleich, enorme Aufprallenergien absorbieren, wenn rivalisierende Männchen mit gesenkten Köpfen aufeinander losgingen.

Pachycephalosaurus war nicht nur das größte Mitglied der Familie, sondern auch das letzte. Denn am Ende der Kreidezeit starben bekanntlich alle Dinosaurier aus.

FAMILIE HOMALOCEPHALIDAE

Diese Familie von Pachycephalosauriern besitzt niedrige, gewölbte Schädel. Vermutlich haben die Homalocephaliden ihre Schädel eher schiebend als stoßend eingesetzt.

NAME: *Homalocephale*
ZEIT: Oberkreide
VERBREITUNG: Asien (Mongolei)
LÄNGE: 3 m

Homalocephale bedeutet »ebener Kopf« und bezieht sich darauf, daß dieser Pachycephalosaurier keine runde Schädelkalotte besaß. Der Kopf war ziemlich flach und keilförmig, doch waren auch bei ihm die Schädelknochen stark verdickt. Außerdem war er mit zahlreichen Gruben und knöchernen Erhebungen übersät, was einige Wissenschaftler zu der Annahme verleitete, rivalisierende Männchen hätten ähnliche Kämpfe wie die heutigen Meeresechsen auf den Galapagos-Inseln ausgetragen.

Homalocephale hatte ein außergewöhnlich breites Becken. Einige Forscher vertreten die Ansicht, es habe die Wucht des Aufpralls beim Kampf gedämpft; andere meinen, *Homalocephale* habe lebende Junge zur Welt gebracht.

HYPSILOPHODONTIDEN

Familie Hypsilophodontidae

Die Hypsilophodontiden waren die »Gazellen« der Dinosaurierwelt. Wahrscheinlich lebten sie gesellig wie heutige Hirsche und waren dauernd auf der Hut. Bei Gefahr – es gab viele fleischfressende Dinosaurier! – liefen sie mit hoher Geschwindigkeit davon. Ihr leichter Körperbau und die langen Laufbeine ermöglichten ihnen einen schnellen Rückzug.

Die Hypsilophodontiden gehörten zu den erfolgreichsten Dinosauriern. Die Blütezeit der Gruppe währte ungefähr 100 Millionen Jahre, vom Oberjura bis zum Ende der Kreidezeit. Die Tiere breiteten sich mit Ausnahme Asiens über alle Kontinente aus.

Sie spielten auch eine bedeutende Rolle in der Evolution der Dinosaurier. Man nimmt an, daß aus ihnen zwei weitere größere Gruppen der Ornithopoden, die Iguanodons (S. 142–145) und die Entenschnabel-Dinosaurier oder Hadrosaurier (S. 146–153) hervorgingen.

Die Ernährungsweise der Hypsilophodontiden entsprach weitgehend der der ebenfalls pflanzenfressenden Fabrosauriden, die ungefähr zu jener Zeit ausstarben, als der Aufstieg der Hypsilophodontiden begann. Tatsächlich halten manche Paläontologen die Fabrosauriden für die unmittelbaren Vorfahren der Hypsilophodontiden.

Auch im Aussehen ähnelten sich die beiden Gruppen, wobei die Hypsilophodontiden allerdings mehrere anatomische Veränderungen zeigten. Sie hatten zum Beispiel Wangen entwickelt, die verhinderten, daß beim Kauen Nahrung aus dem Maul fiel. Die Zähne im Ober- und Unterkiefer bildeten regelmäßige Reihen und griffen nicht mehr auf Lücke ineinander wie bei den Fabrosauriden. Dank dieser Anordnung kam es zu einer Verbesserung der Kauflächen. Auch der Beckengürtel der Hypsilophodontiden war weiterentwickelt. Ein Teil des Schambeins, die Präpubis, sorgte für eine zusätzliche Ansatzfläche für die Beinmuskeln (S. 90). Dadurch konnten die Tiere besser laufen. Der zusätzliche Knochen ließ genug Platz für den umfangreichen Darm, der wie üblich vor dem Becken lag.

Ein Fund aus der Oberkreide von Montana gibt möglicherweise Aufschluß über die Lebensweise der Hypsilophodontiden. 1979 grub man dort zehn Dinosauriernester aus. Jedes enthielt ungefähr 24 kleine Eier, die zu einem Kreis angeordnet waren, wobei die spitzen Enden stets nach unten zeigten. Im selben Gebiet fand man die Reste junger Hypsilophodontiden. Die Paläontologen schließen daraus, daß die Jungen das Nest unmittelbar nach dem Schlüpfen verließen, sich aber noch eine Zeit lang in der nächsten Umgebung aufhielten und dort von ihren Eltern versorgt wurden. Die Tatsache, daß die Eier so genau angeordnet waren, deutet auf eine gewisse Brutfürsorge oder gar Brutpflege hin. Heutige Schildkröten und Alligatoren legen ihre Eier mit ähnlicher Sorgfalt in gut versteckte Nester, verlassen danach allerdings das Nistgebiet. Die bisher gefundenen Sauropodeneier lagen stets in einer Linie, als ob das Weibchen sie während des Gehens abgelegt hätte. Man kann daraus den Schluß ziehen, daß die Sauropodenjungen nach dem Schlüpfen für sich selber sorgen mußten.

NAME: *Dryosaurus*
ZEIT: Oberjura bis Unterkreide
VERBREITUNG: Nordamerika (Colorado, Utah und Wyoming) und Afrika (Tansania), möglicherweise auch Australien und Europa (England und Rumänien)
LÄNGE: bis 3 m

Dryosaurus (auch unter dem Namen *Dysalotosaurus* bekannt) war einer der größten Hypsilophodontiden. Obwohl er auch einer der frühesten ist, zeigte er in mehrerer Hinsicht fortgeschrittene anatomische Merkmale. Die langen, schlanken Beine hatten zum Beispiel nur drei Zehen, und der Oberkiefer trug vorne keine Zähne. Der Hornschnabel vorne am Unterkiefer traf auf ein zähes, zahnloses Kissen im Oberkiefer, ein nützliches Werkzeug beim Abweiden von Pflanzenteilen.

Wie bei anderen Mitgliedern dieser Familie war der Unterschenkel von *Dryosaurus* viel länger als der Oberschenkel. Die schweren Beinmuskeln umgaben die kurzen Oberschenkelknochen, und der Unterschenkel sowie die langen Füße wurden von leichten, aber widerstandsfähigen Sehnen bewegt. Mit dieser anatomischen Ausstattung arbeiteten die Beine beinahe wie ein langes Pendel mit einem nur kleinen Gewicht am Ende. Diese Proportionen führen zu einer überaus kurzen Schwingphase: Das Tier konnte beim Laufen seine Hinterbeine sehr schnell vor und zurück bewegen. All das machte *Dryosaurus* zu einem besonders schnellen Sprinter. Bei Hirschen und Gazellen finden wir heute genau dieselbe Anordnung.

Dryosaurus war offensichtlich weit verbreitet. Sein Lebensraum reichte vom westlichen Nordamerika bis nach Ostafrika. Im Jura waren diese Kontinente nur durch den schmalen Nordatlantik getrennt, der gerade im Entstehen begriffen war. Tiere konnten über Europa und über die Verbindung zwischen Sibirien und Alaska immer noch hin und her wandern. Das ist der Grund, warum die Dinosaurier der fossilreichen Morrison-Formation in den westlichen USA denen des Tendaguru, Hügellands in Tansania so ähnlich sehen.

Dryosaurus teilte sich den Lebensraum mit riesigen pflanzenfressenden Dinosauriern wie *Apatosaurus* (*Brontosaurus*), mit *Diplodocus* und *Brachiosaurus*, mit kleinen, gefräßigen Fleischfressern wie den Coelurosauriern *Coelurus* und *Elaphrosaurus* sowie mit großen Carnosauriern wie *Allosaurus* und auch dem gehörnten *Ceratosaurus*.

NAME: *Hypsilophodon*
ZEIT: Unterkreide
VERBREITUNG: Europa (England und Portugal) und Nordamerika (South Dakota)
LÄNGE: 1,5 m

Ungefähr 20 vollkommen erhaltene Skelette dieses kleinen Hypsilophodontiden entdeckte man an einer Fundstelle auf der Insel Wight vor Südengland in Gesteinen der Unterkreide. Die Tiere gehörten vermutlich zu einer kleinen Herde und waren allem Anschein nach gemeinsam vom Tod überrascht worden, vielleicht bei einer Flutwelle, die den Wasserspiegel des Flachmeeres, das sich vor ungefähr 120 Millionen Jahren über den nördlichen Teil Europas erstreckte, unvermittelt hatte steigen lassen.

Hypsilophodon ist der klassische Vertreter der Familie. Der Name bedeutet, wörtlich übersetzt, »Zahn mit hohen Leisten« und bezieht sich auf die großen Backenzähne der Hypsilophodontiden. Die Zähne des Oberkiefers und des Unterkiefers trafen aufeinander, so daß Pflanzenmaterial zwischen ihnen zerrieben werden konnte.

Im Vergleich zu früheren Verwandten aus dem Oberjura (z. B. *Dryosaurus*) besaß *Hypsilophodon* merkwürdigerweise noch gewisse primitive Merkmale. Die Füße hatten beispielsweise vier Zehen, und vorne in den Oberkiefern stand eine Art Schneidezähne. Wenn das Tier seine Kiefer schloß, bildeten diese Zähne mit dem zahnlosen Hornschnabel des Unterkiefers eine wirksame Vorrichtung zum Abweiden von Pflanzen.

Hypsilophodon trug möglicherweise auch eine Panzerung aus zwei Reihen dünner Knochenschuppen, die zu beiden Seiten der Rückenlinie verliefen, doch besteht in Fachkreisen noch keine einhellige Meinung über dieses Merkmal.

In der Interpretation von *Hypsilophodon* seit der Entdeckung der Tiere im 19. Jahrhundert spiegelt sich auch die Geschichte der Paläontologie wider. Als Thomas H. Huxley 1870 das Tier beschrieb, war man verblüfft über die Ähnlichkeit mit einem heutigen Baumkänguruh. Fast ein Jahrhundert lang stellten alle einschlägigen Illustrationen *Hypsilophodon* auf einem Baum sitzend dar, wobei drei seiner vier Zehen nach Vogelart den Ast umfaßten, während die vierte nach hinten gerichtet war. Diese Rekonstruktion, so schien es, besetzte eine ökologische Nische, die noch von keinem Dinosaurier beansprucht worden war, und förderte natürlich die Vorstellung von einem baumbewohnenden, pflanzenfressenden Ornithopoden.

Erst 1974 wurde das Skelett von *Hypsilophodon* erneut studiert. Die Wissenschaftler fanden nicht den geringsten Hinweis darauf, daß dieser Saurier auf Bäumen lebte. In Wirklichkeit, so meinten sie, handelte es sich um ein perfekt angepaßtes, bodenbewohnendes Tier, das auf zwei Beinen laufen und dabei hohe Geschwindigkeiten erreichen konnte.

HYPSILOPHODONTIDEN

NAME: *Othnielia*
ZEIT: Oberjura
VERBREITUNG: Nordamerika (Utah, Wyoming)
LÄNGE: 1,4 m

Dieser Dinosaurier wurde nach dem berühmten amerikanischen Fossiljäger und Professor an der Yale University, Othniel Charles Marsh (S. 89–90), benannt. Er hatte das Tier 1877 ursprünglich *Nanosaurus* genannt. Hundert Jahre später, 1977, erkannte man, daß die Gattungsbezeichnung nicht korrekt war. Man nannte das Tier fortan *Othnielia*, in Würdigung von Professor Marsh und seiner bahnbrechenden Forschungen über die Dinosaurier.

Othnielia war ein typischer Hypsilophodontide mit langen Beinen und langem Schwanz, einem leicht gebauten Körper und kurzen Armen mit fünf Fingern. Nur die Zähne sind abweichend: Sie sind kleiner als bei den anderen Hypsilophodontiden, aber dafür vollständig (und nicht nur auf den Kauflächen) mit Schmelz überzogen.

Vielleicht fraß *Othnielia* härteres Pflanzenmaterial als seine Verwandten. Das hätte bedeutet, daß das Tier seine Nahrung vor dem Herunterschlucken auch besser zerkleinern mußte. Dazu besaß *Othnielia* wie alle seine Verwandten Wangen, die verhinderten, daß die Nahrung während des Kauens aus dem Mund fiel.

NAME: *Tenontosaurus*
ZEIT: Unterkreide
VERBREITUNG: Nordamerika (Arizona, Montana, Oklahoma und Texas)
LÄNGE: 7,3 m

Verglichen mit anderen Hypsilophodontiden ist dieser Dinosaurier ungewöhnlich groß. Einige Forscher stellen ihn daher zu den *Iguanodons* (S. 142–145), zumal auch die Schädel beträchtliche Ähnlichkeiten mit diesen Tieren aufweisen. Die Zähne und ihre Anordnung im Kiefer lassen allerdings kaum Zweifel an der Zugehörigkeit zu den Hypsilophodontiden.

Über die Hälfte der gesamten Körperlänge machte der Schwanz aus, der außerordentlich dick und schwer war. *Tenontosaurus* wog schätzungsweise 900 kg und verbrachte wohl die größte Zeit auf allen Vieren. Die Arme waren viel länger und kräftiger gebaut als bei den übrigen Hypsilophodontiden.

Ein bemerkenswerter Fund in Montana bestand aus einem *Tenontosaurus*-Skelett, das von fünf vollständigen Exemplaren des Räubers *Deinonychus* (S. 110) umgeben war. Wahrscheinlich wurden die Kadaver zufällig an dieser Stelle angeschwemmt, doch ist auch nicht ganz auszuschließen, daß sich der massige Pflanzenfresser dort einen tödlichen Kampf mit einem Rudel attackierender Raubsaurier geliefert hat.

Deinonychus war zwar nur ungefähr 3 m lang, besaß aber äußerst scharfe Zähne und vor allem eine große, dolchartige Kralle. *Tenontosaurus* setzte sich nach Kräften zur Wehr, trat mit den Füßen um sich und peitschte mit dem Schwanz auf die Gegner ein. Wenn es ihm auch gelungen sein mag, mehrere von ihnen zu töten, unterlag er ihnen am Ende doch.

NAME: *Thescelosaurus*
ZEIT: Oberkreide
VERBREITUNG: Nordamerika (Alberta, Montana, Saskatchewan und Wyoming)
LÄNGE: 3,5 m

NAME: *Parksosaurus*
ZEIT: Oberkreide
VERBREITUNG: Nordamerika (Alberta)
LÄNGE: 2,4 m

Thescelosaurus wurde in den obersten Gesteinsschichten der Oberkreide im westlichen Nordamerika entdeckt. Im Vergleich zu seinen nächsten Verwandten war er kräftiger gebaut und hatte schwerere Knochen.

Es gibt einige weitere Merkmale, die *Thescelosaurus* von den übrigen Hypsilophodontiden abgrenzen: Vorne im Oberkiefer standen Zähne, jeder Fuß trug fünf Zehen, und die Oberschenkelknochen waren so lang wie die des Unterschenkels.

Der Bau der Beine deutet darauf hin, daß *Thescelosaurus* kein gazellenartiger Sprinter war wie seine Verwandten, sondern sich eher langsam voranbewegte. Vielleicht als Ausgleich dafür besaß er in der Haut knöcherne Höcker, die einen gewissen Schutz vor fleischfressenden Dinosauriern boten.

Parksosaurus war einer der letzten Vertreter der langlebigen Familie der Hypsilophodontiden. Er ging erst beim allgemeinen Massenaussterben der Dinosaurier am Ende der Kreidezeit zugrunde. Im Körperbau glich er, von geringfügigen Unterschieden wie den großen Augen abgesehen, den übrigen Hypsilophodontiden. *Parksosaurus* suchte seine Nahrung allem Anschein nach in Bodennähe. Er bahnte sich seinen Weg durchs Unterholz, schnüffelte umher und rupfte mit seinen schmalen Schnabelkiefern die von ihm bevorzugten Futterpflanzen ab.

IGUANODONTIDEN

Familie Iguanodontidae

Iguanodon ist der Namensgeber und der berühmteste Vertreter dieser Familie großer, pflanzenfressender Dinosaurier aus der Gruppe der *Ornithopoda*. Die Iguanodons entstanden im Mitteljura, vor ungefähr 170 Millionen Jahren, und breiteten sich über die ganze Welt aus. Man fand sie sogar im Gebiet der heutigen Arktis, die zum damaligen Zeitpunkt natürlich eisfrei war. Die Iguanodons erreichten ihre höchste Arten- und Individuenzahl gegen Ende der Unterkreide. Danach begann ihr Niedergang, und sie starben am Ende der Kreidezeit völlig aus.

Im Gegensatz zu ihren Vorfahren, den gazellenähnlichen Hypsilophodontiden (S. 138–141), entwickelten sich die Iguanodons nicht zu schnellen Läufern. Der Körperbau war vielmehr massig und schwerknochig. Der Oberschenkelknochen war länger als der Unterschenkel (bei schnellen Läufern sind die Längenverhältnisse gerade umgekehrt). Die Vorder- und Hinterbeine trugen schwere, hufartige Krallen. Die Iguanodons bewegten sich wahrscheinlich ziemlich langsam, verbrachten den größten Teil der Zeit auf allen Vieren und ernährten sich vorrangig von niedriger Vegetation, wie zum Beispiel Schachtelhalmen. Mit den schnabelartigen Kiefern rissen sie Blätter ab, die von den hochkronigen, reihigen Backenzähnen mit starken Leisten zu Brei zerrieben wurden. Allerdings waren die Tiere auch imstande, sich auf die Hinterbeine zu stellen, um höher gelegene Pflanzenteile abzuweiden und sich vor Räubern in Sicherheit zu bringen.

Die Körperhaltung dieser Reptilien wurde seit dem ersten Fund im frühen 19. Jahrhundert mehrfach neu interpretiert. Anfangs wurden sie, ausgehend von lebenden Reptilien wie dem Leguan, als reine Vierbeiner angesehen. Als aber gegen Ende des Jahrhunderts vollständiger erhaltene Überreste auftauchten, stellte man einen beträchtlichen Größenunterschied zwischen vorderen und hinteren Gliedmaßen fest. Der Befund wurde, zusammen mit dem großen Schwanz, mit der Anatomie und den Lebensgewohnheiten der Kängeruhs verglichen. Man nahm an, daß die Iguanodonten ihre langen, muskulösen Schwänze beim Fressen hoch wachsender Vegetation zum Abstützen verwendeten.

NAME: *Callovosaurus*
ZEIT: Mitteljura
VERBREITUNG: Europa (England)
LÄNGE: 3,5 m

Von diesem Dinosaurier ist nur ein einzelner Oberschenkelknochen bekannt, der allerdings beweist, daß *Callovosaurus* anders aussah als seine Verwandten, die Hypsilophodontiden. Er ist der älteste bisher bekannte Vertreter der Iguanodons, der wohl in Bau und Aussehen dem späteren *Camptosaurus* sehr ähnelte.

NAME: *Camptosaurus*
ZEIT: Oberjura
VERBREITUNG: Europa (England und Portugal) und Nordamerika (Colorado, South Dakota, Utah und Wyoming)
LÄNGE: 6 m

Camptosaurus war ein primitives Mitglied der Familie *Iguanodontidae*. Aus den vielen Skeletten, die besonders in der ergiebigen Morrison-Formation in den westlichen USA gefunden wurden, geht hervor, daß *Camptosaurus* ein recht häufiges Tier war.

Der Schädel von *Camptosaurus* war ganz anders gebaut als der seiner hypsilophodonten Vorfahren. Er war lang, niedrig und breit, auch ziemlich schwer, da die Schädelfenster zwischen den Knochen geschlossen waren. Die Schnauze war stark verlängert, und die Kiefer bildeten an der Spitze einen ausgeprägten, zahnlosen Schnabel.

Auch *Camptosaurus* besaß ein sekundäres Munddach, das die Nasenhöhle von der Mundhöhle trennte und es dem Tier erlaubte, gleichzeitig zu atmen und zu kauen – unumgänglich für Pflanzenfresser von solchen Ausmaßen, die Unmengen Nahrung benötigten.

NAME: Iguanodon
ZEIT: Unterkreide
VERBREITUNG: Europa (England, Belgien und Deutschland), Nordamerika (Utah), Afrika (Tunesien) und Asien (Mongolei)
LÄNGE: 9 m

Iguanodon verdient seinen Platz in der Ruhmeshalle der Dinosaurier. Er war der zweite Dinosaurier, der entdeckt wurde, obwohl es zu jener Zeit diese Bezeichnung noch gar nicht gab. Im Jahr 1809 fand man in Südengland einen Teil seines großen Schienbeins. 1819 entdeckte man einige Zähne und andere Knochen. Die Wissenschaftler damals glaubten, die Zähne gehörten ursprünglich einem riesigen Säuger, vielleicht einem Nashorn. Erst der Geologe und eifrige Fossiliensammler Gideon Mantell erkannte, daß es sich bei den Zähnen um die eines Reptils handeln mußte, und bemerkte auch ihre Ähnlichkeit mit den Zähnen heutiger Iguanas aus Zentral- und Südamerika. Er nannte das Tier daher *Iguanodon* und veröffentlichte 1825 eine wissenschaftliche Beschreibung. Mantell versuchte auch eine Rekonstruktion, die jedoch aufgrund der geringen Informationen, über die er verfügte, hoch spekulativ blieb. Er sah *Iguanodon* als vierfüßiges, drachenähnliches Tier mit langem Schwanz und echsenartigem Kopf. Auf die Schnauze des Tieres setzte er ein kurzes Horn, bei dem es sich, wie man später feststellte, um einen »Daumen« des Tieres handelte.

Erst um 1877 erkannte man die wahre Natur von *Iguanodon*. In jenem Jahr fanden Bergleute in einer Kohlenmine nahe der kleinen Stadt Bernissart in Belgien die massiven Knochen von insgesamt 31 Exemplaren. Die spektakulären Skelette wurden montiert und sind heute im Naturhistorischen Museum in Brüssel zu besichtigen.

Iguanodon war 5 m hoch, 9 m lang und wog ungefähr 4,5 t. Er streifte vermutlich in kleinen Trupps durch die tropische Kreidelandschaft und weidete vor allem Farne und Schachtelhalme im Uferbereich der Flüsse und Bäche ab. Den größten Teil ihrer Zeit verbrachten die Tiere auf vier Beinen, doch konnten sie auch aufrecht gehen und in dieser Haltung an höher gelegene Pflanzenteile herankommen. Dabei stützten sie sich zur Wahrung des Gleichgewichts auf ihre langen Schwänze.

Der Kopf dieses großen Dinosauriers endete in einer vorgezogenen Schnauze und mächtigen, schnabelähnlichen Kiefern. Dank speziell angepaßter Mundknochen konnte *Iguanodon* mit seinen Backenzähnen das Pflanzenmaterial fein zerreiben.

Die Beine waren lang und säulenartig. Die hinteren Gliedmaßen trugen an den Füßen je drei gedrungene Zehen, an deren Ende schwere, hufartige Nägel standen. Die fünf Finger der Vordergliedmaßen konnten stark abgespreizt werden. Beim Gehen auf allen Vieren dienten die »Arme« als Laufbeine. Drei der fünf Finger waren mit hufartigen Nägeln versehen. Der »kleine Finger« war so beweglich, daß das Tier damit Blätter abrupfen und zum Mund führen konnte. Der »Daumen« war zu einem seitlich hervorwachsenden Dorn umgebaut.

Wie *Megalosaurus* hinterließ auch *Iguanodon* Fußabdrücke in südenglischen Gesteinen. Die mächtigen Spuren deuten darauf hin, daß die Tiere gruppenweise durch die Landschaft zogen. Ähnliche Fußabdrücke, jedoch ohne Knochen, wurden auch in Südamerika und nördlich des Polarkreises auf Spitzbergen entdeckt und zeigen, wie weit *Iguanodon* vor 100 Millionen Jahren verbreitet war.

IGUANODONTIDEN

NAME: *Vectisaurus*
ZEIT: Unterkreide
VERBREITUNG: Europa (England)
LÄNGE: 4 m

NAME: *Ouranosaurus*
ZEIT: Unterkreide
VERBREITUNG: Afrika (Niger)
LÄNGE: 7 m

Vectisaurus war ein naher Verwandter von *Iguanodon* und hielt sich zur selben Zeit in den gleichen Gebieten auf. Manche Paläontologen meinen daher, es handle sich um ein und dieselbe Gattung.

Die Insel Wight vor der südenglischen Küste gab nur kärgliche Reste von *Vectisaurus* preis. Der einzige Unterschied zu *Iguanodon* besteht in der Höhe der nach oben gerichteten Wirbelfortsätze. Sie waren so lang, daß sie auf dem Rücken eine Art Kiel bildeten. Aus dieser Tatsache rührt die These, *Vectisaurus* sei vielleicht ein Vorläufer der *Ornithischia* mit Rückensegel gewesen, etwa von *Ouranosaurus* (s.u.).

Vectisauras gehört zur Wealdon-Fauna Südenglands, die die vielfältigste Dinosaurier-Landschaft Europas in der Unteren Kreide darstellte.

1965 fand man im nordöstlichen Niger am Südrand der Sahara zwei vollständige Skelette von *Ouranosaurus*. Obwohl sich das Tier als *Iguanodontide* identifizieren läßt, weicht es im Aussehen erheblich von der Norm ab, trug es doch auf dem Rücken ein hohes Segel, das sich von den Schultern bis zur Mitte des Schwanzes erstreckte. Es überspannte lange Fortsätze der Rückenwirbel und war natürlich von einer Haut bedeckt.

Es gibt noch eine andere Dinosauriergruppe mit Rückensegel, die Spinosaurier (S. 118). Tatsächlich lebte einer von ihnen, der große, fleischfressende *Spinosaurus*, ungefähr zeitgleich mit *Ouranosaurus* im gleichen Gebiet.

Die genaue Funktion des Segels bei den *Saurischia* und *Ornithischia* kennen wir noch nicht. Manche Forscher meinen, es habe bei der Regelung der Körpertemperatur eine Rolle gespielt. Große Tiere wie *Spinosaurus* und *Ouranosaurus* konnten sich in dem heißen Klima, das während der Kreidezeit in Westafrika herrschte, leicht überhitzen. Wenn die Tiere ihr Segel von der Sonne abwendeten, gab es Wärme ab; setzten sie es dagegen rechtwinklig der Sonne aus, konnten sie sich schnell damit aufheizen.

Die langen Wirbelfortsätze bewirkten, daß Körper und Schwanz von *Ouranosaurus* ziemlich steif waren. Zum Ausgleich dafür besaß das Tier jedoch einen sehr flexiblen Hals. Einige Paläontologen spekulieren, ob die Wirbelfortsätze nicht einen muskulösen Höcker auf dem Rücken trugen, ähnlich dem eines amerikanischen Bisons. *Ouranosaurus* hatte für einen Iguanodontiden einen ungewöhnlichen Schädel. Er war lang und flach, bildete eine breite, flache Schnauze aus und erinnerte darin an eine erst später auftretende Gruppe der *Ornithischia*, die Entenschnabel-Dinosaurier der Oberkreide. Die Ähnlichkeit wird noch auffälliger wegen der Knochenhöcker auf seinem Schädel, denn die Entenschnabel-Dinosaurier trugen auf ihren Köpfen flache Kämme.

Andere Merkmale von *Ouranosaurus* entsprechen jedoch *Iguanodon*: Die Hände trugen fünf Finger, wenngleich diese auch kleiner und kürzer waren als bei *Iguanodon*. Nur der zweite und der dritte Finger verfügten über hufartige Nägel. Auch die dreizehigen Füße trugen wie *Iguanodon* schwere, hufähnliche Nägel, der Hals war kurz, aber beweglich. Insgesamt lebte *Ouranosaurus* wie andere Vertreter der Familie: Er stand die meiste Zeit auf allen Vieren, weidete Blätter ab und erntete mit seinem hornigen, entenartigen Schnabel Früchte und Samen.

NAME: *Muttaburrasaurus*
ZEIT: Unterkreide
VERBREITUNG: Australien (Queensland)
LÄNGE: 7,3 m

Australien galt lange als wenig fossilreich. Aber in den letzten Jahren wuchs die Zahl der Funde beträchtlich, besonders in Queensland. In den Kreidevorkommen der Region fand man vor allem Ankylosaurier und große Ornithopoden wie *Muttaburrasaurus*. Beide scheinen einheimische Arten zu sein, woraus man schließt, daß Australien in der Unteren Kreidezeit ein isolierter Kontinent war.

Man grub die fossilen Reste von *Muttaburrasaurus* 1981 in Zentralqueensland aus. Im Körperbau ähnelte er *Iguanodon*. Nur der Schädel zeigte einige kleine Unterschiede: Vor den Augen stand auf der Schnauze ein Knochenhöcker, der möglicherweise bei der Brautwerbung eine Rolle spielte und an die Kämme einiger späterer Entenschnabel-Dinosaurier erinnert. Außerdem waren seine äußeren Nasenöffnungen überaus groß, offenbar war der Geruchssinn für sein Überleben äußerst wichtig.

NAME: *Probactrosaurus*
ZEIT: Unterkreide
VERBREITUNG: Asien (China)
LÄNGE: 6 m

Am Ende der Unterkreide, vor ungefähr 100 Millionen Jahren, hatten die Iguanodons ihre höchste Arten- und Individuenzahl erreicht und sich über die ganze Welt ausgebreitet. In der Mittelkreide begann ihr langsamer Niedergang, und in Gesteinen aus der Oberkreide fand man nur noch sehr wenige Exemplare. *Probactrosaurus* in Ostasien und *Muttaburrasaurus* in Australien gehörten zu den wenigen Gattungen, die bis zum Ende des Mesozoikums überlebten.

Der Niedergang der Iguanodons stand wahrscheinlich in ursächlichem Zusammenhang mit dem Auftreten einer anderen, sehr erfolgreichen Gruppe pflanzenfressender Ornithopoden. Gemeint sind die Entenschnabel-Dinosaurier oder Hadrosaurier, die in der Oberkreide sehr häufig wurden (S. 146–153). Wie beim westafrikanischen *Ouranosaurus* (s. o.) weisen einige anatomische Merkmale von *Probactrosaurus* bereits auf die Hadrosaurier hin. Vielleicht stand das Tier dem direkten Vorfahren jener Gruppe nahe oder war selber ein früher Vertreter dieser Entenschnabel-Dinosaurier.

ENTENSCHNABEL-DINOSAURIER

FAMILIE HADROSAURIDAE

Die Hadrosaurier waren auf der Nordhalbkugel die am weitesten verbreitete, vielfältigste und bestangepaßte Gruppe der Ornithopoden. Ihre Ursprünge liegen wahrscheinlich in Zentralasien, doch breiteten sie sich bis zur Oberkreide über alle Festlandsgebiete der Nordhalbkugel aus. Sie wanderten über die Landbrücke, die damals existierte, nach Nordamerika und von dort ostwärts nach Europa.

In der Oberkreide war Gondwana schon in einzelne Kontinente zerfallen. Deswegen hat man bisher in Afrika, Indien und Australien keine Hadrosaurier gefunden. Einigen gelang es aber offensichtlich, Südamerika zu erreichen, denn dort fand man die fossilen Reste der primitiven, flachköpfigen Form *Secernosaurus*, und zwar in Gesteinen aus der Oberkreide Südargentiniens. Die Tiere waren vermutlich aus Nordamerika eingewandert und hatten dabei die Kette von Vulkaninseln, die damals auf dem Gebiet des heutigen Mittelamerika lag, als »Brücke« benutzt.

Oberflächlich betrachtet sahen die Entenschnabel-Dinosaurier recht unterschiedlich aus. Viele trugen zum Beispiel Kämme und Höcker auf dem Kopf. Die Anatomie war aber bei allen Arten mehr oder weniger die gleiche. Das auffälligste gemeinsame Merkmal der Gruppe war die verlängerte, breite, abgeflachte Schnauze mit dem zahnlosen Schnabel, der einem Entenschnabel tatsächlich ziemlich ähnlich sah und der ganzen Gruppe den Namen gab.

Die Hadrosaurier trugen vorne im Maul keine Zähne, wohl aber Reihen von Backenzähnen in Ober- und Unterkiefer. Abgeschliffene Zähne wurden dabei kontinuierlich durch neue ersetzt (vgl. *Edmontosaurus*, S. 149). Es handelte sich hierbei um ein einzigartiges Merkmal unter den Dinosauriern, das wahrscheinlich mit entscheidend für den Erfolg der Gruppe war.

Ein weiterer Faktor, der den Hadrosauriern wahrscheinlich zugute kam, war der, daß sich während der Kreidezeit die bedecktsamigen Blütenpflanzen (Angiospermen) entwickelten. Gegen Ende dieser Periode hatten sie sich über die ganze Erde ausgebreitet. Die Hadrosaurier konnten also neben Farnen, Schachtelhalmen, Palmfarnen und Nadelholztrieben nun auch Blütenpflanzen fressen. Ihr Erfolg kann im übrigen den Niedergang der anderen pflanzenfressenden Dinosaurier beschleunigt haben, vor allem den der Iguanodons und der riesengroßen Sauropoden. Sie konnten mit den anpassungsfähigen Neuankömmlingen nicht mehr konkurrieren.

Alle Hadrosaurier hatten lange Hinterbeine und kürzere Vorderbeine, beide mit hufartigen Nägeln ausgestattet. Wahrscheinlich verbrachten die Tiere den größten Teil ihrer Zeit auf allen Vieren, richteten sich aber bei Gefahr auf und liefen auf den Hinterbeinen davon, wobei die langen Schwänze für das Gleichgewicht sorgten.

Die Familie der Hadrosauriden wird nach der Art des Kammes auf dem Kopf in zwei deutlich unterscheidbare Unterfamilien eingeteilt. Einige Tiere hatten flache Köpfe mit festen Knochenkämmen, anderen fehlten die Kämme ganz. Wir bezeichnen diese Gruppe als *Hadrosaurinae*. Sie war die erfolgreichere. Die ihr zuzurechnenden Arten hatten die größte geographische Verbreitung und gehörten zu den am längsten überlebenden Dinosauriern überhaupt.

Die zweite Gruppe der Hadrosaurier hatte hohe, gewölbte Köpfe mit merkwürdigen, hohlen Knochenkämmen. Man bezeichnet sie als *Lambeosaurinae* (151–153). Sie entstanden allem Anschein nach in Nordamerika und blieben auch weitgehend auf diesen Kontinent beschränkt.

NAME: *Bactrosaurus*
ZEIT: Oberkreide
VERBREITUNG: Asien (Mongolei und China)
LÄNGE: 4 m

Bactrosaurus ist der älteste bekannte Hadrosaurier und stellt von seiner Anatomie her anscheinend ein Bindeglied zwischen den beiden Unterfamilien dar. Er hatte einen langen, flachen Kopf ohne Kamm und einen schmalen Schnabel (typische Merkmale der *Hadrosaurinae*), der Körperbau jedoch glich eher einem Lambeosaurinen. Seine Vorfahren sind wohl unter den Iguanodons zu suchen; in Frage kommt zum Beispiel der chinesische *Probactrosaurus* (S. 145).

NAME: *Kritosaurus*
ZEIT: Oberkreide
VERBREITUNG: Nordamerika (Alberta, Montana, New Mexico)
LÄNGE: 9 m

Kritosaurus war ein typischer flachköpfiger Entenschnabel-Dinosaurier. Er trug zwar keinen richtigen Kamm, wohl aber auf der Schnauze vor den Augen einen großen, knöchernen Höcker.

Die Funktion dieses aus festem Knochen bestehenden Höckers ist unbekannt. Vielleicht war er auf die männlichen Tiere beschränkt und spielte eine Rolle bei der Partnerwahl. Vorstellbar ist auch, daß er wie die dicken Schädelkalotten der Pachycephalosaurier (S. 136–137) gleichsam als Stoßdämpfer diente, wenn zwei rivalisierende Männchen bei ihren ritualisierten Kämpfen mit gesenkten Köpfen aufeinander losgingen. Die Tiere setzten auf diese Weise zu Beginn der Brunftzeit die Rangordnung fest.

Wie die meisten Hadrosauriden verfügte *Kritosaurus* über fünf oder sechs paarige Zahnreihen in beiden Kiefern. In Benutzung waren jeweils nur die obersten Zahnreihen.

Manche Paläontologen halten die Gattung *Kritosaurus* und *Hadrosaurus* für identisch und gehen lediglich von unterschiedlichen Spezies aus.

NAME: *Hadrosaurus*
ZEIT: Oberkreide
VERBREITUNG: Nordamerika (Montana, New Jersey, New Mexico und South Dakota)
LÄNGE: 9 m

Hadrosaurus, wörtlich übersetzt »Große Echse«, war der erste Dinosaurier, der in Nordamerika entdeckt wurde. Man fand seine Knochen in New Jersey. Der amerikanische Anatomieprofessor Joseph Leidy von der University of Pennsylvania benannte und rekonstruierte das Tier im Jahr 1858. Er erkannte, daß *Hadrosaurus* im Aufbau ähnlich war wie *Iguanodon*, dessen Reste zuerst in Südengland gefunden und 1825 wissenschaftlich beschrieben worden waren.

Im Gegensatz zum Geologen Mantell, der in *Iguanodon* ein vierbeiniges, drachenähnliches Wesen zu erkennen glaubte, schloß der Anatom Leidy aus dem Knochenbau von *Hadrosaurus*, daß dieser sich auf die Hinterbeine erheben konnte. Leidy hatte mehr Knochenmaterial als Mantell zur Verfügung, und letzterer, obschon Mediziner, war in der Anatomie der Wirbeltiere nicht besonders bewandert.

Leidy bildete *Hadrosaurus* beim Laufen auf zwei Beinen ab, die kurzen Arme herabhängend, den Körper waagerecht über dem Boden, den Schwanz ausgestreckt zur Wahrung des Gleichgewichts.

Hadrosaurus ist der typische Vertreter der Entenschnabel-Dinosaurier. Wie *Kritosaurus* (s. o.) trug er keinen Knochenkamm auf dem langen, flachen Schädel, dafür aber auf der Schnauze einen breiten Höcker aus festem Knochen, der wahrscheinlich von dicker, harter Haut überzogen war. Vorne am Kiefer standen keine Zähne, in den hinteren Partien des Maules jedoch Hunderte, die kontinuierlich ersetzt wurden, um die Verluste durch die harte vegetarische Nahrung des Tiers auszugleichen.

Hadrosaurus konnte die Kiefer in vertikaler wie in horizontaler Richtung zueinander bewegen, wodurch es ihm möglich war, seine pflanzliche Nahrung vor dem Herunterschlucken gründlich zu zerkleinern.

ENTENSCHNABEL-DINOSAURIER

NAME: *Maiasaura*
ZEIT: Oberkreide
VERBREITUNG: Nordamerika (Montana)
LÄNGE: 9 m

NAME: *Shantungosaurus*
ZEIT: Oberkreide
VERBREITUNG: Asien (China)
LÄNGE: 13 m

Durch die Entdeckung von *Maiasaura* im Jahre 1978 gewannen die Paläontologen neue Einsichten in das Familienleben der Dinosaurier. In jenem Jahr entdeckte man in Montana einen vollständigen, 75 Millionen Jahre alten Nistplatz dieser Entenschnabel-Dinosaurier.

Der aufregende Fund bestand aus dem Skelett eines erwachsenen Tieres (wahrscheinlich der Mutter), mehreren Jungtieren (jedes ungefähr 1 m lang) sowie einer Gruppe frischgeschlüpfter Tiere (Länge ungefähr 50 cm) in einem fossilen Nest. Mehrere weitere Nester mit noch intakten Eiern und Schalenstücken lagen in der Umgebung verstreut.

Die Nester selbst bestanden ursprünglich aus Schlammhaufen. Jedes hatte einen Durchmesser von ungefähr 3 m und eine Höhe von 1,5 m. Der Krater in der Mitte war 2 m breit und 0,75 m tief. Die Nester waren ungefähr 7 m voneinander entfernt. Das bedeutete, daß die Mütter ziemlich nahe beieinander nisteten, denn die Durchschnittslänge von *Maiasaura* betrug ungefähr 8 m.

Die fossil erhaltenen Eier in den Nestern wurden offensichtlich mit großer Sorgfalt abgelegt. Sie waren kreisförmig im Krater angeordnet, Schicht auf Schicht. Die Mutter bedeckte wahrscheinlich jede Schicht und zum Schluß auch das gesamte Gelege mit Erde oder Sand. So blieben die Eier warm und zu einem gewissen Grade auch vor Nesträubern geschützt.

Der Nistplatz verrät, daß es sich bei diesen Sauriern um recht gesellige Lebewesen gehandelt haben muß. Vielleicht kehrten die Weibchen alljährlich zum selben Nistplatz zurück, wie es auch heute noch bei diversen Seevögeln, Meeresschildkröten und Fischen zu beobachten ist. Die Jungtiere blieben bei ihren Müttern, bis sie für sich selber sorgen konnten.

Dieses massige, flachköpfige Tier gehörte zu den größten Hadrosauriern. In den 1970er Jahren entdeckte man ein fast vollständiges Skelett in der ostchinesischen Provinz Shandong (früher Shantung). *Shantungosaurus* hatte einen überlangen Schwanz, der fast die Hälfte der Körperlänge ausmachte. Er war notwendig, um das große Körpergewicht des Tieres, wahrscheinlich über 4,5 t, auszugleichen.

Der Schwanz von *Shantungosaurus* war wie der der übrigen Hadrosaurier hochrückig und seitlich abgeplattet, nicht unähnlich dem Schwanz eines heutigen Krokodils. Aufgrund dieser Form meinte man ursprünglich, die Entenschnabel-Dinosaurier hätten den größten Teil ihres Lebens im Wasser verbracht und sich mit Hilfe des Schwanzes vorwärtsbewegt. Da jedoch der Schwanz durch verknöcherte Sehnen zu einem ziemlich steifen Organ verstärkt war, kam er kaum als Paddel in Frage. Zudem waren die oberen und unteren Fortsätze der Schwanzwirbel nach hinten gerichtet, während sie bei echten Wassertieren senkrecht stehen, um Schwimmuskeln Ansatzflächen zu bieten. Dies alles soll nun keineswegs heißen, daß *Shantungosaurus* und seine Verwandten nicht gelegentlich doch ins Wasser gingen. Sehr wahrscheinlich entkamen sie auf diese Weise Räubern.

NAME: *Anatosaurus*
ZEIT: Oberkreide
VERBREITUNG: Nordamerika (Alberta)
LÄNGE: 10 m

Der populäre Name »Entenschnabelsaurier« wurde nach der Entdeckung des breiten, flachen

NAME:	*Edmontosaurus*
ZEIT:	Oberkreide
VERBREITUNG:	Nordamerika (Alberta und Montana)
LÄNGE:	13 m

Schädels von *Anatosaurus* im westlichen Nordamerika geprägt. Er bedeutet wörtlich »Entenechse« und bezieht sich natürlich auf den zahnlosen Hornschnabel.

Es wurden mehrere gut erhaltene Skelette von *Anatosaurus* gefunden. Die Paläontologen wissen daher, daß dieses Tier über 9 m lang war, sich bis in eine Höhe von 4 m aufrichten konnte und wahrscheinlich ungefähr 3,5 t wog. Zwei »mumifizierte« Exemplare wurden ebenfalls gefunden – eine seltene Entdeckung. Sie zeigten noch die ausgetrockneten Sehnen und den Mageninhalt. Vor ihrem Tod hatten die Tiere Kiefernnadeln, Zweige, Samen und Früchte gefressen.

Es blieben auch Abdrücke von der Haut dieser Tiere im Gestein erhalten. Sie verraten uns, daß *Anatosaurus* eine dicke, ledrige Haut besaß.

Die erwähnten mumifizierten Exemplare hatten offensichtlich zwischen den drei Fingern jeder Hand Schwimmhäute. Auf den ersten Blick mag diese Entdeckung die Theorie bestätigen, Entenschnabel-Dinosaurier hätten im Wasser gelebt. Bei genauerem Hinsehen zeigte sich jedoch, daß die Tiere ihre Finger nicht sehr weit abspreizen konnten und daß die Haut zwischen den Fingern eher als eine Art Fußballen wie bei heutigen Kamelen zu werten war. Für die Theorie, daß die Hadrosaurier echte Landtiere waren und auf allen Vieren gingen, spricht auch das Vorhandensein zweier hufähnlicher Nägel an zwei Fingern der Vordergliedmaßen.

Von diesem großen, flachköpfigen Hadrosaurier wurden zahlreiche Schädel gefunden. Die Zähne blieben besonders gut erhalten. Hinter dem zahnlosen Schnabel standen in dichten Reihen unzählige Zähne, die im Ober- wie im Unterkiefer eine richtige Reibfläche bildeten. Abgenutzte Zähne wurden durch neue ersetzt. Ein lebender *Edmontosaurus* hatte stets über tausend solcher Zähne im Maul.

Die äußere Schneide jedes Zahnes war von hartem Schmelz überzogen; der Rest bestand aus weicherem Zahnbein, das viel schneller abgenutzt wurde. Da die Zähne im Kiefer so dicht standen, ergab sich insgesamt eine Oberfläche wie bei einer groben Feile. Da sich der Oberkiefer bei geschlossenem Maul auf dem Unterkiefer hin und her bewegen konnte, gelang es *Edmontosaurus*, ähnlich wie schon *Iguanodon* (S. 143), auch sehr zähe Pflanzenmaterialien fein zu zerreiben. Der fossile Mageninhalt von *Edmontosaurus* gab näheren Aufschluß über die Zusammensetzung der Nahrung.

Wie andere Hadrosaurier hatte auch *Edmontosaurus* einen langen Schwanz, der als Gegengewicht diente, wenn das Tier sich auf die Hinterbeine erhob, um zu laufen. Die langen Fortsätze unter den Wirbeln dieses tief angesetzten Schwanzes gestatteten eine gewisse Beweglichkeit, so daß er vielleicht das Schwimmen unterstützte, wenn der Saurier ins Wasser floh.

ENTENSCHNABEL-DINOSAURIER

NAME: *Prosaurolophus*
ZEIT: Oberkreide
VERBREITUNG: Nordamerika (Alberta)
LÄNGE: 8 m

Prosaurolophus war ein typisches Mitglied der Unterfamilie *Lambeosaurinae*, also jener Entenschnabel-Dinosaurier mit hohlen Knochenkämmen auf dem Kopf. Der Schädel ähnelte dem von *Anatosaurus* aus der Unterfamilie *Hadrosaurinae*, doch bildeten die Nasenknochen einen flachen Knochenkamm, der sich von der Spitze der breiten, flachen Schnauze bis zum höchsten Punkt des Schädels erstreckte und dort in einem kleinen Knochenhöcker endete.

Da dieser Kamm bei Verwandten wie *Saurolophus* (unten) stärker ausgeprägt war, könnte der zeitlich früher anzusiedelnde *Prosaurolophus* deren Vorfahre gewesen sein.

NAME: *Saurolophus*
ZEIT: Unterkreide
VERBREITUNG: Nordamerika (Alberta und Kalifornien) und Asien (Mongolei)
LÄNGE: 9 m

Die Kopffront dieses großen Entenschnabel-Dinosauriers bildete von der breiten, flachen Schnauze bis zum anderen Ende des Knochenkammes eine elegante Kurve. Die Größe des Kammes schwankte je nach Art; so wiesen die asiatischen Formen einen größeren Kamm auf als ihr nordamerikanischer Verwandter und erreichten auch mit ungefähr 12 m eine deutlich größere Körperlänge. Der Kamm wurde von den Nasenknochen gebildet und von den Nasengängen durchzogen. Womöglich war ein Teil des Nasengewebes aufblasbar, so daß die Tiere bellende Laute von sich geben konnten. Der Knochenkamm hätte dann die Oberfläche des sackartigen Gebildes vergrößert. Da die Hadrosaurier in Gruppen lebten, ist es durchaus vorstellbar, daß sie – besonders über größere Entfernungen – akustisch miteinander kommunizierten.

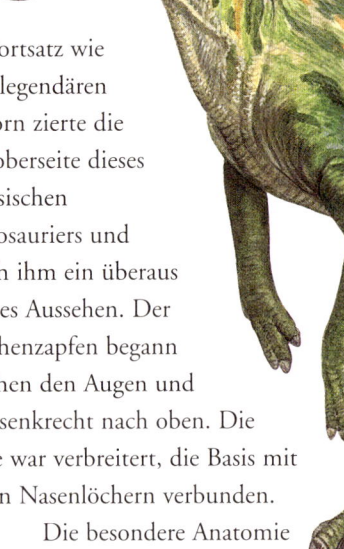

NAME: *Tsintaosaurus*
ZEIT: Oberkreide
VERBREITUNG: Asien (China)
LÄNGE: 10 m

Ein Fortsatz wie beim legendären Einhorn zierte die Kopfoberseite dieses chinesischen Hadrosauriers und verlieh ihm ein überaus bizarres Aussehen. Der Knochenzapfen begann zwischen den Augen und ragte senkrecht nach oben. Die Spitze war verbreitert, die Basis mit den Nasenlöchern verbunden. Die besondere Anatomie hat zu der Vermutung Anlaß gegeben, daß am Horn vielleicht ein Hautlappen befestigt war, der sich von der Hornspitze bis zur Schnauzenspitze erstreckte. Die Tiere konnten mit seiner Hilfe vielleicht akustische Signale von sich geben.

Womöglich ist aber auch das Horn des Originalexemplars von *Tsintaosaurus* bei der Rekonstruktion des Tieres nur falsch montiert worden.

NAME: *Corythosaurus*
ZEIT: Oberkreide
VERBREITUNG: Nordamerika (Alberta und Montana)
LÄNGE: 9 m

Ein spektakulärer, halbkreisförmiger Kamm zierte den Kopf dieses großen nordamerikanischen Entenschnabel-Dinosauriers, der fast 4,5 t wog. Der Kamm entsprang dem Gebiet zwischen den Augen und bildete eine ungefähr 30 cm hohe, segelartige Struktur.

Bei den Ausgrabungen von *Corythosaurus* stellte man fest, daß die Kammgröße je nach Körpergröße schwankte. Möglicherweise handelte es sich dabei sogar um Hinweise auf verschiedene Arten, doch ist eher anzunehmen, daß verschiedene Wachstumsstadien ein und derselben Art vorlagen und daß die Kämme der Jungtiere viel kleiner waren als die ausgewachsener Exemplare. Auch zwischen den Geschlechtern sind Größenunterschiede denkbar. Die größten Kämme hatten wahrscheinlich erwachsene Männchen.

Corythosaurus war ein typischer Vertreter der *Lambeosaurinae*, also jener Entenschnabel-Dinosaurier mit hohlen Knochenkämmen auf dem Kopf (feste Knochenkämme hatten die Hadrosaurinae, S. 146–150).

Als Gruppe scheinen sich die *Lambeosaurinae* in Nordamerika entwickelt zu haben. Sie blieben auch weitgehend auf den westlichen Teil dieses Kontinents beschränkt. Einige Arten wurden allerdings auch in Ostasien gefunden, ein Umstand, der die Theorie stützt, daß in der Oberkreide Nordamerika und Ostasien miteinander verbunden waren und gemeinsam eine von Flachmeeren umschlossene Landmasse, Asiamerica, bildeten.

Der Kopfkamm wurde von den stark vergrößerten Nasenbeinen gebildet. Die Höhlen im Innern des Kammes bildeten die Atemgänge; sie verliefen bis zur Kammspitze und kehrten dann zur Schnauze zurück. Zur Erklärung dieser merkwürdigen Anordnung wurden verschiedene Theorien aufgestellt. Die alte, inzwischen aufgegebene Vorstellung besagte, die Hadrosaurier hätten im Wasser gelebt, und der Knochenkamm mit seinen Hohlgängen sei eine Art Schnorchel gewesen. Er habe es dem Tier erlaubt, zu atmen, während Mund und Nasenlöcher sich unter dem Wasserspiegel befanden. Einer anderen Theorie zufolge diente der Kamm als Luftreservoir, auf das der Dinosaurier beim Schwimmen und Fressen unter Wasser habe zurückgreifen können.

Heute weiß man, daß Entenschnabel-Dinosaurier gut an das Leben auf dem Festland angepaßt waren. Sie lebten in Herden und ernährten sich in den Wäldern von zähen Kiefernnadeln, Magnolienblättern sowie Samen und Früchten aller Art. Wenn sie von Räubern wie *Tyrannosaurus* bedroht wurden, konnten sie auf zwei Beinen schnell weglaufen und suchten vielleicht ein nahe gelegenes Gewässer auf.

Für den hohlen Knochenkamm gibt es jetzt einige plausiblere Erklärungen, und es ist sogar möglich, daß er nicht nur eine, sondern mehrere Funktionen erfüllte. Zunächst konnten die Tiere die hohlen Kämme mit dem verschlungenen Röhrensystem als Resonanzboden für Laute verwenden, die zu Kommunikationszwecken produziert wurden. Dafür gab es verschiedene Anlässe, zum Beispiel die Warnung vor Feinden, das Einschüchtern von Rivalen oder auch die Erkennung der eigenen Art.

Untersuchungen, die jüngst in den Vereinigten Staaten durchgeführt wurden, stützen anscheinend die letztgenannte Vermutung. Man stellte dort das exakte Modell eines solchen Lambeosaurinen-Kamms her. Experimente zeigten dann, daß die Saurier damit Töne erzeugen konnten, die wie ein Nebelhorn klangen und über weite Entfernungen hin zu hören waren. Die vorrangig in Wäldern lebenden Tiere konnten auf diese Weise miteinander in Kontakt treten, und zwar innerhalb der Herde wie auch von Herde zu Herde. Die vermuteten aufblasbaren Nasensäcke an der Schnauze der Hadrosaurier mit festen Knochenkämmen dienten wahrscheinlich demselben Zweck.

Einer weiteren Theorie zufolge bildeten die langen Luftröhren im hohlen Knochenkamm ein Kühlsystem, dessen Oberfläche vermutlich von einer feuchten Membran ausgekleidet war. Die Wasserverdampfung führte in den umgebenden Geweben zu einem Temperaturrückgang und ermöglichte dem Tier beim Äsen in offenem, sonnenreichem Gelände oder nach der kräftezehrenden Flucht vor einem Räuber eine gewisse Abkühlung.

Eine dritte Theorie besagt, der hohle Kamm habe zu einer Verbesserung des Geruchssinns geführt, der dem Tier das Auffinden geeigneter Nahrung erleichterte, es rechtzeitig vor herannahenden Räubern warnte und näher bei der Herde hielt.

ENTENSCHNABEL-DINOSAURIER

NAME: *Hypacrosaurus*
ZEIT: Oberkreide
VERBREITUNG: Nordamerika (Alberta und Montana)
LÄNGE: 9 m

Hypacrosaurus war ein weiterer Entenschnabel-Dinosaurier mit einem großen, halbkreisförmigen Kamm auf dem Kopf. Er erinnerte an den von *Corythosaurus*, war aber nicht ganz so groß und weniger schmal. Auch fiel er nicht so steil ab. Da *Hypacrosaurus* in etwas späteren Gesteinsablagerungen gefunden wurde, handelt es sich vielleicht um die direkte Nachfolgeart.

Ein weiterer Unterschied zwischen den beiden ähnlichen Sauriern zeigte sich in den langen Wirbelfortsätzen bei *Hypacrosaurus*. Sie bildeten auf der gesamten Rücken- und Schwanzlinie einen von Haut bedeckten, hervortretenden Kiel, der möglicherweise bei der Temperaturregelung eine Rolle spielte, wie man dies auch für andere Reptilien wie die Pelycosaurier oder die Spinosaurier (S. 118) annimmt.

NAME: *Lambeosaurus*
ZEIT: Oberkreide
VERBREITUNG: Nordamerika (Baja California, Montana und Saskatchewan)
LÄNGE: 9 m

Lambeosaurus fiel dadurch auf, daß er zwei Knochenstrukturen auf dem Kopf trug: Auf der Stirn stand ein großer, rechteckiger, hohler Kamm, der nach vorne gerichtet war, während vom Hinterkopf ein fester Knochenzapfen nach hinten ragte. Der V-förmige »Kopfschmuck« muß, zumal in Verbindung mit dem langen Hals, sehr merkwürdig ausgesehen haben.

Lambeosaurus bewegte sich wie alle Hadrosaurier beim Äsen auf allen Vieren vorwärts. Der biegsame Hals ist wohl eine Anpassung an die Größe und die Ernährungsweise gewesen: Die Tiere konnten auf diese Weise in einem weiten Umkreis Pflanzen abweiden, ohne die Stellung des Körpers verändern zu müssen.

Die kalifornische Art von *Lambeosaurus* scheint ein wahrer Riese unter den Entenschnabel-Dinosauriern gewesen zu sein. Sie ist uns allerdings bisher nur durch äußerst fragmentarische Funde bekannt. Größe und Gewicht der Knochen deuten jedoch darauf hin, daß das Tier eine Gesamtlänge von 16,5 m erreichte. Damit wäre es der größte bisher bekannte Hadrosaurier.

NAME: *Parasaurolophus*
ZEIT: Oberkreide
VERBREITUNG: Nordamerika (Alberta, New Mexico und Utah)
LÄNGE: 10 m

Wie *Saurolophus* (S. 150) hatte diese Form eine kürzere Schnauze als andere Hadrosaurier. Auf dem Kopf trug sie einen nach hinten gerichteten Knochenzapfen. Damit ist die Ähnlichkeit aber auch schon erschöpft, denn der Kamm des Lambeosaurinen *Parasaurolophus* war hohl und nicht ausgefüllt wie bei *Saurolophus*. Die hohle Röhre war auch um ein Vielfaches länger (bis 1,8 m). Im Innern zogen die Nasengänge bis zur Spitze des Knochenkammes und kehrten dann zur Schnauze zurück.

Ein Schädel mit einem sehr viel kürzeren Knochenkamm und enger aneinanderliegenden Nasengängen wurde ursprünglich als besondere Art von *Parasaurolophus* beschrieben, doch ist man inzwischen der Ansicht, er habe zu einem Weibchen gehört. Einiges spricht dafür, daß die Knochenkämme auch bei anderen Arten bei männlichen und weiblichen Tieren unterschiedlich lang waren.

Der Rücken von *Parasaurolophus* zeigt eine eigenartige Einkerbung. Sie lag hinter den Schultern, genau an der Stelle, wo der Knochenkamm bei normaler Kopfhaltung den Rücken berühren mußte. Einige Paläontologen meinen, die Tiere hätten den Kamm beim Laufen in die Einkerbung gelegt und mit seiner Hilfe niedrig hängende Äste und Blattwerk im dichten Unterholz beiseite oder nach oben geschoben. Der Kasuar, ein australischer Laufvogel, benutzt seinen Kopfkamm auch heute noch in dieser Absicht.

Auch der Schwanz von *Parasaurolophus* war ungewöhnlich, da außergewöhnlich hochrückig. Verschiedene Forscher sehen darin Anlaß zu der Vermutung, der Schwanz sei auffällig gemustert gewesen und habe vielleicht zur Balz oder als optisches Signal für die Gruppenzugehörigkeit gedient. Denkbar ist auch, daß ein möglicherweise ebenfalls bunter Hautlappen Knochenkamm und Nacken lose verband und Signalfunktionen übernahm.

Stimmt indessen die Theorie, daß die hohlen Knochenkämme als Resonanzböden dienten, so ist anzunehmen, daß *Parasaurolophus* mit seinem langgestreckten Knochenkamm einen ganz anderen Laut erzeugte als zum Beispiel *Corythosaurus* mit seinem hohen, halbkreisförmigen Kamm. Es ist nicht auszuschließen, daß die einzelnen Vertreter der Lambeosaurinen mit ihren unterschiedlich geformten Kämmen artspezifische Laute erzeugten.

In den nordamerikanischen Wäldern der Oberkreide muß es demnach recht geräuschvoll zugegangen sein, angefangen vom dumpfen, nebelhornartigen Gebell der Lambeosaurinen bis zu den Trompetentönen aus den Luftsäcken der mit ihnen verwandten Hadrosaurinen.

Das Skelett von Parasaurolophus ist, insbesondere in Schulterbereich, Hüften und Vorderbeinen, recht schwer gebaut. Die verstärkte Muskulatur und die Robustheit der vorderen Körperhälfte legen die Vermutung nahe, daß er sich häufig auch seiner Vorderbeine zum Laufen bediente. Gleichermaßen verfügt die Hüftregion über vergrößerte Hüftknochen zur Befestigung größerer Muskelstränge, die zum Aufrichten auf die Hinterbeine notwendig sind.

Der Großteil dieser Hadrosaurier trat in der mittleren Kreide auf und bewohnte hauptsächlich die nördlichen Kontinente. Sie waren bemerkenswert stark diversifiziert und entwickelten sich schnell in der Oberkreide. Auch wenn es einige Zu- und Abgänge der Gattungen innerhalb der Dinosaurier als Ganzem gab, war diese Gruppe doch eine der vom Aussterben gegen Ende der Kreidezeit am schwersten Betroffenen.

GEPANZERTE DINOSAURIER

UNTERORDNUNG THYREOPHORA

Kürzlich wurde die große Ordnung der *Ornithischia* in zwei Unterordnungen aufgegliedert: die *Cerapoda* und die *Thyreophora*. Zu letzteren zählen sowohl die *Stegosauridae* und *Ankylosauridae*, als auch die primitiveren *Scelidosauridae*. Sie sind durch eine Doppelreihe von Knochenplatten auf Rücken und Flanken charakterisiert.

FAMILIE SCELIDOSAURIDAE

Die Stellung der Scelidosauriden im System der Dinosaurier ist umstritten. Einige Paläontologen halten sie für Vorfahren der Stegosaurier, andere für Vorläufer der Ankylosaurier. Wir schließen uns hier der letztgenannten Meinung an.

NAME: *Scelidosaurus*
ZEIT: Unterjura
VERBREITUNG: Europa (England)
LÄNGE: 4 m

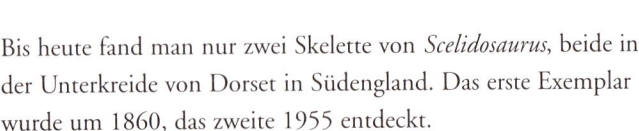

Bis heute fand man nur zwei Skelette von *Scelidosaurus*, beide in der Unterkreide von Dorset in Südengland. Das erste Exemplar wurde um 1860, das zweite 1955 entdeckt.

Scelidosaurus scheint einer der ältesten und primitivsten Dinosaurier aus der Gruppe der *Ornithischia* zu sein. Er hatte einen kleinen, nur ungefähr 20 cm langen Kopf, einen zahnlosen Schnabel und trug in schwachen Kiefern kleine, blattartig geformte Zähne. Der Körper war dagegen massiv gebaut und gut gepanzert, der Rücken bedeckt mit Knochenplatten, die ihrerseits vom Hals bis zum Schwanz parallele Dornenreihen trugen. Die Anordnung der Knochenplatten deutet darauf hin, daß *Scelidosaurus* eine primitive Form der Ankylosaurier darstellt.

INFRAORDNUNG STEGOSAURIA

Die Stegosaurier bildeten eine klar umrissene Gruppe der *Ornithischia* oder »Vogelbecken-Dinosaurier«. Ihre Hauptmerkmale waren neben den kleinen Köpfen die massigen Rümpfe, die mit Doppelreihen aus großen Knochenplatten zu beiden Seiten der Rückenlinie geschmückt waren. Die mächtigen Schwänze trugen paarweise lange, scharfe Dornen.

Wie ihre Verwandten unter den *Ornithopoda*, etwa die Iguanodons (S. 142–145) und die Entenschnabel-Dinosaurier (S. 146–153) waren die Stegosaurier Pflanzenfresser, die wahrscheinlich in kleinen Gruppen zusammenlebten. Doch konnten sie sich auf der Flucht nicht auf ihre Hinterbeine erheben, sondern sich immer nur auf allen Vieren fortbewegen. Angegriffen, blieben sie vermutlich stehen, schlugen mit dem Dornenschwanz um sich und waren bis zu einem gewissen Grad durch die Knochenplatten auf dem Rücken geschützt.

FAMILIE STEGOSAURIDAE

Alle uns vertrauten Stegosaurier gehören zu dieser Familie. Sie entwickelten sich im Mitteljura, vor ungefähr 170 Millionen Jahren, und erreichten die höchste Artenvielfalt am Ende jener Periode. Ihre Verbreitung erstreckte sich über das westliche Nordamerika, über Westeuropa, Ostasien und Ostafrika. In der Unterkreide begann ihr Niedergang, obwohl einige isolierte Arten bis zum Ende der Kreidezeit überlebt haben dürften.

NAME: *Stegosaurus*
ZEIT: Oberkreide
VERBREITUNG: Nordamerika (Colorado, Oklahoma, Utah und Wyoming)
LÄNGE: bis 9 m

Dieser gepanzerte Dinosaurier ist das Nationalfossil Colorados und sowohl der größte als auch der berühmteste Stegosaurier. Er trug eine doppelte Reihe breiter Knochenplatten, die in die Rückenhaut eingebettet und wie riesige Pfeilspitzen geformt waren. Sie begannen direkt hinter dem Kopf und endeten auf der vorderen Schwanzhälfte. Die größten Platten waren über 60 cm hoch.

Der gedrungene Schwanz war mit gefährlichen, 1 m langen Dornen besetzt. Ihre Zahl schwankte von Art zu Art: *Stegosaurus ungulatus* beispielsweise hatte vier Paar, *S. stenops* nur zwei.

Niemand weiß genau, wie die Knochenplatten auf dem Rücken von *Stegosaurus* angeordnet waren. Man hat zwar viele gut erhaltene Skelette gefunden – eines der schönsten ist im Denver Museum of Natural History zu besichtigen –, doch bestand niemals eine direkte Verbindung mit den Knochenplatten. Einige Paläontologen meinen, die Platten hätten flach in oder auf der Haut gelegen und eine nahezu geschlossene Panzerung des Rückens und der oberen Flanken gebildet. Verbreiteter ist allerdings die Ansicht, die Knochenplatten hätten senkrecht gestanden, entweder in Zickzackform oder paarweise einander gegenüber. Demnach bildeten sie einen Dornenkamm, der ein guter Schutz gegen Angriffe von Räubern war.

Womöglich lag auch eine dünne, gut durchblutete Hautschicht über den Platten. In diesem Fall könnten sie als Temperaturregulatoren gedient haben. Die nahezu senkrechten Platten wären dann alternierend angeordnet gewesen. Der Sonne zugewandt, nahmen sie rasch die Strahlungswärme auf und führten über das Blut zu einer raschen Erhöhung der Körpertemperatur. Im Schatten gaben sie dann Wärme ab.

Die langen, spitzen Schwanzstacheln waren wahrscheinlich von Horn überzogen und dienten ohne Zweifel der Verteidigung. *Stegosaurus* konnte seinen Schwanz hin und her schlagen und jedem Angreifer schwere Wunden zufügen.

Im Mittel war *Stegosaurus* 6 m lang und wog bis zu 2 t. Die massiven Hinterbeine mit den kräftigen Nägeln waren mehr als doppelt so lang wie die Vorderbeine, ein auffälliges Merkmal für ein Tier, das stets auf allen Vieren ging, denn es bedeutete, daß die Rückenlinie von der Hüftgegend an steil nach vorne abfiel.

Die Wirbel in der Beckengegend und an der Schwanzbasis trugen lange, nach oben gerichtete Fortsätze. Wahrscheinlich dienten sie als Ansatzstellen für starke Rückenmuskeln, so daß *Stegosaurus* seine Vorderbeine vom Boden heben und sich aufrichten konnte, um höher hängende Zweige zu erreichen.

Der Schädel dieses Dinosauriers war flach, schmal und, verglichen mit der Gesamtgröße, winzig, nur 40 cm lang. Auch das Gehirn war entsprechend klein (ungefähr so groß wie eine Walnuß). *Stegosaurus* war von seinem Gebiß her für das Zerkleinern von Pflanzennahrung nicht besonders gut ausgerüstet. Vorne trugen die Kiefer einen zahnlosen Schnabel, während die Zähne weiter hinten im Maul klein und schwach waren. Um seine Nahrung dennoch verdauen zu können, verschluckte *Stegosaurus* wahrscheinlich, wie andere pflanzenfressende Dinosaurier, Steine. Sie zerrieben das zähe Pflanzenmaterial im Magen.

Eine merkwürdige Höhlung in den Wirbeln der Beckengegend oberhalb der Hinterbeine verleitete einige Paläontologen zu der Spekulation, es habe sich dort vielleicht ein »zweites Gehirn« befunden, das die Bewegungen der hinteren Gliedmaßen kontrollierte.

Einer anderen Theorie zufolge beherbergte die Höhlung eine Drüse, die Glykogen produzierte. Dieses Polysaccharid könnte in Gefahrenmomenten als Energiereservoir für die Hintergliedmaßen gedient haben.

GEPANZERTE DINOSAURIER

NAME: *Kentrosaurus*
ZEIT: Oberjura
VERBREITUNG: Afrika (Tansania)
LÄNGE: 5 m

Gut erhaltene Reste dieses ostafrikanischen Stegosauriers fand man im heutigen Tansania in den fossilreichen Ablagerungen von Tendaguru.

Kentrosaurus war nicht so groß wie sein amerikanischer Verwandter, aber mindestens ebenso gut gepanzert. Eine doppelte Reihe schmaler, dreieckiger Knochenplatten stand zu beiden Seiten der Rückenlinie. Sie waren auf dem Hals, den Schultern und der vorderen Rückenhälfte paarweise angeordnet. Dahinter folgten, ebenfalls paarweise, scharfe Dornen, die teilweise eine Länge von 60 cm erreichten. Sie reichten von der hinteren Rückenhälfte bis zur Schwanzspitze. Zusätzlich ragte in der Hüftgegend ein weiteres Hornpaar heraus, ein zusätzlicher Schutz gegen Angriffe.

NAME: *Tuojiangosaurus*
ZEIT: Oberjura
VERBREITUNG: Asien (China)
LÄNGE: 7 m

Tuojiangosaurus ist einer von mehreren gepanzerten Dinosauriern, die in China gefunden wurden, und zudem der erste Stegosaurier, den man in Asien entdeckte. Es existiert von ihm ein fast vollständiges Skelett. Im Aufbau ähnelte er *Stegosaurus*: Der Kopf war klein und schmal, die Zähne niedrigkronig, der Rumpf sehr massiv. Auf dem Rücken standen 15 Knochenplatten, die in der Hüftgegend länger und dornenähnlicher wurden. Wie bei *Stegosaurus stenops* befanden sich an der Schwanzspitze zwei Paar lange Dornen. Anders als *Stegosaurus* konnte sich *Tuojiangosaurus* allem Anschein nach nicht auf die Hinterbeine erheben. Man schließt dies aus der Tatsache, daß er wie *Kentrosaurus* nicht über die langen Wirbelfortsätze von *Stegosaurus* verfügte, an denen Muskeln ansetzen konnten. Offenbar beschränkten sich die beiden Formen auf das Abweiden bodennaher Pflanzen.

NAME: *Wuerhosaurus*
ZEIT: Unterkreide
VERBREITUNG: Asien (China)
LÄNGE: 6 m

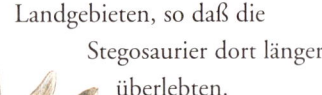

Dieser chinesische Stegosaurier ist nur von bruchstückhaften Knochenresten und einzelnen Platten bekannt.

Wuerhosaurus ist eine der wenigen Formen, die bis in die Unterkreide hinein überlebten. In der Oberkreide Indiens fand man Reste eines möglichen weiteren Stegosauriers mit Namen *Dravidosaurus*. Vielleicht war Indien zu jener Zeit bereits isoliert von den übrigen Landgebieten, so daß die Stegosaurier dort länger überlebten.

INFRAORDNUNG ANKYLOSAURIA

Der Niedergang der Stegosaurier gegen Ende des Jura mag im Zusammenhang mit dem Aufstieg einer weiteren Gruppe gepanzerter Dinosaurier, der Ankylosaurier, gestanden haben. Sie breiteten sich in der Kreide über die Nordkontinente aus und waren besonders gegen Ende dieser Periode in Asiamerica häufig.

Die Ankylosaurier waren wie die Stegosaurier massiv gebaut, gingen auf vier Beinen und ernährten sich von Pflanzen. Die Panzerung war anders und effizienter als bei den Stegosauriern: Hals, Rücken, Flanken und Schwanz waren zur Gänze von einem Mosaik flacher Knochenplatten bedeckt. Diese waren in die dicke, ledrige Haut eingebettet und ihrerseits von Horn überzogen. Die Platten trugen Dornen und Höcker unterschiedlicher Größe.

Die Ankylosaurier umfaßten zwei deutlich unterscheidbare Familien. Die Nodosauriden hatten schmale Schädel, einen gepanzerten Rücken und lange Dornen an den Körperseiten.

Die Merkmale der Ankylosauriden waren breite Schädel und eine schwere »Keule« aus festem Knochen am Schwanzende (S. 160–161).

FAMILIE NODOSAURIDAE

Die Nodosauriden waren die ältere der beiden Ankylosaurierfamilien. Ihre zeitliche Verbreitung erstreckte sich über die gesamte Dauer der Kreidezeit. Einigen Paläontologen zufolge entwickelten sie sich vielleicht schon während des Oberjura in Europa und breiteten sich später über die anderen Nordkontinente aus. Einige Formen erreichten am Ende auch die Südhalbkugel, zum Beispiel der erst vor kurzem in Australien entdeckte *Minmi*.

Die Nodosauriden hatten schmale Schädel, die länger waren als breit. Vom Hals bis zum Schwanz bedeckten Knochenplatten den Körper, und lange Dornen schützten die Körperseiten.

NAME: *Hylaeosaurus*
ZEIT: Unterkreide
VERBREITUNG: Europa (England)
LÄNGE: 6 m

Dies ist die älteste Form, die man definitiv als Nodosauride ansprechen kann. Das erste Exemplar wurde in den späten zwanziger Jahren des 19. Jahrhunderts im südenglischen Sussex gefunden und 1832 von Gideon Mantell, einem Pionier der Paläontologie, beschrieben und benannt. Bis auf den heutigen Tag befinden sich die Knochen noch in jener Gesteinsplatte, in der sie entdeckt wurden. Es ist geplant, sie mit Essigsäure herauszulösen, die den Kalk, der die Gesteinsteilchen miteinander verkittet hat, auflöst und damit die fossilen Knochen freigibt.

Bis auf weiteres muß also die Rekonstruktion von *Hylaeosaurus* spekulativ bleiben. Der schmale Kopf, der gepanzerte Körper und Schwanz sowie die nach außen ragenden Dornen auf den Flanken waren aber typische Nodosauriden-Merkmale.

NAME: *Polacanthus*
ZEIT: Unterkreide
VERBREITUNG: Europa (England)
LÄNGE: 4 m

Polacanthus war ein Zeitgenosse von *Hylaeosaurus*. Manche Paläontologen vermuten, daß die beiden Gattungen synonym sind. Die Reste von *Polacanthus* umfassen die Knochen der Hinterbeine sowie einige Knochenplatten und Stacheln.

Man weiß nicht genau, wie die Panzerung über den Körper verteilt war. Die Rekonstruktion entspricht der herkömmlichen Auffassung. Kräftige, senkrecht stehende Dornen standen demnach paarweise in der Schultergegend, und ein Knochenschild schützte den Hüftbereich. Zwei Reihen kleinerer, senkrecht stehender Dornen schmückten auf ganzer Länge den Schwanz.

GEPANZERTE DINOSAURIER

NAME: *Sauropelta*
ZEIT: Unterkreide
VERBREITUNG: Nordamerika (Montana)
LÄNGE: 7,6 m

Sauropelta ist der größte Vertreter der Nodosauriden. Schätzungen zufolge wog er über 3 t.

Der massige Körper war rundum von einem Knochenpanzer geschützt. Dieser bestand aus gekielten Platten, die sich in Reihen vom Hals bis hinab zum zugespitzten Schwanz erstreckten und mit Horn bedeckt waren. Die Platten waren in die Haut gebettet und bildeten einen starken, aber beweglichen Panzer über dem Rücken. Seitliche Angriffe hielt *Sauropelta* mit zahlreichen scharfen Dornen ab, die seitwärts aus dem Körper herausragten, denn der langsame Pflanzenfresser mußte sich der Angriffe fleischfressender Dinosaurier erwehren können.

NAME: *Silvisaurus*
ZEIT: Unterkreide
VERBREITUNG: Nordamerika (Kansas)
LÄNGE: 3,4 m

Silvisaurus trug den schweren Knochenpanzer, wie er für die Nodosauriden typisch ist. Dicke Platten umhüllten den Hals; auf Rücken und Schwanz lagen sie etwas lockerer. An den Körperseiten ragten starke Dornen hervor.

Silvisaurus gilt indessen als primitives Mitglied der Familie. Die meisten Nodosauriden hatten vorne im Kiefer keine Zähne, während *Silvisaurus* im Oberkiefer nach wie vor welche besaß. Aufgrund dieses Merkmals halten ihn manche Forscher auch für einen Vorläufer späterer Vertreter dieser Familie.

Wie bei den meisten Nodosauriden und späteren Ankylosauriern war der Schädel von *Silvisaurus* eine Leichtbaukonstruktion voller Höhlungen und Luftkanäle, die vielleicht zur Erzeugung von Lauten und damit zur Kommunikation mit anderen Mitgliedern der Art taugten. Akustische Signale waren unter den Dinosauriern nicht unbekannt (S. 150).

NAME: *Nodosaurus*
ZEIT: Oberkreide
VERBREITUNG: Nordamerika (Kansas und Wyoming)
LÄNGE: 5,5 m

Nodosaurus hat der ganzen Familie ihren Namen gegeben. Die Panzerung seines Körpers verlief vom Hals bis zum Schwanz in Querreihen und bestand aus schmalen, rechteckigen Platten über den Rippen. Diese wechselten mit breiten Platten ab, die die Zwischenräume ausfüllten. Hunderte von Knochenhöckern standen darauf; ihnen verdankt das Tier auch seinen Namen, denn *Nodosaurus* bedeutet »Knotenechse«.

Sein Schädel war klein, lang und schmal und hatte nur schwache Zähne. Schulter- und Beckengürtel waren wie die gedrungenen Beine mit den breiten Füßen sehr kräftig entwickelt, denn sie mußten das große Gewicht der Körperpanzerung tragen. Die Knochen des Beckengürtels waren an die Aufgabe, diese Last zu tragen, so sehr angepaßt, daß sie nicht mehr den typischen Bauplan der *Ornithischia* oder »Vogelbecken-Dinosaurier« zeigten.

In Kansas wurden in marinen Sedimenten der Oberkreide die Skelette mehrerer Nodosaurier gefunden, die allesamt auf dem Rücken lagen. Vielleicht handelte es sich um eine kleine Herde, die gleichzeitig starb und nach dem Tode ins Meer gespült wurde. Während des Transports bildeten sich bei der Verwesung der Organe Gase, die den Körper aufblähten und dafür sorgten, daß die Tiere mit dem Bauch nach oben flußabwärts trieben. Später sanken die Tiere auf den Meeresboden, wo sie schließlich fossil erhalten blieben.

NAME: *Struthiosaurus*
ZEIT: Oberkreide
VERBREITUNG: Europa (Österreich, Frankreich, Ungarn und Rumänien)
LÄNGE: 2 m

Struthiosaurus ist der kleinste bisher bekannte Vertreter der Nodosauriden, ja sogar aller Ankylosaurier. Das gab zu Spekulationen Anlaß, das Tier habe auf Inseln gelebt und sich dort entwickelt. Viele große Tiere neigen nämlich in isolierten Lebensräumen zur Ausbildung von Zwergarten, offensichtlich in Anpassung an die begrenzten Nahrungsressourcen. Im Tertiär beispielsweise entstanden auf den Inseln des Mittelmeers Zwergelefanten und zwergenhafte Nilpferde. Ein weiteres Beispiel sind die Ponys der Shetland-Inseln von Nordschottland.

In der Oberkreide war der größte Teil des heutigen Europa von Flachmeeren bedeckt. Möglicherweise entwickelte sich auf jeder größeren Insel eine separate *Struthiosaurus*-Art. Die Evolution der Tierwelt auf den Galapagos-Inseln nahm bekanntlich einen ähnlichen Verlauf.

Trotz dieser möglichen isolierten Entwicklung verzichtete *Struthiosaurus* nicht auf seinen Körperpanzer. Er wies eine Vielzahl von Platten auf: Knochenplatten um den Hals, kleine Knochenhöcker auf dem Rücken und dem Schwanz sowie eine Reihe von Dornen auf den Körperflanken.

NAME: *Panoplosaurus*
ZEIT: Oberkreide
VERBREITUNG: Nordamerika (Alberta, Montana, South Dakota und Texas)
LÄNGE: 4,4 m

Panoplosaurus war der letzte Nodosauride, ein mittelgroßes Tier, jedoch massiv gebaut, mit einem schweren Körperpanzer. Sein Gewicht dürfte bis zu 3,5 t betragen haben.

Die Panzerung bestand aus breiten, viereckigen, gekielten Platten, die auf Hals und Schultern in Querreihen angeordnet waren. Der Rest des Rückens war mit kleineren Knochenhöckern bedeckt. Derbe Dornen beschützten die Körperflanken, besonders die Schultergegend.

Selbst der Kopf von *Panoplosaurus* war von dicken Knochenplatten bedeckt; sie waren mit dem darunterliegenden Schädelknochen so fest verwachsen, daß man die Nahtstellen nicht mehr erkennen kann. Das Innere dieser Knochenkapsel war mit Höhlungen und Luftkanälen durchzogen. Ein knöchernes Munddach trennte die Nasengänge vom Maul; das Tier konnte also gleichzeitig fressen und atmen. Die Schnauze war schmal und keilförmig, so daß sich *Panoplosaurus* seine Nahrung wohl in der bodennahen Vegetation suchte.

Er verteidigte sich wahrscheinlich aktiv gegen Angreifer, konnte auf sie losgehen und ihnen mit seinen dornenbewehrten Schultern schwere Verletzungen zufügen. Die Vordergliedmaßen waren sehr kräftig und vor allem im Ellbogenbereich mit starken Muskeln versehen, was darauf hindeutet, daß das Tier recht beweglich war und mit dem Vorderkörper gegnerische Attacken parieren konnte. Das beste moderne Äquivalent von *Panoplosaurus* ist vermutlich das Nashorn, von dem man weiß, daß es sehr behende, wirkungsvolle Attacken durchführen kann.

GEPANZERTE DINOSAURIER

FAMILIE ANKYLOSAURIDAE

Diese Familie der gepanzerten Dinosaurier wurde gegen Ende der Kreidezeit häufig und verdrängte im westlichen Nordamerika und in Ostasien weitgehend ihre Verwandten, die Nodosauriden. Wie diese waren auch die Ankylosauriden schwer gepanzert und trugen auf dem Rücken dicke Knochenplatten und Dornen. Die Kopfpanzerung war allerdings stärker ausgeprägt und die Schwanzspitze mit einer Keule aus miteinander verwachsenen Knochen versehen; eine einzigartige Waffe, mit der die Tiere angreifende Carnosaurier außer Gefecht setzen oder sogar töten konnten. Der Beckengürtel war mit mindestens acht Kreuzbeinwirbeln verschmolzen und bildete somit eine äußerst starke Verankerung für die hintere Körperhälfte. Die Beckenknochen selbst hatten sich zu einem scheinbar formlosen Gebilde entwickelt, das die charakteristische »Vogelbecken«-Struktur der *Ornithischia* nicht mehr erkennen ließ.

NAME: *Talarurus*
ZEIT: Oberkreide
VERBREITUNG: Asien (Mongolei)
LÄNGE: 5 m

Talarurus zeigt die typischen Merkmale der Familie. Der gepanzerte Schädel trug am hinteren Ende ein Paar knöcherne Dornen, die auf den ersten Blick wie große Ohren ausgesehen haben mögen. Auch an den Wangen standen spitze Fortsätze. Der Hornkiefer trug vorne keine Zähne.

Der tonnenförmige Rumpf war mit dicken Platten gepanzert und trug an den Seiten Dornen. Die schwere Keule am Schwanzende bestand aus drei verschmolzenen Knochen und war mit den Schwanzwirbeln über zwei Knochenspangen verbunden. Verknöcherte Sehnen verbanden die Wirbel miteinander, so daß der Schwanz beim Gehen vom Boden abgehoben wurde. Die Schwanzbasis war mit sehr starken Muskeln ausgestattet. Wurde *Talarurus* etwa von einem Tyrannosaurier bedroht, verteidigte er sich mit heftigen Schwanzschlägen.

NAME: *Euoplocephalus*
ZEIT: Oberkreide
VERBREITUNG: Nordamerika (Alberta)
LÄNGE: 5,5 m

Unser Wissen über die Ankylosaurier beruht zum Großteil auf Untersuchungen, die in den vergangenen zwei Jahrzehnten an *Euoplocephalus* durchgeführt wurden. Die gepanzerten Platten lagen reihig in der Rückenhaut versenkt und trugen mächtige knöcherne Fortsätze. Der Nacken wurde von schweren Platten geschützt, und breite dreieckige Dornen besetzten Schultern und Schwanzbasis.

Von außen gesehen war der Schädel eine schwere Knochenkapsel. Die Platten aus Hautknochen waren mit den Schädelknochen verwachsen. Das Innere der Schädelknochen war mit kompliziert angeordneten Kammern und Luftkanälen durchzogen. Zu beiden Seiten des Gesichts sorgte je ein fester Stachel für Schutz. Sogar die Augenlider waren gepanzert und bildeten eine Art Visier, das bei Gefahr die Augen schützte. *Euoplocephalus* verfügte vorne an der Schnauze über einen zahnlosen Hornkiefer. Wahrscheinlich fraß er Pflanzen aller Art und weidete ab, was ihm unter die Augen kam.

NAME: *Saichania*
ZEIT: Oberkreide
VERBREITUNG: Asien (Mongolei)
LÄNGE: 7 m

Der massive Kopf von *Saichania* war schwer gepanzert und trug große, hervortretende Knochenhöcker. Für den Schutz der Körperseiten sorgten abstehende Dornen, und der ganze Rücken war mit reihig angeordneten Knochenplatten besetzt, die spitze Fortsätze trugen.

Die Luftkanäle im Innern des Schädels waren noch komplexer als bei den übrigen Ankylosauriern. Sie kühlten und befeuchteten die Atemluft, bevor sie in die Lungen gelangte. Das sekundäre knöcherne Munddach, das die Nasengänge vom Mund trennte, war ebenfalls stärker ausgebildet und ermöglichte dem Tier allem Anschein nach, besonders zähes oder hartes Pflanzenmaterial zu fressen. Es gibt sogar einen Hinweis darauf, daß sich in der Nähe der Nasenlöcher eine salzausscheidende Drüse befand. Alle erwähnten Merkmale deuten darauf hin, daß *Saichania* in einer trockenen, heißen Umwelt lebte, während heute in der Wüste Gobi, wo die fossilen Reste dieses Ankylosauriers gefunden wurden, eher kühle Temperaturen herrschen.

NAME: *Ankylosaurus*
ZEIT: Oberkreide
VERBREITUNG: Nordamerika (Alberta und Montana)
LÄNGE: bis 10 m

Ankylosaurus, der Namensgeber der Familie, ist der größte bisher bekannte Ankylosaurier und gleichzeitig einer der jüngsten, denn er kam noch am Ende der Kreidezeit vor. Das Tier wog gute 3,5 t, der Schädel war 76 cm lang, und der Körperumfang betrug an der breitesten Stelle 5 m.

Der Rücken war von der Schnauzenspitze bis zum Schwanzende mit reihig angeordneten, dicken und schweren Panzerplatten bedeckt. Am Schwanzende trug das Tier eine große, knöcherne Keule. Die Panzerung des Körpers bestand aus Hunderten ovaler, dicht nebeneinanderliegender Platten, die in die ledrige Haut eingebettet waren und auf diese Weise den Panzer sehr flexibel machten.

Ankylosaurus hatte eine stumpfe Schnauze, ein eher breites Gesicht und einen zahnlosen Schnabel. Ein Paar Dornen stand seitwärts am hinteren Ende des Kopfes, und zwei weitere Dornen schützten die Wangen.

Bei einem Angriff rannte *Ankylosaurus* vermutlich nicht fort, sondern blieb an Ort und Stelle und verließ sich primär auf seinen Knochenpanzer. Kam der Angreifer in Reichweite, so verteidigte sich *Ankylosaurus* mit seitlichen Schlägen seines Keulenschwanzes und war imstande, dem Gegner schwere Wunden zuzufügen.

HORNDINOSAURIER

INFRAORDNUNG CERATOPSIA

Diese Infraordnung wird heute mit den Pachycephalosauriden und den Ornithopoden unter die Unterordnung *Cerapoda* klassifiziert, und zwar auf der Basis einer Anzahl gemeinsamer Charakteristika. So haben alle Mitglieder dieser Gruppe fünf oder weniger Zwischenkieferzähne sowie eine Lücke zwischen diesen und den Oberkieferzähnen.

Horndinosaurier waren die letzte Gruppe der *Ornithischia* oder »Vogelbecken-Dinosaurier«. Sie entwickelten sich erst spät in der Kreidezeit. Die Gruppe existierte nur 20 Millionen Jahre lang und starb dann aus, doch konnte sie sich innerhalb dieser verhältnismäßig kurzen Zeitspanne über ganz Nordamerika und Zentralasien ausbreiten.

Die Panzerung der Horndinosaurier beschränkte sich, so eindrucksvoll sie war, auf den Kopf; ein Rückenpanzer wie bei den Ankylosauriern (S. 157–161) trat bei ihnen nicht auf. Die höherentwickelten Formen hatten massige Köpfe mit scharfen, an einen Papageienschnabel erinnernden Kiefern, langen, zugespitzten Hörnern vorne auf der Schnauze und einem knöchernen Nackenschild, der am Hinterende des Schädels befestigt und aufwärts gebogen war. Oft schützte er auch die Schultern.

Der Erfolg der Horndinosaurier ist vermutlich unter anderem auf ihr gutes Gebiß und die mächtigen Kiefer zurückzuführen. Die Tiere konnten wahrscheinlich zäheste Pflanzennahrung bewältigen, darunter eine neue Nahrungsquelle, die sich weltweit in der späten Kreidezeit etablierte: buschige Blütenpflanzen, die an unsere Magnolie erinnern.

FAMILIE PSITTACOSAURIDAE

Die »Papageien-Dinosaurier«, so die wörtliche Übersetzung, sind eine seltene *Ornithischia*-Gruppe, die nur in Gesteinen der Unterkreide Ostasiens gefunden wurde. Ihre Schädel deuten darauf hin, daß sie die Vorfahren der Horndinosaurier waren. Im Körperbau ähnelten sie jedoch eher den Hypsilophodontiden, aus denen sie sich auch entwickelt hatten (S. 139–141).

Die Psittacosauriden konnten sich wie die Hypsilophodontiden bei der Flucht auf die Hinterbeine erheben und »zweibeinig« hohe Geschwindigkeiten erreichen. Es liegt daher die Vermutung nahe, daß die ältesten Horndinosaurier ebenfalls auf zwei Beinen gingen und erst in einem späteren Stadium ihrer Evolution wieder zur Fortbewegung auf allen Vieren zurückkehrten.

NAME: *Psittacosaurus*
ZEIT: Unterkreide
VERBREITUNG: Asien (China, Mongolei und Sibirien)
LÄNGE: bis 2,5 m

Ein viereckiger Schädel und zahnlose Hornkiefer sind die Merkmale, denen dieser asiatische Dinosaurier seinen Namen verdankt, denn *Psittacosaurus* bedeutet »Papageiensaurier«.

Ein dicker Knochenkamm zog quer über den Schädel und diente den Muskeln des mächtigen Unterkiefers als Ansatzstelle. Im Laufe von Jahrmillionen entwickelte er sich zum mächtigen knöchernen Nackenschild der späteren Horndinosaurier.

An den Wangen trug *Psittacosaurus* ein Paar hornähnliche Fortsätze. Hierbei handelte es sich um die Vorläufer jener Dornen, die bei späteren Horndinosauriern zu beiden Seiten des Nackenschilds entsprangen.

Man nimmt an, daß die direkten Vorfahren der Horndinosaurier unter den Psittacosauriden zu suchen sind. Es dürfte sich dabei aber kaum um *Psittacosaurus* selbst handeln, da dieses Tier an jeder Hand nur vier Finger hatte, während es bei den Horndinosauriern jeweils fünf waren. *Psittacosaurus* hatte auch keine Zähne mehr in seinen Hornkiefern, während die frühen Ceratopiden im Oberkiefer noch Zähne besaßen.

FAMILIE PROTOCERATOPSIDAE

Unter dieser Familie faßt man die frühen primitiven Horndinosaurier zusammen. Der Name ist allerdings nicht immer berechtigt, denn nur einige unter ihnen trugen Hörner. Die Protoceratopiden entwickelten sich in Asien, im selben Gebiet wie die Psittacosauriden, die vermutlich ihre Vorfahren waren. Die Protoceratopiden lebten allerdings viele Millionen Jahre später, in der Oberkreide; ihr Verbreitungsgebiet reichte bis ins westliche Nordamerika.

Die Protoceratopsiden konnten, wie die Psittacosauriden, aufrecht gehen. Vermutlich verbrachten sie aber die meiste Zeit auf allen Vieren und erhoben sich nur beim Davonlaufen auf die Hinterbeine. Im übrigen waren sie viel kleiner als die späteren Ceratopiden. Ihr Oberkiefer war noch mit Zähnen bestückt, ein Merkmal, das als primitiv gilt und bei späteren Formen verlorenging. Auf dem Kopf trugen sie bestenfalls kleine Hörner. Deutlich zu erkennen ist dagegen ein beginnender Nackenschild, der sich bei den späteren Ceratopiden zu einer sehr auffälligen Erscheinung entwickelte.

NAME: *Microceratops*
ZEIT: Oberkreide
VERBREITUNG: Asien (China und Mongolei)
LÄNGE: 60 cm

Dieses Tier ist der kleinste bekannte Horndinosaurier. Wahrscheinlich handelte es sich nicht um einen direkten

Vorfahren der späteren Ceratopsiden, sondern um einen frühen, spezialisierten Seitenzweig der Hauptentwicklungslinie.

Microceratops war ein leicht gebautes Tier, das sich recht schnell auf zwei Beinen fortbewegte. Indiz dafür ist der Unterschenkel, der doppelt so lang war wie der Oberschenkel. Die Vorderbeine waren verhältnismäßig lang und lassen den Schluß zu, daß sich das Tier in der Regel aber auf allen Vieren fortbewegte und nur bei Gefahr auf zwei Beinen davonlief. In diesem Fluchtverhalten erinnerte *Microceratops* an die gazellenähnlichen Hypsilopodontiden Nordamerikas.

NAME: *Leptoceratops*
ZEIT: Oberkreide
VERBREITUNG: Nordamerika (Alberta und Wyoming) und Asien (Mongolei)
LÄNGE: 2,1 m

Einer der wenigen Protoceratopsiden, die aus Nordamerika bekannt wurden. Die meisten Angehörigen dieser Familie lebten in Asien. Im Aussehen stand dieses Tier zwischen den leicht gebauten Psittacosauriden und den massigeren frühen Horndinosauriern. Wahrscheinlich konnte *Leptoceratops* auf zwei Beinen ebenso gut gehen wie auf vier. Die Hinterbeine waren für den schnellen Sprint gebaut. Mit den fünf bekrallten Fingern konnte der Saurier Blätter abreißen und zum Maul führen.

Die Knochen am Hinterkopf waren zu einem großen Schädelkragen verlängert, ein Zwischenstadium in der Entwicklung vom Knochenkamm der Psittacosauriden zum mächtigen Nackenschild der eigentlichen Horndinosaurier.

NAME: *Bagaceratops*
ZEIT: Oberkreide
VERBREITUNG: Asien (Mongolei)
LÄNGE: 1 m

Dieser kleine Protoceratopside vertritt einen weiteren spezialisierten Seitenzweig am Stammbaum der Horndinosaurier. Der Rumpf war schwer, der Schwanz lang, die Beine kräftig. Die Vorderfüße trugen fünf, die Hinterfüße vier Zehen.

Bagaceratops besaß bereits einige jener Merkmale, die dann bei den späteren Horndinosauriern deutlicher ausgeprägt wurden. Quer über den Hinterschädel verlief ein Knochenkamm (Vorläufer des Nackenschildes der Ceratopsiden), ein Paar blattähnliche Fortsätze schmückten die Wangen (Teil des Kopfschildes der Ceratopsiden), und mitten auf der Schnauze saß ein kurzes Horn. Außerdem hatte *Bagaceratops* seine oberen Zähne verloren, gilt aber trotzdem nicht als direkter Vorgänger der Horndinosaurier.

HORNDINOSAURIER

NAME: *Protoceratops*
ZEIT: Oberkreide
VERBREITUNG: Asien (Mongolei)
LÄNGE: bis 2,7 m

Ausgewachsene Exemplare dieses frühen Horndinosauriers waren im Durchschnitt 2 m lang und wogen an die 180 kg. Am Hinterende des breiten, schweren Schädels setzte ein großer Nackenschild an. Der Schädel bot der kräftigen Muskulatur der zahntragenden Hornkiefer breite Ansatzflächen.

Obwohl *Protoceratops* keine Hörner trug, war doch mitten auf der Schnauze ein Knochenhöcker zu erkennen, allerdings eher ein Kamm als ein Horn. Bei älteren Männchen scheint er größer gewesen zu sein, was vermuten läßt, daß er bei Rivalenkämpfen eine Rolle spielte.

Protoceratops verbrachte vermutlich den größten Teil seines Lebens auf allen Vieren. Die Hinterbeine waren allerdings im Vergleich zu den Vorderbeinen noch recht lang, weshalb es nicht ausgeschlossen ist, daß das Tier bei bestimmten Gelegenheiten auf zwei Beinen lief.

In den 1920er Jahren entdeckte man in der Mongolei die ersten Dinosauriereier und entsprechende Nester. Sie gehörten zu *Protoceratops*. Die Nester, die vor über 70 Millionen Jahren im Sand angelegt wurden, enthielten bis zu 18 Eiern. Diese waren wurstförmig, ungefähr 20 cm lang und hatten eine dünne, faltige, nur wenige Millimeter dicke Schale. Die Eiablage erfolgte sehr sorgfältig in dreischichtigen Spiralen. Erstaunlicherweise waren einige Eier noch unbeschädigt, als man sie entdeckte. Man fand in ihrem Innern Bruchstücke fossiler Knochen von winzigen Embryonen.

Ein weiterer aufregender Fund aus der Mongolei war der von *Oviraptor*. Dieser kleine fleischfressende Dinosaurier kam ums Leben, als er gerade ein Nest von *Protoceratops* plünderte (S. 110).

NAME: *Montanoceratops*
ZEIT: Oberkreide
VERBREITUNG: Nordamerika (Montana)
LÄNGE: 3 m

Der nordamerikanische *Montanoceratops* ähnelte dem asiatischen *Protoceratops*, trug aber auf der Schnauze ein deutliches Horn. Manche Paläontologen vermuten daher, es handele sich bei dieser Gattung um ein frühes Glied der höherentwickelten Familie der Ceratopsiden. *Montanoceratops* zeigte aber die typischen primitiven Merkmale der Protoceratopsiden: Zähne im Oberkiefer, an den Füßen Krallen statt Hufen. Der Schwanz dieses mittelgroßen Horndinosauriers war ungewöhnlich hochrückig, weil alle Schwanzwirbel nach oben ragende Fortsätze trugen. Offensichtlich war der Schwanz äußerst beweglich und konnte schnell hin und her geschlagen werden. Es ist denkbar, daß er bunt gefärbt war und damit während der Brautwerbung Paarungsbereitschaft signalisierte oder zur Erkennung der eigenen Artgenossen diente.

FAMILIE CERATOPSIDAE

Die häufigsten großen Pflanzenfresser der Oberkreide im westlichen Nordamerika gehörten dieser Familie an, die sonst nirgendwo auf der Welt gefunden wurde. Die Tiere gingen stets auf allen vier Beinen. Vor Angriffen der zweifüßigen Carnosaurier wie *Tyrannosaurus* und *Albertosaurus* schützten sie sich durch spitze Hörner und den knöchernen Nackenschild, einen Fortsatz des Hinterkopfes. Die säulenähnlichen Beine mit breiten Füßen und hufähnlichen Nägeln trugen einen mächtigen Körper, der von einer dicken Haut überzogen war. Eine gewisse

Sicherheit für das Individuum bot auch die Herde. Die Horndinosaurier wanderten gesellig durch die Waldgebiete höherer Lagen und weideten mit ihren scharfen, zahnlosen Kiefern Pflanzen und Pflanzenteile ab.

Die Familie der Ceratopiden wird in zwei Entwicklungslinien eingeteilt. Auf der einen Seite stehen die Formen mit kurzem Nackenschild und langen Hörnern auf der Schnauze, auf der anderen Seite die Formen mit langem Halsschild und großen Stirnhörnern.

NAME: *Centrosaurus*
ZEIT: Oberkreide
VERBREITUNG: Nordamerika (Alberta und Montana)
LÄNGE: 6 m

Dieser Horndinosaurier, ein typischer Vertreter der Gruppe mit kurzem Nackenschild, war früher auch unter dem Namen *Monoclonius* bekannt. Das Tier trug auf der Schnauze ein langes, bei einigen Arten nach vorne gekrümmtes Horn. Oberhalb der Augen standen zwei weitere Stirnhörner.

Der Nackenschild trug am Rand ebenfalls Hörner und zu beiden Seiten zwei große Öffnungen. Sie waren beim lebenden Tier wie der gesamte Schild von Haut überzogen. Die Öffnungen verringerten das Gewicht dieser Knochenstruktur; an den Kanten befanden sich weitere Ansatzflächen für die Kaumuskulatur.

Ein mächtiges Kugelgelenk verband den Kopf mit dem Hals. Es befand sich weit vorne am Schädel, unterhalb der Augenregion, so daß das Gewicht des schweren Nackenschildes vom kräftigen Schnauzenhorn ausbalanciert wurde. Das Kugelgelenk sorgte dafür, daß *Centrosaurus* seinen plumpen Kopf leicht und schnell bewegen konnte – eine lebenswichtige Eigenschaft bei einem derart langsamen Tier, das sich bei der Verteidigung ausschließlich auf seine Kopfwaffen verlassen mußte. Einige Halswirbel waren miteinander verschmolzen und festigten so die Nackenpartie. Im übrigen war die gesamte Muskulatur des Vorderkörpers auffallend stark entwickelt.

Wie bei allen Ceratopiden war der Schwanz von *Centrosaurus* relativ kurz, nur seine Spitze berührte den Boden.

NAME: *Pachyrhinosaurus*
ZEIT: Oberkreide
VERBREITUNG: Nordamerika (Alberta)
LÄNGE: 5,5 m

Pachyrhinosaurus war ein recht ungewöhnlicher Horndinosaurier, der auf den ersten Blick gar kein Horn besaß. Statt dessen trug das Tier oberhalb der Augen anstelle der Stirnhörner dicke Knochenpolster.

Es gibt zwei Theorien, die diese merkwürdigen Bildungen erklären. Einige Paläontologen erkennen darin dieselbe Funktion wie in der verdickten Schädelkalotte der Pachycephalosauriden, also die Stoßdämpfung bei Kämpfen zwischen rivalisierenden Männchen. Andere Forscher meinen jedoch, es handele sich einfach um Narbengewebe an Stellen, wo einst Stirnhörner abgebrochen seien.

Bisher hat man erst zwei Schädel von *Pachyrhinosaurus* gefunden, beide ohne Hörner. Erst neue Funde werden diesen Streit entscheiden können.

HORNDINOSAURIER

NAME: *Styracosaurus*
ZEIT: Oberkreide
VERBREITUNG: Nordamerika (Alberta und Montana)
LÄNGE: 5,2 m

NAME: *Triceratops*
ZEIT: Oberkreide
VERBREITUNG: Nordamerika (Alberta, Colorado, Montana, South Dakota, Saskatchewan und Wyoming)
LÄNGE: 9 m

Triceratops ist der bekannteste Horndinosaurier. Er war auch der verbreitetste, der größte und – mit einem Gewicht von 10 t – der schwerste Vertreter der Gruppe, schwerer als ein ausgewachsener Afrikanischer Elefantenbulle. Allein der Schädel mit dem kurzen Nackenschild war über 2 m lang.

Große Herden dieses Horndinosauriers durchzogen gegen Ende der Oberkreide den Westteil Nordamerikas. Sie waren die letzten Ceratopiden mit verhältnismäßig kurzem Nackenschild.

Der Name *Triceratops* bedeutet wörtlich übersetzt »Dreihorngesicht«. Die Gattung hatte ein kurzes, dickes Nasenhorn und zwei über 1 m lange Hörner oberhalb der Augen. Bei einigen Arten reichten diese Hörner sogar über die Schnauzenspitze hinaus.

Der Nackenschild von *Triceratops* bestand aus solidem Knochen ohne Fenster, was darauf hindeutet, daß er primär der

Einer der spektakulärsten Vertreter der Horndinosaurier war der wohlgepanzerte *Styracosaurus*. Er trug auf der Schnauze ein gewaltiges, gerades Horn, das leicht nach vorne gerichtet war. Zwei kleinere Höcker entsprangen der Region zwischen den Augen. Der auffällige Nackenschild trug sechs strahlenförmig ausgerichtete Dornen, von denen einige so lang waren wie das Horn auf der Nase.

Wie bei zahlreichen verwandten Arten befanden sich im Nackenschild zwei große, hautbedeckte Fenster, die das Gewicht dieses großen knöchernen Gebildes erheblich verringerten.

Styracosaurus konnte sich sehr gut verteidigen. Wenn das Tier in Nashornmanier mit gesenktem Kopf und hoher Geschwindigkeit angriff, war es sehr wohl imstande, den weichen Bauch eines *Tyrannosaurus* aufzuschlitzen. Der dornenbewehrte Nackenschild war ein guter Schutz vor den mächtigen Kiefern des Räubers.

Die Halsschilddornen hatten darüber hinaus Abschreckungsfunktion: Wenn *Styracosaurus* mit gesenktem Kopf einem Feind oder einem Rivalen in der eigenen Herde gegenübertrat, bot er mit seinem Dornenkranz eine so furchterregende Erscheinung, daß sich der Angreifer in vielen Fällen lieber freiwillig zurückzog. Wenn Afrikanische Elefanten ihre Ohren abspreizen, verbirgt sich dahinter eine ähnliche Motivation: Sie wollen noch größer und bedrohlicher wirken.

Herrscherreptilien

Verteidigung und nicht als Ansatzfläche der Kaumuskulatur diente. Einige Arten trugen am Rand des Nackenschildes zugespitzte Knochenhöcker, die wie große Seepocken aussahen.

Der Schädel von *Triceratops* blieb wegen seines massiven Baus eher fossil erhalten als andere, weniger robuste Dinosaurierschädel. Im Laufe der Jahre fand man im Westen Nordamerikas Hunderte gut erhaltener Exemplare. Der berühmte amerikanische Fossilienexperte Othniel C. Marsh gab dem Tier 1889 den auch heute noch gültigen Namen. Um die Jahrhundertwende entdeckte Barnum Brown, ein anderer amerikanischer Fossiljäger, angeblich über 500 *Triceratops*-Schädel.

Heute werden aufgrund ihres unterschiedlichen Schädelbaus mehr als 15 *Triceratops*-Arten unterschieden, bei denen es sich allerdings in einigen Fällen lediglich um verschiedene Geschlechter oder Wachstumsstadien handelt. Die tatsächliche Artenzahl dürfte daher nicht so hoch sein.

Die meisten Schädel, Hörner und Nackenschilde, die man fand, waren in irgendeiner Form beschädigt. Man führt die Schäden darauf zurück, daß die Tiere oft miteinander kämpften, zum Beispiel indem sie sich mit den Kopfschilden abzudrängen versuchten. Zu ernsthaften Verwundungen durch die spitzen Hörner kam es vermutlich selten, waren diese Waffen doch für die Auseinandersetzung mit wirklichen Feinden wie *Tyrannosaurus* oder *Albertosaurus* bestimmt.

NAME: *Chasmosaurus*
ZEIT: Oberkreide
VERBREITUNG: Nordamerika (Alberta)
LÄNGE: 5,2 m

Chasmosaurus war ein typischer Vertreter der Horndinosaurier mit langem Nackenschild. Der Schädel war relativ schmal und trug ein Paar schräg aufwärts gekrümmte Hörner auf der Stirn sowie ein kürzeres Horn auf der Schnauze. Der große Nackenschild erstreckte sich vom Hinterende des Schädels über den Hals bis auf den vorderen Teil des Rückens. Seine Ränder waren mit knöchernen Dornen und Höckern gesäumt. Die Fenster auf beiden Seiten des Nackenschildes waren so groß, daß der Schild selbst nicht viel mehr als ein Rahmen war. Trotz seiner Größe war er daher relativ leicht.

Der spektakuläre Nackenschild diente ohne Zweifel dem Imponierverhalten. Angreifer und/oder rivalisierende Männchen wurden gewarnt und den Weibchen Paarungsbereitschaft signalisiert. Denkbar ist auch, daß die männlichen Tiere einer Herde im Falle eines Angriffs einen geschlossenen Ring um die Jungtiere bildeten und den Feind abzuschrecken versuchten, indem sie die großen Köpfe mit den imposanten Nackenschilden hin und her schwenkten.

Gewisse anatomische Merkmale deuten darauf hin, daß die Horndinosaurier aus diesem Verwandtschaftskreis recht schnell laufen konnten. So waren zum Beispiel die Schulterblätter nicht fest mit dem übrigen Skelett verbunden, weshalb sich der ganze Schultergürtel mit den Vorderbeinen vor und zurück bewegte. Mit diesen Eigenschaften waren die Voraussetzungen für eine schnelle Fortbewegung gegeben.

Der Beckengürtel war mit acht Kreuzbeinwirbeln verbunden und bildete somit eine solide Ansatzfläche für die kräftige Muskulatur des Hinterkörpers.

HORNDINOSAURIER

NAME: *Arrhinoceratops*
ZEIT: Oberkreide
VERBREITUNG: Nordamerika (Alberta und Utah)
LÄNGE: 5,5 m

NAME: *Anchiceratops*
ZEIT: Oberkreide
VERBREITUNG: Nordamerika (Alberta)
LÄNGE: 6 m

Anchiceratops lebte gegen Ende der Oberkreide, später noch als der verwandte *Chasmosaurus*, und stammte möglicherweise sogar von diesem ab. Obschon größer, war sein Körper stärker stromlinienförmig gebaut. Der Rumpf war länger, der Schwanz kürzer, der große Nackenschild beträchtlich schmaler. Zwei lange, schmale Hörner entsprangen oberhalb der Augen und waren, ebenso wie das kurze Nasenhorn, nach vorne gerichtet. Der Nackenschild wurde von einem starken Kamm zweigeteilt; auf beiden Seiten befanden sich im Knochen mittelgroße Öffnungen. Am oberen Rand des Nackenschildes stand ein Paar hornähnlicher, nach vorne gerichteter Fortsätze.

Die Reste von *Anchiceratops* fand man in den Ablagerungen früherer Deltagebiete zusammen mit Kohleflözen, die aus den obersten Gesteinen der Oberkreide stammen. Wahrscheinlich lebte *Anchiceratops* in Sümpfen oder in deren Nähe und ernährte sich in diesem feuchten Lebensraum von Sumpfzypressen, Farnen, Mammutbäumen und Palmfarnen.

Der Name *Arrhinoceratops* bedeutet »kein Nasenhorn-Gesicht« und wurde dem Tier von seinem Entdecker William Parks gegeben, der es 1925 aus dem Red Deer River Albertas barg. Da er der Meinung war, es müsse einen eigenen Knochen geben, der ein Nasenhorn tragen sollte, und dergleichen bei seinem Fund fehlte, kam er zu seiner Bezeichnung. Heute teilt man seinen Schluß nicht mehr. *Arrhinoceratops* hatte einen knöchernen Auswuchs, wo das Horn gesessen hatte. Aber da die Gesetze der biologischen Namensgebung die historische Leistung würdigen, blieb es bei der inkorrekten Bezeichnung.

Arrhinoceratops war ein naher Verwandter von *Chasmosaurus*, ähnelte aber aufgrund der nach vorne gekrümmten, über die Schnauzenspitze hinausreichenden Stirnhörner eher *Triceratops* aus der Gruppe der Horndinosaurier mit kurzen Nackenschilden. Auch ein kleines Nasenhorn war ausgebildet.

Im muschelförmigen Nackenschild von *Arrhinoceratops* waren kreisrunde Öffnungen zur Gewichtsersparnis. Der Rand war in Abständen mit großen knöchernen Höckern geschmückt.

Arrhinoceratops-Fossilien werden längst nicht so häufig gefunden wie die fossilen Reste anderer Arten der Familie. Vielleicht war das Tier in der Tat seltener, vielleicht aber bewohnte es auch nur trockene, höhergelegene Gebiete, in denen eine Fossilüberlieferung seltener ist.

(rechts oben)
NAME: *Pentaceratops*
ZEIT: Oberkreide
VERBREITUNG: Nordamerika (New Mexico)
LÄNGE: 6 m

Wie *Anchiceratops* kann auch *Pentaceratops* ein Nachkomme von *Chasmosaurus* gewesen sein, der während der frühen Oberkreide lebte. Auch *Pentaceratops* besaß einen mächtigen, mit kleinen Dornen gesäumten Nackenschild. Bei einigen Arten reichte der breite Schild bis zur Rückenmitte und war zur Gewichtsersparnis mit vier großen Öffnungen versehen.

Als *Pentaceratops* entdeckt wurde, gingen Wissenschaftler zunächst davon aus, daß sie einen höchst ungewöhnlichen Dinosaurier mit fünf Hörnern auf dem Kopf entdeckt hatten (der Name bedeutet in wörtlicher Übersetzung »Fünfhorngesicht«).

In Wirklichkeit trug das Tier aber nur drei Hörner: ein kurzes, gedrungenes auf der Schnauze und zwei lange, nach vorne gerichtete Hörner oberhalb der Augen. Die zwei restlichen Wangen-»Hörner« sind lediglich Auswüchse der Wangenknochen, eine bei den Ceratopsiden mit langem Halsschild nicht ungewöhnliche Erscheinung.

NAME: *Torosaurus*
ZEIT: Oberkreide
VERBREITUNG: Nordamerika (Montana, South Dakota, Texas, Utah und Wyoming)
LÄNGE: 7,6 m

Der wissenschaftliche Name dieses Horndinosauriers ist ein spanisch-griechisches Mischwort und bedeutet soviel wie »Stiersaurier«. Die fossilen Knochen wurden in den obersten Schichten der Oberkreide gefunden. *Torosaurus* war der größte und letzte Vertreter der Horndinosaurier mit langem Halsschild, während sein Zeitgenosse *Triceratops* der größte Horndinosaurier überhaupt und der letzte aus der Gruppe mit kurzem Nackenschild war. Herden beider Arten bevölkerten vor ungefähr 70 Millionen Jahren das heutige Nordamerika.

Der Schädel von *Torosaurus* erreichte eine Länge von 2,6 m und übertrifft damit alle anderen bisher bekannten, ausgestorbenen oder lebenden Landtiere. Mehr als die Hälfte davon nimmt allerdings der gewaltige Nackenschild ein. Er entsprang dem Hinterhaupt und besaß die typischen paarigen Knochenfenster. Der Rand des Nackenschildes war glatt; die bei vielen anderen Arten auftretenden knöchernen Verdickungen fehlten.

Oberhalb der Augen entsprangen zwei große Hörner, ein kürzeres Horn stand in der Nasengegend über dem massiven Hornkiefer.

So wie heutzutage Nashörner und Elefanten kaum von Raubtieren attackiert werden, dürfte zur damaligen Zeit ein so imposantes Tier wie *Torosaurus* weitgehend von Angriffen verschont geblieben sein. Trotz seines Gewichtes von ungefähr 8 t konnte es sich auf seinen muskulösen Beinen rasch fortbewegen. Der gepanzerte Kopf, die dicke, schwartige Haut und der riesige Nackenschild mit seinen spitzen Hörnern gaben ihm im Notfall auch eine Chance im Kampf gegen die großen Fleischfresser unter den Dinosauriern.

Allerdings waren die Tage der pflanzenfressenden Dinosaurier und ihrer fleischfressenden Verwandten gegen Ende der Kreidezeit gezählt. Die Dinosaurier starben vor 65 Millionen Jahren überall auf der Welt aus. Mit ihnen verschwanden einige andere Tiergruppen wie die Plesiosaurier, die Fischsaurier und die Ammoniten im Meer sowie die Flugsaurier in der Luft. In den Gesteinen des darauffolgenden Tertiärs fand man nicht mehr die geringste Spur von ihnen (S. 12–13).

Vögel: Herrscher der Lüfte

Die Eroberung des Weltraums war für die Menschheit die letzte große Herausforderung. In ähnlicher Weise bot die Eroberung der Luft eine große Chance für die Wirbeltiere. Um die Flugfähigkeit zu erreichen, waren grundlegende Veränderungen in ihrem Körperbau und ihrer Physiologie erforderlich.

Der Flug als Technik

Formen und Artenvielfalt der Vögel – zur Zeit existieren noch ungefähr 166 Familien – übertreffen die aller anderen fliegenden Tiere. Der Erfolg der Vögel basiert auf der Entwicklung einer Struktur, die in der Tierwelt einzigartig ist: der Feder. Dieses aerodynamische Gebilde, aus Reptilienschuppen entstanden, war die entscheidende Voraussetzung für den Flug. Im Gegensatz zu den Flügelhäuten der Saurier und Fledermäuse sind Federn leicht und nach Beschädigung ersetzbar.

Die Vögel wandelten die Vordergliedmaßen ihrer Reptilienvorfahren in befiederte Flügel um und gewannen dadurch jene große Oberfläche, derer es bedarf, um den Körper in der Luft zu halten. Nach dem Landen können die Flügel zusammengefaltet werden; der ruhende Körper ist somit kompakt. Die Hintergliedmaßen wurden so umgeformt, daß das Tier sich auch zu Lande fortbewegen konnte. Den Antrieb für den aktiven Ruderflug besorgen große Muskeln, die

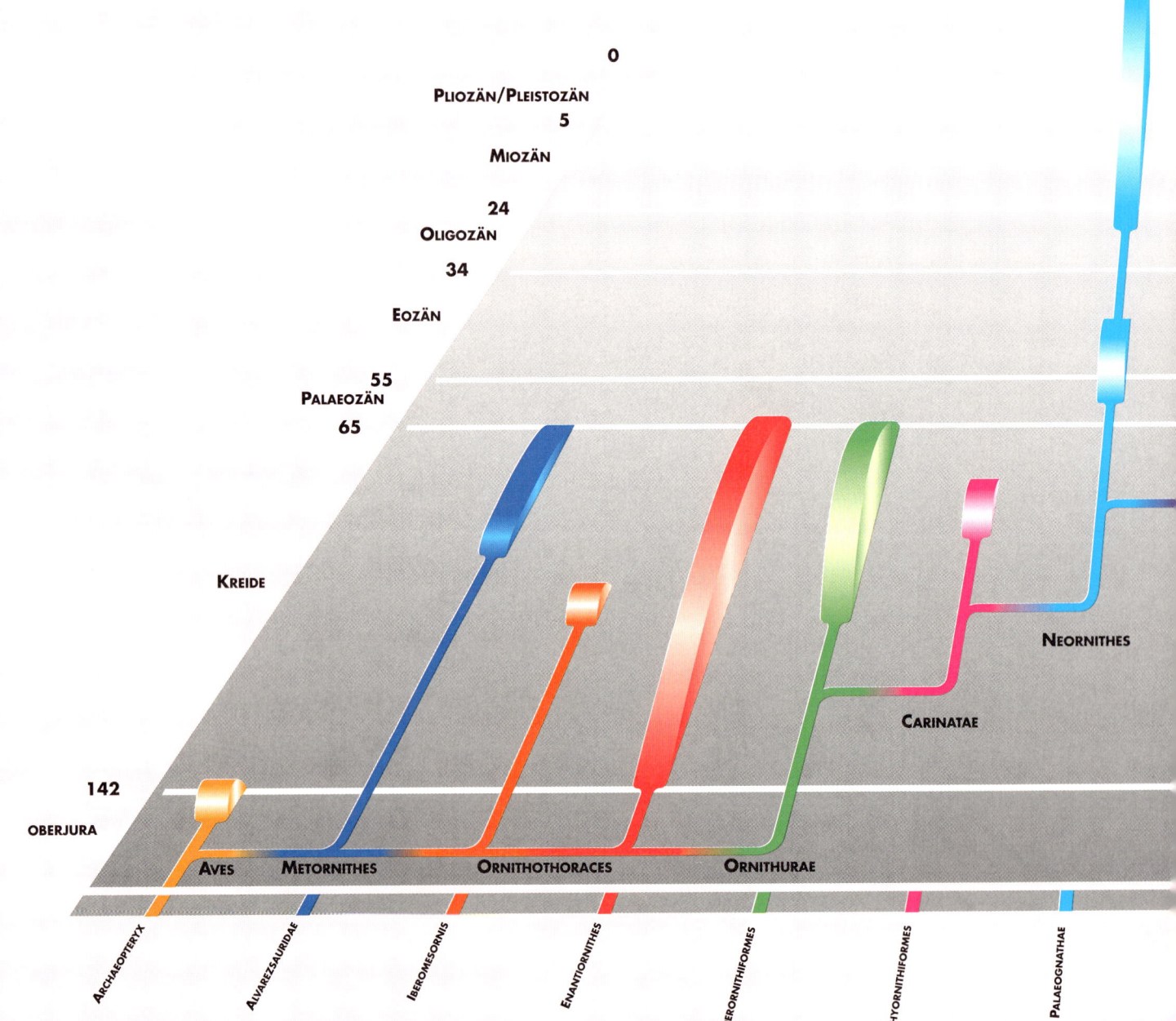

15–30 Prozent des gesamten Körpergewichts ausmachen. Sic reichen von dcn Flügeln zum Schultergürtel. Das Brustbein ist stark vergrößert und trägt in der Mitte einen hohen Kamm; beide Oberflächen bieten ausgedehnte Ansatzflächen für die Flugmuskeln.

Diese stabile Konstruktion kann den enormen Kräften, die beim Zusammenziehen der Flugmuskulatur entstehen, standhalten.

Die kräftigen Muskeln, die für die Vorwärts- und Rückwärtsbewegung der Beine sorgen, sind am umgebauten Becken befestigt, dessen Knochen eine starke Verlängerung erfuhren.

Um zu verhindern, daß der Vogel beim Gehen vornüberkippt, mußte der Körper verkürzt und nach hinten zwischen die Beine verlagert werden, so daß der Schwerpunkt über den Füßen zu liegen kam. Das vergrößerte Brustbein geriet infolgedessen zwischen die Knie.

Da die kräftigen, flexiblen Flügel für die Fortbewegung und die Steuerung sorgen, erübrigt sich die stabilisierende Funktion eines langen Schwanzes. Die Schwanzfedern können fächerförmig aufgestellt werden und dienen bei der Landung als Bremse.

Innere Veränderungen

Nicht nur das Skelett, sondern die gesamte Physiologie des Vogels mußte der Flugfähigkeit angepaßt werden. Ein Beispiel dafür bietet der hohe Energiebedarf: Er förderte die Entwicklung eines erheblich leistungsfähigeren Atmungssystems. Die Verteilung zahlreicher Luft-

Archaeopteryx erschien im Oberjura und ist damit der älteste bekannte Vogel. In der Kreidezeit kam es zu einer explosionsartigen Entwicklung der Vögel, und am Ende dieser Periode (spätestens jedoch im Eozän) existierten bereits die meisten modernen Gruppen. Da Vögel nur in seltenen Fällen fossil erhalten blieben, beruht dieser Stammbaum nicht auf einer fossilen Grundlage, sondern dem genetischen Material heute existierender Formen (Untersuchungen von C. G. Sibley und Mitarbeitern). Von den ungefähr 27 Ordnungen, die gegenwärtig Anerkennung finden, wurde nur ein Teil übernommen. In der Stammesgeschichte, die über 140 Millionen Jahre währt, sind nur verhältnismäßig wenige Gruppen ausgestorben.

NEOGNATHAE

ENTEN UND HÜHNER | TAUCHER, PINGUINE, PELIKANE | KRANICHE, UFERSCHWALBEN, TAUBEN | STÖRCHE | FALKEN, EULEN | ZIEGENMELKER, TURMSEGLER | EISVÖGEL, SPECHTE, SINGVÖGEL

säcke auch abseits der eigentlichen Atemwege führt dazu, daß die Luft kontinuierlich durch die Vogellunge strömt.

Die Vögel sind wie die Säuger warmblütig. Die körpereigene Energieproduktion ist damit nicht von der Temperatur der Umwelt abhängig. Das erfordert eine Wärmeisolation, die bei den Vögeln von den weichen Daunenfedern besorgt wird; sie liegen unter den größeren Konturfedern, die dem Vogel seine äußere Gestalt verleihen.

Archaeopteryx, der erste Vogel

Ein Vogel- und ein Reptilienskelett haben heute nicht mehr viel miteinander gemein. Wäre nicht *Archaeopteryx* entdeckt worden, ließe sich die Abstammung der Vögel gar nicht mit Sicherheit ableiten. *Archaeopteryx*, dessen Überreste in Kalkgesteinen des Oberjura erhalten blieben, erwies sich sowohl in zeitlicher wie in anatomischer Hinsicht als ideales Bindeglied zwischen den Reptilien und den Vögeln.

Ein besonders glücklicher Umstand war, daß die Sedimente, in denen man ihn fand, so feinkörnig waren, daß rund um das Skelett Abdrücke der Federn erhalten blieben. Ihr Aufbau und die Form der Flügel lassen keinen Unterschied zu den flugfähigen Vögeln unserer Tage erkennen. Es ist daher anzunehmen, daß *Archaeopteryx* nicht nur den passiven Gleitflug kannte. Für den aktiven Ruderflug spricht auch das Gabelbein, das heute zu den Ansatzflächen für die Flugmuskulatur gehört.

Archaeopteryx zeigt darüber hinaus einige primitive Merkmale, die bei späteren Vögeln verlorengingen. So trug er beispielsweise in beiden Kiefern kleine, scharfe Zähne. Spätere Vögel ersetzten sie durch einen zahnlosen Hornschnabel. An den Vordergliedmaßen befanden sich noch drei Finger mit Krallen, wobei jeder Finger deutlich vom nächsten getrennt war (im Gegensatz zu den Knochenverschmelzungen bei modernen Vögeln). Schließlich besaß *Archaeopteryx* noch einen langen, knöchernen Schwanz. Die Abdrücke im Gestein zeigen, daß dieser zu beiden Seiten noch eine Reihe langer Federn trug. Sie sorgten für einen Auftrieb von hinten, der den durch die Vorderflügel hervorgerufenen Auftrieb ausglich.

Man geht in Fachkreisen heute davon aus, daß *Archaeopteryx* vorwiegend in Bäumen lebte, Insekten fraß und im Ruder- und Gleitflug von Baum zu Baum segelte, wobei es sich nicht vermeiden ließ, daß er gelegentlich auf dem Boden landete. Er kletterte dann mit seinen scharfen, bekrallten Fingern wieder die Bäume hoch.

Abgesehen von den Proportionen seiner Flügel ähnelt sein Skelett dem eines kleinen, leicht gebauten, schnell-laufenden Coelurosauriers wie *Compsognathus* (S. 108). Diese Tiere lebten ebenfalls im Oberjura in Europa. Die meisten Forscher sind der Ansicht, *Archaeopteryx* sei aus ihnen oder ähnlichen zweifüßigen Dinosauriern hervorgegangen. Vielleicht waren die jungen Dinosaurier mehr an Insektennahrung interessiert als die ausgewachsenen und erstiegen auf der Suche danach Bäume und Büsche. Denkbar ist auch, daß die kleinen Körper der jungen Dinosaurier mit einer warmhaltenden Hautschicht überzogen waren, aus der sich im Laufe der Zeit die Federn entwickelten. Eine andere These besagt, *Archaeopteryx* sei aus einem den frühen Krokodilen nahestehenden Reptil hervorgegangen. Spezialmerkmale, die er mit ihnen gemeinsam hätte, lassen sich aber nur mit Mühe feststellen; außerdem fehlt ein fossiles Bindeglied zu diesen triassischen Formen.

Die Kontroverse um das »missing link«

Archaeopteryx verkörpert ein ideales Bindeglied zwischen Reptilien und Vögeln und gilt als eines der wichtigsten Beweisstücke für die Evolutionstheorie. Das erste Exemplar wurde 1861 gefunden, also nur wenige Jahre, nachdem Charles Darwin seine Theorie der Evolution veröffentlicht hatte.

Seit jeher ist *Archaeopteryx* ein ausgemachtes Ziel für die Angriffe jener, die die Theorie, alle lebenden Organismen hätten eine schrittweise Evolution durchgemacht, nicht akzeptieren. 1985 entwickelten zum Beispiel die britischen Astronomen Fred Hoyle und N. C. Wickramasinghe die Vorstellung, viele evolutive Neuerungen seien auf eine regelrechte Virendusche zurückzuführen, die auf die Erde niedergegangen sei und die Tierwelt mit neuen Merkmalen infiziert habe. Auch das Aussterben der Dinosaurier sowie die Entstehung der Vögel und der Säuger ist nach Ansicht der beiden Autoren auf eine solche Virendusche gegen Ende der Kreidezeit zurückzuführen.

Die Existenz von *Archaeopteryx,* der mehr als 80 Millionen Jahre älter ist als die Lebewesen der Oberkreide, erweist sich als entscheidender Schwachpunkt der Virentheorie. Hoyle und Wickramasinghe behaupten daher, bei den vorliegenden Exemplaren von *Archaeopteryx* handele es sich um Fälschungen:

Archaeopteryx ist eines der wichtigsten, je gefundenen Fossilien, da er das Bindeglied zwischen Reptilien und Vögeln darstellt.

Anhand identischer Sprünge und Markierungen auf beiden Seiten der Kalkplatten, in die die Archaeopteryx-Skelette eingebettet waren, ließ sich jedoch deren Echtheit beweisen.

Die Evolution der Vögel

Zwischen *Archaeopteryx* und der so vielfältigen modernen Vogelwelt existierten in der Kreidezeit zwei ungewöhnliche Vogelgruppen (S. 170–171). Die eine Gruppe – *Enantiornithes* – wurde in Argentinien entdeckt und 1981 beschrieben. Man weiß nur wenig über sie. Von allen anderen Vögeln unterscheidet sie sich durch bestimmte Merkmale an den Beinen, den Oberarmknochen und am Schultergürtel.

Eine weitere Gruppe kreidezeitlicher Vögel, die *Odontornithes* oder »Zahnvögel«, eröffnet uns weitere Einblicke in die Vogelevolution. Wie ihre Vorfahren trugen diese frühen Meeresvögel Zähne auf den Kiefern, um glitschige Fische festhalten zu können. Einige darunter, etwa die haubentaucherähnlichen Hesperornithiden, hatten ihre Flugfähigkeit eingebüßt, während andere – wie die Ichthyornithiden – immer noch über Flügel verfügten und wahrscheinlich heutigen Seeschwalben ähnlich sahen.

Eine Reihe von Vogeltypen hat ihre Flugfähigkeit verloren. Dazu kommt es vor allem in solchen Gebieten, wo keine aktiven Räuber im Lebensraum des betreffenden Vogels leben und der energieaufwendige Flug nicht länger benötigt wird – so gegen Ende der Kreidezeit, als die räuberischen Dinosaurier verschwunden waren und die Raubtiere unter den Säugern noch nicht existierten oder gewisse Gebiete noch nicht erreicht hatten.

Die heutigen Vögel sowie die fossilen Vertreter dieser Tiergruppe zählen zur Unterklasse *Neornithes*. Allen gemeinsam ist der komplizierte Aufbau des knöchernen Munddachs, was zu der These führte, daß alle diese Vögel von einem gemeinsamen Ahnen abstammen.

Während ihrer gesamten Stammesgeschichte haben die Vögel im wesentlichen denselben Skelettaufbau beibehalten. Allerdings sind die zerbrechlichen Vogelknochen nur in seltenen Fällen gut erhalten geblieben. Die Rekonstruktion der Verwandtschaftsverhältnisse beruht daher auf den Untersuchungen von C. G. Sibley über die Kompatibilität von DNS-Strängen aus Zellen lebender Vögel.

Da Vogelknochen meist unvollständig und Abdrücke von Federn nur sehr selten fossil erhalten blieben, lassen sich nur ungenaue Aussagen über die äußere Gestalt der Urzeitvögel machen. Schließlich sind es im wesentlichen die Federn, die die äußere Erscheinung eines Vogels bestimmen; man denke nur an die langen Unterschwanzdecken und die Federhaube des Pfaus. Darum können die Rekonstruktionen nur vage Annäherungen sein, die vom Aussehen unserer modernen Vogelarten rückschließen.

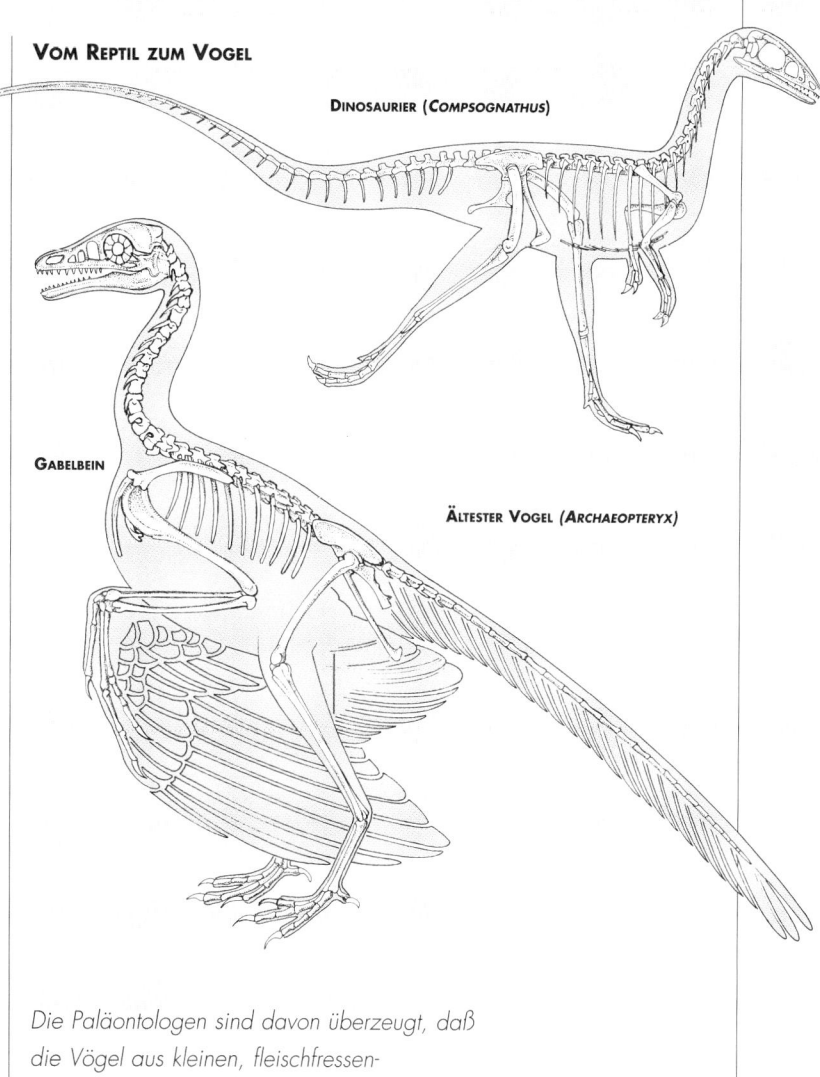

VOM REPTIL ZUM VOGEL

DINOSAURIER (*COMPSOGNATHUS*)

GABELBEIN

ÄLTESTER VOGEL (*ARCHAEOPTERYX*)

MODERNER GREIFVOGEL (KARAKARA-FALKE)

PYGOSTYL (SCHWANZREST)

BRUSTBEIN

Die Paläontologen sind davon überzeugt, daß die Vögel aus kleinen, fleischfressenden Dinosauriern hervorgingen, die auf ihren langen, schlanken Hintergliedmaßen aufrecht laufen konnten. Das Skelett des Dinosauriers Compsognathus (s. o.) sieht dem des ältesten Vogels (Archaeopteryx) auffallend ähnlich. Beide Tiere hatten lange Laufbeine, einen langen, knöchernen Schwanz, vogelähnliche Füße, Krallen an den Fingern und scharfe, zugespitzte Zähne. Archaeopteryx verfügte jedoch über Federn.

Ein moderner flugfähiger Vogel (rechts) hat einen kurzen, kompakten Rumpf, dessen Schwerpunkt oberhalb der Beine liegt. Das Brustbein entwickelte einen hohen Kamm, an dem die Flugmuskulatur ansetzt. Der Schwanz ist zum Pygostyl reduziert, und die Kiefer tragen keine Zähne mehr.

FRÜHE UND FLUGUNFÄHIGE VÖGEL

KLASSE AVES

Diese große Gruppe fliegender Vertebraten umfaßt nahezu 9000 lebende Spezies in etwa 160 Familien, von denen 134 über fossile Vorfahren verfügen. 77 Familien sind ausgestorben. Es ist immer noch sehr schwierig, die Phylogenese der Vögel zu verstehen, da sowohl molekularbiologische als auch morphologische Belege sehr unterschiedliche Verwandtschaftsbeziehungen anzeigen.

UNTERKLASSE ARCHAEORNITHES

Die Gruppe der »alten Vögel« enthält bis heute nur eine Gattung – *Archaeopteryx* – und vielleicht auch nur eine einzige Art. *Archaeopteryx* ist der älteste Vogel und nimmt eine Sonderstellung ein, da er von seiner Anatomie her ein Bindeglied zwischen Reptilien und Vögeln darstellt.

NAME: *Archaeopteryx lithographica*
ZEIT: Oberjura
VERBREITUNG: Europa (Deutschland)
LÄNGE: 35 cm

Die Entdeckung von *Archaeopteryx* war eine Sternstunde in der Geschichte der Paläontologie. Im Jahre 1861 wurden – wie schon seit vielen Jahren – aus den feinkörnigen Plattenkalken in Solnhofen lithographische Blöcke geschnitten. Die Gesteine stammen aus dem Oberjura und sind ungefähr 150 Millionen Jahre alt. Eine Platte enthielt das fast vollkommen erhaltene Skelett von *Archaeopteryx*. Und es waren nicht nur die feinen Knochen erhalten geblieben, das Gestein zeigte sogar die Abdrücke der Federn in ihrer natürlichen Lage auf den Flügeln und dem Schwanz.

Ein zweites, noch vollständigeres Skelett wurde 1877 unweit des ersten Fundortes entdeckt. Das Original dieses Stückes befindet sich heute im Naturhistorischen Museum der Humboldt-Universität in Berlin. In der Zwischenzeit sind vier weitere Exemplare bekannt geworden.

Archaeopteryx war ungefähr taubengroß, hatte einen kleinen Kopf und große Augen, zugespitzte Zähne im Ober- und Unterkiefer und einen langen, knöchernen Schwanz. Die Gliedmaßen waren lang und schlank; an der Hand befanden sich drei bekrallte Finger, und die Hinterbeine waren typisch vogelartig ausgebildet. Die Unterschenkelknochen waren lang, was darauf hindeutet, daß das Tier gut laufen konnte (S. 173).

Eine solche Beschreibung paßt nicht genau zu dem Bild, das die meisten Vögel der Gegenwart bieten. *Archaeopteryx* besaß aber zwei unverkennbare Merkmale: zum einen ein Gabelbein, das aus der Verschmelzung zweier Schlüsselbeine hervorgegangen war, und zum anderen typische Federn an den Armen und am Schwanz.

Ohne diese vogeltypischen Merkmale könnte man *Archaeopteryx* ohne weiteres für einen kleinen, zweifüßigen fleischfressenden Coelurosaurier (S. 106–109) halten. Tatsächlich wurde der jüngste Fund von *Archaeopteryx* aus dem Jahr 1951 zunächst als *Compsognathus* eingeschätzt, bis man in den frühen 1970er Jahren Federabdrücke erkannte und den Irrtum bemerkte.

Die meisten Paläontologen gehen heute davon aus, daß *Archaeopteryx* in offenem Waldland lebte, sich von Insekten ernährte und von Baum zu Baum geflogen oder gesegelt ist. Vielleicht schnappte er im Flug nach seinen Beutetieren, doch kann es auch sein, daß er sich aus der Luft auf am Boden befindliche Opfer stürzte. Mit seinen bekrallten Fingern und Zehen konnte er danach wieder auf einen Baum klettern, um von dort aus den nächsten Flug vorzubereiten.

Das Brustbein von *Archaeopteryx* war sehr klein und gänzlich anders geartet als das Brustbein heutiger Vögel, das einen großen Kiel aufweist, der den kraftvollen Flugmuskeln Ansatzfläche bietet. Einige Forscher glauben darum, die Federn von *Archaeopteryx* hätten mehr der Wärmeisolierung als dem Flug gedient. Das Tier war mit großer Wahrscheinlichkeit warmblütig wie seine heutigen Verwandten. Die Federn allerdings sind im Aufbau und in ihrer Anordnung auf den Flügeln denen moderner Vögel sehr ähnlich.

UNTERKLASSE ODONTORNITHES

Die »Zahnvögel« lebten während der Kreidezeit. Sie ähnelten den heutigen Vögeln, besaßen aber kleine Zähne.

Die Angehörigen dieser Gruppe verfügten bereits über eine der wichtigsten anatomischen Voraussetzungen für einen ausdauernden Flug: ein breites Brustbein mit einem Kiel, der den kräftigen Flugmuskeln Ansatzfläche bot. Bei einigen Formen war dieses Merkmal allerdings sekundär schon wieder verlorengegangen. Auch der lange, knöcherne Schwanz ihrer Vorfahren fehlte den *Odontornithes* bereits.

ORDNUNG ICHTHYORNITHIFORMES

Fossilfunde dieser wahrscheinlich fischfressenden Meeresvögel sind in marinen Ablagerungen der Oberkreide in Nordamerika weit verbreitet. Die Form des Brustbeins mit dem hohen Kiel läßt vermuten, daß sie gut fliegen konnten.

NAME: *Ichthyornis dispar*
ZEIT: Oberkreide
VERBREITUNG: Nordamerika (Kansas und Texas)
GRÖSSE: 20 cm

Aufgrund der Zähne glaubte man zunächst, es handele sich bei diesem Vogel um einen Mosasaurier, also eine fischfressende Meeresechse (S. 87). Dieses Reptil, das im selben Gestein nachgewiesen war, hatte zudem ähnliche Kiefer und Zähne wie *Ichthyornis*. Letzterer und seine verwandten Arten sahen aber eher wie große Seeschwalben aus, nur waren Kopf und Schnabel im Verhältnis größer. Das große Brustbein deutet auf gut entwickelte Flugfähigkeit hin.

ORDNUNG HESPERORNITHIFORMES

Diese Vogelgruppe aus der Kreide hatte sich auf eine tauchende Lebensweise spezialisiert und dabei die Flugfähigkeit verloren. Das Brustbein war zwar noch gut entwickelt, der Kiel hingegen reduziert, die Flügel zurückgebildet. Diese Vögel fischten offensichtlich in den Flachmeeren, die während der Kreidezeit einen großen Teil des zentralen Nordamerika bedeckten, und nisteten vermutlich an der Küste.

NAME: *Hesperornis regalis*
ZEIT: Oberkreide
VERBREITUNG: Nordamerika (Kansas)
GRÖSSE: 1,8 m

Dieser große, flugunfähige Vogel unterschied sich von anderen bezahnten Meeresvögeln dadurch, daß seine Flügel fast vollständig zurückgebildet waren. Er schwamm mit mächtigen Schlägen seiner breiten, weit hinten am Körper ansetzenden Schwimmfüße, ähnlich den heutigen Eis- oder Haubentauchern.

Hesperornis regalis jagte wahrscheinlich schnelle Fische und Tintenfische unter Wasser. Seine Beute packte er mit dem langen Schnabel, der scharfe, zugespitzte Zähne trug. Wahrscheinlich nistete das Tier wie die heutigen Taucher in der Nähe des Wassers und war wie diese an Land unbeholfen und leicht verwundbar.

UNTERKLASSE NEORNITHES

Zu den *Neornithes* oder »neuen Vögeln« gehören alle heutigen Arten. Sie begannen sich während der Unterkreide an die unterschiedlichen Lebensräume anzupassen. Im Unteren Eozän, vor ungefähr 50 Millionen Jahren (S. 170–171), waren fast alle modernen Gruppen bereits ausgebildet.

ORDNUNG STRUTHIORNITHIFORMES

Zu dieser Ordnung zählen die großen, langbeinigen, flugunfähigen Vögel, die auch unter dem Namen Ratiten bekannt sind. Sie haben alle kleine oder winzige Flügel, und das Brustbein hat den zentralen Kiel verloren.

Die Ratiten oder Laufvögel traten während der Kreide oder im Alttertiär auf und entwickelten je nach Kontinent unterschiedliche Typen. Die einzigen Überlebenden dieser Gruppe sind heute die Emus und die Kasuare Australiens und Neuguineas, die Kiwis Neuseelands, die Nandus Südamerikas und die Strauße Afrikas (früher auch Eurasiens).

FRÜHE UND FLUGUNFÄHIGE VÖGEL

NAME: *Aepyornis titan*
ZEIT: Pleistozän bis Jetztzeit
VERBREITUNG: Madagaskar
GRÖSSE: bis 3 m

Die ausgestorbenen, flugunfähigen Arten der Gattung *Aepyornis* erreichten wahrscheinlich ein Gewicht von 500 kg. Ihre volkstümliche Bezeichnung – Elefantenvögel – geht auf die arabischen Erzählungen vom Vogel Rock zurück, der angeblich einen Elefanten in die Luft heben konnte.

Die Beine von *Aepyornis* endeten in drei Zehen, die sich weit abspreizen ließen, um das Körpergewicht besser zu verteilen. Die dicken Oberschenkelknochen waren stark verlängert, was darauf hindeutet, daß das Tier nicht allzu schnell laufen konnte – ganz im Gegensatz zum verwandten Strauß, dem schnellsten Lebewesen auf zwei Beinen. *Aepyornis* legte riesige Eier. Sie waren über 30 cm lang, hatten einen Inhalt von ungefähr 9 Litern und wogen frisch wahrscheinlich an die 10 kg.

Als der Mensch vor weniger als 1500 Jahren Madagaskar besiedelte, lebten dort immer noch Elefantenvögel. Die abgebildete Art ist wahrscheinlich erst im 17. Jahrhundert ausgestorben.

NAME: *Dinornis maximus*
ZEIT: Pleistozän bis Jetztzeit
VERBREITUNG: Neuseeland
GRÖSSE: bis 3,5 m

Dinornis maximus war der größte Vogel, der jemals existiert hat. Es handelte sich um eine von ungefähr einem Dutzend Moa-Arten, die auf Neuseeland bis in historische Zeit überlebten.

Ungefähr im 10. Jahrhundert gelangte der Mensch auf die Inseln. In den darauffolgenden 800 Jahren zerstörte er den größten Teil der Wälder durch Brandrodung. Die Moas wurden erbarmungslos gejagt, bis sie um 1800 endgültig ausstarben.

NAME: *Emeus crassus*
ZEIT: Pleistozän bis Jetztzeit
VERBREITUNG: Neuseeland
GRÖSSE: 1,5 m

Dieser Moa war nur halb so groß wie *Dinornis*, fiel aber durch seine überaus mächtigen Beine mit sehr breiten Zehen auf. Es muß sich um ein äußerst unbeholfenes Tier gehandelt haben – eine leichte Beute für die Moa-Jäger.

Den heutigen Kiwi, das Wappentier Neuseelands, betrachten einige Paläontologen als hochspezialisierten Moa. Die drei Arten, die überlebt haben, sind winzig im Vergleich zu ihren ausgestorbenen Verwandten, denn sie erreichen kaum 60 cm Höhe.

ORDNUNG COLUMBIFORMES

Diese Ordnung umfaßt die Tauben und hat sich seit ihrem ersten Auftreten in der Oberkreide oder im Alttertiär kaum weiterentwickelt. Auf tropischen Inseln entstanden in Abwesenheit von Räubern besonders große Formen, vor allem während des Pleistozän.

NAME: *Raphus cucullatus*
ZEIT: Pleistozän bis Jetztzeit
VERBREITUNG: Insel Mauritius
GRÖSSE: 1 m

Die Dronte – andere Völker nennen das Tier auch Dodo – war eine riesenhafte, bodenbewohnende Taube, deren Ausrottung der Mensch zu verantworten hat. Das flugunfähige, langsame Tier fiel Seefahrern zum Opfer, die auf Inseln im Indischen Ozean ihre Nahrungsmittelvorräte ergänzten.

Die Dronte war ungefähr truthahngroß, von weichen Daunenfedern bedeckt und hatte einen plumpen Körper von annähernd 23 kg Gewicht. Der Kopf war groß, das Gesicht nackt, der massive Schnabel gekrümmt, der Schwanz gebauscht. Die Flügel hatten ihre Funktion verloren.

Auf der Insel gab es keine natürlichen Feinde, welche die langsame Evolution gestört hätten. Der Mensch rottete zusammen mit von ihm eingeschleppten Schweinen und Hunden die Dronte im 17. Jahrhundert aus – weniger als 200 Jahre nach ihrer Entdeckung.

ORDNUNG CICONIIFORMES

Diese große Ordnung umfaßt viele Meeresvögel und die typischen Greifvögel. Gegen Ende der Kreide fand eine stürmische Entwicklung statt, in deren Verlauf viele ökologische Nischen erobert wurden.

NAME: *Harpagornis moorei*
ZEIT: Pleistozän bis Jetztzeit
VERBREITUNG: Neuseeland
GRÖSSE: 1 m

Dieser Adler war zwar kaum größer als die Mehrzahl der modernen Adler und Altweltgeier, doch wies er einen kräftigeren und viel schwereren Körperbau auf. Die Beine waren gedrungen und trugen mächtige Krallen, der Schnabel war hoch und scharf gekrümmt, und die Flügelspannweite betrug 2,1 m.

Harpagornis moorei lebte mit den Moas zusammen und wurde ungefähr zur selben Zeit ausgerottet, wahrscheinlich also erst im 17. Jahrhundert. Möglicherweise ernährte er sich von den kleineren Moa-Arten wie *Emeus crassus* und anderen Vögeln wie den (inzwischen ebenfalls ausgestorbenen) flugunfähigen Gänsen.

Die Moas wiesen zwar eine mächtige Körpermasse auf, waren aber gegenüber Angriffen aus der Luft wegen ihrer Langsamkeit und ihrer langen Hälse mit den kleinen Köpfen sehr verwundbar. Ihre Küken waren daher für *Harpagornis* vermutlich eine leichte Beute.

WASSER- UND LANDVÖGEL

NAME: *Palaelodus ambiguus*
ZEIT: Unteres bis Oberes Oligozän
VERBREITUNG: Europa (Frankreich)
GRÖSSE: 60 cm

Dieser mittelgroße, langbeinige Küstenbewohner ist mit den heutigen Störchen und Greifvögeln verwandt. Lange wurde die These vertreten, *Palaelodus* und seine Verwandten stellten Frühformen der Flamingos dar. Neuere Untersuchungen deuten indes eher auf eine Verwandtschaft mit den Störchen hin. Demnach spaltete sich die Gruppe sogar erst verhältnismäßig spät von der Hauptlinie der Storchenverwandten ab und lebte vom Oberen Oligozän bis zum Unteren Pliozän in Europa, Nordafrika und Nordamerika.

NAME: *Pinguinus impennis*
ZEIT: Pleistozän bis 1844
VERBREITUNG: Kleine Inseln vor Westeuropa (Britische Inseln), Grönland, Island und Nordamerika (von Maine bis Labrador)
LÄNGE: 50 cm

Ein weiterer Angehöriger der storchartigen Vögel, der Riesenalk *(Pinguinus impennis)*, verlor den Überlebenskampf endgültig im Jahr 1844 auf einer kleinen Insel vor Island. Jahrelang hatten Seeleute diesem Vogel wegen seines Fleisches, seiner Eier und der isolierenden Fettschicht unter der Haut, die Öl für ihre Lampen lieferte, nachgestellt.

Trotz der deutschen Bezeichnung handelte es sich nicht um einen besonders großen Vogel. Er war nur ungefähr um die Hälfte größer als der Tordalk, sein heute noch lebender nächster Verwandter, von dem er sich hauptsächlich durch seine Flugunfähigkeit unterschied. Er war wie alle Alken an das Leben im Meer gut angepaßt: Auf der Oberfläche schwamm er mit seinen Schwimmfüßen, unter Wasser, auf der Jagd nach Fischen, dienten ihm seine Stummelflügel als Antrieb.

Die Beine des Riesenalks waren weit hinten am Körper befestigt und erlaubten einen aufrechten, wenngleich nur langsamen und unbeholfenen Gang. Der Riesenalk nistete in Kolonien auf Inseln mit leicht zugänglicher Küste. Das einzige Ei lag während des Brutvorgangs auf dem nackten Boden. Die Brutkolonien waren sehr verwundbar. Die Seeleute töteten die Vögel entweder gleich an Ort und Stelle oder trieben sie lebendig in die Boote.

Trotz seines lateinischen Namens, des ähnlichen Aussehens und der ähnlichen Lebensweise besteht zwischen dem Riesenalk und den heutigen Pinguinen der Südhalbkugel keinerlei verwandtschaftliche Beziehung.

NAME: *Argentavis magnificens*
ZEIT: Oberes Miozän
VERBREITUNG: Südamerika (Argentinien)
GRÖSSE: 1,5 m

Argentavis magnificens war ein Geier mit unverhältnismäßig langen Flügeln. Obwohl nur einige wenige Knochen gefunden wurden, sind Schätzungen möglich, denen zufolge die

VÖGEL 179

NAME: *Limnofregata azygosternum*
ZEIT: Unteres Eozän
VERBREITUNG: Nordamerika (Wyoming)
GRÖSSE: bis 30 cm

Limnofregata azygosternum ist offensichtlich ein Vorfahre der heutigen Fregattvögel, spezialisierter Meeresbewohner, die mit den Pelikanen verwandt sind. Die Fregattvögel haben sich fast völlig an das Leben in der Luft angepaßt. Vor 50 Millionen Jahren, als die Gruppe entstand, kann *Limnofregata* ein Bindeglied in dieser Stammesgeschichte gewesen sein.

Seine Anatomie ähnelt bereits der des Fregattvogels, ist allerdings noch nicht so ausgeprägt und extrem. So waren die Beine und Füße zwar schon verkleinert, insgesamt aber sowohl größer als auch länger als die der heutigen Arten. Auch die Flügel waren noch verhältnismäßig kurz und mit einer Spannweite von 1 m deutlich kleiner als bei der größten Fregattvogelart, deren Spannweite 2,5 m beträgt. Der Schnabel war kürzer, stärker verjüngt und hatte an der Spitze einen noch nicht so deutlich ausgeprägten Haken. Im Gegensatz zu den heutigen Fregattvögeln ließ sich *Limnofregata azygosternum* nicht im Segelflug von den über dem Ozean aufsteigenden Luftströmungen tragen. Das Tier kannte vielmehr den normalen Ruderflug und bewohnte die Küstengebiete großer Binnenseen weitab vom offenen Meer. Im Aussehen und in der Ernährungsweise erinnerte *Limnofregata* wohl eher an eine Möwe. Er ließ sich vermutlich auch sehr viel häufiger auf der Wasseroberfläche nieder als seine heutigen Verwandten.

Spannweite um 7,3 m betragen haben muß – also doppelt so groß war wie beim Wanderalbatros, dem größten flugfähigen Vogel der Gegenwart.

Ein Vogel mit diesen Dimensionen war nicht mehr zum Ruderflug befähigt. Wie die heutigen Geier reduzierte er den Energieverbrauch, indem er unter größtmöglicher Vermeidung von Flügelschlägen von einer Nahrungstelle zur anderen segelte. Günstigenfalls stürzte er sich von einem erhöhten Standort in die Luft, um die thermischen Aufwinde zu nutzen. Ein Abheben vom Boden dagegen war wohl kaum möglich.

Argentavis war höchstwahrscheinlich wie seine modernen Verwandten ein Aasfresser. Der Hakenschnabel diente daher eher dazu, Fleischbrocken aus der zähen Körperdecke toter Tiere zu reißen, als zum Angriff auf lebende Beutetiere. Die großen pflanzenfressenden Säuger, die im Miozän die weiten, offenen Ebenen Argentiniens durchstreiften, boten eine reiche Nahrungsquelle. Andererseits mußten Klimaänderungen und Änderungen im Nahrungsangebot einen derart großen Vogel empfindlich treffen. Wahrscheinlich stand das Schicksal von *Argentavis* in engem Zusammenhang mit dem der frühen Säuger Südamerikas (S. 246–253).

WASSER- UND LANDVÖGEL

NAME: *Osteodontornis orri*
ZEIT: Oberes Miozän
VERBREITUNG: Nordamerika (Kalifornien)
GRÖSSE: 1,2 m

Osteodontornis orri ist einer der größeren und halbwegs vollständig bekannten Arten der Osteodontornithiden oder »Knochenzahn«-Vögel. Die Tiere verbanden Merkmale der Pelikane mit denen der Sturmschwalben und Albatrosse. Im Oberen Paläozän hatten sie schon eine bedeutende Entwicklung durchgemacht. Während des Tertiär waren sie die größten Meeresvögel, und möglicherweise waren sie es, die die Entwicklung noch größerer Albatrosse verhinderten.

Osteodontornis hatte einen kräftig gebauten Körper. Beine und Füße entsprachen denen einer überdimensionalen Sturmschwalbe. Während des Segelfluges hielten die Tiere ihre Flügel steif nach außen gestreckt. Der lange, pelikanartige Schnabel sorgte für zusätzliches Gewicht, so daß der Kopf während des Fluges wahrscheinlich wie bei heutigen Reihern und Pelikanen auf den Schultern ruhen mußte.

Der Schnabel dieser Vögel war so lang wie der eines heutigen Pelikans, dabei aber gedrungener und stärker gerundet und an der Spitze mit einem deutlichen Haken versehen. An den Kanten beider Kieferknochen standen zahnähnliche Auswüchse unterschiedlicher Größe. Wenn der Vogel seinen Schnabel schloß, paßten die Zähne des Unterkiefers in tiefe Furchen im Munddach des Oberkiefers.

Die Fossilfunde verraten uns bisher nichts über die Nistgewohnheiten dieser Vögel. Wahrscheinlich bewohnten sie Inseln mit hochgelegenen Plateaus, die ihnen den Start erleichterten. Kontinuierliche, aber nicht zu starke Winde waren lebenswichtig für diesen Segelflieger. Vielleicht nahm der Niedergang der Gruppe seinen Anfang, als zu Beginn des Pleistozän das Wetter stürmischer und unbeständiger wurde.

ORDNUNG GRUIFORMES

Die Kranichartigen Vögel entwickelten sich in der Oberkreide zu einer großen Formenvielfalt, von kleinen, ausgezeichneten Fliegern bis hin zu flugunfähigen Riesenformen.

Die meisten heutigen Kranichartigen sind an das Wasser gebunden, es gibt aber auch einige bodenbewohnende, wie die Trappen und die Trompetervögel.

NAME: *Phorusrhacus inflatus*
ZEIT: Unteres bis Mittleres Miozän
VERBREITUNG: Südamerika (Patagonien)
GRÖSSE: 1,5 m

Phorusrhacus inflatus war ein mittelgroßer Vertreter einer Familie flugunfähiger Vögel, die während des Tertiär zu beherrschenden Räubern in Südamerika wurden. Alle Phorusrhaciden hatten überaus kräftige Laufbeine, kleine, funktionslose Flügel und große Köpfe mit mächtigen adlerartigen Schnäbeln. Einige Arten erreichten Höhen bis zu 3 m; der Kopf maß über 50 cm.

Im Alttertiär war Südamerika zu einem Inselkontinent geworden. Die fleischfressenden Dinosaurier waren ausgestorben, aber große Raubsäuger hatten sich noch nicht entwickelt. Die pflanzenfressenden Säuger, die die Ebenen bevölkerten, blieben ungestört, bis *Phorusrhacus* und seine Verwandten die offene ökologische Nische besetzten.

Die nächsten modernen Verwandten sind vielleicht die beiden Seriema-Arten, die heute in den Grasgebieten Südamerikas vorkommen.

NAME: *Neocathartes grallator*
ZEIT: Oberes Eozän bis Unteres Miozän
VERBREITUNG: Nordamerika (Wyoming)
GRÖSSE: 45 cm

Zunächst hielt man *Neocathartes* für einen Neuweltgeier, der sich einer laufenden Lebensweise angepaßt hat. Inzwischen faßt man ihn jedoch als fleischfressenden Vertreter der kranichartigen, bodenbewohnenden *Bathornithidae* auf. Der Vogel war schlank gebaut und flugfähig, obwohl aus seinem Körperbau deutlich wird, daß er den größten Teil seines Lebens laufend und jagend auf dem Boden verbrachte. In dieser Lebensweise erinnerte er an den Sekretär *(Sagittarius serpentarius)*. Mit seinen Greifkrallen und dem Hakenschnabel konnte *Neocathartes* auch kleine Nagetiere und Reptilien erlegen.

NAME: *Diatryma gigantea*
ZEIT: Unteres Eozän
VERBREITUNG: Europa (Belgien, England, Frankreich) und Nordamerika (New Jersey, New Mexico, Wyoming)
GRÖSSE: 2,1 m

Diatryma gigantea gehörte zu einer Familie flugunfähiger Riesenvögel, die in Paläozän und Eozän in Nordamerika und Westeuropa vorkamen. In jener Zeit waren die beiden Kontinente noch miteinander verbunden.

Wie auch andere Angehörige der Familie war *Diatryma gigantea* kräftig gebaut und hatte winzige Flügel. Die gedrungenen Beine trugen kräftige Krallen, und der große Kopf mit seinem massiven Hakenschnabel war fast so lang wie der eines heutigen Pferdes.

Forscher vertreten die These, die Diatrymiden seien seinerzeit die dominierenden Räuber auf der Nordhalbkugel gewesen, weil es damals keine anderen großen Fleischfresser gab. Möglicherweise besetzten die Diatrymiden also dieselbe ökologische Nische wie die Phorusrhaciden in Südamerika.

Ordnung Anseriformes

Diese Ordnung umfaßt die Vorfahren der heutigen Enten, Gänse und Schwäne und entstand in der Kreidezeit. Die Familie der Presbyornithiden entwickelte sich zu Watvögeln.

NAME: *Presbyornis pervetus*
ZEIT: Oberkreide bis Unteres Eozän
VERBREITUNG: Europa (England), Nordamerika (Utah, Wyoming) und Südamerika (Patagonien)
GRÖSSE: 1 m

Presbyornis war mit seinen langen Beinen und dem langen Hals so schlank gebaut, daß die Paläontologen anfänglich meinten, sie hätten es mit einem Flamingo zu tun. Erst später fand man den fossilen Kopf und den Schnabel und erkannte verblüffende Ähnlichkeiten mit den heutigen Enten. Inzwischen liegen von diesem Tier zahlreiche Knochen- und Eierfunde vor, die darauf hindeuten, daß *Presbyornis pervetus* an flachen Seeufern sehr gesellig lebte. Die Tiere filtrierten mit ihren breiten, flachen Schnäbeln tierische und pflanzliche Kleinorganismen aus dem Wasser. Auf dieselbe Weise ernährt sich heute noch die gemeine Stockente.

Säugerähnliche Reptilien

In den feuchtwarmen tropischen Wäldern, die vor über 300 Millionen Jahren das kanadische Neuschottland bedeckten, lebten zwei Typen von Reptilien. Beide sahen ungefähr gleich aus: Sie waren klein und echsenähnlich und hatten Gliedmaßen, die seitlich am Körper befestigt waren. Die eine Form, *Hylonomus*, jagte Insekten und versuchte, vor der anderen, dem größeren, räuberischen *Archaeothyris* mit seinen mächtigen Schnappkiefern, unentdeckt zu bleiben.

Archaeothyris ist die älteste bekannte Form einer langen Reihe von Reptilien, die in den darauffolgenden 80 Millionen Jahren während des Perm und im größten Teil der Trias dominierten. Es handelte sich um die sogenannten »Säugerähnlichen Reptilien«, deren Name darauf zurückzuführen ist, daß ihre Stammesgeschichte in letzter Konsequenz zu den Säugern führte, der heute vielgestaltigsten und erfolgreichsten Wirbeltiergruppe überhaupt (S. 194–297).

Die frühen Säugerähnlichen Reptilien ließen zunächst kaum außergewöhnliche Entwicklungsmöglichkeiten vermuten. Nur ihre Schädel verrieten die Verwandtschaft mit den Säugern: Ein tiefgelegenes Schläfenfenster hinter der Augenhöhle unterschied die Tiere von allen anderen Reptilien. Denselben synapsiden Zustand beobachten wir auch bei den Säugern, allerdings in modifizierter Form. Alle anderen Reptilien zählen zu den *Anapsida* oder den *Diapsida*; ihre heute noch existierenden Nachfahren sind die Schildkröten beziehungsweise die Eidechsen, Schlangen und Krokodile.

Daß die Säugerähnlichen Reptilien und ihre Nachkommen, die Säuger, kräftige Kiefer herausbildeten, war möglicherweise die direkte Folge der Entwicklung des synapsiden Schädels. Auch die Entwicklung eines neuen Gebißtyps ist in diesem Zusammenhang zu sehen. Es kam zur Entstehung von Zähnen unterschiedlicher Größe und Form zum Schneiden (Schneidezähne), zum Reißen (Eckzähne) und zum Kauen (Backenzähne).

Der Aufstieg der Säugerähnlichen Reptilien

Die ältesten synapsiden Reptilien waren die Pelycosaurier (S. 186–188). Aus kleinen Lebewesen wie *Archaeothyris* entwickelte sich eine Vielfalt großer Arten, und zwar sowohl Pflanzen- als auch Fleischfresser. Ihre Blütezeit hatten sie im Unterperm, als sie ungefähr 70 Prozent der Landfauna ausmachten. Besonders reiche Fossilienfunde sind aus Texas bekannt: Vor ungefähr 280 Millionen Jahren waren dort die feuchtwarmen Flußdeltas voller Amphibien und Fische, die den Pelycosauriern als den dominanten Räubern reiche Nahrung boten.

Im Mittelperm entwickelte sich aus den Pelycosauriern eine andere Gruppe Säugerähnlicher Reptilien und ersetzte sie mit der Zeit. Es handelte sich um die *Therapsida*, die direkten Vorfahren der Säuger. Die ersten Fossilbelege stammen aus dem europäischen Teil der früheren Sowjetunion. Das plötzliche Auftreten der *Therapsida* im Fossilnachweis deutet darauf hin, daß die Entwicklung möglicherweise in höher gelegenen Gebieten begonnen hat, wo eine Fossilierung weniger wahrscheinlich ist.

Während des Oberperm breiteten sich die Therapsiden über den Südkontinent Gondwana aus. Viele Arten finden sich in der Karroo-Formation im südlichen Afrika. Andere treten in Sedimenten auf, die im neugebildeten europäischen Ural freigelegt wurden. Noch später, in der Untertrias, breiteten sie sich über Asien, Südamerika, Indien und sogar Antarctica aus. Alle diese Kontinente waren damals noch im Urkontinent Pangaea vereint (S. 11).

Auf dem Land dominierten die Therapsiden bis zur Mitteltrias; sie paßten sich erfolgreich an ihre Umwelt an und lebten als Pflanzen-, Fleisch- und Insektenfresser, bis sie von zwei neuen Gruppen landbewohnender Reptilien aus ihren Nischen verdrängt wurden: den frühen fleischfressenden Dinosauriern (S. 106–121) und den pflanzenfressenden Rhynchosauriern (S. 92).

Danach begann der langsame Niedergang der Therapsiden. 55 Millionen Jahre später, im Mitteljura, starb mit den *Tritylodontidae* aus der Unterordnung *Cynodontia* (S. 192) die letzte Gruppe aus. Zuvor jedoch hatten sich aus den Therapsiden noch die ersten echten Säuger entwickelt – kleine, spitzmausähnliche Geschöpfe. Es dauerte freilich weitere 150 Millionen Jahre, bevor sie die Wirbeltiergeschichte zu dominieren begannen.

So gelang es den synapsiden Reptilien am Ende doch noch, über ihre Widersacher, die Dinosaurier, zu triumphieren. Diese starben am Ende der Kreidezeit aus, während die Säugerähnlichen Reptilien in ihren Nachfahren, den Säugetieren, weiterleben.

Auf dem Weg zur Warmblütigkeit

Der Hauptvorteil der Säuger im Vergleich zu den Reptilien liegt in ihrer Fähigkeit, die Körpertemperatur auf einem gleichmäßigen Niveau zu halten. Die Säuger sind warmblütig, die Reptilien hingegen wechselwarm und von der Temperatur der Umgebung abhängig (S. 91). Es herrscht heute kaum Zweifel darüber, daß auch die frühen Säugerähnlichen Reptilien noch wechselwarm waren; ihre Energiequelle war die Sonne. Wichtige Hinweise dafür finden wir unter den frühen Synapsiden, etwa den sphenacodonten Pelycosauriern. Einige dieser Tiere besaßen Hautsegel auf dem Rücken, denen offensichtlich die Aufgabe zufiel, die Körpertemperatur zu kontrollieren: Bei Kälte absorbierten sie Wärme, bei Hitze strahlten sie sie ab (etwa *Dimetrodon*, S. 187).

Pelycosaurier ohne solche Organe und frühe Therapsiden wie die *Dinocephalia* regelten ihre Körpertemperatur wahrscheinlich einfach durch Vergrößerung des Körpers. Je größer dessen Volumen, um so mehr Wärme hält er zurück. Der thermische Speicher verringert die Auswirkungen natürlicher Temperaturschwankungen.

Die späteren Therapsiden entwickelten dann Eigenschaften, die letztlich die unmittelbare Abhängigkeit von der Sonne beendeten. Die

Tiere fraßen mehr und verdauten schneller; so konnten sie schließlich die Nahrung als Energiequelle nutzen.

Diese neue Methode zur Regelung der Körpertemperatur erforderte zahlreiche Veränderungen, darunter funktionelle Verbesserungen an den Kiefern und Zähnen, eine bessere Fortbewegung, eine verfeinerte Atemkontrolle sowie eine effizientere Isolierung nach außen.

Die Entwicklung des Gebisses

Die Evolution von Zähnen unterschiedlicher Größe und Form war eine bedeutende Neuerung. Die Experten sprechen in diesem Zusammenhang von einem »heterodonten Gebiß«. Selbst die frühesten Pelycosaurier verfügten bereits über drei Zahntypen. Zwischen den Schneidezähnen vorne, mit denen die Tiere ihre Nahrung packten, und den dem Kauen dienenden Backenzähnen befanden sich mehrere lange, spitze Eckzähne. Wie bei anderen Reptilien wurden die Zähne regelmäßig erneuert. Die höherentwickelten Therapsiden ersetzten dagegen die Zähne nur noch wenige Male im Verlaufe ihres Lebens. Jeder Zahn verblieb demnach längere Zeit im Kiefer, was dazu führte, daß sich die Kronen der Zähne im Ober- und Unterkiefer durch ein kompliziertes Muster aus Leisten und Furchen aufeinander abstimmen konnten. Diese wechselseitige Ergänzung ermöglichte es den Tieren, ihre Nahrung vor dem Verschlucken zu zerschneiden, zu zerkleinern und zu zerreiben. Gut gekaute Nahrung aber wird schneller verdaut, so daß es auch zu einer rascheren Freisetzung der energieliefernden Nährstoffe kommt. Auch die Kiefer- und die Schädelform veränderte sich. Zunächst wurde das synapside Schläfenfenster größer, und es konnten

Die Säugerähnlichen Reptilien traten erstmals in Form der Pelycosaurier im Oberkarbon auf. Sie waren gut an das Leben auf dem Festland angepaßt. Einige – z. B. die Edaphosaurier – regelten ihre Körpertemperatur wahrscheinlich mit Hilfe eines großen »Segels« auf dem Rücken. Die Sphenacodontiden waren die Vorfahren der höheren Säugerähnlichen Reptilien oder Therapsiden. Unter ihnen gab es zahlreiche Räuber, während die Dicynodontier große Pflanzenfresser waren.

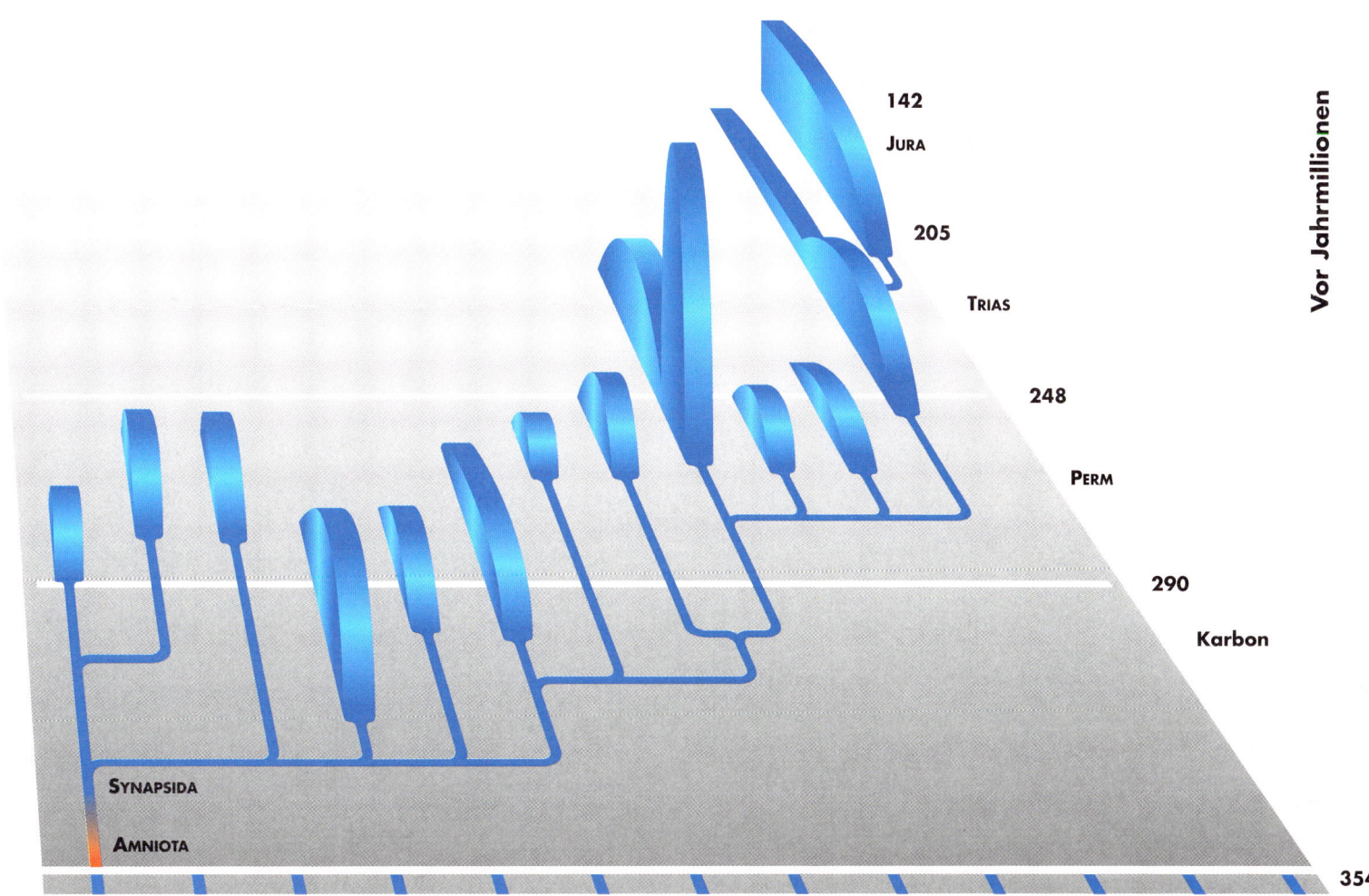

sich längere Kiefermuskeln entwickeln. Dann verlängerte sich der Hinterschädel und schuf beidseitig je eine Einbuchtung, die den Muskeln mehr Platz ließ.

Schließlich verbesserte sich auch die Anatomie des Unterkiefers. Hatten zuvor einige Kiefermuskeln am großen Dentale vorne am Kiefer angesetzt, während andere Muskeln an verschiedenen kleineren Knochen weiter hinten befestigt waren, so kam es bei den Therapsiden nach und nach zu einer Reduzierung der kleineren Knochen und damit zu einer Eliminierung potentieller Schwachstellen. Bei den Säugern gingen diese kleineren Knochen schließlich völlig verloren. Das Dentale entwickelte einen Fortsatz (Processus coronoideus), an dem die größeren Kiefermuskeln ansetzen konnten (S. 185).

Eine kleine, aber spektakuläre Veränderung verbesserte später die Hörfähigkeit der Säuger: Die beiden Knochen, die bei Säugerähnlichen Reptilien noch das Gelenk zwischen dem Schädel und dem Unterkiefer gebildet hatten, zogen sich bei den Säugern ins Mittelohr zurück. Hier verbanden sie sich mit dem bereits vorhandenen Steigbügel zur Reihe der drei Gehörknöchelchen (Hammer, Amboß und Steigbügel), die eintreffende Schallwellen vom Trommelfell auf die flüssigkeitsgefüllte Schnecke des Innenohrs übertragen.

Die Integration der drei kleinen Gehörknöchelchen in das Ohr erfolgte schrittweise und läßt sich bis zu den Therapsiden aus der Trias zurückverfolgen. Man kann die Veränderungen bis heute noch in der Entwicklung der Säugerembryos nachvollziehen; sie sind ein hervorragender Beweis für die Abstammung der Säuger von den Reptilien.

Veränderungen an den Gliedmaßen

Während bei den Kiefern und Zähnen die genannten Änderungen vonstatten gingen, ereigneten sich auch am Skelett wichtige Modifikationen, die die Gliedmaßen der Tiere effizienter machten. Die primitiven Pelycosaurier des Oberkarbon, etwa Archaeothyris, bewegten sich noch nach herkömmlicher Reptilienart, das heißt im Kreuzgang, vorwärts. Sie schoben bei waagrecht vom Rumpf abstehenden Gliedmaßen den Körper seitwärts hin und her.

Im Unterperm hatten Sphenacodontiden wie Dimetrodon dann eine neue Fortbewegungsart entwickelt. Die Form der Knochen des Beckengürtels und der Hintergliedmaßen sowie der Gelenke an den Wirbeln zeigt, daß jeder Schritt der Hintergliedmaßen mit einer Auf- und Abbewegung der Wirbelsäule verbunden war. Zusätzlich veränderte sich die Lage der Füße zu den Beinen – sie wiesen nun nach vorne statt zur Seite, und die Zehen wurden kürzer und nahezu gleich lang.

Die Bewegung der Gliedmaßen und des Rumpfes in der Senkrechten läßt sich von Dimetrodon an bei den Säugerähnlichen Reptilien immer häufiger beobachten, während die »altmodische« Seitwärtsbewegung von immer weniger Arten bevorzugt wurde. Auch die Füße veränderten ihre Position: Sie waren nicht mehr seitwärts, sondern nach vorne gerichtet.

Verbesserung der Atmung

Einige Merkmale der höheren Therapsiden deuten darauf hin, daß sie wie ihre Nachkommen, die Säuger, warmblütig waren. So läßt zum Beispiel die abrupte Verkleinerung der Rippen bei Gynodontiern wie Thrinaxodon vermuten, daß der gesamte vordere Teil der Körperhöhle mit Herz und Lungen durch einen flachen Muskel, das Zwerchfell, abgegrenzt wurde.

Diese Entwicklung begünstigte eine ganze Reihe anderer Veränderungen wie die Vergrößerung des Lungenvolumens und, damit verbunden, die Beschleunigung des Atemvorgangs und die Aufnahme größerer Luftmengen. Dies wiederum hatte zur Folge, daß mehr Sauerstoff ins Blut gelangte und somit die Gewebe in die Lage versetzt wurden, den Sauerstoff schneller aufzuzehren –

EIN HÖHERES SÄUGERÄHNLICHES REPTIL (THRINAXODON)

Thrinaxodon ging wie ein Säuger, denn seine Beine waren direkt unter dem Körper befestigt. Gebiß und Kiefer waren kräftig, der Fortsatz des Dentale als Ansatzstelle für die Kaumuskulatur stark ausgeprägt. Der Brustkorb wurde wahrscheinlich von einem Zwerchfell begrenzt, wodurch das Lungenvolumen vergrößert wurde.

sei es zur Beschleunigung der Verdauung oder aber zur Erhöhung der Muskelleistung bei der Jagd oder auf der Flucht.

Da die Gewebe eines Warmblüters der regelmäßigen Sauerstoffversorgung bedürfen, kann das betreffende Lebewesen nur kurze Zeit den Atem anhalten. Dies war bei den frühen Formen nicht ganz unproblematisch, konnten sie doch wegen des notwendigen Luftholens die Nahrung nicht so lange im Mund behalten, wie es ihnen eigentlich zuträglich gewesen wäre. Einige der höheren Therapsiden (die *Therocephalia* und die *Cynodontia*), überwanden das Problem, indem sie ein sekundäres Munddach entwickelten. Ein knöcherner Gaumen trennte die Atemwege vom Mund ab. Auch dieses Merkmal gilt als Beweis für die Theorie, daß die höheren Säugerähnlichen Reptilien bereits warmblütig waren.

Wärmeisolierung als Überlebensstrategie

Ob die Säugerähnlichen Reptilien ein Fell trugen oder nicht, läßt sich nicht mehr feststellen. Bei größeren Tieren – und viele Therapsiden waren sehr groß – erübrigt sich eine solche Wärmeisolierung, da bei ihnen die Oberfläche, durch die sie Wärme verlieren können, proportional viel kleiner ist als bei einem kleinen Tier. Auffallend ist jedoch, daß der endgültige Übergang von den Säugerähnlichen Reptilien zu den Säugetieren am Ende der Trias mit einer oftmals recht markanten Verringerung der Körpergröße einherging.

Die ersten Säuger wie *Megazostrodon* (S. 198) waren kleine, spitzmausähnliche Geschöpfe. Sie waren wohl warmblütig, hatten Milchdrüsen und trugen ohne Zweifel ein Fell. Kurz: Sie wiesen bereits alle charakteristischen Eigenschaften von Säugetieren auf. Vermutlich waren sie auch Nachtjäger, was aber bislang kein fossiler Fund bestätigen konnte. Allerdings verband sich bei ihnen mit einer Vergrößerung des Gehirns die Verbesserung der Hör- und Riechfähigkeiten – für Nachttiere typisch. Aus ihren Zähnen läßt sich darauf schließen, daß sie sich von Insekten ernährten, ein weiteres Argument für ihre Nachtaktivität, da sie so nicht mit Vögeln und Eidechsen konkurrieren mußten und den gefährlichen Raubreptilien aus dem Weg gehen konnten. All dies befähigte diese frühen Säuger vielleicht dazu, jene Katastrophe zu überleben, die zum Aussterben der Dinosaurier führte.

VOM SÄUGERÄHNLICHEN REPTIL ZUM SÄUGER

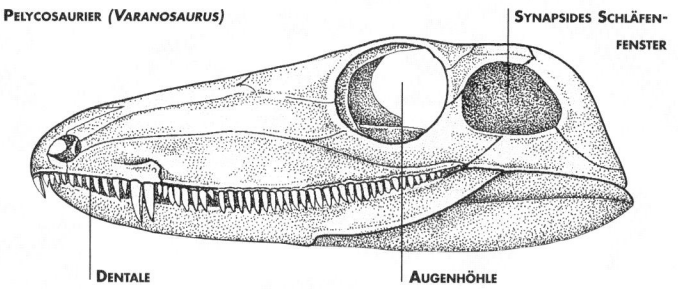

PELYCOSAURIER (*VARANOSAURUS*)

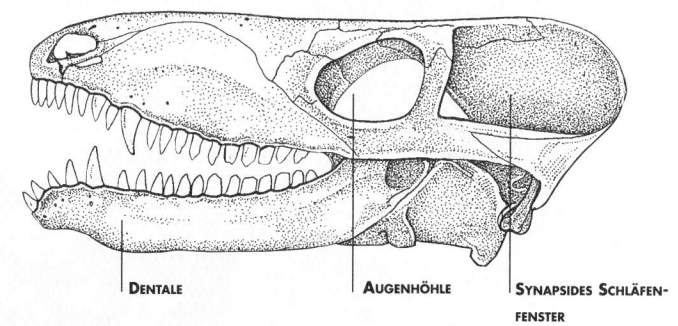

PRIMITIVER THERAPSIDE (*PROCYNOSUCHUS*)

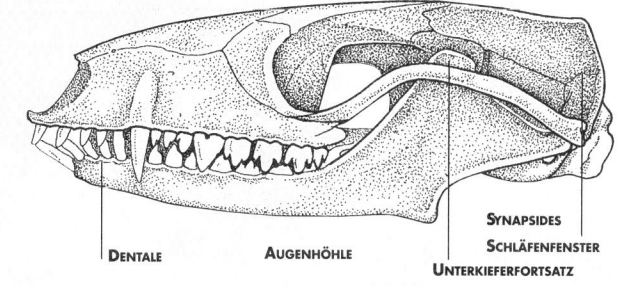

FRÜHESTES SÄUGETIER (*MORGANUCODON*)

Die kräftigen Beißkiefer der Säugetiere entstanden durch schrittweise Veränderungen in Schädel und Unterkiefer ihrer Vorfahren. Bei den ältesten Säugerähnlichen Reptilien, den Pelycosauriern, bestand der Unterkiefer aus mehreren Knochen; das Dentale war dabei am größten. Bei den weiter fortgeschrittenen Therapsiden wurde der Schädel höher, und das synapside Schläfenfenster vergrößerte sich für die nunmehr längeren Kaumuskeln. Auch das Dentale wurde umfangreicher. Bei den Säugern verschmolzen Augenhöhle und Schläfenfenster miteinander, während der Unterkiefer nun ganz aus dem Dentale bestand. Letzteres hatte den Processus coronoideus entwickelt, an dem die Muskeln ansetzen konnten. Die kleinen Knochen am Ende des Unterkiefers der Therapsiden waren ins Mittelohr der Säuger gewandert und bildeten dort die Kette der Gehörknöchelchen.

PELYCOSAURIER UND THERAPSIDEN

UNTERKLASSE SYNAPSIDA

Die reptilischen Vorfahren der Säuger, die Pelycosaurier und die Therapsiden sowie die Säuger selbst haben alle den synapsiden Schädel gemeinsam (S. 61). Die große Öffnung hinter den Augenhöhlen erlaubte die Entwicklung langer Kiefermuskeln. Dadurch konnten die Kiefer weiter aufgesperrt und mit größerer Kraft geschlossen werden.

ORDNUNG PELYCOSAURIA

Die Pelycosaurier waren die ältesten synapsiden oder säugerähnlichen Reptilien. Sie traten während der Oberkreide auf, kurz nachdem die ersten Reptilien das Land erobert hatten.

Wir unterscheiden unter den Pelycosauriern vier Familien. Die ursprünglichsten und primitivsten waren die *Ophiacodontidae*, aus denen auch die drei anderen Familien hervorgingen.

Stammesgeschichtlich waren die fleischfressenden *Sphenacodontidae* am bedeutendsten, handelte es sich bei ihnen doch um die direkten Vorfahren der Therapsiden und damit indirekt auch der Säuger.

Die dritte Familie, die *Edaphosauridae*, bestand aus großen Pflanzenfressern und war – trotz unterschiedlicher Schädel und Gebisse – mit den *Sphenacodontidae* verwandt.

FAMILIE OPHIACODONTIDAE

Zu dieser Gruppe der Zeit zwischen Oberkarbon und mittlerem Perm werden die frühesten und primitivsten bekannten Pelycosaurier gerechnet.

NAME: *Archaeothyris*
ZEIT: Oberkarbon
VERBREITUNG: Nordamerika (Neuschottland)
LÄNGE: 50 cm

Dieses kleine, eidechsenartige Tier ist der älteste Pelycosaurier und gehört zur Familie *Ophiacodontidae*. Seine fossilen Reste wurden am selben Fundort aus dem Oberkarbon entdeckt, an dem auch das erste bekannte Reptil, der anapside *Hylonomus* (S. 62), ausgegraben wurde. Die Gesteine weisen auf warmes, tropisches, feuchtes Klima mit ausgedehnten Koniferenwäldern und einem reichen Unterwuchs aus Farnen und Bärlapp hin. In dem tiefgelegenen Sumpfland sammelten sich große Mengen verrottenden Pflanzenmaterials an (die heutigen Kohleflöze) und bildeten für Insekten und andere Wirbellose ein üppiges Nahrungsangebot sowie geeignete Brutplätze.

Insektenfressende Reptilien wie *Hylonomus* wurden dadurch angelockt und fielen ihrerseits dem »neuen« synapsiden Reptil *Archaeothyris* zum Opfer.

Archaeothyris war in der Entwicklung weiter fortgeschritten als die übrigen frühen synapsiden Reptilien. Die Kiefer waren sehr kräftig und konnten weit geöffnet werden. Obwohl alle Zähne scharf und zugespitzt waren, zeigten sie doch schon Größenunterschiede. Das Gebiß läßt vermuten, daß *Archaeothyris* Allesfresser war.

NAME: *Ophiacodon*
ZEIT: Unterperm
VERBREITUNG: Nordamerika (Texas)
LÄNGE: bis 3,6 m

Ophiacodon zeigt, wie schnell sich bestimmte Merkmale bei den Pelycosauriern entwickelten. Der Schädel war nicht mehr klein und flach wie bei seinem früheren Verwandten *Archaeothyris* (s. o.), sondern hoch und schmal, so daß mehr Raum für die Entwicklung langer Kiefermuskeln vorhanden war. Die Hintergliedmaßen waren länger als die Vordergliedmaßen und saßen bereits etwas weiter unten am Körper an. Damit konnte *Ophiacodon* wahrscheinlich schneller laufen als *Archaeothyris*, obwohl er immer noch den reptilientypischen Kreuzgang aufwies.

Ophiacodon war deutlich größer als frühe Pelycosaurier, was dem Tier wahrscheinlich bei der Regelung der Körpertemperatur zustatten kam (S. 185). Schätzungen zufolge wog es zwischen 30 und 50 kg.

Familie Varanopseidae

Zu ihr zählen einige kleine Pelycosaurier aus dem Unterperm, die in Nordamerika gefunden wurden und vermutlich Fleischfresser waren.

NAME: *Varanosaurus*
ZEIT: Unterperm
VERBREITUNG: Nordamerika (Texas)
LÄNGE: 1,5 m

Varanosaurus gehörte vermutlich zu den Ophiacodontiden. Das Tier lebte wohl zur selben Zeit an denselben Orten wie *Ophiacodon* (s. o.) und machte ihm beim Fischfang Konkurrenz. Der Schädel von *Varanosaurus* war schmal und hoch, die Kiefer waren verlängert und mit kleinen spitzen Zähnen besetzt.

Familie Sphenacodontidae

Diese Familie der größeren Pelycosaurier umfaßt acht fleischfressende Gattungen einschließlich Dimetrodons, des bekanntesten der »Rückensegel« tragenden Pelycosaurier.

NAME: *Sphenacodon*
ZEIT: Unterperm
VERBREITUNG: Nordamerika (New Mexico)
LÄNGE: 3 m

Dieser große Vertreter der *Sphenacodontidae* zeigt die typischen Merkmale seiner Familie: einen schmalen Schädel und massive Kiefer mit zahlreichen Zähnen. Zu ihrer Zeit waren sie die ersten großen Fleischfresser auf dem Festland. *Sphenacodon* trug auf dem Rücken lange Wirbelfortsätze, die als Ansatzstellen für die gut entwickelte Rückenmuskulatur dienten. Bei anderen Angehörigen der Familie waren diese Fortsätze verlängert und spannten ein mächtiges Rückensegel aus, das wahrscheinlich bei der Regelung der Körpertemperatur eine Rolle spielte.

NAME: *Dimetrodon*
ZEIT: Unterperm
VERBREITUNG: Nordamerika (Oklahoma und Texas)
LÄNGE: 3 m

Mit seinem spektakulären Rückensegel ist *Dimetrodon* eines der populärsten fossilen Reptilien. Man geht heute davon aus, daß das Segel zur Regelung der Körpertemperatur diente. Die Stützelemente für das Rückensegel bestanden in Wirbelfortsätzen, die in der Mitte bis 1 m lang wurden. Beim lebenden Tier waren diese Fortsätze vermutlich von einer kräftig durchbluteten Haut überzogen.

Am frühen Morgen, so nimmt man an, richtete *Dimetrodon* sein Rückensegel auf die Sonnenstrahlen aus. Er nahm dabei Wärme auf und gab sie über das Blut an den Körper weiter. Der rasche Temperaturanstieg ermöglichte es dem Tier, schon vergleichsweise früh am Tage auf Beutefang zu gehen. Zur Abkühlung wandte *Dimetrodon* das Segel von den einfallenden Sonnenstrahlen ab oder setzte es dem Wind aus.

Ein interessantes Beispiel für die konvergente Evolution liefern die synapsiden Sphenacodontiden und die mit ihnen nicht einmal entfernt verwandten diapsiden Dinosaurier. Zwei Dinosaurier, *Spinosaurus* (S. 118–119) und *Ouranosaurus* (S. 144–145), die beide während der Kreidezeit in Westafrika lebten, hatten ebenfalls solarbeheizte Rückensegel entwickelt.

Berechnungen zufolge benötigte ein *Dimetrodon* von ungefähr 200 kg Gewicht zirka 1,5 Stunden, um seine Körpertemperatur von 26 auf 32 °C zu erhöhen. Ohne das Segel hätte sich das Tier, um den gleichen Effekt zu erzielen, über 3,5 Stunden lang in die Sonne legen müssen.

Die massiven Eckzähne und die gut entwickelten Reißzähne verraten uns, daß *Dimetrodon* ein recht erfolgreicher Räuber war. Der wissenschaftliche Name bedeutet wörtlich übersetzt »zwei Größen von Zähnen«.

PELYCOSAURIER UND THERAPSIDEN

FAMILIE EDAPHOSAURIDAE

Diese Gruppe von Pelycosauriern mit »Rückensegel« lebte vom Oberkarbon bis in die Mitte des Perm. Sie zeigte verschiedene Anpassungen an eine herbivore Lebensweise, so Zähne, die eine breite Mahlfläche für pflanzliche Nahrung boten.

NAME: *Edaphosaurus*
ZEIT: Oberkarbon bis Unterperm
VERBREITUNG: Europa (Tschechien, Slowakei) und Nordamerika (Texas)
LÄNGE: 3 m

Edaphosaurus war der älteste Vertreter der pflanzenfressenden Edaphosauriden. Er trug ein großes Rückensegel, das wohl dieselben Aufgaben erfüllte wie bei *Dimetrodon*. Der Unterschied bestand darin, daß die Wirbelfortsätze von *Edaphosaurus* auf ganzer Länge noch Querverstrebungen trugen. Denkbar ist auch, daß das Segel bei ihm bunt gefärbt war und bei der Balz und der Arterkennung eine Rolle spielte.

Ein besonders aktives Leben kann dieser massige Pelycosaurier kaum geführt haben. Der Körper war lang und faßartig, um den umfangreichen Darm aufnehmen zu können, die Gliedmaßen kurz und gedrungen. Die Zähne hatten sich der Ernährungsweise angepaßt und waren hervorragend zum Zerkleinern von pflanzlicher Nahrung geeignet.

FAMILIE CASEIDAE

Diese Pelycosaurier aus der Mitte des Perm wiesen sowohl große als auch kleine Formen auf, die in Nordamerika und Europa gefunden wurden. Ihre Zähne zeigen eine Anpassung an ein herbivores Leben, was der faßförmige Rippenkorb untermauert, der den vergrößerten Magen und den umfangreichen Darm eines Pflanzenfressers beinhaltet hat.

NAME: *Casea*
ZEIT: Unterperm
VERBREITUNG: Europa (Frankreich) und Nordamerika (Texas)
LÄNGE: 1,2 m

Die *Caseidae* mit ihrem Hauptvertreter *Casea* entstanden als letzte Familie der Pelycosaurier im Unterperm. Sie entwickelten sich zur artenreichsten Pflanzenfressergruppe unter den Pelycosauriern und starben gegen Ende des Perm aus.

Verglichen mit verwandten Arten, die eine Länge von 3 m und ein Gewicht von über 600 kg erreichen konnten, war *Casea* klein. Alle Formen hatten dicke Rümpfe mit außergewöhnlich umfangreichen Rippen zum Schutz des langen und dicken Pflanzenfresserdarms. Die viereckigen Köpfe nahmen sich dagegen winzig aus. Am Hinterschädel befanden sich große synapside Schläfenfenster, im vorderen Teil weite Nasenöffnungen.

Die Caseiden waren die einzigen Pelycosaurier mit zahnlosem Unterkiefer. Die Zähne des Oberkiefers waren dick und stumpf mit gewellten Kanten, vergleichbar denen der heute noch existierenden pflanzenfressenden Echsen. Auch auf dem Munddach standen zahlreiche kleine Zähne. Ein Gebiß dieser Art läßt den Schluß zu, daß die Tiere sich von Farnen und Schachtelhalmen ernährten.

ORDNUNG THERAPSIDA

Die Therapsiden waren als höherentwickelte synapside Reptilien die direkten Vorfahren der Säuger. Obwohl die frühesten bisher bekanntgewordenen aus dem Oberperm stammen, muß die Abspaltung von den Sphenacodontiden bereits mehr als 20 Millionen Jahre früher erfolgt sein, wahrscheinlich im Unterperm. Die Therapsiden breiteten sich in der Folge rasch über die ganze Welt aus.

SÄUGERÄHNLICHE REPTILIEN

NAME: *Phthinosuchus*
ZEIT: Frühes Oberperm
VERBREITUNG: Europa (Rußland)
LÄNGE: 1,5 m

Von diesem primitiven Therapsiden ist nur der Schädel bekannt, der an einen Sphenacodontidenschädel erinnert, doch sind die Schläfenfenster hinter den Augen größer, und die Eckzähne treten stärker hervor. Man hält *Phthinosuchus* für ein Bindeglied zwischen den Pelycosauriern und den Therapsiden.

NAME: *Titanosuchus*
ZEIT: Oberperm
VERBREITUNG: Afrika (Südafrika)
LÄNGE: 2,5 m

Titanosuchus war ein Vertreter der *Dinocephalia* – der »schrecklichen Köpfe«, eine Bezeichnung, die auf die Größe des Schädels Bezug nimmt. Die scharfen Schneidezähne, die dolchartigen Eckzähne und die Reißzähne verraten uns, daß das Tier räuberisch lebte. Sein Hauptbeutetier waren vermutlich pflanzenfressende Verwandte wie *Moschops* (s. u.).

NAME: *Moschops*
ZEIT: Oberperm
VERBREITUNG: Afrika (Südafrika)
LÄNGE: 5 m

In der südafrikanischen Karroo-Formation wurden zahlreiche Therapsiden freigelegt, darunter auch dieser große, pflanzenfressende Angehörige der *Dinocephalia*. Der mächtige Schädel saß auf einem tonnenförmigen Rumpf. Die Knochen des Vorderkopfes waren stark verdickt, was darauf hindeutet, daß die Tiere zur Festlegung der Rangordnung in der Herde Rivalenkämpfe durchführten, indem sie mit gesenkten Köpfen aufeinander losgingen.

NAME: *Lycaenops*
ZEIT: Oberperm
VERBREITUNG: Afrika (Südafrika)
LÄNGE: 1 m

Lycaenops, das »Wolfsgesicht«, war ein kleiner, leichtgebauter Räuber mit langen Laufbeinen. Die Gattung gehört zur Unterordnung der *Gorgonopsia*, den dominanten Räubern des Oberperm in Südafrika und im europäischen Rußland. Die Tiere jagten möglicherweise im Rudel und erbeuteten große pflanzenfressende Therapsiden wie Moschops (s. o.).

NAME: *Galechirus*
ZEIT: Oberperm
VERBREITUNG: Afrika (Südafrika)
LÄNGE: 30 cm

Dieses eidechsenähnliche, kleine Reptil gilt als früher Vertreter der *Dicynodontia*, der arten- und individuenreichsten Gruppe der pflanzenfressenden Therapsiden (S. 190–191). Die Zähne von *Galechirus* waren jedoch die eines Insektenfressers. Nach Ansicht von Fachleuten war er möglicherweise nur die Jugendform eines anderen Therapsiden.

THERAPSIDEN

Unterordnung Dicynodontia

Die *Dicynodontia* waren die erfolgreichste und am weitesten verbreitete Gruppe pflanzenfressender Therapsiden. Sie entstanden im Oberperm und lebten bis zum Ende der Trias, hatten damit also eine Existenzzeit von fast 50 Millionen Jahren. Als einzige Therapsidengruppe überlebten sie die *Cynodontia*, die direkten Vorfahren der Säuger (s. u.).

Ihr Erfolg war im wesentlichen auf die Weiterentwicklung ihrer Schädel und Kiefer zurückzuführen. Die synapsiden Schläfenfenster am Schädelende (S. 61) wurden stark vergrößert, so daß an den Kiefern längere und stärkere Muskeln ansetzen konnten. Das Gelenk zwischen dem Unterkiefer und dem Schädel erlaubte auch eine Vor- und Zurückbewegung der Kiefer und damit eine Schneidewirkung.

NAME: *Robertia*
ZEIT: Oberperm
VERBREITUNG: Afrika (Südafrika)
LÄNGE: 45 cm

Obwohl *Robertia* zu den frühesten Dicynodontiern gehörte, wies die Gattung schon das spezialisierte Gebiß späterer Vertreter auf. Die Kiefer verfügten (ähnlich wie bei den Schildkröten) über Hornschneiden.

Die einzigen Zähne, die noch übrigblieben, waren ein Paar Eckzähne im Oberkiefer. Auf sie bezieht sich auch der wissenschaftliche Name, denn *Dicynodontia* bedeutet »zwei Hundezähne«.

Robertia besaß vor den Eckzähnen einen Einschnitt, in den das Tier wahrscheinlich Zweige und Wurzeln einpaßte.

NAME: *Cistecephalus*
ZEIT: Oberperm
VERBREITUNG: Afrika (Südafrika)
LÄNGE: 33 cm

Die Dicynodontier besiedelten unterschiedliche Lebensräume. Einige lebten semiaquatisch, während andere Koniferenwälder bevorzugten. *Cistecephalus* lebte unterirdisch.

Das Tier hatte einen keilförmigen, abgeflachten Kopf, einen kurzen Rumpf und kräftige, gedrungene Vordergliedmaßen mit breiten Zehen, nicht unähnlich denen eines Maulwurfs. Wahrscheinlich wühlte es auf der Suche nach Würmern, Schnecken und Insekten im Erdboden herum.

NAME: *Dicynodon*
ZEIT: Oberperm
VERBREITUNG: Afrika (Südafrika, Tansania)
LÄNGE: 1,2 m

Dicynodon verfügte über das charakteristische Paar Eckzähne im Oberkiefer, das der gesamten Gruppe ihren Namen verlieh: »zwei Hundezähne«. Möglicherweise gruben die Tiere damit Pflanzenwurzeln aus. Zur gleichen Zeit wie *Dicynodon* lebte auch eine weitere Gruppe pflanzenfressender Reptilien, die Pareiasauriden. Einige darunter wurden elefantengroß, waren schwer gepanzert und trugen lange Zahnreihen im Maul. Die beiden Reptilgruppen vermieden eine Nahrungskonkurrenz, da sie sich offensichtlich auf unterschiedliche Pflanzensorten spezialisiert hatten.

NAME: *Lystrosaurus*
ZEIT: Untertrias
VERBREITUNG: Afrika (Südafrika), Antarctica, Asien (China, Indien) und Europa (Rußland)
LÄNGE: 1 m

In den späten 1960er Jahren fand man fossile Reste von *Lystrosaurus* in Antarctica. Die weite geographische Verbreitung dieses plumpen, pflanzenfressenden Dicynodontiers ist ein weiteres Indiz dafür, daß die Südkontinente zusammen mit Indien im Oberperm und in der Trias eine einzige Landmasse – Gondwanaland – bildeten (S. 11).

Lystrosaurus war eine Art »Flußpferd« unter den Reptilien. Es lebte wahrscheinlich in flachen, stehenden Gewässern und fraß Wasserpflanzen. Die Nasenlöcher befanden sich an hervorgehobener Stelle. Die Tiere konnten also noch sehen und atmen, während sich der größte Teil des Körpers unter Wasser befand.

NAME: *Kannemeyeria*
ZEIT: Untertrias
VERBREITUNG: Afrika (Südafrika), Asien (Indien) und Südamerika (Argentinien)
LÄNGE: bis 3 m

Dieser ochsengroße Dicynodontier war ein gut an das Leben auf dem Festland angepaßter Pflanzenfresser. Schulter- und Beckengürtel bestanden aus massiven Knochenplatten.

Ein Schädelknochen von *Kannemeyeria* oder einer nahverwandten Form wurde 1985 auch in Australien gefunden und stellt einen weiteren biologischen Beweis für die Existenz Gondwanalands dar.

UNTERORDNUNG THEROCEPHALIA

In den Gesteinen des Oberperms im europäischen Teil Rußlands und in Südafrika fand man die Reste höherentwickelter Säugerähnlicher Reptilien, der *Therocephalia*. Sie sind auch aus Ostasien und Ostafrika bekannt und lebten bis zur Mitteltrias.

NAME: *Ericiolacerta*
ZEIT: Untertrias
VERBREITUNG: Afrika (Südafrika)
LÄNGE: 20 cm

Die üppige Pflanzendecke aus Schachtelhalmen, Farnen, Koniferen und frühen Palmfarnen, die umfangreichen Populationen von Dicynodontiern als Nahrung diente, bot auch vielen Insekten und anderen Wirbellosen Unterschlupf und Futter. Sie wiederum fielen kleinen Therocephaliern wie *Ericiolacerta* zum Opfer. Die kleinen Zähne und die langen, schlanken Gliedmaßen deuten darauf hin, daß das echsenähnliche Tier aktiv auf Insektenfang ging.

THERAPSIDEN

Unterordnung Cynodontia

Die Cynodontia – »Hundezähner« – waren die erfolgreichste Gruppe der Therapsiden. Sie existierten 80 Millionen Jahre lang, vom Oberperm bis zum Mitteljura, und stellten damit die längstlebige Therapsidengruppe dar. Zudem handelte es sich bei ihnen um die direkten Vorfahren der Säuger, der erfolgreichsten modernen Tiergruppe.

Die ersten fossilen Cynodontier fand man in Gesteinen des Oberperm im europäischen Teil Rußlands und in Südafrika. Sie wiesen bereits zahlreiche Säugermerkmale auf. Die Zahl der Unterkieferknochen war bereits reduziert, und die Kronen der Backenzähne zeigten schon eine komplexe Struktur.

Derart fortgeschrittene Eigenschaften lassen den Schluß zu, daß die Entstehung dieser Reptilien schon viel weiter zurückreicht. Wahrscheinlich gingen sie im Unterperm aus den fleischfressenden Sphenacodontiden (und damit den Pelycosauriern) hervor, die bereits eine Methode zur Regelung der Körpertemperatur entwickelt hatten (S. 187).

NAME: *Procynosuchus*
ZEIT: Oberperm
VERBREITUNG: Afrika (Südafrika)
LÄNGE: 60 cm

Procynosuchus war kein typischer Cynodontier und zudem ein recht primitiver Angehöriger der Gruppe. Dennoch verdient er unser Interesse, weil er sich bereits an das Leben im Wasser angepaßt hatte.

Der rückwärtige Teil des Körpers und des Schwanzes war bei *Procynosuchus* beweglicher als bei den anderen Cynodontiern. Insbesondere konnte er seitlich hin und her bewegt werden wie der eines schwimmenden Krokodils. Die Schwanzwirbel waren zur Oberflächenvergrößerung seitlich abgeplattet. Der Schwanz wurde auf diese Weise zu einem leistungsfähigen Schwimmorgan, das von den mit Schwimmhäuten versehenen, otterähnlichen Gliedmaßen noch unterstützt wurde.

Trotz dieser Merkmale vermutet man, daß *Procynosuchus* dem gemeinsamen Vorfahren der Cynodontier sehr nahestand.

NAME: *Thrinaxodon*
ZEIT: Untertrias
VERBREITUNG: Afrika (Südafrika) und Antarctica
LÄNGE: 50 cm

Thrinaxodon stand den Säugern bereits viel näher als sein früher Verwandter *Procynosuchus* (s. o.). Es handelte sich um einen kleinen gedrungenen Räuber, der, wie man aus der Position der kräftigen Hinterbeine schließen kann, offensichtlich ziemlich schnell laufen konnte. Der Körper war – wie nie zuvor bei einem Wirbeltier – deutlich in Brust- und Lendenregion unterteilt. Die Grenze wurde durch die Rippen markiert, die sich auf die Brustwirbel beschränkten und dort die lebenswichtigen Organe Herz und Lunge schützten.

Thrinaxodon verfügte wahrscheinlich schon über ein Zwerchfell, das den Brustkorb nach unten abschloß. Durch die Bewegung des Zwerchfells konnten die Lungen innerhalb kurzer Zeit mit Luft gefüllt und entleert werden, eine Entwicklung, die eine entscheidende Rolle bei der Regelung der Körpertemperatur spielt. Einen weiteren Hinweis darauf, daß *Thrinaxodon* warmblütig gewesen sein dürfte, stellt das Vorhandensein eines sekundären Munddaches dar, das die Atemwege vom Mund trennte. Dadurch konnte das Tier gleichzeitig atmen und kauen und somit die Nahrung vor dem Hinunterschlucken weitgehend zerkleinern. Die Verdauung wurde auf diese Weise erheblich beschleunigt.

Im Skelett von *Thrinaxodon* lassen sich noch zahlreiche andere Veränderungen konstatieren. Einer der Fußwurzelknochen bildete zum Beispiel eine Ferse aus, an der eine starke Sehne ansetzte. Mit diesem Hebel konnte das Tier den Fuß bei jedem Schritt vom Boden abheben.

Einen weiteren Evolutionsschritt auf dem Weg zu den Säugern zeigt der Unterkiefer: Das Dentale hatte sich zu Lasten einer Reihe von kleineren Knochen erweitert und trug nun alle Zähne. Der Trend zu einem einzigen Unterkieferknochen, der allgemein bei den Cynodontiern zu beobachten ist, verlieh langfristig dem gesamten Kiefer mehr Kraft.

heutigen Nagetieren. Diese nutzen sie dazu, ihre Wangen einzuziehen, um die Nahrung im hinteren Teil der Mundhöhle zu kauen. Im Verbund mit den aufeinander abgestimmten Backenzähnen versetzte diese anatomische Besonderheit *Massetognathus* in die Lage, seine pflanzliche Nahrung erheblich rascher und effektiver zu verarbeiten als andere Tiere.

NAME: *Oligokyphus*
ZEIT: Unterjura
VERBREITUNG: Europa (England)
LÄNGE: 50 cm

NAME: *Cynognathus*
ZEIT: Untertrias
VERBREITUNG: Afrika (Südafrika) und Südamerika (Argentinien)
LÄNGE: 1 m

Die Kiefer von *Cynognathus* verraten den Räuber. Das kräftige Tier gehörte zu den größten Cynodontiern.

Fast der gesamte Unterkiefer von *Cynognathus* bestand nur mehr aus einem einzigen Knochen, dem Dentale, das auch sämtliche Zähne trug: Schneidezähne, Eckzähne und Reißzähne. Das Dentale war über einen Fortsatz gelenkig mit dem Schädel verbunden; die Kiefer konnten daher weit geöffnet werden. Dieser Fortsatz bot zudem eine breite Ansatzfläche für kräftige Kaumuskeln und schuf somit die Voraussetzung für eine beträchtliche Erhöhung der Beißkraft.

NAME: *Massetognathus*
ZEIT: Mitteltrias
VERBREITUNG: Südamerika (Argentinien)
LÄNGE: 48 cm

Unter den rund zwölf Familien der Cynodontier befanden sich nur drei, die auch pflanzenfressende Tiere umfaßten. Zu ihnen gehörten die *Traversodontidae* mit *Massetognathus*. Den Pflanzenfresser verrät das unverkennbare Gebiß: Die Backenzähne waren stark vergrößert, und ihre Kronen trugen eine Reihe von Leisten und Furchen. Die Zähne des Oberkiefers waren denen des Unterkiefers angepaßt. Zwischen den Backenzähnen und den kleinen Eckzähnen vorne an den Kiefern befand sich eine Lücke wie bei den

Der kleine und unscheinbare *Oligokyphus* gehörte zusammen mit anderen Vertretern der pflanzenfressenden *Tritylodontidae* zur entwicklungsgeschichtlich jüngsten Cynodontiergruppe. Sie trat erstmals in der Obertrias auf und überlebte als einzige Familie der Säugerähnlichen Reptilien bis in den Jura.

Oligokyphus ähnelte äußerlich mit seinem langen, schlanken Rumpf und Schwanz dem heutigen Wiesel. Die Gliedmaßen saßen direkt unter dem Körper, genauso wie bei den Säugern. Der kleine Cynodontier hatte damit die typische Körperhaltung der Säuger erreicht.

Das Gebiß des Pflanzenfressers unterschied sich deutlich von dem anderer Cynodontier. Er hatte keine Eckzähne mehr, und das vordere Schneidezahnpaar war, ähnlich wie bei einem Biber, stark vergrößert.

Oligokyphus steht den Säugern so nahe, daß viele Paläontologen ihn tatsächlich bereits zu den Säugetieren rechneten. Die kleinen Knochen hinten am Unterkiefer verraten aber nach wie vor die Reptilienverwandtschaft.

Säugetiere: die Vielseitigen

Die Bezeichnung *Mammalia* oder »Säugetiere« nimmt Bezug auf das wichtigste Merkmal, das alle Vertreter dieser Wirbeltierklasse einschließlich des Menschen teilen: die Milchdrüsen der Weibchen, die der Brutpflege dienen. Sie sind selbst bei eierlegenden Säugern – dem Ameisenigel und dem Schnabeltier – vorhanden.

Die stammesgeschichtlichen Konsequenzen der Milchfütterung sind enorm. Die Mutter kann ihre Nachkommen in einem Nest zurücklassen, während sie selber auf Nahrungssuche geht. Sie produziert die Milch in ihrem Körper und hält so eine stete Nahrungsquelle für ihre Jungen bereit. Alle notwendigen Nährstoffe sind in der Milch enthalten. Jungtiere, die nichts anderes zu tun haben, als zu schlafen und Milch zu saugen, können sehr schnell wachsen.

Das zweitwichtigste Merkmal der Säugetiere ist die Körperbehaarung, die normalerweise ein dichtes Fell bildet. Ursprünglich bestand ihre Aufgabe darin, Körperwärme zu binden, denn alle Säugetiere sind warmblütig. Die meisten Formen verfügen über eine konstante Körpertemperatur, die im Normalfall deutlich höher ist als die der Umgebung. Sie liegt knapp unter 37 °C. Ist die Lufttemperatur niedriger, so frieren wir und müssen uns warm anziehen; liegt sie höher, schwitzen wir, um überflüssige Wärme abzugeben.

Dank ihrer konstanten Körpertemperatur sind die Säuger in ihren Aktivitäten von den äußeren Bedingungen weitgehend unabhängig. Allerdings zahlen sie dafür einen hohen Preis: Säugetiere müssen viel fressen, denn sie beziehen die Energie für ihre hohe Aktivität aus der Nahrung.

Die ältesten Säuger, von denen wir heute wissen, traten in der Obertrias

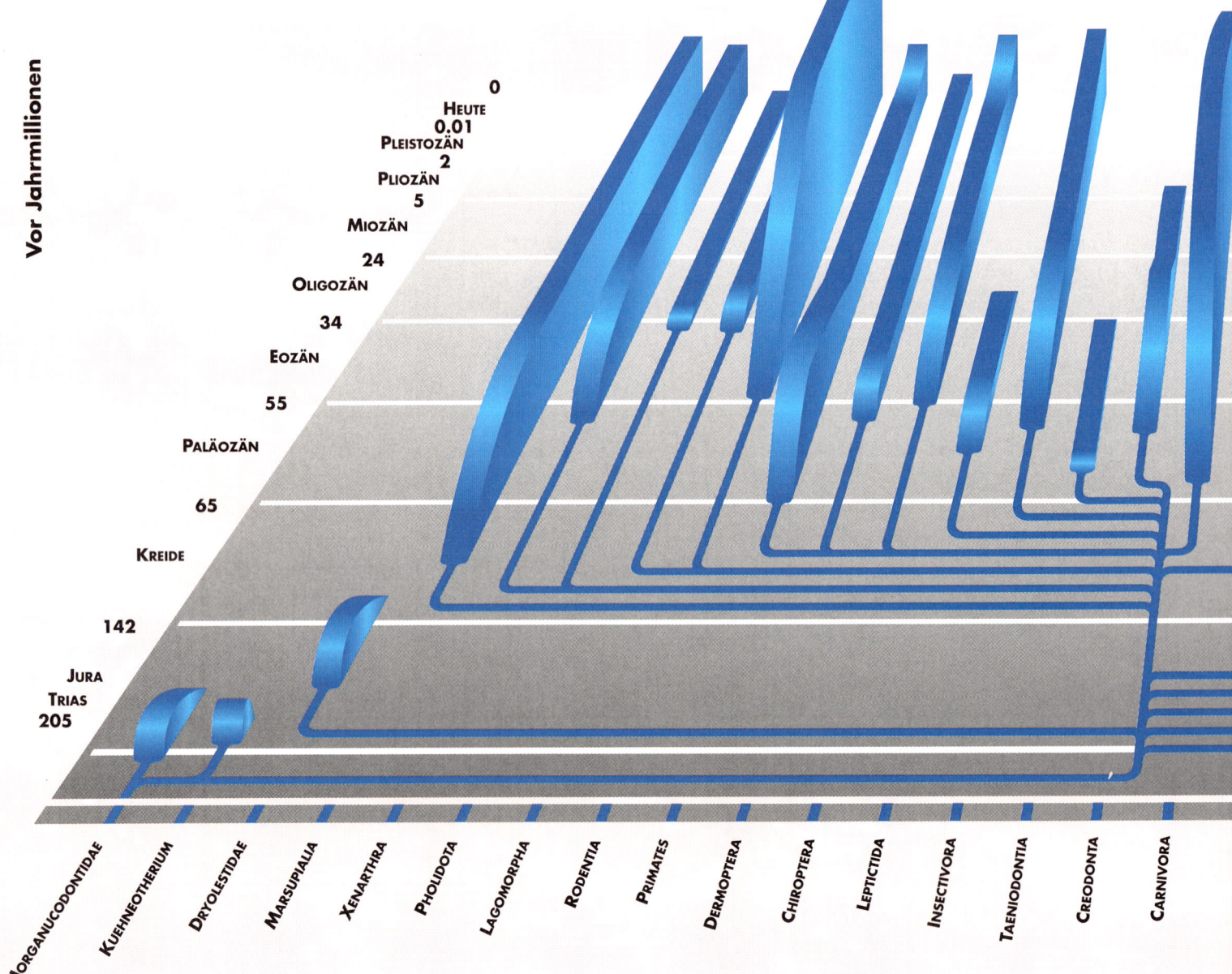

auf, vor ungefähr 220 Millionen Jahren. Den Jura und die Kreide hindurch spielten Säugetiere nur eine untergeordnete Rolle in den Landfaunen der Kontinente; es dominierten die Reptilien und unter ihnen die Dinosaurier. Die mesozoischen Säuger waren klein und ähnelten Spitz- oder Wühlmäusen. Sie fraßen Kleintiere wie Insektenpuppen, Raupen und Käfer. Andere frühe Säuger wie die Multituberkulaten lebten wahrscheinlich wie die heutigen Wühlmäuse von pflanzlicher Nahrung.

Gegen Ende des Mesozoikums veränderte sich die Welt. Markantestes Indiz für diesen Wandel war das Verschwinden der Dinosaurier. Das darauffolgende Känozoikum nahm vor 65 Millionen Jahren seinen Anfang. Seit jener Zeit dominieren auf dem Festland die Blütenpflanzen, Insekten, Vögel und Säuger.

Der Aufstieg der Säugetiere

In jener Zeit entstanden tropische Regenwälder, ausgedehnte Waldungen in den gemäßigten Breiten, Savannen und Prärien – kurz: eine Fülle neuer Lebensräume. Sieht man von den Küstengebieten ab, die von Robben und See-Elefanten aufgesucht werden, ist heute Antarctica die einzige größere Landmasse der Erde ohne einheimische Säugetiere. Noch im Eozän jedoch, vor ungefähr 50 Millionen Jahren, war Antarctica dicht bewaldet und beherbergte eine Beuteltierfauna.

Ihre größte Artenvielfalt erreichten die Säuger vor 15 Millionen Jahren, im Miozän. Seit jener Zeit verschlechterten sich die Klimabedingungen kontinuierlich bis hin zu den Eiszeiten im Pleistozän, die vor ungefähr 2 Millionen Jahren ihren Anfang nahmen. Die Artenvielfalt ist in den Tropen stets am höchsten, weshalb der Rückgang tropischer Lebensräume auch weitgehend für den Artenschwund verantwortlich ist. Die abwechselnden Kalt- und Warmzeiten im Pleistozän begünstigten andererseits die Entwicklung einer Reihe auffallend großer Säuger. So traten nun Wollnashörner, Mammuts, Riesenhirsche und bodenbewohnende Faultiere auf. Sie alle verschwanden innerhalb der letzten 12 000 Jahre.

Das aktive Leben der Säuger setzte eine hochentwickelte Kontrolle über das Nervensystem voraus. Die Säuger haben darum große,

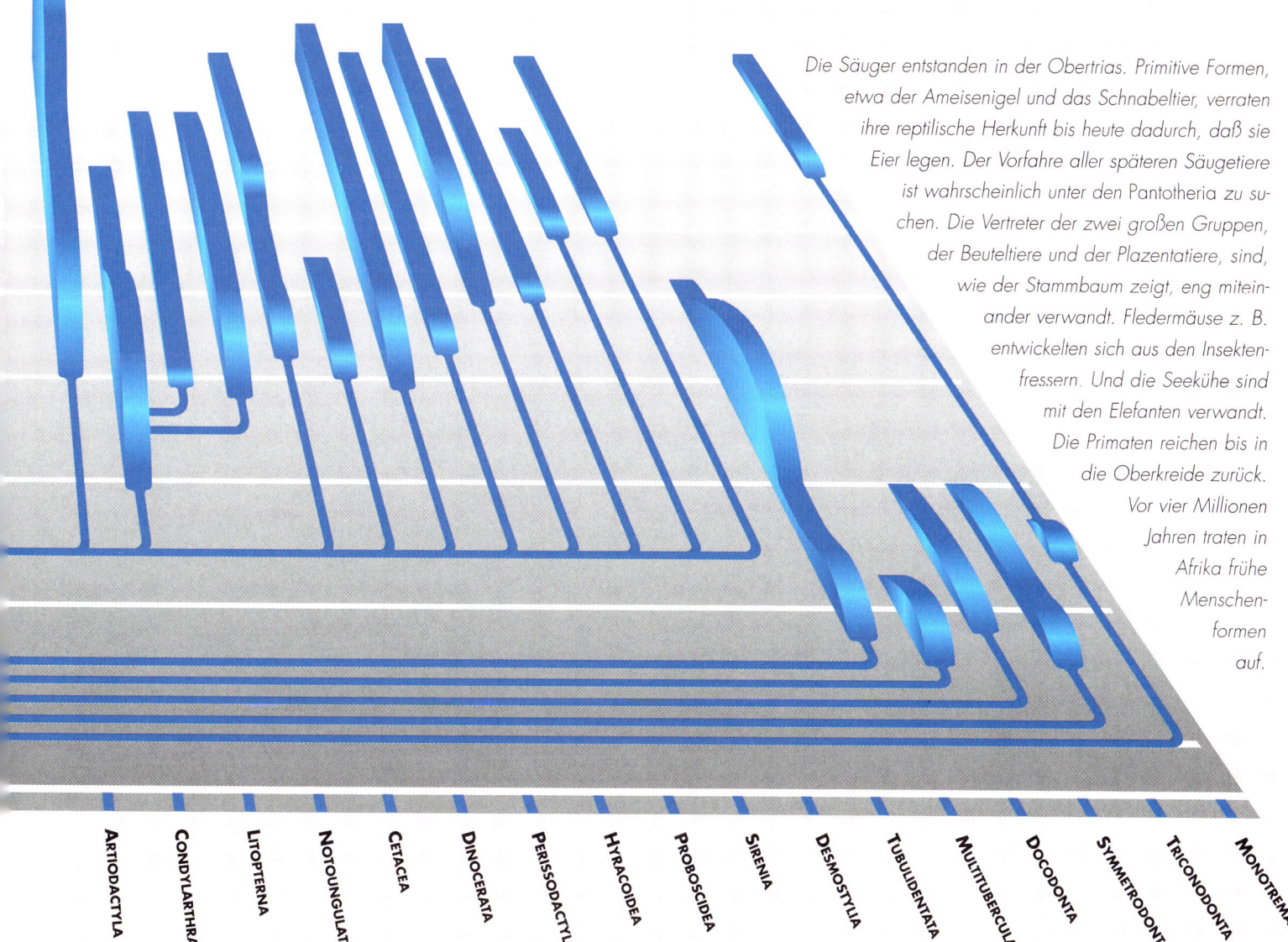

Die Säuger entstanden in der Obertrias. Primitive Formen, etwa der Ameisenigel und das Schnabeltier, verraten ihre reptilische Herkunft bis heute dadurch, daß sie Eier legen. Der Vorfahre aller späteren Säugetiere ist wahrscheinlich unter den Pantotheria zu suchen. Die Vertreter der zwei großen Gruppen, der Beuteltiere und der Plazentatiere, sind, wie der Stammbaum zeigt, eng miteinander verwandt. Fledermäuse z. B. entwickelten sich aus den Insektenfressern. Und die Seekühe sind mit den Elefanten verwandt. Die Primaten reichen bis in die Oberkreide zurück. Vor vier Millionen Jahren traten in Afrika frühe Menschenformen auf.

komplexe Gehirne, die die von den Sinnesorganen gelieferten Informationen schnell verarbeiten können.

Anpassungen der Gliedmaßen

Die Entwicklung größerer Formen aus den ursprünglich spitzmausähnlichen Vorfahren ging einher mit der Besiedlung neuer Lebensräume. Die Säuger ergriffen Besitz von den Wipfelregionen der Bäume, von Gebüschsteppen, vom Wasser und sogar von der Luft.

Das Leben in so unterschiedlichen Lebensräumen erforderte jeweils eine entsprechende anatomische Anpassung. Die Gliedmaßen der Spitzmäuse mit je fünf Fingern oder Zehen zeigen immer noch einen eher primitiven Aufbau. Zu schnellem Lauf befähigte Raubtiere, wie die Hauskatzen, weisen bei veränderten Größenverhältnissen im wesentlichen noch den gleichen Aufbau auf, haben allerdings die innere Zehe verloren. Kletternde und hangelnde Säuger dagegen entwickelten lange Arme und Beine mit langen Fingern.

Säugetiere, die in Prärien und tropischen Savannen leben, haben lange, schlanke Beine mit Hufen, deren Aufgabe darin besteht, dem Tier die schnelle oder langsame Fortbewegung auf dem Erdboden zu ermöglichen. Eine Seitwärtsdrehung der Beine ist nicht mehr möglich, die Zehenzahl verringerte sich, bis schließlich nur noch zwei Zehen (wie beim Rind) oder eine einzige (wie beim Pferd) übrigblieben. Den Raubtieren steht eine solch ökonomische Spezialisierung nicht offen, da sie ihre Gliedmaßen zu verschiedenen Zwecken benötigen: zum langsamen Gehen, zum schnellen Laufen, zum Kriechen, Graben, Klettern und Schwimmen, zum Packen, Festhalten und Zerfleischen ihrer Beutetiere. Vorder- und Hinterbeine behielten daher die für unterschiedliche Verwendungszwecke besser geeignete »primitive« Form bei.

Robben und Seehunde schwimmen mit stark modifizierten Gliedmaßen; deren oberer Teil ist kurz, der Fuß hingegen zu einem Paddel verlängert. Bei den Walen dagegen sorgt die Schwanzflosse durch Auf- und Abbewegungen für den Hauptantrieb. Die Vordergliedmaßen sind zu Paddeln umgewandelt und dienen hauptsächlich der Steuerung, während die Hintergliedmaßen zurückgebildet wurden. Fledermäuse haben ihre Vordergliedmaßen zu »Flügeln« umgebildet: Vier Finger erfuhren zu diesem Zweck eine starke Verlängerung und spannen eine Flughaut *(Patagium)* aus.

Die Säuger können an Zehen und Fingern im Prinzip drei verschiedene verhornte Auswüchse tragen: Nägel, Krallen oder Hufe. Nägel finden wir bei den Primaten, den Elefanten und Nashörnern. Die Krallen sind bei den Raubtieren am besten entwickelt, aber auch bei grabenden Formen wie Ameisenbären und Faultieren anzutreffen. Hufe sind für jene Säuger charakteristisch, die in Savannen und Steppen leben.

Die Zähne der Säuger

Säugetiere sind imstande, sich in einer Vielzahl von Lebensräumen fortzubewegen und können daher auch die unterschiedlichsten Nahrungsquellen nutzen. Dies erfordert allerdings entsprechende Anpassungen des Gebisses. Zunächst muß das Tier die Nahrung erreichen und abpflücken oder abreißen können. Der nächste Schritt ist die Verarbeitung zu einem verschluckbaren Nahrungsbissen *(Bolus)*. Darüber hinaus brauchen Säugetiere leistungsfähige Verdauungssysteme, um der Nahrung die größtmögliche Menge an Nährstoffen zu entziehen.

Man unterteilt die Säuger hauptsächlich nach dem Bau ihrer Gliedmaßen und ihrer Zähne. Entscheidend ist demnach, wie sich ein Tier bewegt und wie es sich ernährt. Da die Nahrungssuche Bewegung voraussetzt, sind beide Funktionen in der Regel eng miteinander verknüpft.

Zähne bestehen aus äußerst widerstandsfähigem Kalziumphosphat. Sie bleiben fossil gut erhalten und überleben alle anderen Teile des Säugerkörpers, sogar die Knochen. Angesichts dieser Tatsache erscheint es wie eine Ironie des Schicksals, daß kein Teil des lebenden Körpers so hinfällig ist wie gerade die Zähne und daß wir soviel Zeit beim Zahnarzt verbringen müssen. Nach dem Tod aber können unsere Zähne Jahrhunderte, ja sogar Jahrtausende überdauern.

Im Laufe seines Lebens bekommt ein Säugetier zwei Gebisse. Das Milchgebiß bricht nach der Entwöhnung durch, hält sich nur verhältnismäßig kurze Zeit – während der schnellsten Wachstumsphase – und wird danach vom Dauergebiß ersetzt. Bei einem nichtspezialisierten primitiven Säuger umfaßt es 44 Zähne. Dabei unterscheidet man mehrere Zahntypen mit unterschiedlichen Formen und Aufgaben: in jeder Kieferhälfte drei Schneidezähne, einen Eckzahn, vier Vorbackenzähne (Prämolaren) und drei Backenzähne (Molaren), insgesamt also elf Zähne. Es gibt allerdings nur wenige Säugetiere, die diesen unveränderten, »primitiven« Zustand aufweisen. Bei den meisten Arten gingen einige Zähne verloren, während die verbliebenen unterschiedliche Formen der Spezialisierung durchmachten.

Die Schneidezähne stehen vorne im Kiefer. Sie sind normalerweise meißelförmig und werden zum Festhalten und Schneiden verwendet. Durch Spezialisierung können zwei Schneidezähne verlorengehen. Bei manchen Gruppen kommt es dabei zur Entwicklung von Stoßzähnen wie beim Elefanten oder zu Schneidewerkzeugen wie bei den Nagetieren.

Mit den Eckzähnen halten Raubtiere ihre Beute fest und durchbohren sie. Bei einigen Formen ist er zu einem Säbelzahn verlängert. Bei den meisten Pflanzenfressern, darunter Hasen, Rindern und Pferden, ist der Eckzahn verlorengegangen oder allenfalls noch kümmerlich ausgebildet.

Besonders bei Pflanzenfressern befindet sich zwischen den Schneide- und Eckzähnen einerseits sowie den Backen- und

ANPASSUNGEN DER SÄUGETIERE (EUSMILUS)

Die meisten Säuger haben vier Zahntypen – Schneidezähne, Eckzähne, Vorbackenzähne und Backenzähne, deren Aufgabe je nach Ernährungsweise variiert. Raubtiere wie der Hund töten ihre Beute mit den Eckzähnen und enthäuten sie mit den Schneidezähnen. Die Vorbacken- und Backenzähne schneiden Fleischteile ab. Ein Pflanzenfresser wie das Pferd schneidet mit den kräftigen Schneidezähnen Grasbüschel ab und zerreibt sie mit den Backen- und Vorbackenzähnen; die Eckzähne sind ganz klein oder zur Gänze verlorengegangen. Die Lücke zwischen den vorderen und den hinteren Zähnen trennt auch die beiden Funktionen des Kiefers, das Abweiden und das Zerkleinern.

Raubtiere verwenden ihre Gliedmaßen sowohl zur Fortbewegung als auch zum Ergreifen der Beute. Eine Spezialisierung ist daher nicht möglich. Die Beine der Pflanzenfresser hingegen dienen nur der Fortbewegung. Die seitlichen Finger und Zehen sind reduziert wie zum Beispiel bei Parahippus (S. 256). Die Insektenfresser haben fünfzehige, leichtgebaute Füße zum Graben, Greifen, Klettern und Laufen.

Schneide-Vorbackenzähnen andererseits oft eine Lücke, das sogenannte *Diastema*.

Die Vorbackenzähne (Prämolaren) sind wie die Schneide- und Eckzähne oft einfach aufgebaut und weisen auf der Beißfläche nur einen Höcker auf. Dafür haben sie aber zwei Wurzeln anstatt nur einer. Die Anzahl der Prämolaren ist oft verringert, ihre Form unterschiedlich spezialisiert.

Die Backenzähne oder Molaren zeigen im Normalfall den komplexesten Aufbau. Sie haben keine Vorläufer im Milchgebiß und brechen als letzte durch. Die Molaren haben im allgemeinen eine vielhöckrige Oberfläche und mehrere Wurzeln. Die Anordnung der Höcker ist bei jeder Säugerfamilie und -gattung konstant, weshalb ihr große Bedeutung bei der Klassifikation und Bestimmung zugemessen wird. Bei primitiven Säugern sind die Höcker in entgegengesetzten Dreiecken angeordnet. Wenn sich die Kiefer schließen, greifen sie ineinander und bilden eine Schneide, mit denen die Tiere weiche Nahrung wie Würmer oder Insekten zerteilen können.

Bei den Raubtieren wird dieser Effekt durch die Reißzähne verbessert, mit denen das Fleisch der Beutetiere wie mit einer Schere zerteilt wird. Die Pflanzenfresser bildeten einen vierten Höcker aus. Dadurch entstand eine solide Plattform, auf der die Nahrung beim Kauen zerrieben wird. Die Tiere bewegen ihren Kiefer dazu vor und zurück, seitwärts oder sogar kreisförmig.

Fortpflanzung und Klassifikation

Auch die Fortpflanzung der Säuger ist äußerst komplex. Sie bildet zunächst die Basis für die Einteilung in zwei Unterklassen: Die eierlegenden *Prototheria* und die lebendgebärenden *Theria*.

Die *Prototheria* sind die ältere Gruppe. Sie umfassen neben den ausgestorbenen *Multituberculata* und *Triconodonta* die Kloakentiere (*Monotremata*), die in Gestalt der auf Australasien beschränkten Ameisenigel und Schnabeltiere bis heute überlebten.

Die *Theria* unterteilt man in drei weitere Gruppen: Die ausgestorbenen *Trituberculata*, die *Metatheria* und die *Eutheria*. Die zuletzt genannte Gruppe ist die artenreichste.

Die *Metatheria* oder Beuteltiere haben keine oder nur eine ganz kleine Plazenta. Die Jungen werden in einem viel früheren Stadium geboren als bei den *Eutheria* und vollenden, an eine Zitze angeschlossen, im mütterlichen Beutel ihre Entwicklung. Bei den *Eutheria* entwickelt sich der Embryo im Innern der Gebärmutter (*Uterus*) und wird vom mütterlichen Blutkreislauf über die Plazenta ernährt.

PRIMITIVE SÄUGER

Unterklasse Prototheria

Zu dieser Gruppe der »ersten Säugetiere« zählen die primitivsten Säuger. Einige moderne Klassifikationen treffen eine stärkere Unterscheidung zwischen den lebenden Säugetiergruppen (den *Theria*) und den ausgestorbenen Gruppen. Viele der letzteren finden sich in der Unterklasse der Mammaliaformes wieder, die nahezu synonym zu den *Prototheria* ist. Allerdings lassen sich jüngst entdeckte Fossilfragmente aus obertriassischen Felsen in Texas (Adelobasileus) und frühjurassischem Gestein in China (Sinocodon) selbst in diese Klassifikation nicht einordnen. Darüber hinaus liegen die wechselseitigen Beziehungen zwischen den primitiven Säugetiergruppen weitgehend im Dunkeln, hauptsächlich, weil das fossile Material nur aus Zahnüberresten besteht. Nichtsdestotrotz geht man nach wie vor davon aus, daß sie sich alle in der oberen Trias, vor 220 Millionen Jahren, aus den Cynodontiern (S. 192-193), einer Gruppe synapsider Reptilien, entwickelt haben.

Die einzigen überlebenden »Prototherianer« sind die *Monotremata* (Kloakentiere) – die Ameisenigel und die Schnabeltiere Australasiens. Die Fortpflanzungsmethode der *Monotremata* belegt ihre reptile Abstammung: Sie legen allesamt Eier. Dann allerdings trinken die frisch geschlüpften Jungen wie alle Säugetiere Milch an der Zitze der Mutter.

Familie Morganucodontidae

Als ausgestorbene Gruppe entziehen sich die Morganucodonten, die als die ersten echten Säugetiere angesehen werden, einer molekularbiologischen Erforschung. Daher müssen sie bis auf weiteres in einer Reihe mit den anderen ausgestorbenen primitiven Gruppen wie *Kuehneotheriidae* und *Dryolestidae* gestellt und von den lebenden Säugergruppen getrennt betrachtet werden.

Diese frühesten bekannten Säugetiere bewohnten die Wüstenregionen der Obertrias. Sie waren mit nur etwa 12 cm Körperlänge sehr klein und behaart, ähnelten den modernen Spitzmäusen, glichen aber in vielerlei Hinsicht auch der Gruppe der säugerähnlichen Therapsiden (S. 188–193).

Ihre Fortbewegung war vermutlich recht schnell, das aber wahrscheinlich nur über kurze Strecken. Gut entwickelte, spitze Schneidezähne deuten darauf hin, daß sie sich von Insekten ernährten. Sie konnten eine relativ komplexe Kaubewegung ausführen, bei der sich die Kiefer in beschränktem Umfang auch seitwärts verschieben ließen. Die Nahrung ließ sich also schnell verdauen, was für die hohe Stoffwechselrate warmblütiger Jäger unerläßlich ist. Wie die kleinen modernen Säugetiere mußten die vermutlich nachtaktiven Morganucodonten den größten Teil ihrer Wachzeit mit Jagen und Fressen verbringen.

Fossilien von Morganucodonten wurden in Europa, Südafrika und Ostasien entdeckt.

NAME: *Megazostrodon*
ZEIT: Obertrias bis Unterjura
VERBREITUNG: Afrika (Lesotho)
LÄNGE: 12 cm

Megazostrodon aus der Familie *Morganucodontidae* ähnelte einer heutigen Spitzmaus und verhielt sich wohl auch entsprechend. Das Tier jagte vermutlich im Unterholz Insekten und andere kleine Wirbellose. Wahrscheinlich war es nachtaktiv, da während der Dunkelheit die Gefahr, einem fleischfressenden Dinosaurier zum Opfer zu fallen, geringer war als am Tag.

Der Körperbau von *Megazostrodon* ist aufgrund eines fast vollständig erhaltenen Skelettfundes aus Lesotho recht gut bekannt. Fossile Reste nahverwandter Arten wurden auch in China und Großbritannien gefunden.

Familie Haramiyidae

Die Familie *Haramiyidae* ist eine wenig bekannte Säugergruppe mit breiten Backenzähnen aus dem Unterjura, die sich bis ins mittlere Jura ausbreitete. Ihre Angehörigen sind vielleicht mit den Vorfahren der Multituberculaten verwandt.

NAME: Haramiya
ZEIT: Obertrias bis Unterjura
VERBREITUNG: Europa (England und Deutschland)
LÄNGE: 12 cm

Haramiya ist nur aufgrund weniger isolierter Zahnfunde bekannt. Der fragmentarische Nachweis läßt vermuten, daß es sich um eine Art Miniatur-Wühlmaus handelte, die ihre Nahrung mit Hilfe der breiten Backenzähne zerkleinerte. Wahrscheinlich ernährte sich das Tier von niedriger Vegetation, vielleicht auch von den Früchten palmfarnähnlicher Gewächse.

ORDNUNG MULTITUBERCULATA

Die *Multituberculata* waren die ersten pflanzenfressenden Säuger. Sie entwickelten sich im Oberjura und in der Unterkreide; einige Gruppen überlebten bis ins Eozän. Ihre Dimensionen variierten zwischen Maus- und Bibergröße, waren also für ein primitives Säugetier zum Teil schon recht beachtlich. Im Aussehen erinnerten sie an Nagetiere, ohne indessen mit ihnen verwandt zu sein. Die Ähnlichkeit, besonders im Gebiß, beruhte vielmehr auf einer Anpassung an ähnliche Lebens- und Ernährungsweisen.

Wie die Nagetiere trugen auch die Multituberculaten vorne im Kiefer große Schneidezähne. Die Backen- und Vorbackenzähne dienten zum Zerkleinern der Nahrung. Zwischen den beiden Zahnformen befand sich eine Lücke, das Diastema, die es möglich machte, daß beide Zahntypen gleichzeitig verwendet werden konnten. Mit den vielhöckrigen Backenzähnen waren die Tiere in der Lage, auch zähes Pflanzenmaterial zu zermalmen. Die Kiefer arbeiteten ohne die seitliche Bewegung der frühen insektenfressenden Säuger wie *Megazostrodon* (s. o.).

Die Multituberculaten weisen keine engen Verwandtschaftsbeziehungen zu anderen Säugergruppen auf. Es ist durchaus möglich, daß ihre Entwicklung aus den Säugerähnlichen Reptilien unabhängig vonstatten ging.

Neue Funde von nahezu vollständigen Skeletten aus der späten Kreide in der Mongolei könnten helfen, unser Verständnis für diese Gruppe und ihre Beziehungen zu anderen primitiven Säugern zu vertiefen.

FAMILIE PTILODONTIDAE

Die Familie der *Ptilodontidae* umfaßt Tiere mit langen Greifschwänzen, die zum Festhalten an Ästen dienten. Auch die Füße zeigten Adaptionen für das Klettern: Ähnlich den Eichhörnchen konnten die *Ptilodontidae* dank eines sehr beweglichen Fußgelenks ihre Zehen nach hinten richten, wodurch sie sehr schnell mit dem Kopf voran an einem Baumstamm herablaufen konnten. Die weit abspreizbare große Zehe garantierte zusammen mit scharfen Krallen einen festen Griff. Fossilien der *Ptilodontidae* wurden hauptsächlich in Nordamerika gefunden.

NAME: Ptilodus
ZEIT: Unteres bis Oberes Paläozän
VERBREITUNG: Nordamerika (Rocky Mountains, von New Mexico bis Saskatchewan)
LÄNGE: 50 cm

Sieht man von dem langen Greifschwanz ab, so sah *Ptilodus* einem modernen Eichhörnchen ähnlich. Wahrscheinlich besiedelte er auch den gleichen Lebensraum, die Wipfel der Bäume. Die Vorbackenzähne des Unterkiefers waren sehr groß und schneidenähnlich. Vielleicht dienten sie *Ptilodus* dazu, die harten Schalen von Früchten und Samen zu entfernen.

PRIMITIVE SÄUGER

FAMILIE DRYOLESTIDAE

Die *Dryolestidae* stellen vermutlich einen Nebenzweig der Evolutionslinie dar, die schließlich zu den modernen Säugetieren führte. Man kennt die Mitglieder dieser Familie nur aus den Überresten einiger Zähne und Kieferknochen, aus denen ersichtlich wird, daß das Kiefergelenk der Säuger hier schon voll entwickelt war. Drei Knochen, ursprünglich Teil des Reptilienkiefers, waren nun in Form von Hammer, Amboß und Steigbügelknochen in das Mittelohr integriert. Diese winzigen Knöchelchen sind Teil einer Kommunikationskette, entlang derer Töne ins Innenohr geleitet werden.

NAME: *Crusafontia*
ZEIT: Unterkreide
VERBREITUNG: Europa (Portugal)
LÄNGE: 10 cm

Die Dryolestidengattung *Crusafontia* ist nur durch einige Zähne bekannt. Die Rekonstruktion beruht auf dem relativ vollständigen Skelettfund eines anderen Mitglieds der Familie. Wahrscheinlich lebte das Tier in Baumkronen und ernährte sich von Früchten, Nüssen und Samen. Der lange Schwanz war möglicherweise als Greifschwanz ausgebildet. Die Knochen des Beckengürtels deuten auf eine Fortpflanzung nach Art der Beuteltiere hin. Demnach wäre das in einem sehr frühen Entwicklungsstadium geborene Jungtier während der ersten Lebenswochen in einem Beutel ausgetragen und gesäugt worden.

UNTERKLASSE THERIA

Diese große Gruppe umfaßt die Mehrzahl aller fossilen und rezenten Säuger. Man teilt sie in drei größere Ordnungen ein: die *Pantotheria*, die auf das Mesozoikum beschränkt blieben, die Beuteltiere, von denen heute noch zahlreiche Arten in Australasien und Amerika existieren, und die *Eutheria* oder Plazentatiere, die alle übrigen lebenden Säuger und viele ausgestorbene Formen umfassen.

INFRAKLASSE METATHERIA

Die beiden größeren Gruppen der Unterklasse *Theria*, die *Metatheria* und die *Eutheria*, entwickelten sich in der Unterkreide aus einem gemeinsamen Vorfahren. Die *Metatheria* umfassen eine einzige Ordnung, die *Marsupialia* oder Beuteltiere, die wir im Detail auf S. 202–205 vorstellen. Im folgenden beschreiben wir zum Vergleich mit den anderen frühen Säugern lediglich einen primitiven Vertreter dieser Gruppe.

NAME: *Alphadon*
ZEIT: Oberkreide
VERBREITUNG: Nordamerika (von Alberta bis New Mexico)
LÄNGE: 30 cm

Primitive Beuteltiere wie *Alphadon* ähnelten wahrscheinlich den heutigen Opossums. Es handelte sich um Allesfresser, die sich von Insekten ebenso wie von kleinen Wirbeltieren und Früchten ernährten. Sie lebten vermutlich auf Bäumen und konnten gut klettern. Die Zehen ließen sich einander gegenüberstellen und sorgten für einen ausgezeichneten Griff. Als zusätzliche Stütze diente ein Greifschwanz. Aufgrund ihrer geringen Größe und ihrer auf die Baumkronen beschränkten Lebensweise waren die Tiere keine unmittelbaren Nahrungskonkurrenten für die Dinosaurier der Oberkreide.

INFRAKLASSE EUTHERIA

Charakteristisch für die Plazentatiere oder *Eutheria* ist vor allem anderen, daß sie Jungtiere zur Welt bringen, die sich zuvor bereits eine Zeitlang im Innern der Gebärmutter entwickeln konnten. Die Plazentatiere umfassen die große Mehrheit der heutigen Säuger. Man unterscheidet 24 Ordnungen (S. 302–303). Bei einer der ältesten Familien, den *Zalambdalestidae* (s. u.), handelt es sich vermutlich um einen Seitenzweig der Hauptentwicklungslinie.

NAME: *Zalambdalestes*
ZEIT: Oberkreide
VERBREITUNG: Asien (Mongolei)
LÄNGE: 20 cm

Zalambdalestes sah einem heutigen Rüsselspringer sehr ähnlich. Die Schnauze war aufwärts gebogen, die Beine waren trotz ihrer geringen Größe recht kräftig. Die Hinterbeine waren länger als die Vorderbeine, die einen wie die anderen jedoch mit verlängerten Fußknochen versehen.

Das Tier konnte Finger und Zehen nicht einander gegenüberstellen, weshalb es sich höchstwahrscheinlich nicht um einen Baumbewohner handelte. Das Gehirn war ziemlich klein, die Augen waren groß. *Zalambdalestes* kann durchaus auch eine ähnliche Verhaltensweise wie die Rüsselspringer an den Tag gelegt haben. Teils laufend, teils springend jagte er im Unterholz Insekten.

ORDNUNG PRIMATES

Die Primaten sind eine sehr alte, vielleicht die älteste Säugergruppe, denn man kennt sie schon aus der Oberkreide, also aus einem Zeitraum, der ungefähr 70 Millionen Jahre zurückliegt. Die höher entwickelten Angehörigen dieser Gruppe werden auf den Seiten 286–297 behandelt.

Die Familie *Paromomyidae* bestand aus kleinen Lebewesen, die den Spitzhörnchen ähnlich sahen. Möglicherweise handelte es sich um die Vorfahren der späteren Halbaffen, Affen und Menschenaffen. Einige Paläontologen betrachten allerdings die *Paromomyidae* nicht als Primaten, sondern als Vertreter einer eigenen Ordnung, die sie *Primatomorpha* nennen.

NAME: *Purgatorius*
ZEIT: Oberkreide bis Unteres Paläozän
VERBREITUNG: Nordamerika (Montana)
LÄNGE: wahrscheinlich 10 cm

Von diesem kleinen Tier ist nur bekannt, was sich von einem einzigen Backenzahn aus der Oberen Kreide ableiten läßt, der im nordamerikanischen Montana gefunden wurde. Die Bedeutung dieses Fundes liegt darin, daß er zu dem ältesten bisher bekannten Primaten gehörte. Der Zahn ähnelt dem Backenzahn eines modernen Lemuren.

Die etwas aufschlußreicheren Zahnfunde von einem verwandten Lebewesen aus dem Unteren Paläozän deuten darauf hin, daß *Purgatorius* vermutlich Allesfresser war. Sein geringes Gewicht – wahrscheinlich nicht mehr als 20 g – läßt allerdings darauf schließen, daß er sich überwiegend von Insekten ernährte.

BEUTELTIERE

ORDNUNG MARSUPIALIA

Die *Marsupialia* oder Beuteltiere gehören zu den ältesten Säugetierordnungen. Sie umfassen so bekannte Tierarten wie die Känguruhs und Koalas in Australien sowie das Opossum in Amerika. Die Beuteltiere entstanden in der Oberkreide, einer Zeitspanne, die vor 100 Millionen Jahren begann und vor 65 Millionen Jahren zu Ende ging.

Einzigartig ist die Fortpflanzung der Beuteltiere. Die Plazentatiere, zu denen der weitaus größte Teil der Säuger einschließlich des Menschen zählt, ernähren ihren Nachwuchs zunächst über eine Plazenta im Innern der Gebärmutter. Sie bringen verhältnismäßig weit entwickelte Junge zur Welt. Die Beuteltierjungen hingegen werden sehr früh geboren; sie sind kaum dem Embryonenstadium entwachsen. In einem Beutel, der sich zumeist auf der Bauchseite des Muttertiers befindet, bekommen sie Milch zu trinken und reifen heran.

Die Beuteltiere entwickelten sich anscheinend in Nord- oder Südamerika. Eine Gruppe wanderte über Antarctica, wo zu jener Zeit erheblich wärmere Temperaturen herrschten als heute, nach Australien; eine weitere Gruppe gelangte über Nordamerika nach Europa. Dies war möglich, weil sich die auseinanderdriftenden Kontinente in der Oberkreide noch nicht sehr weit voneinander entfernt hatten (S. 11). Die Beuteltiere erlebten während des Tertiär im isolierten Südamerika sowie in Australien eine Blütezeit und sind in beiden Kontinenten auch heute noch vertreten.

Die nach Europa eingewanderten Beuteltiere erreichten im Oligozän Nordafrika und Zentralasien. Es handelte sich um die Didelphiden, die heute von den Opossums vertreten werden. Man hält sie für die primitivsten Beuteltiere, da zu dieser Familie auch die ältesten Fossilfunde zählen.

Im Unteren Miozän starben die Didelphiden in Nordamerika, im Mittleren Miozän auch in Europa aus. Die moderne Gattung *Didelphis* (Opossum) gelangte jedoch vor ungefähr 3 Millionen Jahren über die Landbrücke von Panama wieder in den Norden des Doppelkontinents. Nach Europa kehrten die Beuteltiere nie zurück.

Die südamerikanischen Beuteltiere sind inzwischen fast alle ausgestorben. Sie konnten der Invasion der Plazentatiere aus Nordamerika nicht widerstehen, zu der es kam, als während des Pliozän eine zentralamerikanische Landbrücke die beiden Kontinente miteinander verband. Es handelt sich dabei im übrigen um eine relativ kurzfristige Brücke vor der Entstehung der Landverbindung über Panama.

Die australischen Beuteltiere dominieren heute noch, obwohl auch sie sich einer Konkurrenz von seiten der Plazentatiere gegenübersehen. Der Grund dafür liegt vielleicht darin, daß sich Australien im Rahmen der Kontinentalverschiebung während des Tertiärs nordwärts bewegte. Diese Veränderung ging verhältnismäßig rasch vonstatten und brachte einen entsprechenden Klimawandel mit sich. Innerhalb weniger Dutzend Jahrmillionen bedeckte sich das ehemals von gemäßigtem Klima und entsprechender Vegetation beherrschte Land mit tropischem Regenwald. Um mit diesen Veränderungen Schritt halten zu können, mußten sich die Beuteltiere ständig anpassen.

Im Gegensatz zu Australien blieb Südamerika in der betreffenden Zeitspanne stationär. Die Tiere entwickelten sich daher auch kaum weiter. Die Invasoren unter den Plazentatieren trafen somit auf eine primitive, genetisch schwache Fauna, die sich leicht verdrängen ließ.

FAMILIE BORHYAENIDAE

Diese Familie entwickelte sich aus Didelphiden und besteht aus mittlerweile ausgestorbenen, fleischfressenden Beuteltieren aus Südamerika. Obwohl keinerlei verwandtschaftliche Beziehungen zu den Plazentatieren anderer Kontinente bestehen, entwickelten die Borhyaeniden Körperformen und Anpassungen, wie sie in ähnlicher Weise bei Katzen, Hunden, Bären und anderen echten Raubtieren auftreten. Es handelt sich lediglich um ein weiteres Beispiel für eine konvergente Evolution.

NAME: *Cladosictis*
ZEIT: Oberes Oligozän bis Unteres Miozän
VERBREITUNG: Südamerika (Patagonien)
LÄNGE: 80 cm

Cladosictis war ein primitives fleischfressendes Beuteltier, das in Größe und Gestalt vermutlich einem Otter ähnlich sah. Es hatte einen gestreckten Rumpf, einen langen Schwanz und kurze Gliedmaßen. Wahrscheinlich streifte es durchs Unterholz, auf der Suche nach kleinen Säugern und Reptilien, jagte aber auch in Flüssen Fische und stahl womöglich Vogel- und Reptilieneier. Das Gebiß erinnert an ein Raubtiergebiß. Es bestand aus Schneidezähnen zum Festhalten der Beute, aus zugespitzten Eckzähnen zum Töten derselben sowie aus weiter hinten sitzenden Vorbacken- und Backenzähnen.

NAME: *Borhyaena*
ZEIT: Oberes Oligozän bis Unteres Miozän
VERBREITUNG: Südamerika (Patagonien)
LÄNGE: 1,5 m

Einige Borhyaeniden ähnelten mit ihren kräftigen Rümpfen und flachen Füßen modernen Bärenarten. Die wolfsgroße *Borhyaena* war eine typische Vertreterin der Gruppe. Neben nur fuchsgroßen Arten gab es auch solche von echtem Bärenformat. *Borhyaena*-Arten waren die wichtigsten Raubtiere jener Zeit. Zu ihren bevorzugten Beutetieren zählten die pflanzenfressenden südamerikanischen Huftiere (S. 246–253). Die kurzen Gliedmaßen deuten darauf hin, daß *Borhyaena* ihren Beutetieren nicht hinterher rannte, sondern ihnen auflauerte. Vielleicht lebte das Tier auch als Aasfresser.

Familie Thylacosmilidae

Die großen räuberischen Beuteltiere dieser Familie, deren Schädel sehr denen der plazentalen Säbelzahn-Katzen ähnelten, verloren die Schneidezähne und entwickelten statt dessen kontinuierlich nachwachsende, lange Eckzähne.

NAME: *Thylacosmilus*
ZEIT: Oberes Miozän bis Unteres Pliozän
VERBREITUNG: Südamerika (Argentinien)
LÄNGE: 1,2 m

Thylacosmilus trug wie die Säbelzahntiger Nordamerikas und Europas (S. 222–224) im Oberkiefer ein Paar Eckzähne, die weit über die Mundlinie hinaus nach unten ragten. Bei beiden Tiergruppen, die nicht einmal entfernt miteinander verwandt waren, erlaubten Hals- und Kiefermuskulatur eine ungeheuer kraftvolle Abwärtsbewegung. Im Gegensatz zu den Säbelzahntigern besaß *Thylacosmilus* aber keine Schneidezähne. Die Eckzähne wuchsen kontinuierlich nach.

Zur Beute von *Thylacosmilus* gehörten wahrscheinlich die großen, langsamen, behuften Säugetiere, die nicht einfach mit einem Nackenbiß zu töten waren. Sie verbluteten wohl eher an den tiefen Wunden, die ihnen die Säbelzähne zufügten.

Familie Argyrolagidae

Die Familie der *Argyrolagidae* setzte sich aus Tieren zusammen, die den heutigen Taschenspringern und Springmäusen ähnlich sahen, obwohl zwischen den Gruppen keinerlei Verwandtschaft besteht. Auch sie lebten wahrscheinlich in Wüstengebieten und waren überwiegend nachtaktiv. Sie bewegten sich in Serien von Sprüngen über das offene Feld und ernährten sich von den Schößlingen und Wurzeln der Wüstenpflanzen.

NAME: *Argyrolagus*
ZEIT: Oberes Miozän bis Oberes Pliozän
VERBREITUNG: Südamerika (Patagonien)
LÄNGE: 40 cm

Ähnlich wie die heutigen Taschenspringer hüpfte *Argyrolagus* auf seinen zwei langen Hinterbeinen flink und gewandt über die Ebenen. Der lange Schwanz wahrte dabei das Gleichgewicht. Der Kopf des Tieres war nagerähnlich, hatte aber eine spitze Schnauze. Die großen, weit zurückversetzten Augenhöhlen verraten, daß das Tier nur nachts auf Nahrungssuche ging. Die Form der Zähne deutet auf einen Pflanzenfresser hin.

BEUTELTIERE

Familie Necrolestidae

Die Familie bestand aus einer einzigen Gattung, *Necrolestes*. Sie war so spezialisiert, daß man sie mit keiner anderen Tiergruppe in nähere Verbindung bringen kann. Die Kiefer und Zähne weisen verschiedene Parallelen zu den heute noch lebenden afrikanischen Goldmullen auf. Freilich sind die Goldmullen selbst noch immer eine hochproblematische Gruppe, die man neuerdings eher zu den *Insectivora* zählt.

NAME: *Necrolestes*
ZEIT: Unteres Miozän
VERBREITUNG: Südamerika (Patagonien)
LÄNGE: wahrscheinlich 15 cm

Von diesem kleinen Lebewesen ist nur eine Kieferspitze mit eigentümlich aufwärts gebogener Schnauze erhalten. Möglicherweise endete sie in fleischigen Falten, mit denen sich das Tier Freßbares ertastete. Die zahlreichen kleinen Zähne legen den Schluß nahe, *Necrolestes* habe sich von Insekten oder Würmern ernährt. Vielleicht grub er sich auch Gänge durch das Erdreich – daher sein Name, der »Totenräuber« bedeutet.

Familie Thylacoleonidae

Diese Familie löwenartiger Beuteltiere lebte während des Pliozän und des Pleistozän in Australien. Die Tiere jagten wahrscheinlich in offenen Savannengebieten. Untersuchungen legen eine Verwandtschaft zu den Opossums und Känguruhs nahe.

NAME: *Thylacoleo*
ZEIT: Pleistozän
VERBREITUNG: Australien (New South Wales, Queensland, West- und Südaustralien)
LÄNGE: 1,7 m

Dieser »Beutellöwe« hatte ein kurzes, katzenartiges Gesicht. Die stark hervortretenden Schneidezähne waren zu tödlichen Waffen umgebaut und sahen aus wie die Eckzähne bei den Plazentatieren. Die eigentlichen Eckzähne waren unbedeutend, die Backenzähne zu mächtigen Reißzähnen umgebildet.

Früher vermutete man, *Thylacoleo* habe mit seinen Vorderzähnen Nüsse und Früchte geöffnet. Die Abnutzungsspuren auf den Zähnen deuten aber eher auf einen Fleischfresser hin. Wahrscheinlich jagte *Thylacoleo* die Riesenkänguruhs und Riesenwombats jener Epoche.

Familie Diprotodontidae

Diese Hauptgruppe australischer Beuteltiere umfaßt im wesentlichen Pflanzenfresser. Die Diprotodontiden haben nur ein Paar untere, nach vorne gerichtete Schneidezähne, dafür aber ein bis drei Paar obere Schneidezähne. Eckzähne fehlen. Zwischen den Schneidezähnen und den Backenzähnen klafft wie bei den Nagern eine Lücke (Diastema).

Der zweite und dritte Zeh ihres Hinterfußes waren stark verkümmert und durch eine feine Gewebehülle miteinander verbunden, eine Spezialisierung zur Körperpflege.

Zu den heute noch existierenden Verwandten der Diprotodontiden gehören der Koala, die Känguruhs, die Kletterbeutler und die Wombats.

NAME: *Diprotodon*
ZEIT: Pleistozän
VERBREITUNG: Australien (Südaustralien)
LÄNGE: 3 m

Die äsenden Beuteltiere erreichten mit *Diprotodon* und dessen Verwandten ihre Maximalgröße. Das Tier sah ein bißchen aus wie ein Wombat im Rhinozerosformat.

Wahrscheinlich ernährte es sich von einer bestimmten Strauchart, die es mit den Pfoten aus dem Boden rupfte. Überreste dieses Strauches fanden sich in den Magenhöhlen mehrerer *Diprotodon*-Exemplare.

Kopf, Rumpf, Hals und Gliedmaßen waren äußerst massiv gebaut. Das flachfüßige Tier ging auf den Sohlen, die wie bei den Bären das gesamte Körpergewicht trugen. Anders als bei den übrigen Säugern war die äußerste – oder »kleine« – Zehe dieses Tieres die längste – ein eigentümliches

Merkmal, dessen Funktion bisher ungeklärt ist.

Vollständige *Diprotodon*-Skelette wurden in Binnenseeablagerungen entdeckt. Im trockenen Klima jener Zeit kam es über den Gewässern vermutlich des öfteren zur Bildung von Salzkrusten. Das schwere *Diprotodon* brach darin ein und wurde von Schlamm begraben.

FAMILIE PALORCHESTIDAE

Diese Familie großer Pflanzenfresser lebte vom Miozän bis zum Pleistozän in Australien. Sie stellen in gewisser Hinsicht ein Pendant zu den großen bodenbewohnenden Faultieren (S. 206–207) dar.

NAME: *Palorchestes*
ZEIT: Miozän bis Pleistozän
VERBREITUNG: Australien
LÄNGE: 2,5 m

Die Anordnung der Nasenknochen im Schädel dieses Tieres deutet darauf hin, daß es über eine Art Rüssel verfügt haben muß und daher wohl wie ein riesenhafter Beuteltapir aussah. Die Vorderbeine waren sehr kräftig, die Finger trugen mächtige Krallen.

Palorchestes zog wahrscheinlich tiefhängende Zweige zu sich herab und weidete deren Blätter ab.

FAMILIE MACROPODIDAE

Die bekanntesten der modernen Beuteltiere, die elf Gattungen von Känguruhs und Wallabies Australiens und Neu Guineas, sind unter der Familie der *Macropodidae* zusammengefaßt.

Die Känguruhs traten im Miozän auf und entwickelten im Pliozän größere Formen. Sie paßten sich an eine große Bandbreite von Lebensräumen wie Steppen, Bergland und Wälder an (es entwickelten sich sogar einige baumbewohnende Spezies).

Obwohl das Aussterben im Pleistozän die große Vielfalt dieser Familie stark reduzierte, erlebten die macropodiden Känguruhs mit 14 lebenden Spezies der Gattung *Macropus* die größte Radiation unter den Beuteltieren.

NAME: *Procoptodon*
ZEIT: Pleistozän
VERBREITUNG: Australien
LÄNGE: 3 m

Die ausgestorbenen Känguruharten waren generell größer als die heutigen Formen und wiesen darüber hinaus auch noch andere Besonderheiten auf. *Procoptodon* war die größte Form dieser Känguruhs, die zudem durch das kurze Gesicht und die überproportional starke Ausbildung der vierten Zehe an den Hinterbeinen charakterisiert war. Die übrigen Zehen waren auf nagellose Stümpfe reduziert.

Dennoch war *Procoptodon* wohl in der Lage, sich ebenso rasch hüpfend fortzubewegen wie moderne Känguruhs, die über kurze Distanzen hinweg immerhin Geschwindigkeiten von an die 50 km/h zustande bringen.

Procoptodon fraß Gras und andere bodenbewohnende Pflanzen wie die meisten heutigen Arten. Andere ausgestorbene Formen ernährten sich auch von Blättern tiefhängender Zweige.

GLYPTODONTEN, FAULTIERE, GÜRTELTIERE UND AMEISENBÄREN

KOHORTE EDENTATA

Unter Kohorte versteht man eine systematische Größe, die mehrere Ordnungen umfaßt. Die Kohorte *Edentata* (Zahnarme) umfaßt die Ameisenbären, die Faultiere und die Gürteltiere. Wörtlich übersetzt bedeutet *Edentata* »Zahnlose«, doch trifft die Bezeichnung im Wortsinne nur auf die Ameisenbären zu. Die anderen Gruppen haben durchaus noch Zähne, wenngleich diese nur rudimentär entwickelt sind und oft weder Wurzeln noch Schmelz haben.

Zu den Zahnarmen gehören einige der merkwürdigsten Säugetiere der Welt: die Ameisenbären mit ihrer stark verlängerten Schnauze, die Gürteltiere mit ihrer Plattenpanzerung und die sprichwörtlich langsamen Faultiere. Auch bei den inzwischen nicht mehr existierenden Gruppen handelte es sich um höchst sonderbare Lebewesen: Da gab es zum Beispiel die Glyptodonten mit ihrem rundlichen, unbeweglichen Körperpanzer und bodenbewohnende, bis 1,8 m große Riesenfaultiere. Beide Arten waren im Pleistozän in Nord- und Südamerika weit verbreitet.

Die Ameisenbären und die Gürteltiere spezialisierten sich auf Ameisen- und Termitennahrung. Die Glyptodonten und Faultiere waren – beziehungsweise sind – reine Vegetarier.

Die Abstammung der Zahnarmen und ihre Verwandtschaftsbeziehungen zu anderen Säugern sind bis auf den heutigen Tag noch unbekannt. Molekulares Datenmaterial von lebenden Formen ist weniger vollständig als bei anderen Säugern, aber eine überraschende Nähe zu Carnivoren und Walen ist nicht auszuschließen.

FAMILIE METACHEIROMYIDAE

Die Familie umfaßt die ältesten und primitivsten Zahnarmen; ihre Beziehungen zu anderen verwandten Gruppen sind nicht klar, womöglich war sie die Vorgängerin unserer Ameisenbären.

NAME: *Metacheiromys*
ZEIT: Mittleres Eozän
VERBREITUNG: Nordamerika (Wyoming)
LÄNGE: 45 cm

Mit seinen kurzen Beinen, den scharfen Krallen und dem langen, kräftigen Schwanz ähnelte *Metacheiromys* wohl am ehesten einem heutigen *Ichneumon*. Der lange, schmale Kopf war jedoch gürteltierähnlich. Im Kiefer trug das Tier kräftige Eckzähne, hatte aber ansonsten fast alle Backenzähne verloren. An deren Stelle waren Hornplatten getreten, mit denen *Metacheiromys* seine Beute zermalmte.

Metacheiromys bewohnte dichte subtropische Wälder, die im Eozän weite Teile des westlichen Nordamerika bedeckten. Die Krallen an den Vorderbeinen waren viel länger als die an den Hinterbeinen. Mit ihrer Hilfe grub *Metacheiromys* wahrscheinlich Ameisen, Käfer und Maden aus dem Boden.

ORDNUNG XENARTHRA

Die Bezeichnung *Xenarthra* – »Fremdgelenker« – bezieht sich auf Extragelenke zwischen den Wirbeln, die ein Hauptmerkmal dieser Gruppe darstellen. Sie ermöglichen es Tieren wie den Glyptodonten und den Gürteltieren, das Gewicht ihrer schweren Panzerung zu tragen, und gestatteten den bodenbewohnenden Riesenfaultieren, sich fast senkrecht aufzurichten, um an höhergelegene Vegetation heranzukommen.

Die *Xenarthra* entwickelten sich im Paläozän auf dem damaligen Inselkontinent Südamerika. Die isolierte Lage und das Fehlen größerer Raubtiere beschierten ihnen eine lange Existenzdauer ohne wesentliche stammesgeschichtliche Veränderungen. Dann bildete sich im Unteren Pliozän die Landbrücke aus, wie sie schon im Alttertiär die beiden amerikanischen Kontinente miteinander verbunden hatte. Auf ihr wanderten Glyptodonten, Riesenfaultiere und Gürteltiere nordwärts.

FAMILIEN MYLODONTIDAE, MEGATHERIIDAE UND MEGALONYCHIDAE

Die heutigen baumbewohnenden Faultiere Mittel– und Südamerikas sehen ganz anders aus als ihre ausgestorbenen bodenbewohnenden Ahnen und unterscheiden sich auch im Verhalten von ihnen. Viele dieser frühen Lebewesen waren zu groß, um Bäume zu erklettern. Eine der größten Arten, *Megatherium*, war ungefähr zehnmal so groß wie seine heute noch lebenden Verwandten. Bodenbewohnende Faultiere bewegten sich langsam und waren strikte Vegetarier. Sie traten im Unteren Oligozän, vor ungefähr 35 Millionen Jahren, auf und überlebten fast bis in die Jetztzeit.

NAME: *Hapalops*
ZEIT: Unteres bis Mittleres Miozän
VERBREITUNG: Südamerika (Patagonien)
LÄNGE: 1 m

Im Miozän, vor ungefähr 20 Millionen Jahren, waren die bodenbewohnenden Faultiere in Südamerika weit verbreitet. *Hapalops* war klein im Vergleich zu seinen späteren Verwandten. Der Kopf war kurz, der Rumpf gedrungen, der Schwanz lang, die Vorderbeine waren lang und schlank, die Hinterbeine noch länger und kräftiger gebaut. Die langen, gekrümmten Klauen an allen Fingern und Zehen zwangen das Tier wahrscheinlich dazu, auf den Knöcheln der Vorderfüße zu laufen, ähnlich wie heute der Gorilla. *Hapalops* war jedoch so leicht gebaut, daß er vermutlich einen Teil seiner Zeit auch auf Bäumen verbrachte. Mit den gekrümmten Krallen hielt er sich an Ästen fest und spießte damit auch Blätter und Früchte auf. Wie die meisten Zahnarmen besaß *Hapalops* nur sehr wenige Zähne; lediglich vier bis fünf Backenzahnpaare verblieben in seinem Kiefer.

NAME: *Megatherium*
ZEIT: Pleistozän
VERBREITUNG: Südamerika (Patagonien, Bolivien und Peru)
LÄNGE: 6 m

Dieses gigantische Lebewesen ist das größte bekannte bodenbewohnende Faultier. Es wog wahrscheinlich an die 3 t. Der hohe, bärenartige Kopf war mit muskulösen Kiefern ausgestattet, die es dem Tier ermöglichten, große Mengen pflanzlicher Nahrung zu verarbeiten.

Obwohl das Riesenfaultier so groß wie ein heutiger Elefant war, konnte es sich auf seine Hinterbeine erheben, wobei es seinen Schwanz als Stütze gebrauchte. In dieser Stellung konnte *Megatherium* in größerer Höhe gedeihende Pflanzenteile mit seinen drei Krallen an den Vorderfüßen zu sich herabziehen und abweiden.

NAME: *Glossotherium*
ZEIT: Pliozän bis Pleistozän
VERBREITUNG: Nordamerika (Kalifornien)
LÄNGE: 4 m

Die Asphaltgruben von Rancho La Brea bei Los Angeles enthielten vorzüglich erhaltene Exemplare dieser Gattung, die vor ungefähr 3 Millionen Jahren über die neugebildete Landbrücke von Südamerika her eingewandert war.

Glossotherium war ein massiges Tier mit breitem Kopf und kräftigem Schwanz. Die krallenbewehrten Füße waren einwärts gekrümmt, so daß die Tiere sich wie ihre Verwandten nach Gorillaart auf die Knöchel stützten. *Glossotherium* konnte sich auf seinen Hinterbeinen aufrichten und benutzte seine langen Klauen, um Nahrung zu seinem Mund zu schaffen. Pflanzenreste in den fossilierten Mägen lassen vermuten, daß *Glossotherium* von Wüstensträuchern lebte.

Das gewaltige Tier starb erst vor 11 000 Jahren aus, möglicherweise infolge der Bejagung durch den Menschen.

GLYPTODONTEN, FAULTIERE, GÜRTELTIERE UND AMEISENBÄREN

FAMILIE GLYPTODONTIDAE

Die Glyptodonten waren riesige gürteltierähnliche Lebewesen. Man kann sie als Pendants zu den schwergepanzerten Ankylosauriern (S. 157–161) auffassen. Vom Unteren Miozän an, vor ungefähr 20 Millionen Jahren, entwickelten sich rund 50 Gattungen, die ihren Höhepunkt im Pliozän und Pleistozän hatten, und zwar in den Savannen Südamerikas und des südlichen Nordamerika. Einige lebten bis in historische Zeiten und tauchen in den Legenden patagonischer Indianer auf.

Die Glyptodons fraßen Gras. Vorne im Mund hatten sie keine Zähne mehr, dafür aber mächtige Reibzähne in den Backen. Sie besaßen massive, tiefliegende Kiefer mit nach unten ragenden Fortsätzen der Wangenknochen, an denen kraftvolle Muskeln befestigt waren. Diese waren notwendig, damit die Tiere das Gras und die zähe Vegetation kauen konnten, von der sie sich ernährten.

Einige *Glyptodontidae* wurden sehr groß: *Glyptodon*, der während des Pleistozäns (vor 2 Millionen bis 15 000 Jahren) in Argentinien lebte, war so groß wie ein kleines Auto und so stark gepanzert wie ein moderner Kampfpanzer (Höhe: 1,5 m, Länge: 3,3 m). Die *Glyptodontidae* entwickelten sich aus gürteltierähnlichen Tieren mit ringförmig angeordneten Panzerplatten.

Am Ende des Pliozäns, vor ungefähr 2 Millionen Jahren, verschmolzen die Panzergürtel miteinander und bildeten eine starre, knöcherne, kuppelförmige Schale, die sich aus einem Mosaik vieleckiger Knochenplatten zusammensetzte. Der Panzer bedeckte den gesamten Rücken des Tiers und diente als Helm für den Kopf. Auch um die Schwanzbasis lag noch eine Reihe von Knochenringen oder eine knöcherne Röhre. Der Panzer machte 20 Prozent des Gesamtgewichts aus. Zum Vergleich: Das Gewicht der Stoßzähne eines Elefanten beträgt nur drei Prozent des Gesamtgewichts.

NAME: *Doedicurus*
ZEIT: Pleistozän
VERBREITUNG: Südamerika (Patagonien)
LÄNGE: 4 m

Doedicurus trug nicht nur einen Schutzpanzer, sondern besaß obendrein am Schwanzende eine knöcherne Keule mit spitzen Stacheln. *Doedicurus* verteidigte sich damit zum Beispiel gegen die Angriffe von Borhyaeniden, wohl nicht ganz unähnlich den mittelalterlichen Rittern, die ihren Morgenstern gegen den Gegner schwangen.

FAMILIE DASYPODIDAE

Die Gürteltiere traten zuerst im Oberen Paläozän, vor ungefähr 60 Millionen Jahren, im heutigen Argentinien auf. Im Oberen Oligozän, vor ungefähr 30 Millionen Jahren, hatten mehrere Formen bereits den charakteristisch gegliederten Panzer entwickelt. Die Gürteltiere blieben stets auf Amerika beschränkt. Die 20 modernen Arten kommen primär in Süd- und Mittelamerika vor.

NAME: *Peltephilus*
ZEIT: Oligozän bis Miozän
VERBREITUNG: Südamerika (Patagonien)
LÄNGE: 6 m

Beim Panzer von *Peltephilus* handelt es sich wie bei dem aller übrigen Gürteltiere um eine Hautverknöcherung, die von Horn bedeckt wird. Die Knochenplatten sind zu gürtelartigen Ringen angeordnet und untereinander durch Hautfalten verbunden, so daß die Außenschale einigermaßen beweglich ist.

Auf der Schnauze von *Peltephilus* war ein Paar Knochenplatten zu Hörnern umgewandelt, die zu Lebzeiten des

Tieres auch von Horn bedeckt waren. Im Gegensatz zu den echten Hörnern der Rinder, Schafe oder Antilopen handelte es sich bei diesem Knochenzapfen nicht um einen Auswuchs der Schädelknochen. *Peltephilus* wies möglicherweise sogar noch ein zweites, kleineres Hornpaar weiter vorn auf der Schnauze auf. Ungewöhnlich für einen Zahnarmen waren die großen Eckzähne, die auf einen Fleisch- oder Aasfresser hindeuten.

FAMILIE MYRMECOPHAGIDAE

Diese Familie umfaßt alle Ameisenbären. Sie tragen ihren Namen zu Recht, ernähren sie sich doch ausschließlich von Ameisen und Termiten. Über ihre stammesgeschichtliche Entwicklung weiß man wenig. Eine frühe Form aus dem Unteren Miozän, *Protamandua*, war bereits an diese Ernährungsweise angepaßt.

NAME: *Eurotamandua*
ZEIT: Mittleres Eozän
VERBREITUNG: Europa (Deutschland)
LÄNGE: 90 cm

Bis vor kurzem glaubten die Paläontologen, die Ameisenbären seien in ihrer Verbreitung auf Südamerika beschränkt gewesen. Doch dann entdeckte man in den Ölschiefern der Grube Messel bei Darmstadt eine bisher unbekannte fossile Form.

Aufgrund der langen, röhrenförmigen Schnauze, der schwachen, zahnlosen Kiefer sowie der mächtigen, mit langen Krallen versehenen Vorderbeine handelte es sich bei dem Fund ohne Zweifel um einen Ameisenbären. Das Tier ähnelte sehr dem heutigen *Tamandua*. In den Ölschiefern der Grube Messel sind übrigens auch riesenhafte Ameisen, die typischen Beutetiere, erhalten geblieben.

FAMILIE MANIDAE

Die einzige Familie der Ordnung *Pholidota*, der Schuppentiere, sind die *Manidae*. Es handelt sich um eigentümliche Säuger, deren Körper von breiten Schuppen bedeckt ist, die aus miteinander verschmolzenen Haaren entstehen. Die Tiere sehen wie belebte Tannenzapfen aus. Wenn das Tier sich in Gefahr zusammenrollt, bildet es einen undurchdringlichen Schild. Die gedrungenen Gliedmaßen sind an die Grabetätigkeit des Tieres angepaßt.

Aufgrund ihrer Lebensweise rechnet man die Schuppentiere oft zu den Ameisenbären und den Gürteltieren, die sich ebenfalls von Ameisen und Termiten ernähren, doch haben die beiden Gruppen, stammesgeschichtlich gesehen, nichts miteinander zu tun.

Die extreme Spezialisierung aller dieser Lebewesen macht es schwierig, die wahren Verwandtschaftsverhältnisse zu entschlüsseln. Alle sieben rezenten Schuppentierarten gehören zur Gattung *Manis*. Die Tiere kommen im tropischen Afrika und in Südostasien vor.

NAME: *Eomanis*
ZEIT: Mittleres Eozän
VERBREITUNG: Europa (Deutschland)
LÄNGE: 50 cm

Das älteste Schuppentier, das bisher bekannt geworden ist, *Eomanis*, stammt wie *Eurotamandua* aus den Ölschiefern der Grube Messel bei Darmstadt. Selbst die Schuppen blieben erhalten, und so weiß man, daß *Eomanis* den heutigen Schuppentieren sehr ähnlich sah. Das Tier konnte vermutlich Augen, Ohren und Nasenlöcher zum Schutz gegen Ameisenbisse verschließen – auch dies eine Eigenschaft, die die heutigen Arten kennzeichnet. Der Mageninhalt von *Eomanis* verrät uns, daß das Tier gleichermaßen von pflanzlicher Nahrung wie von Insekten lebte.

INSEKTENFRESSER UND CREODONTEN

Als Insektenfresser *(Insectivora)* bezeichnen wir lebende wie fossilierte Tiere aus verschiedenen Ordnungen. Die Gruppe basiert auf der Bewertung der Morphologie der Igel, Spitzmäuse und Maulwürfe. Die Anagaliden jedoch stehen eher den Hasen und Nagetieren (Überordnung *Anagalida*) nahe als den *Insectivora*. Und beide unterscheiden sich deutlich von den Pelzflatterern oder Flattermakis *(Dermoptera)* und den Fledermäusen, welche zur Überordnung *Archonta* gezählt werden.

Molekularbiologische Daten zeigen, daß die Beziehungen zwischen den *Insectivora* sowie den *Carnivora* und anderen lebenden Gruppen recht problematisch sind. Folgerichtig gilt der Status der *Insectivora* als natürlicher Einheit als zweifelhaft und wird nun eher als etwas wie ein taxonomischer »Papierkorb« betrachtet. Nichtsdestotrotz gelten sie weiterhin als primitive Gruppe auf der untersten Stufe der Plazentatiere.

ORDNUNG ANAGALIDA

Bei den Anagaliden handelte es sich um kaninchenähnliche, grabende Säuger aus dem Alttertiär Ostasiens. Früher glaubte man, sie seien mit den Rüsselspringern verwandt, während man sie heute eher in die Verwandtschaft der Nager und der Hasentiere stellt.

NAME: *Anagale*
ZEIT: Unteres Oligozän
VERBREITUNG: Asien (Mongolei)
LÄNGE: 30 cm

Anagale sah möglicherweise einem Kaninchen ähnlich, hatte jedoch einen langen Schwanz und – wahrscheinlich – kurze Ohren. Aus den Längenverhältnissen der Knochen in den Hinterbeinen schließt man, daß sich das Tier auch eher im herkömmlichen Sinne laufend (also nicht hoppelnd wie ein Hase) fortbewegte. Die Hinterbeine von *Anagale* waren etwas länger als die Vorderbeine. Die Füße trugen schaufelartige Krallen. *Anagale* grub wahrscheinlich im Boden nach Käfern, Würmern und anderen Wirbellosen.

ORDNUNG DERMOPTERA

Zu den *Dermoptera* zählen die Pelzflatterer oder Flattermakis. Der Name führt allerdings in die Irre, denn es handelte sich weder um Makis noch um Halbaffen. Und richtig fliegen können die Tiere auch nicht. Heute gibt es lediglich noch zwei Arten in Südostasien, *Cynocephalus variegatus* und *C. volans*, beide strikte Vegetarier. Sie sind weniger als 30 cm lang und können auf ihrer ausgespannten Haut bis 140 m weit von Baum zu Baum durch die Luft gleiten. Man nimmt an, daß auch die Arten aus dem Mittleren Paläozän und dem Unteren Eozän dazu imstande waren, obwohl es dafür keinen direkten Beweis gibt.

Einige Hinweise sprechen für eine enge Verwandtschaft und möglicherweise gemeinsame Vorfahren mit den Fledermäusen, den Spitzhörnchen und den Primaten, und man vermutet für sie einen gemeinsamen Vorfahren mit den Insectivora.

Man ist sich aber auch in diesem Punkt keineswegs sicher, denn die Ähnlichkeiten können auch auf konvergenter Evolution nicht miteinander verwandter Gruppen beruhen.

NAME: *Planetetherium*
ZEIT: Oberes Paläozän
VERBREITUNG: Nordamerika (Montana)
LÄNGE: 25 cm

Die Reste von *Planetetherium* fand man in Kohleflözen, die aus den Überresten eines dichten Zypressenwaldes an einem Seeufer entstanden waren. Wie bei den Pelzflatterern oder Riesengleitfliegern war jeder Schneidezahn kammartig ausgezackt und trug ungefähr fünf Spitzen. Die Funktion dieser merkwürdigen Zähne ist nicht bekannt.

ORDNUNG CHIROPTERA

Diese Ordnung umfaßt die Fledermäuse und damit die einzigen Säuger, die zu einem aktiven Ruderflug befähigt sind. Die Tiere erreichten dies, indem sie ihre Vordergliedmaßen zu Flügeln umbauten: Vier stark verlängerte Finger spannen eine dünne Flughaut (Patagium) aus.

Die meisten heutigen Fledermäuse lokalisieren Hindernisse, Beutetiere und Räuber in der Dunkelheit der Nacht mit Hilfe einer Echoortung. Sie geben hochfrequente Töne ab, die teilweise zurückgeworfen werden. Die Entwicklung dieses außergewöhnlichen natürlichen Radarsystems erforderte starke Veränderungen des Kehlkopfes, der Nase, der Ohren und des Gehirns. Wie dies stammesgeschichtlich vor sich ging, läßt sich nicht nachvollziehen, da von den entsprechenden Körperteilen keine fossilen Belege existieren.

Wir unterscheiden zwei Unterordnungen. Die *Microchiroptera* oder eigentlichen Fledermäuse sind mit 780 rezenten Arten die bei weitem größere. Sie sind, mit Ausnahme von Arktis, Antarktis und der höchsten Gipfel, weltweit anzutreffen. Die meisten Formen sind nachtaktiv, haben winzige Augen und große, oft komplex gebaute, äußerst sensible Ohren. Viele Arten tragen Auswüchse auf der Nase, die bei der Echoortung eine Rolle spielen.

Form und Anordnung der Zähne hängen weitgehend von der Ernährungsweise ab. Die große Mehrheit der Fledermäuse fängt jedoch im Flug Insekten und weist Backenzähne mit scharfkantigen Kronen oder Schneiden auf, mit denen die Chitinpanzer zertrümmert werden. Einige wenige Arten sind echte Fleischfresser.

Bei der zweiten Unterordnung handelt es sich um die *Megachiroptera* oder Flederhunde. Man kennt ungefähr 170 rezente Arten. Sie ernähren sich von Früchten und sind auf die altweltlichen Tropen beschränkt. Die Tiere können recht groß werden und haben hundeähnliche Gesichter (daher auch ihre deutsche Bezeichnung »Flughunde«). Die Nasen und Ohren sind weniger kompliziert aufgebaut als bei den eigentlichen Fledermäusen.

NAME: Icaronycteris
ZEIT: Unteres Eozän
VERBREITUNG: Nordamerika (Wyoming)
LÄNGE: 14 cm, Flügelspannweite 37 cm

Icaronycteris muß wie eine heutige Fledermaus ausgesehen haben, zeigt aber noch einige sehr primitive anatomische Merkmale. Die Flügel waren verhältnismäßig kurz und breit, und im Mund standen zahlreiche Zähne, deren Anordnung an das Gebiß eines Insektenfressers erinnert. Der Körper war noch nicht so steif wie der einer heutigen Fledermaus, der Schwanz noch lang und noch nicht über eine Flughaut mit den Hinterbeinen verbunden. Am Daumen und am ersten Finger befand sich jeweils noch eine Kralle. Heutige Fledermäuse haben nur noch an den Daumen Krallen, mit deren Hilfe sie sich kopfüber an Höhlenwänden aufhängen. Die charakteristische Ruhestellung mit dem Kopf nach unten war bereits für frühe Formen wie *Icaronycteris* bezeichnend.

Icaronycteris lebte auch sonst wie eine heutige Fledermaus. Das Tier fing Insekten im Flug, wahrscheinlich überwiegend zur Nachtzeit, wenn nur wenige Vögel aktiv waren.

In den Ölschiefern der Grube Messel bei Darmstadt fand man einige bemerkenswert gut erhaltene Fledermäuse. Selbst ihre Flughäute sind noch zu sehen. Reste des Mageninhalts bestätigen, daß die Tiere schon damals von Insekten lebten.

INSEKTENFRESSER UND CREODONTEN

ÜBERORDNUNG INSECTIVORA

Die ältesten fossilen Formen der *Insectivora* sind aus der Mittelkreide bekannt. Sie waren damit die frühesten Vertreter der Plazentatiere. Der lückenhafte Fossilnachweis umfaßt 150 Gattungen, die sich wie die rezenten Formen über die Nordhalbkugel, über Afrika, Südostasien und Zentralamerika verbreiteten. In Südamerika lebt eine einzige Spitzmausart.

Fast alle Insektenfresser sind sehr klein und nachts oder in der Dämmerung aktiv. Sie sehen im allgemeinen nicht besonders gut, haben aber einen scharfen Geruchs- und Gehörsinn. Viele Spitzmäuse bedienen sich wie die Fledermäuse einer Echoortung bei der Jagd und zur Orientierung. Wegen ihrer geringen Größe und der hohen Stoffwechselrate müssen die Tiere praktisch ununterbrochen fressen.

Die Insektenfresser sind eine erfolgreiche Säugergruppe: Sie eroberten eine Vielfalt von Lebensräumen und paßten sich den unterschiedlichsten Lebensbedingungen an. Auch ihre Ernährung ist vielfältig. Sie fressen nicht nur Insekten, sondern auch Würmer, Mollusken und andere Wirbellose, dazu kleine Fische, Amphibien, Reptilien, Vögel und Säuger, sogar etwas pflanzliches Futter.

Das Skelett weist meist nur geringfügige Abweichungen vom Grundbauplan der Säugetiere auf. An den Füßen befinden sich fünf Finger oder Zehen, und die Tiere gehen auf den Sohlen. Nur die Maulwürfe und die Goldmulle haben ihre Vordergliedmaßen der grabenden Lebensweise angepaßt.

ORDNUNG LEPTICTIDA

Die *Leptictida* waren eine von vielen primitiven spitzmausähnlichen Gruppen aus der Oberkreide. Die Tiere breiteten sich im Alttertiär in Nordamerika, Asien, Afrika und Europa aus.

NAME: *Leptictidium*
ZEIT: Mittleres Eozän
VERBREITUNG: Europa (Deutschland)
LÄNGE: 75 cm

Leptictidium ähnelte wahrscheinlich den heutigen Rüsselspringern. Die Tiere liefen auf den Hinterbeinen, die lang, leicht und vogelähnlich gebaut waren. Die meisten Muskeln konzentrierten sich auf den Oberschenkelbereich. Mit den kürzeren Vorderbeinen konnte das Tier seine Nahrung greifen und festhalten. Der lange Schwanz diente dem kurzen Körper zur Wahrung des Gleichgewichts.

Leptictidium fraß nicht nur Insekten. Bei einigen Exemplaren, bei denen auch der Mageninhalt fossil erhalten blieb, konnten die Paläontologen auch kleine Knochen von Säugern und Eidechsen sowie pflanzliche Reste identifizieren.

ORDNUNG LIPOTYPHLA

Die *Lipotyphla* umfassen fünf fossile und sieben rezente Familien. Zu diesen gehören die Igel, die Spitzmäuse und die Maulwürfe, aber auch die Schlitzrüßler der Westindischen Inseln, die afrikanische Goldmulle, die madegassischen Tenreks und die zentralafrikanischen Otterspitzmäuse.

NAME: *Palaeoryctes*
ZEIT: Unteres Paläozän bis Unteres Eozän
VERBREITUNG: Nordamerika (New Mexico)
LÄNGE: 12,5 cm

Palaeoryctes wird einer heutigen Spitzmaus sehr ähnlich gesehen haben. Das Tier hatte einen schlanken Rumpf und eine spitze Schnauze mit kleinen Zähnen. Wahrscheinlich fraß das Tier überwiegend Käfer und Raupen. Es ist gut möglich, daß sich aus solch einem wenig spezialisierten Allesfresser stärker spezialisierte Formen entwickelten – darunter auch die großen fleischfressenden Creodonten des Alttertiärs.

Ordnung Creodonta

Im Alttertiär, der Zeit vor 60 bis vor 30 Millionen Jahren, dominierten unter den Säugern in großen Teilen der Welt die fleischfressenden Creodonten. Sie fehlten lediglich in Südamerika und Australien. Im Oberen Miozän, vor ungefähr 7 Millionen Jahren, waren sie indessen schon wieder verschwunden. Bis dahin hatten sie eine große Formenvielfalt entwickelt, die in mancherlei Hinsicht das Artenspektrum der späteren eigentlichen Raubtiere (Ordnung *Carnivora*) vorwegnahm.

Zwischen den Creodonten und den Raubtieren gibt es eine Reihe anatomischer Unterschiede: Die Creodonten hatten kleinere Gehirne, und ihr Mittelohr war nicht von einem Knochen umschlossen. Des weiteren gab es Unterschiede im Bau der Fußknochen und im Gebiß.

Die ungefähr 50 Gattungen der Creodonten werden zwei Familien zugewiesen, den *Oxyaenidae* und den *Hyaenodontidae*.

NAME: *Sarkastodon*
ZEIT: Oberes Eozän
VERBREITUNG: Asien (Mongolei)
LÄNGE: 3 m

Vor ungefähr 35 Millionen Jahren, im Oberen Eozän, lebten in Mittelasien einige riesenhafte Säuger, vor allem Brontotheriiden, Chalicotheriiden und Nashörner (S. 258–265). Um es mit Beutetieren dieser Größenordnung aufnehmen zu können, mußten auch die Creodonten entsprechende Dimensionen entwickeln. *Sarkastodon* war eine der größten Formen – größer als der mächtigste Bär. Die Zähne waren breit und dick wie bei einem modernen Grizzly. *Sarkastodon* war wahrscheinlich wie die heutigen Bären ein Allesfresser.

Andere Oxyaeniden in Paläozän und Eozän waren Tiere, die den Vielfraßen und Katzen ähnelten.

NAME: *Hyaenodon*
ZEIT: Oberes Eozän bis Unteres Miozän
VERBREITUNG: Weit verbreitet über Nordamerika, Europa (Frankreich, Deutschland), Asien (China) und Afrika (Kenia)
LÄNGE: bis 1,2 m

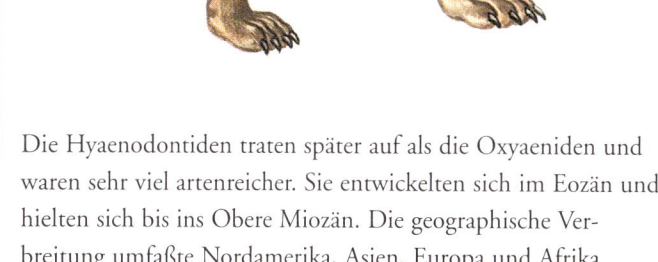

Die Hyaenodontiden traten später auf als die Oxyaeniden und waren sehr viel artenreicher. Sie entwickelten sich im Eozän und hielten sich bis ins Obere Miozän. Die geographische Verbreitung umfaßte Nordamerika, Asien, Europa und Afrika.

Artenreich und weit verbreitet war auch die Gattung *Hyaenodon*. Zu ihr gehörten wieselgroße bis hyänengroße Tiere. Die Gattung entwickelte sich wahrscheinlich in Europa oder Asien und wanderte später in Nordamerika und Afrika ein.

MARDER UND BÄREN

ORDNUNG CARNIVORA

Katzen, Mungos und Ichneumons, Hunde, Bären und Pandas, Marder und Wiesel, Otter, Robben, Seelöwen und Walrosse – alle diese Säuger gehören zur Ordnung *Carnivora*, den Raubtieren. Fast alle fressen Fleisch und haben als gemeinsames Merkmal ein Paar Reißzähne, mit denen sie Fleischstücke zerteilen können. Einige Raubtiere allerdings, zum Beispiel die Robben, haben im Laufe der Evolution diese Zähne verloren, da sie sie als Fischfresser nicht länger brauchten.

Längst nicht alle Fleischfresser gehören zu den *Carnivora*. Die Zahnwale beispielsweise sind schreckenerregende Räuber, haben aber mit den Raubtieren im engeren Sinn nichts zu tun, obschon eine ihrer Spezies, die Mörderwale, extreme Räuber sind, die neben anderer Beute auch Artgenossen fressen.

Eine ausgestorbene Gruppe räuberischer Tiere, die Creodonten (S. 213), gehörte ebensowenig zu den Raubtieren wie die fleischfressenden Dinosaurier. Umgekehrt fressen auch nicht alle Raubtiere ausschließlich Fleisch: Die Bären und Dachse beispielsweise sind Allesfresser und verzehren eine breite Palette tierischer und pflanzlicher Nahrung.

Neben den Reißzähnen haben echte fleischfressende Raubtiere vorne an den Kiefern auch kleine, scharfe Schneidezähne. Damit halten sie ihre Beute fest, um den tödlichen Biß anzubringen.

Die Ordnung der Raubtiere wird traditionell in zwei Unterordnungen eingeteilt: Die *Fissipedia* oder »Spaltfüßer« umfassen die ausgestorbenen Miaciden, ferner die Marder und Bären (s. u.), die Hunde und Hyänen (S. 218–221) sowie die Katzen und Ichneumons (S. 222–225). Bei der zweiten Unterordnung handelt es sich um die *Pinnipedia*, die »Flossenfüßer«; sie besteht aus den Robben, den Seelöwen und Walrossen (S. 226–229). Moderne Klassifikationen versuchen freilich, differenziertere Einordnungen vorzunehmen.

Die Raubtiere traten in der Oberkreide oder im Unteren Paläozän auf und sind damit 65 bis 70 Millionen Jahre alt. Sie entwickelten sich aus denselben Vorfahren wie die Insektenfresser (S. 210–212). Bis zum Oligozän, also bis in die Zeit vor 35 Millionen Jahren, blieben die Raubtiere jedoch verhältnismäßig unbedeutend. Erst danach begannen sie die Creodonten (das heißt, die bis zu jener Zeit dominierenden Landraubtiere) zu verdrängen.

FAMILIE MIACIDAE

Die Miaciden waren die ersten echten Raubtiere. Sie traten während des Paläozäns, vor ungefähr 60 Millionen Jahren, auf. Es handelt sich bei ihnen um eine »künstliche Gruppe«, die eine Reihe nicht näher miteinander verwandter Tiere umfaßt.

Die Miaciden waren kleinere Bewohner des Waldes, wo eine Fossilisation selten ist. Die spärlichen Reste, die bekannt sind, deuten darauf hin, daß die Miaciden in vielerlei Hinsicht den Creodonten ähnelten. Wahrscheinlich waren sie aber intelligenter und verfügten über noch leistungsfähigere Gebisse.

NAME: *Miacis*
ZEIT: Paläozän bis Mittleres Eozän
VERBREITUNG: Europa (Deutschland)
LÄNGE: 20 cm

Miacis ähnelte wohl einem Baummarder. Die Form seiner Gliedmaßen und die biegsamen Schulter- und Ellbogengelenke lassen vermuten, daß er sich an das Leben in der Wipfelregion der tropischen Sumpfwälder gut angepaßt hatte.

Wie der Baummarder stellte *Miacis* auf dem Boden und in den Bäumen kleinen Säugern und Vögeln nach, verschmähte aber auch Insekten, Vogeleier und Früchte nicht. Ein primitives Merkmal war das vollständige, 44 Zähne umfassende Gebiß. Bei den höher entwickelten Raubtieren gingen im Laufe der Evolution mit zunehmender Spezialisierung diverse Zähne verloren.

FAMILIE MUSTELIDAE

Die Musteliden oder Marder entwickelten sich wahrscheinlich im Alttertiär aus den Miaciden (s. o.). Heute umfaßt diese Familie Wiesel, Hermelin, Dachs, Skunk und Otter. Sie alle sind schlanke Jäger mit gestrecktem Körperbau.

NAME: *Potamotherium*
ZEIT: Unteres Miozän
VERBREITUNG: Europa (Frankreich)
LÄNGE: 1,5 m

Potamotherium ist der älteste Otter. Wie sein heute noch lebender Verwandter hatte das Tier einen langen, geschmeidigen Körper und kurze Beine. Es lebte wahrscheinlich in unterholzreichen Auwäldern und bewegte sich in weiten Sätzen vorwärts, den Kopf nahe am Boden. Sein Geruchssinn war nicht sehr gut entwickelt; dafür sah und hörte es um so schärfer, was ihm beim Fischfang im Wasser zugute kam. *Potamotherium* war ohne Zweifel ein hervorragender Schwimmer. Indizien dafür sind die Stromlinienform des Körpers und die biegsame Wirbelsäule.

Die Otter sind die einzigen Musteliden mit ausreichendem Fossilnachweis. Der Grund liegt vermutlich darin, daß sie nahe am Wasser lebten. Die Chance, nach dem Tod von Sedimenten bedeckt und fossilisiert zu werden, war in solchen Gegenden relativ groß. Man nimmt im übrigen an, daß die echten Seehunde (Phocidae, S. 226) aus einem marderartigen Ahnen hervorgegangen sind.

FAMILIE PROCYONIDAE

Die *Procyonidae* umfassen die heutigen Kleinbären, also den Waschbär, die Pandas und die Nasenbären. Die Familie trat erstmals im Unteren Oligozän, vor ungefähr 35 Millionen Jahren, auf und zeigte damals die typischen Reißzähne der Raubtiere. Die heutigen Arten haben dieses Merkmal allerdings verloren; ihre Vorbacken- und Backenzähne kehrten zur ursprünglichen Funktion zurück, dem Zerreiben und Zerkleinern. Ein solcher Gebißtyp paßt auch gut zur Lebensweise der Kleinbären, die Allesfresser sind. Der Große Panda *(Ailuropoda melanoleura)* frißt allerdings fast ausschließlich Bambusschößlinge.

NAME: *Plesictis*
ZEIT: Unteres Oligozän bis Unteres Miozän
VERBREITUNG: Asien (China), Europa (Frankreich), Nordamerika (USA)
LÄNGE: 75 cm

Der baumbewohnende Jäger *Plesictis* hatte große Augen – möglicherweise, weil er nachtaktiv war – sowie einen langen Balancierschwanz. Das Tier sah dem heutigen mittelamerikanischen Katzenfrett *(Bassaricus sumichrasti)* ähnlich und war vielleicht dessen direkter Vorfahre.

Die Zahnhöcker waren wie bei den übrigen Procyoniden ziemlich stumpf, die Backenzähne zeigten einen viereckigen Querschnitt. *Plesictis* war demnach vermutlich Allesfresser.

NAME: *Chapalmalania*
ZEIT: Oberes Pliozän
VERBREITUNG: Südamerika (Argentinien)
LÄNGE: 1,5 m

Chapalmalania war ein riesenhafter Waschbär, der äußerlich allerdings eher einem Großen Panda geähnelt haben muß. Aufgrund seiner Größe hielt man ihn anfänglich für einen echten Bären. Ohne Zweifel war er wie der Panda ein Ernährungsspezialist, dessen Wohl und Wehe möglicherweise weitgehend von einer ganz bestimmten Pflanze mit sehr beschränktem Verbreitungsgebiet abhing.

MARDER UND BÄREN

Familie Amphicyonidae

Die Amphicyoniden lebten vom Eozän bis zum Miozän, also in der Zeitspanne, die vor 50 Millionen Jahren begann und vor 5 Millionen Jahren zu Ende ging. Es handelte sich um eine vielgestaltige, erfolgreiche Gruppe großer Räuber, die sich über Europa, Asien, Afrika und Nordamerika ausbreitete. Nach dem Niedergang der Creodonten trat sie an deren Stelle, bevor sie selbst im Pliozän den echten Hunden weichen mußte, vor etwa 5 Millionen Jahren.

Die Amphicyoniden werden auch als »Bärenhunde« bezeichnet, weil sie Ähnlichkeiten mit beiden Tierarten aufweisen. In seiner äußeren Form und Wuchtigkeit wirkte der Körper bärenartig, und die Tiere traten mir der ganzen Sohle auf (wie Bären und Menschen), anstatt nur mit den Zehen wie die Katzen und ihre Verwandten. Die Kopfform und die Anordnung der Zähne erinnerten jedoch an Hunde.

NAME: *Amphicyon*
ZEIT: Mittleres Oligozän bis Unteres Miozän
VERBREITUNG: Europa (Frankreich und Deutschland) und Nordamerika (Nebraska)
LÄNGE: 2 m

Amphicyon war der typische Vertreter seiner Familie. Das Tier sah wahrscheinlich wie ein großer Bär aus, hatte allerdings kräftige, scharfe Wolfszähne. Der Hals von *Amphicyon* war dick, die Beine waren gedrungen, der Schwanz kräftig. Die Lebensweise dürfte mehr oder weniger der eines heutigen Braunbären entsprochen haben; *Amphicyon* fraß nämlich ebenfalls sowohl pflanzliche als auch tierische Nahrung und tötete seine Beute mit kräftigen Prankenschlägen.

Familie Ursidae

Die echten Bären treten im Fossilnachweis später auf als viele andere Raubtiere. Sie erschienen zuerst in Europa im Oligozän und verbreiteten sich dann über den größten Teil der Erde. Afrika hat heute allerdings keinen eigenen Bären, obwohl es für die Vergangenheit zwei getrennte Fossilnachweise von diesem Kontinent gibt. Der primitive Bär *Agriotherium* (s. u.) lebte im Pliozän, vor ungefähr 5 Millionen Jahren, in Südwestafrika. Braunbären lebten noch im Pleistozän im Atlasgebirge Nordafrikas und hielten sich sogar bis zur Jetztzeit.

Bären sind Allesfresser; sie ernähren sich von kleinen Säugern, Fischen und Insekten, Eiern, Früchten und Nüssen und natürlich auch von Honig. Sie gehen bei Tag auf Nahrungssuche, da ihr Seh- und Hörvermögen gering ist. Stattdessen haben sie einen ausgezeichneten Geruchssinn.

Der Nahrungsvielfalt entsprechend, sind die Schneidezähne nicht spezialisiert, die Eckzähne lang, die Vorbackenzähne reduziert oder ganz fehlend (keine Reißzähne), die Backenzähne flach und breit mit gerundeten Höckern. Die Backenzähne werden vermutlich am meisten strapaziert, denn der größte Teil der Bärennahrung besteht aus zähem Pflanzenmaterial.

Der nordamerikanische Kodiakbär *(Ursus arctos middendorffi)*, der in den Wäldern von Kodiak, Afognak und der Shuyak-Inseln der Nordwestküste der USA lebt, ist das größte heute existierende Landraubtier.

NAME: *Agriotherium*
ZEIT: Oberes Miozän bis Pleistozän
VERBREITUNG: Afrika (Namibia), Asien (China) und Europa (Frankreich)
LÄNGE: 2 m

Agriotherium war sehr groß – größer noch als der heutige Kodiakbär. Entwicklungsgeschichtlich gilt er als recht primitive Form, die in mancher Hinsicht eher an einen Hund erinnert. Aufgrund seines bärentypischen Gebisses nimmt man an, daß *Agriotherium* bereits Allesfresser war.

NAME: *Hemicyon*
ZEIT: Unteres bis Oberes Miozän
VERBREITUNG: Asien (Mongolei), Europa (Frankreich und Spanien) und Nordamerika (USA)
LÄNGE: 1,5 m

Hemicyon war für einen Bären leicht gebaut und sah eher wie ein kräftiger Hund aus. Mehr als die meisten anderen Bären zog *Hemicyon* fleischliche Nahrung vor und war daher wohl ein aktiver Jäger. Die Beine des Tieres waren kräftig, und der Aufbau seiner Fußknochen verrät, daß er nicht, wie die übrigen Bären, auf den Sohlen, sondern auf den Zehen ging und damit hohe Laufgeschwindigkeiten erreichen konnte. Man kann daraus schließen, daß *Hemicyon* offenes Gelände bewohnte und möglicherweise im Rudel jagte.

NAME: *Ursus spelaeus*
ZEIT: Pleistozän bis Jetztzeit
VERBREITUNG: Europa (Österreich, Deutschland, Niederlande, Spanien, Großbritannien und ehemalige UdSSR)
LÄNGE: 2 m

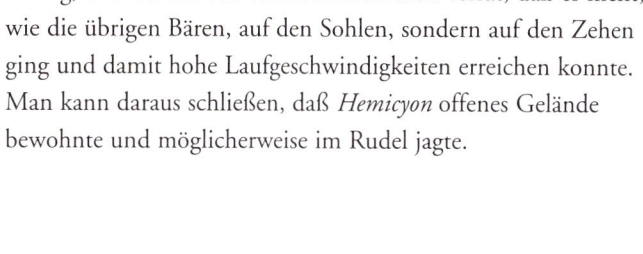

Zur Gattung *Ursus* gehören heute unter anderem der Braunbär, der Eisbär und der amerikanische Baribal.

Der eindrucksvolle Höhlenbär (*Ursus spelaeus*) war im Pleistozän weit verbreitet. In Europa lebte der Höhlenbär zu einer Zeit, da die Vereisung ihren Höhepunkt erreicht hatte. Zur Winterruhe zogen sich die Bären in Berghöhlen zurück – und zwar allem Anschein nach in großer Zahl. Dafür spricht zumindest die Vielzahl fossiler Knochen an den einzelnen Fundorten. Die Drachenhöhle in Österreich, nördlich von Graz, enthält zum Beispiel die Reste von mehr als 30 000 Höhlenbären. Viele von ihnen scheinen im Schlaf ums Leben gekommen zu sein.

Trotz seiner Größe und seines Aussehens war der Höhlenbär wahrscheinlich ein Vegetarier. Der Neandertaler jagte ihn und verwendete seine Knochen bei Ritualen (S. 297).

HUNDE UND HYÄNEN

FAMILIE CANIDAE

Die Familie der Hundeartigen umfaßt die heutigen Füchse, die Schakale, die Kojoten, die Wölfe und die Hunde. Es handelte sich um eine Gruppe erfolgreicher »Allrounder« mit einer rund 40 Millionen Jahre langen Stammesgeschichte. Als Mitglieder der Ordnung *Carnivora* (S. 214) sind sie mit den Ottern und Mardern, den Katzen und Ichneumons, den Robben, Seelöwen und Walrossen verwandt.

Die ersten Fossilfunde hundeartiger Tiere stammen aus dem Oberen Eozän. Es handelte sich um verhältnismäßig kurzbeinige Tiere, die eher Ichneumons und Schleichkatzen ähnelten als den heutigen Hunden. Die Verbreitung der Tiere beschränkte sich fast ausschließlich auf Nordamerika. Erst vor ungefähr 6 Millionen Jahren wurden auch andere Kontinente besiedelt.

Im Oberen Oligozän (vor 35 Millionen Jahren) waren nur fünf Gattungen bekannt. Im Oberen Miozän (vor 10 bis vor 6 Millionen Jahren) erreichte die Gruppe mit 42 Gattungen ihre höchste Artenvielfalt. Seit jener Zeit ist sie im Niedergang begriffen. Heute weist sie noch zwölf Gattungen auf, zu denen auch der Haushund zählt.

Das Gebiß der Caniden trug maßgeblich zur ökologischen Vielseitigkeit der Gruppe bei. Die Tiere haben große, zugespitzte Eckzähne und wohlentwickelte Reißzähne, daneben aber auch kräftige Backenzähne, mit deren Hilfe sie Nahrung zerreiben können. Die Tiere fraßen demnach alles – von Knochen, Fleisch und Insekten bis hin zu Früchten.

Geruchssinn und Gehör sind bei den Hundeartigen besonders stark entwickelt, doch sehen sie auch recht gut. Mit ihren langen Beinen und ihrer großen Ausdauer sind sie imstande, auch schnelle Beutetiere über beträchtliche Entfernungen hin zu jagen. Die Caniden sind natürliche Zehengänger. Die hohe Intelligenz und das stark ausgeprägte Sozialleben, wie wir es etwa bei Wölfen und Hyänen beobachten, erleichtern den Caniden die Jagd, helfen ihnen dabei, größeren Räubern aus dem Weg zu gehen, und kommen ihnen auch bei der Aufzucht der Jungen und der Besiedlung neuer Lebensräume zupaß.

NAME: *Phlaocyon*
ZEIT: Unteres Miozän
VERBREITUNG: Nordamerika (Nebraska)
LÄNGE: 80 cm

Sah *Hesperocyon* (unten) oberflächlich einer Schleichkatze ähnlich, so ähnelte *Phlaocyon* eher einem Waschbär (*Procyonidae*, S. 215). Diverse Schädelmerkmale deuten jedoch darauf hin, daß *Phlaocyon* zu den *Canidae* gehörte, auch wenn es sich um ein sehr primitives Mitglied dieser Familie gehandelt haben muß.

Es ist anzunehmen, daß *Phlaocyon* wie ein moderner Waschbär lebte. Auch wenn seine Füße ausgesprochen hundeähnlich waren, waren seine Gliedmaßen eher für das Erklettern von Bäumen als fürs Laufen geeignet.

Der Unterkiefer war gebogen wie bei einem Waschbär. Die Prämolaren und Molaren zerrieben die Nahrung; die für Hunde typischen Reißzähne fehlten. Der Gebißstruktur läßt sich entnehmen, daß *Phlaocyon* sich von allem Möglichen ernährte – von Samen, Früchten, Insekten und Vogeleiern, von kleinen Säugern und Vögeln.

NAME: *Hesperocyon*
ZEIT: Unteres Oligozän bis Oberes Miozän
VERBREITUNG: Nordamerika (Nebraska)
LÄNGE: 80 cm

Hesperocyon war einer der ältesten Vertreter der Caniden. Das kleine, aktive Tier ähnelte mit seinem langen, geschmeidigen Körper, dem langen Schwanz und den kurzen, nicht sehr kräftigen Beinen mit fünfzehigen Füßen eher einem Ichneumon oder einer Schleichkatze als einem Hund. Der Aufbau der Ohrknöchelchen und das Gebiß weisen es jedoch als einen primitiven Caniden aus.

Teile des Innenohrs waren von Knochen und nicht von Knorpel umgeben. Dieses hundeartige Merkmal unterscheidet *Hesperocyon* deutlich von primitiveren Raubtieren wie *Miacis* (S. 214).

Der Gattung *Hesperocyon* fehlte der letzte Backenzahn im Oberkiefer. Damit hatten die Tiere 42 anstatt der sonst üblichen 44 Zähne. Der letzte obere Vorbackenzahn und der erste untere Backenzahn waren beidseitig zu Reißzähnen umgebaut, mit denen die Tiere Fleisch zerteilen konnten. Reißzähne sind typisch für die Hundeartigen und die meisten anderen echten Raubtiere der Ordnung *Carnivora*.

NAME: *Cynodesmus*
ZEIT: Oberes Oligozän bis Unteres Miozän
VERBREITUNG: Nordamerika (Nebraska)
LÄNGE: 1 m

Cynodesmus war einer der ersten Caniden, die ungefähr wie ein heutiger Hund aussahen. Er ähnelte einem amerikanischen Kojoten *(Canis latrans)*, hatte jedoch ein viel kürzeres Gesicht (die lange Schnauze der Hundeartigen entwickelte sich erst viel später). Der Rumpf war noch ziemlich lang, der Schwanz recht buschig. Die Beine von *Cynodesmus* waren noch nicht so leistungsfähig wie die der rezenten Hunde. Zur damaligen Zeit gab es in Nordamerika noch keine offenen Prärien. Erst mit ihrem Aufkommen kam es auch zur Entwicklung schneller Weidetiere, die ihrerseits die Evolution behender Jäger wie der Hunde und Wölfe beschleunigten. *Cynodesmus* trug an den Füßen noch fünf Zehen, wobei die jeweils erste deutlich kleiner war als die übrigen. Die schmalen Krallen konnten teilweise zurückgezogen werden wie bei einer Katze, unterschieden sich also merklich von den dicken, stumpfen, nicht zurückziehbaren Krallen der späteren Hunde. Wahrscheinlich lauerte *Cynodesmus* nach Katzenart seiner Beute auf anstatt sie wie die heutigen Hunde zu hetzen.

NAME: *Cerdocyon*
ZEIT: Pleistozän
VERBREITUNG: Südamerika (Argentinien)
LÄNGE: 80 cm

Während des Tertiärs entfaltete sich in Nordamerika die Familie der Hundeartigen. Die Angehörigen dieser Gruppe konnten nicht nach Südamerika einwandern, weil damals die beiden Kontinente noch durch einen Meeresarm getrennt waren. Erst gegen Ende des Tertiärs, im Pliozän (vor ungefähr 5 Millionen Jahren), entstand die mittelamerikanische Landbrücke. Die Hunde gelangten im Unteren Pleistozän, vor ungefähr 2 Millionen Jahren, nach Südamerika. Zu den ersten Einwanderern zählte auch die frühe Fuchsgattung *Cerdocyon*.

2 Millionen Jahre später lebt die Gattung *Cerdocyon* in Form des häufigen Waldfuchses *(Cerdocyon thous)* weiter, dessen Verbreitung sich von Kolumbien bis nach Nordargentinien erstreckt. Es handelt sich um einen nachtaktiven Allesfresser, der sich von Krebsen, Ratten, Mäusen, Fröschen und Insekten, von Früchten, Aas und Eiern aller Art ernährt. Wahrscheinlich unterscheidet sich seine opportunistische Lebensweise kaum von der seiner Vorfahren aus dem Pleistozän.

HUNDE UND HYÄNEN

NAME: *Osteoborus*
ZEIT: Oberes Miozän bis Unteres Pleistozän
VERBREITUNG: Nordamerika (Nebraska)
LÄNGE: 80 cm

NAME: *Canis dirus*
ZEIT: Pleistozän bis Jetztzeit
VERBREITUNG: Nordamerika (Kalifornien)
LÄNGE: 1,5 m

Die Gattung der Wolfsartigen, *Canis*, umfaßt heute neun Arten, darunter die Wölfe, Kojoten, Schakale, Wildhunde und Haushunde, von der dänischen Dogge bis zum Chihuahua. In der Vergangenheit gab es noch viel mehr Arten. Der Direwolf gehört zu den bekanntesten ausgestorbenen Vertretern der Gattung und ähnelte sehr den heute noch existierenden Wölfen. Allerdings war er schwerer gebaut und ernährte sich vorrangig von Aas. Der Direwolf war vermutlich in die ökologische Nische vorgestoßen, die die Borophaginen wie *Osteoborus* nach ihrem Aussterben im Unteren Pleistozän hinterlassen hatten.

Fossile Reste von über 2000 Direwölfen wurden in den Asphaltgruben von Rancho La Brea bei Los Angeles ausgegraben. Vor ungefähr 25 000 Jahren gelangte an jener Stelle Rohöl an die Erdoberfläche. Nachdem die flüchtigen Komponenten verdampft waren, blieben Tümpel aus klebrigem Asphalt zurück, die alsbald von einer trügerischen Wasserschicht bedeckt wurden. Das Wasser zog zahlreiche Lebewesen an, darunter Riesenfaultiere und Elefanten, die beim Trinken im Asphalt steckenblieben und sich nicht mehr befreien konnten. Ihr Sterben lockte Raubtiere wie den Direwolf und den Säbelzahntiger *(Smilodon)* an, die dann ebenfalls im Asphalt versanken.

Osteoborus war ein Vertreter der Borophaginen, der »Urgroßhunde«, die vor allem Aas fraßen und im Oberen Miozän, vor ungefähr 8 Millionen Jahren, zum erstenmal auftraten. Der mächtige Körperbau und der gedrungene Vorderkopf verliehen dem Tier ein bärenartiges Aussehen, während in den großen Vorbackenzähnen, mit denen die Tiere Knochen aufknacken konnten, hyänenartige Merkmale zum Ausdruck kamen. Der Schädel war verkürzt, um Platz für die derben Kaumuskeln zu schaffen, ohne die es dem Tier nie gelungen wäre, größere Röhrenknochen zu öffnen und an das nahrhafte Mark zu gelangen.

Osteoborus war in Nordamerika weit verbreitet und besetzte dort dieselbe ökologische Nische wie die Hyänen in Europa, Asien und Afrika. Die Tiere lebten von Kadavern und jagten nicht selten anderen Raubtieren ihre Beute ab. Die Rolle der Aasfresser übernahmen in Nordamerika später typische Hunde, wie beispielsweise *Canis dirus* (rechts).

Familie Hyaenidae

Die Hyänen gehören ebenfalls zur Ordnung der Raubtiere. Sie entwickelten sich erst im Mittleren Miozän, also vor ungefähr 15 Millionen Jahren. Wahrscheinlich entstanden sie auf dem afrikanischen Kontinent und breiteten sich von dort über die gesamte Alte Welt aus.

Die einzige neuweltliche Hyäne ist *Chasmaporthetes*. Es handelte sich bei diesem Tier eher um einen schnellen Jäger als um einen Aasfresser. Die Beine und Zähne von *Chasmaporthetes* erinnern an die eines heutigen Gepards. Tatsächlich konkurrierten die beiden Arten miteinander, denn Geparde gab es in Afrika bereits während des Pleistozäns.

Heute beschränkt sich die Verbreitung der Hyänen auf die wärmeren Gebiete Afrikas und Asiens. Obwohl überwiegend Aasfresser, können die behenden und intelligenten Tiere auch im Rudel jagen und sind dabei imstande, auch den schnellsten Pflanzenfresser zur Strecke zu bringen. Die Hyänen haben starke Reißzähne, mit denen sie Knochen aufknacken können. Ihr robustes Verdauungssystem entzieht gefressenen Knochen die organische Materie. Unverdauliche Stoffe wie Hufe, Hörner, Sehnen und Haare würgen die Hyänen wieder aus.

NAME: *Ictitherium*
ZEIT: Mittleres Miozän bis Unteres Pliozän
VERBREITUNG: Afrika (Marokko) und Europa (Griechenland)
LÄNGE: 1,2 m

Ictitherium war eine der frühesten Hyänen und ähnelte in Körperbau und Aussehen vermutlich eher einer Zibetkatze (eine Verwandte der Mungos und Ginsterkatzen). Auch die Zähne, die gut zum Verspeisen von Insekten geeignet waren, glichen mehr denen der Zibetkatze als den mächtigen Beißwerkzeugen der Hyänen.

Zusammen mit seinen primitiven Verwandten zählte *Ictitherium* zu den am weitesten verbreiteten Jägern seiner Zeit. Tatsächlich übersteigen die Fossilienfunde aus einer bestimmten Phase des Pliozäns mengenmäßig sogar die aller anderen Carnivoren zusammengenommen.

Es wurden häufig Fossilien ganzer Tiergruppen gefunden, was darauf hindeutet, daß eine Flut sie alle zur gleichen Zeit davongeschwemmt haben könnte. Wahrscheinlich besaß diese frühe Hyäne bereits eine relativ weit entwickelte soziale Ordnung und jagte ihre Beute ähnlich den modernen Hyänen im Rudel.

NAME: *Percrocuta*
ZEIT: Mittleres bis Oberes Miozän
VERBREITUNG: Afrika, Asien und Europa
LÄNGE: 1,5 m

Die Arten der Gattung *Percrocuta* waren die größten Hyänen, die jemals gelebt haben. Eine chinesische Art erreichte die Länge eines heutigen Löwen.

Abgesehen von ihrer Größe ähnelte *Percrocuta* sehr der afrikanischen Tüpfelhyäne *(Crocuta crocuta)*, einer Art, die im Pleistozän viel weiter verbreitet war als heute. Fossile Knochen wurden in ganz Afrika, Europa und Asien gefunden.

Wie ihre modernen Verwandten hatte *Percrocuta* einen großen Kopf und außergewöhnlich mächtige Kiefer mit großen Reißzähnen.

KATZEN UND ICHNEUMONS

FAMILIE NIMRAVIDAE

Die Nimraviden waren die ersten Katzen. Sie entwickelten sich im Unteren Oligozän, also vor ungefähr 35 Millionen Jahren, und überlebten bis ins Obere Miozän, das vor rund 8 Millionen Jahren zu Ende ging. Bisweilen spricht man auch von »Scheinsäbelzahntigern«, um sie von den echten Säbelzahntigern aus der Familie der *Felidae* (s. u.) zu unterscheiden.

Die Nimraviden hatten einen langen schlanken Rumpf und lange Schwänze. Ihre oberen Eckzähne waren länger als bei den heutigen Katzen, doch kürzer als bei den echten Säbelzahntigern. Die unteren Eckzähne waren dagegen im Verhältnis länger.

NAME: *Nimravus*
ZEIT: Unteres Oligozän bis Unteres Miozän
VERBREITUNG: Europa (Frankreich) und Nordamerika (Colorado, Nebraska, North und South Dakota und Wyoming)
LÄNGE: 1,2 m

Schon im Unteren Oligozän war dieser Scheinsäbelzahntiger ein direkter Konkurrent der echten Säbelzahntiger, wie beispielsweise *Eusmilus*. *Nimravus* ähnelte mit seinem schlanken Rumpf wahrscheinlich einem heutigen Wüstenluchs (*Felis caracal*); der Rücken war allerdings länger, und die Füße waren eher hundeähnlich ausgebildet. Der Kopf war kurz und die Augen waren so ausgerichtet, daß das Tier räumlich sehen konnte, eine Eigenschaft, die für einen Jäger von großer Bedeutung ist, weil sie ihm die Entfernung der Beute exakt einzuschätzen erlaubt. Die Krallen von *Nimravus* waren dünn und sehr scharf und konnten bis zu einem gewissen Grad eingezogen werden, so daß sie sich beim Laufen nicht dauernd abwetzten.

Wahrscheinlich jagte *Nimravus* kleine Säuger und Vögel, denen er nach Katzenart auflauerte statt ihnen wie die Hunde nachzuhetzen.

FAMILIE FELIDAE

Die Familie der Katzenartigen umfaßt so vertraute Gestalten wie Löwen, Tiger, Leoparden und die Hauskatze. Die *Felidae* sind die am stärksten spezialisierten Jäger unter den Säugetieren. Als vor ungefähr 15 Millionen Jahren langsam die großen Grasgebiete entstanden, paßten sich die Katzen und die Hunde den Jagdbedingungen auf den großen Ebenen an. In einer offenen Landschaft kann jedes Beutetier die Gefahr schon von weitem herannahen sehen. Ein Räuber muß sich also entweder mit großem Geschick anschleichen oder aber sehr schnell laufen können. Die Katzen verfahren nach der ersten Methode, während die Hunde das zweite Verfahren anwenden.

Einige Katzenarten, wie die Tiger, entwickelten sich zu Einzelgängern, die ihre Beutetiere anschleichen oder ihnen auflauern. Andere Formen, wie die Löwen, gingen zu einem sozialen Leben über und jagen ihre Beute in gut koordinierten Rudeln.

Alle heutigen Katzenarten töten ihre Beutetiere, indem sie ihnen mit einem kräftigen Biß der Eckzähne das Genick brechen. Die Säbelzahntiger hingegen, die inzwischen alle ausgestorben sind, fügten ihren Opfern tiefe Wunden zu und warteten dann, bis sie verblutet waren.

Neben den echten Säbelzahntigern entwickelte noch eine weitere Felidengruppe säbelartige Zähne (die ja auch schon bei den primitiven Nimraviden aufgetreten waren). Die Bezeichnung »Säbelzahntiger« ist für sie eigentlich irreführend, da die betreffenden Formen mit den Tigern nicht näher verwandt sind. Die Experten sprechen deswegen lieber von »Säbelzahnkatzen«.

NAME: *Eusmilus*
ZEIT: Oligozän
VERBREITUNG: Europa (Frankreich) und Nordamerika (Colorado, Nebraska, North und South Dakota und Wyoming)
LÄNGE: 2,5 m

Diese leopardengroße Katze hatte, verglichen mit den modernen Katzenarten, einen ziemlich langen Körper und kurze Beine. *Eusmilus* trat in Europa gegen Ende des Eozäns, vor ungefähr 40 Millionen Jahren, auf und breitete sich im Oligozän über die Landbrücke im heutigen Beringmeer ostwärts nach Nordamerika aus.

Eusmilus war ein typischer Vertreter der erwähnten Scheinsäbelzahntiger. Die oberen Eckzähne waren enorm verlängert, die unteren Eckzähne hingegen ziemlich bedeutungslos. Viele andere Zähne waren ganz verlorengegangen. *Eusmilus* verfügte insgesamt nur noch über 26 Zähne, während andere Raubtiere bis maximal 44 Zähne aufwiesen.

Das Kiefergelenk war so weit modifiziert, daß es eine Öffnung im rechten Winkel zuließ. Erst damit konnten die Säbelzähne ihre volle Wirksamkeit entfalten. Im Unterkiefer befanden sich Knochenscheiden, welche die Säbelzähne bei geschlossenem Mund schützten. Eine ähnliche Erscheinung findet sich beim Säbelzahn-Beuteltier *Thylacosmilus* (S. 203), obwohl die beiden Säuger nicht näher miteinander verwandt waren. Ihre Ähnlichkeit ist vielmehr ein erneutes Beispiel für konvergente Evolution.

Eusmilus und andere Scheinsäbelzahntiger bewohnten zur selben Zeit dasselbe Gebiet, und es gibt sogar fossile Nachweise dafür, daß sich ihre Pfade kreuzten. Ein Schädelfund von *Nimravus* (s. o.) aus Nordamerika weist im Vorderkopf ein Loch auf, das genau mit den Dimensionen eines Säbelzahns von *Eusmilus* übereinstimmt. Die Wunde war allerdings nicht tödlich, denn das betroffene Exemplar von Nimravus überlebte den Kampf immerhin so lange, daß die Wunde ausheilen konnte.

NAME: *Megantereon*
ZEIT: Oberes Miozän bis Unteres Pleistozän
VERBREITUNG: Afrika (Südafrika), Asien (Indien), Europa (Frankreich) und Nordamerika (Texas)
LÄNGE: 1,2 m

Megantereon war ein früher echter Säbelzahntiger, aus dem wahrscheinlich die anderen Formen hervorgingen. Die Zähne waren noch nicht ganz so lang wie die der Nachfolgearten, vermochten aber problemlos die dickhäutigen Pflanzenfresser zu töten, die in den gleichen Lebensräumen wie *Megantereon* vorkamen.

Megantereon lebte im Mittelmeergebiet und hatte seine Blütezeit im Oberen Pliozän bis zum Unteren Pleistozän, also vor 3 bis vor 2 Millionen Jahren. Die Gattung breitete sich im Oberen Miozän von ihrem Ursprungszentrum in Nordindien über Afrika und Nordamerika aus.

KATZEN UND ICHNEUMONS

NAME: *Smilodon*
ZEIT: Oberes Pleistozän
VERBREITUNG: Nordamerika (Kalifornien) und Südamerika (Argentinien)
LÄNGE: 1,2 m

NAME: *Homotherium*
ZEIT: Unteres bis Oberes Pleistozän
VERBREITUNG: Afrika (Äthiopien), Asien (China und Java), Europa (Großbritannien) und Nordamerika (Tennessee und Texas)
LÄNGE: 1,2 m

Auch *Homotherium* hatte verlängerte, dolchartige, nach hinten gekrümmte obere Eckzähne. Dahinter standen kräftige Reißzähne zum Zerteilen von Fleisch. Im Profil betrachtet, hatte *Homotherium* wie eine Hyäne einen abfallenden Rücken, denn die Vorderbeine waren länger als die Hinterbeine. Beim Gehen setzte das Tier die ganze Fußsohle auf dem Boden auf, war also »Sohlengänger« wie ein Bär oder der Mensch. Die meisten übrigen Katzen sind dagegen sogenannte Zehengänger.

Smilodon war der »klassische« Säbelzahntiger. Im Gegensatz zu den meisten anderen Katzen hatte er, ähnlich wie der heutige Rotluchs, einen kurzen Schwanz. Der ganze Körper war ungemein kräftig gebaut, die Schulter- und Halsmuskulatur nicht minder, der Kopf war groß und massiv. Der Öffnungswinkel der Kiefer betrug bei aufgerissenem Rachen mehr als 120 Grad. Nur so war es möglich, die Säbelzähne tief in das Fleisch des Beutetiers zu stoßen.

Der ovale Querschnitt der Säbelzähne diente der Kraftersparnis und erleichterte das Eindringen ins Fleisch des Opfers.

Smilodon jagte wahrscheinlich mit Vorliebe große, langsame Tiere mit dicker Haut, zum Beispiel Mammuts und Bisons. Der Säbelzahntiger konnte diese Beutetiere nicht mit einem schnellen Nackenbiß töten, sondern mußte warten, bis die Beute verblutet war.

In den pleistozänen Asphaltgruben von Rancho La Brea bei Los Angeles fand man über 2000 Skelette von *Smilodon*. Auch andere Raubtiere wie der Direwolf (S. 220) waren in großer Zahl vertreten. Ihnen fehlte noch die Intelligenz der modernen Raubtiere: Angelockt von bereits im Asphalt festsitzenden Beutetieren, folgten sie ihnen blindlings in den Tod. Die *Smilodon*-Art der Asphaltgruben ist *Smilodon californicus*, das Nationalfossil Kaliforniens.

Homotherium überlebte bis zum Ende der letzten pleistozänen Eiszeit, also bis vor ungefähr 14 000 Jahren. Die Tiere jagten wahrscheinlich Mammuts, denn in Texas fand man die Reste junger Mammuts zusammen mit den Knochen eines Familienverbands von *Homotheria*.

NAME: *Dinofelis*
ZEIT: Oberes Pliozän bis Mittleres Pleistozän
VERBREITUNG: Afrika (Südafrika), Asien (China und Indien), Europa (Frankreich) und Nordamerika (Texas)
LÄNGE: 1,2 m

Dinofelis war panthergroß und hatte abgeflachte Eckzähne, die allerdings bedeutend kürzer waren als bei den Säbelzahntigern, aber länger als bei den heutigen Katzen. In Paläontologenkreisen ist bis heute umstritten, in welche Unterfamilie der Felidae *Dinofelis* gehört. Er starb in Eurasien und Nordamerika während des Unteren Pleistozäns aus, überlebte aber in Afrika noch bis zum Mittleren Pleistozän.

NAME: *Panthera*
ZEIT: Pleistozän bis Jetztzeit
VERBREITUNG: Afrika (Südafrika), Asien (Indien), Europa (England) und Nordamerika (Kalifornien)
LÄNGE: bis 3,5 m

Panthera leo, der heutige Löwe, kommt in Afrika und im westindischen Gir-Wald vor. Er hat im Vergleich zur Mehrzahl der ausgestorbenen Katzen kurze Eckzähne und tötet seine Beutetiere mit einem Biß, der Knochen und Sehnen des Halses durchtrennt. Die Krallen sind lang und scharf und können über Sehnen ganz in den Fuß zurückgezogen werden. Jede Kralle wird von einer Hautscheide geschützt, die eine vorzeitige Abstumpfung verhindert. Zwei ausgestorbene Unterarten des Löwen sind besonders bemerkenswert: Der europäische Höhlenlöwe (*Panthera leo spelaea*) war wahrscheinlich die größte Katzenart, die je gelebt hat. Er war um ein Viertel größer als der heutige Löwe und sogar noch deutlich größer als der Sibirische Tiger, der als größte rezente Katzenart gilt. Höhlenmalereien und andere archäologische Funde deuten darauf hin, daß der Höhlenlöwe in Südosteuropa bis in historische Zeiten hinein überlebte.

Die andere ausgestorbene Löwenrasse war *Panthera leo atrox*. Sie war über Nordamerika und das nördliche Südamerika verbreitet. Offensichtlich war diese Unterart über die Landbrücke in der Beringsee während der letzten Eiszeit – also vor 35 000 bis vor 20 000 Jahren – nach Nordamerika gelangt. Reste dieses Löwen wurden sogar in Alaska gefunden.

Familie Viverridae

Diese Familie umfaßt kleine Raubtiere, vor allem die Schleichkatzen, Ginsterkatzen sowie die Ichneumons und Mungos. Die Viverriden gehören zu den ältesten Raubtieren. Ihre Vorfahren lassen sich bis ins Mittlere Paläozän zurückverfolgen.

Generell haben diese Tiere einen langen Körper und kurze Beine. Viele Arten sind opportunistische Allesfresser, die mit einer großen Nahrungsvielfalt zurechtkommen.

Trotz der gegenwärtig weiten Verbreitung über die gesamten altweltlichen Tropen – die Viverriden haben zum Beispiel als einzige Raubtiere Madagaskar besiedelt – fällt der fossile Nachweis ziemlich spärlich aus.

NAME: *Kanuites*
ZEIT: Miozän
VERBREITUNG: Afrika (Kenia)
LÄNGE: 90 cm

Die Viverriden haben sich im Verlauf ihrer langen Evolution bemerkenswert wenig verändert: *Kanuites* ist ohne Zweifel den heutigen Ginsterkatzen (*Genetta*) sehr ähnlich. Das Tier hatte einen langen Schwanz und konnte wahrscheinlich wie eine Katze seine Krallen zurückziehen. Vermutlich handelte es sich um einen Allesfresser, der sich ebenso von Früchten wie von Insekten, kleinen Säugern und Reptilien ernährte und auf dem Boden ebenso geschickt agierte wie im Geäst der Bäume.

ROBBEN, SEELÖWEN UND SEEKÜHE

UNTERORDNUNG PINNIPEDIA

Zur Ordnung der Raubtiere *(Carnivora)* gehören nicht nur die uns bekannten Formen des Festlandes, wie die Katzen, Hunde und Bären, sondern auch meeresbewohnende Tiere, die man in der Unterordnung *Pinnipedia* zusammenfaßt. Sie umschließt die Ohrenrobben, Seebären und Seelöwen *(Otariidae)*, die Walrosse *(Odobenidae)* sowie die Hundsrobben und Seehunde *(Phocidae)*. Bei all diesen Tieren sind die Gliedmaßen zu Flossen umgewandelt. Die *Pinnipedia* oder Wasserraubtiere entwickelten sich wahrscheinlich während des Oberen Oligozäns, also vor ungefähr 30 Millionen Jahren, auf der Nordhalbkugel. Erst im Miozän, vor zirka 10 Millionen Jahren, drangen sie auch auf die Südhalbkugel vor. Früher glaubte man, die Ohrenrobben und die Walrosse seien aus bärenartigen Vorfahren, die echten Seehunde hingegen aus otterähnlichen Tieren hervorgegangen. Heute nimmt man an, alle Formen dieser Gruppe stammten von einem gemeinsamen Ahnen ab, der unter den Mardern zu suchen ist (S. 214–215).

FAMILIE PHOCIDAE

Obwohl die Seehunde äußerlich trotz ihres Namens mit den Hundeartigen nicht viel gemein haben, gehören sie ebenfalls der Ordnung *Carnivora* an. Sie entwickelten sich wahrscheinlich im Oberen Oligozän, vor ungefähr 30 Millionen Jahren, aus einem otterähnlichen Tier wie *Potamotherium* (S. 215). Die Seehunde traten zuerst in europäischen Gewässern auf, verbreiteten sich dann aber rasch über die Weltmeere bis in die arktischen, antarktischen und pazifischen Regionen. Dabei paßten sie sich verhältnismäßig schnell an das Leben im Meer und die Fischnahrung an.

NAME: Acrophoca
ZEIT: Unteres Pliozän
VERBREITUNG: Südamerika (Peru)
LÄNGE: 1,5 m

Acrophoca war möglicherweise der Vorfahre unseres heutigen Seeleoparden *(Hydrurga leptonyx)*. Wie dieser fraß sie Fische, war aber anscheinend noch nicht so stark an das Leben im Wasser angepaßt und verbrachte daher einen großen Teil ihres Lebens an oder nahe der Küste.

FAMILIE ENALIARCTIDAE

Die Enaliarctiden waren die ersten Ohrenrobben. Aus ihnen entwickelten sich die heutigen Seelöwen, die Seebären und die Walrosse. Die Enaliarctiden lebten während des Unteren Miozän und waren ihrerseits wahrscheinlich wie die Phociden aus marderartigen Tieren hervorgegangen.

Vor ungefähr 18 Millionen Jahren entstand aus den Enaliarctiden eine weitere inzwischen ausgestorbene Robbenfamilie, die Desmatophociden. Noch später, vor ungefähr 15 Millionen Jahren, gingen aus bestimmten Enaliarctiden die Odobeniden oder Walrosse hervor. Ein weiterer Seitenzweig führte zu den Ohrenrobben, den Seelöwen und Seebären.

NAME: *Enaliarctos*
ZEIT: Unteres Miozän
VERBREITUNG: Nordamerika (Pazifikküste)
LÄNGE: 1,5 m

Enaliarctos steht ungefähr auf halbem Weg zwischen einem Otter und einem Seelöwen. Hinten in den Kiefern standen noch Reißzähne wie bei einem Hund. Der Körper war stromlinienförmig und sah noch recht otterähnlich aus. Beine und Schwanz waren gut entwickelt, während die Füße bereits zu Paddeln umgewandelt waren.

Die Lebensweise von *Enaliarctos* dürfte mehr oder weniger der des heutigen Seeotters entsprochen haben. Er war ebenso auf dem Land zu Hause wie auf dem Wasser und fraß eine große Vielzahl meeresbewohnender Tiere, darunter Fische, Schnecken und Muscheln. Einige Seelöwenmerkmale hatten sich bereits entwickelt: die großen Augen, ein mit den Spürhaaren im Gesicht verbundener feiner Tastsinn sowie ein spezialisiertes Innenohr, das imstande war, Schallwellen unter Wasser wahrzunehmen und ihre Richtung zu orten.

FAMILIE DESMATOPHOCIDAE

Die Desmatophociden kann man als primitive Seelöwen betrachten. Sie ähneln den eigentlichen Seehunden (*Phocidae*, s. o.) und zeigen parallele Anpassungen an dieselbe Lebensweise. Der Unterschied zwischen den beiden Gruppen liegt im Bau der Hinterbeine. Seelöwen, Seebären und Walrosse können ihre Hinterflossen nach vorne richten und sich mit deren Hilfe auch auf dem Festland einigermaßen fortbewegen. Den echten Seehunden ist dies verwehrt.

NAME: *Desmatophoca*
ZEIT: Mittleres Miozän
VERBREITUNG: Asien (Japan) und Nordamerika (Kalifornien und Oregon)
LÄNGE: 1,7 m

Die typische Stromlinienform des heutigen Seelöwen tritt zum erstenmal bei der Gattung *Desmatophoca* in Erscheinung. Wie bei den rezenten Verwandten waren die Vordergliedmaßen kräftiger als die Hintergliedmaßen, die Füße zu Paddeln umgewandelt und deren Finger verlängert sowie zur Oberflächenvergrößerung mit einer Schwimmhaut verbunden. Alle Knochen in den Gliedmaßen waren verkürzt und damit kräftiger.

Obwohl *Desmatophoca* im Gegensatz zu den Seelöwen noch einen Schwanz hatte, war dieser doch bereits stark reduziert und kaum noch länger als der Schädel des Tieres. Wie beim Vorgänger *Enaliarctos* (s. o.) waren die Augen enorm groß, was darauf hindeutet, daß dem Gesichtssinn bei der Jagd die Hauptrolle zufiel. Der Gehörsinn war möglicherweise noch nicht vollständig an die unter Wasser herrschenden Bedingungen angepaßt, taugte aber mit Sicherheit an Land.

FAMILIE ODOBENIDAE

Die Odobeniden oder Walrosse unterscheiden sich von den Seelöwen und Seebären durch ihre Ernährungsweise: Sie fressen eher Muscheln als Fische und sind dementsprechend ausgestattet. Die oberen Eckzähne sind bei beiden Geschlechtern zu langen Stoßzähnen verlängert, mit denen die Tiere im Meeresboden nach ihrer Beute stochern.

Im Unteren Pliozän, vor ungefähr 5 Millionen Jahren, lebten an der Nordpazifikküste mindestens fünf Walroßgattungen. Einige dieser frühen Formen, von denen viele eher den Seelöwen ähnelten, durchquerten im Oberen Miozän, also vor ungefähr 8 Millionen Jahren, den Meeresarm, der damals Nordamerika von Südamerika trennte. Im Unteren Pliozän, vor ungefähr 3 Millionen Jahren, hatten die Walrosse die amerikanische und die europäische Nordatlantikküste erreicht. In ihrer Urheimat, dem Pazifik, starben sie im weiteren Verlauf des Pliozäns gänzlich aus. Die Populationen im Nordatlantik erlebten jedoch eine Blütezeit und wanderten vor ungefähr 1 Million Jahren über das arktische Eismeer wieder in den Nordpazifik zurück.

NAME: *Imagotaria*
ZEIT: Oberes Miozän
VERBREITUNG: Nordamerika (Pazifikküste)
LÄNGE: 1,8 m

Obwohl *Imagotaria* als Walroß gilt, sah das Tier wahrscheinlich eher wie ein Seelöwe aus und verhielt sich auch entsprechend. Vermutlich handelte es sich um ein Übergangsstadium in der Evolution der Walrosse.

Die Eckzähne, mit denen die Seelöwen Fische fangen, hatten bei *Imagotaria* bereits begonnen, sich zu vergrößern, aber noch nicht die Länge der Stoßzähne heutiger Walrosse erreicht. Auch die rückwärtigen Zähne hatten noch nicht jene breiten Flächen entwickelt, die so hervorragend zum Aufbrechen von Muscheln geeignet sind. Wahrscheinlich fraß das Tier sowohl Fische als auch Muscheln.

ROBBEN, SEELÖWEN UND SEEKÜHE

ORDNUNG DESMOSTYLA

Die Desmostylier waren merkwürdige Wasserbewohner, die von angelsächsischen Autoren auch *Seahorses* (»Seepferde«) genannt werden. Die Tiere waren ungefähr ponygroß und lebten im Miozän, also in der Zeitspanne von vor 25 bis vor 5 Millionen Jahren, an den Küsten des Nordpazifiks. Ein einzelner Fossilfund aus dem Küstengebiet Floridas zeigt uns, daß die *Desmostyla* die schmale Meeresstraße überwunden hatten, die bis zum Pliozän (vor 5 Millionen Jahren) Nord- und Südamerika voneinander trennte. Die Herkunft, die Verwandtschaftsbeziehungen und die Ernährungsweise der Desmostylier bleiben jedoch bis heute ein Rätsel.

NAME: *Desmostylus*
ZEIT: Miozän
VERBREITUNG: Asien (Japan) und Nordamerika (Pazifikküste)
LÄNGE: 1,8 m

Desmostylus war der typische Vertreter seiner Gruppe. Er war wie ein Nilpferd gebaut und verhielt sich vielleicht auch entsprechend. Körper und Beine waren gedrungen, die Füße breit. Jede der vier Zehen oder Finger trug Hufe.

Die Unterarmknochen waren zu einer festen Säule verwachsen, was zur Folge hatte, daß der Fuß nur zusammen mit dem gesamten Vorderbein gedreht werden konnte.

Der Ober- und der Unterkiefer waren vorne verlängert und trugen nach vorne gerichtete, verlängerte Schneide- und Eckzähne. Insgesamt muß der Kopf ähnlich ausgesehen haben wie der diverser Elefantenarten, die zur selben Zeit lebten und schaufelartig verbreiterte Stoßzähne aufwiesen (S. 239–242). Die ungewöhnlichen Backenzähne bildeten Gruppen aufrecht stehender Zylinder.

Desmostylus lebte wahrscheinlich amphibisch, paddelte in flachen Küstengewässern umher und löste mit seinen Stoßzähnen Muscheln von den Klippen. Vielleicht ließ er sich bei der Nahrungssuche auch auf den Meeresboden absinken. Einige Paläontologen halten für möglich, daß *Desmostylus* auch das Seegras abweidete, das zwischen den Tiden für ihn erreichbar wurde.

ORDNUNG SIRENIA

Die Seekühe oder Sirenen sind die einzige pflanzenfressende Säugergruppe, die sich ganz dem Leben im Wasser angepaßt hat. Heute unterscheidet man drei Manati-Arten *(Trichechus)* sowie eine Dugong-Art *(Dugong dugong)*. Eine fünfte Art, die Steller'sche Seekuh, die sich an die kalten Temperaturen des Nordpazifik angepaßt hatte, starb 1768 aus.

Sämtliche Gattungen der Ordnung haben einen walzenartigen Körper, zu Paddeln umgebaute Vordergliedmaßen, keine Hintergliedmaßen und – ähnlich wie die Wale – einen waagrecht stehenden, flachen Schwanz, mit dessen Hilfe die Tiere gemächlich durch das Wasser gleiten können.

Seekühe sind aus dem Unteren Eozän Ungarns bekannt. Ihre Herkunft ist nach wie vor rätselhaft, doch nehmen viele Paläontologen an, ein gemeinsamer Vorfahre verbinde sie mit den Elefanten, was neuere molekularische Untersuchungen zu bestätigen scheinen.

Im Eozän herrschte ein verhältnismäßig warmes Klima, das in den flachen tropischen Gewässern des Mittelmeers und der Karibik die Entstehung riesiger Wasserpflanzenteppiche begünstigte. Sie bildeten die Hauptnahrungsquelle der Seekühe.

NAME: *Prorastomus*
ZEIT: Mittleres Eozän
VERBREITUNG: Westindien (Jamaika)
LÄNGE: möglicherweise 1,5 m

Prorastomus ist die primitivste Seekuh. Bisher entdeckte man nur den Schädel sowie einen Teil der Wirbelsäule und der Rippen; die Rekonstruktion ist daher höchst spekulativ. Der Schädelform läßt sich entnehmen, daß das Tier noch nicht an das Leben im Wasser adaptiert war. Wahrscheinlich lebte *Prorastomus* sogar noch vorwiegend an Land.

NAME: *Rytiodus*
ZEIT: Miozän
VERBREITUNG: Europa (Frankreich)
LÄNGE: 6 m

Im Oberen Eozän, vor ungefähr 40 Jahrmillionen, hatten sich die Dugongs bereits etabliert. Die damaligen Formen sahen der einzigen heute noch existierenden Art schon recht ähnlich. *Rytiodus* war allerdings riesenhaft – gut doppelt so lang wie der heutige Dugong. Das Tier zeigte die typischen Merkmale der Seekühe: Der Rumpf war massig und glatt, die Hintergliedmaßen waren verschwunden, die Vordergliedmaßen zu Paddeln umgewandelt. Die Knochen, besonders die Rippen, waren dick und dichtstehend. Sie dienten als Ballast und ermöglichten es *Rytiodus*, sich ohne Anstrengung unter Wasser aufzuhalten.

NAME: *Hydrodamalis gigas*
ZEIT: Pliozän bis Jetztzeit
VERBREITUNG: Arktisches Eismeer und Nordpazifik
LÄNGE: 8 m

Diese riesenhafte Seekuhart wurde 1741 von Georg Wilhelm Steller, dem Schiffsarzt der Bering-Expedition, entdeckt und später nach ihm benannt. Die Art hatte sich gegen Ende des Pleistozäns, also vor ungefähr 200 000 Jahren, entwickelt und wurde 1768 von Seefahrern ausgerottet. Die gewaltigen Dimensionen waren wahrscheinlich eine Anpassung an das kalte Wasser ihres nördlichen Verbreitungsgebiets (ein großes Tier verliert wegen seiner proportional geringeren Oberfläche weniger Wärme als ein kleines).

Die Stellersche Seekuh besaß nicht mehr die verdickten Rippen der übrigen Seekühe, sondern hatte an ihrer Statt eine dicke Fettschicht entwickelt, die von einer eigentümlich borkigen Haut bedeckt war. Beide dienten als Isolierung gegen die Kälte. Damit war das Tier aber wahrscheinlich zu leicht, um noch untertauchen zu können. Die Stellersche Seekuh hatte keinerlei Zähne mehr und ernährte sich von treibenden Algen – eine unter den Säugetieren einzigartige Ernährungsweise.

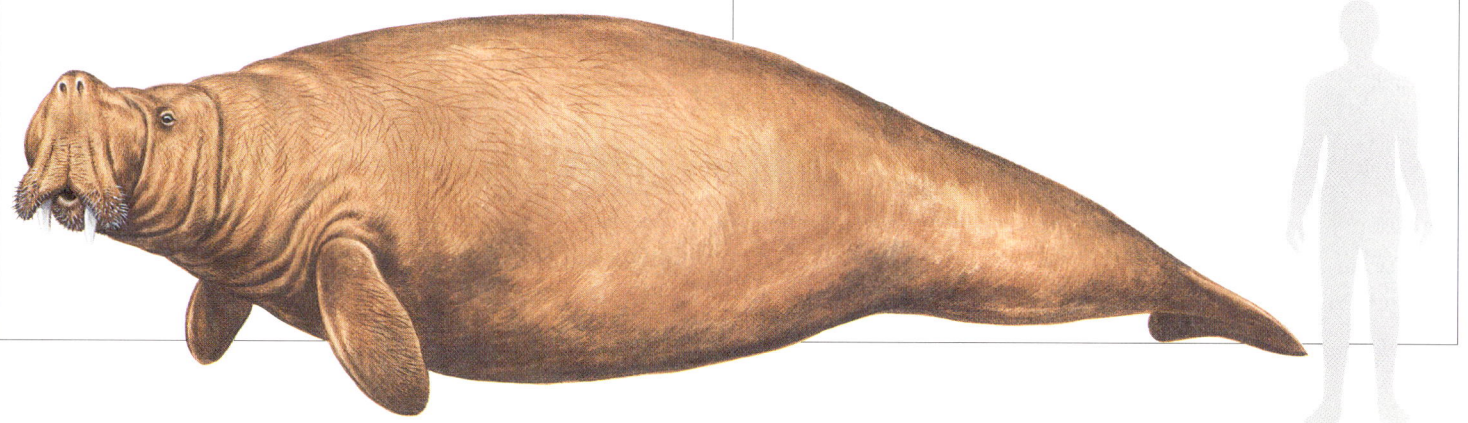

WALE, DELPHINE UND TÜMMLER

ORDNUNG CETACEA

Die eindrucksvollen Wale sowie die intelligenten Delphine und Tümmler sind die einzigen Säuger, die sich so geschickt dem Wasser angepaßt haben, daß sie ihr gesamtes Leben dort verbringen können. Damit haben sie sich unter allen Säugern am stärksten spezialisiert. Mit ihren fischähnlichen, stromlinienförmigen Körpern sind sie gute Schwimmer; an Land haben sie dagegen keine Überlebenschance. Dennoch behielten sie grundlegende Säugermerkmale bei: die Temperaturregelung und damit die Warmblütigkeit, das Säugen der Jungtiere und die Luftatmung.

Man kennt ungefähr 140 Gattungen fossiler Wale. Die 40 heute noch existierenden Gattungen sind über alle Weltmeere verbreitet. Daneben gibt es in den Flußsystemen Südamerikas, Indiens und Chinas auch Süßwasserdelphine. Viele Walarten sind gegenwärtig vom Aussterben bedroht.

Die Wale entstanden wahrscheinlich zu Beginn des Tertiärs aus landbewohnenden frühen Huftieren (S. 234, 254). Neuere molekularbiologische Analysen gruppieren die *Cetacea* zusammen mit den Paarhufern (*Artiodactyla* wie Rinder, Hirsche und Schweine) unter die *Cetartiodactyla*. Im Detail scheinen die Wale am engsten mit den aquatischen Wiederkäuern, den Flußpferden verwandt zu sein.

Man unterscheidet drei Unterordnungen: Die primitiven *Archaeoceti* sind ausgestorben. Zu den *Odontoceti* oder Zahnwalen gehören u. a. der Pottwal und die Delphine; zu den *Mysticeti* oder Bartenwalen das größte Tier, das jemals gelebt hat: der mächtige Blauwal (*Balaenoptera musculus*), der eine Länge von 30 m und ein Gewicht von 130 t erreichen kann.

UNTERORDNUNG ARCHAEOCETI

Die *Archaeoceti* waren die ersten Wale. Sie traten erstmals in den Meeren des Unteren Eozäns, also vor ungefähr 45 Millionen Jahren, auf und sind aus amphibisch lebenden Säugern hervorgegangen. Anfangs waren sie noch recht klein (nicht über 3 m lang), hatten vier Beine und erinnerten entfernt an Seehunde. An das Leben im Wasser waren sie noch wenig angepaßt. Am Ende des Eozäns jedoch, ungefähr 15 Millionen Jahre später, waren aus ihnen große, seeschlangenartige, völlig an das Leben im Wasser adaptierte Tiere geworden.

NAME: *Pakicetus*
ZEIT: Unteres Eozän
VERBREITUNG: Pakistan
LÄNGE: 1,8 m

Pakicetus ist der älteste Wal. Zwar wurde nur ein Teil des Schädels gefunden, doch erlauben dessen Merkmale den Schluß, daß auch der Rest des Körpers noch wenig an das Leben im Wasser angepaßt gewesen ist.

Pakicetus hatte äußerlich noch nicht allzuviel mit den heutigen Walen gemeinsam. Die Zähne ähnelten denen der Mesonychiden wie beispielsweise *Andrewsarchus* (S. 234). Die Höcker der Backenzähne wiesen dieselbe dreieckige Anordnung auf, was darauf hindeutet, daß sich *Pakicetus* vielleicht erst kurze Zeit zuvor von fleischfressenden landbewohnenden Huftieren abgespalten hatte.

Die Ohren waren nicht besonders gut an die Verhältnisse unter Wasser angepaßt. Daß *Pakicetus* einen großen Teil seines Lebens an Land verbrachte, geht auch daraus hervor, daß in denselben Ablagerungen, aus denen die Fossilien stammen, eine Vielzahl anderer Tiere entdeckt wurde, die zweifelsfrei auf dem Festland lebten.

Die Gliedmaßen von *Pakicetus* waren vermutlich paddelförmig. Damit konnten sich die Tiere an Land nur unbeholfen fortbewegen. Zu Hause fühlten sie sich in den Flüssen und Mündungsgebieten am Ostufer der Tethys. Dieses Meer begrenzte noch im Alttertiär – vor ungefähr 50 Millionen Jahren – die Südküste Asiens.

NAME: *Protocetus* (gegenüber)
ZEIT: Mittleres Eozän
VERBREITUNG: Afrika und Asien (Mittelmeergebiet)
LÄNGE: 2,5 m

Obwohl *Protocetus* nur 8 Millionen Jahre nach *Pakicetus* lebte, sah das Tier erheblich walähnlicher aus. Der Körper war stärker stromlinienförmig, die Vorderbeine waren flach und paddelähnlich, die Hinterbeine stark reduziert und beim Schwimmen kaum mehr nützlich, auch wenn sie wahrscheinlich immer noch zu erkennen waren. Am Schwanzende hatte *Protocetus* vermutlich schon eine waagrechte Flosse, die Fluke, entwickelt – dafür spricht vor allem der Bau der Wirbel. Mit der Auf- und Abbewegung der Schwanzflosse sorgte das Tier für den Vortrieb.

Der Schädel von *Protocetus* war ziemlich lang, die Schnauze schmal. Die Zähne waren zugespitzt und bildeten vorne auf den Kiefern eine Zickzacklinie. Mit ihnen hielt *Protocetus* das Beutetier, in der Regel einen Fisch, fest, während die weiter hinten gelegenen Zähne es zerfleischten.

Im Gegensatz zu *Pakicetus* waren die Ohren von *Protocetus* schon an die Wahrnehmung von Unterwasserschall angepaßt; es ist jedoch unwahrscheinlich, daß die Tiere bereits das Echoortungssystem heutiger Wale besaßen.

NAME: *Zygorhiza*
ZEIT: Oberes Eozän
VERBREITUNG: Nordamerika (Atlantikküste)
LÄNGE: 6 m

Zygorhiza gehörte zu einer Familie früher Wale, die extrem lange, aalartige Körperformen entwickelt hatten. Der Körper war ungefähr sechsmal so lang wie der Schädel – was ungefähr den Proportionen heutiger Wale entspricht. Allerdings waren Kopf und Rumpf noch über einen kurzen Hals verbunden, der sich aus den üblichen sieben Halswirbeln der Säuger zusammensetzte.

Die Vorderbeine waren paddelförmig und konnten wahrscheinlich vom Ellbogen aus bewegt werden. Es ist denkbar, daß *Zygorhiza* sich noch wie seine amphibisch lebenden Vorfahren an Land paarte und fortpflanzte.

NAME: *Basilosaurus*
ZEIT: Oberes Eozän
VERBREITUNG: Nordamerika (Atlantikküste)
LÄNGE: bis 25 m

Als in den dreißiger Jahren des 19. Jahrhunderts die Reste dieses bemerkenswerten frühen Wals gefunden wurden, glaubte man zunächst, sie gehörten zu einem Dinosaurier. *Basilosaurus*, der zur selben Familie wie *Zygorhiza* (s. o.) gehört, muß wie ein Meeresungeheuer ausgesehen haben. Tatsächlich wurden die Knochen vor rund einem Jahrhundert für eine berühmte Seeschlangenfälschung zweckentfremdet.

Der schlangenähnliche Körper von *Basilosaurus* wurde von einer Wirbelsäule gestützt, deren Wirbel stark verlängert waren. Die Rippen waren kurz und blieben auf den vorderen Teil des Körpers beschränkt. Die Beckenknochen waren noch vorhanden und befanden sich ungefähr am Ende des zweiten Körperdrittels. Die Knochen der Hinterbeine waren dem Becken gelenkig eingefügt, dabei aber so klein, daß sie kaum noch eine sinnvolle Funktion besessen haben können.

Basilosaurus schwamm in den eozänen Meeren mit schlängelnden Körperbewegungen. Um im Wasser einigermaßen zügig und ohne zu großen Kraftaufwand vorankommen zu können, muß der zylindrische Körper mit einer Schwanzflosse ausgestattet gewesen sein.

Der Kopf war typisch für die frühen Wale und im Verhältnis zum Körper sehr klein. Die Nasenlöcher standen weit vorne an der Schnauze, und die Zähne zeigten unterschiedliche Formen und Größen. Die Frontzähne waren zugespitzt und konisch, die Zähne weiter hinten hatten dagegen gekerbte Schneiden. Wahrscheinlich jagten die Tiere Fische und Tintenfische der Tiefsee, wie es heute noch die größeren Zahnwale tun, zum Beispiel der Pottwal.

WALE, DELPHINE UND TÜMMLER

Unterordnung Odontoceti

Die *Odontoceti* oder Zahnwale entwickelten sich wahrscheinlich aus den *Archaeoceti* im Oberen Eozän, vor ungefähr 40 Millionen Jahren. Die Zahnwale umfassen die Mehrzahl der heutigen Wale, darunter Pottwal, Schnabelwal, Schweinswal, Tümmler, Narwal und die Delphine.

Verglichen mit denen der *Archaeoceti* sind die Zähne der Zahnwale einfacher, denn sie tragen keine Höcker mehr und stellen nur mehr abgerundete Kegel dar. Einige Zahnwale hatten mehrere hundert Zähne in den Kiefern, während andere nahezu zahnlos waren.

NAME: *Prosqualodon*
ZEIT: Oligozän bis Unteres Miozän
VERBREITUNG: Australien, Neuseeland und Südamerika
LÄNGE: 2,3 m

Prosqualodon und seine nächsten Verwandten waren möglicherweise die Vorfahren aller übrigen Zahnwale. Wahrscheinlich sah er wie ein kleiner heutiger Delphin mit einer langen, schmalen Schnauze und zugespitzten Zähnen aus. Das Gebiß war allerdings noch primitiv, da das Tier vorne auf den Kiefern immer noch dreieckige Zähne wie die *Archaeoceti* trug.

Aufgrund mehrerer Veränderungen im Vorderkörper hatte der Schädel von *Prosqualodon* eine leichte Konstruktion. Zum einen wurde der Hals stark verkürzt; der Kopf verschwand gleichsam im Rumpf und brauchte damit weniger Stütz- und Schutzstrukturen. Zum anderen wurde die komplexe Kieferstruktur früherer Walformen stark vereinfacht, wohl infolge der reinen Fischnahrung. Und da der Geruchssinn bei der Beutesuche nicht mehr entscheidend war (an seine Stelle war der Gehörsinn getreten), wurde auch der entsprechend komplexe olfaktorische Apparat reduziert. Die Nasenlöcher standen bei *Prosqualodon* am Schädeldach, zwischen den Augenhöhlen, wo sie ein Spritzloch bildeten, wie wir es auch von den modernen Formen kennen. Wenn das Tier nach einem langen Tauchgang an die Wasseroberfläche gelangte, stieß es die verbrauchte Luft explosionsartig aus.

NAME: *Eurhinodelphis*
ZEIT: Mittleres bis Oberes Miozän
VERBREITUNG: Asien und Nordamerika (Pazifikküsten)
LÄNGE: 2 m

Im Oligozän, vor ungefähr 30 Millionen Jahren, spalteten sich die Zahnwale in eine Reihe von Gruppen auf. *Eurhinodelphis* war ein typischer Vertreter der Langschnabeldelphine. Verglichen mit den ersten Zahnwalen waren die Ohren jetzt sehr viel komplexer entwickelt. Es ist daher anzunehmen, daß dieser Wal bereits über die Echoortung der heutigen Zahnwale verfügte.

Die heutigen Formen verwenden einen Ultraschallsonar. Sie geben hochfrequente Klicklaute ab, die von Gegenständen zurückgeworfen werden. Die Tiere analysieren diese Echos mit ihren großen Gehirnen und gewinnen daraus erstaunlich genaue Angaben über Größe, Form, Entfernung, Geschwindigkeit und die potentielle Genießbarkeit der Objekte.

Der Schädel von *Eurhinodelphis* war leicht asymmetrisch wie bei einem modernen Delphin; das heißt, die Strukturen auf der einen Seite unterscheiden sich von denen auf der anderen. Die Gründe dafür mögen im Zusammenhang mit diversen neuerworbenen Eigenschaften stehen – darunter beispielsweise eine verbesserte Navigation und die Fähigkeit, erheblich schnellere Beutetiere zu fangen.

Das auffälligste Merkmal von *Eurhinodelphis* war jedoch die verlängerte Schnauze. Das Tier verwendete sie vielleicht wie der Schwertfisch sein Schwert, das heißt zu seitlichen Schlägen, mit denen die Beute vor dem Zupacken betäubt wird.

UNTERORDNUNG MYSTICETI

Die *Mysticeti* oder Bartenwale sind aus neuseeländischen marinen Sedimenten bereits aus dem Unteren Oligozän, also aus der Zeit vor ungefähr 35 Millionen Jahren, bekannt. Heute gibt es nur noch acht Gattungen, und die meisten Arten sind stark gefährdet.

Die Evolution der Bartenwale wurde möglicherweise von der allgemeinen Abkühlung der Südozeane während des Unteren Oligozäns ausgelöst, die zu einem verstärkten Wachstum mikroskopisch kleiner Lebewesen im Plankton führte und mittelbar auch jene Tiere vermehrte, die sich vom Plankton ernähren.

Die Bartenwale haben ein einzigartiges Verfahren entwickelt, welches sie dazu befähigt, sich von kleinen, garnelenartigen Tieren im Plankton (Krill) zu ernähren. In ihren Kiefern stehen statt der Zähne sogenannte Barten – Platten aus einer faserigen, hornigen Substanz, die zu beiden Seiten herabhängen. Sie bilden ein riesenhaftes, natürliches Sieb, mit dessen Hilfe der Wal große Mengen von Planktonorganismen aus dem Wasser seiht.

Nur acht Gattungen haben bis heute überlebt, und die meisten Spezies sind aufgrund der Bejagung durch den Menschen bedroht. Der Grauwal ist der einzige Überlebende der Familie der *Eschrichteriidae*, während es noch drei Spezies der Nordwale *(Balaenidae)* und sechs Spezies der Finnwale *(Balaenopteridae)* gibt. Die Nordwale zeigen die stärkste Entwicklung des Bartenapparats zum Ausfiltern von Nahrung aus dem Wasser; die Bartenplatten können mehr als 4,5 m Länge erreichen. Dagegen gehört das größte Säugetier, das jemals existiert hat, der riesige Blauwal mit 30 m Länge und 146 t Gewicht, zu den Finnwalen. Während der Freßsaison filtern die Tiere bis zu 4 t Krill pro Tag aus dem nährstoffreichen Wasser des Polarmeers.

Die Radiation der modernen Familien begann im Miozän, aber die fossilen Belege sind bis zum späten Miozän, als die Anzahl der *Cetotheriidae* abzunehmen begann, äußerst dürftig. Es scheint also so, daß die *Mysticeti* die *Cetotheriidae* abgelöst haben.

NAME: *Cetotherium*
ZEIT: Mittleres bis Oberes Miozän
VERBREITUNG: Europa (Belgien und Rußland)
LÄNGE: 4 m

Cetotherium gehörte zu einer frühen Bartenwalfamilie, die im Oberen Oligozän entstanden war und ihren Höhepunkt im Miozän, vor ungefähr 15 Millionen Jahren, erreichte. Die Tiere sahen dem heutigen Grauwal aus dem Nordpazifik sehr ähnlich, erreichten aber nur ein Drittel seiner Länge.

Die Barten waren wahrscheinlich noch recht kurz. Da Hornstrukturen wie Haare nur in den seltensten Fällen fossil erhalten bleiben, ist die Frage allerdings noch nicht endgültig geklärt. Immerhin zeigen die Schädel noch die Abdrücke von Blutgefäßen, welche die Barten einst mit Nährstoffen versorgten.

Cetotherium und verwandten Arten wurde wahrscheinlich von einem großen Weißhai der Gattung *Carcharodon* nachgestellt, der, wie aus fossilierten Zähnen zu schließen ist, ungefähr die Größe eines kleinen Wals erreichte.

FRÜHE HUFTIERVERWANDTE

Die meisten *Ungulata* oder Huftiere sind große Pflanzenfresser, die entweder Blätter abweiden oder Grasbüschel abäsen. Die frühen Formen lebten von Blättern, Schößlingen und Wurzeln; einige entwickelten sich auch zu Aasfressern.

In späterer Zeit entstanden aus diesen frühen Huftieren spezialisierte Pflanzenfresser wie die Pferde, Rinder und Hirsche. Im Miozän entwickelten sie ihre dominante Stellung, verließen den Wald und breiteten sich über die Grasgebiete aus, die in jener Zeit gerade im Entstehen begriffen waren.

ORDNUNG ARCTOCYONIA

Diese äußerst arten- und individuenreiche Ordnung bestand überwiegend aus kleinen Säugern, die kaum größer wurden als ein heutiger Haushund. Sie hatten lange, flache Schädel und ein vollständiges Gebiß aus gleichförmigen Zähnen, die sich eher zum Zerreiben als zum Zerbeißen der Nahrung eigneten.

FAMILIE ARCTOCYONIDAE

Die älteste und primitivste Familie der Ordnung steht möglicherweise den Vorfahren der späteren Huftiere nahe. Die Arctocyoniden hatten ziemlich kurze Gliedmaßen, waren eher gedrungen gebaut und ungefähr so groß wie Kleinbären.

NAME: *Chriacus*
ZEIT: Unteres Paläozän bis Unteres Eozän
VERBREITUNG: Nordamerika (Wyoming)
LÄNGE: 1 m

Dieses agile Klettertier durchstreifte die tropischen Wälder des nordamerikanischen Alttertiärs und machte mit dem Geruchssinn Insekten, andere Kleintiere und Früchte ausfindig. Die Gliedmaßen waren kräftig gebaut und sehr gelenkig; der Schwanz konnte bestimmte Greiffunktionen ausüben.

Chriacus war ein Sohlengänger. Die Füße waren mit langen Krallen versehen. Mit den Vorderbeinen konnte das Tier vermutlich auch graben.

ORDNUNG ACREODI

Als die pflanzenfressenden Säugetiere zu Beginn des Paläozäns ihre erste Blütezeit erlebten, hatten sie noch keine natürlichen Feinde in Fleischfressern. Vor etwa 60 Millionen Jahren jedoch hatte sich mit den *Acreodi* eine neue, primitive Ordnung entwickelt. Mit Dimensionen von der Größe eines Wolfs bis zu Körperlängen von 5–6 m waren die *Ungulata* erheblich größer als jeder moderne terrestrische Fleischfresser. Die engsten Affinitäten scheinen mit den *Arctocyonidae* und den Walen zu bestehen.

FAMILIE MESONYCHIDAE

Zu den *Acreodi* zählen die Mesonychiden – wolf-, hyänen- oder bärenähnliche Allesfresser. Viele Arten waren etwa fuchsgroß, doch gab es auch Riesen wie *Andrewsarchus*.

Die Mesonychiden erreichten im Unteren Oligozän den Höhepunkt ihrer Entwicklung. Nach ihnen wurden die Creodonten und später die echten Raubtiere zu den dominierenden Fleischfressern.

Die Knochenstruktur der Schädelbasis und der Zähne deutet darauf hin, daß aus den Mesonychiden die Wale und Delphine entstanden sein könnten (S. 230–233).

NAME: *Andrewsarchus*
ZEIT: Oberes Eozän
VERBREITUNG: Asien (Mongolei)
LÄNGE: 4 m

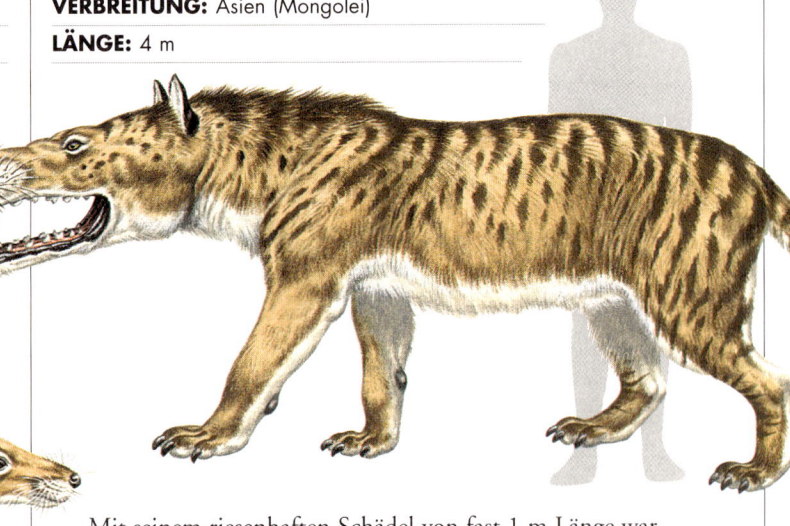

Mit seinem riesenhaften Schädel von fast 1 m Länge war *Andrewsarchus* das größte fleischfressende Säugetier des Festlands. Die Zähne waren sehr groß und an das Zerreißen und Zerreiben von Nahrung angepaßt, die vermutlich in erster Linie aus Aas bestand.

ORDNUNG PANTODONTA

Diese ausgestorbene Gruppe von Pflanzenfressern lebte im Paläozän und Eozän. In Asien überlebten einige *Pantodonta* bis ins untere Oligozän vor 35 Millionen Jahren. Die Ordnung ist in zehn Familien unterteilt, deren Lebensräume sich auf ganz Asien und Nordamerika verteilten. Sie spezialisierten sich, um viele der verfügbaren Nischen für Pflanzenfresser zu besetzen.

FAMILIE CORYPHODONTIDAE

Die Coryphodonten gehören zur Ordnung der *Pantodonta*. Sie lebten im Paläozän und im Eozän. In Asien starben einige wenige Pantodonten erst im Unteren Oligozän aus. Einige Formen waren nur ratten-, andere nashorngroß. Die Tiere lebten »semiaquatisch«, das heißt teils im Wasser und teils auf dem Land. Sie ernährten sich von pflanzlicher Kost.

NAME: *Coryphodon*
ZEIT: Oberes Paläozän bis Mittleres Eozän
VERBREITUNG: Weit verbreitet in Nordamerika, Europa und Ostasien
LÄNGE: 2,25 m

Coryphodon war ein großes Tier, dessen Eckzähne denen eines Nilpferds ähnelten. Beim Männchen waren sie besonders kräftig entwickelt. Und wie das Nilpferd lebte *Coryphodon* wahrscheinlich in Sümpfen, wo es mit seinen Hauern Pflanzen ausgrub. Die Oberarm- beziehungsweise Oberschenkelknochen waren länger als die von Unterarm und Unterschenkel. Dies verlieh ihnen die zum Tragen des schweren Körpers erforderliche Stärke.

Das Gehirn von *Coryphodon* war sehr klein: Bei einem Körpergewicht von insgesamt zirka 500 kg wog es nur 90 g. Damit war es, relativ gesehen, möglicherweise das kleinste Säugerhirn überhaupt.

ORDNUNG DINOCERATA

Der Name *Dinocerata* bedeutet »schreckliche Hörner« und bezieht sich auf die drei paarigen Knochenfortsätze auf dem Schädel dieser Tiere. Zumindest die Männchen besaßen auch ein Paar dolchähnlich hervorragende obere Eckzähne.

Die Dinoceraten waren große, nashornähnliche Tiere aus dem Oberen Paläozän und dem Eozän Nordamerikas und Asiens. Über ihre Lebensweise ist bis heute kaum etwas bekannt.

FAMILIE UINTATHERIIDAE

Mit Ausnahme einer mongolischen Gattung gehören alle Arten der Ordnung *Dinocerata* in diese Familie.

Die Uintatheriiden waren die größten Landsäuger ihrer Zeit. Massive Knochen, schwere Gliedmaßen und breite Füße zeichneten sie aus. Ihre Gehirne waren allerdings sehr klein – oft nicht größer als bei vielen Dinosauriern. Die Uintatheriiden starben im Oligozän, vor ungefähr 35 Millionen Jahren, aus. In die ökologische Nische der großen Pflanzenfresser drangen danach die Brontotheriiden vor (S. 258–259).

NAME: *Eobasileus*
ZEIT: Oberes Eozän
VERBREITUNG: Nordamerika (Wyoming)
LÄNGE: 3 m, Schulterhöhe 1,5 m

Der groteske *Eobasileus* sah aus wie ein Rhinozeros mit einem Paar dolchähnlicher Eckzähne im Oberkiefer und knöchernen Fortsätzen auf dem Kopf. Diese »Hörner« waren stumpf und wahrscheinlich von Fell oder Haut bedeckt. Wahrscheinlich trug nur das vorderste Hornpaar wie bei den Nashörnern eine Hornscheide aus miteinander verfilzten Haaren (S. 262–265). Vielleicht gingen die Männchen bei Rangordnungskämpfen mit gesenkten Köpfen aufeinander los. Die Schneidezähne im Unterkiefer waren sehr klein; im Oberkiefer fehlten sie ganz. Man kann daraus schließen, daß Zunge und Eckzähne die bei der Futtersuche wichtigsten Organe waren.

FRÜHE HUFTIERVERWANDTE

ORDNUNG TILLODONTIA

Die *Tillodontia* waren eine kleine Gruppe etwa bärengroßer Pflanzenfresser, die heute ausgestorben ist.

Sie waren möglicherweise mit den *Pantodontia* oder den *Arctocyonidae* verwandt, aber ihre Ursprünge und Verwandtschaftsverhältnisse zu anderen frühen Säugern sind ebensowenig bekannt wie ihre Lebensweise. Allerdings wissen die Paläontologen aus Fossilienfunden, daß die *Tillodontia* im Paläozän und Eozän über ganz Nordamerika, Ostasien und Europa verbreitet waren.

FAMILIE ESTHONYCHIDAE

Die Esthonychiden stellen die einzige Familie der Ordnung *Tillodontia* dar. Sie waren im Paläozän und im Eozän über Nordamerika, Ostasien und Europa verbreitet. Die *Tillodontia* waren möglicherweise mit den *Pantodontia* oder den *Arctocyonidae* verwandt, doch ist weder über ihre Stammesgeschichte noch über ihre Lebensweise viel bekannt.

NAME: *Trogosus*
ZEIT: Unteres bis Mittleres Eozän
VERBREITUNG: Nordamerika (Wyoming)
LÄNGE: 1,2 m

Von weitem gesehen erinnerten der plumpe Rumpf, der kurze Kopf und die flachen Füße dieses großen Tiers an einen Bären. Wenn es jedoch sein Maul öffnete, kamen meißelartige Schneidezähne zum Vorschein, die *Trogosus* eher wie eine riesige Ratte erscheinen ließen. Die das ganze Leben über kontinuierlich nachwachsenden Schneidezähne entsprachen denen der Nager. Die Vorderfläche war mit Schmelz überzogen. Die Kauflächen der rückwärtigen Zähne waren bei allen Funden abgenutzt, was darauf hindeutet, daß *Trogosus* hartes oder sehr zähes Pflanzenmaterial fraß – vielleicht Wurzeln und Knollen, die er mit seinen Krallen aus der Erde grub.

ORDNUNG TAENIODONTA

Die *Taeniodonta* waren eine weitere kleine Gruppe von Pflanzenfressern aus dem unteren Tertiär. Sie waren ratten- bis bärengroß und wurden ausschließlich in Nordamerika gefunden. Auch ihre Ursprünge und Verwandtschaftsbeziehungen sind bis heute ungeklärt.

Die Entwicklung der *Taeniodonta* verlief schneller als bei jeder anderen bekannten Säugetiergruppe: Sie entwickelten sich im Paläozän und spezialisierten sich zu einer grabenden Lebensweise.

FAMILIE STYLINODONTIDAE

Die einzige Familie der Ordnung *Taeniodonta*. Ihre Evolution vollzog sich schneller als bei vielen anderen bisher bekannten Säugergruppen. Die ratten- bis bärengroßen Tiere entstanden im Paläozän und spezialisierten sich auf eine grabende Lebensweise.

NAME: *Stylinodon*
ZEIT: Unteres bis Mittleres Eozän
VERBREITUNG: Nordamerika (Wyoming, Colorado und Utah)
LÄNGE: 1,3 m

Mit den kurzen, kräftigen vorderen Grabbeinen und den mächtigen Krallen war *Stylinodon* ungefähr so groß wie ein Bär, hatte den Körper eines Erdferkels und den Kopf eines Schweins. Die Schneidezähne waren verlorengegangen; dafür hatten sich die Eckzähne zu kräftigen, wurzellosen Meißelzähnen umgewandelt. Die zapfenartigen Backenzähne trugen auf der Oberseite ein schmales Band aus Schmelz (*Taeniodonta* bedeutet »Bandzähner«) und wuchsen während des ganzen Lebens nach, was vermuten läßt, daß *Stylinodon* vornehmlich harte Pflanzenteile wie Wurzeln und Knollen fraß.

ORDNUNG HYRACOIDEA

Diese Ordnung pflanzenfressender Säuger war im Unteren Oligozän, vor ungefähr 35 Millionen Jahren, sehr arten- und individuenreich vertreten. Sie war im Eozän entstanden und hatte sich dann an zahlreiche ökologische Nischen angepaßt. Einige Hyracoiden sahen wie Tapire aus, andere waren Pferden ähnlich, und wiederum andere ähnelten Kaninchen, darunter auch die heute noch existierenden Schliefer. Einige Formen wurden so groß wie Hausschweine, die meisten jedoch blieben deutlich kleiner. Der Niedergang der *Hyracoidea* erfolgte offensichtlich parallel zum Aufstieg der großen Weidetiere. Heute leben in Afrika und in Teilen des Mittleren Ostens nur noch sieben Arten, die unter der Bezeichnung »Schliefer« oder »Klippschliefer« bekannt sind.

FAMILIE PLIOHYRACIDAE

Man stellt alle ausgestorbenen Formen des Alttertiärs in diese Familie. Die späteren fossilen Vertreter und alle heutigen Arten zählen zu den *Procaviidae*.

NAME: *Kvabebihyrax*
ZEIT: Oberes Pliozän
VERBREITUNG: Europa (Kaukasus)
LÄNGE: 1,6 m

Den entscheidenden Unterschied zwischen den fossilen und den heutigen Schliefern kann man bei *Kvabebihyrax* erkennen. Mit seinem gedrungenen Körper und den kleinen Augen hoch oben am Schädel sah *Kvabebihyrax* eher wie ein kleines Nilpferd denn wie ein Schliefer aus. Die Schnauze war kurz und mit einem Paar auffallend großer, nach unten gerichteter Schneidezähne versehen.

ORDNUNG EMBRITHOPODA

Die ausgestorbenen *Embrithopoda* waren im unteren bis mittleren Tertiär eine Gruppe von Pflanzenfressern, die sich in ganz Asien, Osteuropa und Nordamerika verbreitet hatten. Sie lassen sich kaum in das Evolutionsschema einordnen und besitzen scheinbar keine Vor- oder Nachfahren, obwohl ihre einfachen, kleinen Gehirne mögliche Beziehungen zu Elefanten oder Seekühen zeigen.

FAMILIE ARSINOITHERIIDAE

Die nashornähnlichen Arsinoitheriiden bilden die einzige Familie der Ordnung *Embrithopoda*. Diese Tiere lassen sich in die Stammesgeschichte der Säuger, soweit sie uns bisher bekannt ist, kaum einordnen. Wir kennen keine Arten, die man als ihre Vorläufer ansprechen könnte. Ebensowenig scheinen sie Nachfahren zu haben.

NAME: *Arsinoitherium*
ZEIT: Unteres Oligozän
VERBREITUNG: Afrika (Ägypten)
LÄNGE: 3,5 m, Schulterhöhe 1,8 m

Die charakteristischen Merkmale von *Arsinoitherium* waren die beiden massiven konischen Schädelhöcker, die an der Basis miteinander verwachsen waren. Allerdings ähnelte *Arsinoitherium* einem Nashorn nur äußerlich. Die Hörner waren hohl, und Abdrücke von Blutgefäßen auf ihrer Oberfläche deuten darauf hin, daß sie von Haut überzogen waren, zumindest bei Jungtieren. Hinter den Hörnern standen zudem zwei kleinere, knotenartige Auswüchse, die an die Knochenzapfen heutiger Giraffen erinnern.

Arsinoitherium verfügte über den vollständigen Satz von 44 nichtspezialisierten Zähnen, offensichtlich handelte es sich bei ihm also um einen Pflanzenfresser, der in Auwäldern lebte.

FRÜHE ELEFANTEN UND MASTODONS

ORDNUNG PROBOSCIDEA

Der Afrikanische und der Asiatische Elefant sind die beiden einzigen überlebenden Arten der Rüsseltiere, einer Gruppe, die einst weit verbreitet und sehr vielgestaltig war.

Die Rüsseltiere entstanden vermutlich während des Eozäns in Nordindien aus primitiven Huftieren, auf die auch die heutigen Schliefer (S. 237) und die wasserbewohnenden Seekühe zurückgehen. Die Rüsseltiere waren anfangs nicht mehr als schweinegroß und hatten noch keine Stoßzähne. Im Pliozän, ungefähr 50 Millionen Jahre später, waren aus ihnen wahre Riesen geworden, die sich mit Ausnahme von Australien und Antarctica über alle Kontinente verbreitet hatten.

Jüngere Analysen der DNS von Elefanten haben zu einer Neubewertung der Affinitäten und Verwandtschaftsbeziehungen der *Proboscidea* geführt. Ursprünglich schienen die molekularbiologischen Daten die traditionelle Einordnung in eine Gruppierung mit den Huftieren zu untermauern, aber das hat sich gewandelt. Heute werden die *Proboscidea* in einen separaten Kladus mit den Seekühen *(Sirenia)* und den Schliefern *(Hyracoidea)* eingruppiert.

Im Verlauf der Evolution nahm also die Körpergröße zu. Es entstanden die langen, säulenartigen Beine, um das immense Körpergewicht zu tragen; der Rüssel bildete sich und wurde immer länger, der Kopf wurde breiter und der Hals kürzer. Das Gebiß reduzierte sich mit Ausnahme des einen oder der beiden Stoßzahnpaare auf einige flache Molaren. Rüssel und Stoßzähne waren ursprünglich Anpassungen an die Futtersuche. Mit ihrer Hilfe konnten die kurzhalsigen Tiere pflanzliche Nahrung vom Boden heben oder aus den Baumkronen pflücken. Natürlich spielten beide Strukturen auch beim Imponier- und Balzverhalten eine Rolle.

Im Pleistozän, vor ungefähr 2 Millionen Jahren, erlebten die Mammuts und die Mastodons auf der Nordhalbkugel ihre Blütezeit. Als aber das Eis vorrückte, kam es zu einem Massenaussterben. In Sibirien fand man im Eis eingefrorene Exemplare, deren Fleisch und Fell vollkommen erhalten geblieben war. Die *Elephantidae*, die einzige überlebende Familie, waren währenddessen in wärmeren, südlicher gelegenen Klimazonen einer schnellen Evolution unterworfen. Es sind vier Familien der Rüsseltiere bekannt.

FAMILIE MOERITHERIDAE

Der Name leitet sich von »Moeris« ab, der altgriechischen Bezeichnung für jenen See in der ägyptischen Provinz Fayum, in dessen Nähe die entsprechenden Fossilien gefunden wurden. Im Eozän und im Oligozän stellte dieses Gebiet eine fruchtbare, bewaldete Küstenebene dar.

NAME: *Moeritherium*
ZEIT: Oberes Eozän bis Unteres Oligozän
VERBREITUNG: Afrika (Ägypten, Mali und Senegal)
GRÖSSE: 60 cm

Das schweinegroße, niedrig gebaute Tier ähnelte eher einem Tapir oder einem Zwergflußpferd als einem Elefanten. Die Nasenlöcher befanden sich vorne am Schädel, das Tier verfügte noch nicht über einen Rüssel. Vielleicht besaß es dafür eine breite, dicke Oberlippe, mit deren Hilfe es in der Sumpfvegetation herumwühlen konnte.

Moeritherium wog ungefähr 200 kg. Wahrscheinlich lebte es teilweise im Wasser wie die heutigen Flußpferde. Wie bei diesen standen Augen und Ohren weit oben am Kopf, so daß das Tier selbst dann noch die Wasseroberfläche überblicken konnte, wenn der Körper zum allergrößten Teil mit Wasser bedeckt war. Einige Merkmale weisen indessen unzweideutig auf die Entwicklung einer elefantentypischen Anatomie hin: Der Schädel war lang und flach und bot im hinteren Teil große Ansatzflächen für die starke Halsmuskulatur. Der Unterkiefer war ziemlich tief, das Gebiß noch recht primitiv, allerdings fehlten die unteren Eckzähne. Zwei Schneidezähne waren bereits stoßzahnartig ausgebildet.

Obwohl *Moeritherium* zahlreiche primitive Merkmale aufwies, war es vermutlich nicht der direkte Ahne der späteren Rüsseltiere. Die Gattung lebte bis ins Oligozän hinein, wo es bereits mehrere höher entwickelte Elefantenformen gab.

Familie Deinotheriidae

Die Deinotheriiden waren sehr große Elefanten mit abwärts gebogenen Unterkieferstoßzähnen. Sie entstanden wahrscheinlich im Unteren Miozän in Afrika, breiteten sich dann aber bald über Mittel- und Südeuropa sowie Südasien aus.

Sie überlebten fast unverändert das Pliozän, zogen sich schließlich aber nach Afrika zurück und starben vor ungefähr 2 Millionen Jahren endgültig aus.

NAME: Deinotherium
ZEIT: Miozän bis Pleistozän
VERBREITUNG: Europa (Deutschland und Böhmen), Asien (Indien) und Afrika (Kenia)
GRÖSSE: 4 m

Das bemerkenswerteste Kennzeichen dieses Elefanten waren die Stoßzähne, deren Funktion bis heute umstritten ist. Der Oberkiefer trug keine Stoßzähne, während die des Unterkiefers rechtwinklig nach unten gebogen waren. Ihre Form erschien in den zwanziger Jahren des 19. Jahrhunderts den Forschern so unwahrscheinlich, daß sie bei den ersten Rekonstruktionen von Deinotherium den Unterkiefer andersherum montierten. Deinotherium schälte mit seinen Stoßzähnen möglicherweise Bäume oder grub Knollen aus. Er überlebte fast unverändert 20 Millionen Jahre und war damit ein sehr erfolgreiches Tier.

Unterordnung Elephantoidea

Diese Unterordnung umfaßt zwei Mastodon-Familien (Gomphotheriidae und Mammutidae) sowie die Elephantidae, zu denen die Mammuts und die echten Elefanten zählen. Die Gomphotheriiden sind die primitivere der beiden.

Ober- und Unterkiefer waren bei diesen frühen Formen ziemlich lang. Höher entwickelte zeigten entweder eine Verkürzung des Oberkiefers und eine extreme Verlängerung des Unterkiefers in schaufelartige Stoßzähne – oder aber eine starke Verkürzung des Unterkiefers, die dazu führte, daß die Tiere unseren heutigen Elefanten ähnlich sahen.

Die Gomphotheriiden waren die dominierenden Großsäuger des Miozäns. Von Afrika aus breiteten sich die Tiere während des Unteren Miozäns nach Südeuropa und über den indischen Subkontinent aus und erreichten im Mittleren Miozän auch Nordamerika. Erst kurz vor ihrem Aussterben im Pleistozän gelangten sie nach Südamerika. Vor ungefähr 5 Millionen Jahren begannen die Elefanten die Gomphotheriiden graduell zu ersetzen.

NAME: Phiomia
ZEIT: Unteres Oligozän
VERBREITUNG: Afrika (Ägypten)
GRÖSSE: 2,5 m

Phiomia entwickelte sich parallel zu ihrem kleineren entfernten Verwandten Moeritherium. Wahrscheinlich konkurrierten beide aber nicht um dieselbe Nahrung. Phiomia war vermutlich Waldbewohner, während Moeritherium das Leben in Sumpfgebieten vorzog.

Die Ober- und Unterkiefer von Phiomia waren auffallend lang. Die flachen Stoßzähne des Unterkiefers bildeten einen spachtelartigen Fortsatz, der den Tieren bei der Futtersuche sehr hilfreich war. Wahrscheinlich bildete die Oberlippe einen kleinen Rüssel, der mit dem Unterkiefer zusammenarbeitete. Kürzere Stoßzähne der Oberkiefer dienten vielleicht als Verteidigungswaffen.

FRÜHE ELEFANTEN UND MASTODONS

NAME: *Gomphotherium*
ZEIT: Unteres Miozän bis Unteres Pliozän
VERBREITUNG: Europa (Frankreich), Afrika (Kenia), Asien (Pakistan) und Nordamerika (Nebraska)
GRÖSSE: 3 m

NAME: *Platybelodon*
ZEIT: Oberes Miozän
VERBREITUNG: Europa (Kaukasus), Asien (Mongolei) und Afrika (Kenia)
GRÖSSE: 3 m

Platybelodon war ein weiterer »Schaufelzähner«. Das Tier sah *Amebelodon* (gegenüber) ähnlich, bewohnte allerdings vor allem Europa und Asien. Die Unterkieferstoßzähne waren kürzer und breiter und trugen beiderseits Einbuchtungen, die für die Stoßzähne des Oberkiefers Platz schufen.

Die Lebensweise von *Platybelodon* entsprach anscheinend der von *Amebelodon*: Das Tier hielt sich vorwiegend in flachen Gewässern auf und ernährte sich von Wasserpflanzen. Die Tatsache, daß zur gleichen Zeit in Eurasien und Nordamerika verwandte Rüsseltiertypen lebten, deutet auf einen Austausch zwischen den beiden Kontinenten hin – über eine Landbrücke in Höhe der heutigen Beringsee.

Die »Schaufelzähner« zeigen eine extreme Spezialisierung an eine ganz bestimmte Ernährungsweise. Wie auch andere hochspezialisierte Tiere waren sie extrem empfindlich gegenüber Umweltveränderungen, so daß ihnen keine sehr lange Lebensspanne beschieden war.

Von dieser Mastodonart mit vier Stoßzähnen wurden auf vier Kontinenten fossile Reste gefunden, in Afrika, Asien, Europa und Nordamerika. Daher wurde sie auch mit einer Reihe unterschiedlicher Gattungsnamen belegt, darunter *Trilophodon* und *Tetrabelodon*.

Der Unterkiefer mit den parallelen, aufwärts gebogenen Stoßzähnen war sehr lang und diente vermutlich im Verbund mit dem ungefähr gleich langen Rüssel dem Abrupfen und Abweiden pflanzlicher Nahrung.

Die Anzahl der Zähne wurde nach und nach reduziert. Die übriggebliebenen wiesen eine Reihe von Querjochen oder -höckern zur Vergrößerung der Reibfläche auf. Da die Tiere wegen ihrer gewaltigen Größe riesige Mengen an Pflanzennahrung aufzunehmen gezwungen waren, war ein entsprechend leistungsfähiges Gebiß unerläßlich.

Die meisten Arten der Gattung *Gomphotherium* fraßen Blätter von Büschen und Bäumen. Es gab allerdings auch eine in Sümpfen lebende Art, die sich von Wasserpflanzen ernährte.

SÄUGETIERE 241

Grasfluren ersetzt. Schnelle Huftiere wie die Pferde fanden hier ideale Lebensräume. Entlang der zahlreichen Flüsse, die die Ebenen durchzogen, gab es auch noch große Feuchtgebiete, in denen eine üppige Wasserpflanzenflora gedieh. In dieser ökologischen Nische konnte Amebelodon sich entwickeln.

In Gestalt und Aussehen ähnelte *Amebelodon* den heutigen Elefanten, obgleich der Bau des Schädels und der Stoßzähne recht unterschiedlich war. Die flachen Stoßzähne der verlängerten Unterkiefer lagen nebeneinander und bildeten zusammen eine über 1 m lange Schaufel, die in einer gemeinsamen Schneide endete.

NAME: *Anancus*
ZEIT: Oberes Miozän bis Unteres Pleistozän
VERBREITUNG: Weit verbreitet in Europa und Asien
GRÖSSE: 3 m

Mit seinem kurzen Unterkiefer und dem langen Greifrüssel sah *Anancus* wie ein heutiger Elefant aus. Die Beine waren allerdings kürzer und die Stoßzähne extrem verlängert. Die Unterkieferstoßzähne waren nahezu horizontal nach vorne gerichtet und 3 bis 4 m lang, fast halb so lang wie das gesamte Tier.

Anancus war offenbar an das Waldleben angepaßt. Als dann Grasland die Wälder mehr und mehr verdrängte, starb er aus.

NAME: *Amebelodon*
ZEIT: Oberes Miozän
VERBREITUNG: Nordamerika (Colorado, Nebraska)
GRÖSSE: 3 m

Amebelodon war ein typischer großer »Schaufelzähner« aus der Familie der Gomphotheriiden, die im Oberen Miozän die nordamerikanischen Prärien durchstreiften. Vor ungefähr 10 Millionen Jahren begannen dort die Wälder zurückzuweichen und wurden durch ausgedehnte, ziemlich trockene

NAME: *Cuvieronius*
ZEIT: Pleistozän bis Jetztzeit
VERBREITUNG: Nordamerika (Arizona, Florida) und Südamerika (Argentinien)
GRÖSSE: 2,7 m

Cuvieronius, ein kleiner Vertreter der Gomphotheriiden, wurde nach dem großen vergleichenden Anatomen und Begründer der Paläontologie, Baron Georges Cuvier (1769–1832), benannt.

Das auffälligste Merkmal von *Cuvieronius* waren seine Stoßzähne, die spiralig verdreht waren wie die eines Narwals. Normalerweise assoziieren wir den südamerikanischen Kontinent nicht mit Elefanten. Fossile Reste von *Cuvieronius* wurden jedoch in gebirgigen Gegenden Nord- und Südamerikas gefunden. Das Synonym *Cordillerion* nimmt darauf Bezug.

MASTODONS, MAMMUTS UND MODERNE ELEFANTEN

NAME: *Stegomastodon*
ZEIT: Oberes Pliozän bis Pleistozän
VERBREITUNG: Nordamerika (Nebraska) und Südamerika (Venezuela)
GRÖSSE: 2,7 m

Stegomastodon muß wie eine kürzere, gedrungenere Version des modernen Elefanten ausgesehen haben: Der Unterkiefer war kurz und trug keine Stoßzähne, die oberen Stoßzähne waren aufwärts gekrümmt. Die Backenzähne von *Stegomastodon* waren komplizierter aufgebaut als die seiner Vorfahren. Die Schmelzleisten sorgten für eine leistungsfähige Reibefläche; es ist daher denkbar, daß *Stegomastodon* bereits Gras fraß.

Stegomastodon war eines der wenigen Rüsseltiere, die nach Südamerika gelangten. Nach Entstehung der mittelamerikanischen Landbrücke war das Tier vor ungefähr 3 Millionen Jahren dort eingewandert. Während des Pleistozäns entstand und verschwand diese Landbrücke mehrfach, bevor sie ihre heutige Gestalt annahm. Jedesmal, wenn Gebirgsfaltungen oder Vulkanketten für eine Verbindung sorgten, war der Weg frei für eine neue Einwanderungswelle.

Stegomastodon starb in Nordamerika vor ungefähr einer Million Jahren aus, überlebte aber in Venezuela bis in die Zeit der frühesten Menschen.

FAMILIE MAMMUTIDAE

Trotz des Namens umfaßt diese Familie nicht Mammuts, sondern Mastodons. Die Backenzähne waren gekennzeichnet durch niedrige Höcker mit abgeflachten Seiten, die sich zu Querjochen vereinigten. Die Gomphotheriidenzähne dagegen hatten erheblich komplizierter gebaute Höcker.

NAME: *Mammmut americanum*
ZEIT: Oberes Miozän bis Oberes Pleistozän
VERBREITUNG: Nordamerika (Alaska, New York, Missouri)
GRÖSSE: 3 m

Das amerikanische Mastodon war eines der häufigsten nordamerikanischen Rüsseltiere. Wie das Wollmammut besiedelte es kalte Klimabereiche und war daher mit einem dicken, zottigen Fell bedeckt. Zusammen mit den Skeletten sind auch einige behaarte Hautreste erhalten geblieben. Fossilien wurden in Alaska ebenso gefunden wie im südlichen Florida.

Der Kopf war ziemlich lang und flach und trug ein Paar massive, aufwärts gekrümmte Stoßzähne. Das amerikanische Mastodon äste herdenweise in Nadelholzwäldern. Zur gleichen Zeit gab es auch bereits Menschen. Wie das Wollhaarmammut starb auch das amerikanische Mastodon erst vor ungefähr 10 000 Jahren aus.

FAMILIE ELEPHANTIDAE

Zu dieser Familie gehören auch die beiden heute noch existierenden Elefantenarten. Die *Elephantidae* unterscheiden sich von ihren früheren Verwandten, den Mastodons, hauptsächlich durch die Form der Zähne. Die echten Elefanten verloren die Stoßzähne des Unterkiefers, was zu einer Veränderung der Kautechnik führte. Die Mastodons zerrieben ihre Nahrung mit einer komplizierten Drehbewegung, während die Elefanten das Futter zerschneiden.

Auch die Zähne selbst waren von der Veränderung betroffen und entwickelten komplizierte, schmelzüberzogene Oberflächen. Bei vielen Arten trugen Ober- und Unterkiefer beidseitig nur noch einen einzigen Zahn, von denen jeder jeweils bis zu 20 Querjoche aus Schmelz aufwies. Diese waren mit weicherem Zahnbein ausgefüllt und untereinander durch dünne Bänder aus Zahnzement getrennt. Die Oberseite bildete somit eine fast ebene Fläche, die aus sehr hartem Phosphat bestand und den Abrieb durch silikathaltige Gräser verlangsamte. Erst der gänzlich abgeschliffene Zahn wurde durch einen neuen ersetzt. Die leichten Unterschiede in der Härte des Mineralphosphats zwischen Zahnschmelz, -bein und -zement führen zu unterschiedlicher Abnutzung. Folgerichtig blieben das Zahnprofil und seine Wirksamkeit beim Vorbereiten von Pflanzenmaterial zur Verdauung erhalten.

Das Mineralphosphat widersteht der Abnutzung durch das Zermahlen zähen Pflanzenmaterials wie hartem Gras, Baumrinde und zähen Ästen, das die Nahrung der Elefanten ausmacht. Und doch werden die Zähne durch das Zerkleinern der Nahrung abgenutzt und müssen beständig ersetzt werden. Ein neuer Zahn tritt nur dann hervor, wenn die älteren Zähne abgenutzt sind.

Die Stoßzähne der Elefanten dienen zum Ausgraben von Wurzeln, aber auch als Waffen, und werden von den Männchen zur Zurschaustellung von Stärke und Größe eingesetzt. Es handelt sich dabei um stark vergrößerte obere Schneidezähne, die aus Zahnbein, Knorpelmasse und Kalzium bestehen.

Eine Reihe von *Elephantidae*-Arten überlebte das Ende der Eiszeit, starb aber kurz danach aus, möglicherweise weil der Mensch ihnen zu sehr nachstellte. Zu den ausgestorbenen Arten gehören der Eurasische Waldelefant *(Elephas antiquus)*, Zwergformen wie der auf Mittelmeerinseln beheimatete *Elephas falconeri* sowie die Mammuts *Mammuthus primigenius* und *Mammuthus jeffersoni*. Das amerikanische Mastodon mit dem irreführenden wissenschaftlichen Namen *Mammut americanum* starb ungefähr zur gleichen Zeit aus. Heute existieren nur noch zwei Arten, der Afrikanische und der Asiatische oder Indische Elefant.

NAME: *Elephas antiquus*
ZEIT: Mittleres bis Oberes Pleistozän
VERBREITUNG: Europa
GRÖSSE: 3,7 m

Elephas antiquus war ein sehr großer, langbeiniger Elefant mit langen und leicht aufwärts gekrümmten Stoßzähnen. Seine Knochen treten in Ablagerungen des europäischen Pleistozäns verhältnismäßig häufig auf.

Während der Eiszeiten im Pleistozän bedeckten Gletscher große Gebiete der Nordhalbkugel. Während der Zwischeneiszeiten erwärmte sich das Klima aber derart, daß sogar in England subtropische Bedingungen Einzug hielten.

Elephas antiquus war an ein warmes Klima angepaßt und lebte in den dichten, üppigen Wäldern jener Zeit. Näherte sich eine Zwischeneiszeit ihrem Ende, und rückten die Gletscher wieder südwärts vor, so wich auch *Elephas antiquus* in südlicher Richtung aus. Im Norden traten dann die an die Kälte angepaßten Mammuts (s. u.) an seine Stelle.

Heute gibt es nur noch zwei Spezies von Elefanten. Die kleineren, indischen Elefanten bewohnen die Wälder des indischen Subkontinents, Indochinas, Malaysias, Indonesiens und Südchinas. Man geht davon aus, daß noch weniger als 50 000 wilde indische Elefanten existieren. Die größere, afrikanische Art bewohnt die Grasebenen und Wälder des afrikanischen Kontinents südlich der Sahara. Die Spezies gilt als das größte lebende Landtier.

MASTODONS, MAMMUTS UND MODERNE ELEFANTEN

NAME: *Elephas falconeri*
ZEIT: Oberes Pleistozän
VERBREITUNG: Mittelmeerinseln
GRÖSSE: 90 cm

NAME: *Mammuthus meridionalis*
ZEIT: Unteres Pleistozän
VERBREITUNG: Europa (Spanien)
GRÖSSE: bis 4,5 m

Zur Gattung *Elephas* gehört auch der heutige Asiatische oder Indische Elefant *(Elephas maximus)*. Die ersten Angehörigen der Gattung entstanden in Afrika im Unteren Pleistozän, also vor ungefähr 5 Millionen Jahren, und breiteten sich im Laufe der Zeit nach Europa und Asien aus. Dabei entwickelten sich im Mittelmeergebiet einige interessante Zwergformen, bei denen es sich möglicherweise auch nur um Variationen ein und derselben Art handelte.

Elephas falconeri hatte eine Schulterhöhe von weniger als 1 m und lebte auf Mittelmeerinseln. Seine Vorfahren verließen im Unteren Pleistozän Afrika und breiteten sich bis nach Mitteleuropa sowie ostwärts bis Indien, China und sogar Japan aus.

Aufgrund des während der Eiszeiten niedrigeren Meeresspiegels konnte dieser Elefant auch Malta, Zypern, Kreta und Sardinien erreichen. Wenn die Gletscher in den wärmeren Zwischeneiszeiten abschmolzen, stieg der Meeresspiegel wieder, und die genannten Gebiete wurden zu Inseln. In der Abgeschiedenheit der Insellage entstand die Zwergform *Elephas falconeri*. Ähnliche Zwergelefanten entwickelten sich auch auf den Inseln um Sulawesi (Celebes) in Südostasien.

Die natürliche Auslese begünstigte in der geographischen Isolation Tiere, die mit geringeren Nahrungsmengen auskamen. Dies war ein Grund für die Entstehung von Zwergformen und Zwergarten. Ein modernes Beispiel für eine solche Entwicklung bilden die kleinen Shetland-Ponys der nordschottischen Inseln. Unter den Dinosauriern läßt sich möglicherweise der kleine Ankylosaurier *Struthiosaurus* (S. 159) als Beispiel aufführen.

Die Mammuts hatten sich den Bedingungen kühler und kalter Klimazonen angepaßt. Im Unteren Pleistozän erstreckte sich ihr Verbreitungsgebiet von Afrika über Eurasien bis nach Nordamerika.

Mammuthus meridionalis war eine der ersten Mammutarten. Sie entwickelte sich in offenen Waldgebieten Südeuropas, wo vor ungefähr 2 Millionen Jahren ein verhältnismäßig mildes Klima herrschte. Die Vorfahren stammten entweder aus Afrika oder aus weiter östlich gelegenen Teilen der eurasischen Landmasse.

Mammuthus meridionalis ähnelte dem heutigen Asiatischen Elefanten, hatte aber viel längere Stoßzähne. Vielleicht war die Art die Ahnin anderer spezialisierter Mammuts, darunter des Wollhaarmammuts und des Nordamerikanischen Mammuts.

SÄUGETIERE 245

NAME: *Mammuthus columbi*
ZEIT: Oberes Pleistozän
VERBREITUNG: Nordamerika (Carolina, Georgia, Lousiana, Florida)
GRÖSSE : 3,7 m

Mammuthus columbi war eine jener Mammutarten, die im Oberen Pleistozän während einer milden Klimaphase von Asien nach Nordamerika gewandert waren. Zu jener Zeit war es möglich, trockenen Fußes über die heutige Beringsee zu ziehen.

Mammuthus columbi lebte in warmen Grasgebieten im südöstlichen Teil Nordamerikas und erreichte im Süden sogar das heutige Mexiko. Das Tier hatte stark einwärts gebogene Stoßzähne und unterschied sich dadurch schon äußerlich von einer zweiten amerikanischen Mammutart, *Mammuthus imperator*, deren lange Stoßzähne in einer gleichförmigen Kurve nach hinten gekrümmt waren.

NAME: *Mammuthus trogontherii*
ZEIT: Mittleres Pleistozän
VERBREITUNG: Europa (England, Deutschland)
GRÖSSE : 4,5 m

Mammuthus trogontherii war das Steppenmammut und lebte unter erheblich strengeren klimatischen Bedingungen als seine Vorfahren im Mittleren Pleistozän. Wahrscheinlich entwickelte es als erste Art das typische Fell des Mammuts. Vermutlich zogen die Tiere in Herden über die Tundren und Kältesteppen. *Mammuthus trogontherii* war eine der größten Mammutarten. Die spiralig verdrehten Stoßzähne waren beim Männchen dicker als beim Weibchen und erreichten in Einzelfällen bis 5,2 m Länge.

NAME: *Mammuthus primigenius*
ZEIT: Oberes Pleistozän
VERBREITUNG: Europa, Asien und Nordamerika
GRÖSSE : 2,7 m

Das Wollhaarmammut gilt vielen Menschen als die typische Mammutart. Es war verhältnismäßig klein, lebte in der kalten Tundra und trug ein dickes Fellkleid sowie einen Fetthöcker.

Die Weichteilanatomie und das Aussehen dieses Tieres sind recht gut bekannt, da man im Dauerfrostboden Sibiriens und Alaskas mehrere gut erhaltene Exemplare fand. Wir verfügen zudem über Dokumente früher Menschen, die Mammutdarstellungen auf Höhlenwände malten oder in diese einritzten.

Das Fell des Tiers war schwarz – und nicht rot oder rotbraun wie auf den meisten Rekonstruktionen. Die rote Farbe der erhalten gebliebenen Fellteile geht auf eine postume chemische Reaktion des Haares zurück.

Für den Wärmeschutz sorgten eine Unterwolle aus feinen Haaren sowie eine dicke Fettschicht. Hinter dem kuppelförmigen Kopf befand sich ein Fetthöcker. Er diente offensichtlich während des harten Winters als Nährstoffspeicher.

Mammuthus primigenius starb vor ungefähr 10 000 Jahren aus. Die allgemeine Erwärmung, die auf das Ende der letzten Eiszeit folgte, reduzierte möglicherweise bereits die Individuenzahl, doch wurde das Ende der Mammuts infolge der intensiven Bejagung durch unsere Vorfahren höchstwahrscheinlich noch beschleunigt.

SÜDAMERIKANISCHE HUFTIERE

Während des Tertiärs beherbergte Südamerika eine merkwürdige, einzigartige Säugerfauna – wie in unserer Zeit Australien und vielfach aus denselben Gründen: Nach dem Zerbrechen von Pangaea führten die Kontinentaldrift und der steigende Meeresspiegel dazu, daß Südamerika sich zunächst von Nordamerika und dann auch von Afrika und Antarctica abtrennte. Im Alttertiär, vor rund 50 bis 60 Millionen Jahren, lag zwischen Nord- und Südamerika offenes Meer.

Südamerika besaß zu jener Zeit drei Säugergruppen, an denen die Evolution ansetzen konnte: Beuteltiere (S. 202–205), primitive Zahnarme (Ameisenbären, Faultiere und Gürteltiere, S. 206–209) sowie einige frühe Huftierformen (S. 234, 254). Während Nordamerika in der Folgezeit dank seiner Landverbindung mit der Alten Welt alle neuentstandenen Säugergruppen übernahm, gelangten nach Südamerika nur die Nager und die Primaten.

Ungefähr 50 Millionen Jahre lang lebten die südamerikanischen Säuger demnach auf einem Inselkontinent, der keine fleischfressenden Plazentatiere beherbergte. Sie konnten somit zahlreiche ökologische Nischen besetzen, die anderswo von anderen Tieren eingenommen wurden.

Die Tiere, die auf den folgenden Seiten beschrieben werden, gehören zu den *Meridiungulata*, den Südamerikanischen Huftieren oder Südhuftieren. Es handelt sich um die Nachkommen der ersten frühen Huftiere, die sich von Wurzeln und anderer pflanzlicher Kost ernährten.

ORDNUNG LITOPTERNA

Bei den *Litopterna* handelt es sich mehrheitlich um pferde- und kamelähnliche Tiere. Ihre Zähne sind im allgemeinen einfacher als die der übrigen Huftiere; das Gebiß blieb mehr oder minder vollständig, und die Lücke (Diastema) zwischen den vorderen und den hinteren Zähnen war nie besonders stark entwickelt.

Die Beine und Füße ähneln bisweilen erstaunlich denen der Unpaarhufer, zum Beispiel der Pferde, Tapire und Nashörner (S. 254–265). Es besteht dieselbe Tendenz zur Längenreduktion von Oberschenkel und Oberarm sowie zur Verlängerung des Unterarms und des Unterschenkels. Die Zehen mit Hufen werden von drei auf eins reduziert, wobei die dritte Zehe das Körpergewicht trägt.

Es gibt jedoch auch Unterschiede: Elle und Speiche sowie Schienbein und Wadenbein verschmolzen nicht miteinander wie zum Beispiel beim Pferd; auch sind die Knochen des Fußgelenks weniger komplex.

FAMILIE DIDOLODONTIDAE

Es ist noch umstritten, wie diese langlebige Familie einzuordnen ist. Einige Forscher stellen sie zu den frühen Huftieren der Ordnung *Arctocyonia*, andere betrachten sie als den *Litopterna* zugehörig. Am besten faßt man sie wohl als Bindeglied zwischen den beiden genannten Gruppen auf.

Die ältesten Fossilfunde stammen aus dem Paläozän, doch sind auch noch Exemplare aus dem Mittleren Miozän mit einem Alter von nur 10 Millionen Jahren bekanntgeworden.

NAME: *Didolodus*
ZEIT: Unteres Eozän
VERBREITUNG: Südamerika (Argentinien)
LÄNGE: möglicherweise 60 cm

Die Zähne von *Didolodus* waren denen der ersten Huftiere sehr ähnlich. Man schließt daraus auch auf eine äußerliche Ähnlichkeit mit jenen früheren Lebewesen.

Als Sohlengänger zog *Didolodus* im Unterholz der Wälder umher und ernährte sich von Blättern niedriger Bäume und Büsche. Möglicherweise war die Art (oder eine nahverwandte) Vorfahrin der meisten anderen südamerikanischen Huftiere.

FAMILIE PROTEROTHERIIDAE

Als auf dem südamerikanischen Kontinent offene Graslandschaften die Wälder verdrängten, beschleunigte sich die Evolution leicht gebauter Tiere, die schnell laufen konnten.

Die Proterotheriiden ähnelten den Pferden und waren vom Oberen Paläozän bis zum Oberen Pliozän vertreten. Sie waren offensichtlich denselben Veränderungen wie die frühen Pferde Nordamerikas unterworfen und nahmen bisweilen sogar Entwicklungen vorweg, die sich in anderen Teilen der Welt erst später vollzogen. Daß sie bereits Gras fressen konnten, ist allerdings unwahrscheinlich, da ihr Gebiß nach wie vor die typischen Merkmale blätterfressender Arten zeigte.

NAME: *Diadiaphorus*
ZEIT: Unteres Miozän
VERBREITUNG: Argentinien
GRÖSSE: 1,2 m

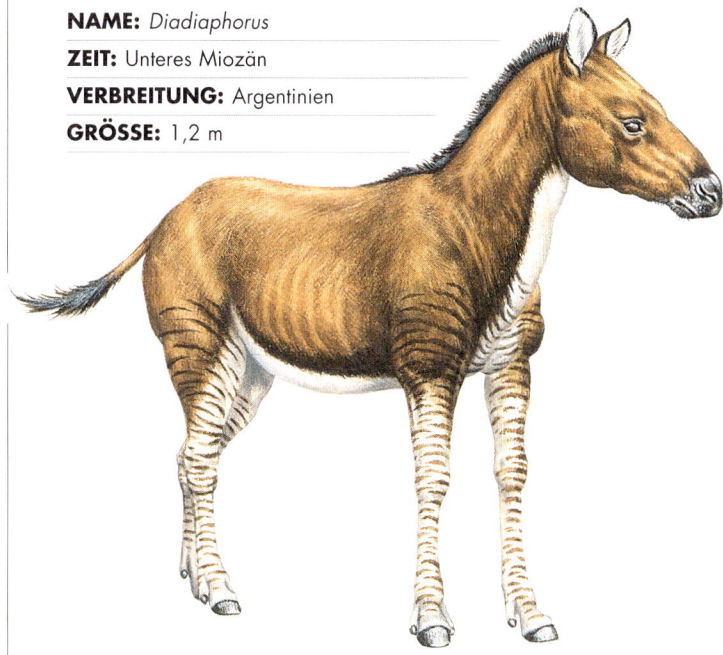

Das zierliche Tier sah wahrscheinlich einer kurzhalsigen Antilope oder einem Pony sehr ähnlich.

Obwohl die Knochen des Unterarms und des Unterschenkels (Elle/Speiche und Schienbein/ Wadenbein) nie miteinander verschmolzen wie später bei den echten Pferden, waren die Beine lang und schlank. Das mittlere dritte Zehenglied war sehr groß und trug das gesamte Gewicht des Tieres, während die Seitenzehen verkümmert waren. Die niederkronigen Zähne hatten mit denen eines Pferdes kaum etwas gemein und lassen vermuten, daß sich *Diadiaphorus* von weichem Pflanzenmaterial wie den Blättern diverser Sträucher und Bäume ernährte, die zu jener Zeit in den Ebenen Patagoniens gediehen.

NAME: *Thoatherium*
ZEIT: Unteres Miozän
VERBREITUNG: Südamerika (Argentinien)
LÄNGE: 70 cm

Thoatherium ist die kleinste Form der *Litopterna* und glich wahrscheinlich einer kleinen Gazelle. Beine und Füße waren im Vergleich zur Körpergröße sehr lang. Die paarigen Knochen von Unterschenkel und Unterarm waren zwar reduziert, aber nicht miteinander verschmolzen. Die Reduktion der Seitenzehen, die bei den echten Pferden und bei *Diadiaphorus* zu beobachten ist, erreichte hier das Extrem und war noch stärker ausgeprägt als bei den heutigen Pferden.

Auch das Gebiß blieb auf primitivem Stand, so daß man davon ausgehen kann, daß sich *Thoatherium* eher von Blattwerk als von Gräsern ernährte.

Nachdem sie ihre größte Diversifizierung im frühen Miozän erreicht hatten, starben die *Proterotheriidae* im späten Pliozän, also vor etwa 3 Millionen Jahren, aus.

Familie Macraucheniidae

Diese merkwürdigen *Litopterna* mit rhinozerosartigen Füßen, langem Hals und einem Rüssel galten früher einmal als ausgestorbene Kamele, eine Annahme, die gar nicht so abwegig war, weil heute die zur Familie der Kamele gehörigen Lamas und ihre Verwandten (S. 274–277) in den gleichen Gegenden Südamerikas vorkommen. In Wirklichkeit sind beide Gruppen jedoch grundverschieden und ihre Ähnlichkeiten beruhen auf konvergenter Evolution.

NAME: *Thesodon*
ZEIT: Unteres Miozän
VERBREITUNG: Südamerika (Argentinien)
LÄNGE: 2 m

Das gras- und blätterfressende Huftier *Thesodon* durchstreifte die Pampas und erinnerte äußerlich an ein heutiges Guanako. Der Hauptunterschied betraf die Füße, die bei *Thesodon* drei Zehen aufwiesen und damit erheblich schwerer waren. Die Stellung der Nasenöffnungen im Schädel deutet darauf hin, daß auch ein Rüssel vorhanden war, dessen Länge jedoch die des Rüssels der heutigen Saiga-Antilope kaum übertroffen haben dürfte. Der Unterkiefer war sehr schlank, und das Gebiß trug die für ein Plazentatier maximale Zahl von 44 Zähnen, was zu diesem Zeitpunkt im Tertiär bereits recht ungewöhnlich war.

SÜDAMERIKANISCHE HUFTIERE

NAME: *Macrauchenia*
ZEIT: Pleistozän
VERBREITUNG: Südamerika (Argentinien)
LÄNGE: 3 m

Macrauchenia war eine spätere und größere Version von *Thesodon*, aus dem die Art vermutlich hervorging. Die Lebensweise von *Macrauchenia* (»Langhals«) bleibt ein Rätsel. Es besaß einige Merkmale, die auch auf die Kamele zutreffen, darunter die Körpergröße und den Habitus, den kleinen Kopf und den langen Hals. Die dreizehigen, mit Hufen versehenen Füße erinnerten jedoch eher an die eines Nashorns. *Macrauchenia* besaß vermutlich einen etwas längeren Rüssel, da die Nasenöffnungen hoch oben am Schädel zwischen den Augen liegen.

Einige Paläontologen halten den Rüssel für einen Hinweis auf eine semiaquatische Lebensweise. Andere Experten gehen davon aus, daß die Nasenlöcher von Lippen umgeben waren, die das Tier zum Schutz gegen Staub verschließen konnte. Der Rüssel in Verbindung mit hochkronigen Zähnen deutet ferner darauf hin, daß *Macrauchenia* vermutlich sowohl Blätter abgeweidet als auch Gras gefressen hat.

ORDNUNG ASTRAPOTHERIA

Zu dieser kleinen, aber im Fossilnachweis gut vertretenen Ordnung gehörten Pflanzenfresser mit relativ niedrigem Körperbau. Sie existierten vom Oberen Paläozän bis zum Mittleren Miozän. Einige wurden nashorngroß, hatten Stoßzähne und einen kurzen Rüssel.

FAMILIE ASTRAPOTHERIIDAE

Man konnte von Tieren dieser Gruppe vollständige Skelette rekonstruieren. Die Lebensweise der *Astrapotheriidae* und ihre Beziehungen zu den übrigen südamerikanischen Huftieren sind aber nach wie vor ungeklärt.

NAME: *Astrapotherium*
ZEIT: Oberes Oligozän bis Mittleres Miozän
VERBREITUNG: Südamerika (Argentinien)
LÄNGE: 2,5 m

Abgesehen von der beträchtlichen Größe war *Astrapotherium* ein typischer Vertreter seiner Familie. Der Kopf war ziemlich kurz und im vorderen Teil möglicherweise kuppelartig gewölbt. Die Eckzähne wuchsen zeitlebens nach und formten vier Hauer. Wie beim Flußpferd bildete das längere obere Hauerpaar mit dem unteren eine Art Schere. Die unteren Schneidezähne ragten hervor und trafen wahrscheinlich auf eine Hornplatte im Oberkiefer.

Astrapotherium hatte einen langen, niedrigen Rumpf und verhältnismäßig schwache Beine, wobei die hinteren weniger kräftig ausgebildet waren als die vorderen. Das Tier ging auf den Fußsohlen und verteilte damit sein Gewicht gleichmäßig.

In ihrer Gesamtheit deuten die Merkmale darauf hin, daß das Tier einen Großteil seiner Zeit im Wasser zubrachte. Es suhlte sich vermutlich gerne in seichten Tümpeln und wühlte mit Rüssel und Hauern Wasserpflanzen aus dem Schlamm.

FAMILIE TRIGONOSTYLOPIDAE

Die Familie *Trigonostylopidae* gehört entweder zur Ordnung *Astrapotheria* oder stellt eine eigenständige Ordnung dar. Ihr wichtigstes gemeinsames Merkmal mit den Astrapotheriiden sind die hervortretenden Eckzähne.

NAME: *Trigonostylops*
ZEIT: Oberes Paläozän bis Unteres Eozän
VERBREITUNG: Südamerika (Argentinien)
LÄNGE: möglicherweise 1,5 m

Von *Trigonostylops* hat man bisher nur den Schädel gefunden. Es fällt daher nicht leicht, Aussehen und Lebensweise zu rekonstruieren. Die Zähne sind sehr primitiv. Wenn *Trigonostylops* tatsächlich zu den Astrapotheriiden gehört – diese Vermutung stützt sich vor allem auf das Vorhandensein großer unterer Eckzähne –, dann erinnerten wahrscheinlich auch andere anatomische Merkmale an die Gattung *Astrapotherium* (s. o.).

ORDNUNG PYROTHERIA

Die Säuger Südamerikas liefern uns hervorragende Beispiele für das Phänomen der konvergenten Evolution, also die durch gleichartige Umweltbedingungen hervorgerufene Entwicklung ähnlicher Strukturen und Merkmale bei Tieren, die nicht näher miteinander verwandt sind. Die *Pyrotheria* waren die südamerikanischen Pendants der Elefanten.

FAMILIE PYROTHERIIDAE

Dies war die Hauptfamilie der Ordnung. Die geographische Verbreitung reichte von Argentinien bis nach Brasilien, Venezuela und Kolumbien, die zeitliche vom Eozän bis zum Unteren Oligozän.

NAME: *Pyrotherium*
ZEIT: Unteres Oligozän
VERBREITUNG: Südamerika (Argentinien)
LÄNGE: 3 m

Die ersten Reste von *Pyrotherium* fand man in den Ablagerungen vulkanischer Asche von Deseado, Argentinien. Auch der Name des Tieres (»Feuertier«) ist darauf zurückzuführen. Seit jener Zeit wurden fossile Exemplare der Art auch in vielen anderen Teilen Südamerikas gefunden.

Pyrotherium sah wahrscheinlich wie der frühe Elefant *Barytherium* aus, der zur selben Zeit in Afrika lebte. Das Tier hatte einen massigen Körper mit säulenartigen Beinen, kurze, breite Zehen und einen kurzen, dicken Hals. Der Kopf trug einen kurzen Rüssel, und die Schneidezähne waren zu Hauern verbreitert.

SÜDAMERIKANISCHE HUFTIERE

ORDNUNG NOTOUNGULATA

Die »Südhuftiere« bildeten die größte Ordnung der südamerikanischen Huftiere. Rund 100 Gattungen werden in vier Unterordnungen eingeteilt. Letztere existierten möglicherweise bereits, als sich Südamerika am Ende des Paläozäns von Nordamerika trennte. Die Isolation Südamerikas erlaubte den dort vorhandenen Säugergruppen eine separate Evolution. Viele besetzten ökologische Nischen, die anderswo auf der Welt von anderen Gruppen eingenommen wurden.

Viele *Notoungulata* waren klein, sahen Kaninchen oder Bibern ähnlich und lebten auch wie diese. Andere, größere Arten ähnelten Schafen, Warzenschweinen, Pferden, Nashörnern und Flußpferden. Die gemeinsame Verwandtschaft bestätigten die besondere Anordnung der Höcker auf den Zähnen sowie die eigentümlichen Gehörknöchelchen der Ordnung.

Obwohl die meisten Arten südamerikanischen Ursprungs sind, kennt man einige wenige Arten auch aus dem Oberen Paläozän und dem Unteren Eozän Nordamerikas.

Die *Notoungulata* erreichten ihre größte Formenvielfalt im Oligozän, waren aber auch im Unteren Miozän noch häufig. Danach begann ihr Niedergang. Es gibt keine überlebenden Formen. Die letzten *Notoungulata* starben im Pleistozän aus, also vor ungefähr einer Million Jahren, kurz nachdem sich der Isthmus von Panama gebildet hatte. Diese Landbrücke öffnete Südamerika für die Invasion von Säugetieren aus dem Norden.

UNTERORDNUNG NOTOPROGONIA

Hierbei handelt es sich um die primitivsten *Notoungulata*. Die frühesten Fossilnachweise lassen noch bei allen Unterordnungen primitive Merkmale erkennen. Dazu gehörte unter anderem ein vollständiges Gebiß aus 44 niederkronigen, wenig spezialisierten Zähnen. Die Lücke (Diastema) zwischen den Eckzähnen und den Vorbackenzähnen fehlte.

Die *Notoprogonia* blieben auf das Paläozän und das Eozän beschränkt und starben vor ungefähr 45 Millionen Jahren aus.

FAMILIE NOTOSTYLOPIDAE

Das Gebiß der *Notostylopidae* verrät eine frühe Spezialisierung. Die meißelförmig hervortretenden, nagerartigen Schneidezähne waren durch eine Lücke (Diastema) von den Vorbacken- beziehungsweise Backenzähnen getrennt. Sie hatten Wurzeln und wuchsen nicht kontinuierlich nach wie bei den Nagern.

NAME: *Notostylops*
ZEIT: Unteres Eozän
VERBREITUNG: Südamerika (Argentinien)
LÄNGE: möglicherweise 75 cm

Notostylops war ein kaninchenartiges Tier, das im Unterholz lebte und krautige Pflanzen fraß. Seine Anatomie läßt kaum Rückschlüsse auf Anpassungen an eine bestimmte ökologische Nische zu.

Notostylops hatte ein kurzes, hohes Gesicht, das dem familientypischen, nagerähnlichen Gebiß Raum bot.

UNTERORDNUNG TYPOTHERIA

Die *Typotheria* haben mit den Nagern vieles gemeinsam. Selbst ihre Zähne waren ähnlich: Die Schneide- und Backenzähne höherentwickelter Vertreter beider Gruppen sind an die Nagetätigkeit angepaßt und wachsen zeitlebens nach, um mit der raschen Abnutzung Schritt halten zu können. Einige *Typotheria* wurden bärengroß; die meisten Arten blieben jedoch erheblich kleiner.

FAMILIE INTERATHERIIDAE

Bei den meisten Interatheriiden handelte es sich um ziemlich kleine, nagerähnliche Säuger. Die Gruppe existierte recht lange, reichen doch die Fossilfunde vom Oberen Paläozän bis zum Oberen Miozän.

NAME: *Protypotherium*
ZEIT: Unteres Miozän
VERBREITUNG: Südamerika (Argentinien)
LÄNGE: 40 cm

Protypotherium war ungefähr kaninchengroß, hatte aber einen langen Schwanz und lange Beine. Der Kopf endete in einer verjüngten Schnauze. Sämtliche 44 Zähne waren noch vorhanden und verrieten keine Spezialisierung auf eine bestimmte Ernährungsweise. Der Hals war kurz, der Körper lang, der Schwanz relativ dick. Die schlanken Beine endeten in bekrallten Pfoten.

Unterordnung Hegetotheria

Die *Hegetotheria* umfassen kaninchen- und nagerartige Formen mit entsprechender Lebensweise. Spätere Vertreter der *Hegetotheria* hatten eine Lücke (Diastema) zwischen den Schneide- und den Vorbackenzähnen. Alle Zähne wuchsen zeitlebens nach.

Die *Hegetotheria* traten erstmals während des Mittleren Eozäns in Erscheinung und starben erst vor ungefähr 3 Millionen Jahren, im Pliozän, aus.

Familie Hegetotheriidae

Zu dieser Familie gehören Tiere, die nach Aussehen, Fortbewegung und Lebensweise an Kaninchen und Hasen erinnern. Mit den Hintergliedmaßen konnten sie Hoppelsprünge vollführen.

NAME: *Pachyrukhos*
ZEIT: Oberes Oligozän bis Mittleres Miozän
VERBREITUNG: Südamerika (Argentinien)
LÄNGE: 30 cm

Pachyrukhos besiedelte in Südamerika die ökologische Nische des Kaninchens. Der Schwanz war kurz, und die Hinterbeine waren bedeutend länger als die Vorderbeine, weshalb sich das Tier wohl hoppelnd fortbewegte. Auch der Kopf erinnerte an ein Kaninchen und verjüngte sich zu einer schmalen Schnauze. Die Zähne eigneten sich zum Aufknacken oder Aufbrechen von Nüssen und anderen harten oder zähen Pflanzenteilen. *Pachyrukhos'* innere Gehörorgane wurden vermutlich durch lange Lauscher ergänzt. Der große Durchmesser der Augenöffnungen läßt den Schluß zu, daß die Tiere nachtaktiv waren.

Unterordnung Toxodonta

Die *Toxodonta* waren im Eozän, Oligozän und Miozän weit verbreitet. Im Miozän erreichten einige Formen die Größe von Pferden oder sogar Nashörnern. Diese Tiere starben erst nach Entstehung der mittelamerikanischen Landbrücke aus.

Der Name bedeutet »Bogenzähner« und bezieht sich auf die für die Unterordnung typische seitliche Krümmung der Backenzähne.

Familie Isotemnidae

Die *Isotemnidae* entwickelten sich früh und stellen die primitivste Familie der *Toxodonta* dar.

NAME: *Thomashuxleya*
ZEIT: Unteres Eozän
VERBREITUNG: Südamerika (Argentinien)
LÄNGE: 1,3 m

Thomashuxleya verdankt seinen Namen dem britischen Naturforscher und Paläontologen Thomas Huxley, der im 19. Jahrhundert zu den Verfechtern der Evolutionstheorie zählte.

Das Tier war kräftig gebaut, ungefähr schafgroß und sehr wenig spezialisiert, das heißt, es zeigte wenig Anpassungen an eine bestimmte Lebensweise. Der Kopf war relativ groß, und die Kiefer trugen ein vollständiges Gebiß mit 44 Zähnen. Die Eckzähne waren zu Hauern verlängert, mit denen das Tier möglicherweise wie ein Warzenschwein im Boden wühlen konnte.

Die kräftigen Gliedmaßen erinnern an die eines primitiven Huftieres. *Thomashuxleya* war jedoch ein Zehengänger, sprich, die Zehen trugen das gesamte Gewicht des Tieres. Der Körperbau war wohl dem eines Nabelschweins ähnlich.

SÜDAMERIKANISCHE HUFTIERE

Familie Notohippidae

Die Bezeichnung *Notohippidae* bedeutet »Südpferde«. Früher glaubte man einmal, es habe sich bei dieser Gruppe um Vorläufer der echten Pferde gehandelt. Die Ähnlichkeiten, vor allem in der Schädelform und im Bau der Schneidezähne, sind jedoch nur das Ergebnis einer konvergenten Evolution – wo unterschiedliche Tiere auf ähnliche Lebensräume treffen, entwickeln sie ähnliche körperliche Anpassungen. Die Grundmerkmale weisen die Tiere eindeutig als Angehörige der *Notoungulata* aus.

NAME: *Rhynchippus*
ZEIT: Unteres Oligozän
VERBREITUNG: Südamerika (Argentinien)
LÄNGE: 1 m

Rhynchippus (»Schnauzenpferd«) ist das klassische Beispiel einer Konvergenzentwicklung zwischen südamerikanischen Huftieren und den Pferden, mit denen es nicht verwandt ist. Das Skelett mit den bekrallten Füßen hatte mit einem Pferdeskelett kaum etwas gemein. Das Gebiß erinnerte im Aufbau jedoch an das eines grasfressenden Tieres.

Die Eckzähne bildeten keine Hauer wie bei den meisten übrigen *Toxodonta*, sondern waren ebenso groß und ebenso geformt wie die Schneidezähne, die ihrerseits optimal zum Abrupfen von Grasbüscheln geeignet waren.

Familie Leontiniidae

Die verwandtschaftlichen Beziehungen dieser Familie zu anderen Gruppen sind bis heute ungewiß, aber ihre Fußanatomie spricht dafür, sie bei den *Toxodonta* unterzubringen. Einige Leontiniiden – durchweg kräftig gebaute Tiere – besaßen ein rhinozerosähnliches Horn auf der Nase.

NAME: *Scarrittia*
ZEIT: Unteres Oligozän
VERBREITUNG: Südamerika (Argentinien)
LÄNGE: 2 m

Scarrittia ist die einzige Art der Leontiniiden, von der bisher ein vollständiger Skelettfund vorliegt. Im Leben ähnelte das Tier vermutlich einem schwerfälligen, plattfüßigen Rhinozeros.

Scarrittia war ziemlich kräftig gebaut, mit langem Körper und Hals, gedrungenen Beinen, dreizehigen Füßen mit Hufen und einem sehr kurzen Schwanz. Schienbein und Wadenbein waren im oberen Bereich teilweise miteinander verschmolzen, so daß das Tier seine Füße nicht mehr seitwärts drehen konnte.

Familie Homalodotheriidae

Ein charakteristisches Merkmal der Homalodotheriiden sind die bekrallten Zehen, die in hohem Maße an die Chalicotheriiden der Alten Welt und Nordamerikas (S. 260) erinnern. Die Familie war gemeinsam mit den Loentiniiden und Toxodontiden reich im Mittleren und Oberen Tertiär Südamerikas vertreten.

NAME: *Homalodotherium*
ZEIT: Unteres und Mittleres Miozän
VERBREITUNG: Südamerika (Argentinien)
LÄNGE: 2 m

Homalodotherium stellt die einzige gut bekannte Gattung der Familie dar. Im Gegensatz zu den übrigen *Notoungulata* besaß er an den vier Fingern jeder »Hand« eine Kralle anstelle eines Hufs. Die Vorderbeine waren länger und schwerer gebaut als die Hinterbeine. Auf den Vorderbeinen war *Homalodotherium* ein Zehen-, auf den Hinterbeinen dagegen ein Sohlengänger. Dadurch waren die Schultern höher als die Beckenregion. Aufgrund dieser Merkmalskombination ist anzunehmen, daß *Homalodotherium* sich zeitweilig auch auf die Hinterbeine erheben konnte.

Familie Toxodontidae

Die *Toxodontidae* umfassen Tiere mit außergewöhnlich hochkronigen, gekrümmten Zähnen, die zeitlebens nachwuchsen, um den starken Abrieb auszugleichen, der durch die aus harten Pampasgräsern bestehende Nahrung hervorgerufen wurde. Die Tiere selbst sahen wie Nashörner aus; einige Arten trugen tatsächlich ein Horn auf der Schnauze.

Die Toxodontiden entstanden vor 30 Millionen Jahren im Oligozän und überlebten bis ins Obere Pleistozän.

NAME: *Toxodon*
ZEIT: Pliozän und Pleistozän
VERBREITUNG: Südamerika (Argentinien)
LÄNGE: 2,7 m

Toxodon, äußerlich dem Rhinozeros ähnlich, war ein typischer Sohlengänger. Da die Hinterbeine länger waren als die Vorderbeine, fiel die Rückenlinie nach vorne etwas ab.

Der Vorderkopf war ziemlich breit; vielleicht war eine fleischige Greiflippe ausgebildet. Unmittelbar hinter der Schnauze wurde der Schädel wie bei einem Nashorn schmaler, um sich gleich danach wieder zu verbreitern.

Gebiß und Zähne lassen vermuten, daß *Toxodon* nicht nur das harte Pampasgras abweidete, sondern auch Blattwerk verzehrte.

NAME: *Adinotherium*
ZEIT: Unteres bis Mittleres Miozän
VERBREITUNG: Südamerika (Argentinien)
LÄNGE: 1,5 m

Adinotherium wirkte wie eine schafgroße und weniger plumpe Version von *Toxodon*. Er trug auf dem Schädel ein kleines Horn, das vermutlich beim Imponier- und Balzverhalten eine Rolle spielte.

PFERDE

Die Huftiere oder *Ungulata* nehmen heute unter den großen pflanzenfressenden Landsäugern eine dominierende Position ein. Eine ähnlich bedeutende Rolle spielten im Paläozän und Eozän, also vor ungefähr 50 bis 60 Millionen Jahren, ihre frühesten Repräsentanten, die sich von Wurzeln, Knollen und Blättern ernährten (S. 234–237). Als sich im trockeneren Miozän, vor etwa 20 Millionen Jahren, weite, offene Graslandschaften bildeten, nutzten viele Arten die sich dadurch bietende evolutionäre Chance.

Sieht man von den primitiven Ordnungen ab, so lassen sich Huftiere in zwei Hauptgruppen unterteilen. Die *Perissodactyla* oder Unpaarhufer (s. u.) umfaßten im Alttertiär zahlreiche Gattungen und sind heute noch durch Pferde, Nashörner und Tapire vertreten. Weit artenreicher sind aber die *Artiodactyla* oder Paarhufer (S. 266–281), zu denen heute die Hirsche, Schafe, Ziegen, Rinder, Schweine und Nabelschweine, Flußpferde, Giraffen, Kamele und Lamas gehören.

Im Gegensatz zu ihren frühen Vorfahren sind die meisten Huftiere an eine schnelle Fortbewegungsweise angepaßt. Für kleine und mittelgroße Tiere, die von Räubern bedroht werden, liegt hierin oft die einzige Überlebenschance. Die Oberschenkel und Oberarmknochen tendieren aus diesem Grund zur Verkürzung, während die Knochen der unteren Beinhälfte lang und dünn sind und miteinander verschmelzen, so daß das Tier galoppieren kann, ohne sich dabei Verrenkungen zuzuziehen. Die Muskeln konzentrieren sich auf den Oberschenkelbereich, und die Kraftübertragung erfolgt über starke Sehnenstränge. Die Fußgelenke sind oft versteift, und die Tiere gehen auf ihren Zehen. Die Zehen selbst sind im allgemeinen verlängert und – eine weitere gewichtsparende Eigenschaft – in der Zahl verringert. Der Huf ist nichts weiter als ein enorm vergrößerter Zehnagel.

Bei den Unpaarhufern sind meist ein oder drei Zehen vorhanden, wobei sich die Hauptlast auf die mittlere Zehe konzentriert. Bei den Paarhufern verteilt sich das Gewicht auf die zumeist vier vorhandenen Zehen.

Die Huftiere ernähren sich von Gras und haben sich dementsprechend angepaßt – unter anderem durch Reibflächen an den Zähnen, einen kompliziert aufgebauten Magen, der auch schwer aufschließbare Zellulose verdauen kann, sowie durch das Zusammenleben in großen Herden. Einige entwickelten auch Auswüchse auf dem Schädel, sei es aus Knochen, Horn oder aus miteinander verschmolzenen Haaren. Die Funktion dieser Hörner oder Geweihe ist unterschiedlich; sie dienten in den meisten Fällen wohl der Verteidigung und/oder hatten eine bestimmte Aufgabe bei der Brunft.

ORDNUNG PERISSODACTYLA

Die Unpaarhufer entstanden wahrscheinlich im Oberen Paläozän, vor ungefähr 55 Millionen Jahren. Man unterscheidet drei Unterordnungen. Die *Hippomorpha* umfassen die Pferde und die Brontotheriiden (S. 254–259), die *Ancylopoda* (S. 260) die Tapire (S. 261) und die *Ceratomorpha* die Nashörner (S. 262–265).

NAME: *Palaeotherium*
ZEIT: Oberes Eozän bis Unteres Oligozän
VERBREITUNG: Europa
GRÖSSE: 75 cm Schulterhöhe

Das tapirähnliche *Palaeotherium* lebte in untertertiären tropischen Wäldern Europas. Es wurde zum ersten Mal 1804 von dem großen französischen Anatomen Georges Cuvier beschrieben.

Palaeotherium wird sich überwiegend von Blättern ernährt haben; entsprechende Anpassungen entwickelten sich in verschiedenen Epochen auch bei diversen anderen Säugergruppen. Der relativ lange Hals und der kurze Rüssel erlaubten es dem Tier, Sträucher und tiefhängende Baumäste abzuweiden. Dank des schmalen Körpers und der langen Beine war es auch im dichten Unterholz recht mobil.

Im Gegensatz zu den Pferden reduzierten die Palaeotheriiden im Verlauf der Evolution die Zahl ihrer Zehen nicht. Alle Angehörigen der Familie besaßen vorne vier und hinten drei. Dies erlaubte es ihnen, auch sumpfige Wälder zu durchwandern, ohne dabei einzusinken. Die Palaeotheriiden bildeten vermutlich Herden, denn man fand mehrfach die Fossilien vieler Exemplare unmittelbar nebeneinander. Einige Formen wurden so groß wie Nashörner.

FAMILIE EQUIDAE

Die *Equidae* oder Pferde entstanden aus kleinen Tieren, die nicht größer als Terrier waren und sich in den Wäldern des Unteren Eozäns von Blättern ernährten. Als im Miozän, vor ungefähr 20 Millionen Jahren, das Klima trockener wurde, verschwanden die feuchten Wälder und machten offeneren Landschaftstypen Platz. In einigen Teilen der Welt, vor allem in Nordamerika, entstanden weite, grasbestandene Prärien. An diese Lebensräume sind die heutigen Pferdeartigen, das heißt die eigentlichen Pferde, die Zebras und die Esel, sehr gut angepaßt.

Die Evolution der Pferde wird allzu häufig als geradlinige Entwicklung durch die Zeit skizziert. Die Veränderungen – so die These – hingen mit dem Wechsel von Lebensgewohnheiten und der jeweiligen Habitate zusammen.

Tatsächlich ist das Bild aber viel komplizierter. Im Tertiär entstanden zahlreiche Familienzweige, und die Gesamtansicht ihres Stammbaums ähnelt mehr einem vielfach verzweigten Buschwerk, dem eindeutige Abstammungslinien noch fehlen. Aber die fossile Dokumentation der Pferdeevolution ist recht ausführlich, so daß das Bild mit fortschreitender Forschung gewiß deutlicher werden wird.

NAME: *Hyracotherium*
ZEIT: Unteres Eozän
VERBREITUNG: Weit verbreitet in Asien, Europa und Nordamerika
GRÖSSE: 20 cm Schulterhöhe

Trotz seines Namens ist *Hyracotherium* kein naher Verwandter der Schliefer (*Hyracoidea*, S. 237). Der Name basiert vielmehr auf einer Fehlinterpretation aus dem vorigen Jahrhundert. Später wurde ein sehr viel treffenderer Name vorgeschlagen – *Eohippus* (»Pferd der Morgenröte«) –, doch hat der Name *Hyracotherium* Priorität und kann nicht geändert werden.

Hyracotherium ist das älteste pferdeartige Tier und gilt als Stammform der Pferde und vielleicht auch der Palaeotheriiden. Im Vergleich zu den heutigen Pferden war das Tier geradezu winzig; es erreichte nur eine Länge von ungefähr 60 cm. Der Schädel war verlängert, das Maul wies ein vollständiges Gebiß von 44 Zähnen auf – ein deutlicher Hinweis darauf, wie »alt« das Tier stammesgeschichtlich noch war. Die Zähne waren niederkronig und konnten kaum etwas anderes als weiche Blätter verarbeiten.

Hyracotherium hatte ebenso viele Zehen wie *Palaeotherium*: vier vorne und drei hinten. Damit wirkten die Füße recht breit und sahen ganz und gar nicht pferdeähnlich aus. Den größten Teil des Gewichts trug die dritte Zehe. Der Körper war lang, die Rückenlinie geschwungen. Die relative Größe und Qualität des Gehirns deuten darauf hin, daß *Hyracotherium* ein behendes und intelligentes Tier war. Ihre Schnelligkeit und Intelligenz waren sicherlich mit dafür verantwortlich, daß die *Equidae* bis in die Jetztzeit überlebten.

Hyracotherium war im Eozän weit verbreitet. Während die Linie der Pferde in Europa und Asien im Unteren Oligozän vor ungefähr 35 Millionen Jahren ausstarb, setzte sich ihre Evolution auf dem nordamerikanischen Kontinent fort.

NAME: *Mesohippus*
ZEIT: Mittleres Oligozän
VERBREITUNG: Nordamerika
GRÖSSE: 60 cm Schulterhöhe

Mesohippus war größer als seine Vorfahren und erreichte ungefähr die Schulterhöhe eines Windhunds mit einer Körperlänge von annähernd 1,2 m. Dennoch waren die dreizehigen Füße leichter gebaut. Die mittlere Zehe war darüber hinaus größer als die übrigen.

Im Gebiß begannen sich die Prämolaren in der Form den Molaren anzugleichen, das heißt, die Reibflächen vergrößerten sich und erhöhten damit die Leistungsfähigkeit der Zähne. Sie blieben jedoch nach wie vor niederkronig. Da ein derartiges Gebiß nur einen flachen Kiefer benötigte, war der Kopf ziemlich lang und im vorderen Teil zugespitzt.

PFERDE

NAME: *Anchitherium*
ZEIT: Unteres bis Oberes Miozän
VERBREITUNG: Nordamerika und später Asien und Europa
GRÖSSE: 60 cm Schulterhöhe

Die Evolution des Pferdes verlief nicht geradlinig. Es entstand eine Reihe von Seitenzweigen, die inzwischen keine Nachkommen mehr aufweisen. *Anchitherium* stellt einen zu seiner Zeit sehr erfolgreichen, aber konservativen Seitenzweig dar. Es trat im Unteren Miozän, vor ungefähr 25 Millionen Jahren, in Nordamerika auf. Das dreizehige, blätterfressende Pferd sah *Mesohippus* in Größe und Gestalt sehr ähnlich. Es überquerte die Landbrücke, die sich in jener Zeit zwischen Alaska und Sibirien gebildet hatte, und breitete sich über Asien und Europa aus. Hier überlebte es noch lange Zeit, obwohl es in Nordamerika bereits im Mittleren Miozän, vor ungefähr 15 Millionen Jahren, von den ersten grasfressenden Pferden verdrängt wurde. *Anchitherium* starb erst gegen Ende des Miozäns, vor ungefähr 5 Millionen Jahren, aus. Die jüngsten Fossilfunde stammen aus China.

NAME: *Parahippus*
ZEIT: Unteres Miozän
VERBREITUNG: Nordamerika
GRÖSSE: 1 m Schulterhöhe

Parahippus stellt ein Zwischenstadium in der Evolution des Pferdes dar. Er besaß nach wie vor drei Zehen und sah seinem Vorfahren *Mesohippus* noch sehr ähnlich. Der Körper war allerdings größer, ebenso die Molaren, die nun an Mühlsteine erinnerten. Gerade diese letztgenannte Veränderung war bedeutsam. Die Gräser, die mittlerweile aufgekommen waren, enthielten in ihren Zellwänden Kieselsäure, die es den Tieren schwer machte, die Pflanzen abzureißen und zu kauen. Die Zähne hätten sich viel zu schnell abgenutzt, wäre es den Tieren nicht gelungen, einen Zement zu entwickeln, der die Schmelzleisten und die Außenseiten der Zähne überzog. Vermutlich verließ *Parahippus* die Waldungen und erschloß sich die neue Nahrungsquelle Gras, die in den Prärien so reichhaltig verfügbar war.

NAME: *Merychippus*
ZEIT: Mittleres bis Oberes Miozän
VERBREITUNG: Nordamerika (Nebraska)
GRÖSSE: 1 m Schulterhöhe

Merychippus war das erste Pferd, das sich ausschließlich von Gras ernährte. Die Herden bewohnten einst die Prärien des heutigen Nebraska. Die Zähne waren hochkronig und mit Zement verstärkt. Die Entwicklung der Prämolaren, die bei *Mesohippus* ihren Anfang genommen hatte, kam nun zum Abschluß: Sie sahen bei *Merychippus* genauso aus wie die Molaren. Die hochkronigen Zähne beanspruchten im Kiefer recht viel Platz. Aus diesem Grund entstand die typische Kopfform der Pferde mit der ausladenden Kieferpartie.

Merychippus besaß einen längeren Hals als seine Vorfahren, die sich noch von Blättern ernährt hatten, denn er verbrachte den größten Teil seines Lebens äsend, das heißt mit zum Boden geneigtem Kopf. Er entwickelte zudem ein kräftiges Band, das vom Schädel über den Hals bis zu den Schultern reichte. Durch die Elastizität dieses Bandes war es möglich, den schweren Kopf mit nur geringer Anstrengung hochzuheben. *Merychippus* war daher imstande, schnell auf mögliche Angriffe früher Katzen und hundeartiger Raubtiere zu reagieren.

Merychippus besaß zwar noch drei Zehen, doch trug allein die mittlere Zehe das gesamte Körpergewicht. Die beiden seitlichen Zehen reichten nicht mehr bis auf den Boden. Eine elastische Sehne im Bein funktionierte wie eine Sprungfeder und verbesserte die Effizienz der Fortbewegung. Die Unterschenkel und die Füße konnten somit immer leichter werden.

NAME: *Hipparion*
ZEIT: Mittleres Miozän bis Pleistozän
VERBREITUNG: Weit verbreitet in Nordamerika, Europa, Asien und Afrika
GRÖSSE: 1,4 m Schulterhöhe

Nachdem sich die grasfressenden Pferde entwickelt hatten, kam es zu einer adaptiven Radiation. Von den zahlreichen unterschiedlichen Formen, die dabei entstanden, sind alle bis auf die Gattung *Equus* heute ausgestorben.

Hipparion war eine jener Arten, die im Miozän, vor ungefähr 15 Millionen Jahren, entstanden. Das Tier war recht erfolgreich, breitete sich im Eozän von Nordamerika über Asien und Europa bis hin nach Afrika aus und überlebte hier bis ins Pleistozän. Vor ungefähr 2 Millionen Jahren starb es aus. Das Tier ähnelte dem heutigen Pferd, hatte aber wie *Merychippus* noch drei Zehen, von denen allerdings zwei stark verkleinert waren und den Boden nicht mehr berührten.

NAME: *Hippidion*
ZEIT: Pleistozän
VERBREITUNG: Südamerika
GRÖSSE: 1,4 m Schulterhöhe

In Südamerika gab es allem Anschein nach während des Tertiärs keine Pferde. An der Umwelt kann es nicht gelegen haben, da es unter den dort herrschenden Bedingungen zur Entwicklung der pferdeähnlichen *Litopterna* wie *Diadiaphorus* (S. 247) kam. Erst als im Unteren Pliozän die Landverbindung zwischen Nord- und Südamerika wiederhergestellt wurde, breiteten sich die Pferde auch auf dem ehemaligen Inselkontinent aus.

Hippidion – wahrscheinlich ein Nachkomme von *Merychippus* – gehörte zu jenen Pferdearten, die sich in Südamerika herausbildeten. Die langen, zarten Nasenknochen unterschieden sich aber beträchtlich von denen anderer Pferde und weisen darauf hin, daß sich *Hippidion* weitgehend isoliert von der Hauptlinie der Pferdeevolution in Nordamerika entwickelte. *Hippidion* starb erst vor ungefähr 8000 Jahren aus.

Die heutige Gattung *Equus*, welche sämtliche Pferde, Zebras und Esel umfaßt, entstand wohl vor ungefähr 4 Millionen Jahren in Nordamerika und breitete sich von dort über Asien, Afrika und Europa aus. Merkwürdigerweise starben alle Pferde in Nord- und Südamerika vor ungefähr 8000 Jahren aus. Erst vor 400 Jahren gelangten sie wieder dorthin – importiert durch den Menschen. Man hat viel darüber spekuliert, warum die Pferde aus Nordamerika verschwunden waren. Möglicherweise hatte sie eine mit der Myxomatose vergleichbare Epidemie dahingerafft.

TAPIRE UND BRONTOTHERIIDEN

FAMILIE BRONTOTHERIIDAE

Die zweite Familie der *Hippomorpha* besteht aus den »Donnertieren«. Diese nashornähnlichen Säuger entwickelten sich im Unteren Eozän, vor ungefähr 50 Millionen Jahren, in Nordamerika und Ostasien. Die Stammformen waren kleine Tiere, die den frühen Pferdeformen ähnelten. Obwohl die Brontotheriiden sich nur ungefähr 15 Millionen Jahre lang hielten, wurden an die 40 verschiedene Typen beschrieben.

Alle ernährten sich von weichen Waldpflanzen. Einige Formen entwickelten massive Hörner und große Eckzähne. Insgesamt herrschte eine auffallende Tendenz zur Vergrößerung der Körpermasse. Die Kopfauswüchse der Brontotheriiden bestanden nicht aus Horn und waren nicht einmal von Horn überzogen, auch nicht den Hörnern der Rhinozerosse vergleichbar, die aus Haaren zusammengesetzt sind. In Wirklichkeit standen sie den Knochenzapfen der Giraffen nahe, bei denen es sich um mit einer dicken Haut überzogene Knochenstrukturen handelt.

Als das Klima trockener wurde, begünstigte die Evolution leichter gebaute Tiere, die auf den Ebenen leben und Gräser fressen konnten. Die Brontotheriiden starben im Mittleren Oligozän aus und wurden durch die Nashörner ersetzt.

NAME: *Eotitanops*
ZEIT: Unteres bis Mittleres Eozän
VERBREITUNG: Nordamerika und Asien
GRÖSSE: 45 cm Schulterhöhe

Könnten wir eine Herde von *Eotitanops* beobachten, die langsam durch einen Wald des Unteren Eozän zieht, so wäre es nicht möglich, mit Sicherheit zu sagen, ob es sich tatsächlich um sie oder aber um den entfernten Verwandten *Hyracotherium* handelt. Beide waren kleine Säuger, die sich von Blättern ernährten, beide besaßen vier Zehen an den Vorderbeinen und drei an den Hinterbeinen. Doch während aus *Hyracotherium* die eleganten und intelligenten Pferde der großen Steppenlandschaften wurden, gingen aus *Eotitanops* die riesenhaften, schwerfälligen Brontotheriiden hervor. Sie hatten ein kleines Gehirn und starben bereits im Oligozän aus.

NAME: *Dolichorhinus*
ZEIT: Oberes Eozän
VERBREITUNG: Nordamerika
GRÖSSE: 1,2 m Schulterhöhe

Äußerlich erinnerte *Dolichorhinus* an ein kleines, hornloses Rhinozeros mit auffällig langem Kopf. Er hatte ausschließlich niederkronige Zähne und lebte ähnlich wie ein modernes Nashorn. Im übrigen behielt er die vierzehigen Vorder- und dreizehigen Hinterbeine bei. Bei keinem Tier in der gesamten Brontotheriidenlinie entwickelte sich jemals eine an das schnelle Laufen angepaßte Beinstruktur mit verringerter Zehenzahl, wie sie für die Pferde und Antilopen typisch ist.

NAME: *Brontops*
ZEIT: Unteres Oligozän
VERBREITUNG: Nordamerika
GRÖSSE: 2,5 m Schulterhöhe

Als das Eozän ins Oligozän überging, wurden die Brontotheriiden größer als alle heute noch existierenden Nashornarten. Parallel entstanden auch die typischen Knochenfortsätze auf der Schnauze. Es wurden Skelette von *Brontops* entdeckt, die partiell geheilte Rippenbrüche aufwiesen. Dieser Umstand stützt die

These, daß die Schädelauswüchse bei Rangordnungskämpfen rivalisierender Männchen eine Rolle spielten. Die Knochenbrüche sind wohl so zu deuten, daß das betroffene Tier von einem Rivalen einen kräftigen Stoß in die Flanken erhielt. Kein anderes Tier hätte *Brontops* zu jener Zeit solche Verletzungen zufügen können. Da sich der Brustkorb während des Atmens dauernd bewegte, konnten die gebrochenen Knochen nicht mehr in der alten Form zusammenwachsen.

NAME: *Embolotherium*
ZEIT: Unteres Oligozän
VERBREITUNG: Asien (Mongolei)
GRÖSSE: 2,5 m Schulterhöhe

Der Kopf von *Embolotherium* ist ein typisches Beispiel für jene grotesken Formen, die späte Brontotheriiden entwickelten. Der Fortsatz begann am hinteren Ende des Schädels, bildete weiter vorne eine tiefe Ausbuchtung und endete schließlich in einem massiven, verbreiterten »Horn« auf der Nase. Der flache Schädel ließ nur wenig Raum für das Gehirn: Es war – wie bei anderen großen Brontotheriiden – gerade faustgroß.

NAME: *Brontotherium*
ZEIT: Unteres Oligozän
VERBREITUNG: Nordamerika
GRÖSSE: 2,5 m Schulterhöhe

Die Knochen dieses riesenhaften Säugers sind in den Badlands von South Dakota und Nebraska ziemlich häufig anzutreffen. Die dort ansässigen Sioux-Indianer brachten sie von jeher mit Fabelwesen in Verbindung und interpretierten sie als die großen Pferde, die über den Himmel galoppieren und dabei Gewitterstürme hervorrufen. Auch die wissenschaftliche Bezeichnung *Brontotherium* – »Donnertier« – beruht darauf. *Brontotherium* selbst war größer als alle heute noch existierenden Nashörner. Das Horn auf der Nase war Y-förmig.

Die Schulterwirbel hatten gewaltige, nach oben gerichtete Fortsätze. Sie dienten offensichtlich als Ansatzstellen für mächtige Halsmuskeln, die den schweren Kopf mit dem eigentümlichen Schmuckhorn tragen mußten. Vielleicht besaß *Brontotherium* auch fleischige Lippen und eine Greifzunge.

Das Tier zog in Herden durch die buschreichen Graslandschaften am Fuße der Rocky Mountains, die in jener Zeit gerade in Entstehung begriffen waren. Viele Vulkane waren in jenem Gebiet noch aktiv, und es kam immer wieder vor, daß *Brontotherium*-Herden unter einer Ascheschicht begraben wurden. In eben diesen vulkanischen Ablagerungen findet man heute die Skelette.

TAPIRE UND BRONTOTHERIIDEN

Unterordnung Ancylopoda

Die zweite Unterordnung der Unpaarhufer umfaßt einige recht bizarre Tiere, welche die Paläontologen vor manche Rätsel stellen.

Man unterscheidet zwei Familien. Die *Eomoropidae* entwickelten sich als erste und ähnelten im allgemeinen den anderen ursprünglichen Unpaarhufern. Sie lebten während des Eozäns und des Unteren Oligozäns in Ostasien und Nordamerika.

Die zweite Familie der *Ancylopoda* sind die *Chalicotheriidae*. Sie entstanden wahrscheinlich in Eurasien und breiteten sich im Miozän nach Afrika und Nordamerika aus. In Ostasien und in Zentralasien überlebten sie mit geringen stammesgeschichtlichen Veränderungen bis vor ungefähr 2 Millionen Jahren.

Familie Chalicotheriidae

Während die übrigen Huftiere Hufe an ihren Zehen hatten, entwickelten die *Chalicotheriidae* große Krallen und konnten daher allem Anschein nach nicht sehr schnell laufen. Das Gebiß und andere Merkmale höherentwickelter Chalicotheriiden deuten darauf hin, daß die Tiere im Wald lebten und Blätter fraßen.

Obwohl der Fossilnachweis spärlich ist, handelte es sich bei den *Chalicotheriidae* offensichtlich um eine bemerkenswert erfolgreiche Gruppe, denn sie hielten sich über einen Zeitraum von fast 50 Millionen Jahren. Tiergestalten, die an Chalicotheriiden erinnern, schmücken sibirische Gräber aus dem 5. vorchristlichen Jahrhundert. Und aus den Wäldern Kenias wird immer wieder von Sichtungen des sogenannten Nandi-Bären berichtet. Es heißt, das Tier habe längere Vorder- als Hintergliedmaßen, große bärenartige Krallen und dazu einen Pferdekopf. Kein Wunder, daß es Stimmen gibt, denen zufolge die *Chalicotheriidae* bis auf den heutigen Tag überlebt haben.

NAME: *Moropus*
ZEIT: Unteres bis Mittleres Miozän
VERBREITUNG: Nordamerika
LÄNGE: 3 m

Die Chalicotheriiden wurden oft als »Pferde mit Krallen« beschrieben. Der Vergleich ist sicher nicht sehr glücklich gewählt, obgleich man sagen muß, daß Kopf und Körper tatsächlich entfernt an ein Pferd erinnern. Dagegen sind die schweren Beine keinesfalls für den schnellen Lauf geeignet. Die Zähne waren niederkronig, was andeutet, daß die Tiere eher weiche Blätter als harte Gräser fraßen.

Der Rücken von *Moropus* fiel zur Beckenregion hin ab. Die Vordergliedmaßen waren lang und trugen drei lange, gespaltene Krallen. Ihre Funktion bleibt ein Rätsel. Vielleicht gruben die Tiere damit Wurzeln und Knollen aus, doch fehlen dem Gebiß entsprechend starke Abnützungserscheinungen.

Vielleicht richtete sich *Moropus* auf die Hinterbeine auf und zog sich mit den Krallen Geäst heran. Die Ellbogengelenke scheinen aber nicht sehr beweglich gewesen zu sein; es ist daher anzunehmen, daß diese Art des Futtererwerbs eher die Ausnahme denn die Regel gewesen ist. Vielleicht benutzte *Moropus* die Krallen auch zur Verteidigung.

Unterordnung Ceratomorpha

Die letzte Unterordnung der Unpaarhufer umfaßt die Tapire und die Nashörner (S. 262–265).

Die Tapire gehörten zu den ersten Unpaarhufern und entstanden bereits im Unteren Eozän, vor ungefähr 55 Millionen Jahren, also zur selben Zeit wie die ersten Chalicotheriiden und Pferde (S. 254–257). Die Tapire sind kräftig gebaute Pflanzenfresser tropischer Regionen. Sie hatten eine weite Verbreitung in Europa, Asien und Nordamerika und überschritten erst vor verhältnismäßig kurzer Zeit den Äquator. Sie überlebten in den wärmeren Gebieten Europas, Asiens und Nordamerikas bis zum Oberen Pleistozän, also bis vor ungefähr 10 000 Jahren.

Die Tapire gehören zu den »konservativsten« Säugern: Im Laufe von 55 Millionen Jahren veränderten sie sich bemerkenswert wenig. Sie entwickelten wie die Palaeotheriiden eine Körperform, die sich in den dichten tropischen Wäldern geradezu als ideal erwies. Diese Anpassung war so erfolgreich, daß sie sich unabhängig voneinander in ganz unterschiedlichen Gruppen entwickelte – zum Beispiel auch bei Nabelschweinen (S. 268–269) und den Wasserschweinen.

Familie Helaletidae

Die Helaletiden waren eine der ersten Tapirfamilien. Die Tiere sahen aus wie die heutigen Arten, waren aber kleiner und leichter gebaut.

NAME: *Heptodon*
ZEIT: Unteres Eozän
VERBREITUNG: Nordamerika (Wyoming)
LÄNGE: 1 m

Heptodon war ein früher Vertreter der *Helaletidae,* hatte aber bereits die charakteristische Tapirgestalt entwickelt. Allerdings fehlte ihm noch der Rüssel. Dieser kurze Rüssel, der die modernen Tapire so eindeutig charakterisiert, zeigt sich in einer Art Vorform bei der Gattung *Helaletes* als fleischiger Auswuchs der Oberlippe. *Helaletes* war mit *Heptodon* verwandt und lebte im Mittleren und Oberen Eozän Nordamerikas und Asiens. Der Rüssel ist ein sehr nützliches Organ, mit dessen Hilfe sich die Tapire Zweige und Blätter heranholen.

Familie Tapiridae

Diese Familie, zu der auch die modernen Tapire gehören, kann bis ins Untere Oligozän zurückverfolgt werden und ist damit ungefähr 40 Millionen Jahre alt. Die vier rezenten Tapirarten gehören alle zur Gattung *Tapirus*. Zwei von ihnen kommen in Mittelamerika und im nördlichen Südamerika, die zwei anderen in Südostasien vor. In ihren ursprünglichen Entstehungsgebieten auf der Nordhalbkugel konnte sich keine Art mehr halten. Die reliktartige Verbreitung wird oft als Beweis für die Existenz des Südkontinents Gondwana angeführt. Man nimmt an, daß die Tiere ihre jetzigen Verbreitungsgebiete okkupierten, bevor die Kontinente langsam auseinanderzudriften begannen.

NAME: *Miotapirus*
ZEIT: Unteres Miozän
VERBREITUNG: Nordamerika
LÄNGE: 2 m

Die charakteristischen Tapirmerkmale – massiger Körper, kurze Beine, kurzer Schwanz, breiter Kopf mit kurzer beweglicher Schnauze, kurzer Hals – traten schon früh in der Stammesgeschichte der Unpaarhufer auf und blieben seither unverändert. *Miotapirus* war wahrscheinlich wie die heutigen Tapirarten nachtaktiv und ebenso anpassungsfähig: Man fand fossile Überreste der Art auf Meeresspiegelniveau ebenso wie in Regionen auf 4500 m Höhe.

NASHÖRNER

Die Nashörner und ihre nächsten Verwandten gehören zu den Unpaarhufern *(Perissodactyla)*. Im Gegensatz zu den Pferden, die nur noch über eine einzige Zehe verfügen, besitzen die Nashörner drei Zehen. Die mittlere oder dritte Zehe trägt das Körpergewicht.

FAMILIE HYRACHYIDAE

Bei den Hyrachyiden handelt es sich um Übergangsformen zwischen den Tapiren (S. 261) und den Nashörnern. Letztere entwickelten sich im Oberen Eozän, vor ungefähr 40 Millionen Jahren aus einem *Hyrachyus* nahestehenden Tapir.

NAME: *Hyrachyus*
ZEIT: Unteres bis Oberes Eozän
VERBREITUNG: Nordamerika (Wyoming), Asien (China) und Europa (Frankreich)
LÄNGE: 1,5 m

Hyrachyus ähnelte insgesamt *Heptodon* (S. 261), war jedoch etwas größer und kräftiger gebaut. Die Gattung war weit verbreitet und sehr artenreich. Die Dimensionen schwankten zwischen Fuchs- und Tapirgröße. *Hyrachyus* scheint der Vorfahre sowohl der späteren Tapire als auch der Nashörner gewesen zu sein. Aufgrund seiner verblüffenden Ähnlichkeit mit einer frühen Nashornform wird er trotz seines relativ leichten Baus oft zu den Nashörnern gestellt.

ÜBERFAMILIE RHINOCERATOIDEA

Die *Rhinoceratoidea* bilden die größte Überfamilie der Unterordnung *Ceratomorpha*. Nur eine Familie, die *Rhinocerotidae*, entwickelte Hörner, die allerdings nicht aus Knochen, sondern strenggenommen aus stark komprimiertem Haar bestehen.

Die *Rhinoceratoidea* entwickelten sich im Mittleren Eozän und paßten sich, als die Wälder weltweit offenen Grasgebieten Platz machten, den veränderten Umweltbedingungen an. Den Brontotheriiden (S. 258–259) gelang dies nicht; sie starben daher aus. Inzwischen haben die Nashörner ihren Höhepunkt längst überschritten, denn es überlebten nur noch fünf Arten. Die Stammesgeschichte der *Rhinoceratoidea* ist ziemlich komplex. Man unterscheidet drei Familien.

FAMILIE HYRACODONTIDAE

Die hornlosen *Hyracodontidae* umfassen ungefähr ein Dutzend Gattungen und stellen die älteste und primitivste Familie der Gruppe dar. Wahrscheinlich entwickelten sie sich aus einem tapirähnlichen Tier wie beispielsweise *Hyrachyus*.

Die großen, leistungsfähigen Backenzähne waren denen der Tapire ähnlich, während die Schneide- und Eckzähne unterschiedliche Modifikationen aufwiesen. Die ersten Hyracodontiden erinnerten mit ihren langen Gliedmaßen sogar an Pferde. Erst spätere Vertreter der Familie entwickelten einen kompakteren Körperbau.

NAME: *Hyracodon*
ZEIT: Unteres Oligozän bis Unteres Miozän
VERBREITUNG: Nordamerika (Saskatchewan, Dakota, Nebraska)
LÄNGE: 1,5 m

Hyracodon war ein leicht gebautes, schnelles Tier, das ein bißchen wie ein Pony aussah. Wie bei den Pferden war die Zehenzahl reduziert; dadurch verlor der Fuß Gewicht und das Tier konnte ihn schneller bewegen. Alle Beinmuskeln konzentrierten sich im oberen Teil.

Der mächtige Kopf erschien überproportional groß. Das Tier verfügte noch nicht über ein Horn, und der einzige Schutz gegen Fleischfresser wie *Hyaenodon* (S. 213), den letzten Creodonten, oder frühe hundeartige Tiere lag in der Flucht. Die rückwärtigen Zähne zeigten einen typischen nashornähnlichen Aufbau; sie waren niederkronig und an das Zerreiben von Blättern angepaßt.

NAME: *Indricotherium*
ZEIT: Oligozän
VERBREITUNG: Asien (Pakistan und China)
LÄNGE: 8 m

Es erscheint fast unmöglich, daß ein so leichtes, leichtgewichtiges und leichtfüßiges Tier wie *Hyracodon* sich zum größten bekannten Landsäuger aller Zeiten entwickeln konnte, doch sprechen alle Hinweise dafür.

Indricotherium war bereits ein riesenhaftes Tier. Wir kennen es auch unter der Bezeichnung *Baluchitherium* (nach einer pakistanischen Provinz, in der bedeutende Exemplare gefunden wurden). Mit einem geschätzten Gewicht von 30 t wog *Indricotherium* doppelt soviel wie das größte bekannte Mammut und über viermal soviel wie der schwerste rezente Elefant. Der Schädel allein war 1,30 m lang und dabei noch verhältnismäßig klein im Vergleich zur gesamten Körpergröße.

Die Rücken- und Halswirbel enthielten viele Hohlräume und bestanden wie bei den größten Dinosauriern eigentlich nur noch aus Verstrebungen. Damit konnte das Gewicht verringert werden, ohne daß die Stabilität litt. Die Beine waren elefantenähnlich, doch das gesamte Gewicht trugen – wie bei den Nashörnern – nur drei Zehen. Auch *Indricotherium* trug kein Horn, ja die Nasenknochen waren sogar ziemlich schwach.

Die Vorderzähne fossiler Nashörner zeigen eine große Variationsbreite. Dennoch fallen die Zähne von *Indricotherium* völlig aus dem Rahmen: Es war nur je ein Paar ausgebildet; das obere Paar war wie Hauer nach unten, das untere Paar dagegen nach vorne gerichtet.

Indricotherium lebte wahrscheinlich in kleinen Familienverbänden zusammen und bewohnte offene Savannengebiete mit einzeln stehenden Bäumen.

Ein Skelett wurde in Gesteinen entdeckt, die aus ehemaligen Sümpfen entstanden waren. Man kann sich unschwer vorstellen, welche Schwierigkeiten ein derart großes Tier auf sumpfigem Boden hatte.

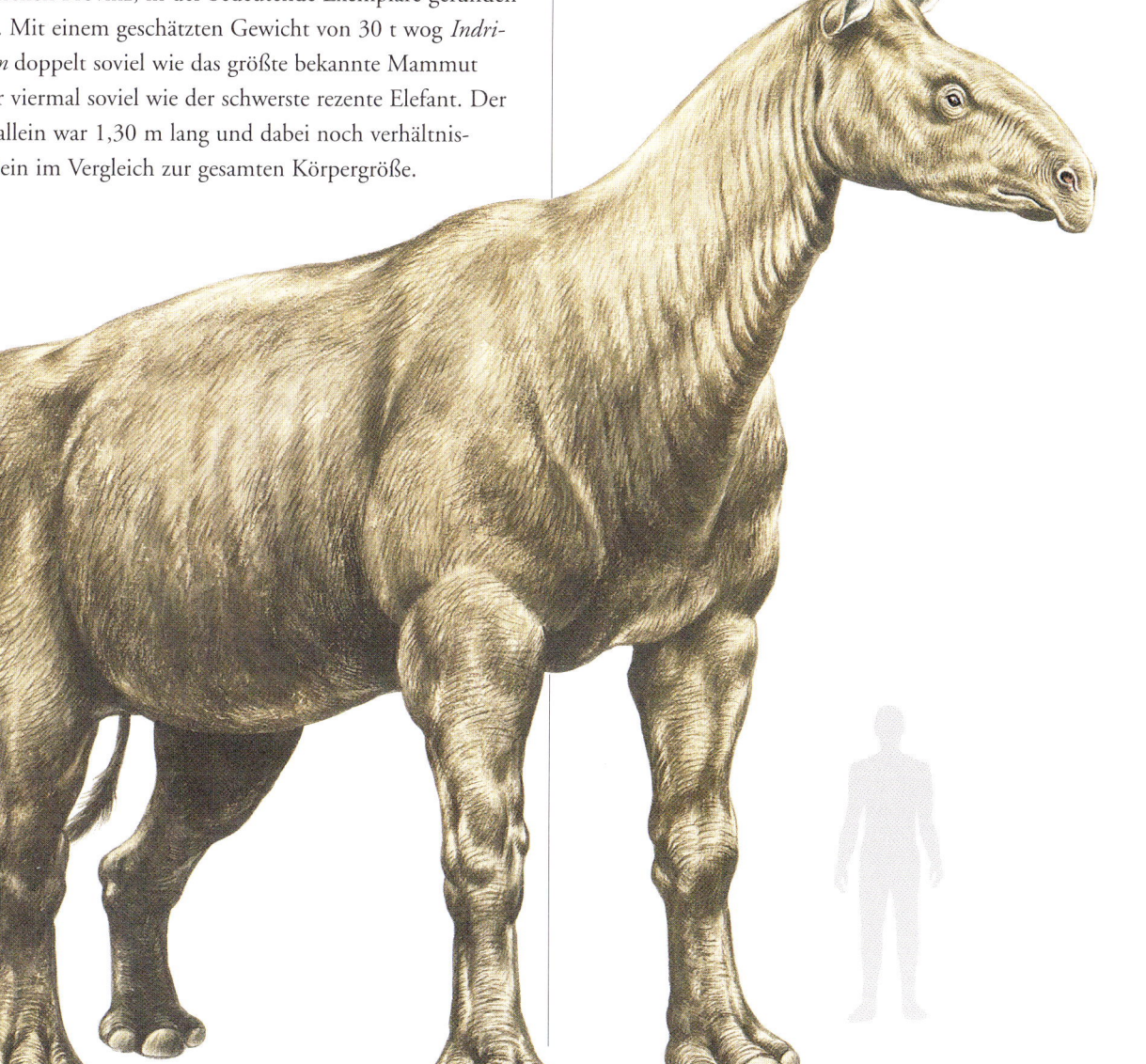

NASHÖRNER

FAMILIE AMYNODONTIDAE

Bei den Amynodontiden handelt es sich um eine kurzlebige, zehn Gattungen umfassende Tiergruppe aus Eozän und Oligozän. Die Tiere erinnerten an Flußpferde und lebten amphibisch.

Zu den Merkmalen, die auf eine semiaquatische Lebensweise hindeuten, zählen bei einigen Gattungen die beweglichen Lippen und die Hauer. Bei den übrigen beiden Nashornfamilien waren die Eckzähne kurz oder fehlten ganz. Bei den Amynodontiden waren sie gekrümmt und wuchsen kontinuierlich nach.

Wahrscheinlich übernahmen die Amynodontiden die ökologische Nische, die zuvor wasserbewohnende *Pantodonta* wie *Coryphodon* (S. 235) innegehabt hatten. Sie selbst mußten später den wasserbewohnenden Nashörnern aus der höher entwickelten Familie *Rhinocerotidae* weichen.

NAME: *Metamynodon*
ZEIT: Oberes Eozän bis Unteres Miozän
VERBREITUNG: Nordamerika (Nebraska, South Dakota) und Asien (Mongolei)
LÄNGE: 4 m

Die Reste von *Metamynodon* fand man in Gesteinen, die sich aus Flußablagerungen gebildet hatten. Das deutet darauf hin, daß die Tiere vorwiegend im Wasser lebten. *Metamynodon* ähnelte einem Flußpferd. Er hatte einen breiten, flachen Kopf, einen kurzen Hals, einen massiven, tonnenartigen Körper und kurze Beine. Die Vorderbeine waren insofern einzigartig, als sie vier Zehen aufwiesen.

Flußpferdartig waren auch die vergrößerten Eckzähne. Eine weitere Anpassung an das Leben im Wasser zeigte sich bei den Augen. Sie standen hoch oben am Schädel und erlaubten es dem Tier noch, die Umgebung zu mustern, wenn der Körper fast völlig untergetaucht war.

FAMILIE RHINOCEROTIDAE

Zu dieser Familie zählen die heutigen Nashörner. Die *Rhinocerotidae* entstanden im Oberen Eozän oder Unteren Oligozän und bewohnten Nordamerika, Asien, Europa und Afrika. Im Pliozän begann ihr Niedergang, und am Ende des Miozäns waren die Nashörner in Nordamerika völlig verschwunden. Da dies etwa 2 Millionen Jahre vor der Bildung der Landbrücke von Panama geschah, konnten die Nashörner Südamerika nicht mehr besiedeln. Auch das Wollnashorn *Coelodonta* (gegenüber), das einst in ganz Eurasien verbreitet war, nutzte die Landbrücke im Gebiet der heutigen Beringsee nach Nordamerika nicht.

Die *Rhinocerotidae* paßten sich den verschiedenen Nahrungsangeboten und Lebensräumen an. Viele fraßen weiche Blätter, andere spezialisierten sich auf hartfaserige Gräser. Einige entwickelten eine dichte Körperbehaarung, dank derer sie selbst die pleistozänen Eiszeiten in nördlichen Regionen überlebten. Und manche Arten bildeten Hörner aus »verklebten« Haaren, die jedoch nicht fossil erhalten blieben.

Der Rückgang dieser Tiere, zu denen heute die größten Landsäuger nach den Elefanten gehören, ist zum Teil auf Klimaveränderungen, gewiß aber auch auf das Auftreten des Menschen zurückzuführen. Von einstmals an die 50 Gattungen leben gegenwärtig nur mehr fünf Arten.

NAME: *Trigonias*
ZEIT: Unteres Oligozän
VERBREITUNG: Nordamerika (Montana) und Europa (Frankreich)
LÄNGE: 2,5 m

Der älteste wohlerhaltene Rhinocerotide ist *Trigonias*. Äußerlich sah er bereits den heutigen Nashörnern ähnlich, doch trug er noch kein Horn auf der Nase. *Trigonias* besaß auch noch mehr Zähne im Kiefer als die spätere Form, wenngleich die Zahl von Art zu Art unterschiedlich gewesen zu sein scheint.

Die Vorderbeine hatten fünf Zehen, obwohl die fünfte klein war und nicht mehr den Boden berührte.

SÄUGETIERE 265

NAME: *Teleoceras*
ZEIT: Mittleres bis Oberes Miozän
VERBREITUNG: Nordamerika (Nebraska)
LÄNGE: 4 m

Die Rhinocerotiden entwickelten wie die Amynodontiden auch flußpferdähnliche Formen. *Teleoceras* ist ein typisches Beispiel dafür. Das Tier hatte einen langen, massiven Rumpf mit gedrungenen Beinen, die derart kurz waren, daß der Bauch gelegentlich über den Boden geschleift haben dürfte.

Ein ganz und gar nicht flußpferdähnliches Merkmal war das kurze, konische Horn auf der Nase. Möglicherweise wiesen nur Männchen dieses Merkmal auf und verwendeten es zum Imponieren und zur Verteidigung.

NAME: *Elasmotherium*
ZEIT: Pleistozän
VERBREITUNG: Europa (Südrußland) und Asien (Sibirien)
LÄNGE: 5 m

Als die Wälder des Alttertiärs den Grasgebieten des Jungtertiärs Platz machten, paßten sich viele Tiergruppen entsprechend an. Unter den Nashörnern ist *Elasmotherium* ein Beispiel dafür.

Er hatte keine Schneidezähne mehr und riß mit seinen Lippen Grasbüschel aus. Die Backenzähne sahen aus wie bei einem überdimensionalen Pferd: hochkronig, mit Zement verstärkt und mit gefalteten Schmelzleisten. Zähne dieser Art verraten die Anpassung an Grasnahrung. Je mehr die Zähne abgenutzt wurden, desto mehr traten die Schmelzleisten hervor und sorgten für zusätzliche Reibflächen. Die Zähne hatten keine Wurzeln und wuchsen kontinuierlich weiter, um die Abnutzung auszugleichen.

Ein Tier, das in offenen Grasgebieten lebt, muß Räubern entweder schnell entkommen können oder so groß und so gut gepanzert sein, daß sie ihm nichts anhaben können. *Elasmotherium* folgte der zweiten Strategie; es war die größte bekannte Art der *Rhinocerotidae* und beinahe so groß wie ein heutiger Elefant. Sein Horn war ein bemerkenswertes, 2 m langes Gebilde, dessen Basis sich über den gesamten Vorderkopf erstreckte. Eine große knöcherne Vorwölbung darunter sorgte für eine bessere Verankerung.

NAME: *Coelodonta*
ZEIT: Pleistozän
VERBREITUNG: Europa (Großbritannien) und Asien (Ostsibirien)
LÄNGE: 3,5 m

Coelodonta entstand im Pliozän Ostasiens und wanderte von dort nach Europa (aber nicht nach Nordamerika). Hier wurde es zum bekannten Wollnashorn der Eiszeit.

Coelodonta trug auf der Schnauze ein Paar großer Hörner, wobei das vordere bei alten Männchen eine Länge von über 1 m erreichte.

Ähnlich wie das Wollhaarige Mammut (S. 245) war auch der Körper von *Coelodonta* von einem zottigen Fell überzogen, das dem Tier unter den harschen Klimaverhältnissen in der Tundra und den Steppengebieten unweit der großen Gletscher der Nordhalbkugel als Wärmeschutz diente. Im sibirischen Dauerfrostboden sind fellbedeckte Kadaver von Wollnashörnern erhalten geblieben.

Und schließlich gibt es auch Augenzeugen. Frühe Menschen jagten das große Tier und stellten es vor 30 000 Jahren auf Wandmalereien in französischen Höhlen dar.

SCHWEINE UND FLUSSPFERDE

ORDNUNG ARTIODACTYLA

Die *Artiodactyla* – Paarhufer – sind die am weitesten verbreiteten und formenreichsten Grasfresser der Jetztzeit. Sie unterscheiden sich von ihren entfernten Verwandten, den Unpaarhufern, dadurch, daß im Normalfall zwei oder vier und nicht drei oder eine Zehe pro Fuß das Körpergewicht tragen. Da diese Zehen halbkreisförmig angeordnet und von einer Nagelscheide umgeben sind, ergibt sich das für Schweine, Hirsche und Rinder typische Bild eines gespaltenen Hufs.

Die Paarhufer traten zuerst im Eozän auf und entwickelten sich langsamer als die Unpaarhufer (S. 254–265). Vor ca. 37 Millionen Jahren existierten die meisten Gruppen bereits. In der Folgezeit überholen sie ihre Rivalen rasch.

Mit Ausnahme der schweineartigen Tiere sind die Paarhufer allesamt Wiederkäuer. Sie kauen die vorverdaute Nahrung noch einmal durch, um die Effizienz der Verdauung zu steigern.

Der Magen der Wiederkäuer ist in drei oder vier Kammern unterteilt. Die erste ist der Pansen (Rumen). Die Tiere verschlucken das Futter und vergären es mit Hilfe von Bakterien im Pansen sowie im zweiten Magen, dem Netzmagen. Anschließend wird die Nahrung wieder hochgewürgt und noch einmal gekaut. Schließlich wird sie erneut verschluckt und wandert nun durch den gesamten Verdauungskanal.

Durch das Wiederkäuen wurde die Nährstoffausbeute enorm gesteigert. Dies gilt vor allem für jene hartfaserigen Pflanzen, die unter den trockenen klimatischen Bedingungen des Miozän heranwuchsen. Die Paarhufer konnten so Lebensräume besiedeln, die ihnen sonst verschlossen geblieben wären.

Die Bedeutung der Huftiere (und unter ihnen besonders der Paarhufer) für die Evolution und die soziale Entwicklung des Menschen ist nicht zu leugnen. Paarhufer waren für unsere frühen Vorfahren lebenswichtig; sie wurden gejagt und lieferten Nahrung, Werkzeuge, Leder und Felle. Später begann der Mensch, diverse Arten zu domestizieren, und erschloß sich dadurch neue Ressourcen wie Milch, Wolle, Transportmöglichkeiten und Arbeitskraft. Paarhufer betrieben Bewässerungs-Mühlen und trugen entscheidend zur Entwicklung eines leistungsfähigen Ackerbaus bei. Bis auf den heutigen Tag ist der Mensch von den Paarhufern abhängig.

UNTERORDNUNG SUINA

Das Wort *Suina* ist abgeleitet vom lateinischen Wort *sus* (Schwein) und bedeutet »Schweineartige«. Die Unterordnung umfaßt die nicht wiederkäuenden Paarhufer, das heißt die Flußpferde, die Schweine und die Nabelschweine nebst einer Reihe ausgestorbener Gruppen. Die Schweineartigen gelten allgemein als die primitivste Unterordnung der Paarhufer. Die meisten zeigen ein ganz einfaches, nahezu vollständiges Gebiß, und ihr Verdauungsapparat ist am wenigsten spezialisiert. Obwohl der Magen in zwei oder drei Kammern unterteilt sein mag, kennen die Schweineartigen kein Wiederkäuen.

FAMILIE DICHOBUNIDAE

Die Dichobuniden sind eine Familie kleiner, primitiver Säuger, die vermutlich eher Kaninchen als Huftieren ähnelten. Ihre Eingliederung bei den Paarhufern mag unangemessen erscheinen, da viele Arten über fünfzehige Füße verfügten. Aus bestimmten Skelettmerkmalen geht jedoch hervor, daß sich alle übrigen Gruppen aus dieser Familie entwickelten.

NAME: *Diacodexis*

ZEIT: Unteres Eozän

VERBREITUNG: Europa (Frankreich), Nordamerika (Wyoming) und Asien (Pakistan)

LÄNGE: 50 cm einschließlich des Schwanzes

Diacodexis gilt als der älteste Paarhufer. Das Tier hatte einfache Zähne, und nach wie vor waren fünf Finger oder Zehen vorhanden – obwohl, wie bei den meisten Paarhufern, die dritte und die vierte Zehe selten waren. Vielleicht trug *Diacodexis* auch schon kleine Hufe. Offensichtlich lebte das Tier im dichten Unterwuchs der Wälder und ernährte sich von Blättern.

Diacodexis ähnelte äußerlich einem Muntiak, hatte aber kurze Ohren und einen langen Schwanz. Auch die Beine waren in der Relation länger als die eines Kaninchens. Zudem waren Vorder- und Hinterbeine gleich lang, so daß *Diacodexis* wohl eher lief als hoppelte oder hüpfte. In der Tat war das Tier besser als alle uns bekannten Zeitgenossen aus dem Eozän an eine laufende Fortbewegung angepaßt.

Familie Entelodontidae

Diese großen, schweineähnlichen Tiere entstanden wahrscheinlich im Oberen Eozän in Asien. Sie bevölkerten Europa und Asien und breiteten sich auch über Nordamerika aus. Ihre Blütezeit hatte die Familie im Oligozän. Einige Formen überlebten in Nordamerika bis ins Untere Miozän, also bis vor ungefähr 20 Millionen Jahren. Manche Arten zeichneten sich durch einen schweren Körperbau aus und erreichten die Größe eines Flußpferdes. Ein auffälliges Merkmal der Enteledontiden waren zwei Paar Knochenhöcker auf beiden Seiten des Unterkiefers.

NAME: *Archaeotherium*
ZEIT: Unteres Oligozän bis Unteres Miozän
VERBREITUNG: Nordamerika (Colorado) und Asien (China, Mongolei)
LÄNGE: 1,2 m

Archaeotherium sah mit seinem schmalen, krokodilähnlichen Kopf wie ein Warzenschwein aus. Der Schädel war beträchtlich verlängert und trug unter den Augen und am Unterkiefer auffallende Knochenhöcker, die möglicherweise als Ansatzflächen für besonders kräftige Kiefermuskeln dienten. Das Tier wäre so imstande gewesen, Knollen und zähe Wurzeln zu zerkleinern. Die Anordnung und Form der Zähne deutet darauf hin, daß *Archaeotherium* wie das Wildschwein nahezu alles fressen konnte und selbst vor den Kadavern verendeter Tiere nicht zurückscheute.

Die Schultern waren aufgrund einer Reihe langer Wirbelfortsätze, an denen zur Stützung des schweren Kopfes starke Halsmuskeln ansetzten, ziemlich hoch.

Das Gehirn selbst war winzig, verfügte aber über große Riechlappen, mit dem der Geruchssinn assoziiert war. *Archaeotherium* schnüffelte mit gesenktem Kopf in der oligozänen Strauchlandschaft und verließ sich bei der Nahrungssuche wohl hauptsächlich auf seine Nase.

NAME: *Dinohyus*
ZEIT: Unteres bis Oberes Miozän
VERBREITUNG: Nordamerika (Nebraska und South Dakota)
LÄNGE: 3 m

Die Enteledontiden erreichten ihre Maximalgröße im nordamerikanischen Allesfresser *Dinohyus*. Das Tier sah *Archaeotherium* sehr ähnlich.

Obwohl die Körperproportionen an ein Schwein erinnerten, dürfte das Gesicht des Tieres kaum entsprechende Ähnlichkeiten aufgewiesen haben. Die Nase beispielsweise war nicht platt, und die Nasenlöcher standen an der Seite und nicht vorne an der Schnauze. Wie bei *Archaeotherium* geht man auch bei *Dinohyus* davon aus, daß die langen Fortsätze am Jochbogen unter dem Auge und die Knochenverdickungen unter dem Unterkiefer der Befestigung spezialisierter Muskeln dienten. Ihre Funktion ist unsicher, vielleicht unterstützten sie das Kauen. Sicher ist dagegen, daß *Dinohyus* seine Nahrung am Boden fand, wobei die lange Schnauze den kurzen Hals ausglich.

SCHWEINE UND FLUSSPFERDE

FAMILIE ANTHRACOTHERIIDAE

Die Familie der »Kohlentiere« ist vermutlich mit den Flußpferden verwandt. Der Name geht auf die Gesteine zurück, in denen zahlreiche Funde gemacht wurden. Es handelte sich um eine im wesentlichen altweltliche, artenreiche Gruppe, die vom Eozän bis zum Pleistozän in Asien lebte, sich aber auch nach Nordamerika ausbreitete.

Die Anthracotheriiden waren wohl überwiegend wasserbewohnende Tiere, womöglich hat in dieser ökologischen Nische die eine Familie die andere abgelöst.

NAME: *Elomeryx*
ZEIT: Oberes Eozän bis Oligozän
VERBREITUNG: Europa (Frankreich) und Nordamerika (Dakota)
LÄNGE: 1,5 m

Der flußpferdähnliche *Elomeryx* hatte einen langen Körper und kurze, gedrungene Beine. Der langgestreckte Kopf erinnerte oberflächlich an den eines Pferdes. Das Gebiß zeigte allerdings deutliche Unterschiede: Mit den verlängerten Eckzähnen konnte das Tier Wasserpflanzen entwurzeln, mit den spachtelartigen Schneidezähnen den Gewässerboden aufwühlen.

Im Gegensatz zu anderen Paarhufern besaß *Elomeryx* an den Vorderbeinen fünf Zehen (die erste als sogenannte Afterklaue) und an den Hinterbeinen vier. Derart verbreitete Füße erleichterten das Gehen auf Sumpfboden.

FAMILIE HIPPOPOTAMIDAE

Die Hippopotamiden sind eine verhältnismäßig junge Gruppe, die in das Obere Miozän zurückreicht. Vielleicht entwickelten sie sich aus den Anthracotheriiden (s. o.), deren ökologische Nische als sumpfbewohnende Pflanzenfresser sie wahrscheinlich übernahmen. Der Name der Familie bedeutet »Flußpferd«. Die meisten Arten lebten semiaquatisch, einige kamen/kommen auch in Wäldern vor, wie das rezente Zwergflußpferd. Die zweite heute noch existierende Art der Gruppe ist das fast vollständig im Wasser lebende Fluß- oder Nilpferd (*Hippopotamus amphibius*).

NAME: *Hippopotamus*
ZEIT: Oberes Miozän bis Jetztzeit
VERBREITUNG: Asien, Afrika und Europa
LÄNGE: 4,3 m

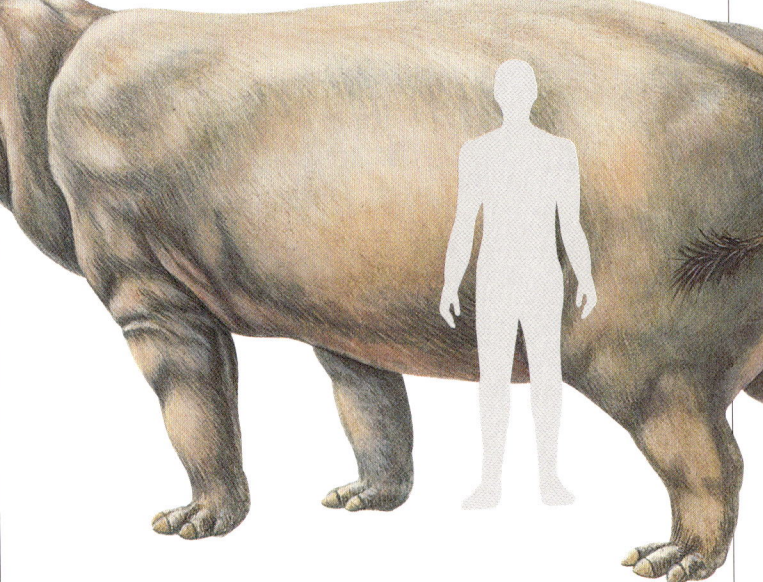

Die einzigen eindeutigen Unterschiede zwischen *Hippopotamus gorgops* aus dem ostafrikanischen Pleistozän und der rezenten Art *Hippopotamus amphibius* sind die ungeheure Größe und die besonders hervortretenden Augen der erstgenannten Art. Die Augen saßen ähnlich wie Periskope auf Stielen. Das Tier konnte somit selbst dann noch die Umgebung überblicken, wenn sich der Körper fast völlig unter Wasser befand.

FAMILIE TAYASSUIDAE

Die *Tayassuidae* (Nabelschweine oder Pekaris) ähneln ihren nächsten Verwandten, den echten Schweinen, so sehr, daß eine Unterscheidung anhand der Fossilfunde schwerfällt. Am lebenden Tier ist die Unterscheidung einfacher, weil die Eckzähne der Nabelschweine bei geschlossenem Maul nicht herausragen. Auch die Füße sind unterschiedlich, weil nur zwei Zehen vorhanden sind (die seitlichen Zehen sind reduziert). Das Schwein hingegen weist vier Zehen auf, wobei die seitlichen Zehen kleiner ausfallen.

Die rezenten Nabelschweine sind auf Südamerika und die südwestlichen Staaten Nordamerikas beschränkt. Die meisten fossilen Formen findet man in Nordamerika, wo die Familie sich im Oligozän auch entwickelte.

Nabelschweine lebten früher aber auch in Eurasien und Afrika. Es waren – und sind heute noch – sehr anpassungsfähige Tiere, die in den unterschiedlichsten Lebensräumen vorkommen – von der Wüste bis in den tropischen Regenwald.

NAME: *Platygonus*
ZEIT: Pliozän bis Oberes Pleistozän
VERBREITUNG: Nordamerika (Great Plains) und Südamerika
LÄNGE: 1 m

Platygonus war größer als rezente Nabelschweine und hatte auch längere Beine. Das Tier lebte vornehmlich im Wald, kam aber auch in der offeneren Landschaft der Great Plains vor.

Die Nase war schweineähnlich wie bei modernen Formen und bestand aus einer flachen Scheibe mit nach vorne gerichteten Nasenlöchern. Sie eignete sich hervorragend zur Nahrungssuche in Bodennähe.

Platygonus war ein Pflanzenfresser und besaß ein recht kompliziert aufgebautes Verdauungssystem, das eher dem eines Wiederkäuers ähnelte. Die geraden, nadelspitzen Eckzähne erinnerten, der vegetarischen Lebensweise zum Trotz, an ein Raubtiergebiß und dienten wahrscheinlich zur Verteidigung gegen große Katzen.

FAMILIE SUIDAE

Die *Suidae* oder Echten Schweine entstanden im Oligozän in der Alten Welt, vermutlich in Asien. Im Miozän traten sie dann auch in Europa auf, besiedelten aber nie Amerika.

Obwohl die Schweine eher Allesfresser als Pflanzenfresser sind, besetzten sie dieselben Nischen wie die Nabelschweine in Süd- und Nordamerika.

Zu den fossilen *Suidae* wie zu ihren lebenden Abkommen zählen Tiere, die in einer Vielfalt von Habitaten leben: von tropischen Regenwäldern bis zu tropischen Savannen und sogar semiaquatischen Lebensräumen.

Da Fossilien von *Suidae* oftmals in großer Anzahl vorkommen, helfen sie Geologen bei der Bestimmung des relativen Alters von Sedimenten auf dem Festland. Sie haben sich auch als besonders wertvoll beim Vergleich und der Datierung von Gesteinsschichten mit fossilen Überresten von Hominiden in Ostafrika erwiesen.

NAME: *Metridiochoerus*
ZEIT: Oberes Pliozän bis Unteres Pleistozän
VERBREITUNG: Afrika (Tansania)
LÄNGE: 1,5 m

Metridiochoerus, bereits ein Zeitgenosse der frühen Menschen, war ein riesiges Warzenschwein mit auffallend schwerem Kopf. Die Eckzähne von Ober- und Unterkiefer ragten hervor und waren aufwärts gekrümmt. Die hochkronigen Backenzähne zeigten ein kompliziertes Muster von Höckern, das auf eine Allesfresserernährung schließen läßt.

OREODONTIDEN UND FRÜHE HORNTRÄGER

UNTERORDNUNG TYLOPODA

Die *Tylopoda* – das Wort bedeutet »Schwielenfüße« oder »Schwielensohler« – stellen eine große Paarhufergruppe dar. Sie umfaßt die altweltlichen kaninchenähnlichen Cainotheriiden, die neuweltlichen schweineähnlichen Merycoidodontiden sowie die kamelartigen Tiere. In vielerlei Hinsicht stehen die *Tylopoda* zwischen den *Suina* (Schweine, Nabelschweine und Flußpferde) und den *Ruminantia* (Giraffen, Hirsche und Rinder, S. 278–281). Die *Tylopoda* traten zuerst im früheren Eozän auf, vor rund 40 Millionen Jahren, und waren bis zum Oberen Miozän recht häufig. Heute leben nur noch die Angehörigen der Familie *Camelidae*, nämlich die Kamele, die Lamas und ihre nächsten Verwandten (S. 274–277).

FAMILIE CAINOTHERIIDAE

Bei den *Cainotheriidae* handelt es sich um eine primitive Familie der Unterordnung *Tylopoda*. Es waren weitgehend nicht-spezialisierte Formen, und nur wenige Merkmale wiesen auf künftige, stärker spezialisierte Arten hin. Die meisten Angehörigen der Familie ähnelten in Größe, Aussehen und Fortbewegungsart den Kaninchen.

NAME: *Cainotherium*
ZEIT: Oberes Oligozän bis Unteres Miozän
VERBREITUNG: Europa (Spanien)
LÄNGE: 30 cm

Cainotherium war ein kleines, kaninchenartiges Tier, dessen Hinterbeine länger waren als die Vorderbeine. Jene Teile des Gehirns, in denen Gehörs- und Geruchsinformationen verarbeitet wurden, waren wohlentwickelt, weshalb *Cainotherium* vermutlich auch lange, kaninchenartige Ohren besaß. Auch die Lebensweise dürfte ähnlich gewesen sein: *Cainotherium* hoppelte durch das Unterholz und ernährte sich von verhältnismäßig weichen Pflanzen.

Trotz dieser Parallelen handelte es sich ohne Zweifel um einen Paarhufer. Schon in jenem frühen Stadium der Evolution waren die Gliedmaßen schlank, und die vier Zehen (von denen die beiden äußeren reduziert waren) endeten in Hufen.

Im Gegensatz zum Kaninchen wies *Cainotherium* auch kein besonders spezialisiertes Gebiß auf. Es hatte noch die ursprüngliche Anzahl von 44 Zähnen, die zwischen den Eckzähnen und den Vorbackenzähnen eine nahezu kontinuierliche Reihe ohne Lücke (Diastema) bildeten. Die Backenzähne waren allerdings ziemlich breit und wiesen fünf Höcker auf, die als Reibfläche dienten.

Cainotherium und verwandte Formen konkurrierten möglicherweise mit frühen Kaninchen- und Hasenarten um dieselbe ökologische Nische (S. 285) und verloren letztlich diesen Wettkampf. *Cainotherium* war auf Europa beschränkt und starb nach dem Unteren Miozän aus.

FAMILIE MERYCOIDODONTIDAE

Die Unterordnung *Tylopoda* hat sich vielleicht aus der Unterordnung *Suina* entwickelt. Einen Hinweis darauf geben uns die Angehörigen der *Merycoidodontidae*, die offensichtlich schweineähnliche und kamelähnliche Merkmale miteinander kombinierten.

In der Regel waren sie recht schwer gebaute Tiere mit kurzen Gliedmaßen und vier Zehen an jedem Fuß. *Merycoidodontidae* (der Name bedeutet »Wiederkäuerzähner«) werden manchmal in bezug auf einen Geländetyp, in dem ihre Überreste entdeckt wurden, auch als *Oreodontidae* (»Bergzähner«) bezeichnet. Die Zähne zeigen weit entwickelte Merkmale, die auf eine Beziehung zu den Wiederkäuern hindeuten. Der obere Eckzahn war kurz, leicht vorstehend und meißelförmig. Der untere Eckzahn war auf Größe der Schneidezähne verkürzt, und die spezialisierten Backenzähne waren stark selenodont (mit Paaren halbmondförmiger Grate versehen). Dank dieser Merkmale entstanden widerstandsfähige Mahlflächen, die bei seitlichen Kaubewegungen recht effizient waren.

Die Merycoidodontiden waren eine sehr erfolgreiche Gruppe und lebten als Pflanzenfresser im Wald und in Grasgebieten. Entstanden war die Familie im Oberen Eozän, vor ungefähr

35 Millionen Jahren, in Nordamerika. Besonders häufig vertreten war sie im Oligozän und im Miozän. Sie starb vor ungefähr 5 Millionen Jahren aus.

Viele Arten spezialisierten sich vermutlich auf bestimmte Lebensräume. Man hat zum Beispiel fossile Formen mit langen Schwänzen und bekrallten Zehen gefunden, die an kletternde Säugerarten erinnerten. Bei anderen standen nach Flußpferdmanier die Augen weit oben am Kopf, was vermuten läßt, daß die Tiere an eine semiaquatische Lebensweise angepaßt waren.

NAME: *Merycoidodon*
ZEIT: Unteres bis Oberes Oligozän
VERBREITUNG: Nordamerika (South Dakota)
LÄNGE: 1,4 m

Merycoidodon, ein typischer Vertreter (und Namensgeber) seiner Familie, sah wahrscheinlich wie ein Schwein oder wie ein Pekari aus. Der Körper war allerdings länger, und die Beine waren kürzer. Da die Knochen der Gliedmaßen nicht miteinander verschmolzen waren, konnte das Tier allerdings nicht besonders schnell laufen. Die Unterschenkel waren ungefähr gleich lang wie die Oberschenkel; die Füße trugen vier Zehen.

Der ebenfalls schweineartige Kopf besaß noch das vollständige Gebiß mit 44 Zähnen. Interessant ist, daß die unteren Eckzähne wie Schneidezähne aussahen – ein Merkmal, das später wieder bei den Hirschen und Kamelen auftaucht.

Ein weiteres eigenartiges Charakteristikum ist eine Grube im Schädel unmittelbar vor den Augen, die vermutlich eine Drüse enthielt. Auch die heutigen Hirsche verfügen über Drüsen unter den Augen, die dazu dienen, die Territorien mit Geruchsspuren zu markieren. *Merycoidodon* zeigte wahrscheinlich ein ähnliches Territorialverhalten. Eine große Zahl von *Merycoidodon*-Fossilien findet sich in oligozänen Ablagerungen der Badlands in South Dakota. Offensichtlich zogen die Tiere in großen Herden durch die Wälder und Prärien jener Zeit.

NAME: *Brachycrus*
ZEIT: Unteres und Mittleres Miozän
VERBREITUNG: Nordamerika (Great Plains)
LÄNGE: 1 m

Brachycrus trat erst ziemlich spät in Nordamerika auf. Die Tiere waren etwas kleiner als *Merycoidodon* und wesentlich stärker spezialisiert.

Der Schädel und die Kiefer waren fast affenartig kurz, die Augenhöhlen nach vorne gerichtet. Die Nasenöffnungen befanden sich dagegen weit hinten, was darauf hindeutet, daß das Tier über einen tapirähnlichen Rüssel verfügte. Vermutlich diente dieser *Brachycrus* zum Aufspüren und Aufnehmen der Nahrung.

NAME: *Promerycochoerus*
ZEIT: Unteres Miozän
VERBREITUNG: Nordamerika (Oregon)
LÄNGE: 1 m

Einige Merycoidodontiden lebten wohl amphibisch wie Flußpferde in Sümpfen und Flüssen. Auch *Promerycochoerus'* Körper war auffallend lang und hatte kurze, gedrungene Gliedmaßen – Merkmale, die für Tiere, die teils im Wasser und teils auf dem Festland leben, typisch sind.

Man unterscheidet zwei Hauptarten: *Promerycochoerus superbus* mit einem tapirartigen Gesicht und *Promerycochoerus carrikeri* mit einem schweineartigen Gesicht.

OREODONTIDEN UND FRÜHE HORNTRÄGER

Familie Protoceratidae

Die Protoceratiden – wörtlich übersetzt »erste Hörner« – umfaßten ungefähr zehn Gattungen, die äußerlich den Hirschen ähnelten, vom Bau her aber näher mit den Kamelen verwandt waren. Sie bewohnten ungefähr 35 Millionen Jahre lang, vom Oberen Eozän bis zum Unteren Pliozän, die klimatisch begünstigten Wälder Nordamerikas.

Ein außergewöhnliches Merkmal dieser Tiere waren ihre »Hörner«, bei denen es sich allerdings eher um knöcherne Auswüchse handelte. Sie waren bei den Männchen sehr gut entwickelt, während sie bei den Weibchen fehlten oder reduziert waren. Einige Arten wiesen nur Knoten und Höcker auf, andere hingegen komplexe, gegabelte Strukturen.

Die Evolution der Schädelauswüchse bei den Paarhufern ist stets im Zusammenhang mit Veränderungen der Körpergröße, sozialen Verhaltensweisen und der Struktur des Territoriums zu sehen.

Die ersten Wiederkäuer waren klein und fraßen weiche Pflanzenteile. Um genügend Nahrung zu finden, mußten sie weit umherziehen. Zur Verteidigung setzten sie ihre vergrößerten Eckzähne ein.

Die Wiederkäuer verließen die Wälder und drangen in die neuentstandenen Buschsteppen und Prärien vor, wo sie sich mit der Zeit an härteres Futter gewöhnten. Die Territorien, die für die Nahrungsbeschaffung erforderlich waren, wurden dadurch kleiner. Je enger jedoch die Grenze gezogen wurde, desto mehr kam es darauf an, sie auch erfolgreich zu verteidigen. Die Unterschiede zwischen den Geschlechtern gewannen an Konturen: Die Männchen wurden größer und entwickelten Geweihe oder Hörner, um ihren Harem und die Nachkommenschaft besser verteidigen zu können. Die Protoceratiden zeigen die Anfangsstadien dieser Entwicklung.

In einigen Klassifikationssystemen sind die Wiederkäuer als eine eigene Gruppe anerkannt und rangieren auf gleicher Stufe wie die *Tylopoda*.

NAME: *Protoceras*
ZEIT: Oberes Oligozän bis Unteres Miozän
VERBREITUNG: Nordamerika (South Dakota)
LÄNGE: 1 m

Dieses grazile, hirschähnliche Tier bewohnte höher gelegene Waldgebiete des westlichen Nordamerika. *Protoceras* war ein früher Vertreter der Familie und besaß an beiden Beinen nach wie vor vier Zehen.

Das auffallendste Merkmal an ihm (wie überhaupt aller Protoceratiden) war die Anordnung der Hörner auf dem Kopf. Es handelte sich bei ihnen nicht – wie bei den Hirschen – um Geweihe, die jährlich abgeworfen werden. Die Bezeichnung »Hörner« trifft ohnehin nicht ganz zu, da die Gebilde nicht von einer Hornscheide überzogen waren. In Wirklichkeit handelte es sich um knöcherne Auswüchse, die wahrscheinlich sogar ein Fell trugen – vergleichbar den Knochenzapfen der Giraffen.

Protoceras besaß drei Paar solcher Auswüchse: ein Paar direkt hinter den Nasenlöchern, ein zweites oberhalb der Augen und ein drittes ganz oben am Schädel. Nur die Männchen zeigten diesen Schmuck. Die Weibchen besaßen lediglich die obersten Knochenzapfen, und auch diese waren reduziert. Offensichtlich spielten die Gebilde eine Rolle beim Imponierverhalten und bei der Brunft. Von der Seite waren sie wahrscheinlich besser zu erkennen als von vorne.

Die ersten Protoceratiden besaßen noch die oberen Schneidezähne, doch waren sie bereits bei *Protoceras* verlorengegangen, so daß die unteren Schneidezähne wie bei den heutigen Hirschen und Rindern gegen ein knöchernes Polster im Oberkiefer arbeiteten.

NAME: *Syndyoceras*
ZEIT: Unteres Miozän
VERBREITUNG: Nordamerika (Nebraska)
LÄNGE: 1,5 m

Syndyoceras sah einem Hirsch ähnlicher als sein Vorgänger *Protoceras*, weil die eleganten Laufbeine nur noch zwei Zehen besaßen. Beide trugen einen schmalen, zugespitzten Huf.

Die Form der Nasenknochen läßt vermuten, daß das Tier eine aufgeblähte Nase hatte wie die heutige Saiga-Antilope. Wie bei den übrigen höherentwickelten Protoceratiden befanden sich im Oberkiefer keine Schneidezähne mehr. Dafür war ein Paar hauerähnlicher Eckzähne ausgebildet, mit denen das Tier auf der Suche nach Nahrung im Boden wühlte.

Das Tier besaß zwei Paar Hörner: eines mitten auf der Schnauze und ein zweites, längeres oberhalb der Augen. Die Hörner auf der Schnauze strebten von einer gemeinsamen Basis aus V-förmig auseinander. Das rückwärtige Hornpaar war ähnlich wie beim Rind ausgebildet. Allerdings fehlten wahrscheinlich die Hornscheiden; die Hörner waren statt dessen mit Haut oder Fell überzogen.

NAME: *Synthetoceras*
ZEIT: Oberes Miozän bis Unteres Pliozän
VERBREITUNG: Nordamerika (Texas)
LÄNGE: 2 m

Der Kopfschmuck der Protoceratiden war bei *Synthetoceras*, dem letzten und größten Vertreter der Familie, am bizarrsten ausgeprägt. Der lange, flache Schädel trug oberhalb der Augen wie bei *Syndyoceras* ein Paar gebogene Hörner. Das Horn vorne auf der Schnauze war dagegen lang und Y-förmig; es hatte einen kräftigen, dicken Schaft und gabelte sich unterhalb der Spitze in zwei Äste.

FAMILIE TRAGULIDAE

Diese Familie scheint das Bindeglied zwischen der Unterordnung *Tylopoda* und der Unterordnung *Ruminantia* (Hirsche, Giraffen, Rinder, S. 278–281) zu sein. Obwohl letztere zur Fermentierung der Pflanzennahrung über vier Magenkammern verfügen, ist nicht sicher, ob dies für die fossilierten Arten ebenfalls zutraf. Über deren systematische Stellung sind sich darum die Wissenschaftler nicht einig.

Die Traguliden waren nie sehr häufig und bestanden aus kleinen, hirschähnlichen Tieren ohne Geweihe. Heute existieren nur noch zwei Gattungen, *Hyemoschus* mit dem afrikanischen Hirschferkel und die drei asiatischen Kantschil-Arten *(Tragulus)*.

NAME: *Blastomeryx*
ZEIT: Unteres Miozän bis Oberes Pliozän
VERBREITUNG: Nordamerika (Nebraska)
LÄNGE: 75 cm

Dieses hirschähnliche Tier, das nicht viel größer als ein großes Kaninchen wurde, sah wahrscheinlich wie die heutigen Hirschferkel aus. Es lebte vermutlich im Wald und fraß Blätter. Seine Eckzähne hatten sich zu scharfen, säbelähnlichen Hauern verlängert, mit denen das Tier sich verteidigte und im Boden nach Nahrung wühlte.

Blastomeryx hatte keine Hörner. Eine späte Art aus dem Oberen Miozän besaß jedoch knöcherne Höcker auf der Schädeloberseite – ein Anzeichen dafür, daß sich zu jener Zeit Hörner entwickelten. Gleichzeitig wurden die Hauer kleiner. Die Entwicklung stimmt mit der heutigen Regel überein, daß Hirsche mit Hauern keine Hörner haben und umgekehrt.

KAMELE

Familie Camelidae

Die heutigen Kamele kommen nur in Gebieten mit extremen Umweltbedingungen vor. Kamele gelten als »Wüstenschiffe«, die auf schwierigstem Gelände und im unwirtlichsten Klima gewaltige Entfernungen zurücklegen können. Dank ihrer außergewöhnlichen Physiologie können sie bis zu zwei Monaten nur von hartfaserigen Pflanzen leben, ohne zusätzliches Wasser aufnehmen zu müssen. Sie halten zudem enorme Temperaturschwankungen aus. Auch die südamerikanischen Kamele – die Lamas und ihre Verwandten – bewohnen rauhe und abweisende Gebiete bis weit hinauf in die höchsten Lagen der Anden.

Die Kamele haben eine ganze Reihe erstaunlicher Anpassungen entwickelt, um in ariden Gebieten überleben zu können. Die meisten warmblütigen Lebewesen, darunter auch der Mensch, verlieren bei trocken-heißem Wetter durch Schwitzen, Hecheln und Atmen Wasser. In der Folge wird das Blut dicker, bis es am Ende zu langsam zirkuliert, um die überschüssige Körperwärme noch über die Haut abgeben zu können. Die Körpertemperatur steigt dann unvermittelt dramatisch an und führt zum schnellen Tod. Die Kamele umgehen diese Gefahr, weil ihr Blut nicht dicker wird und weil sie den Wasserverlust auf verschiedene Weise stark reduzieren. Das dicke Fell schützt die Tiere gegen eine Überhitzung und begrenzt gleichzeitig den Wasserverlust durch Verdunstung über die Haut. Die Körpertemperatur kann, je nach Außentemperatur, schwanken. Damit wird der Wasserverlust durch Schwitzen auf ein Minimum verringert. Die Kamele geben zudem einen sehr konzentrierten Urin und trockenen Kot ab, die sehr wenig Wasser enthalten. In ihren Höckern speichern sie große Mengen Fett, auf das sie in Hungerzeiten zurückgreifen können. Bei der Verarbeitung des Fettes entsteht Wasser. Schließlich können Kamele auch bemerkenswert schnell trinken und bis zu 115 l Wasser auf einmal zu sich nehmen.

Aus heutiger Sicht gelten Kamele als hochspezialisierte Tiere, die nur in extremen Lebensräumen existieren können. Allerdings sind die heutigen Arten nur die letzten Überlebenden einer früher weit verbreiteten und artenreichen Gruppe, die erstmals im Oberen Eozän, vor ungefähr 40 Millionen Jahren, auftauchte – und zwar nicht etwa in Asien oder Afrika, sondern in Nordamerika. Ihre Blütezeit erlebte die Gruppe im Oberen Miozän, vor ungefähr 10 Millionen Jahren. Erst im Pliozän, vor 5 Millionen Jahren, wanderten Kamele nach Eurasien und Afrika ein, während die Lamas Südamerika erreichten.

Später erging es den Kamelen wie einigen anderen Tiergruppen, die in Nordamerika entstanden waren (etwa den Pferden, S. 254 – 257): Sie überlebten nur auf anderen Kontinenten. In Nordamerika starben sie gegen Ende des Pleistozäns, vor ungefähr 12 000 Jahren, gänzlich aus.

Wir unterscheiden gegenwärtig zwei Kamelarten, das Zweihöckrige Kamel oder Trampeltier sowie das Einhöckrige Kamel oder Dromedar. Wilde Zweihöckrige Kamele leben heute noch in der Wüste Gobi. Das Einhöckrige Kamel Afrikas und Vorderasiens wurde bereits vor 2500 Jahren vom Menschen domestiziert. Verwildert lebt es heute auch in Australien, wo es vor einem Jahrhundert eingeführt wurde. In Südamerika leben Lama, Alpaka, Vikunja und Guanako, die einzigen heute noch existierenden Vertreter der zweiten überlebenden Gruppe.

Cameliden haben weder Hörner noch Hauer, und die Zahl der oberen Schneidezähne ist reduziert. Die unteren Schneidezähne sind abgeflacht und ragen waagrecht nach vorne. Kamele haben lange Gesichtsknochen, so daß zwischen den Schneidezähnen und den hinteren Zähnen eine größere Lücke (Diastema) klafft. Die Backenzähne sind sehr groß und haben kurze Wurzeln sowie eine hohe Krone wie die Zähne der Pferde. Mit den Frontzähnen reißen die Kamele zähes Pflanzenmaterial los, während die Backenzähne das bereits vorgekaute und vorverdaute Futtergut wiederkäuen.

Im Gegensatz zu den höher entwickelten Wiederkäuern, wie den Hirschen oder Schafen, haben die Kamele keinen vierkammerigen, sondern einen dreikammerigen Magen. Die Unterschiede im Aufbau des Verdauungssystems lassen vermuten, daß sie die wiederkäuende Lebensweise unabhängig von den anderen Wiederkäuern entwickelt haben.

Die Cameliden reduzierten anscheinend die Zahl ihrer Zehen viel früher als die meisten anderen Huftiere. Bei den ersten Cameliden hatten die Vorderbeine vier Zehen, die alle den Boden berührten. Die zweite und die fünfte Zehe der Hinterbeine waren aber bereits extrem reduziert und hatten jede Bedeutung verloren. Die Gattung *Procamelus* (gegenüber) aus dem Oberen Miozän hatte Beine, die mit denen der heutigen Formen nahezu identisch gewesen sein dürften. Die Unterschenkel waren lang und dünn, an jedem Fuß standen zwei gespreizte Zehen, und der dritte und vierte Mittelhand- beziehungsweise Mittelfußknochen waren bis auf die gespreizten unteren Enden verschmolzen und bildeten das Kanonbein. Die späteren Cameliden entwickelten einen charakteristischen Gang. Sie waren nämlich Zehengänger, welche die gesamte Unterfläche der Zehen auf dem Boden aufsetzten. Ganz unten befand sich eine zähe Schwiele. Die meisten Paarhufer hingegen gehören zu den Zehenspitzengängern. Die Entwicklung zum Zehengänger erleichterte den Kamelen die Fortbewegung auf weichem Sandboden.

NAME: *Protylopus*
ZEIT: Oberes Eozän
VERBREITUNG: Nordamerika (Utah und Colorado)
LÄNGE: 80 cm

Wie bei den meisten Huftiergruppen waren auch hier die ersten Vertreter nur ungefähr kaninchengroß. Die einfachen, niederkronigen Zähne standen lückenlos im Kiefer nebeneinander, was darauf hindeutet, daß das Tier weiche Blätter aus der Waldvegetation fraß.

Die Vorderbeine waren kürzer als die Hinterbeine und wiesen vier Zehen auf, von denen alle den Boden erreichten. Die funktionalen Zehen waren zugespitzt, was den Schluß zuläßt, daß die frühen Cameliden schmale Hufe und noch keine breiten Sohlen trugen.

Protylopus ist vermutlich nicht der direkte Vorfahre der späteren Cameliden, doch war er der Urform wahrscheinlich sehr ähnlich und lebte zur gleichen Zeit wie sie.

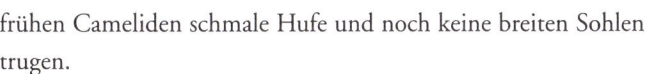

NAME: *Poebrotherium*
ZEIT: Oligozän
VERBREITUNG: Nordamerika (South Dakota)
LÄNGE: 90 cm

Im Oligozän, vor ungefähr 35 Millionen Jahren, machten die dichten Wälder, die einst Dakota bedeckt hatten, einer offeneren Landschaft Platz. In jener Zeit breiteten sich die Cameliden mehr und mehr aus und begannen eine Körperform zu entwickeln, die der der heutigen Kamele bereits sehr nahe kam.

Poebrotherium war ungefähr schafgroß und damit größer als *Protylopus*. Der Kopf mit der typisch abgeflachten Schnauze erinnerte stark an ein Lama.

Die Hinterbeine waren immer noch etwas länger als die Vorderbeine, doch zeigten sie klare Anpassungen an höhere Laufgeschwindigkeiten. Die seitlichen Zehen waren verlorengegangen, und die beiden zentralen Zehen, die das Gewicht trugen, begannen sich abzuspreizen. Auch das Gebiß von *Poebrotherium* zeigte im Vergleich zu *Protylopus* Fortschritte. Es war zwar nach wie vor vollständig, doch hatten sich zwischen den Zähnen Abstände gebildet. Wahrscheinlich war *Poebrotherium* die Stammform einer ganzen Reihe von Entwicklungslinien.

NAME: *Procamelus*
ZEIT: Oberes Miozän bis Unteres Pliozän
VERBREITUNG: Nordamerika (Colorado)
LÄNGE: 1,5 m

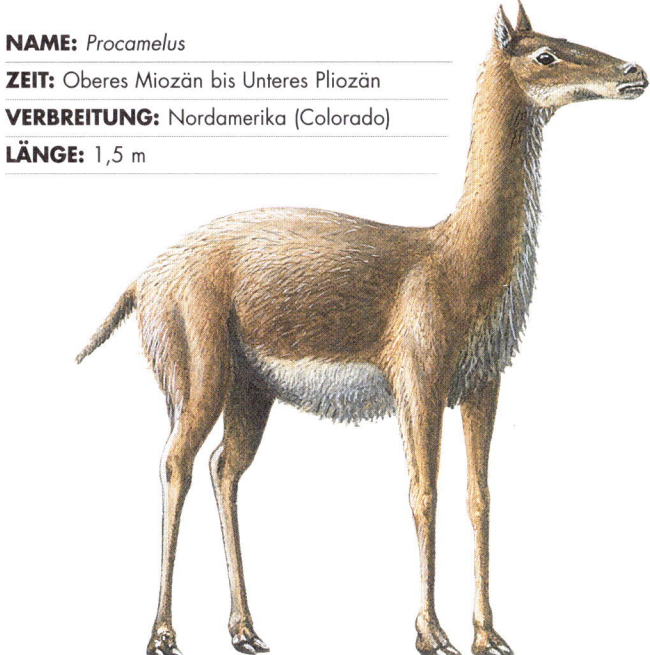

Procamelus war entweder der direkte Vorfahre der heutigen Kamele oder aber stand diesen zumindest sehr nahe. Das Tier war viel größer als die früheren Formen und erreichte die Dimensionen eines heutigen Lamas. Der Kopf war sehr lang, der Schädelinhalt aber ziemlich gering.

Procamelus besaß im Oberkiefer noch Schneidezähne, wenn auch nur ein einziges, bereits verkleinertes Paar. Eine weite Lücke trennte die vorderen Zähne (ein Paar Schneidezähne, Eckzähne und das erste Prämolarenpaar) von den hinteren Zähnen, welche im übrigen so hohe Kronen besaßen, daß man sie als hypsodont bezeichnen muß.

Die Beine von *Procamelus* waren beinahe schon so ausgebildet wie die der heutigen Arten. Die Mittelfußknochen waren teilweise miteinander verschmolzen und bildeten das verlängerte Kanonbein. Die beiden Zehen waren gespreizt; *Procamelus* hatte also vielleicht die Schwielensohlen entwickelt, die für die heutigen Formen typisch sind und den Tieren das Gehen auf weichem Untergrund erleichtern.

KAMELE

NAME: *Titanotylopus*
ZEIT: Pliozän bis Pleistozän
VERBREITUNG: Nordamerika (Nebraska)
GRÖSSE: 3,5 m Schulterhöhe

Im Pliozän, das vor 5 Millionen Jahren begann und vor 2 Millionen Jahren zu Ende ging, entwickelte sich in Nordamerika eine Reihe sehr großer Kamele. Sie waren mit Sicherheit alle eng verwandt mit *Procamelus* und vielleicht sogar unmittelbar aus dieser Gattung hervorgegangen. Unter diesen Riesenformen befand sich die Gattung *Titanotylopus*, die größer gewesen sein muß als die Elefanten jener Zeit. Abgesehen von der Größe sah die Gattung den heutigen Kamelen sehr ähnlich: Die oberen Schneidezähne fehlten, der Hals war sehr lang, und die Füße wiesen zwei abgespreizte Zehen auf.

Ein typisches Merkmal der heutigen Kamele fehlte möglicherweise: der Fetthöcker. Es handelt sich bei ihm um eine Anpassung an die unregelmäßige Nahrungs- und Wasserversorgung in besonders trockenen Lebensräumen. Zwar wurde das Klima während des Tertiärs in Nordamerika immer kühler und trockener, weshalb die Wälder zuerst einer offenen Buschsteppe und dann den Prärien weichen mußten. Es fand sich aber immer noch genügend Nahrung für zahlreiche Säugerarten. Nährstoffspeicher waren da noch nicht erforderlich.

NAME: *Oxydactylus*
ZEIT: Unteres Miozän
VERBREITUNG: Nordamerika (South Dakota und Nebraska)
LÄNGE: 2,3 m

Ein weiterer Seitenzweig, der von *Poebrotherium* ausging, führte zur Entwicklung von giraffenähnlichen Kamelen mit sehr langen Hälsen und Beinen, die es den Tieren gestatteten, in größeren Höhen nach Futter zu suchen. Die Landschaft des Unteren Miozäns bestand im zentralen Teil Nordamerikas aus weiten Prärien mit vereinzelten Bäumen und Sträuchern und erwies sich als geradezu ideal für die Entwicklung eines solchen Tieres. Die Zehen waren sehr schlank und trugen anstelle der breiten Schwielensohlen der heutigen Kamele antilopenähnliche Hufe.

NAME: *Camelops*
ZEIT: Pleistozän
VERBREITUNG: Nordamerika (Kalifornien und Utah)
GRÖSSE: 2 m Schulterhöhe

Camelops war eine weitere Riesenform im Oberen Känozoikum und das letzte Kamel des nordamerikanischen Kontinents. Es ähnelte im Aussehen wohl dem asiatischen Kamel, aber einige Teile seiner Anatomie deuten darauf hin, daß es den südamerikanischen Lamas nahestand.

NAME: *Stenomylus*
ZEIT: Unteres Miozän
VERBREITUNG: Nordamerika (Nebraska)
LÄNGE: 90 cm

Im Miozän entstanden mehrere Seitenzweige der Cameliden, die sich jedoch als verhältnismäßig kurzlebig erwiesen. *Stenomylus* und verwandte Formen waren klein und gazellenähnlich. Sie weideten in Herden niedriger Vegetation ab und flüchteten bei Gefahr im schnellen Sprint. Die Zähne des Unterkiefers waren insofern einzigartig, als die Eckzähne und die ersten Prämolaren die Form von Schneidezähnen angenommen hatten, so daß das Tier im Unterkiefer scheinbar über zehn Schneidezähne verfügte. Der Hals war lang und leicht gebaut, die Beine waren schlank. Die beiden Zehen an jedem Fuß trugen kleine, hirschartige Hufe.

NAME: *Aepycamelus*
ZEIT: Mittleres und Oberes Miozän
VERBREITUNG: Nordamerika (Colorado)
GRÖSSE: 3 m Kopfhöhe

Der Seitenzweig der giraffenähnlichen Kamele erreichte seinen Höhepunkt bei *Aepycamelus*. Früher war diese Gattung auch unter dem Namen *Alticamelus* bekannt.

Die Beine waren lang und stelzenartig, und die beiden Zehen wiesen sehr kleine Hufe auf.

Aepycamelus hatte also anstelle der großen Hufe seiner Vorfahren schon die breiten Schwielensohlen der modernen Kamelarten.

Das heutige Kamel bewegt jeweils die Beine einer Körperseite gleichzeitig. Man nennt diese Gangart Paßgang; sie kommt nur bei Kamelen und Giraffen vor. Der Paßgang ist sehr effizient, wenn es darum geht, in offenem Gelände weite Strecken zurückzulegen. Ein extrem langbeiniges Tier wie *Aepycamelus* muß sich ebenfalls auf diese Weise fortbewegt haben.

GIRAFFEN, HIRSCHE UND RINDER

FAMILIE GIRAFFIDAE

Die Giraffen sind wie alle anderen Paarhufer mit Ausnahme der Schweine und der Flußpferde (S. 268–269) Wiederkäuer. Im Oberkiefer stehen keine Schneidezähne; statt dessen arbeiten die unteren Schneidezähne gegen ein Knochenpolster vorne oben im Mund. Giraffen reißen Blätter von Büschen und Bäumen ab, kauen sie durch und verschlucken sie dann. Die Nahrung gelangt in den Pansen, die erste Kammer des vierkammerigen Wiederkäuermagens. Bakterien bauen dort zunächst die Zellulose ab. Ist die Nahrung teilweise verdaut, so kehrt sie in das Maul zurück, wird ein zweites Mal gekaut und zur endgültigen Verdauung erneut verschluckt.

Zur Verarbeitung faserigen Pflanzenmaterials ist eine solche Verdauung hervorragend geeignet. Der Wiederkäuer zahlt aber seinen Preis dafür, weil die Nahrung lange Zeit braucht, um durch den Darm zu wandern. Außerdem verlieren die Tiere sehr viel Zeit beim Wiederkäuen.

Heute leben nur noch zwei Giraffenarten, beide in Afrika, südlich der Sahara. Uns allen vertraut ist die große Giraffe der afrikanischen Savanne mit ihrem langen Hals und den langen Beinen (Gattung *Giraffa*). Die andere Giraffenart ist das kleinere und dunklere Okapi (Gattung *Okapia*), das seine Heimat im tropischen Regenwald hat.

Mit Ausnahme der Kamele haben die Wiederkäuer im typischen Fall paarige Aufsätze auf dem Kopf. Bei den Giraffen handelt es sich um Knochenzapfen, die von Fell überzogen sind.

Die Giraffe und das Okapi fressen weiche Blätter. Die *Giraffidae* entstanden nämlich, bevor die Huftiere zur Grasnahrung übergingen. Fossil sind einige unterschiedliche Formen erhalten geblieben, wobei allerdings die meisten den beiden modernen Vertretern der Familie noch nicht besonders ähnlich sahen.

NAME: *Prolibytherium*
ZEIT: Unteres Miozän
VERBREITUNG: Nordafrika (Libyen)
LÄNGE: 1,8 m

Im Gegensatz zur heutigen Giraffe und zum Okapi trug *Prolibytherium* breite, blattartige Knochenzapfen mit einer Spannweite von ungefähr 35 cm. Wahrscheinlich verwendete es diese Bildungen beim Imponierverhalten und bei Wettkämpfen mit rivalisierenden Artgenossen. Möglicherweise fegte das Tier die Hautbedeckung jedes Jahr ab. Abgesehen von seinem merkwürdigen Kopfschmuck sah *Prolibytherium* wahrscheinlich einem heutigen Okapi recht ähnlich.

NAME: *Sivatherium*
ZEIT: Pliozän bis Oberes Pleistozän
VERBREITUNG: Indien (Himalaja-Gebiet) und Nordafrika (Libyen)
GRÖSSE: 2,2 m Schulterhöhe

Sivatherium wurde nach dem hinduistischen Gott Siva, dem Beschützer der Tiere, benannt. *Sivatherium* erinnert eher an einen Elch denn an eine Giraffe. Zumindest das Männchen trug auf dem Kopf ein Paar große, verzweigte Knochenzapfen und zwischen den Augen zwei weitere konische Zapfen. Der Körper war ziemlich gedrungen gebaut, besonders in der Schultergegend, wo kräftige Muskeln ansetzen mußten, um den schweren Kopf aufrecht zu halten.

Libytherium war ein naher Verwandter von *Sivatherium* und lebte zur gleichen Zeit in Nordafrika. Prähistorische Felszeichnungen aus der Sahara zeigen ein Tier, das *Libytherium* stark ähnelt. Es ist demnach durchaus denkbar, daß Sivatheriinen oder Rindergiraffen noch vor 8000 Jahren mit frühen Menschen zusammenlebten.

Familie Cervidae

Obwohl die *Cervidae* oder eigentlichen Hirsche sich erst sehr spät entwickelten, wurden sie rasch zu den bedeutendsten Pflanzenfressern der Nordhalbkugel und Südamerikas. Ihre Nahrung besteht aus Blättern, Gräsern, Zweigen, Rinden und Moosen.

Ein charakteristisches Merkmal aller heutigen Hirsche sind die Geweihe der männlichen Tiere (bei Rentieren trägt auch das Weibchen ein Geweih). Ausnahmen bilden nur das Moschustier *(Moschus)* und das chinesische Wasserreh *(Hydropotes)*. Geweihe unterscheiden sich von den Hörnern der übrigen Wiederkäuer dadurch, daß sie jedes Jahr abgeworfen werden und wieder nachwachsen. Sie erheben sich auf den Knochenzapfen der Stirnbeine, den sogenannten Rosenstöcken. Die Geweihe verzweigen sich in den folgenden Jahren immer stärker, bis ein arttypisches Maximum erreicht ist. Den Höhepunkt der Geweihentwicklung zeigt der pleistozäne Hirsch *Megaloceros*.

NAME: *Eucladoceros*
ZEIT: Pliozän bis Pleistozän
VERBREITUNG: Europa (Italien)
LÄNGE: 2,5 m

Einige Hirsche entwickelten große, flammenähnliche Geweihe. Eines der spektakulärsten Beispiele dafür ist *Eucladoceros*. Jedes Geweih hatte ein Dutzend Enden, und die Gesamtspannweite betrug 1,7 m. Diese Entwicklung war durch die geschlechtliche Zuchtwahl ausgelöst worden: Das Männchen mit dem größten Geweih war beim Kampf um die Weibchen im Vorteil und konnte so seine Gene an die nächste Generation weiterreichen.

NAME: *Megaloceros*
ZEIT: Oberes Pleistozän
VERBREITUNG: Weit verbreitet in Europa und Asien
LÄNGE: 2,5 m

Megaloceros wird oft auch »Europäischer Riesenhirsch« genannt. Besonders viele Exemplare wurden in Irland ausgegraben – so zum Beispiel mehr als 80 in einem einzigen Moor bei Dublin. *Megaloceros* zeigte insgesamt eine weite Verbreitung über die nördlichen Teile der Alten Welt, angefangen bei den Britischen Inseln bis hin nach Sibirien und China.

Er war der größte Hirsch, der jemals lebte. Besonders berühmt wurde er durch sein Geweih, das eine Spannweite von 3,7 m und ein Gewicht von über 50 kg erreichte – das entsprach einem Siebtel des Gesamtgewichts. Noch bemerkenswerter war, daß die Tiere – wie alle echten Hirsche – ihr Riesengeweih alljährlich abwarfen, worauf es dann neu heranwuchs. Ein *Megaloceros*-Männchen muß einen großen Teil seiner Energie auf den Aufbau seines Geweihs verwendet haben.

Die *Megaloceros*-Herden erreichten ihren Höhepunkt in der letzten Zwischeneiszeit des Pleistozäns, vor ungefähr 30 000 Jahren begann dann ihr Niedergang, und ihr Verbreitungsgebiet schrumpfte von Osten und Süden aus. Die letzten Überlebenden starben in Nordwesteuropa vor ungefähr 13 000 bis 11 000 Jahren aus.

Beweise dafür, daß frühe Menschen *Megaloceros* kannten und jagten, liefern uns Höhlenmalereien. Sie zeigen Tiere, die europäischen *Megaloceros*-Arten sehr ähnlich sehen. Eine Höhlenmalerei in Frankreich stellt den Riesenhirsch mit einem kleinen dreieckigen Höcker auf dem Rücken dar, ähnlich dem eines heutigen Zebus. Möglicherweise handelte es sich dabei um einen Fettspeicher wie beim Kamelhöcker, der im Winter als Nahrungsreserve gedient haben dürfte.

GIRAFFEN, HIRSCHE UND RINDER

FAMILIE ANTILOCAPRIDAE

Die nordamerikanische Gabelantilope (*Antilocapra*) ist die einzige überlebende Gattung dieser Familie. Im Miozän und im Pliozän hingegen entwickelten sich viele unterschiedliche Antilocapriden-Typen. Während sich die Kamele und Pferde, die ebenfalls in Nordamerika entstanden waren, bis nach Asien und Südamerika ausbreiteten, aber in ihrem Heimatkontinent ausstarben, blieben die Antilocapriden auf Nordamerika beschränkt – und dies, obwohl sie im Pliozän und Pleistozän äußerst erfolgreich waren. Der Kopfschmuck der Antilocapriden bestand aus einer im Normalfall verzweigten Hornscheide, die einen unverzweigten Knochenzapfen umgab. Die Scheide wurde jedes Jahr abgestoßen, während die Knochenzapfen an Ort und Stelle blieben. Die meisten Arten hatten ein einzelnes Hornpaar, doch gab es auch solche mit fünf oder sechs Paaren und zum Teil höchst bizarren Formen. Bei der rezenten Gabelantilope haben die Männchen längere Hörner mit nach vorne gerichteter Gabelung.

Die meisten Paarhufer weisen zwei funktionale Zehen auf, während die anderen stark reduziert sind und nicht mehr den Boden berühren. Nur bei den Gabelantilopen sind die Seitenzehen völlig verschwunden, nicht einmal ein Knochenfortsatz erinnert daran. Die schmalen, zugespitzten Hufe am Ende der langen, schlanken Beine erlauben Fluchtgeschwindigkeiten von bis zu 85 km/h. Die Tiere sind zu 8 m weiten Sprüngen imstande, weshalb ihre Hufe entsprechende »Stoßdämpfer« in Form von Kissen aufweisen.

NAME: *Ilingoceros*
ZEIT: Oberes Miozän
VERBREITUNG: Nordamerika (Nevada)
LÄNGE: 1,8 m

Die verschiedenen Antilocapriden unterscheiden sich hinsichtlich der Anordnung und Form ihrer Hörner. *Ilingoceros* war eine Spur höher als die rezente Gabelantilope und besaß ein Paar spiralförmig gedrehter Hörner, die gerade nach oben wuchsen und am Ende eine Gabelung aufwiesen. Zu den übrigen Formen gehört *Osbornoceros* mit glatten, leicht gebogenen Hörnern. Bei *Paracosoryx* waren die Hörner abgeflacht und erweiterten sich in eine Gabelspitze. Bei *Ramoceros* zeigten die Hörner eine außergewöhnliche vertikale Fächerform.

NAME: *Hayoceros*
ZEIT: Mittleres Pleistozän
VERBREITUNG: Nordamerika (Nebraska)
LÄNGE: 1,8 m

Hayoceros bewohnte im Mittleren Pleistozän das Grasland Nebraskas. Er hatte vier Hörner: ein Paar breite, gegabelte Hörner oberhalb der Augen, die an den Kopfschmuck der rezenten Gabelantilope erinnern, sowie ein weiteres, längeres und schlankeres Hornpaar weiter oben am Schädel.

Wenn zwei Männchen um ein Weibchen kämpften, verhielten sie sich vermutlich ähnlich wie die rezenten Gabelantilopen: Sie verhakten ihre Hörner ineinander und versuchten, den jeweiligen Rivalen abzudrängen. Zum Schluß zog der Schwächere sich zurück. Nur in seltenen Fällen führen solche ritualisierten Kämpfe zu ernsthaften Verwundungen.

Familie Bovidae

Zu dieser Familie zählt man die echten Antilopen und die Rinder. Der Kopfschmuck der Männchen wie der Weibchen besteht aus Hörnern, das heißt aus einem Knochenzapfen und einer Hornscheide, die nicht abgestoßen wird.

Die Boviden entwickelten sich im Miozän, vor ungefähr 20 Millionen Jahren, in der Alten Welt. Bei den ältesten Fossilien handelte es sich um gazellenähnliche Tiere – sie wurden in Frankreich, der Sahara und in der Mongolei gefunden. Im Oberen Miozän, vor ungefähr 10 Millionen Jahren, nahm die Formenvielfalt der Boviden stark zu, und es traten ungefähr 70 neue Gattungen auf. Im Pleistozän gab es über 100 Gattungen – ungefähr doppelt so viele wie heute.

Die Boviden fressen überwiegend Gras und haben aus diesem Grund hochkronige Zähne. Ihre Lebensweise unterscheidet sich daher deutlich von der der meisten übrigen Paarhufer, die vorwiegend weiche Blätter fressen. Bis vor ungefähr einer Million Jahren blieben die Boviden auf die Alte Welt beschränkt; danach wanderten sie über die Landbrücke im Bereich der heutigen Beringsee nach Nordamerika ein.

NAME: *Pelorovis*
ZEIT: Mittleres bis Oberes Pleistozän
VERBREITUNG: Ostafrika
LÄNGE: 3 m

Das gewichtige Tier war ein naher Verwandter des Kaffernbüffels. Der Hauptunterschied lag in den riesenhaften Hörnern. Allein die Knochenzapfen wiesen eine Spannweite von 2 m auf. Mit den Hornscheiden erreichten die Hörner vermutlich sogar die doppelte Größe (wir sind hier allerdings auf Schätzungen angewiesen, da Horn nach dem Tod sehr schnell zerfällt und keine fossilen Überreste hinterläßt). *Pelorovis* starb erst vor ungefähr 12 000 Jahren aus.

NAME: *Bos*
ZEIT: Pleistozän bis Jetztzeit
VERBREITUNG: Europa (Großbritannien, Polen), Asien (Indien) und Nordafrika
LÄNGE: 3 m

Zur Gattung *Bos* gehört auch unser heutiges Hausrind. Sein Vorfahre war der Ur oder Auerochse (*Bos primigenius*). Er war etwas größer als die meisten heutigen Rassen und wurde vor ungefähr 6000 Jahren domestiziert. Die Menschen kannten und jagten das Tier allerdings schon erheblich früher. Zu den berühmten Höhlenmalereien von Lascaux in Zentralfrankreich gehören wundervolle Auerochsendarstellungen von großer innerer Dramatik.

Der Auerochse erweiterte im Pleistozän, ausgehend von seiner asiatischen Heimat, sein Verbreitungsgebiet. Am Ende der letzten Eiszeit kam er in großen Teilen der Alten Welt vor – vom äußersten Westen Europas bis nach Ostasien, von den arktischen Tundren bis nach Nordafrika und Indien.

Trotz seines Erfolgs starb der Auerochse aus – wahrscheinlich weil der Mensch ihm zu sehr nachstellte. In Großbritannien verschwand er bereits im 10. Jahrhundert n. Chr. Die letzten Überlebenden verendeten 1627 in Polen.

NAGER, HASEN UND KANINCHEN

Früher wurden in der Systematik die Hasen und Kaninchen, die zwei Paar obere Schneidezähne aufweisen, mit den Nagern zusammengefaßt, die, wie zum Beispiel die Hörnchen, Ratten und Meerschweinchen, nur ein Schneidezahnpaar besitzen. Auch hinsichtlich ihrer Lebensweise und ihrer Anatomie ähneln sich die beiden Gruppen. Es handelt sich um Vegetarier und Nager, von denen viele Arten an das Leben auf oder unter dem Erdboden angepaßt sind.

Später wurden die beiden Gruppen getrennt, weil man glaubte, daß es sich bei den Ähnlichkeiten zwischen ihnen im wesentlichen bloß um die Folgen einer außergewöhnlichen konvergenten Evolution handelte.

ORDNUNG RODENTIA

Die ältesten Nager sahen kleinen Hörnchen ähnlich. Sie traten erstmals im Oberen Paläozän, vor ungefähr 60 Millionen Jahren, in Nordamerika in Erscheinung. Kurz danach fand eine adaptive Radiation statt, und die Nager übernahmen im Laufe der Zeit jene ökologischen Nischen, die von den aussterbenden Multituberculaten (S. 199) verwaist zurückgelassen wurden. Es entwickelten sich mehrere Haupttypen, darunter Hörnchen, Biber, Ratten, Meerschweinchen und Stachelschweine.

Heute stellen die Nager die bei weitem artenreichste Säugergruppe dar. Sie umfassen ungefähr 2000 Arten in 35 Familien, das sind 40 Prozent aller bekannten rezenten Säugetierarten. Die Zahl der fossilen Gattungen ist annähernd doppelt so groß; außerdem sind weitere zwölf fossile Familien bekannt.

Die Nagetiere eroberten eine Vielzahl von Lebensräumen – von den tropischen Regenwäldern bis in die arktische Tundra, von der heißesten Wüste bis hinauf in die höchsten Gebirgsregionen. Das Meer blieb ihnen verschlossen, doch gibt es einige Nagetiere im Süßwasser.

Angesichts ihrer Vielseitigkeit und ihrer eindrucksvollen Vermehrungsrate überrascht es nicht, daß die Nagetiere auch die Geschichte des Menschen stark beeinflußt haben. Einige Arten sind gefährliche Schädlinge von Kulturpflanzen, andere übertragen Krankheiten. So haben die Ratten indirekt wahrscheinlich mehr Menschen getötet als alle Kriege zusammengenommen: Allein im Mittelalter tötete die Pest, die von der Hausratte verbreitet wurde, ungefähr 25 Millionen Menschen – mehr als ein Viertel der damaligen Gesamtbevölkerung Europas.

Viel von dem, was wir über die Nagetiere wissen, beruht auf dem Studium winziger fossiler Zähnchen. Die Nager waren das ganze Tertiär über häufig. Ihre charakteristischen Zähne lassen sich als Leitfossilien zur Datierung und Korrelierung kontinentaler Sedimente heranziehen – ähnlich wie man anhand der Schalen wirbelloser Tiere Meeressedimente unterscheiden und ihr Alter bestimmen kann. Die Bezeichnung »Nagetiere« verrät bereits die wichtigste Eigenschaft dieser Tiere: Sie nagen. Zu diesem Zweck besitzen sie je ein Paar entsprechend angepaßte, große, gebogene Schneidezähne im Ober- und Unterkiefer. Durch den Gebrauch werden sie abgenutzt, doch wachsen sie aus tiefen Wurzeln im Schädel und im Unterkiefer kontinuierlich nach. Frühe Vertreter der Gruppe besaßen zylindrische Nagezähne, die zur Gänze von Schmelz überzogen waren. Spätere Formen entwickelten dreieckige Zähne, bei denen Schmelz nur noch die Vorderseite bedeckte.

Eckzähne sind keine vorhanden, und es können sogar einige Prämolaren fehlen. Dadurch ergibt sich eine weite Lücke (Diastema) zwischen den vorderen und den hinteren Zähnen. Die hinteren Zähne weisen Reibflächen auf, die hervorragend zum Zerkleinern pflanzlicher Nahrung geeignet sind.

Die meisten Nager sind klein. So ist zum Beispiel die Zwergmaus mit einem Gewicht von 40 g eines der kleinsten Säugetiere überhaupt. Es gibt aber auch Ausnahmen: Das größte rezente Nagetier ist das südamerikanische Wasserschwein oder *Capybara* mit 50 kg Körpergewicht. Einige ausgestorbene Formen erreichten sogar die Ausmaße eines Nashorns.

Einen interessanten Fall von Großwuchs unter den Nagern finden wir beim pleistozänen Bilch der Gattung *Leithia*, der auf mehreren Mittelmeerinseln lebte, darunter auch auf Malta und Sardinien. Abgesehen von der Größe (Länge 25 cm ohne Schwanz) kann man *Leithia* nicht von der heutigen Haselmaus *(Muscardinus)* unterscheiden.

Als der Atlantik ins mediterrane Becken vordrang, vielleicht aber auch infolge der Temperaturveränderungen während der Eiszeit im Pleistozän, kam es zu einem Anstieg des Meeresspiegels. Die nun isolierten Bewohner diverser Mittelmeerinseln paßten sich den veränderten Umweltbedingungen an. Elefanten und Nashörner reagierten auf das eingeschränkte Nahrungsangebot, indem sie kleinere Formen entwickelten. Nagetiere wie *Leithia* wurden dagegen größer. Da es auf den Inseln keine Räuber gab, die ihnen hätten gefährlich werden können, bestand für sie keine Veranlassung mehr, in Felsspalten und Erdhöhlen Zuflucht zu suchen.

Die heutige Systematik unterteilt die Nagetiere nach der Anordnung der Knochen und der entsprechenden Muskeln des Unterkiefers in zwei Unterordnungen.

Unterordnung Sciurognathi

Die *Sciurognathi* (»Hörnchenkiefer«) haben einen tiefen Unterkiefer, an dem der Kaumuskel befestigt ist. Die Unterordnung ist die bei weitem größere und wahrscheinlich auch die primitivere; zu ihr zählen die Hörnchen, Biber, Taschenratten, Hamster, Ratten und Mäuse.

Die Familien der *Sciurognathi* scheinen schon zu einem frühen Zeitpunkt der Nagerevolution getrennte Wege eingeschlagen zu haben, denn abgesehen von ihrer Kiefer- und Zahnstruktur haben sie nur wenig miteinander gemein. Die meisten leben vegetarisch, manche sind Allesfresser, und es gibt auch einige wenige Insektenjäger. Ein Viertel der gegenwärtig existierenden Säugerarten zählt zu den Ratten und Mäusen. Der Siegeszug dieser ungeheuer erfolgreichen Gruppe begann allerdings erst zu Beginn des Pliozäns.

NAME: Ischyromys
ZEIT: Unteres Eozän
VERBREITUNG: Nordamerika
LÄNGE: 60 cm

Ischyromys gehört zu den ältesten Nagetieren. Im Aussehen erinnerte er an eine Maus. Der Schädel wies verschiedene typische Nagermerkmale auf, darunter auch das charakteristische Paar obere Schneidezähne. Auch der Körperbau war nagertypisch: Die vielseitig verwendbaren Vorder- und die kräftigen Hinterbeine trugen je fünf bekrallte Zehen an den Füßen.

Während viele frühtertiäre Säuger ökologische Nischen am Boden besetzten, deutet alles darauf hin, daß *Ischyromys* und seine mehr hörnchenähnlichen Verwandten (zum Beispiel *Paramys*) auf Bäumen lebten. Sie waren zu ihrer Zeit die höchstentwickelten Kletterer und verdrängten möglicherweise die primitiven nagerähnlichen Primaten, die diesen Lebensraum seit dem Paläozän für sich beansprucht hatten.

NAME: Epigaulus
ZEIT: Miozän
VERBREITUNG: Nordamerika (Great Basin)
LÄNGE: 30 cm

Epigaulus muß einem heutigen Murmeltier ähnlich gesehen haben, von dem es sich allerdings durch ein Paar stumpfer Hörner auf dem Schädel und die langen, kräftigen Krallen an den Vorderbeinen unterschied. Die Krallen sind seitlich abgeflacht und stellen eine Anpassung an die grabende Lebensweise des Tieres dar.

Kein weiteres Nagetier besaß je solche Hörner. Ihre Funktion bleibt angesichts der Lebensweise von *Epigaulus* ein Rätsel.

Sie mögen zum Schutz, zur Werbung und zum Kampf zwischen den Männchen gedient haben. Diese Interpretation wird durch den Umstand unterstützt, daß nicht alle Fossilien über Hörner verfügen. Das deutet darauf hin, daß es sich bei den hornlosen Tieren um Weibchen gehandelt haben könnte. Eine andere Interpretation geht davon aus, daß die Hörner zum Graben verwendet worden sein könnten.

Epigaulus und seine nächsten Verwandten starben aus, als im Oberen Miozän, vor ungefähr 5 Millionen Jahren, die Wälder verschwanden und offenen Grasgebieten Platz machten.

NAGER, HASEN UND KANINCHEN

NAME: *Steneofiber*
ZEIT: Unteres Miozän
VERBREITUNG: Europa (Frankreich, Deutschland)
LÄNGE: 30 cm

Biber sind im Fossilnachweis gut vertreten und reichen bis ins Untere Oligozän zurück.

Der Biber *Steneofiber* aus dem Unteren Miozän war klein und lebte wie seine heute noch existierenden Nachfahren in oder in der Nähe von Süßwasserseen. Wahrscheinlich war er aber nicht dazu imstande, große Bäume zu fällen.

Viele frühe Biberarten lebten am Boden, und einige gruben sogar Gänge. Die miozänen Ablagerungen von Nebraska sind stellenweise von merkwürdigen, korkenzieherartigen Gängen durchzogen, die 2,5 m senkrecht in die Tiefe reichen. Man hat ihnen den wissenschaftlichen Namen Daimonelix gegeben – »des Teufels Korkenzieher«. Sie gehen auf den taschenrattenähnlichen Biber *Palaeocastor* zurück, einen nahen Verwandten von *Steneofiber*.

UNTERORDNUNG HYSTRICOGNATHI

Diese Unterordnung gilt als die höher entwickelte, obwohl ihr wahrscheinlich die ältesten Nager zuzurechnen sind. Die *Hystricognathi* oder »Stachelschweinkiefer« haben am Unterkiefer ein knöchernes Seitenstück, an dem der Kaumuskel (Masseter) ansetzt. Obwohl die *Hystricognathi* auch altweltliche Arten umfassen – wie die Stachelschweine, die Gundis und die Rohrratten –, liegt ihr Hauptverbreitungsgebiet in Südamerika. Dort zählen zu ihnen Stachelschweinartige, Meerschweinchen, Wasserschweine, Pakaranas, Chinchillas, Agutis und Sumpfbiber. Die ersten Nagetiere Südamerikas stammen aus dem Unteren Oligozän im Süden Patagoniens.

NAME: *Telicomys*
ZEIT: Oberes Miozän bis Unteres Pliozän
VERBREITUNG: Südamerika
LÄNGE: 2 m

Nahe verwandt mit den Meerschweinchen und den Wasserschweinen waren die kurzschwänzigen *Dinomyidae* (»schreckliche Mäuse«), die heutigen Pakaranas. Ihr größter Vertreter – und wahrscheinlich das größte Nagetier überhaupt – war *Telicomys*. Er wurde so groß wie ein kleines Nashorn, sah aber wohl eher wie ein behaartes Flußpferd oder ein riesenhaftes Wasserschwein aus.

NAME: *Birbalomys*
ZEIT: Unteres Eozän
VERBREITUNG: Asien (Pakistan)
LÄNGE: 30 cm

Einige Paläontologen halten *Birbalomys* für das primitivste Nagetier, das wahrscheinlich der Stammform der gesamten Gruppe nahesteht. Allerdings ist über die Gattung so wenig bekannt, daß die Rekonstruktion als spekulativ anzusehen ist. Vielleicht ähnelte *Birbalomys* den nordafrikanischen Gundis.

NAME: *Eocardia*
ZEIT: Miozän
VERBREITUNG: Südamerika
LÄNGE: 30 cm

Die Meerschweinchenartigen sind die typischsten südamerikanischen Nager. Sie sind nahe verwandt mit dem Wasserschwein oder Capybara.

Einige Formen wurden recht groß. *Protohydrochoerus* erreichte die Größe eines Tapirs. *Eocardia* hingegen blieb kleiner und ähnelte dem heutigen Meerschweinchen.

ORDNUNG LAGOMORPHA

Die *Lagomorpha* oder Hasentiere umfassen die eigentlichen Hasen, die Pfeifhasen und die Kaninchen. Früher wurden sie zu den Nagetieren gesellt. Tatsächlich gibt es eine Reihe von Gemeinsamkeiten, zum Beispiel die geringe Größe und vor allem die kontinuierlich nachwachsenden Nagezähne.

Der Hauptunterschied zwischen den beiden Gruppen liegt darin, daß die Hasentiere über zwei Paar obere Schneidezähne verfügen, die Nagetiere hingegen nur über eines. Auch sind bei den Hasen und ihren Verwandten die Schneidezähne, wie bei den ältesten Nagetieren, rundum mit Schmelz bedeckt, während sie bei den höher entwickelten Nagern nur noch an den Frontseiten Schmelz aufweisen. Die *Lagomorpha* haben zudem mehr Backenzähne als die Nager, nämlich fünf oder sechs. Auch beim Kauen zeigen sich Unterschiede: Die Hasenartigen kauen mit seitlichen Bewegungen, während die Nager eine vor- und rückwärts gerichtete Bewegung durchführen.

Heute existieren ungefähr zwölf Gattungen der *Lagomorpha*, während es seit dem ersten Auftreten dieser Ordnung ungefähr 50 gegeben hat. Die ersten fossilen Vertreter traten im Oberen Paläozän oder im Unteren Eozän wahrscheinlich in Ostasien auf. Die Hasentiere breiteten sich schnell aus. Sie leben vorrangig in offenen Grasgebieten sowie zwischen strauchiger Vegetation in Fels- und Wüstenlandschaften.

NAME: *Palaeolagus*
ZEIT: Oligozän
VERBREITUNG: Nordamerika
LÄNGE: 25 cm

Das älteste Hasentier ist *Eurymulus* aus dem Oberen Paläozän der Mongolei. Die Aufspaltung in die Pfeifhasen auf der einen und die Echten Hasen auf der anderen Seite hatte bereits im Unteren Oligozän stattgefunden. Die Pfeifhasen entwickelten sich zu kompakten Tieren mit kurzen Beinen und kurzen Ohren; die Hasen und Kaninchen hingegen bildeten längere Beine aus, die sie zu einer laufenden und später springenden oder hoppelnden Fortbewegung befähigten.

Das Skelett von *Palaeolagus* ähnelt dem eines heutigen Kaninchens. Die Hinterbeine deuten darauf hin, daß das Tier noch nicht so hüpfen konnte wie die heutigen Hasen.

HALBAFFEN UND AFFEN

PRIMATEN

Die Primaten umfassen die Halbaffen, die Affen, die Menschenaffen und schließlich auch die Menschen. Sie entstanden wahrscheinlich im Paläozän, vor 60 Millionen Jahren; der Vorfahre war vermutlich ein primitiver Insektenfresser. In der Tat sahen die ersten Primaten den Insektenfressern so ähnlich, daß eine Grenzlinie zwischen den beiden Ordnungen nur willkürlich gezogen werden kann.

Die Primaten entwickelten sich offensichtlich in bewaldeten Lebensräumen. Viele Arten zeigen spezifische Anpassungen an das tagaktive Leben auf Bäumen; dazu gehören die Vergrößerung und die zunehmende Komplexität der Gehirne und der Sinne sowie Veränderungen an den Gliedmaßen und den Fingern. Unverkennbar ist auch die wachsende Tendenz zum Gehen auf zwei Beinen: Der Körper richtete sich auf, die Hinterbeine spezialisierten sich auf die Fortbewegung, Vorderbeine beziehungsweise Arme auf das Greifen und Festhalten. Gleichgewichts- und Tastsinn verbesserten sich, und der Gesichtssinn erfuhr gleich zwei entscheidende Fortschritte: Das räumliche Sehen und die Fähigkeit zum Erkennen von Farben bildeten sich heraus.

Eine weitere entscheidende Entwicklung betraf die Fortpflanzung: Mit zunehmender Brutpflege durch die Eltern konnte, da die Überlebenschancen des einzelnen Tiers wuchsen, die Zahl der Nachkommen verringert werden.

Wir unterscheiden zwei Unterordnungen der Primaten, die *Prosimii* und die *Anthropoidea*.

UNTERORDNUNG PROSIMII

Die *Prosimii* oder Halbaffen bilden eine vielgestaltige Gruppe, zu der die frühen insektenfressenden Primaten, die fossilen und modernen Lemuren, die Loris und Makis gehören.

Bei den rezenten Arten ist das Gesicht mit Ausnahme der Nase noch von Haaren bedeckt. Ein weiteres Schlüsselmerkmal zeigt sich darin, daß Daumen und große Zehe den übrigen Fingern gegenübergestellt werden können. Dadurch wurde die Griffsicherheit enorm gesteigert.

Zur Unterordnung zählen auch die ausgestorbenen *Plesiadapiformes* aus Nordamerika und Westeuropa.

FAMILIE PLESIADAPIDAE

Diese Gruppe ist die bekannteste der fünf *Plesiadapiformes*. Es ist denkbar, daß sich die Plesiadapiden von Nordamerika über Grönland nach Europa ausbreiteten (Grönland bildete im Paläozän und Eozän eine bewaldete Landbrücke), was ein Beweis für die Landverbindung und für die übereinstimmenden Lebensbedingungen in beiden Regionen wäre.

Die Tiere hatten einen langen Schwanz und bewegliche Gliedmaßen; die Hände und Füße waren mit Krallen versehen; sie hatten eine lange Schnauze mit nagerartigen Kiefern und Zähnen und Augen, die seitlich am Kopf standen.

NAME: *Plesiadapis*
ZEIT: Oberes Paläozän bis Unteres Eozän
VERBREITUNG: Nordamerika (Rocky Mountains) und Europa (Frankreich)
LÄNGE: 80 cm

Plesiadapis-Fossilien wurden unweit von Cernay in Nordostfrankreich in sehr großer Zahl gefunden. Man kann also davon ausgehen, daß es zu seiner Zeit in jener Gegend sehr häufig gewesen ist.

Plesiadapis erinnerte im Bau an ein Hörnchen, in der Körpergröße jedoch an einen Biber. Einen großen Teil der Zeit verbrachte es wohl auf dem Boden, obwohl es auch gut an das Leben auf den Bäumen angepaßt war. Mit Händen und Füßen konnte es sich an den Ästen festklammern. Die langen Finger und Zehen waren mit Krallen ausgerüstet.

Der Kopf von *Plesiadapis* entsprach indessen nicht einem typischen Primaten. Das Gebiß erinnerte an einen Nager. Man hält es daher nicht für ausgeschlossen, daß Nagetiere und Primaten im frühen Tertiär einen gemeinsamen Ahnen hatten.

ORDNUNG PRIMATES

Je nach Definition der Ordnung bestehen die Primaten aus etwa 200 lebenden Spezies, von denen die modernen Menschen nur eine sind. Allen Primaten gemeinsam sind mehr als 30 Charakteristika, die sich größtenteils auf spezielle evolutionäre Anpassungen ans Klettern in Bäumen, an die verlängerte Brutpflege und auf die hohe Entwicklung der Sehorgane und der Intelligenz beziehen.

Die Primaten scheinen sich vorwiegend in Waldgebieten entwickelt zu haben. Viele spezielle Merkmale können auf die Anforderungen eines Lebens in den Baumkronen und auf Tagaktivität zurückgeführt werden. Dazu zählen wechselwirkende Entwicklungen des vergrößerten, komplexen Gehirns, der Sinnesorgane sowie der Gliedmaßen und Finger. Es gab auch eine zunehmende Tendenz zur Fortbewegung auf zwei Beinen: Der Körper richtete sich stärker auf, Füße und Beine wurden für den aufrechten Gang und die Hände zum Greifen und Festhalten spezialisiert. Gleichgewichts- und Tastsinn wurden verbessert, und der Gesichtssinn entwickelte sich zum räumlichen und farblichen Sehen.

Eine weitere wichtige Entwicklung war die verlängerte Brutpflege, durch die sich die Überlebenschancen des Nachwuchses verbesserten und die Zahl der Nachkommen verringert werden konnte.

FAMILIE ADAPIDAE

Die lemurenähnlichen Adapiden waren im Eozän häufig, wurden dann aber seltener und starben im Oberen Miozän aus.

Die Adapiden besaßen einige Merkmale, die im Vergleich zu den Plesiadapiden einen deutlichen Fortschritt darstellten: Der Rücken war geschmeidiger, die Gliedmaßen waren länger und biegsamer, die Daumen und Großzehen konnten den übrigen Fingern beziehungsweise Zehen gegenübergestellt werden: All dies erhöhte die Mobilität der Tiere. Die Adapiden hatten zudem eine kürzere Schnauze. Auch waren die Augen näher zusammengerückt und standen nun vorne an der Stirn. Das Gehirnvolumen war überproportional gewachsen. Möglicherweise konnten die Adapiden nur klettern, hangeln und springen, doch spricht einiges dafür, daß sie sogar schon in der Lage waren, auf Ästen zu laufen.

Die lemurenähnlichen Adapiden und die Lemuriden werden gelegentlich unter der Bezeichnung *Strepsirhini* (»verdrehte Nasen«) zusammengefaßt, die auf die waagrechte und senkrechte Unterteilung der Nasen Bezug nimmt.

NAME: *Notharctus*
ZEIT: Unteres bis Mittleres Eozän
VERBREITUNG: Nordamerika (Wyoming)
LÄNGE: 40 cm

Notharctus war nach unserem gegenwärtigen Kenntnisstand der letzte Primat Nordamerikas. Wahrscheinlich ähnelte er einem heutigen Lemuren und war sehr gut an das Leben auf den Bäumen angepaßt. Die Augen schauten nach vorn und erlaubten

ein räumliches Sehen, so daß die Tiere Entfernungen genau abschätzen konnten. Mit den langen Hinterbeinen sprangen sie von Ast zu Ast, während der Schwanz bei diesen Bewegungsabläufen als Gleichgewichtsorgan diente.

FAMILIE LEMURIDAE

Die *Lemuridae* sind den *Adapidae* ähnlich, verfügen aber über einen langen »Kamm«, der zur Fellpflege herangezogen wird und aus den vorderen Zähnen des Unterkiefers besteht.

Vor ungefähr 50 Millionen Jahren kamen die *Lemuridae* und ihre nahen Verwandten in Afrika, Europa und Nordamerika vor. Heute umfaßt die Familie die Lemuren, die Indris, einige Makis, den Katta sowie das Fingertier, die allesamt auf Madagaskar beschränkt sind.

NAME: *Megaladapis*
ZEIT: Jetztzeit
VERBREITUNG: Madagaskar
LÄNGE: 1,5 m

Megaladapis war, soweit bekannt, der größte Lemur. Er hatte einen relativ schweren Körper, kurze Gliedmaßen und wog an die 50 kg. Im Gegensatz zu seinen kleineren Verwandten handelte es sich bei ihm vermutlich um ein langsames Klettertier, dessen Verschwinden vermutlich auf intensive Bejagung durch den Menschen zurückzuführen ist.

HALBAFFEN UND AFFEN

FAMILIE OMOMYIDAE

Die *Omomyidae* sind die größte Familie der Koboldmakiartigen, von denen heute noch einige wenige Arten auf südostasiatischen Inseln wie Sumatra und Borneo existieren. Die Omomyiden waren im Eozän reichlich vertreten, starben aber zu Beginn des Miozän aus.

Die Koboldmakis und ihre Verwandten faßt man auch unter der Bezeichnung *Haplorhini* (»Ganznasen«) zusammen.

Einige Paläontologen haben die Möglichkeit in Betracht gezogen, daß die Koboldmakis die gemeinsamen Ahnen der Affen und der Menschenaffen waren. Angesichts ihrer extremen Spezialisierung erscheint dies jedoch kaum wahrscheinlich.

NAME: *Necrolemur*
ZEIT: Mittleres bis Oberes Eozän
VERBREITUNG: Westeuropa
LÄNGE: 25 cm

Von *Necrolemur* besitzen wir die besterhaltenen Fossilien aller Koboldmakis. Das Tier hatte große Augen und Ohren, die es ihm ermöglichten, nachts auf Jagd zu gehen. Die kleinen, scharfen Zähne waren hervorragend dazu geeignet, harte Insektenpanzer aufzuknacken. Im Körperbau ähnelte *Necrolemur* vermutlich den heutigen Arten.

UNTERORDNUNG ANTHROPOIDEA

Die Unterordnung *Anthropoidea* (Affen im engeren Sinn) umfaßt zwei Infraordnungen: die *Platyrrhina* (Breitnasenaffen oder Neuweltaffen) und die *Catarrhina* (Schmalnasenaffen oder Altweltaffen mit den Menschenaffen und Hominiden). Die *Anthropoidea* entstanden vor rund 40 Millionen Jahren in Nordamerika oder Eurasien. Die beiden Entwicklungslinien spalteten sich voneinander ab, als die Landbrücke zwischen Nord- und Südamerika einmal mehr verschwand.

NEUWELTAFFEN

Die Neuweltaffen unterscheiden sich von den Altweltaffen durch ihre Nasenlöcher, die weiter auseinander stehen und eher nach außen als nach unten gerichtet sind. Hinzu kommen einige anatomische Merkmale, wie zum Beispiel die Schädelnähte oder das zusätzliche Prämolarenpaar der Neuweltaffen. Einige Arten verfügen über eine »fünfte Gliedmaße« in Form eines Greifschwanzes, der sich um Äste wickeln läßt und imstande ist, das ganze Körpergewicht zu tragen. Die Altweltaffen haben dieses Merkmal merkwürdigerweise nie entwickelt.

Die Gruppe umfaßt heute die Marmosetten und Tamarins, die Brüllaffen, Klammeraffen und Kapuzineraffen. Insgesamt schließen sie ungefähr rund ein Drittel der rezenten Anthropoiden-Gattungen ein.

NAME: *Branisella*
ZEIT: Unteres Oligozän
VERBREITUNG: Südamerika (Bolivien)
LÄNGE: 40 cm

Branisella ist, soweit bekannt, der erste Affe des südamerikanischen Kontinents. Über seine Lebensweise und die systematische Stellung läßt sich aber nur sehr wenig Sicheres sagen, da nur einige Bruchstücke des Unterkiefers gefunden wurden. Die Zähne waren ziemlich primitiv und wiesen zahlreiche Merkmale der Koboldmakiartigen auf, was auf eine Abstammung von den mehr nördlich verbreiteten Omomyiden schließen läßt. Andere Merkmale sprechen dagegen eher für eine engere Verwandtschaft mit afrikanischen Affen jener Zeit. Vielleicht hatten die Vorfahren den Atlantik auf schwimmenden Vegetationsinseln überquert.

NAME: *Tremacebus*
ZEIT: Oberes Oligozän
VERBREITUNG: Südamerika (Argentinien)
LÄNGE: 1 m

Am Ende des Oligozän sahen die Neuweltaffen den heutigen Formen bereits sehr ähnlich. *Tremacebus*, wegen seines menschenähnlichen Aussehens gelegentlich auch *Homunculus* genannt, sah vermutlich dem heutigen Nachtaffen ähnlich, der als einziger Affe der Welt nachtaktiv ist.

Tremacebus ist nur von einigen wenigen Funden aus Patagonien bekannt, darunter auch einem Schädel. Die spärlichen Reste lassen vermuten, daß die patagonischen Ebenen damals ebenso baumlos waren wie heute. Offensichtlich war bei so geringen Waldbeständen eine größere Affenvielfalt gar nicht möglich.

ALTWELTAFFEN

Die Altweltaffen unterscheiden sich von ihren neuweltlichen Verwandten durch die nahe beieinanderstehenden und nach unten gerichteten Nasenlöcher, die schmale Nasenscheidewand, den langen Gehörgang und zwei Molaren (statt drei). Eine große Familie der Altweltaffen bilden die *Ceropithecidae* oder Hundsaffen. Sie stellten die primitivste Gruppe der *Catarrhina* dar und umfassen als heutige Vertreter die Meerkatzen, Makaken, Paviane, Dscheladas und Schlankaffen. Die rezenten Formen haben meistens Gesäßschwielen, die vermutlich auch schon bei den fossilen Arten vorhanden waren.

Der Schwanz der Altweltaffen ist nie zu einem Greiforgan umgebildet worden; er kann stark reduziert sein oder gar fehlen, besonders bei bodenlebenden Tieren. Affen, die in Bäumen leben, brauchen den Schwanz zur Wahrung des Gleichgewichts.

NAME: *Mesopithecus*
VERBREITUNG: Oberes Miozän bis Oberes Pliozän
VERBREITUNG: Europa (Griechenland) und Asien (Kleinasien)
LÄNGE: 40 cm

Mesopithecus, wörtlich übersetzt der »mittlere Affe«, war ein typischer früher Vertreter der Cercopitheciden. Er sah einem heutigen Makaken ähnlich und war vermutlich ein Vorfahre der Languren. Der Affe war schlank, hatte lange, muskulöse Arme und Beine sowie lange, gewandte Finger und Zehen. Er kam wie ein heutiger Makak auf dem Boden ebenso gut voran wie im Astwerk der Bäume, weshalb er vermutlich in einer relativ offenen Landschaft lebte. *Mesopithecus* war allem Anschein nach tagaktiv und ernährte sich von Blättern und weichen Früchten.

NAME: *Theropithecus*
ZEIT: Mittleres Pliozän bis Jetztzeit
VERBREITUNG: Süd- und Ostafrika
LÄNGE: 1,2 m

Die Paviane sind weitgehend Bodenbewohner, die in Familienverbänden durch offene Landschaften ziehen. Obwohl sie sich vorwiegend auf allen Vieren fortbewegen, sind sie – vor allem in felsigem Gelände – auch geschickte Kletterer.

Theropithecus war ein großer Pavian, dessen fossile Reste in der Olduvai-Schlucht in Tansania entdeckt wurden. Er hatte ein relativ kurzes Gesicht, und durch die Oberseite seines Schädels verlief ein Knochenkamm, an dem wohl kräftige Kiefermuskeln aufgehängt waren. *Theropithecus* ernährte sich vermutlich von trockenheitsresistenten, hartfaserigen Pflanzen.

MENSCHENAFFEN

FAMILIE OREOPITHECIDAE

Die Klassifikation der Oreopitheciden ist problematisch. Einige Paläontologen halten sie für altweltliche Affen, die mit *Mesopithecus* (S. 289) verwandt waren. Andere bewerten die menschenaffen- und sogar hominidenähnlichen Eigenschaften wie beispielsweise die Fähigkeit, sich von Ast zu Ast zu schwingen und aufrecht zu gehen, höher. Höchstwahrscheinlich handelt es sich jedoch bei den Oreopitheciden um eine Sackgasse der Evolution. Die hochentwickelten Merkmale entstanden vermutlich durch Konvergenz. Es gibt nur eine Gattung.

NAME: *Oreopithecus*
ZEIT: Oberes Miozän
VERBREITUNG: Europa (Italien)
GRÖSSE: 1,2 m

Die fossilen Reste des »Bergaffen« *Oreopithecus* wurden in Braunkohlelagern der Toskana gefunden und sind ungefähr 14 Millionen Jahre alt. Einige Merkmale dieses Tieres erinnern fast schon an den Menschen.

Oreopithecus hatte das Gesicht eines Affen, die Überaugenwülste eines Menschenaffen und affenähnliche Fußwurzelknochen.

Das Gesicht war flach und klein, die Eckzähne waren konisch, die Molaren ähnelten denen der Hominiden. Die Kombination aus Affen- und Menschenmerkmalen erklärt sich noch am ehesten, wenn man die Oreopitheciden als unabhängigen Seitenzweig ansieht.

Da die Reste von *Oreopithecus* in weicher Braunkohle gefunden wurden, lebte das Tier vermutlich in Sumpf- und Auwäldern. Wahrscheinlich fraß es Blätter, Schößlinge und Früchte.

Die Arme von *Oreopithecus* waren länger als seine Beine, so daß er wohl die meiste Zeit in den Bäumen zubrachte, über deren Astwerk er sich fortbewegte.

ÜBERFAMILIE HOMINOIDEA

Die einzigen Angehörigen der *Hominoidea* (»Menschenähnliche«) sind die Menschenaffen (*Pongidae*) und der Mensch (*Hominidae*). Von den Altweltaffen unterscheiden sich die *Hominoidea* in erster Linie dadurch, daß ihnen die Schwänze fehlen und daß Arme und Schultergürtel an das Hangeln im Geäst angepaßt sind.

Zusätzlich zu den *Pongidae* und den *Hominidae* umfaßt die Gruppe eine weitere ausgestorbene Familie, die *Pliopithecidae*

FAMILIE PLIOPITHECIDAE

Obwohl die *Pliopithecidae* einige primitive Merkmale aufweisen, darunter eine verlängerte Schnauze, eine kleine Schädelkapsel und in einigen Fällen auch einen Schwanz, handelt es sich bei ihnen um die früheste klar abgegrenzte Familie echter Menschenaffen. Zu den fortgeschrittenen Merkmalen gehörten das Gebiß, die Kiefer und das räumliche Sehen. Die Pliopitheciden entstanden wahrscheinlich im Unteren Oligozän in Afrika. Im Miozän starben sie aus.

NAME: *Propliopithecus*
ZEIT: Mittleres Oligozän
VERBREITUNG: Afrika (Ägypten)
GRÖSSE: 40 cm

Im Mittleren Oligozän, vor ungefähr 27 Millionen Jahren, war die Region Fayum im Osten von Kairo noch nicht – wie heute – eine Staubwüste. Der Ur-Nil baute hier, unweit der Küstenlinie des heute verschwundenen Tethys-Meeres, ein sumpfiges Delta auf. In den Wäldern dieses Gebiets lebten viele tropische Tiertypen, darunter einige primitive Menschenaffen. *Propliopithecus*

bewegte sich im Geäst wie die heutigen Makaken auf allen Vieren fort und war ungefähr so groß wie ein kleiner Gibbon.

NAME: *Pliopithecus*
ZEIT: Mittleres bis Oberes Miozän
VERBREITUNG: Europa (Frankreich und Tschechien/Slowakei)
GRÖSSE: 1,2 m

Obwohl das letzte Wort in dieser Angelegenheit noch nicht gesprochen ist, erscheint die in Paläontologenkreisen früher weit verbreitete Ansicht, daß aus *Pliopithecus* die Gibbons hervorgegangen sind, nach neueren Erkenntnissen eher unwahrscheinlich. Dabei steht außer Zweifel, daß zwischen den beiden Gruppen auffällige Ähnlichkeiten bestehen. *Pliopithecus* war so groß wie ein Gibbon, hatte ein kurzes Gesicht, große Augen und scharfe Eckzähne. Der Körper war langgestreckt, und die Gliedmaßen trugen lange, schlanke Hände und Füße, die es *Pliopithecus* vermutlich ermöglichten, von Ast zu Ast zu hangeln.

Während aber bei *Pliopithecus* Arme und Beine ungefähr gleich lang waren, sind die Arme der Gibbons erheblich länger als die Beine. Im Fossilnachweis ist zudem ein kurzer Schwanz erhalten geblieben, der mindestens zehn Wirbel besessen haben muß. Das räumliche Sehen war vermutlich noch nicht perfekt ausgebildet, da die Augenhöhlen nicht genau nach vorne schauten.

NAME: *Dendropithecus*
ZEIT: Unteres bis Mittleres Miozän
VERBREITUNG: Ostafrika (Kenia)
GRÖSSE: 60 cm

Heute nimmt man an, nicht *Pliopithecus*, sondern sein älterer Verwandter, der schlank gebaute *Dendropithecus* (»Baumaffe«), sei der Vorfahre der Gibbons gewesen. Das Alter der Fossilreste von *Dendropithecus* liegt bei 15 bis 20 Millionen Jahren.

Obwohl *Dendropithecus* kürzere Arme und einen längeren Schwanz als *Pliopithecus* aufwies und darum wahrscheinlich weniger gut hangeln konnte, erinnerte er in anderen Merkmalen, wie der Ernährungsweise, an einen Gibbon. *Dendropithecus* bewohnte höchstwahrscheinlich dicht bewaldete Gebiete und ernährte sich wie die heute noch existierenden Gibbons von Früchten, Blättern und Blüten.

FAMILIE HOMINIDAE

Diese Familie verbindet die Menschen (Unterfamilie *Homininae*) mit den lebenden großen Menschenaffen (Unterfamilie *Ponginae*) und ihren zahlreichen fossilen Vorfahren. Das Verständnis der wechselseitigen Beziehungen innerhalb dieser großen Gruppe ist allerdings noch sehr unvollständig und verändert sich mit jedem neuen Fund von Fossilien.

Die Familie umfaßt die größten heute lebenden Primaten. Aus fossilen Belegen und mit Hilfe der molekularen Uhr schließt man, daß die Hominiden erstmals vor etwa 17 Millionen Jahren in Afrika auftraten. In der Folge divergierten sie dann in zwei Gruppen, von denen die eine, die *Ponginae*, zu einem frühen Entwicklungszeitpunkt nach Asien migrierte, wo sie heute von den im Bestand gefährdeten Orang Utans repräsentiert wird.

Die andere Gruppe, die *Homininae*, blieb bis in die jüngere Zeit hinein in Afrika.

MENSCHENAFFEN

Unterfamilie Ponginae

Die *Ponginae* umfassen sowohl die fossilen als auch die heute noch lebenden Menschenaffen. Sie gehen teils auf vier, teils auf zwei Beinen und haben keinen Schwanz mehr. Ihr Verbreitungsgebiet ist heute auf das tropische Afrika und Südostasien beschränkt, wo vier Gattungen mit insgesamt acht Arten leben. Es handelt sich um die Gibbons, zwei Schimpansenarten sowie den Gorilla und den Orang-Utan.

Die ältesten Vertreter der früher sehr viel artenreicheren und weiter verbreiteten Gruppe stammen aus dem Unteren Miozän und sind damit ungefähr 25 Millionen Jahre alt.

Früher stellte man fast jeden neuen Hominoidenfund in eine eigene Gattung, für die dann sogleich ein neuer Name erfunden wurde. Das wurde so verwirrend, daß die großen Linien der Hominoidenevolution überhaupt nicht mehr zu erkennen waren. Heute setzt sich mehr und mehr die Überzeugung durch, daß trotz subtiler anatomischer Unterschiede viele dieser menschenähnlichen Tiere nahe miteinander verwandt waren.

Bis vor kurzem ging man davon aus, die Menschenaffen hätten sich vor ungefähr 15 bis 20 Millionen Jahren von der Entwicklungslinie abgespalten, die zu den Australopithecinen und Menschen (S. 294–297) führte. Neuere Erkenntnisse aus der Biochemie deuten jedoch darauf hin, daß diese Trennung erheblich später stattgefunden haben muß. Die spezifischen Immunreaktionen sowie die Unterschiede im Aufbau der DNA (also des in jeder Zelle enthaltenen Trägers der genetischen Information) und einiger komplexer Proteinmoleküle, wie beispielsweise des Hämoglobins in den roten Blutkörperchen, wurden eingehend untersucht. Nimmt man eine bestimmte Rate spontaner Veränderungen dieser Moleküle in der Zeit als gegeben, so kann man aufgrund der Ergebnisse dieser Untersuchungen heute davon ausgehen, daß sich die Gibbons erst vor etwa 10 Millionen Jahren von der gemeinsamen Entwicklungslinie trennten, der Orang Utan sogar noch etwas später.

Die größten Überraschungen boten diese Untersuchungen jedoch im Hinblick auf unsere Verwandtschaft mit den Schimpansen und Gorillas. Bei aller äußerlichen Verschiedenheit sind wir ihnen biochemisch so ähnlich, daß die Trennung der Entwicklungslinien nicht weiter als 5 bis 8 Millionen Jahre zurückliegen kann.

Diese Theorie ist allerdings noch umstritten – nicht zuletzt deswegen, weil die fossilen Australopithecinen ein Alter von 3,5 bis 5 Millionen Jahren aufweisen. Sie stehen aber dem Menschen zu nahe und den Menschenaffen zu fern, um das Ergebnis einer nur wenige Millionen Jahre währenden Evolution sein zu können.

NAME: *Dryopithecus*
ZEIT: Unteres bis Mittleres Miozän
VERBREITUNG: Europa (Frankreich und Griechenland), Asien (Kaukasus) und Afrika (Kenia)
GRÖSSE: 60 cm

Die stammesgeschichtliche Linie, die zu den modernen Menschenaffen und zu *Homo sapiens* führte, begann möglicherweise mit dem weitverbreiteten *Dryopithecus* (»Baumaffe«), der vor ungefähr 12 bis 9 Millionen Jahren lebte.

Dryopithecus entwickelte sich in Ostafrika, wo auch die ältesten fossilen Reste gefunden wurden, und wanderte, als sich der afrikanische Kontinent an Eurasien anschloß, nach Europa und Asien (vor allem in die Gebiete östlich des Mittelmeers).

Die schimpansenähnlichen Gliedmaßen zeigen, daß *Dryopithecus* wohl meistens auf allen Vieren ging, obwohl er sich auch auf die Hinterbeine aufrichten konnte. Der Kopf war eher schimpansenähnlich, wenngleich ihm die schweren Überaugenwülste fehlten.

Dryopithecus lebte gesellig in Bäumen, war sehr klettergewandt und ernährte sich von Früchten, denn die Schmelzschicht seiner Backenzähne war für zähere Nahrung wie Wurzeln oder Gräser zu dünn.

NAME: *Sivapithecus*
ZEIT Unteres bis Mittleres Miozän
VERBREITUNG: Südosteuropa, Asien und Afrika (Kenia)
GRÖSSE: 1,5 m

Sivapithecus war mit seinem orang-utan-ähnlichen Gesicht, den schimpansenähnlichen Füßen und den drehbaren Handgelenken möglicherweise ein Tier in der Über-

gangsphase vom Leben auf den Bäumen zum Leben auf dem Boden.

Die wichtigsten Indizien dafür liefert uns das Gebiß. Die Eckzähne waren groß, und die Backenzähne trugen eine dicke Schmelzschicht. Ein solches Gebiß ist eher an die Ernährung in der Savanne – mit Samen, Zweigen und Wurzeln – als an das Nahrungsangebot des Waldes – weiche Blätter und Früchte – angepaßt. Ohne Zweifel ernährte sich *Sivapithecus* von trockenerer, robusterer Pflanzennahrung als *Dryopithecus*.

Tatsächlich änderte sich das Klima in jener Zeitspanne (vor 15 bis vor 7 Millionen Jahren). Die Wälder verschwanden, und Grasgebiete breiteten sich aus. Es liegt nahe, daß die Evolution jene Tiere begünstigte, die sich den neuen Bedingungen am schnellsten anpassen konnten.

Bedeutende Fossilien dieser Gattung wurden in Indien entdeckt, und so ist *Sivapithecus* nach Siva, einem der wichtigsten Hindugötter, benannt, der gelegentlich auch als der »Herr der Tiere« bezeichnet wird.

NAME: *Gigantopithecus*
ZEIT: Oberes Miozän bis Mittleres Pleistozän
VERBREITUNG: Asien (China, Pakistan, Indien)
GRÖSSE: 3 m

Dieses gewaltige Tier wog ungefähr 300 kg. Es war nahe mit *Sivapithecus* verwandt und ist vor allem durch Kiefer- und Zahnfragmente bekannt. Die Zähne waren ungefähr doppelt so breit wie die eines heutigen Gorillas. Die ersten Exemplare – vier einzelne Backenzähne – entdeckte ein Paläontologe in den 1930er Jahren in einer chinesischen Apotheke. In den 1950er Jahren wurden dann vollständige Unterkiefer gefunden.

Gigantopithecus lebte auf dem Boden und erinnerte äußerlich an einen Gorilla. Der Kiefer war jedoch kürzer, die Schneidezähne und die Eckzähne waren verhältnismäßig klein.

Gigantopithecus überlebte mit Sicherheit bis ins Pleistozän, existierte also noch vor einer Million Jahren, wenn nicht sogar noch länger. Ja, es gibt eine These, derzufolge *Gigantopithecus* bis heute noch im Himalaja überlebt und gelegentlich auch gesichtet wird – als »Yeti«.

NAME: *Ramapithecus*
ZEIT: Mittleres bis Oberes Miozän
VERBREITUNG: Asien (Pakistan) und Afrika (Kenia)
GRÖSSE: 1,2 m

Ramapithecus wurde nach Rama, dem hinduistischen Gott für Ritterlichkeit und Tugend, benannt. Es handelte sich ebenfalls um einen engen Verwandten von *Sivapithecus* (einige Paläontologen halten die beiden Gattungen sogar für identisch).

Ramapithecus war etwas kleiner und lebte mehr auf dem Boden. Die robusten Zähne hatten eine große Oberfläche, der Unterkiefer war hoch und kurz. All diese Merkmale deuten darauf hin, daß sich das Tier von den hartfaserigen Pflanzen der Savanne ernährte.

Ramapithecus konnte wie die Schimpansen aufrecht gehen. Dies bedeutete, daß er das Gräsermeer überblicken und seichte Flüsse durchwaten konnte. Der aufrechte Gang »befreite« darüber hinaus die Hände, so daß sie sich anderen Aufgaben zuwenden konnten. Es gibt sogar Hinweise darauf, daß *Ramapithecus* schon Werkzeuge verwendete.

Das Gebiß zeigte neben einigen Merkmalen der heutigen Menschenaffen auch unzweideutig menschenähnliche Eigenschaften, weshalb man lange davon ausging, *Ramapithecus* sei der gemeinsame Vorfahre sowohl der Menschenaffen als auch der Menschen. Die beiden Linien hätten sich demnach vor 15 Millionen Jahren getrennt. Genetische Untersuchungen lassen jedoch vermuten, daß die Trennung erst viel später erfolgte (S. 292).

MENSCHEN

Man erkennt heute nur zwei Gattungen fossiler Hominiden an: *Australopithecus* (»Südmenschenaffe«) und *Homo* (»Mensch«). Zu den Schlüsselmerkmalen der menschlichen Evolution oder Hominisation gehören physische und kulturelle Entwicklungen. Tatsächlich verloren die anatomischen Unterschiede im Verlauf der Menschwerdung zunehmend an Bedeutung, während die Unterschiede in der Lebensweise, in der Nutzung der Umwelt und in den Beziehungen der Individuen untereinander immer wichtiger wurden.

Die physischen Fortschritte betreffen Veränderungen in der Fortbewegung und der Körperhaltung – besonders die Verbesserung des aufrechten Gangs auf zwei Beinen, die Verlängerung der Beine im Vergleich zu den Armen und die Verkleinerung der großen Zehe. Das Becken und der Geburtskanal wurden größer, um Platz zu schaffen für Babys mit größeren Köpfen und Gehirnen. Die manuelle Geschicklichkeit nahm dank der Verlängerung des Daumens zu; es war nun möglich, auch kleine Gegenstände präzise mit Daumen und Zeigefinger zu fassen.

Zu den kulturellen Entwicklungen gehören Gruppenbildung, Zusammenarbeit, die Herstellung und der Gebrauch von Werkzeugen, die Nutzbarmachung des Feuers, die ersten Malereien und Skulpturen sowie erste Begräbnisriten. Dabei gab es zahlreiche Rückkopplungen: Durch den aufrechten Gang etwa wurden die Hände frei zur Herstellung und Handhabung von Werkzeugen. Dies wiederum förderte die Koordination zwischen Hand und Auge und die Entwicklung der dafür zuständigen Partien des Gehirns.

Der Werkzeuggebrauch brachte Verbesserungen bei der Aufzucht der Kinder, der sozialen Organisation und der Kommunikation mit sich. Kinder, die in einer dauerhaften sozialen Gruppe über die »Brutpflege« hinaus bis ins Erwachsenenalter noch Unterstützung finden, können erheblich mehr Erfahrungen sammeln. Gruppen, in denen gesteigerter Wert auf Zusammenarbeit gelegt wird, lernen auch den Gebrauch von Werkzeugen schneller und verbessern deren Konstruktion.

Leider sind von vielen entscheidenden kulturellen Entwicklungen – etwa der Sprache und der Sozialstruktur – keine fossilen Reste erhalten geblieben. Wir sind daher darauf angewiesen, uns auf jene Aktivitäten zu konzentrieren, die Spuren hinterlassen, zum Beispiel Begräbnisriten, und müssen aufgrund des selektiven Fossilnachweises bei der Interpretation größte Vorsicht walten lassen.

So führt zum Beispiel die Überbetonung der Jagd bei gleichzeitiger Mißachtung der Tatsache, daß unsere Vorfahren auch Pflanzen sammelten, schnell zu falschen Vorstellungen über ihr soziales Leben.

UNTERFAMILIE HOMININAE

Diese Unterfamilie verbindet die Menschen und ihre fossilen Vorfahren mit der ausgestorbenen Gruppe des *Australopithecus*, des »Südmenschenaffen«. Der Name bezieht sich auf die Fundorte dieser fossilen Hominiden im südlichen Afrika.

Seit der Entdeckung des ersten Australopitheken durch Raymond Dart in den 1920er Jahren wurden in Süd- und Ostafrika in Sedimentgesteinen aus Pliozän und Unterem Pleistozän zahlreiche weitere Fossilien gefunden – darunter auch der 4,4 Millionen Jahre alte, früheste bisher bekannte Hominine *Australopithecus ramidus*.

NAME: *Australopithecus afarensis*
ZEIT: Mittleres Pliozän
VERBREITUNG: Afrika (Äthiopien und Tansania)
GRÖSSE: um 1,2 m

Ein anderer früher Hominine ist *Australopithecus afarensis* – der »Südmenschenaffe von Afar«. Die Skelette aus dem nordäthiopischen Afar-Gebiet passen zu einer etwas älteren Reihe von Fußabdrücken, die in erstarrter Vulkanasche bei Laetoli (Tansania) gefunden wurden. Das erste Skelett, das 1974 ausgegraben wurde, erhielt nach einem Song der Beatles den Spitznamen »Lucy«.

Die Erwachsenen waren nicht größer als ein heutiges sechsjähriges Kind. Schädel und Gesicht erinnerten an einen Schimpansen, doch war das Gehirn etwas größer (um 400 cm³). Das Becken war eng, doch bereits menschenähnlich; die Babys kamen mit relativ kleinen Köpfen und Gehirnen zur Welt. Aus den Beinen wird ersichtlich, daß Lucy den aufrechten Gang kannte, jedoch war der Rücken noch leicht nach vorne gebeugt. Die Spuren bestätigen, daß die Füße im wesentlichen mit denen der heutigen Menschen identisch waren, allerdings fehlte ein Ballen an der Basis der Großzehe. Lucy ging plattfüßig mit leicht gekrümmten Zehen. Die Kombination menschenaffen- und menschenähnlicher Merkmale läßt *Australopithecus afarensis* als Vorfahren der späteren Menschen erscheinen. Die absolute Altersbestimmung der Reste, die natürlich für die Erforschung der biologischen Geschichte des Menschen von größter Bedeutung ist, bereitet den Experten jedoch einiges Kopfzerbrechen. Man schätzt, daß die Fossilien ungefähr 3,5 Millionen Jahre alt sind. Lucy und ihre nächsten Verwandten starben vermutlich vor 2,5 Millionen Jahren aus, nachdem aus ihnen die Vorfahren der späteren Australopithecinen und der modernen Menschen entstanden waren.

NAME: *Australopithecus africanus*
ZEIT: Oberes Pliozän
VERBREITUNG: Afrika (Äthiopien, Kenia, Südafrika und Tansania)
GRÖSSE: 1,3 m

Der Schädel eines jugendlichen Exemplars von *Australopithecus africanus* – des »Südmenschenaffen von Afrika« – wurde 1924 in Transvaal ausgegraben. Die Anthropologen jener Zeit schenkten ihm kaum Beachtung, weil sie glaubten, der Ursprung des Menschen sei mit einem anderen Fossilfund verknüpft, der einige Jahre zuvor aus dem südenglischen Piltdown bekanntgeworden war. Das Fossil schien ein großes Gehirn zu besitzen, wurde aber später als Fälschung entlarvt.

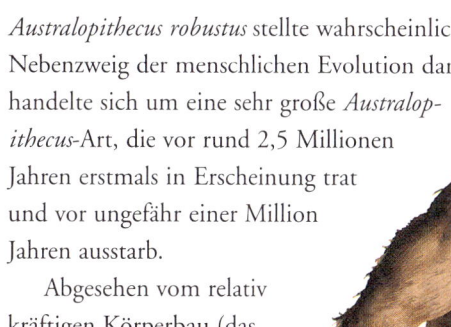

Australopithecus africanus gilt heute zu Recht als Hominide. Er lebte vor ungefähr 3 bis vor ungefähr 2,5 Millionen Jahren. Selbst wenn er nicht unser direkter Vorfahre war, so stand er diesem auf jeden Fall sehr nahe. Das Gehirn war nach heutigen Maßstäben klein (maximal 400 cm^3), und das Gesicht hatte nach wie vor den schweren, menschenaffenähnlichen Unterkiefer. Die Eckzähne waren recht groß, doch in anderer Hinsicht entsprach das Gebiß dem eines Menschen.

Australopithecus africanus war wie *Australopithecus afarensis* leicht gebaut, wog ungefähr 30 kg und ging aufrecht. Viel wichtiger als sein Aussehen war jedoch seine Lebensweise. Einige Forscher meinen, er habe bereits den Wald verlassen gehabt und in der Savanne gelebt. Außerdem habe er bereits über Werkzeuge und bestimmte kollektive Jagdtechniken verfügt.

Obwohl die Jagd bei der Entwicklung des Menschen wahrscheinlich eine große Rolle spielte, bestand die Nahrung von *Australopithecus* überwiegend aus Pflanzen und Pflanzenteilen, darunter Samen, Nüssen, Früchten, Blättern, Zweigen und Wurzeln.

NAME: *Australopithecus robustus*
ZEIT: Oberes Pliozän bis Unteres Pleistozän
VERBREITUNG: Afrika (Südafrika und Tansania)
GRÖSSE: 1,6 m

Australopithecus robustus stellte wahrscheinlich einen Nebenzweig der menschlichen Evolution dar. Es handelte sich um eine sehr große *Australopithecus*-Art, die vor rund 2,5 Millionen Jahren erstmals in Erscheinung trat und vor ungefähr einer Million Jahren ausstarb.

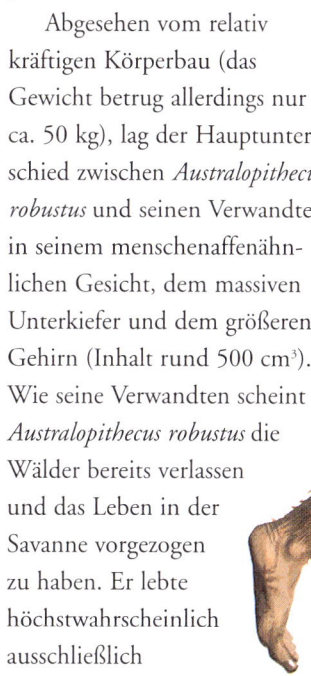

Abgesehen vom relativ kräftigen Körperbau (das Gewicht betrug allerdings nur ca. 50 kg), lag der Hauptunterschied zwischen *Australopithecus robustus* und seinen Verwandten in seinem menschenaffenähnlichen Gesicht, dem massiven Unterkiefer und dem größeren Gehirn (Inhalt rund 500 cm^3). Wie seine Verwandten scheint *Australopithecus robustus* die Wälder bereits verlassen und das Leben in der Savanne vorgezogen zu haben. Er lebte höchstwahrscheinlich ausschließlich vegetarisch und war eher Gejagter als Jäger, denn die meisten Skelette, die man bisher fand, stammen von homininen Individuen, die von Raubtieren getötet worden waren.

MENSCHEN

GATTUNG HOMO

Fossile Belege aus Afrika zeigen, daß sich die anatomisch zur Gattung *Homo* gehörenden Menschen vor mehr als 2 Millionen Jahren entweder aus *Australopithecus afarensis* oder aus *A. africanus* entwickelt haben. Die Herstellung von Steinwerkzeugen ist ein Merkmal dieser frühesten Menschen. Es existierten zu dieser Zeit mindestens drei Spezies der Gattung in Afrika, die Steinwerkzeuge herstellten: *Homo rudofensis*, *H. ergaster*, *H. habilis* und möglicherweise *H. erectus*. Die Entwicklung des modernen Menschen vollzog sich erst vor über 500 000 Jahren mit dem *H. heidelbergensis*, aus dem sich vor 40 000 Jahren zunächst die Neandertaler und dann *H. sapiens* entwickelten. DNS-Analysen aller lebenden Gruppen von Menschen zeigen, daß wir alle gleich sind und von einem gemeinsamen Vorfahren abstammen: wahrscheinlich dem afrikanischen *H. heidelbergensis*.

NAME: *Homo habilis*
ZEIT: Unteres Pleistozän
VERBREITUNG: Afrika (Äthiopien, Kenia, Tansania, vielleicht auch Südafrika) und vielleicht Südostasien
GRÖSSE: 1,2 bis 1,5 m

Vor ungefähr 2 bis vor ca. 1,5 Millionen Jahren existierten in Ostafrika mehrere Hominiden nebeneinander. Einige stehen dem heutigen Menschen so nahe, daß man sie in die gleiche Gattung stellen kann. *Homo habilis* war ziemlich klein und leicht gebaut. Er besaß weniger massive Unterkiefer und Überaugenwülste. Der Kopf war größer als bei seinen Vorfahren, und der Schädelinhalt betrug rund 800 cm³. Darüber hinaus war das Gehirn auch komplexer, und es gibt sogar einige Hinweise darauf, daß *Homo habilis* sprechen konnte. Das Hauptmerkmal des »geschickten Menschen« bestand jedoch darin, daß er Werkzeuge fertigen konnte. Sie bestanden im wesentlichen aus zugeschlagenen Kieseln. Andere Primaten – wie beispielsweise *Ramapithecus* – verwendeten wahrscheinlich unbearbeitete Kiesel. Es wurden auch Hinweise auf den Bau einfacher Unterkünfte gefunden.

NAME: *Homo erectus*
ZEIT: Unteres bis Mittleres Pleistozän
VERBREITUNG: Afrika, Europa und Asien
GRÖSSE: um 1,6 m

Homo erectus, der »aufrechte Mensch«, war ein außergewöhnlich erfolgreiches Lebewesen. Er entstand vor ungefähr 1,6 Millionen Jahren und erlebte das Aussterben aller übrigen Hominiden mit, darunter auch das seiner möglichen Vorfahren *Australopithecus afarensis* und *Australopithecus africanus*. Er selbst starb erst vor ungefähr 200 000 Jahren aus.
In der äußeren Erscheinung, der Körperhaltung und im Gang muß *Homo erectus* einem heutigen Menschen bereits sehr ähnlich gewesen sein. Er war nur etwas kleiner. Auch der Gehirninhalt von 950 bis 1200 cm³ näherte sich den heutigen Werten an. Die Gehirnfelder, die dem Sprechen zugeordnet sind, waren wohlentwickelt. Der Kopf zeigte noch menschenaffenähnliche Überaugenwülste und etwas hervortretende Kiefer. *Homo erectus* zog offensichtlich als Jäger und Wanderer in Gruppen umher, war aber zum Teil wohl auch seßhaft. An einer Fundstelle in Südfrankreich entdeckte man die Reste von Hütten mit Wänden aus Reisig; sie wurden von Pfählen gestützt und mit Steinen beschwert. Die Werkzeuge waren schon sehr verfeinert und umfaßten Speerspitzen, Pfeilspitzen, Messer, Schaber und Faustkeile aus Holz, Stein, Geweihen und Knochen. *Homo erectus* verstand auch das Feuer zu nutzen, sowohl zum Kochen als auch zur Verteidigung.
Vor ungefähr 500 000 Jahren verließ er seine afrikanische Heimat und breitete sich über die tropischen, subtropischen und gemäßigten Gegenden der Alten Welt aus. Die Forscher schufen eine Vielzahl wissenschaftlicher und volkstümlicher Namen wie »Java-Mensch« und »Peking-Mensch«, *Pithecanthropus*, *Sinanthropus* und *Palaeanthropus*. Alle diese Formen werden heute ein und derselben Art zugerechnet – *Homo erectus*.

NAME: *Homo sapiens neanderthalensis*
ZEIT: Oberes Pleistozän
VERBREITUNG: Europa (Deutschland, Mittelmeergebiet), Afrika und Asien
GRÖSSE: bis 1,7 m

Homo sapiens neanderthalensis, der Neandertaler, hat seinen Namen vom Neandertal bei Düsseldorf. Dort wurden 1856 die ersten fossilen Reste gefunden. Lange galt der Neandertaler als »subhumanes«, sehr primitives Wesen von geringer Intelligenz. Heute weiß man, daß er durchaus intelligent und überaus kräftig gebaut war, im Schnitt 30 Prozent größer und schwerer als der moderne Mensch. Fossilien belegen seine Anwesenheit von Gibraltar und Nordafrika bis nach Zentralasien.

Der Neandertaler entstand vor ungefähr 250 000 Jahren, war während der warmen Perioden des ausgehenden Eiszeitalters sehr erfolgreich, starb dann aber vor ungefähr 30 000 Jahren aus.

Sein Körper war gedrungen und kräftig, Hände und Kopf waren groß, die Nase flach oder breit, die Augenbrauen traten leicht hervor. Der Schädelinhalt war mit mehr als 1400 cm³ durchschnittlich größer als beim heutigen Menschen.

Die Neandertaler verfügten über eine hochentwickelte Werkzeugtechnologie, waren also keineswegs jene primitiven Gesellen, als die sie heute oft noch dargestellt werden. So finden sich bei ihnen auch die Anfänge einer religiösen Kultur: Sie begruben ihre Toten nach bestimmten Riten und verehrten den Höhlenbär (*Ursus spelaeus*, S. 217).

Bis vor kurzem wurde angenommen, daß die Neandertaler in den später auftretenden, höherentwickelten Migranten aus Nordafrika aufgegangen seien. Den Fossilien entnommene DNS-Proben haben jedoch gezeigt, daß der moderne Mensch keinerlei genetische Eigenschaften von den Neandertalern übernommen hat. Obwohl sie und die modernen Cro-Magnon-Menschen lokal an die 10 000 Jahre nebeneinander existierten, fand zwischen ihnen keine Vermischung statt, so daß der Neandertaler wohl der letzte ausgestorbene Seitenzweig der menschlichen Familie war. Die genannte DNS-Analyse legt die Vermutung nahe, daß er und der moderne Mensch vor etwa 500 000 Jahren von einem gemeinsamen Vorfahren, dem *Homo heidelbergensis*, divergierten und getrennte Wege gingen.

Einige nördlich der Pyrenäen lebende Populationen der Neandertaler scheinen allerdings gewisse »fortschrittliche« Verhaltensweisen der Cro-Magnon-Menschen übernommen zu haben. Dennoch starben sie, wie ihre südlichen Verwandten, vor 34 000 bis 30 000 Jahren aus.

NAME: *Homo sapiens* (Cro-Magnon-Mensch)
ZEIT: Oberes Pleistozän bis Jetztzeit
VERBREITUNG: Weltweit
GRÖSSE: 1,5 bis 1,8 m

Die moderne Unterart von *Homo sapiens* mit der Bezeichnung *Homo sapiens sapiens* ist seit 35 000 Jahren auf der ganzen Welt bekannt. Artefakte und Höhlenmalereien aus Zentralfrankreich, die ungefähr 30 000 Jahre alt sind, bezeugen seinen hohen kulturellen Entwicklungsstand. Die fossilen Reste des Cro-Magnon-Menschen deuten darauf hin, daß er ein ausgeprägtes Stammessystem kannte, Werkzeuge herstellte, Pflanzenmaterial sammelte, auf Jagd und Fischfang ging, Tierherden hielt, Unterkünfte baute und Kleider machte, die es ihm erlaubten, die letzten Stadien der pleistozänen Eiszeit zu überleben. Vor ungefähr 10 000 Jahren wurden die Menschen zu Bauern und Viehzüchtern. Die Fähigkeit, seine natürliche Umgebung zu verändern, verschaffte dem *Homo sapiens* jene dominante Position, die er bis auf den heutigen Tag, nicht immer zum besten, innehat.

GLOSSAR

ADAPTIVE RADIATION Schnelles Aufspalten einer Gruppe von Lebewesen in verschiedene neue Lebensformen. Aus einer wenig spezialisierten und wenig differenzierten Form entwickeln sich zahlreiche neue, stärker spezialisierte Formen. Eine adaptive Radiation kann unter drei Voraussetzungen erfolgen: 1. Nach der Herausbildung einer neuen stammesgeschichtlichen Gruppe (z. B. Fische, Vögel und Säuger). 2. Wenn eine Gruppe am Rand des Aussterbens sich wieder erholt; zum Beispiel die Ammoniten. 3. Wenn eine Gruppe einen neuen Lebensraum erreicht, in dem keine Konkurrenten vorhanden und somit viele >*ökologische Nischen* zu besetzen sind, z. B. jene Säugergruppen, die nach der Entstehung der Landbrücke von Panama nach Südamerika gelangten.

ADULT Erwachsen, ausgewachsen.

ALTERSBESTIMMUNG Die Entdeckung radioaktiver Isotope und der Halbwertszeit ermöglichen eine Altersbestimmung von Gesteinen mit radiometrischen Verfahren. Aus der Menge des Ausgangsstoffes und der Spaltprodukte des radioaktiven Zerfalles kann man schließen, wann das betreffende Gestein entstanden sein muß. Eine *relative* Altersbestimmung kann uns nur sagen, welche von zwei Schichten älter ist. Der einfachste Fall ist, daß die obere Schicht jünger ist als die darunter befindliche. Für die weltweite relative Altersbestimmung verwendet man vor allem Methoden unter Nutzung von >*Leitfossilien*.

AQUATISCH Im Wasser entstanden, im Wasser lebend. Gegensatz: >*terrestrisch*.

ARID Bezeichnung für ein wüstenartiges, trockenes und heißes Klima, bei dem die Verdunstung höher ist als der Niederschlag. In ariden Gebieten fehlt die Pflanzendecke teilweise oder ganz. Steppen entstehen am Rande arider Klimagebiete, man nennt sie semiarid, weil sie einen Wechsel zwischen Trockenzeit und Regenzeit kennen.

AUFSCHLUSS Eine Stelle, wo Gestein an die Erdoberfläche tritt und nicht vom Boden oder von Pflanzen verdeckt wird. Aufschlüsse finden wir an Felswänden, Abrissen, in Steinbrüchen, Straßeneinschnitten usw. Sie bergen oft auch >*Fossilien*.

AUSLESE Der Begriff Auslese oder Selektion bedeutet: Besser angepaßte Individuen einer Art überleben in höherem Maße und kommen vermehrt zur Fortpflanzung. Ihre günstigen Merkmale breiten sich in der Population aus. Weniger gut angepaßte Individuen sterben eher aus und können sich weniger fortpflanzen. Das Ergebnis der Auslese ist stets eine bessere Anpassung der Art. Ein theoretisches Beispiel: Weiße Amseln, denen man heute vermehrt begegnen kann, fallen auf weißem Hintergrund viel weniger auf als die üblicherweise schwarzen oder braunen Amseln. Würde unsere Landschaft nun dauernd weiß, so würden immer mehr dunkle Amseln von Feinden gefressen. Die weißen Tiere hingegen könnten ihren Anteil in der Population schnell vergrößern, bis schließlich die dunklen Tiere ganz verschwänden. Die Amseln hätten sich dann durch Auslese den neuen Umweltveränderungen angepaßt.

Charles Darwin war der Ansicht, die Auslese sei der alleinige Motor der Evolution. Dies gilt sicher für die >*Mikroevolution*; für die >*Makroevolution* werden heute auch andere Modelle erwogen.

BIOGEOGRAPHIE Die Lehre von der Verbreitung der Lebewesen auf der Erde. Aufgrund der Erdgeschichte kann die Biogeographie z. B. erklären, warum Europa und Nordamerika bis heute eine recht ähnliche Pflanzen- und Tierwelt aufweisen. Sie hat auch viele Indizien für die Theorie von der >*Kontinentaldrift* geliefert. So gibt es manche Pflanzen- und Tiergruppen, die nur in den Südhälften von Südafrika, Südamerika und Indien vorkommen. Es handelt sich dabei um Teile des ehemaligen Südkontinents >*Gondwana*.

CHRONOLOGIE Die Lehre von der Zeitmessung und der zeitlichen Aufeinanderfolge geschichtlicher Ereignisse. Eine *absolute* Chronologie kann die Ereignisse nach Jahren (oder in der Geologie meistens nach Jahrmillionen) einordnen. Die *relative* Chronologie gibt nur an, welches Ereignis früher eintrat als ein anderes.

DIASTEMA Zahnlücke. Die Lücke, die zwischen den Eckzähnen und den Vorbacken- oder Backenzähnen vorhanden ist, etwa bei den Nagetieren.

EROSION Form der Abtragung. In der deutschen Wissenschaft ist damit meist die vorwiegend linienhaft wirkende Abtragung durch fließendes Wasser gemeint, das heißt das Einschneiden von Flüssen in den Gesteinsuntergrund. Dieser Vorgang ist in erster Linie auf die Schleifwirkung der im Flußbett mitgeführten Gesteinsstücke zurückzuführen. In der englischsprachigen Welt wird das Wort in einem weiteren Sinn benutzt. Dort bezeichnet man auch die flächenhafte Abtragung zum Beispiel durch Wind als Erosion.

EVOLUTION Die Entwicklung oder Stammesgeschichte der Lebewesen im Verlauf der Erdgeschichte. Dabei entstanden durch >*Auslese* aus niedrigeren Formen höhere, besser angepaßte Formen. >*Makroevolution*, >*Mikroevolution*.

FORMATION Ein Zeitabschnitt der Erdgeschichte.

FOSSILIEN Versteinerungen, Überreste von Pflanzen und Tieren aus der geologischen Vorzeit. Fossil erhalten werden meistens nur widerstandsfähige, harte Skeletteile, während die Weichteile verwesen und nur in seltenen Fällen Spuren hinterlassen. Berühmt für die Erhaltung mancher Weichteile sind zum Beispiel die Fossilien der Grube Messel bei Darmstadt. >*Leitfossil*.

GEOLOGIE Die Wissenschaft von der Erde, von ihrem Aufbau, ihrer Geschichte, ihren Formen und von den Kräften, die zur Entwicklung dieser Formen führten. Die Geologie hat eine ganze Reihe von Teilgebieten, zum Beispiel Tektonik (Bau der Erdkruste), >*Stratigraphie* (Aufeinanderfolge der Sedimentgesteine), >*Paläontologie* (vorzeitliche Tiere und Pflanzen), >*Paläoklimatologie* (Klima der Vorzeit), Paläogeographie (Geographie der Vorzeit).

GESTEIN Gemenge oder Mischung von Mineralien oder tierischen und pflanzlichen Resten. Nach ihrer Entstehung unterscheidet man magmatische, >*metamorphe* und >*Sedimentgesteine*.

GLAZIAL Eiszeitlich, durch Gletschereis entstanden. Glaziale Formen sind z. B. die Gletscherschliffe und das Wollhaarige Mammut.

GONDWANA Der große Südkontinent, der vor ungefähr 200 Millionen Jahren zu zerbrechen begann. Er bestand damals aus den heutigen Landmassen Südamerikas, Afrikas, Indiens, Australiens und Antarcticas. Durch ihren gemeinsamen Ursprung haben diese Kontinente noch manche altertümliche Pflanzen- und Tiergruppe gemeinsam. >*Laurasia*, >*Pangaea*.

INKOHLUNG Vorgang der Entstehung der Kohle. Sie entstand aus organischer Substanz, vor allem dem Holz tropischer Bäume, das von Sand- oder Schlammschichten bedeckt wurde und sich im

Laufe der Jahrmillionen unter Sauerstoffabschluß zersetzte. Die Kohlelager wurden später von mächtigen Sedimentschichten überdeckt, gelangten in die Tiefe und wurden stark zusammengedrückt.

KONTINENTALDRIFT, KONTINENTALVERSCHIEBUNG Die von Alfred Wegener (1880–1930) begründete Theorie, daß die Kontinente »wandern«. Im Lauf der letzten 200 Millionen Jahre haben sie sich voneinander entfernt; zuvor bildeten sie einen einzigen Urkontinent, >*Pangaea*. Einen plausiblen Grund für die Kontinentaldrift liefert die Lehre von der >*Plattentektonik*.

KONVERGENZ Formähnlichkeit ursprünglich ganz verschieden aussehender Lebewesen und ihrer Organe. Sie entsteht durch gleichwirkende Umweltbedingungen. Einen klassischen Fall finden wir bei Tieren, die schnell im Wasser schwimmen, nämlich den Haien, Delphinen, Pinguinen und Fischsauriern. Sie weisen eine fast identische, strömungsgünstige Körperform auf.

KOPROLITH Kotstein, fossiler Kotballen.

LAURASIA Der große Nordkontinent, der vor ca. 200 Millionen Jahren zu zerbrechen begann. Er setzte sich aus den heutigen Landmassen Nordamerikas, Europas und des größten Teils Asiens zusammen. Laurasia und >*Gondwana* bildeten zusammen den Urkontinent >*Pangaea*.

LEITFOSSIL Versteinerung einer Pflanzen- oder Tierart, die man zur Datierung von Gesteinsschichten verwenden kann. Leitfossilien müssen als Art kurzlebig gewesen sein und eine möglichst große Verbreitung aufgewiesen haben. Es handelt sich in den weitaus meisten Fällen um meeresbewohnende Lebewesen, zum Beispiel Armfüßer, Ammoniten oder Foraminiferen.

MAKROEVOLUTION Entstehung und Entwicklung der höheren systematischen Einheiten im Pflanzen- und Tierreich, von der Familie an aufwärts. Lange glaubte man, die kleinen Schritte der Evolution (>*Mikroevolution*) würden auch zu makroevolutionären Veränderungen und zur Herausbildung neuer Organisationstypen führen. Heute meinen manche Forscher, bei der Makroevolution seien noch andere Kräfte im Spiel.

MARIN Zum Meer gehörig.

METAMORPHE GESTEINE entstehen durch Umwandlung (Metamorphose) von magmatischen oder von >*Sedimentgesteinen*, wenn diese in großer Tiefe hohem Druck und starker Hitze ausgesetzt werden. Typische metamorphe Gesteine sind Gneis und Schiefer. Sie enthalten keine Fossilspuren.

MIKROEVOLUTION Entwicklung der kleineren systematischen Einheiten im Pflanzen- und Tierreich, der Formen, Varietäten, Unterarten, Arten und Gattungen. Für die Mikroevolution sind winzige Veränderungen des Erbgutes (Mutationen) und die >*Auslese* verantwortlich. >*Makroevolution*.

ÖKOLOGISCHE NISCHE Ein recht schillernder Begriff mit mannigfaltiger Bedeutung. Ursprünglich meinte man damit den Platz (»Planstelle«) in einer Nahrungskette. Heute versteht man darunter die Rolle und die Stellung einer Art im Ökosystem. Das Wort Nische wird oft zu Unrecht nur im räumlichen Sinne gebraucht. In den meisten Fällen spricht man von unbesetzter ökologischer Nische. Ein Beispiel: In Nordamerika gibt es eine Fledermausart, die nachts in oberflächennahem Wasser Fische fängt. Sie hat sich damit eine ökologische Nische erobert, in der sie keine Konkurrenz zu befürchten hat. In Mitteleuropa ist diese Nische unbesetzt. Die Eroberung neuer ökologischer Nischen führt zu >*adaptiver Radiation*.

PALÄOKLIMATOLOGIE Die Wissenschaft vom Klima in der Vorzeit. Es steht fest, daß sich das Weltklima im Laufe der Erdgeschichte vielfach und oft verändert hat. So gab es mehrmals Eis- und Warmzeiten.

PALÄONTOLOGIE Die Wissenschaft von den fossilen, versteinerten Pflanzen und Tieren. Sie untersucht die Stammesgeschichte der Lebewesen. Große praktische Bedeutung hat sie dort, wo Versteinerungen als >*Leitfossilien* zur Datierung von Gesteinsschichten herangezogen werden.

PANGAEA Der geschlossene Urkontinent, der vor über 200 Millionen Jahren alle heutigen Kontinente in sich vereinigte. Später brach Pangaea auf, und die Bruchstücke nahmen im Verlauf der >*Kontinentaldrift* ihre heutige Stellung ein. >*Gondwana*, >*Laurasia*.

PLATTENTEKTONIK Die Theorie, daß die Lithosphäre (oberste feste Schicht der Erde bis in ungefähr 100 km Tiefe) in eine verhältnismäßig geringe Zahl von Platten zerlegt ist. In Vulkanspalten der mittelozeanischen Rücken entsteht neues Plattenmaterial, in den Subduktionszonen wird es wieder verschluckt. Die Platten bewegen sich also langsam von den mittelozeanischen Rücken weg. Die Plattentektonik liefert die Erklärung für die >*Kontinentaldrift* und für viele tektonische Vorgänge, zum Beispiel für die Bildung der Alpen und des Himalaja.

PRIMITIV Manche Forscher benutzen lieber die Begriffe »ursprünglich« oder »plesiomorph«. Der Gegensatz dazu wäre »fortgeschritten«, »abgeleitet« oder »apomorph«. »Primitiv« sollte nicht wertend gemeint sein, sondern als »ursprünglich«, »wenig spezialisiert« oder »wenig differenziert« verstanden werden. Der Vergleich mit der Bezeichnung »primitive Völker« ist hier statthaft. Sie besitzen eine Kultur, die in ihrer Art oft eine erstaunlich hohe Anpassung an die Gegebenheiten der Umwelt erreicht.

REZENT Lebewesen der Gegenwart. Wenn man etwa von rezenten Rüsseltieren spricht, so meint man den Afrikanischen und Indischen Elefanten im Gegensatz zum ausgestorbenen Mammut und noch früheren Formen.

RUDIMENTÄR Organe, die ihre Funktion ganz oder teilweise verloren haben und häufig zurückgebildet wurden. Frühe Wale haben zum Beispiel noch einen rudimentären Beckengürtel mit winzigen Gliedmaßen.

SEDIMENTGESTEIN Auch Schichtgestein genannt. Sedimentgesteine entstehen dadurch, daß sich Mineralien meistens im Wasser absetzen und im Laufe vieler Jahrmillionen zu festen Gesteinen werden. Dabei können die harten Skeletteile vorgeschichtlicher Tiere eingebettet und erhalten bleiben. Zu den Sedimentgesteinen gehören Sandstein, Kalk, Ton usw. Viele Sedimente sind biogenen Ursprungs, gehen also auf Lebewesen zurück, zum Beispiel die Kreide.

SEMIAQUATISCH Halb im Wasser und halb auf dem Land lebend, amphibisch. Eine semiaquatische Lebensweise hat zum Beispiel das Flußpferd.

STRATIGRAPHIE Ein Teilgebiet der Geologie, das sich mit der zeitlichen Einordnung der Sedimentgesteine beschäftigt. Ohne Stratigraphie könnten wir die Geschichte der Erde und die Stammesgeschichte der Lebewesen nicht rekonstruieren.

TERRESTRISCH Auf dem Festland lebend (Gegensatz: >*aquatisch*).

KLASSIFIKATION DER WIRBELTIERE

Bei dieser Klassifikation der fossilierten Wirbeltiere werden ihre verwandtschaftlichen Beziehungen nicht berücksichtigt; sie sind den Schaubildern zu Beginn jedes Hauptkapitels zu entnehmen. Die Klassifikation zeigt die Zugehörigkeit der einzelnen Tierart, in der Regel auf Familien-Niveau.

FISCHE (S. 18–45)
STAMM CHORDATA
UNTERSTAMM CEPHALOCHORDATA
(Acraniata): *Pikaia*
UNTERSTAMM VERTEBRATA (Craniata)
KLASSE AGNATHA
UNTERKLASSE MYXINOIDEA
UNTERKLASSE PETROMYZONTIFORMES
UNTERKLASSE CONODONTA: *Promissum*
UNTERKLASSE unbenannt
    ORDNUNG HETEROSTRACI: *Arandaspis, Drepanaspis, Doryaspis, Pteraspis*
    ORDNUNG THELODONTIDA: *Thelodus*
    ORDNUNG GALEASPIDA
    ORDNUNG OSTEOSTRACI: *Boreaspis, Dartmuthia, Hemicyclaspis, Tremataspis*
    ORDNUNG ANASPIDA: *Jamoytius, Pharyngolepis*
KLASSE CHONDRICHTHYES
UNTERKLASSE ELASMOBRANCHII
    ORDNUNG CLADOSELACHIDA: *Cladoselache*
    ORDNUNG SYMMORIIDA: *Cobelodus, Stethacanthus*
    ORDNUNG XENACANTHIDA: *Xenacanthus*
    ORDNUNG EUSELACHII: *Hybodus, Tristychius*
    ORDNUNG NEOSELACHII: *Scapanorhynchus, Sclerorhynchus, Spathobathis*
UNTERKLASSE HOLOCEPHALI
    ORDNUNG CHIMAERIDA: *Deltoptychius, Ischyodus*
KLASSE ACANTHODII
    ORDNUNG CLIMATIIFORMES: *Climatius*
    ORDNUNG ACANTHODIFORMES: *Acanthodes*
KLASSE PLACODERMI
    ORDNUNG RHENANIDA: *Gemuendina*
    ORDNUNG PTYCTODONTIDA: *Ctenurella*
    ORDNUNG ARTHRODIRA: *Coccosteus, Dunkleosteus, Groenlandaspis*
    ORDNUNG ANTIARCHI: *Bothriolepis*
    ORDNUNG unsicher: *Palaeospondylus*
    ORDNUNG ACANTHOTHORACANS
KLASSE OSTEICHTHYES
UNTERKLASSE ACTINOPTERYGII
    ORDNUNG PALAEONISCIFORMES: *Canobius, Platysomus, Cheirolepis, Moythomasia, Palaeoniscum, Saurichthys*
    ORDNUNG PERLEIDIFORMES: *Perleidus*
    ORDNUNG SEMIONOTIFORMES: *Dapedium, Lepidotes*
    ORDNUNG PYCNODONTIFORMES: *Pycnodus*
    ORDNUNG ASPIDORHYNCHIFORMES: *Aspidorhynchus*
    ORDNUNG TELEOSTEI: *Berycopsis, Enchodus, Eobothus, Hypsidoris, Hypsocormus, Leptolepis, Pholidophorus, Protobrama, Sphenocephalus, Thrissops*
UNTERKLASSE SARCOPTERYGII
INFRAKLASSE RHIPIDISTIA
    ORDNUNG ONYCHODONTIFORMES: *Strunius*
    ORDNUNG POROLEPIFORMES (Rhipidistia): *Gyroptychius, Holoptychius*
    ORDNUNG OSTEOLEPIFORMES (Rhipidistia): *Eusthenopteron, Osteolepis*
INFRAKLASSE ACTINISTIA: *Macropoma*
INFRAKLASSE DIPNOIFORMES
    ORDNUNG DIPNOI: *Dipnorhynchus, Dipterus, Griphognathus*

AMPHIBIEN (S. 46–57)
KLASSE AMPHIBIA
Familie Acanthostegidae: *Acanthostega*
Familie Ichthyostegidae: *Ichthyostega*
Familie Baphetidae: *Eucritta*
ORDNUNG unsicher: *Crassigyrinus, Greererpeton*
ORDNUNG TEMNOSPONDYLI
Familie Colosteidae
Familie Eryopidae: *Eryops*
Familie Dissorophidae: *Cacops, Platyhystrix*
Familie Peltobatrachidae: *Peltobatrachus*
Familie Capitosauridae: *Paracyclotosaurus*
Familie Plagiosauridae: *Gerrothorax*
ORDNUNG ANTHRACOSAURIA
Familie Eogyrinidae: *Eogyrinus*
ORDNUNG SEYMOURIAMORPHA
Familie Seymouridae: *Seymouria*
UNTERKLASSE LEPOSPONDYLI
    ORDNUNG AISTOPODA
Familie Ophiderpetontidae: *Ophiderpeton*
Familie Phlegethontiidae: *Phlegethontia*
ORDNUNG NECTRIDEA
Familie Keraterpetontidae: *Diplocaulus, Keraterpeton*
ORDNUNG MICROSAURIA
Familie Pantylidae: *Pantylus*
Familie Microbrachidae: *Microbrachis*
INFRAKLASSE LISSAMPHIBIA
    ORDNUNG PROANURA
Familie Protobatrachidae: *Triadobatrachus*
    ORDNUNG ANURA
Familie Ascaphidae: *Vieraella*
Familie Palaeobatrachidae: *Palaeobatrachus*
    ORDNUNG URODELA
Familie Karauridae: *Karaurus*
    ORDNUNG GYMNOPHIONA
REPTILIOMORPHA
Familie unklar: *Westlothiana*
ORDNUNG DIADECTOMORPHA
Familie Diadectidae: *Diadectes*

REPTILIEN (S. 58–87)
KLASSE REPTILIA
UNTERKLASSE ANAPSIDA
    ORDNUNG CAPTORHINIDA
Familie Protorothyrididae: *Hylonomus*
Familie Captorhinidae: *Labidosaurus*
Familie Procolophonidae: *Hypsognathus*
Familie Pareiasauridae: *Elginia, Pareiasaurus, Scutosaurus*
Familie Millerettidae: *Milleretta*
    ORDNUNG MESOSAURIA
Familie Mesosauridae: *Mesosaurus*
    ORDNUNG TESTUDINES [CHELONIA]
UNTERORDNUNG PROGANOCHELYDIA
Familie Proganochelyidae: *Proganochelys*
UNTERORDNUNG PLEURODIRA
Familie Pelomedusidae: *Stupendemys*
UNTERORDNUNG CRYPTODIRA
Familie Meiolaniidae: *Meiolania*
Familie Testudinidae: *Testudo*
Familie Protostegidae: *Archelon*
Familie Trionychidae: *Paleotrionyx*
UNTERKLASSE unsicher
    ORDNUNG PLACODONTIA
Familie Placodontidae: *Placodus*
Familie Cyamodontidae: *Placochelys*
Familie Henodontidae: *Henodus*
    ORDNUNG unsicher
Familie Claudiosauridae: *Claudiosaurus*
    ORDNUNG NOTHOSAURIA
Familie Nothosauridae: *Ceresiosaurus, Lariosaurus, Nothosaurus*

Familie Pistosauridae: *Pistosaurus*
ORDNUNG PLESIOSAURIA
ÜBERFAMILIE PLESIOSAURIDEA
Familie Plesiosauridae: *Plesiosaurus*
Familie Cryptocleididae: *Cryptoclidus*
Familie Elasmosauridae: *Elasmosaurus*, *Muraenosaurus*
ÜBERFAMILIE PLIOSAUROIDEA
Familie Pliosauridae: *Kronosaurus*, *Liopleurodon*, *Macroplata*, *Peloneustes*
ORDNUNG ICHTHYOSAURIA
Familie Shastasauridae: *Cymbospondylus*, *Shonisaurus*
Familie Mixosauridae: *Mixosaurus*
Familie Ichthyosauridae: *Ichthyosaurus*, *Ophthalmosaurus*
Familie Stenopterygiidae: *Stenopterygius*
Familie Leptopterygiidae: *Eurhinosaurus*, *Temnodontosaurus*
UNTERKLASSE DIAPSIDA
ORDNUNG ARAEOSCELIDIA
Familie Petrolacosauridae: *Petrolacosaurus*
Familie Araeoscelididae: *Araeoscelis*
ORDNUNG UNSICHER
Familie Weigeltisauridae: *Coelurosauravus*
ORDNUNG THALATTOSAURIA
Familie Askeptosauridae: *Askeptosaurus*
ORDNUNG CHORISTODERA
Familie Champsosauridae: *Champsosaurus*
ORDNUNG EOSUCHIA
Familie Tangasauridae: *Hovasaurus*, *Thadeosaurus*
ÜBERORDNUNG LEPIDOSAURIA
ORDNUNG SPHENODONTIDA
Familie Sphenodontidae: *Planocephalosaurus*
Familie Pleurosauridae: *Pleurosaurus*
ORDNUNG SQUAMATA
UNTERORDNUNG LACERTILIA [Sauria]
Familie Kuehneosauridae: *Kuehneosaurus*
Familie Ardeosauridae: *Ardeosaurus*
Familie Varanidae: *Megalania*
Familie Mosasauridae: *Platecarpus*, *Plotosaurus*
UNTERORDNUNG SERPENTES
Familie Dolichosauridae: *Pachyrhachis*

HERRSCHERREPTILIEN (S. 88–169)
INFRAKLASSE ARCHOSAUROMORPHA
ORDNUNG RHYNCHOSAURIA
Familie Rhynchosauridae: *Hyperodapedon*
ORDNUNG PROLACERTIFORMES
Familie Protorosauridae: *Protorosaurus*
Familie Tanystropheidae: *Tanystropheus*
ÜBERORDNUNG ARCHOSAURIA
Familie Proterosuchidae: *Chasmatosaurus*
Familie Erythrosuchidae: *Erythrosuchus*
Familie Rauisuchidae: *Ticinosuchus*

Familie Phytosauridae: *Rutiodon*
Familie Stagonolepididae: *Stagonolepis*
Familie Euparkertidae: *Euparkeria*
Familie Ornithosuchidae: *Ornithosuchus*
Familie Lagosuchidae: *Lagosuchus*
Familie unklar: *Longisquama*
ÜBERORDNUNG CROCODYLOMORPHA
ORDNUNG CROCODYLIA
Familie Sphenosuchidae: *Gracilisuchus*
Familie Saltoposuchidae: *Terrestrisuchus*
Familie Protosuchidae: *Protosuchus*
ABTEILUNG MESOEUCROCODYLIA
Familie Teleosauridae: *Teleosaurus*
Familie Metriorhynchidae: *Metriorhynchus*
Familie Bernissartiidae: *Bernissartia*
UNTERORDNUNG EUSUCHIA
Familie Crocodylidae: *Deinosuchus*, *Pristichampsus*
ORDNUNG PTEROSAURIA
UNTERORDNUNG RHAMPHORHYNCHOIDEA
Familie Dimorphodontidae: *Dimorphodon*
Familie Eudimorphodontidae: *Eudimorphodon*
Familie Rhamphorhynchidae: *Anurognathus*, *Rhamphorhynchus*, *Scaphognathus*, *Sordes*
UNTERORDNUNG PTERODACTYLOIDEA
Familie Dsungaripteridae: *Dsungaripterus*
Familie Pterodaustriidae: *Pterodaustro*
Familie Pterodactylidae: *Cearadactylus*, *Pterodactylus*
Familie Ornithocheiridae: *Pteranodon*, *Quetzalcoatlus*
ORDNUNG SAURUSCHIA
UNTERORDNUNG THEROPODA
INFRAORDNUNG CERATOSAURIA
Familie Ceratosauridae: *Ceratosaurus*
Familie Podokesauridae: *Procompsognathus*, *Saltopus*, *Coelophysis*
ABTEILUNG MANIRAPTORA
Familie nicht benannt: *Protoarchaeopteryx*
Familie Coeluridae: *Coelurus*
Familie Compsognathidae: *Compsognathus*, *Sinosauropteryx*
Familie Ornithomimidae: *Dromiceiomimus*, *Elaphrosaurus*, *Gallimimus*, *Ornithomimus*, *Struthiomimus*
Familie Oviraptoridae: *Oviraptor*
Familie Dromaeosauridae: *Deinonychus*, *Dromaeosaurus*, *Saurornitholestes*, *Velociraptor*
Familie Saurornithoididae: *Saurornithoides*, *Stenonychosaurus*
Familie Baryonychidae: *Baryonyx*
INFRAORDNUNG CARNOSAURIA
Familie Megalosauridae: *Dilophosaurus*, *Eustreptospondylus*, *Megalosaurus*, *Proceratosaurus*, *Teratosaurus*
Familie Allosauridae: *Allosaurus*,

Yangchuanosaurus
Familie Spinosauridae: *Acrocanthosaurus*, *Spinosaurus*
Familie Tyrannosauridae: *Albertosaurus*, *Alioramus*, *Daspletosaurus*, *Tarbosaurus*, *Tyrannosaurus*
UNTERORDNUNG SAUROPODOMORPHA
INFRAORDNUNG PROSAUROPODA
Familie Anchisauridae: *Anchisaurus*, *Efraasia*, *Thecodontosaurus*
Familie Plateosauridae: *Massospondylus*, *Mussaurus*, *Plateosaurus*
Familie Melanorosauridae: *Riojasaurus*
INFRAORDNUNG SAUROPODA
Familie Cetiosauridae: *Barapasaurus*, *Cetiosaurus*
Familie Brachiosauridae: *Brachiosaurus*
Familie Camarasauridae: *Camarasaurus*, *Euhelopus*, *Ophistocoelicaudia*
Familie Diplodocidae: *Apatosaurus* (=*Brontosaurus*), *Dicraeosaurus*, *Diplodocus*, *Mamenchisaurus*
Familie Titanosauridae: *Alamosaurus*, *Saltasaurus*
ORDNUNG ORNITHISCHIA
INFRAORDNUNG ORNITHOPODA
Familie Fabrosauridae: *Echinodon*, *Lesothosaurus*, *Scutellosaurus*
Familie Heterodontosauridae: *Heterodontosaurus*, *Pisanosaurus*
INFRAORDNUNG PACHYCEPHALOSAURIA
Familie Pachycephalosauridae: *Homalocephale*, *Pachycephalosaurus*, *Prenocephale*, *Stegoceras*
Familie Homalocephalidae: *Homalocephale*
Familie Hypsilophodontidae: *Dryosaurus*, *Hypsilophodon*, *Othnielia*, *Parksosaurus*, *Tenontosaurus*, *Thescelosaurus*
Familie Iguanodontidae: *Callovosaurus*, *Camptosaurus*, *Iguanodon*, *Muttaburrasaurus*, *Ouranosaurus*, *Probactrosaurus*, *Vectisaurus*
Familie Hadrosauridae: *Anatosaurus*, *Bactrosaurus*, *Corythosaurus*, *Edmontosaurus*, *Hadrosaurus*, *Hypacrosaurus*, *Kritosaurus*, *Lambeosaurus*, *Maiasaura*, *Parasaurolophus*, *Prosaurolophus*, *Saurolophus*, *Shantungosaurus*, *Tsintaosaurus*
UNTERORDNUNG THYREOPHORA
Familie Scelidosauridae: *Scelidosaurus*
INFRAORDNUNG STEGOSAURIA
Familie Stegosauridae: *Kentrosaurus*, *Stegosaurus*, *Tuojiangosaurus*, *Wuerhosaurus*
INFRAORDNUNG ANKYLOSAURIA
Familie Nodosauridae: *Hylaeosaurus*, *Panoplosaurus*, *Nodosaurus*, *Polacanthus*, *Sauropelta*, *Silvisaurus*, *Struthiosaurus*
Familie Ankylosauridae: *Ankylosaurus*, *Euoplocephalus*, *Saichania*, *Talarurus*

UNTERORDNUNG CERAPODA
INFRAORDNUNG CERATOPSIA
    Familie Psittacosauridae: *Psittacosaurus*
    Familie Protoceratopidae: *Bagaceratops, Leptoceratops, Microceratops, Montanoceratops, Protoceratops*
    Familie Ceratopsidae: *Anchiceratops, Arrhinoceratops, Centrosaurus, Chasmosaurus, Pachyrhinosaurus, Pentaceratops, Styracosaurus, Torosaurus, Triceratops*

VÖGEL (S. 170–181)
KLASSE AVES
UNTERKLASSE ARCHAEORNITHES
    Familie Archaeopterygidae: *Archaeopteryx*
    Familie Alvarezsauridae
    Familie Iberomesomithidae
UNTERKLASSE ENANTIORNITHES
UNTERKLASSE ODONTORNITHES
    ORDNUNG ICHTHYORNITHIFORMES: *Ichthyornis*
    ORDNUNG HESPERORNITHIFORMES: *Hesperornis*
UNTERKLASSE NEORNITHES
ABTEILUNG PALAEOGNATHAE
ABTEILUNG NEOGNATHAE
    ORDNUNG STRUTHIORNITHIFORMES: *Aepyornis, Dinornis, Emeus*
    ORDNUNG COLUMBIFORMES: *Raphus*
    ORDNUNG CICONIIFORMES: *Argentavis, Harpagornis, Limnofregata, Osteodontornis, Palaelodus, Pinguinus*
    ORDNUNG GRUIFORMES: *Diatryma, Neocathartes, Phorusrhacus*
    ORDNUNG ANSERIFORMES: *Presbyornis*

SÄUGERÄHNLICHE REPTILIEN
(S. 182–193)
UNTERKLASSE SYNAPSIDA
    ORDNUNG PELYCOSAURIA
    Familie Ophiacodontidae: *Archaeothyris, Ophiacodon*
    Familie Caseidae: *Casea*
    Familie Edaphosauridae: *Edaphosaurus*
    Familie Sphenacodontidae: *Sphenacodon, Dimetrodon*
    Familie Varanopseidae: *Varanosaurus*
    Familie Eothyrididae
    ORDNUNG THERAPSIDA
    UNTERORDNUNG EOTITANOSUCHIA
    Familie Phthinosuchidae: *Phthinosuchus*
    UNTERORDNUNG DINOCEPHALIA
    Familie Titanosuchidae: *Titanosuchus*
    Familie Tapinocephalidae: *Moschops*
    UNTERORDNUNG GORGONOPSIA
    Familie Gorgonopsidae: *Lycaenops*
    UNTERORDNUNG DICYNODONTIA
    Familie Galeopsidae: *Galechirus*
    Familie Cistecephalidae: *Cistecephalus*
    Familie Robertiidae: *Robertia*
    Familie Dicynodontidae: *Dicynodon*
    Familie Kannemeyeriidae: *Kannemeyeria*
    Familie Lystrosauridae: *Lystrosaurus*
    UNTERORDNUNG THEROCEPHALIA
    Familie Ericiolacertidae: *Ericiolacerta*
    UNTERORDNUNG CYNODONTIA
    Familie Procynosuchidae: *Procynosuchus*
    Familie Galesauridae: *Thrinaxodon*
    Familie Cynognathidae: *Cynognathus*
    Familie Traversodontidae: *Massetognathus*
    Familie Tritylodontidae: *Oligokyphus*
    UNTERORDNUNG BIARMOSUCHIA

SÄUGETIERE (S. 194–297)
KLASSE MAMMALIA
UNTERKLASSE PROTOTHERIA
    Familie Morganucodontidae: *Megazostrodon*
    Familie Haramiyidae: *Haramiya*
    ORDNUNG MULTITUBERCULATA
    Familie Ptilodontidae: *Ptilodus*
    ORDNUNG MONOTREMATA
    ORDNUNG DOCODONTA
    ORDNUNG TRICONODONTA
    ORDNUNG SYMMETRODONTA
    Familie Dryolestidae: *Crusafontia*
UNTERKLASSE THERIA
INFRAKLASSE METATHERIA
    ORDNUNG MARSUPIALIA
    UNTERORDNUNG DIDELPHOIDEA
    Familie Didelphidae: *Alphadon*
    Familie Borhyaenidae: *Borhyaena, Cladosictis*
    Familie Thylacosmilidae: *Thylacosmilus*
    Familie Argyrolagidae: *Argyrolagus*
    Familie Necrolestidae: *Necrolestes*
    Familie Thylacoleonidae: *Thylacoleo*
    Familie Macropodidae: *Procoptodon*
    Familie Diprotodontidae: *Diprotodon*
    Familie Palorchestidae: *Palorchestes*
INFRAKLASSE EUTHERIA
    Familie Zalambdalestidae: *Zalambdalestes*
KOHORTE EDENTATA
    Familie Metacheiromyidae: *Metacheiromys*
    ORDNUNG XENARTHRA
    Familie Dasypodidae: *Peltephilus*
    Familie Glyptodontidae: *Doedicurus*
    Familie Megalonychidae: *Hapalops*
    Familie Megatheriidae: *Megatherium*
    Familie Mylodontidae: *Glossotherium*
    Familie Myrmecophagidae: *Eurotamandua*
    ORDNUNG PHOLIDOTA
    Familie Manidae: *Eomanis*
KOHORTE EPITHERIA
    ÜBERORDNUNG INSECTIVORA
    ORDNUNG LEPTICTIDA
    Familie Pseudorhyncocyonidae: *Leptictidium*
    ORDNUNG LIPOTYPHLA
    Familie Palaeoryctidae: *Palaeoryctes*
ÜBERORDNUNG ANAGALIDAE
    ORDNUNG ANAGALIDA
    Familie Anagalidae: *Anagale*
ÜBERORDNUNG GLIRES
    ORDNUNG LAGOMORPHA
    Familie Leporidae: *Palaeolagus*
    ORDNUNG RODENTIA
    UNTERORDNUNG SCIUROGNATHI
    Familie Paramyidae: *Ischyromys*
    Familie Mylagaulidae: *Epigaulus*
    Familie Castoridae: *Steneofiber*
    UNTERORDNUNG HYSTRICOGNATHI
    Familie Ctenodactylidae: *Birbalomys*
    Familie Dinomyidae: *Telicomys*
    Familie Eocardiidae: *Eocardia*
ÜBERORDNUNG ARCHONTA
    ORDNUNG CHIROPTERA
    Familie Icaronycteridae: *Icaronycteris*
›PRIMATOMORPHA‹
    Familie Paromomyidae: *Purgartorius*
    ORDNUNG DERMOPTERA
    Familie Flagiomenidae: *Planetetherium*
    UNTERORDNUNG PLESIADAPIFORMES
    Familie Plesiadapiae: *Plesiadapis*
    ORDNUNG PRIMATES
INFRAORDNUNG ADAPIFORMES
    Familie Adapidae: *Notharctus*
INFRAORDNUNG LEMURIFORMES
    Familie Lemuridae: *Megaladapis*
    Familie Lorisidae
ABTEILUNG HAPLORHINI
    Familie Omomyidae: *Necrolemur*
    Familie Tarsiidae
    UNTERORDNUNG ANTHROPOIDEA
INFRAORDNUNG PLATYRRHINI
    Familie Cebidae: *Branisella*
    Familie Atelidae: *Tremacebus*
INFRAORDNUNG CATARRHINI
ÜBERFAMILIE CERCOPITHECOIDEA
    Familie Cercopithecidae: *Mesopithecus, Theropithecus*
    Familie Oreopithecidae: *Oreopithecus*
ÜBERFAMILIE HOMINOIDEA
    Familie Hylobatidae
    Familie Pliopithecidae: *Dendropithecus, Pliopithecus, Propliopithecus*
    Unterfamilie Ponginae *Dryopithecus, Gigantopithecus, Ramapithecus, Sivapithecus*
    Familie Hominidae: *Australopithecus, Homo*
    Unterfamilie Homininae
ÜBERORDNUNG FERAE
    ORDNUNG CREODONTA
    Familie Hyaenodontidae: *Hyaenodon*
    Familie Oxyaenidae: *Sarkastodon*
    ORDNUNG CARNIVORA

Überfamilie Miacoidea
    Familie Miacidae: *Miacis*
Überfamilie Feloidea
    Familie Viverridae: *Kanuites*
    Familie Hyaenidae: *Ictitherium, Percrocuta*
    Familie Nimravidae: *Nimravus*
    Familie Felidae: *Dinofelis, Eusmilus, Homotherium, Megantereon, Panthera, Smilodon*
Überfamilie Canoidea
    Familie Mustelidae: *Potamotherium*
    Familie Canidae: *Canis, Cerdocyon, Cynodesmus, Hesperocyon, Osteoborus, Phlaocyon*
    Familie Procyonidae: *Chapalmalania, Plesictis*
    Familie Amphicyonidae: *Amphicyon*
    Familie Ursidae: *Agriotherium, Hemicyon, Ursus*
    UNTERORDNUNG PINNIPEDIA
Überfamilie Phocoidea
    Familie Phocidae: *Acrophoca*
Überfamilie Otarioidea
    Familie Enaliarctidae: *Enaliarctos*
    Familie Desmatophocidae: *Desmatophoca*
    Familie Odobenidae: *Imagotaria*
    Familie Otariidae
ÜBERORDNUNG UNGULATA
  ORDNUNG ARCTOCYONIA
    Familie Arctocyonidae: *Chriacus*
  ORDNUNG ACREODI
    Familie Mesonychidae: *Andrewsarchus*
  ORDNUNG TAENIODONTA
    Familie Stylinodontidae: *Stylinodon*
  ORDNUNG PANTODONTA
    Familie Coryphodontidae: *Coryphodon*
  ORDNUNG TILLODONTIA
    Familie Esthonychidae: *Trogosus*
  ORDNUNG DINOCERATA
    Familie Uintatheriidae: *Eobasileus*
  ORDNUNG ARTIODACTYLA
    UNTERORDNUNG SUINA
    Familie Dichobunidae: *Diacodexis*
    Familie Entelodontidae: *Archaeotherium, Dinohyus*
    Familie Suidae: *Metridiochoerus*
    Familie Tayassuidae: *Platygonus*
    Familie Anthracotheriidae: *Elomeryx*
    Familie Hippopotamidae: *Hippopotamus*
    UNTERORDNUNG TYLOPODA
    Familie Merycoidodontidae: *Brachycrus, Merycoidodon, Promerycochoerus*
    Familie Cainotheriidae: *Cainotherium*
    Familie Protoceratidae: *Protoceras, Syndyoceras, Synthetoceras*
    Familie Camelidae: *Aepycamelus, Camelops, Oxydactylus, Poebrotherium, Procamelus, Protylopus, Stenomylus, Titanotylopus*
    UNTERORDNUNG RUMINANTIA
    Familie Tragulidae: *Blastomeryx*
    Familie Cervidae: *Eucladoceros, Megaloceros*
    Familie Giraffidae: *Prolibytherium, Sivatherium*
    Familie Antilocapridae: *Hayoceros, Illingoceros*
    Familie Bovidae: *Bos, Pelorovis*
  ORDNUNG CETACEA
    UNTERORDNUNG ARCHAEOCETI
    Familie Protocetidae: *Pakicetus, Protocetus*
    Familie Basilosauridae: *Basilosaurus, Zygorhiza*
    UNTERORDNUNG ODONTOCETI
    Familie Squalodontidae: *Prosqualodon*
    Familie Eurhinodelphidae: *Eurhinodelphis*
    UNTERORDNUNG MYSTICETI
    Familie Cetotheriidae: *Cetotherium*
  ORDNUNG TUBULIDENTATA
  ORDNUNG PERISSODACTYLA
    UNTERORDNUNG CERATOMORPHA
    Familie Helaletidae: *Heptodon*
    Familie Hyrachyidae: *Hyrachyus*
    Familie Tapiridae: *Miotapirus*
    Familie Hyracodontidae: *Hyracodon, Indricotherium*
    Familie Amynodontidae: *Metamynodon*
    Familie Rhinocerotidae: *Coelodonta, Elasmotherium, Teleoceras, Trigonias*
    UNTERORDNUNG ANCYLOPODA
    Familie Chalicotheriidae: *Moropus*
    UNTERORDNUNG HIPPOMORPHA
    Familie Palaeotheriidae: *Palaeotherium*
    Familie Equidae: *Anchitherium, Hipparion, Hippidion, Hyracotherium, Merychippus, Mesohippus, Parahippus*
    Familie Brontotheriidae: *Brontotherium, Brontops, Dolichorhinus, Embolotherium, Eotitanops*
ÜBERORDNUNG MERIDIUNGULATA
  ORDNUNG LITOPTERNA
    Familie Didolodontidae: *Didolodus*
    Familie Proterotheriidae: *Diadiaphorus, Thoatherium*
    Familie Macraucheniidae: *Macrauchenia, Thesodon*
  ORDNUNG NOTOUNGULATA
    UNTERORDNUNG NOTIOPROGONIA
    Familie Notostylopidae: *Notostylops*
    UNTERORDNUNG TOXODONTA
    Familie Isotemnidae: *Thomashuxleya*
    Familie Homalodotheriidae: *Homalodotherium*
    Familie Leontiniidae: *Scarrittia*
    Familie Notohippidae: *Rhynchippus*
    Familie Toxodontidae: *Adinotherium, Toxodon*
    UNTERORDNUNG TYPOTHERIA
    Familie Interatheriidae: *Protypotherium*
    UNTERORDNUNG HEGETOTHERIA
    Familie Hegetotheriidae: *Pachyrukhos*
  ORDNUNG ASTRAPOTHERIA
    Familie Astrapotheriidae: *Astrapotherium*
    Familie Trigonostylopidae: *Trigonostylops*
  ORDNUNG PYROTHERIA
    Familie Pyrotheriidae: *Pyrotherium*
  ORDNUNG HYRACOIDEA
    Familie Pliohyracidae: *Kvabebihyrax*
  ÜBERORDNUNG TETHYTHERIA
  ORDNUNG EMBRITHOPODA
    Familie Arsinoitheriidae: *Arsinoitherium*
  ORDNUNG PROBOSCIDEA
    Familie Moeritheriidae: *Moeritherium*
    Familie Deinotheriidae: *Deinotherium*
UNTERKLASSE ELEPHANTIODEA
    Familie Gomphotheriidae: *Amebelodon, Anancus, Cuvieronius, Gomphotherium, Phiomia, Platybelodon, Stegomastodon*
    Familie Mammutidae: *Mammut*
    Familie Elephantidae: *Elephas, Mammuthus*
  ORDNUNG SIRENIA
    Familie Prorastomidae: *Prorastomus*
    Familie Dugongidae: *Rytiodus, Hydrodamalis*
  ORDNUNG DESMOSTYLA
    Familie Desmostylidae: *Desmostylus*

LITERATUR

Internet

Hervorragende Webseite zu Fragen der Paläontologie und Biologie: http//www.egbeck.de (*Ernst-Georg Beck*: Welt der Wissenschaft und Technik)

CD-ROM

ARI Dinosaurier, Willich
Eyewitness Photo Galerie Nr. 8: Dinomania, München 1997
3D-Dinosaurier, Navigo (USM) 2000

Paläontologie

Aiello, L.: Die Ursprünge des Menschen, München 1982
Bardintzeff, J.-M.: Vulkanologie, Stuttgart 1999
Beurlen, K./Lichter, G.: Steinbachs Naturführer Versteinerungen, München 1986
Broschinski, A.: Dinosaurier. Riesenreptilien der Urzeit, München 1997
Carroll, R. L.: Paläontologie und Evolution der Wirbeltiere, Stuttgart 1993
Chaline, J.: Paläontologie der Wirbeltiere, Stuttgart 2000
Feduccia, A.: Es begann im Jura-Meer. Die faszinierende Stammesgeschichte der Vögel, Hildesheim 1984
Garutt, J.: Das Mammut, Wittenberg 1964
Gharig, A. J.: Dinosaurier. Rätselhafte Riesen der Urzeit, Frankfurt a. M./Basel/Wien 1984
Gould, St. J.: Bravo, Brontosaurus. Die verschlungenen Wege der Naturgeschichte, Heidelberg 1994
Grzimek, B.: Grzimeks Tierleben. Enzyklopädie des Tierreichs (13 Bde.), Zürich 1970
Halstead, L. B.: The Evolution of the Mammals, London 1978
    ders.: Spuren im Stein. Das Kosmosbuch der Paläontologie, Stuttgart 1983
Haubold, H.: Die fossilen Saurierfährten, Wittenberg 1974
    ders.: Lebensbilder und Evolution fossiler Saurier, Wittenberg 1981
Herrmann, B./Hummel, S.: Ancient DNA, Berlin 1994
Hölder, H.: Geschichte der Geologie und Paläontologie, Berlin 1989
    ders.: Naturgeschichte des Lebens, Berlin 1996
Kahlke, H. D.: Das Eiszeitalter, Köln 1981
Koenigswald, G. H. R. von: Die Geschichte des Menschen, Heidelberg/Berlin/New York 1968
Kuhn, O.: Die deutschen Saurier, Krailling 1968
Kuhn-Schnyder, E.: Geschichte der Wirbeltiere, Basel 1953
Kuhn-Schnyder, E./Rieber, H.: Paläozoologie – Morphologie und Systematik ausgestorbener Tiere, Stuttgart/New York 1984
Kurten, B.: Die Welt der Dinosaurier, München 1968
Lambert, D.: Dinosaurier. Wien/Nürnberg 1978
Leakey, R.: Die Suche nach dem Menschen, Frankfurt 1981
    ders.: Wie der Mensch zum Menschen wurde. Neue Erkenntnisse über den Ursprung und die Zukunft des Menschen, Hamburg 1978
Lehmann, U.: Paläontologisches Wörterbuch, Stuttgart 1996
Lehmann, U./Hillmer, G.: Wirbellose Tiere der Vorzeit, Stuttgart 1997
Mania, D./Dietzel, A.: Begegnung mit dem Urmenschen. Die Funde von Bilzingsleben, Leipzig/Jena/Berlin 1980
Müller, A. H.: Lehrbuch der Paläozoologie, Band III, Vertebraten, Teile 1-3, Jena 1961-1970
    ders..: Aus Jahrmillionen. Tiere der Vorzeit, Jena 1962
Mundlos, R.: Wunderwelt in Stein. Fossilfunde – Zeugen der Urzeit, Gütersloh 1976
Prohst, E.: Deutschland in der Urzeit, München 1986 (mit ausführlicher Bibliographie)
Romer, A.S.: Vergleichende Anatomie der Wirbeltiere, Hamburg/Berlin 1966
Spinat, Z. V./Burian, Z.: Leben in der Urzeit, Hanau 1973
Stanley, St. M.: Wendemarken des Lebens. Eine Zeitreise durch die Krisen der Evolution, Heidelberg 1998
Steel, R./Harvey, A. P.: Lexikon der Vorzeit, Freiburg 1981
Steiner, W.: Die große Zeit der Saurier. 250 Millionen Jahre Erd- und Lebensgeschichte vom Karbon bis zur Kreidezeit, Leipzig 1986
Tattersall, I.: Puzzle Menschwerdung. Auf der Spur der menschl. Evolution, Heidelberg 1997
Tweedie, M.: Die Welt der Dinosaurier, Herrsching 1977
Ward, P. D.: Ausgerottet oder ausgestorben? Warum die Mammuts die Eiszeit nicht überleben konnten, Biel-Benken 1998
Weidert, W. K.: Klassische Fundstellen der Paläontologie (3 Bde.), München 1988
Winkler, H. J.: Grube Messel. Dokumentation 1974–1978, Fundgrube für die Wissenschaft oder Großdeponie für Müllmassen?, Dreieich-Buchschlag 1978
Ziegler, B.: Einführung in die Paläobiologie (3 Bde.), Stuttgart 1983-1993

Geologie

Beurlen, K.: Geologie – Die Geschichte der Erde und des Lebens, Stuttgart 1975
Daber, R./Haubold, H.: Fachlexikon Fossilien, Mineralien und geologische Begriffe, Frankfurt 1989
Dixon, D./Bernor, R. L.: Geologie für Amateure, Köln 1998
Henningsen, D./Katzung, G.: Einführung in die Geologie Deutschlands, Stuttgart 1997
Hesemann, J.: Geologie, Stuttgart 1978
Murawski, Hans: Geologisches Wörterbuch, München 1998
Richter, D.: Allgemeine Geologie, Berlin 1992
Schmidt, K.: Erdgeschichte, Berlin 1990
Schönenberg, R./Neugebauer, J.: Einführung in die Geologie Europas, Freiburg 1997

Für Kinder

Brezina, Th.: Die Knickerbocker-Bande Junior, Bd. 11: Rätsel um das Saurier-Ei, Ravensburg 1999
    ders.: Tom Turbo, Bd. 35: Ein Saurier mit Schluckauf, Ravensburg 2000
    ders.: Bronti Super-Saurier, mehrere Bde., Wien 1993f
    ders.: Der Saurier-Friedhof, München 2000
Dinolino und die Saurier, mehrere Bde., Bindlach 1994
Klepsch, P./Thiemeyer, Th.: Das große Buch der Saurier, Ravensburg 1990
Pike, Chr.: Spook City, Bd. 11: Die Rückkehr der Saurier, München 1999

EUROPÄISCHE MUSEEN

Die aufgeführten europäischen Museen und Institute verfügen über bedeutende paläontologische Sammlungen, die u. a. zahlreiche Fossilfunde von den in diesem Buch abgebildeten und beschriebenen prähistorischen Lebewesen enthalten.

Beinahe jedes Land der Welt kann mittlerweile naturhistorische Schätze aufweisen, die großteils auch der Öffentlichkeit zugänglich sind. Vor einer Reise lohnt es sich also, sich über die lokalen Museen und Sammlungen zu informieren. Dabei hilft heute auch das Internet.

Internet

Viele Museen aus aller Welt sind mit eigenen Webseiten im Internet vertreten. Vielfältige Informationen liefern folgende Adressen:

http//www.WebMuseen.de
http//www.museumsnetz.de
http//www.hco.hagen.de/museen.htm

BUNDESREPUBLIK DEUTSCHLAND

Bad Dürkheim: Pfalzmuseum für Naturkunde
Bayreuth: Urwelt-Museum Oberfranken
Berlin-Charlottenburg: Museum für Vor- und Frühgeschichte
Berlin: Museum für Naturkunde der Humboldt-Universität zu Berlin
Blaubeuren: Urgeschichtliches Museum
Bochum: Deutsches Bergbaumuseum
Bonn: Zoologisches Forschungsinstitut und Museum Alexander Koenig
Bottrop: Quadrat Bottrop, Museum für Ur- und Ortsgeschichte
Bremen: Übersee-Museum
Darmstadt: Hessisches Landesmuseum
Dortmund: Museum für Naturkunde
Dresden: Staatliches Museum für Mineralogie und Geologie
Eichstätt: Jura-Museum
Erfurt: Naturkundemuseum
Essen: Ruhrland-Museum
Frankfurt: Naturmuseum Senckenberg
Gera: Museum für Naturkunde
Gotha: Museum der Natur
Halle: Geiseltalmuseum der Martin-Luther-Universität
Hamburg: Universität Hamburg, Geologisch-Paläontologisches Institut und Museum
Hannover: Niedersächsisches Landesmuseum
Heidelberg: Schausammlung Geologisch-Paläontologisches Institut der Universität
Holzmaden: Urwelt-Museum Hauff
Karlsruhe: Landessammlungen für Naturkunde
Kassel: Naturkundemuseum im Ottoneum
Lübeck: Naturhistorisches Museum der Hansestadt Lübeck
Mainz: Naturhistorisches Museum Mainz
Mettmann: Neandertal Museum
München: Bayerische Staatssammlung für Paläontologie und historische Geologie
Münster: Geologisch-Paläontologisches Museum der Westfälischen Wilhelms-Universität
Saarbrücken: Saarberg, Geologisches Museum
Solnhofen: Bürgermeister-Müller-Museum
Stuttgart: Staatliches Museum für Naturkunde
Tübingen: Institut und Museum für Geologie der Universität
Wuppertal: Fuhlrott-Museum
Magdeburg: Kulturhistorisches Museum
Weimar: Museum für Vor- und Frühgeschichte Thüringens

EUROPA:

BELGIEN
Brüssel: Königliches Institut für Naturwissenschaften

DÄNEMARK
Århus: Naturhistorisk Museum
Kopenhagen: Naturgeschichtliches Museum

FINNLAND
Helsinki: Botanisches Museum

FRANKREICH
Paris: Nationalmuseum für Naturgeschichte

GRIECHENLAND
Athen: Institut für Geologie und Paläontologie der Universität

GROSSBRITANNIEN
Cambridge: Sedgwick Museum, Cambridge University
Cardiff/Wales: National Museum of Wales
Edinburgh/Scotland: Royal Scottish Museum
Elgin/Scotland: Elgin Museum
London: British Museum (Natural History)
Maidstone: Maidstone Museum
Oxford: University Museum

ITALIEN
Bologna: Museum G. Capellini
Genua: Museum für Naturgeschichte
Mailand: Museo di Storia Naturale di Milano
Padua: Museum des Instituts für Geologie
Rom: Museum für Paläontologie des Instituts für Geologie

NIEDERLANDE
Den Haag: Museon
Maastricht: Naturgeschichtliches Museum

NORWEGEN
Oslo: Museum für Naturgeschichte

ÖSTERREICH
Dornbirn: Vorarlberger Naturschau
Salzburg: Haus der Natur
Wien: Naturhistorisches Museum

RUMÄNIEN
Bukarest: Grigore Antipa, Naturgeschichtliches Museum

RUSSLAND
Leningrad: Geologisches Museum
Moskau: Museum für Paläontologie

SCHWEDEN
Uppsala: Paläontologisches Museum der Universität
Stockholm: Museum für Naturgeschichte

SCHWEIZ
Basel: Naturhistorisches Museum
Genf: Naturhistorisches Museum
Zürich: Paläontologisches Museum der Universität

REGISTER

A

Acanthodii 30-31
Acanthopterygii 41
Acanthostega 48, 50
Acanthostegidae 50
Acraniata 22
Acreodi 234
Acrocanthosaurus 118
Acrophoca 226
Actinistia 44
Actinopterygii (Strahlenflosser) 19, 34-41, 42
Adapidae 287
Adinotherium 253
Aepycamelus 277
Aepyornis titan 176
Aetosauria 96
Affen 290-293
Agnatha 16, 18, 22-25
Agriotherium 217
Aistopoda 54
Alamosaurus 133
Albertosaurus 90, 119
Alioramus 120
Allosauridae 116-117
Allosaurus 90, 117
Alphadon 200-201
Altersbestimmung 298
Ambelodon 241
Ameisenbären 209
Amphibien 46-57
Amphicyon 216
Amphicyonidae 216
Amynodontidae 264
Anagalida 210
Anancus 241
Anapsida 62-69
Anaspida 25
Anatosaurus 148-149
Anchiceratops 168
Anchisauridae 122-123
Anchisaurus 122-123
Anchitherium 256
Ancylopoda 260
Andrewsarchus 234
Ankylosauria 157-161
Ankylosauridae 160-161
Ankylosaurus 161
Anseriformes 181
Anthracosauria 53
Anthracotheriidae 268
Anthropoidea 288
Antiarchi 33
Antilocapra 281
Antilocapridae 263, 280
Anura 56

Anurognathus 104
Apatosaurus (= Brontosaurus) 17, 90, 131
Araeoscelida 82
Araeoscelis 82
Arandaspis 23
Archäoceti 230-231
Archäopterygidae 174
Archäopteryx (A. lithographica) 10, 171, 172-173, 174
Archäotherium 267
Archäothyris 182, 184, 186
Archelon 69
Archonta 286
Archosauria 92, 93
Archosauromorpha 92-93
Arctocyonia 234
Arctocyonidae 234
Ardeosauridae 86
Ardeosaurus 86
Argentavis magnificens 179
Argyrolagidae 203
Argyrolagus 203
Arrhinoceratops 168
Arsinoitheriidae 237
Arsinoitherium 237
Arthrodira 32-33
Artiodactyla 266-281
Asiamerica 11, 90
Askeptosauridae 83
Askeptosaurus 83
Aspidorhynchiformes 37
Aspidorhynchus 37
Asteroideneinschläge 12-13
Astrapotheria 248-249
Astrapotheriidae 248
Astrapotherium 248
Auerochse 281
Aufschluß 298
Australopithecinen 294-295
    A. aethiopicus 295
    A. afarensis 294-295
    A. africanus 295
    A. boisei 295
    A. ramidus 294
    A. robustus 295
Axolotl 151

B

Bactrosaurus 146
Bagaceratops 163
Balaenoptera musculus 230
Baluchitherium 263

Banjofisch 28*
Barapasaurus 126
Bären 216-217
Bärenhunde 216
Baribal 217
Barrakuda 20
Bartenwale 233
Baryonychidae 113
Baryonyx 113
Basilosaurus 231
Bathornithidae 181
Baummarder 216
Bernissartia 100
Berycopsis 41
Beutellöwe 202, 205
Beuteltiere 195, 197, 202-205
Biber 284
Bilch 284
Biogeographie 298
Birbalomys 285
Bläßhühner 181
Blastomeryx 273
Blauwal 232
Blindschleichen 88
Blindwühle 49
Boreaspis 25
Borhyaena 203
Borhyaenidae 202-203
Borophaginen 221
Bos (B. primigenius) 281
Bothriolepis 33
Bovidae 281
Brachiosauridae 127-128
Brachiosaurus 17, 127-128
Brachycrus 271
Branchiostoma 22
Branisella 288
Braunbär 217
Breitnasenaffen 289
Brontops 258-259
Brontosaurus > Apatosaurus
Brontotheriidae 258-259
Brontotherium 259
Brückenechse 59, 61, 84f.
Brüllaffen 289

C

Cacops 52
Cainotheriidae 270
Cainotherium 270
Callovosaurus 142
Calosteidae 52
Camarasauridae 128-129

Camarasaurus 90, 128-129, 130
Camelidae 274-277
Camelops 277
Camptosaurus 142
Canidae 218-220
Canis latans 219
    C. dirus 220
Canobius 35
Captorhinida 62-65
Captorhinidae 63
Carnivora 214
Carnosauria 114-121
Casea 188
Caseidae 188
Catarrhina 288, 289
Caudipteryx 10
Cearadactylus 104
Centrosaurus 165
Cephalaspida
Cephalochordata 22
Cerapoda 162
Ceratomorpha 261-265
Ceratopsia (Horndinosaurier) 162-169
Ceratopsidae 164-169
Ceratosauridae 106
Ceratosaurus 106
Cercopithecidae 289
Cerdocyon 219
Ceresiosaurus 73
Cervidae 279
Cetacea 230-233
Cetiosauridae 126-127
Cetiosaurus 126-127
Cetotherium 233
Chalicotheriidae 260
Champsosaurus 84
Chapalmalania 215
Chasmatosaurus 94
Chasmosaurus 167
Cheirolepis 34
Chelidae 67
Chelonia 66-69
Chelonia mydas 68
Chephalaspidomorpha 24
Chicxulub, Meteoritenkrater 12, 91
Chimären 19
Chinchillas 284
Chiroptera 211
Chondrichthyes 26-29
Chordatiere 22
Choristodera 84
Chriacus 234
Chronologie 298
Ciconiiformes 177-180

Cistecephalus 190
Cladoselache 26
Cladosictis 202-203
Claudiosauridae 72
Claudiosaurus 72
Climatius 30
Cobelodus 27
Coccosteus 32
Coelacanthini 44
Coelodonta 265
Coelophysis 107
Coeluridae 107
Coelurosauravidae 83
Coelurosauravus 83
Coelurus 107
Colaradisaurus 125
Coloradia 124
Colossochelys 68
Columbiformes 177
Compsognathidae 108
Compsognathus 10, 108, 172, 173
Conodonta 16, 18-19, 22-23
Coryphodon 235
Coryphodontidae 235
Corythosaurus 90, 151
Crassigyrinus 51
Creodonta 213
Crocodylia 99-101
Crocodylomorpha 98-101
Crocuta crocuta 221
Crossopterygii 42-44
Crusafontia 200
Cryptoclidus 75
Cryptoclididae 75
Cryptodira 67-69
Ctenurella 31
Cuvieronius 241
Cyamodontidae 71
Cymbospondylus 78
Cynodesmus 219
Cynodontia 185, 192-193
Cynognathus 193

D

Dachse 216
Daimonelix 284
Dapedium 37
Dartmuthia 25
Darwin (Evolutionstheorie) 10
Daspletosaurus 121
Dasypodidae 208-209
Deinocheirus 109
Deinonychosauria 108, 112
Deinonychus 110-111, 140
Deinosuchus 101
Deinotheriidae 240

Deinotherium 239
Delphine 230-233
Deltoptychius 29
Dendropithecus 291
Dermochelys coriacea 69
Dermoptera 210, 286
Desmatophoca 227
Desmatophocidae 227
Desmatosuchus 96
Desmostylia 228
Desmostylus 228
Diacodexis 266
Diadectes 57
Diadiaphorus 247
Diapsida 61, 82-85
Diastema 298
Diatryma gigantea 181
Diatrymidae 181
Dichobunidae 266
Dicraeosaurus 132
Dicynodon 190
Dicynodontia 189, 190-191
Didelphiden 202
Didolodontidae 246
Didolodus 246
Dilophosaurus 115
Diluvium (Pleistozän) 12
Dimetrodon 184, 187
Dimorphodon 102-103
Dinichthys 33
Dinocephalia 189
Dinocerata 235
Dinofelis 225
Dinofelis abeli 225
Dinohyus 267
Dinomyidae 284
Dinornis maximus 176
Dinosaurier 12, 16-17, 106-169
Diplocaulus 55
Diplodocidae 130-132
Diplodocus 90, 130-131
Dipnoi 20, 45, 47
Dipnorhynchus 45
Diprotodon 204-205
Diprotodontidae 204-205
Dipterus 45
Direwolf 220
Dissorophidae 52
Dodo 177
Doedicurus 208
Dogge 221
Dolichorhinus 258
Doryaspis 24
Draco volans 84
Dravidosaurus 156
Drepanaspis 24
Dromaeosauridae 110-112
Dromacosaurus 111
Dromedar 276
Dromiceiomimus 109

Dronte 177
Dryolestidae 200
Dryopithecus 292
Dryosaurus 138-139
Dsungaripterus 105
Dugong 228
Dugong dugong 228
Dunkleosteus 33

E

Echinodon 135
Echsen 58-61, 86-87 (> Reptilien)
Echsenbecken-Dinosaurier > Saurischia
Edaphosauridae 188
Edaphosaurus 188
Edentata 206-209
Edmontosaurus 149
Efraasia 123
Eisbär 217
Elaphrosaurus 108
Elasmobranchii 26-29
Elasmosauridae 75-76
Elasmosaurus 76
Elasmotherium 265
Elefanten 238-239, 243-244
Elefantenvögel 176
Elephantidae 243-245
Elephantoidea 239
Elephas antiquus 243
Elephas falconeri 244
Elephas namadicus 244
Elginia 64
Elomeryx 268
Embolotherium 259
Embrithopoda 237
Emeus crassus 176
Enaliarctidae 226
Enaliarctos 226
Enantironithes 173
Enchodus 40
Enelodontidae 267
Enten 181
Entenschnabel-Dinosaurier > Hadrosaurier
Eobasileus 235
Eobothus 41
Eocardia 285
Eogyrinus 53
Eohippus 255
Eomanis 209
Eomoropidae 260
Eosuchia 84-85
Eotitanops 258
Epigaulus 283
Equidae 255-257 (> Pferde)
Ericiolacerta 191

Eryopidae 52
Eryops 52
Erythrosuchus 94
Esthonychidae 236
Eucladoceros 279
Eucritta 51
Eudimorphodon 102
Euhelopus 129
Euparkeria 93, 96
Euoplocephalus 160
Euramerica 11, 90-91
Eurhinodelphis 232
Eurhinosaurus 81
Eurotamandua 209
Eusmilus 223
Eusthenopteron 44, 49
Eustreptospondylus 115
Eusuchia 100-101
Eutheria (Plazentatiere) 197, 201
Evolution 298

F

Fabrosauridae 134-135
Fabrosaurus 134
Faultiere 196, 206, 208
Felidae 222-225
Fingertier 288
Fische 18-45
Fischsaurier 78-81, 93, 101
Fissipedia 214
Flattermakis 212
Flederhunde 212
Fledermäuse 211
Fleischflosser > Sarcopterygii
Fliegende Fische 20
Flugdrachen 84
Flughunde 212
Flugsaurier 64, 84, 88, 93, 102-105
Flunder 41
Flußpferde 240, 266-269
Forelle 41
Forellenbarsch 41
Fossilien 298
Fossilisierung 8-9
Fregattvögel 180
Frösche 46, 56
Froschlurche 46, 56
Füchse 220

G

Gabelantilope 281
Galechirus 189
Gallimimus 109
Ganoiden 36
Gänse 181
Gavial 85, 96, 101
Geckos 86
Geier 180
Gekkonidae 86
Gekkota 86
Gemuendina 31
genetisches Erbe 14-15
Genetta 225
Geochelone elephantopus 68
Geosaurus 100
Gepanzerte Dinosaurier 154-161
Gepard 221
Gibbons 292f.
Gigantopithecus 293
Ginsterkatzen 225
Giraffa 277f., 280
Giraffidae 278
Glossotherium 207
Glyptodon 208
Glyptodontidae 208
Gnathostomen 19
Goldfisch 41
Goldmulle 205, 213
Gomphotheriidae 239-242
Gomphotherium 240
Gondwana(land) 11, 298
Gorgonopsia 189
Gorillas 292, 294
Gracilisuchus 98
Greererpeton 51
Griphognathus 45
Groenlandaspis 32
Gruiformes 180-181
Gundis 285
Gürteltiere 208
Gyroptychius 43

H

Hadrosauridae 146-153
Hadrosaurier (Entenschnabel-Dinosaurier) 14, 121, 140, 145-153
Hadrosauridae 90, 147, 154
Hadrosaurus 148
Haie 19, 28f., 32
Halbaffen 212, 286
Halswender 68
Hapalops 207
Haplorhini 288
Haramiya 199

Haramiyidae 198-199
Harpagornis moorei 177
Haselmaus 284
Hasen 196, 212, 282-285
Hayoceros 280
Hecht 37
Hegetotheria 251
Hegetotheriidae 251
Heilbutt 41
Helaletidae 261
Hemicyclaspis 25
Hemicyon 217
Henodontidae 71
Henodus 71
Heptodon 261
Hermelin 216
Herrerasaurus 122
Herrscherreptilien 88-169
Hesperocyon 218-219
Hesperornis regalis 175
Hesperornithoformes 175
Heterodontosauridae 135-136
Heterodontosaurus 135
Heterostraci 23-24
Hipparion 257
Hippidion 257
Hippomorpha 254-259
Hippopotamidae 268
Hippopotamus 268
 H. amphibius 268
 H. gorgops 268
Hirsche 279
Hirschferkel 273
Höhlenbär 215, 217
Höhlenlöwe 225
Holocephali 19, 29
Holoptychius 43
Homalocephale 137
Homalocephalidae 137
Homalodotheriidae 252-253
Homalodotherium 253
Hominidae 291-297
Homininae 294-297
Hominoidea 290-297
Homo erectus 296
 H. ergaster 296
 H. habilis 296
 H. heidelbergensis 296, 297
 H. rudofensis 296
 H. sapiens 'Cro-Magnon' 297
 H. sapiens neanderthalensis 297
Homotherium 224
Homunculus > Tremacebus
Hörnchen 284
Horndinosaurier 162-169
Hovasaurus 85
Huftiere 234-281
Hunde 204, 216, 218-221
Hundsaffen 289

Hundsrobben 228
Hyaenidae 221
Hyaenodon 213
Hyaenodontidae 213
Hyänen 216, 218-221
Hybodonten 27-28
Hybodus 28
Hydrodamalis gigas 229
Hyemoschus 273
Hylaeosaurus 157
Hylobatidae 290-291
Hylonomus 60, 62, 182
Hypacrosaurus 152
Hyperodapedon 92
Hypsidoris 40
Hypsilophodon 139
Hypsilophodontidae 138-141
Hypsocormus 38
Hypsognathus 63
Hyrachidae 262
Hyrachyus 262
Hyracodon 262-263
Hyracodontidae 262-263
Hyracoidea 237
Hyracotherium 255
Hystricognathi 284-285

I

Icaronycteris 211
Ichneumons 208, 216, 220, 222-225
Ichthyornis dispar 175
Ichthyornithiformes 175
Ichthyosauria 10, 17, 78-81
Ichthyosauridae 79-80
Ichthyosaurus 80
Ichthyostega 48, 50
Ichthyostegalia 52, 56
Ichthyostegidae 50
Ictitherium 221
Igel 212
Iguanodon 17, 88, 143
Iguanodontidae 142-145
Ilingoceros 280
Imagotaria 227
Indricotherium 263
Insectivora > Insektenfresser
Insektenfresser 210, 212
Interatheriidae 250-251
Ischyodus 29
Ischyromys 283
Isotemnidae 251

J

Jamoytius 25

K

K/T-Grenze 12-13
Kaiman 101
Kamele 274-277
Känguruhs 205
Kaninchen 212, 272, 282-285
Kannemeyeria 191
Känozoikum 12
Kantschil 273
Kanuites 225
Kapuzineraffen 289
Karaurus 57
Karbon 10
Karpfen 41
Kasuare 177
Katta 288
Katzen 222-225
Katzenfrett 216
Kentrosaurus 156
Keraterpeton 54-55
Kieferlose Fische 10, 16, 18, 22-25
Kiwis 177
Kladistische Analyse 13-14
Kladogramme 13-14
Klammeraffen 289
Kleinbären 216
Klippschliefer 237
Kloakentiere 197, 200f.
Knochenfische 19, 20, 21, 34-45
Knochenhechte 36
Knochenzüngler 40
Knorpelfische 26-29
Koalas 204
Koboldmakiartige 289
Koboldmakis 289
Kodiakbär 217
Kojoten 220f.
Kontinente/Kontinentaldrift 11, 48, 90-91, 299
Konvergente Evolution/Konvergenz 14, 299
Kraniche 181
Kreide 10
Kritosaurus 147
Krokodile 98-101
Kronosaurus 77
Kuehneosauridae 86
Kvabebihyrax 237

L

Labidosaurus 63
Labyrinthodontia 47, 48-53, 56f.
Lacertilia 86-87
Lachs 41
Lagomorpha 285
Lagosuchidae 97
Lagosuchus 97
Lamas 276
Lambeosaurinae 151 ff.
Lambeosaurus 152
Lariosaurus 73
Latimeria 45
Latimeria chalumnae 45
Laufvögel 177
Laurasia 299
Leitfossil 299
Leithia 282
Lemuren 287
Lemuridae 287
Leontiniidae 252
Lepidosauria 85-88
Lepidosiren 45
Lepidotes 37
Lepospondyli 54-57
Leptictida 212
Leptictidium 212
Leptobos 281
Leptoceratops 163
Leptolepiden 39
Leptolepis 39
Leptopterygiidae 81
Leptopterygius > Temnodontosaurus
Lesothosaurus 134
Limnofregata azygosternum 179
Limnopithecus 291
Liopleurodon 77
Lipotyphla 212
Litopterna 246-248
Löffelstöre 36
Longisquama (L. insignis) 97
Löwen 225
Lufengosaurus 124
Luftsäcke (b. Fischen) 21
Lungenfische 21, 45, 47
Lycaenops 189
Lyktaspis > Doryaspis
Lystrosaurus 191

M

Macrauchenia 248
Macraucheniidae 247-248
Macroplata 76
Macropodidae 205
Macropoma 44
Maiasaura 148
Makis 212, 288
Makroevolution 299
Mamenchisaurus 132
Mammalia 194-297
Mammuthus americanum 242
    M. columbi 245
    M. imperator 244, 245
    M. jeffersoni 243
    M. meridionalis 244
    M. primigenius 245
    M. trogontherii 245
Mammutidae 242
Mammuts 244-245
Manati 229
Manidae 209
Maniraptora 107-113
Marder 214, 216
Marmosetten 289
Marsupialia 202-205
Massetognathus 193
Massospondylus 124
Mastodons 238-244
Maulwürfe 212f.
Mausechse 125
Meerschweinchen 284 f.
Megachiroptera 211
Megaladapis 287
Megalania 87
Megaloceros 279
Megalonychidae 206-207
Megalosauridae 114-116
Megalosaurus 17, 88, 116
Meganeura 49
Megantereon 223
Megatheriidae 206-207
Megatherium 207
Megazostrodon 185, 198
Meiolania 67
Meiolaniidae 67
Melanorosauridae 125
Menschen 288, 294-297
Menschenaffen 288, 290-293
Meridiungulata 246-253
Merychippus 256-257
Merycoidodon 271
Merycoidodontidae 270-271
Mesoeucrocodylia 99-101
Mesohippus 255
Mesonychidae 234
Mesopithecus 289
Mesosauria 65
Mesosauridae 65
Mesosaurus 65
Mesosuchia 99
Mesozoikum 10, 12
Metacheiromyidae 206
Metacheiromys 206
metamorphe Gesteine 299
Metamynodon 264
Metatheria 200-201 (> Marsupialia)
Meteoriteneinschläge 12, 91
Metridiochoerus 269
Metriorhynchidae 100
Metriorhynchus 100
Miacidae 214
Miacis 214
Microbrachis 55
Microceratops 163
Microchiroptera 211
Micropithecus 291
Microsauria 55
Mikroevolution 299
Milleretta 65
Millerettidae 64-65
Miotapirus 261
Mixosauridae 79
Mixosaurus 79
Moa 176
Moeritheriidae 238
Moeritherium 238
Molche 46, 49
Mondfisch 20
Monoclonius > Centrosaurus
Monotremata > Kloakentiere
Montanoceratops 164
Morganucodontidae 198
Moropus 260
Mosasauridae 87
Moschops 189
Moschus 280
Motganucodon 184
Moythomasia 35
Multituberculata 199
Mungos 216, 225
Muraenosaurus 75
Museen 305
Mussaurus 125
Mustelidae 214-215
Muttaburrasaurus 145
Mylodontidae 206-207
Myrmecophagidae 209
Mysticeti 233

N

Nabelschweine 261, 268f.
Nager 212, 282-285, 288
Nagetiere > Nager
Nandi-Bär 261
Nandus 177
Nanosaurus 140
Narwal 233
Nasenbären 216
Nashörner 196, 213, 237, 260-265
Neandertaler 297
Necrolemur 288
Necrolestes 204
Necrolestidae 204
Nectridea 54-55
Neocathartes grallator 181
Neopterygii 37
Neornithes 173, 175-181
Neoselachier 28
Neunaugen 24, 25
Neuweltaffen 288-289
Nilpferde > Flußpferde
Nimravidae 222
Nimravus 222
Nodosauridae 157-159
Nodosaurus 90, 158-159
Notharctus 287
Nothosauria 72-73
Nothosauridae 72-73
Nothosaurus 72
Notochorda 16, 19
Notohippidae 252
Notoprogonia 250
Notostylopidae 250
Notostylops 250
Notoungulata 250-253

O

Odobenidae 227
Odontoceti 232
Odontornithes 173, 175
Ohrenrobben 228
Okapi 280
Ökologische Nische 299
Oligokyphus 193
Omomyidae 288
Onychodontiformes 42
Ophiacodon 186
Ophiacodontidae 186
Ophiderpeton 54
Ophthalmosaurus 80
Opisthocoelicaudia 129
Opossum 201, 204
Orang-Utan 292
Oreopithecidae 290
Ornithischia (Vogelbecken-Dinosaurier) 89, 90, 91, 134-169
Ornithomimidae 108-109
Ornithomimus 109
Ornithopoda 134-153
Ornithosuchidae 96-97
Ornithosuchus 97
Osbornoceros 281
Ostariophysi 40
Osteichthyes 19, 34-45
Osteoborus 219
Osteodontornis orri 180

Osteoglossomorpha 39
Osteolepiformes 43-44
Osteolepis 43
Osteostraci 24-25
Ostracodermi 20-21
Othnielia 140
Otter 215
Otterspitzmäuse 213
Ouranosaurus 144-145
Oviraptor 90, 110
Oviraptoridae 110
Oxyaenidae 213
Oxydactylus 276

P

Paarhufer 266-281
Pachycephalosauria 136-137
Pachycephalosauridae 136-137
Pachycephalosaurus 137
Pachyrhachis 87
Pachyrhinosaurus 165
Pachyrukhos 251
Pakaranas 285
Pakicetus 230
Paläanthropus > Homo erectus
Palälodus ambiguus 178
Paläobatrachus 56
Paläocastor 285
Paläolagus 285
Paläoklimatologie 299
Paläonisciden 34-37, 40
Paläoniscum 36
Paläoryctes 212
Paläospondylus 33
Paläotheriidae 254
Paläotherium 254
Paläotrionyx 69
Paläontologie 7, 8, 299
Paläozoikum 10
Palorchestes 205
Palorchestidae 205
Pandas 216
Pangaea 11, 90, 299
Panoplosaurus 159
Panthera 225
Panthera leo atrox 225
 P. leo spelaea 225
Pantheralea leo 225
Pantodonta 235
Pantotheria 195, 201
Pantylus 55
Panzerfische 31-33
Paracanthopterygii 41
Paracosoryx 281
Paracyclotosaurus 53
Parahippus 256
Paramys 283

Parasaurolophus 153
Pareiasauridae 63-64
Pareiasaurus 63
Parksosaurus 141
Paromomyidae 201
Pekaris 269, 272
Pelikane 180f.
Pelomedusidae 67
Peloneustes 76
Pelorovis 281
Peltephilus 208-209
Peltobatrachus 52
Pelycosauria 182, 183, 186-188
Pelzflatterer 212
Pentaceratops 169
Percrocuta (P. gigantea) 221
Perissodactyla 254-265
Perleidus 36
permo-triassisches Ereignis 12
Petrolacosaurus 82
Pfeifhasen 285
Pferde 196, 254-257, 260
Pharyngolepis 25
Phiomia 239
Phlacyon 218
Phlegethontia 54
Phobosuchus 101
Phocidae 226
Pholidophorus 38-39
Pholidota 209
Phorusrhaciden 180
Phorusrhacus inflatus 180
Phthinosuchus 189
phylogenetische Klassifizierung 13
Phytosauridae 95
Pikaia 16, 19, 22
Pinguinus impennis 178
Pinnipedia 226-229
Pisanosaurus 136
Pistosauridae 73
Pistosaurus 73
Pithecanthropus >Homo erectus
Placochelys 71
Placodermi 31-33
Placodontia 70-71
Placodontidae 70
Placodus 70
Plagiosaurier 53
Planetetherium 210
Planocephalosaurus 85
Platecarpus 87
Plateosauridae 124-125
Plateosaurus 124
Plattenkiemer 28
Plattentektonik 11, 48, 90-91, 299
Plattfische 41
Platybelodon 240
Platygonus 269
Platyhystrix 52

Platyrrhina 288-289
Platysomus 35
Plazentatiere 195, 201
Pleistozän 10, 12
Plesiadapidae 286
Plesiadapis 286
Plesictis 215
Plesiosauria 10, 17, 74-77
Plesiosauroidea 74-76
Plesiosaurus 75
Plesiosaurus macrocephalius 75
Pleurodira 67
Pleurosaurus 85
Pliohyracidae 237
Pliopithecidae 290-291
Pliopithecus 291
Pliosauroidea 76-77
Plotosaurus 87
Podocnemis expansa 67
Podokesauridae 106-107
Poebrotherium 275
Polacanthus 157
Ponginae 292-293
Porolepiformes 43
Portheus > Xiphactinus
Potamotherium 215
Pottwal 232f.
Prenocephale 137
Presbyornis pervetus 181
Presbyornithiden 181
Primates 201, 286-287
Primatomorpha 201, 286
Pristichampsus 101
Proanura 57
Probactrosaurus 145
Proboscidea 238-245
Procamelus 275
Procaviidae 237
Proceratosaurus 114
Procheneosaurus 151
Procolophonidae 63
Procompsognathus 106
Procoptodon 205
Procynosuchus 192
Procyonidae 215
Proganochelidae 66-67
Proganochelydia 66-67
Proganochelys 66-67
Prolacertiformes 92-93
Prolibytherium 278
Promerycochoerus 271
Promerycochoerus carrikeri 271
Promerycochoerus superbus 271
Promissum 23
Propliopithecus 290-291
Prorastomus 229
Prosaurolophus 150
Prosauropoda 122-125
Prosimii 286
Prosqualodon 232

Protamandua 209
Protarcheopteryx 10, 107
Proterosuchidae 94
Proterotheriidae 246-247
Protobrama 40
Protoceras 272
Protoceratidae 272-273
Protoceratops 90, 164
Protoceratopsidae 162-164
Protocetus 230-231
Protopterus 45
Protorosaurus 93
Protorothyridae 62
Protosaurier 92, 93
Protostegidae 68-69
Protosuchidae 99
Protosuchus 99
Prototheria 198-200
Protylopus 275
Protypotherium 251
Psittacosauridae 162
Psittacosaurus 162
Pteranodon 105
Pteraspididae 23-24
Pteraspis 23
Pterodactyloidea 104-105
Pterodactylus (P. kochi) 104
Pterodaustro 104
Pterosauria 102-105
Ptilodontidae 199
Ptilodus 199
Ptyctodontida 31
Purgatorius 201, 286
Pycnodontiformes 37
Pycnodus 37
Pyrotheria 249
Pyrotheriidae 249
Pyrotherium 249

Q

Quetzalcoatlus 105

R

Rallen 181
Ramapithecus 293
Raphus cucullatus 177
Ratiten 175-176
Ratten 284
Rattenfische 29
Raubtiere > Carnivora
Rauisuchidae 95
Rentiere 280
Reptilien 58-169, 182-193
Rhamphorhynchoidea 102-104

Rhamphorhynchus 103
Rhamphosuchus 101
Rhenanida 31
Rhinoceratoidea 262-265
Rhinocerotidae 264-265
Rhipidistia 42-44, 47, 49
Rhynchippus 252
Rhynchocephalia 85
Rhynchosaurier 92
Riesenalk 180
Riesenfaultier 17
Riesengleitflieger 212
Riesenhirsche 196
Rinder 196, 278-281
Riojasaurus 125
Robben 196, 216, 226-229
Robertia 190
Roccosaurus 125
Rochen 28 f.
Rodentia 282-285
Rohrratten 285
Ruminantia 272-281
Rüsselspringer 201, 212 f.
Rüsseltiere > Proboscidea
Rutiodon 95
Rytiodus 229

S

Säbelzahntiger 222-224
Sägefisch 29
Sagittarius serpentarius 181
Saichania 161
Saiga-Antilope 273
Salamander 46, 49
Saltasaurus 130, 133
Saltoposuchidae 98
Saltopus 106
Saltosaurus 133
Sarcopterygii (Fleischflosser) 19, 20, 42-45
Sarkastodon 213
Säuger 194-297
Säugerähnliche Reptilien 182-193
Säugetiere > Säuger
Saurichthys 36
Saurischia (Echsenbecken-Dinosaurier) 89, 90, 91, 106
Saurolophus 150
Sauropelta 158
Sauropoda 126-133
Sauropodomorpha 122-133
Saurornithoides 90, 112
Saurornithoididae 112-113
Saurornitholestes 111, 113
Scapanorhynchus 28
Scaphognathus 103
Scarrittia 252

Scelidosauridae 154
Scelidosaurus 154
Schädeltiere 19
Schakale 220f.
Schalenhäuter 24
Scheinsäbelzahntiger 224
Schildkröten 60f., 64, 66-69, 72
Schimpansen 292f.
Schlammfische 36
Schlangen 59, 61, 84
Schlangenhalsvogel 77
Schleichkatzen 220, 225
Schleimfische 24
Schliefer 237, 240
Schlitzrüßler 213
Schmalnasenaffen 289
Schmerle 41
Schnabeltiere 194, 197, 200
Schnabelwal 233
Schwäne 181
Schwanzlurche 49, 57
Schweine 266-269, 272
Schweinswal 233
Schwielensohler > Tylopoda
Sciurognathi 283-284
Sclerorhynchus 29
Scutellosaurus 134-135
Scutosaurus 64
Sedimentgestein 299
Seebären 228
Seedrachen 29
See-Elefanten 196
Seehunde 196, 226, 228
Seekühe 228-229
Seeleoparden 228
Seelöwen 216, 228
Seepferdchen 20, 41
Seeratten 28, 33
Seezunge 41
Seismosaurus 128, 133
Sekretär 181
Semionotiformes 37
Seriena 181
Serpentes 87
Seymouria 46, 53
Shantungosaurus 148
Shastasauridae 78-79
Shetland-Pony 245
Shonisaurus 78-79
Sibirischer Tiger 225
Silvatherium 278
Silvisaurus 158
Sinanthropus > Homo erectus
Sinosauropteryx 10, 108
Sirenia 228-229
Sivapithecus 292-293
Skunk 216
Smilodon 224
Smilodon californicus 224
Sordes (S. pilosus) 103

Spathobathis 28-29
Spenosuchia 100
Sphenacodon 187
Sphenacodontidae 187
Sphenocephalus 41
Sphenodonta 85
Sphenosuchidae 98
Spinosauridae 118-119
Spinosaurus 118-119
Spitzhörnchen 212
Spitzmäuse 212
Spöken 29
Springmäuse 204
Stachelhaie 30, 32
Stachelschweine 284
Stagonolepis 96
Staurikosaurus 122
Stegoceras 136
Stegomastodon 242
Stegosauria 154-156
Stegosaurus (S. stenops, S. ungulatus) 90, 154-155
Stellersche Seekuh 229
Steneofiber 284
Stenomylus 277
Stenonychosaurus 112-113
Stenopterygiidae 81
Stenopterygius 81
Stethacanthus 27
Stockente 181
Störche 180
Störe 36
Strahlenflosser > Actinopterygii
Stratigraphie 299
Strepsirhini 287
Strunius 42
Struthiomimus 109
Struthiornithoformes 175-176
Struthiosaurus 159
Stupendemys 67
Stylinodon 236
Stylinodontidae 236
Styracosaurus 90, 166
Südhuftiere 246-253
Südmenschenaffe 296
Suidae 269
Suina 266-269
Sumpfbiber 285
Supersaurus 128
Synapsida 182, 186-193
Syndyoceras 273
Synthetoceras 273

T

Taeniodonta 236
Talarurus 160
Tamandua 209

Tamarins 288
Tangasauridae 84-85
Tanystropheus 93
Tapire 261
Tapiridae 261
Tarbosaurus 120
Tarsier 288
Taschenspringer 204
Tauben 177
Tayassuidae 268-269
Teichhühner 181
Teleoceras 265
Teleosauridae 99
Teleosaurus 99
Telicomys 284
Telostei 20, 21, 38-41
Temnodontosaurus 81
Temnospondyli 51-53
Tenontosaurus 140
Tenreks 213
Teratosaurus 114
Terrestrisuchus 98
Testudinidae 68
Testudo atlas 68
Tetrabelodon 240
Thadeosaurus 84
Thalattosauria 83
Thecodontosaurida 123
Thecodontosaurus 123
Thelodontida 24
Thelodus 24
Therapsida 182, 188-193
Theria 200
Therocephalia 191
Theropithecus 289
Theropoda 106-121
Thescelosaurus 141
Thesodon 247
Thoatherium 247
Thomashuxleya 251
Thotobolosaurus 125
Thrinaxodon 184, 192
Thrissops 39
Thylacoleo 204
Thylacoleonidae 204
Thylacosmilidae 203
Thylacosmilus 203
Thyreophora 154-161
Ticinosuchus 95
Tiger 222, 224, 225 (> Säbelzahntiger)
Tillodontia 236
Titanichthys 33
Titanosauridae 133
Titanosuchus 189
Titanotylopus 276
Tordalk 180
Torosaurus 169
Toxodonta 251-253
Toxodontidae 253

Tragulidae 273
Tragulus 273
Trappen 181
Traversodontidae 193
Tremacebus 289
Tremataspis 25
Triadobatrachus 49, 56
Triceratops 90, 166-167
Trichechus 228
Triconodonta 197
Trigonias 264
Trigonostylopidae 249
Trigonostylops 249
Triktuberulata 197
Trilophodon 240
Trionychidae 69
Trionyx 69
Tristychius 27
Tritylodontidae 193
Trogosus 236
Trompetervögel 181
Tsintaosaurus 150
Tuatera 85
Tümmler 233
Tuojiangosaurus 156
Tylopoda (Schwielensohler) 270-277
Typotheria 250-251
Tyrannosauridae 119-121
Tyrannosaurus (T. rex) 17, 121

U

Uintatheriidae 235
Ultrasaurus 128
Ungulata 234, 254
Ur > Auerochse
Urodela 56-57
Ursidae 216-217
Ursus arctos middendorffi 217
Ursus spelaeus 217

V

Varanidae 86-87
Varanopseidae 187
Varanosaurus 187
Vectisaurus 144
Velociraptor 90, 111
Vertebrata (Wirbeltiere) 22
Victoriapithecus 289
Vieraella 56
Viverridae 225
Vögel 61, 170-181
Vogelbecken-Dinosaurier 89, 90, 91, 134-169
Vulcanodon 125, 126

W

Waldfuchs 220
Wale, Delphine 230-233
Walrosse 216, 226-229
Waschbär 216, 220
Wasserraubtiere 226-229
Wasserreh 280
Wasserschweine 261, 284f.
Weigeltisauridae 83
Wels 41
Westlothiana 60, 62
Wiesel 216
Wildhunde 221
Wölfe 220f.
Wolfsartige 221
Wollhaarmammut 245
Wollnashörner 195, 263, 265
Wombat 204
Wuerhosaurus 156

X

Xenacanthiden 27
Xenacanthus 27
Xenarthra 206-209
Xenopus laevis 57
Xiphactinus 39

Y

Yangchuanosaurus 116
Yaverlandia 137
Yeti 293

Z

Zahnarme > Edentata
Zahnvögel 176
Zahnwale 216, 232f.
Zalambdalestes 201
Zalambdalestidae 201
Zeuglodon > Basilosaurus
Zwergmaus 284
Zygorhiza 231